菊池一隆著

戦争と華僑 続編

―中国国民政府・汪精衛政権の華僑行政と南洋・北米―

汲古叢書152

汲古書院

目次

戦争と華僑　続編

――中国国民政府・汪精衛政権の華僑行政と南洋・北米――

序　論

拙著『戦争と華僑―日本・国民政府公館・傀儡政権・華僑間の政治力学―』（汲古書院、二〇一一年、全四九三頁）を上梓し、函館、横浜、神戸、長崎はもちろん、樺太、沖縄を含む全日本華僑、および日本植民地台湾と朝鮮各華僑の動態、そして日本軍政下の南洋華僑の動態を解明した。本書はこれに続く第二弾であり、蔣介石・南京国民政府、次いで重慶国民政府、さらにその対極にあると見なされてきた南京の汪精衛傀儡政権（以下、南京汪政権と略称）のそれぞれの僑務機構、華僑政策を明らかにする。そして日本軍占領以前の南洋華僑、また、抗日戦争時期（以下、抗戦期、もしくは戦時期）の北米華僑の抗日・「親日」、「媚日」各動態などを解明するものである。この際、世界規模の華僑排斥状況にも着目する。言うまでもなく華僑は抗日戦争、太平洋戦争を政治・経済・社会・国際関係などの諸側面から考察する上で不可欠な重要テーマである。だが、華僑のみに焦点を合わせ、経済（物流を含む）・移動、ネットワークを研究するだけでは限界があり、当時の政治経済状況、世界情勢の中で華僑の本質、動向の意味、およびダイナミズムを考察する必要がある。したがって、当初、国民政府の行政・政策と華僑の対応・主体的動向という二極からの研究を考えた。だが、史料分析や研究の進展を経て、傀儡政権側からもアプローチし、その三極の融合・拮抗構造の中で新たでビビッドな抗戦期の華僑像を呈示できると考えるに至った。

一

では、従来の本テーマと関連する華僑史研究はどうか。本書各章でも研究動向を出しているので、ここでは簡単に述べておきたい。

第一に、日本では、確かに華僑研究は歴史学、経済学、社会学などからのアプローチが見られ、研究は増大傾向にあるが、歴史学では一九二〇年以前と、その後一挙に現在の研究に飛躍する。戦時期に限って言えば、日本軍政下の南洋、例えば、明石陽至編『日本占領下の英領マラヤ・シンガポール』岩波書店、二〇〇一年は主に日本占領支配の実態、マラヤ共産党などに焦点を当てる。このように、抗戦期の華僑研究はまだ解明されていない点が多々ある。戦時中のものとしては、①満鉄東亜経済調査局『南方資料叢書』全六巻（一九三九年）など、侵略戦争遂行上の必要から華僑の政治的、経済的力量を解明するため多くの研究がおこなわれた。例えば、排日運動、日本品ボイコット、華僑団体などの研究を軸に、国民政府の華僑政策、法令にも着目していた。また、資料不足と日本品ボイコットの激しさから、例えば②東亜研究所『南洋華僑調査の結果概要』（一九四一年）のように、国民政府と華僑との結びつきを実際以上に過剰に評価する嫌いがあった。

第二に、中国では辛亥革命、孫文との関連で華僑を論じる研究は従来から多かったが、近頃の傾向としては、華僑が国境を越えたボーダーレスな「世界住民」として脚光をあび、華僑ネットワークが強調され、それへの疑問も提起されている。プロレタリア文化大革命（以下、文革）時期はブルジョアジーや海外と関係ある者が糾弾され、それに伴い華僑は批判の対象とされ、日本からの帰国華僑の中には迫害を受けた者もいる。しかし、文革否定と改革開放路線の採用は中国が華僑重視政策への転換を意味したという(1)。

すなわち、一九七八年中共一一届三中全会で改革開放路線が採られ、「愛国統一戦線」が回復した。この結果、過去の華僑に対する否定的評価が改められ、華僑との良好な関係が回顧され始めた。八一年一二月には、北京で中華全国帰国華僑連合会が開催され、華僑歴史学会が成立した。こうした流れの中で、例えば、①曽瑞炎『華僑与抗日戦争』（四川大学出版社、一九八八年）、②任貴祥『華僑第二次愛国高潮』（中共党史資料出版社、一九八九年）などが出され、抗日運動や物的支援など抗日戦争での華僑の貢献を論じる。また、国民政府の華僑政策にも一部で言及するものが現れた。③呉鳳斌『東南亜華僑通史』（福建人民出版社、一九九三年）の第一七章第二節「民国政府的僑務政策」は、南洋華僑の抗日救亡運動に高い評価を与える一方、国民党については党勢拡大と愛国進歩華僑への圧迫という否定的観点から書かれる。それに対して、④中国抗日戦争史学会・中国人民抗日戦争紀念館編『海外僑胞与抗日戦争』（北京出版社、一九九五年）などは、抗戦後、僑務委員会、海外党部などの活動により中国の政治、経済と密接となり、華僑も積極的に中国抗戦に貢献したとし、限界への言及がない。これらの共通性は「中華民族」としての華僑の抗日運動への高評価と華僑の団結を強調している点にあり、差異は国民政府、国民党の評価問題である。このように、中国においては華僑が抗日運動のみに専念したかの錯覚を与え、限界を捨象する傾向にある。私はどちらかといえば国民政府の華僑政策、および華僑の抗日運動や物的支援の歴史的意義を評価する立場に立つが、限界も当然あったと考えている。なお、台湾では、⑤李盈慧『華僑政策与海外民族主義（1912～1949）』国史館（一九九七年）が国民政府の視点から華僑民族主義により中国「国民」化（中国人意識）の形成過程を論じ、抗戦支援の見返りが華僑保護とする。

第三に、アメリカ華僑に関しては、①劉伯驥『美国華僑史』続編、黎明文化事業公司（台北）、一九八一年があり、アメリカ華僑史の全貌解明に挑む。国民党への過剰な評価・反共的姿勢が明確であるが、実体験者の回顧録としての重要性を失わない。②陳依範『美国華人発展史』三聯書店（香港）、一九八四年は排華法案撤廃までを中心にアメリカ社会への融和などに焦点を合わせる。なお、①②の著者は研究者というより華僑活動の実践家で、限界への考察が弱い。アメリカ華僑にも言及するものとして、③曽瑞炎、前掲書などもあるが、抗戦への献金などの意義、祖国支援、華僑の熱意が強調され、問題点への指摘はほとんどない。英文では、④Victor Low, *THE UNIMPRESSIBLE RACE*, East/West Publishing Company, San Francisco, 1982 はサンフランシスコにおける華僑学校・華僑教育権について論じる。⑤L. L. Rarson, *SWEET BAMBOO: Saga of a Chinese American Family*, Chinese Historical Society of Southern California, Los Angeles, 1989 はロサンゼルス華僑一族の回憶録であり、僅かに第二次世界大戦に触れるだけである。このように、一九世紀から二〇世紀初頭についての充実したアメリカ華僑の関連研究は出ているが、管見の限り抗戦期に関しては回憶録の中で述べられているに過ぎない。

第四に、ハワイ（独自な動きを示しており、アメリカと切り離して論じる）である。孫文関係、辛亥革命前後までの著書、論文は多いが、一九三〇年代まで論及するものとしては、①Andrew W. Linda, *HAWAII'S PEOPLE*, The University Press of Hawaii, 1955 年は、民族構成、選挙権、男女比、結婚、家族構成などを論じるが、戦争との関連や歴史的背景への関心は稀薄である。②Char, Tin-Yuke. comp, *The Sandalwood Mountains*, The University Press of Hawaii, 1975 は、エスニック・グループへの関心から、一八世紀から一九三五年までのハワイ華僑史をとりあげ、各種華僑団体などは参考になる。③Clarence E. Glick, *Sojourners and Settlers: Chinese Migrants in Hawaii*, The University Press of Hawaii, 1980 は、一九世紀から二〇世紀の中国人のハワイへの移動を論じ、砂糖や米のプランテーション労働者、および商人、職人として次第に定住化していったとする。このように、歴史学というより人口移動や社会学的アプローチが主である。このように、抗戦期に限定すれば、ハワイ華僑に関しては遺憾ながらほとんど解明されていない。

第五に、カナダ。一九三七年盧溝橋事件から四五年八月中国勝利・日本敗戦までの期間にも言及する著作としては、①Lisa Rose Mar, *Brokering Belonging: Chinese in Canada's Exclusion Era, 1885-1945*. UNIV of TORONTO PRESS,

2010は、第二次世界大戦前、ほとんどの華僑は不法移住であったが、大戦開始後、華工はその機会を活用し、カナダでの権利拡張に奮闘したとする。②Judy Maxwell, *A CAUSE WORTH FIGHTING FOR: Chinese Canadians Debate Their Participation in the Second World War.* UBC 2005は、バンクーバーやオタワでは太平洋戦場での日本軍との戦いが白人と華僑との協力関係を促進したという。③Paul Yee, *SALTWATER CITY: An Illustrated History of the Chinese in Vancouver.* Douglas & McIntyre Ltd, 2006は、華僑の戦争参加の大きな目的の一つがカナダでの市民権・参政権獲得であったとする。これらの研究のほとんどが主にバンクーバーに焦点を当て移民排斥法や差別の問題を軸に論じ、第二次世界大戦期に中国も連合国に参加したことで華僑も戦争勝利に貢献した。その結果、白人との融和が促進され、後の移民排斥法の廃止に繋がったと論じる。その他、本書のテーマと時期的に異なるが、日本では④園田節子『南北アメリカ華民と近代中国』東京大学出版会、二〇〇九年が一九世紀における人口移動や移住に焦点を当てる。

第六に、傀儡政権にも焦点を当てて論じているものに、李盈慧『抗日与附日—華僑・国民政府・汪政権—』水牛出版社、二〇〇三年がある。華僑の抗戦への貢献を大前提とする研究に疑義を唱え、華僑が世界各地域、階層、貧富の差、特に教育程度によって抗日と「附日」に分類できるとする点にはほぼ異論がない。ただし地域内でも複雑で、東南アジアは日本占領以前と以後では全く異なる様相を呈し、国民党、中共、南京汪政権以外に南北アメリカ州で強大な影響力を有する致公堂を無視できないのではないか。私見によれば、「附日」と称される南京汪政権ですら抗戦末期になるほど日本に対して自立性を主張する。すなわち、その傀儡性の度合いは時期によって異なることは押さえておく必要がある。[2]

二

上記の研究状況から幾つかの問題点が浮かび上がる。中国と華僑の有機的関連、相互作用を考えれば、華僑自体の研究はもとより重要であるが、それだけで華僑史を本格的、かつ構造的に解明できるのか甚だ疑問である。華僑のみに焦点をあわせすぎると、国民政府の戦時華僑行政・政策・機構が全く見えず、構造的にどうなっていたのか不明である。逆に国民政府の戦時華僑政策のみに焦点をあわせると、華僑動態が不明となる。したがって、この双方から立体的構造的に考察、分析を加える必要があるということである。

国民政府の華僑行政は世界恐慌、盧溝橋事件（七・七事変）、太平洋戦争の勃発を経て日本敗戦に至るまでの激動期に複雑な推移を辿った。結局、国民政府は一貫して華僑政策によって何を目指したのか。もしくは状況によってどのように転換せざるを得なかったのか。その特質は歴史的にいかに位置づけられるか。従来の研究では、国民政府支援の華僑献金に焦点を当てるが、それだけでは華僑行政の実態を解明できず、歴史を一面的で平板化してしまう危険性がある。

そこで、本書では、まず僑務委員会の機構を明らかにした上で、まず華僑行政・政策の実態とその特質を多角的視点から構造的に分析するために、⑴国民政府・僑務委員会の動向・基本方針と華僑保護政策、⑵帰国華僑救済問題、⑶華僑の中国投資、⑷汪精衛問題などを相互関連的、かつ実証的に論じる。

次いで、①世界華僑の抗日・「親日」・「媚日」実態に焦点をあて、日本・台湾・朝鮮、南洋からの帰国華僑、およびタイでの排華運動に至るまでに言及する。こうした状況下で、国民政府はいかなる対策をとったのか。②華僑投資誘発のための優遇策の意義と限界を示しながら、特に広東系華僑胡文虎の活動に注目する。この際、③重慶国民政府の華僑政策と南京汪政権のそれとの対抗、共通性、差違に着目したい。ところで、戦争の推移に伴い、国民政府の力点は【南洋】→【南北アメリカ、特にアメリカ、カナダ】にウエートが移っていき、海外党部も防衛体制構築への南洋華僑参加を指導している。このように、海外華僑業務を担当したのは、僑務委員会のみならず、外交部、教育部、さらに海外党部であるが、それぞれの位置と相互関連を明らかにしたい。

三

本書のスタンス、重点を簡潔に述べると以下の通りである。

(1)南京国民政府側から華僑行政にアプローチし、その目的・政策決定過程・政策の実施とその影響について僑務委員会を中心に考察を加える。とりわけ抗戦前に何をどこまで達成し、何が達成できなかったのかを歴史事実に基づいて論じる。また、その際、世界恐慌を契機としての世界的規模での華僑排斥の実状なども明らかにする。

(2)抗戦期における重慶国民政府の華僑行政を考察すると同時に、華僑への影響力や掌握度を、僑務委員会、外交部、海外党部、さらに特務「C・C」系・「藍衣社」などの動向を踏まえて多角的視点から実証的に明らかにする。

(3)重慶国民政府と対抗形態にある南京汪政権の華僑政策、僑務機構を実証的に考察すると同時に、重慶国民政府のそれとの比較検討を通して華僑争奪の実状を追究する。

(4)国際ネットワークのみならず、現地国での華僑の位置、実態を明らかにしながら、孤立・断絶状態にもアプローチし、抗日・親日動向を含めて華僑の自立的対応を考察する。

(5)歴史学から実証分析を進める。すなわち私の関心は社会学、あるいは人口移動・移住などにはなく、「落地生根」など現地化を評価する傾向にあるが、抗戦期にむしろ「祖国中国」を掲げてナショナリズムを高揚させたことを対日抗戦力の側面から評価する。

(6)地域的には、主に東南アジアではシンガポール、英領マラヤ、タイであるが、特に不明点の多い戦時期の北米のアメリカ、ハワイ、カナダ各華僑の解明に重点を置く。

では、本書の学術的特色・独創性は何か。

①私の研究では華僑を受動的存在と考えておらず、中国国民政府、南京汪政権、華僑をそれぞれ自立的存在として三者の目的、動態に相互分析を加え、構造的に考察した点、②華僑側からだけではなく、国民政府や傀儡政権側から華僑の新側面の開拓を試みた点、③中国国民政府のみならず、南京汪政権の華僑行政面を本格的に解明した点、④華僑と国民政府との良好な関係のみならず、国民政府との矛盾・対立、および英国植民地政府との矛盾・対立面をも摘出し、歴史の中に正確な位置づけを試みた。そして、各幇を意識しながら、華僑間対立にも踏み込んだ点、⑤最終的には、華僑の独自な主体的動きを、以上の項目との関連で再検討を加えた点、⑥前述の如く戦時期におけるアメリカ、ハワイ、カナダ各華僑動態についてはは不明点が多い。歴史開拓的にこれら地域の華僑動態の本格的な解明をおこなった点等々があげられよう。以上のように、新たなアプローチ・枠組みにより華僑、およびそれと関連する諸側面に光を当て、かつ時期的、地域的な偏重、空白などを是正することで、戦時世界華僑史の構築を目指した。

四

本書の構成と各章の概要、および主要史料は以下の通りである。

第一章では、南京国民政府の華僑行政、特に華僑行政機関・僑務委員会を中心に、その組織、活動実態、およびその意義と限界を実証的に論じる。抗戦前（一九三二年四月僑務委員会の改組・成立～一九三七年六月）、南京国民政府行政院の僑務委員会は華僑行政をおこなう主要機関であり、出入国管理のみならず、対華僑工作によって祖国・中国と華僑の結びつきを強化するという重要な役割を担った。僑務とは、国家による①本国人の国外への出国・移民、②外国人の国内への入国・移民という大きな二本柱から構成され、本国人、外国人双方に対する行政管理を実施することを指す。ところが、一九三〇年代の中国の場合、その国際的地位の低さから中国内における外国人管理を徹底できずにおり、勢い華僑管理・華僑工作にウエートが置かれた。主要史料は国民党の『中央日報』、『僑務十三年』、『僑務十五年』、『僑務二十五年』、および『南洋年鑑』などを使用する。

第二章では、世界経済恐慌下において各国各地域が自国民の就業重視の姿勢を打ち出し、排華条例により世界各地で華僑排斥を実施した。蔣介石・南京国民政府、僑務委員会がこうした事態をいかに認識し、いかなる政策をとり、対処しようとしたのか。南京国民政府の具体的な政策と僑務委員会の役割を解明する。そして、これらは抗戦後の帰国華僑に対する政策、対処法の経験、基盤となった。また、世界各地の排華条例の内容を押さえた上で、排華が激しかったシャム（なお、一九三九年以降、タイ）、英領マラヤ、メキシコ、および全く不明であった社会主義国家のソ連などに焦点を当て排華の実態を解明し、その特色と本質を考察する。主要史料は通産省第二課『華僑ノ現勢』など日本側史料、および国民党の『中央日報』などを用いている。

第三章では、抗戦期における重慶国民政府の戦時華僑政策について、従来華僑献金、中国への投資、日貨ボイコットなどが主に採りあげられ、抗戦における経済的意義が強調されてきた。これらは重要な研究とはいえ、これだけでは歴史を一面的で平板化してしまう危険性がある。そこで、多角的視点から分析する一環として、重慶国民政府の戦時華僑政策を僑務委員会を中心に明らかにしながら、盧溝橋事件、次いで太平洋戦争勃発後、むしろ財政負担となった日本、南洋などからの帰国華僑の実態とその保護政策の意義と限界を解明する。また、海外部は華僑による抗日防衛体制の構築を推進し、連合国・現地政府は全面的協力を打ち出した。それを梃子に各国での華僑地位向上が目指され、一定程度成功したと論じる。史料としては、『僑務十三年』、『僑務十五年』、台湾の国民党党史委員会所蔵檔案、中央研究院近代史研究所檔案館の所蔵檔案などを用いる。

第四章では、重慶国民政府と、南洋、特に英領マラヤ、シンガポール各華僑との関連を中心に論じる。華僑の抗戦支援という意義のみならず、重慶国民政府と華僑との矛盾対立、僑務委員会の役割と華僑の不満、華僑内対立と協調、英国植民地政府との矛盾と融合、および民族意識の養成を目的とした華僑教育等の全面的解明をおこなう。具体的には華僑による蔣介石支援の署名運動、援英運動、および華僑労資間の争議等にもアプローチする。なお、本章は、一九三七年七月中国抗戦開始から四一、四二年南洋各地が日本軍に占領される前後までに焦点を絞る。主要史料は党史委員会所蔵檔案、および陳嘉庚系の『南洋商報』を本格的に用い、胡文虎系の『星洲日報』を補強史料とする。

第五章では、抗戦期のアメリカ華僑に切り込みたい。その際、①華僑の歴史が最も古い西海岸のサンフランシスコが重視されてきた。だが、それだけではアメリカ華僑を一面的にしか明らかにできない。そこで、もう一本の柱として東海岸の大都市ニューヨークを設定する。②抗日献金の活動実態、特質を明らかにする。③中国国民党のみならず、ニューヨークではアメリカ洲の大規模結社致公堂・司徒美堂に光を当てる。④アメリカ社会における華僑の地位向上を移民排斥法とからめて分析する。そして、⑤アメリカ、特にニューヨーク華僑がどのように蔣介石・国民党を切り捨て、中国共産党（以下、中共と略称）支持へと傾斜していったのかを明らかにする。なお、史料的には、国民党の『中央日報』、中共の『新華日報』はもちろん、台湾の国史館所蔵の国家檔案、アメリカで出されていた華字新聞を骨幹に日本の外交史料館、アジア経済研究所などで収集したもので補強する。

第六章では、ハワイ華僑は、孫文の革命を全力で支援し、団結力が強く、「堂闘」（華僑団体同士の武闘）もなく、華僑の「優等生」とされてきた。そのため、辛亥革命時期のハワイ華僑については研究が多い。また、中国人移民初期の移動・定住、結婚、家族構成、チャイナタウンなどがとりあげられるが、歴史的背景へのアプローチや歴史学的分析は稀薄である。それも一九三〇年代前半にとどまり、抗戦期についてはほとんど素通りし、一挙に戦後の状況が論じられる。だが、この時期のハワイ華僑動態が不明なままでは、ハワイ華僑史それ自体の本格的な解明ができない。結局、ハワイ華僑が戦時期どのような動態を示し、それはいかなる特色を有すのか。アメリカ大陸の華僑との関係、致公堂の関係、および日系移民とハワイ華僑との関係を重視する。史料的には、ホノルル発行の華字新聞『中華公報』や地方新聞の"The Honolulu Advertiser"などを使用する。

第七章では、カナダ華僑研究は康有為や孫文との関係から解明が進んだが、一九一〇年、二〇代まで留まっている。三〇年代以降、特に第二次世界大戦期の華僑は本格的な研究はなく、やはり空白のまま残されている。従来の研究に対して、本章では①カナダ華僑の中心バンクーバーをとりあげるが、他諸都市での華僑の動向にも気を配る、②現地の華僑のみならず、抗日戦争や中国内などの歴史的動向や背景を常に念頭に置く、③華僑の団結のみならず、華僑内における党派争いを意識的に掘り下げる、④国民党のみならず、南京汪政権、中共、そして致公堂の動向を重視していることなどがあげられよう。なお、史料的には、主に台湾の国史館、および中央研究院近代史研究所檔案館にそれぞれ所蔵されている檔案、およびバンクーバー発行の華僑新聞『大漢公報』を使用する。

第八章では、沿海・沿江諸都市、特に華僑の出身地である広東、福建両省の主要地域は日本、南京汪政権の統治下に組み込まれた。このことは、南京汪政権が帰国華僑の救済問題に直面し、財政難に苦しみながら、かつ僑務機構再建の必要に迫られたことを意味する。同時に海外華僑との連絡をとり、蔣介石・重慶国民政府に対抗して、華僑献金を獲得する必要があった。南京汪政権の僑務機構、華僑政策に焦点を絞り、その特質、実態を明らかにしながら、歴史的限界のみならず、その意義をも考察する。その際、重慶国民政府との差異だけでなく、共通性も考察する。また、「僑務委員会」は華僑教育を極めて重視していた。それは何故か。中国人留学生問題を含めて考察を加えたい。主要史料は、『汪偽政府行政院会議録』、『南京新報』、『南京民国日報』、および『中華日報』である。

第九章では、臨時・維新両政府、とりわけ両政権統合の南京汪政権下、各地域における政治・経済的状況を踏まえながら、帰国華僑などを中心に、その動向と実態などを明らかにする。南京汪政権施行の華僑政策はいかなる影響を及ぼしたのか。その歴史的意義と限界は何か。地域としては、汪精衛、陳璧君ら始め広東幇と密接な関係にある南京汪政権にとっての重要都市である上海、広州、および汕頭などを重視する。そして、香港の場合、南京汪政権の役割を考察するため、陳璧君らの活動に焦点をあて、また日本との関係も強い胡文虎の活動に着目した。史料は主に『南京新報』、『南京民国日報』、『中華日報』、および『全閩新日報』などを使用した。

五

関係史料の調査収集は、第一に、国内では、①外交史料館、②東洋文庫、③国会図書館、④アジア経済研究所、⑤愛知大学霞山文庫など。第二に、国外としては①シンガポールでは、シンガポール国立大学中央図書館、宗郷会館、中華総商会など、②フィリピンでは国立図書館、フィリピン華僑博物館、中華街に隣接する陳延奎紀念図書館など、③台湾では、中央研究院近代史研究所檔案館、国史館、党史委員会、中央図書館台湾分館、台湾大学図書館など、④中国では、北京図書館、福州の福建省図書館、福建省檔案館、廈門大学南洋研究院、廈門市檔案局、暨南大学華僑華人研究所、中山大学東南亜研究所、中山図書館等々で実施した。⑤アメリカでは、スタンフォード大学フーバーライブラリーを中心に、ロサンゼルスで華僑会館、華僑総商会、文教服務中心、サンフランシスコで中華会館、文教服務中心、歴史華僑博物館、本埠華僑図書館、シカゴの中華会館、ボストンの中華公所、ニューヨークの中華公所、⑥ハワイでは、ハワイ大学ハミルトン図書館、ハワイ州立図書館、⑦カナダでは、ブリティシュ・コロンビア大学アジアセンター、トロント大学図書館等々で実施している。

なお、本書では「華人」や「華僑・華人」を使用せず、原則として「華人」を含める概念として「華僑」を用いている。確かに一九八〇年第五届全国人民代表大会第三次会議で、「中華人民共和国国籍法」が採択され、中国国籍を保留、もしくは選んだ者は「華僑」、現地国籍者は華僑とはいわず「華人」と称す、と明確に規定した。現在、「華僑」と「華人」を明確に区別することに異論を唱えているわけではない。「落地生根」、「従華僑到華人」にも見られる通り、中国人の意識を有しながらも現居住地を重視する姿勢に転換してきたことを意味する。それは、歴史的に繰り返されてきた「華僑排斥」の苦い経験からも生み出されてきたのだろう。しかしながら、現在の意識、もしくは現在の中国「国籍法」を過去に遡らせて歴史を恣意的に割り切ると、当時の歴史を正確に再現できないのみならず、歴史状況・歴史の本質からかけ離れてしまう危険性がある。(3)

註

(1) 過放「新時代の中華会館」、中華会館編『落地生根―神戸華僑と神阪中華会館の百年―』研文出版、二〇〇〇年二月、二六九頁。

(2) なお、陳来幸『近代中国の総商会制度―繋がる華人の世界―』京都大学学術出版会、二〇一六年が出版され、清末から一九二九年までの総商会制度を梃子に日本との関係、ナショナリズムと中国内外のネットワークを強調する。私の場合、それと共に華僑同士の矛盾対立も注視し、構造的に分析しており、見解の相違も多々あるようなので、機会があれば論評したい。

(3) この点に関しては、すでに前掲拙著『戦争と華僑』でも記述したが、その後も繰り返し質問を受けるので、もう少し詳しく説明したい。実は、私も当初、華僑と華人を明確に区別すべきと考えてきたが、実際に華僑史を研究し始めると、困難が伴うことが判明した。当時の史料の多くは「華僑」概念に華人を包括し、時には「華人」概念に華僑を含め、あるいは「華人」を中国人の総称として使用している。また、同史料の中で恣意的に「華僑」、「華人」という文字を混在させているに過ぎないものさえある。二重、もしくは多重国籍者は華僑なのか、華人なのか等々、疑問点が次々と出てくる。ところで、「華人」と「華僑」の明確な区別を主張したのは、シンガポール元大統領の客家リー・クアンユーである。すなわち、リーは中国からの独自性・独立性を主張した。それ故、強い批判を受けながらも管理統制を強化し、小中学校では全ての授業を英語でおこなうことを断行し、かつ中国寄りで中国語重視の南洋大学を廃校とした。そして、「中国人」ではない「シンガポール人」意識の定着を図った。その上で、工業、輸出等でライバル関係にある台湾よりも、むしろ中国に接近し、友好関係を築き上げようとしている。つまり意識的にも「華人」、いわば「シンガポール人」が明確に形成され始めたのは、戦後、特に一九六五年八月マレーシアからの独立以降である。その結果、現在、確かに「シンガポール籍華人」と「中国籍華僑」のシンガポールや中国に対する意識、活動形態、および習慣の相違がみられ、明確に区別して論じる必要があるかもしれない。しかし、本研究の対象である抗戦期には華僑も華人も帰属意識は中国にあり、「第一の故郷」はあくまでも「祖国中国」であり、南洋は「第二の故郷」にすぎず、意識的にも行動的にも華僑、華人間に相違はない。つまり、華人もいわば「華僑的思考」形態にあったのである。こうした状況下で、種々の政治的背景と政治的意図のあるリーの発言を無批判的に鵜呑みにし、現在のシンガポール等の状況・立場を過去にそのままスライドさせ、実際には両者を何ら区別せず、単に「華僑・華人」と並列に並べても意味があるとは思えない。

第一部　抗戦前・南京国民政府時期

第一章　南京国民政府の華僑行政と僑務委員会

——一九三二年四月から三七年六月まで——

はじめに

行政院僑務委員会は南京国民政府の意向に基づき、行政的に僑務をおこなう主要機関であり、出入国管理のみならず、対華僑工作によって祖国・中国と華僑の結びつきを強化するという重要な役割を担った。ここで、簡単に僑務を定義しておくと、国家による①本国人の国外への出国・移民、②外国人の国内への入国・移民という二つの大きな柱から構成され、本国人、外国人双方に対する行政管理を実施することを指す。ところが、一九三〇年代の中国の場合、租界の存続にも象徴されるように、その国際的地位から中国内における外国人管理を徹底できずにおり、勢い華僑管理・華僑工作にウエートが置かれた[1]。ところで、華僑史研究では最近、華僑の実態、経済活動、抗日運動、中国への献金、及び日本の特定地域の華僑などが徐々に明らかにされつつあり、充実した成果もでてきている。とはいえ、まだ局部、もしくは一面を解明したに過ぎず、かつ華僑側からのアプローチだけで、国民政府側からのアプローチはほとんどなく、中国の目的、華僑政策、実施した影響などが十分明らかにされているとはいえない。中国と華僑の有機的関連、相互作用を考えれば、華僑自体の研究はもとより重要であるが、それだけで華僑史を本格的、かつ構造的に解明できるのか甚だ疑問である。こうした観点に基づき、本章では、従来研究・専論が少ない南京国民政府の華僑行政、特に華僑行政機関・僑務委員会を中心に、その組織、活動実態、及びその意義と限界を実証的に論じる。その際、華僑政策がいかに実施されたのか、もしくは実施されなかったのかを考察する。なお、時期的には抗日戦争以前、すなわち、一九三二年四月僑務委員会改組・成立から三七年六月までの期間を主要にとりあげている。

一　僑務委員会改組・成立後の組織と活動

まず、僑務委員会改組・成立までの僑務機構の状況、及び華僑政策とその実施状況を、孫文、国民党中心に押さえておきたい。(2) 一九一二年一月孫文は臨時大総統に就任後、華僑を国政に参与させるとし、まずは参政権を与えるとした。だが、周知の如く、一四年一月袁世凱が国会を解散したため、孫文は華僑政策を実施できずにいた。一六年六月袁世凱が死去すると、孫文は「米大陸の中華会館に致す書」を出した。その中で以下のように述べる。罷兵以後、実業振興を計画し、まず銀行運営を発起する。この事業が成功すれば、華商為替・儲蓄に利便となり、各種実業を助けることができる。そのため、まず華僑から資金を集めるとし、この段階でその資金力にすでに着目している。また①帰国華僑の失業対策として、優良な鉱山一、二区の運営を開始し、同時に長江一帯に土地を選んで開墾させる。②上海に大規模で組織も完備した華僑会館を設立し、華僑の問訊、及び華僑と中国内地との連絡機関とする。工商業面ではこれを調査・連絡所とし、華僑に各種の自然資源を知らせ、華僑に財をなす機会を与える。③大規模な新聞社を設立し、共和が世界最良の政治であり、民権が貴重なことを認識させる、と。(3) この構想が、後の僑務委員会の改組・成立後の諸施策と類似点が多く、僑務の骨格に影響を与えた可能性が強い。ともあれ、この後、特に北伐勝利以降、孫文の三民主義が国民政府の基本原則で、僑務政策の最高指導原理であったとされる。例えば、民生主義は、華僑と現地人との友好協力による当地の社会繁栄、華僑の経済、教育、文化事業の発展を指導し、その生存を保障する。民族主義は華僑の民族精神を発揚し、内は中華民族の独立、外は世界の民族との平等を求める。民権主義では、国民政府は全力で華僑に服務し、華僑は十分な民権を享受できるとされている。[4]

二四年一月中国国民党第一次全国代表大会が広州で開催された。そこで、海外党務状況が報告された。海外には総支部、支部、分部、通信処があるが、総支部はサンフランシスコ、カナダ（都市名不明）、サイゴンにあるに過ぎず、キューバは準備段階で、他はほとんど分部とする。つまり、この時期は総支部、支部を設立する段階に至っておらず、多くは小規模で、かつ横の連繋に欠き、組織体系化の面でも不十分であったと推測される。こうした状況を反映して、国民党勢力は南洋、米国、メキシコに及んでいるだけで、欧州ではイギリスのみに一支部があるに過ぎなかった。ただ、パリ留学生数百人が国民党に加入したとし、[5] 留学生を梃子とする発展も模索されていた模様である。この時、孫文の提案で広東国民政府内に僑務局が設立され、局長に陳樹人が就任した。[6] これが、国民政府の僑務機構の起点といえるが、いかなる機構で、いかなる活動をしたか不明で、有名無実の機構であった可能性もあり、一、二年存続しただけであった。

とはいえ、この時期、世界的に好況となり、「蘭印」（現インドネシア）などの南洋でも労働力の需要が多く、中国人の渡航が激増し、僑務、特に華僑保護政策の必要性は高まっていた。周啓剛（キューバ華僑）、莫子材、王健海ら多くの帰国華僑の要請も受けて、二六年一月国民党第二次全国代表大会では海外党務重視の姿勢が打ち出された。そして、南洋などの各地で党務公開が不可能な場合は秘密裏にでもおこなうとする強硬な姿勢が示され、かつ変法派、致公堂、および帝国主義の走狗など「反革命分子」の国民党破壊活動に対しては国民政府が厳罰に処す、[7] と強調した。これが現実に可能であったか否か別として、華僑に国民政府を認知させるためにも、こうした力量を国民政府が有していることを誇示する必要があったのであろう。ともあれ、南洋を中心に世界各地に党勢を植え付けることに力点が置かれていた。

この大会では、国民党の海外党務に対する積極的姿勢を背景に僑務機関設立も議決されている。つまり海外における党勢拡大と僑務が結びつけて考えられ始めたのである。かくして、準備委員会が設立された。その構成員は主席汪精衛、常務委員胡漢民、宋子文、伍朝枢、張人傑らであり、二六年八月「国民政府僑務委員会組織条例」を採択している。そして、一〇月には国民政府直属の僑務委員会が正式に設立された。僑務委員には鄧沢如、陳友仁、彭沢民、曾養甫、周啓剛が任命され、その下には秘書処（文書、書類の受付と発送、会計、庶務各科がある）、および移民（海外移民の取締と監督）、組織（各華僑団体、学校、新聞社の指導と監督）、交際（帰国華僑の旅行・参観などの優待、華僑子弟の帰国・就学の指導、帰国華僑の実業投資の紹介、海外華僑の紛糾の処理）、調査（各国の華僑待遇政策と条例の調査、華僑の戸数と人口、国籍、工商農学の生活状況調査）四課が設けられた。そして、僑務委員会は必要時には駐外「僑務特派員」と「調査員」を増設でき、これらの職権は駐外大使・領事の職権と抵触しないこととした[8]。これと前後して、国民党中央・各省区連席会議は、①華僑が居住地で平等な待遇を獲得できるように法を設ける、②華僑子弟の帰国求学者には便宜を図る、③帰国華僑で実業振興を企図する者には特別な保証を与えるとする華僑関係政綱三項目も採択している[9]。これが国民政府最初の僑務政策で、法令化の起点ともいえるもので、目的、骨組みが明確になってきている。また、後の僑務委員会改組の内容と基本的に重複するところが多く、これを主要に叩き台とした可能性が強い。このように、孫文の構想は機構、組織面から補強、前進させ、具体的なものとなり、次第に実行可能な形態へと進展してきた。ただ、委員陳友仁、彭沢民、周啓剛らは北伐に参加してしまい、この時も成果をあげることなく、広東省政府民政庁に合併、吸収されてしまった。つまり中国統一を目指す北伐が優先される中で、僑務は後回しにされてしまったのである。

二七年四月南京、武漢に分裂後、南京国民政府外交部は上海に僑務局（局長鍾栄光）を設立し、同時に大学院に華僑教育委員会を付設した。いわば外交部僑務局の時代であり、その委員には周啓剛、鄭洪年らが就任している。しかし、この形態では外交に付随し、華僑の出入国管理などの実務に適さず、僑務を独自に展開することが不可能であり、ある意味で国民政府所属の僑務委員会よりも後退した形態であった。このように、外交部僑務局ではあまりに地位が低く、小規模であったため、帰国華僑の莫子材、張鵬高らからの批判、請願を受けた。そこで、二八年二月第二届中央執行委員会で国民政府直属形態の僑務委員会復活を議決した。この時は委員長を置かず、常務委員制を採ることとした。かくして、九月南京に国民政府僑務委員会が華僑の「移植・保育」を目的に復活、設立されたのである。常務委員林森、鄧沢如、蕭仏成、周啓剛、丘荸昀の五人、委員鄭洪年、鍾栄光、王志遠、陳嘉庚[10]ら七人が任命され、その下に秘書長、秘書、および移民、指導、教育三科が設けられた。ただ、常務委員林森、鄧沢如、蕭仏成ら三人は就任せず（理由不明）、結局、李烈鈞、孔祥熙、宋淵源が代わって就任した。李と宋は国民政府委員兼任であるが、二人とも討袁時期に南洋で革命宣伝の経験があり、南洋華僑の状況に通じていた。孔は工商部長兼任であるが、米国留学の経験を生かせる。周と丘が（ジャワ）華僑である。このように、主要に華僑との関係、海外経験が考慮の上、人選され、華僑二人も参加している。[11]二九年二月国民政府により「華僑回国興辦実業奨励法」が公布され、華僑の中国の建築、交通、製造、農鉱など実業への投資を奨励している。これの実施面で、僑務委員会の役割が明確化された。すなわち、僑務委員会を経て主管機関の奨励の許可を受け、当地官庁にその実業に対する特別な保護を要請できる上、僑務委員会に原料と生産物の運搬上の便を要請できることとなった。[12]このように、僑務委員会は華僑の窓口となるともに各機関へのパイプ役を果たし始めた。

ところが、胡漢民の提案により三〇年から僑務委員会は国民党中央執行委員会所属に改められ、中央僑務委員会と改名された。このことは、海外における党勢拡大のためにも、党務に僑務を包括し、華僑と国民党を明確に結びつけたいという意図が強く感じられる。このように、僑務は国民政府管轄と国民党管轄の間で綱引きがあった。この時は、僑務行政の実際業務が外交部、工商部、大学院がそれぞれ管轄し、分かれて実施することとなった。すなわち、（一）外交部は華僑保護を目的に①華僑生活と各種事業の調査、②僑務各機関の整理、③華僑地位の増進、（二）工商部は①華工保護、②外国駐在の商務委員の設置、③海外華僑の工商奨励、そして（三）大学院は華僑教育の発展を目指し、

①適地に学校増設、②華僑運営の教育事業の視察と発展への援助などをおこなうとされている。[13] つまり、中央僑務委員会が僑務に関して計画、建議、審議したものを自ら執行できず、行政機関が弁理し、執行することになったのである。このように、この時点でも行政と分離し、それを実施する行政面も整備が遅れ、実際の僑務に対応できなかった。

ところで、この時期、海外での華僑の失業状況は極めて厳しいものがあった。世界恐慌の影響が尾をひき、世界的不況に見舞われ、その影響で世界各地で排斥を受け、華僑が失業し、相継いで帰国したのである（第二章を参照されたい）。かくして、華僑失業救済が最重要課題として浮上した。これに緊急に対処する必要が生じたのである。三一年一一月国民党第四次全国大会では、孫文の構想の延長線上にあると考えられるが、帰国失業華僑に対して国家が農場、工場を運営し、その具体的工作を中央僑務委員会に担当させるとはしている。また、「党国」のために働き、現地政府に強制送還された華僑に対しては三ヵ月以内に、技能により仕事を按配する、[14] という優遇策採用によって華僑が安心して国民党と中国への忠誠心を発揮できるように配慮した。しかし、当時の国民党では実務に対応できない。

こうした状況が僑務委員会の本格的改組を促した。予測外の満洲（九・一八）事変も勃発したが、三一年一二月国民政府は僑務の多くが行政範囲にあることを認め、「僑務委員会組織法」公布を断行したのである。三二年四月一六日僑務委員会が南京で改組・成立し、国民政府行政院管轄下に入り、行政機構の一環として機能することになった（以下、これを改組と称す）。そして、直接華僑行政に責任を持ち、華僑政策の立案のみならず、執行できる中枢機関になった。つまり、僑務機構は国民政府、外交部、あるいは国民党所属と一定しなかったが、行政機関として確定し、国民政府の華僑行政機構が基本的に確立したといえる。かくして外交部、教育部、内政部、財政部、実業部と同格の組織機構となり（図1―1）、これら各部の協力を得ながら華僑行政を推進できることとなった。

「僑務委員会組織法」（全一五条）の要約は以下の通り。

第一条　僑務委員会は国民政府行政院に隷属し、本国僑民の「移植・保育（保護・育成）[15]」などの事務をおこなう。

図１—１　国民政府組織系統における僑務委員会の位置

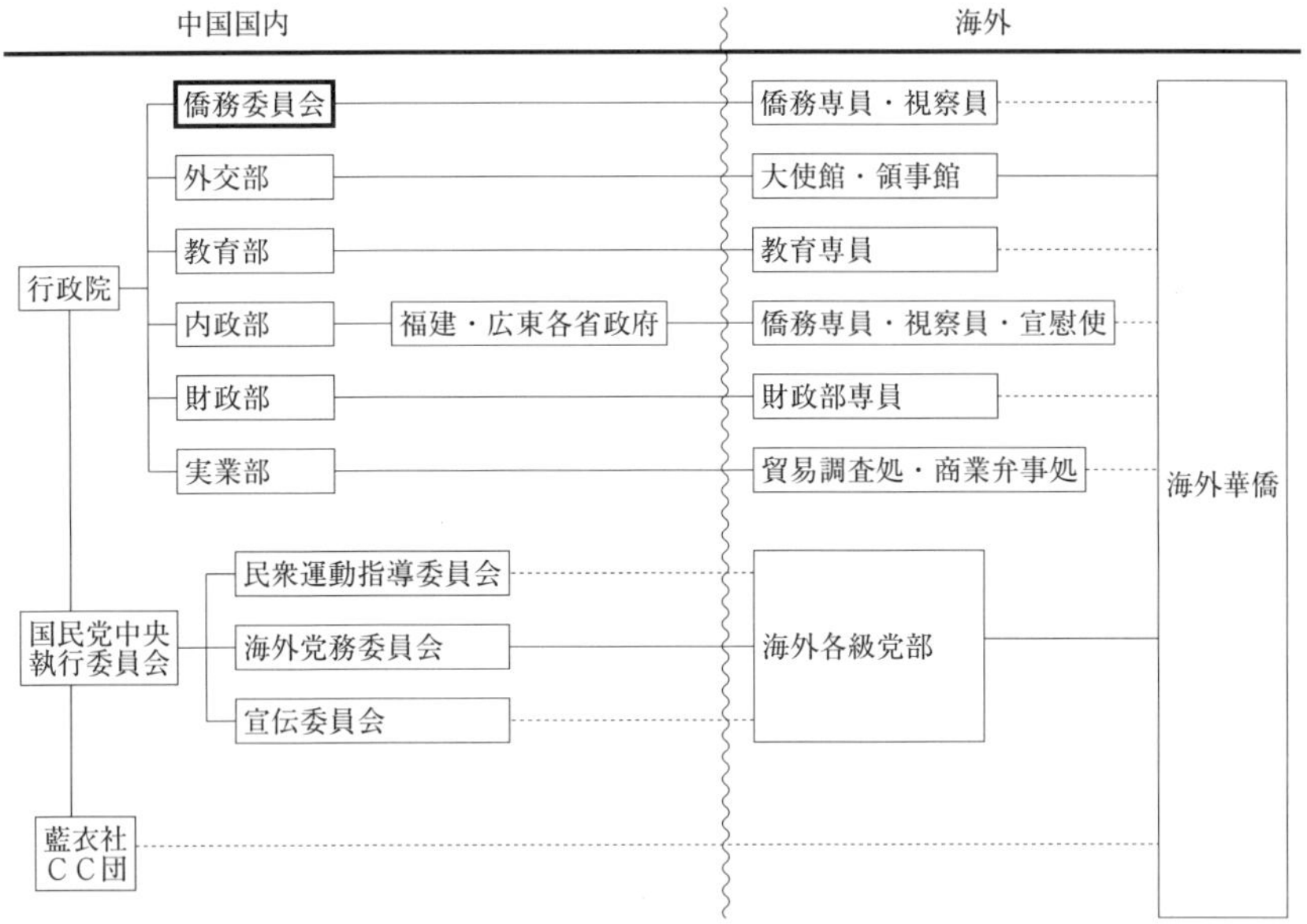

出典：南方年鑑刊行会『南方年鑑—昭和18年版』1943年、247頁と本章各所などから作成。これらの海外機関・人員は状況に応じて協力しながら、華僑、およびその団体を指導している。なお——は直属。‥‥‥は連絡・監督関係。

第二条　僑務委員会は委員長一人、副委員長一人、委員若干人を特に任命し、委員中から七乃至九名の常務委員（以下、常委）を指名する。

第三条　僑務委員会大会は毎年、あるいは二年毎に一回開会し、常務会議は少なくとも毎週一回開会する。

第四条　僑務委員会の議する事項で、関係各部会は委員を派遣、列席させることができる。

第五～八条によれば、組織は〈秘書処〉〈僑務管理処〉〈僑民教育処〉の三本柱で構成された。〈秘書処〉は①文書作成、翻訳、発行、及び保管、②官印保管、③会計、庶務など、〈僑務管理処〉は①僑民状況の調査、②僑民移植の指導と監督、③僑民の紛糾処理、④僑民団体の管理、⑤帰国僑民の実業振興への投資、旅行・参観の指導と紹介、⑥僑民への奨励・補助など、〈僑民教育処〉①僑民教

図１―２　僑務委員会組織系統図（1932年４月―1937年６月）

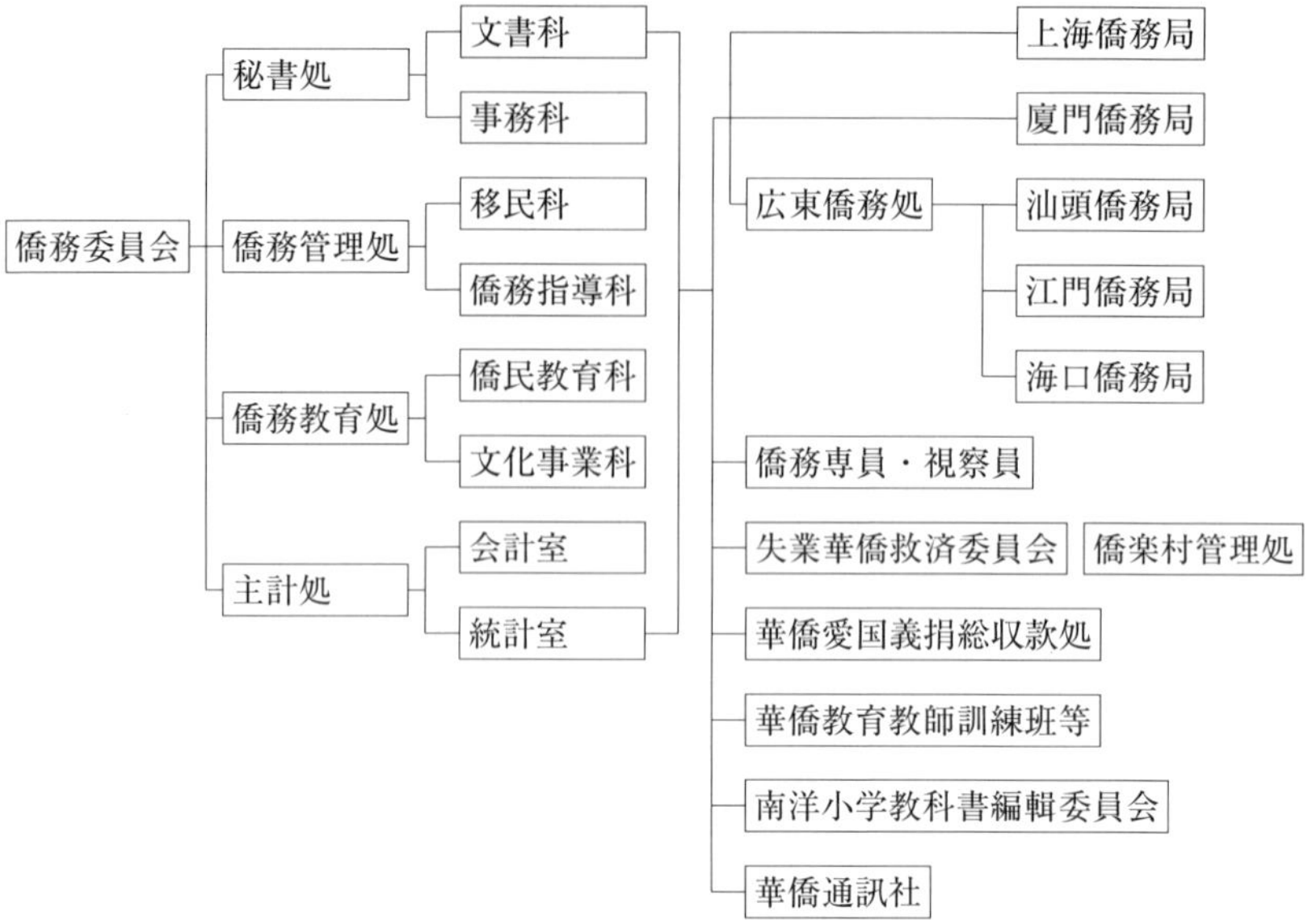

出典：「僑務委員会組織法」、僑務委員会『僑務十五年』1947年、36頁。『十年僑務―現代華僑専号―』1942年、８～９頁、および本章各所から考察の上、作成。なお、36年１月に会計室、統計室が増設されたが、その上部機構としての主計処は抗日戦争時期に設けられたものと推測される。

育の指導、監督、及び調査、②僑民の帰国、求学の指導、③僑民教育経費の補助、④文化の宣伝関連事項などである。

第九条　僑務委員会の管轄事項は各部会、及び駐外（大・公）使館の職権と抵触しない範囲とする。僑務委員会の主管事項に関しては駐外領事に指示できる。

第一〇条　僑務委員会は処長三名、科長六名を設け、科員一二乃至三〇人を推薦・任命する。会計員、統計員各一人を設け、年間収支、会計、統計事項を処理する。

第一一条　僑務委員会は事務上で必要な時は僑務専員、あるいは視察員を派遣することができる、[16]となっている。「組織法」に基づき、僑務委員会には秘書、僑務管理、僑民教育三処、およびその下に文書、事務、移民、僑務指導、僑民教育、文化事業六科が設置された（図1―2）。

委員長兼常委・呉鉄城、副委員長兼常委・

周啓剛、その他の常委は曾養甫、蕭吉珊、黄吉宸、戴愧生、陳孚木、曾仲鳴、林柏生の九人である。委員は常委を含め、陳耀垣、鄭占南、陳武烈、黄滋、荘西言、鄧子宝、楊寿彭、黄啓文、陳嘉庚、胡文虎ら計五三人である[17]。委員は「若干人」とあるが、実際は五三人もが選出された。陣容は改組当時の意気込みと将来の発展を予測させるものであった。委員選出には、華僑との関係が特に重視され、その結果、広東、福建出身者で固められ、他省出身者はほとんどいない。例えば、呉鉄城の略歴を見ると、孫文と同じ広東省香山県出身。九江の米国キリスト教会経営の同文書院卒であり、九江に「閲書報社」を設立した。一三年明治大学留学、法律を学び、一四年中華革命党に加入。翌一五年孫文の命でホノルルで党務をおこない、かつ華僑の求めに応じて『自由新報』の主筆となった[18]。出身に加え、こうした経歴をかわれたのであろう。ただ、三二年一月呉は上海市長に就任したため、結局、委員長には陳樹人が就任した。すなわち、呉は僑務委員会委員長よりも上海市長の地位を重視したものと思われ、このことから類推するに、当時、僑務委員会の位置は必ずしも高いものとはいえなかった。なお、「組織法」第三条によれば、毎年、あるいは二年毎に大会を開催するとなっていたが、実際は四〇年まで未開催である[19]。

では第一一条でいう僑務専員、僑務視察員とは何か。主要な目的は、中国・国民党と華僑を結びつけること、および僑務を円滑に遂行するための前提となる海外各地の華僑状況の調査にあった。まず、専員、視察員の資格は、国民党に深い認識をもち、海外に多年居住して華僑の状況に熟知し、かつ華僑界で声望ある者である。では、具体的な職務について見ておきたい。

（一）専員は①華僑を慰問し、国民党と中国の宣伝をし、中国の状況を知らせる、②華僑団体の組織化と指導、③華僑間の調整であり、（二）視察員は①華僑の人口、職業、生活状況の調査、②現地各政府の対華僑法令の調査、③華僑学校、各種文化団体の調査、④華僑の農工鉱商業などの調査、⑤華僑地域の主要産物と必要物品の調査、⑥華僑子弟の帰国・就学、及び華僑の帰国・実業開始の紹介と指導である。当地の大使館、領事館、もしくは高級党部、団体と相談し、解決できない場合は僑務委員会に報告する。なお、専員、視察員は僑務委員会支給の公費以外に手当などを受けてはならず、また華僑団体の職務兼任は禁じられた[20]。このように、潔癖さとともに、あくまでも華僑側ではなく、行政者として中国・僑務委員会側として活動することが厳しく要求された。これに基づき、例えば、三三年一二月視察員林沢臣が安南僑務、三五年三月陳春圃が南洋華僑教育[21]、三六年七月鄭占南が米国僑務視察に行くといった具合に、アフリカを含む各地に派遣された。期間は、李樸生の場合は半年で、旅費は五〇〇〇元と高額であり、教育部方蔚とともに香港、マニラ、シンガポール、ビルマ等々、南洋各地の華僑学校一六二校を視察するという本格的なものであった[22]。

改組時期、満洲事変、第一次上海事変が相継いで勃発したため、「国難時期」とされ、僑務委員会も緊縮財政で開始せざるを得なかった。そのため、業務の膨大さに比して、実務に携わる職員は僅か五〇人足らずであった。三一年には国民政府の財政を見ると、総支出五億七一九六万元中、軍事費が実に三億二六一九元（52.9%）、三二年五億八九一一万元中、三億三八六五元（57.5%）と突出しており[23]、その結果、僑務委員会の月経常費も必要経費というより国民政府の財政状況によって決定され、僑務委員会の月経常費は僅かに八〇〇〇元で予算の四割にも及ばなかった。また、職員の賃金も「国難賃金」と称され、適用されるはずの文官賃金体系以下に押さえられ、「最低生活」を余儀なくされた。三三年六月になって委員会経費は月一万八〇〇〇余元、さらに七月から三四年一月までは毎月二万三〇〇〇元に増額された。これにより、やっと各種事業も開始でき、各僑務局を成立させ、また失業華僑救済委員会、僑楽村、華僑教育教師訓練班などを挙弁できるようになった。その他、臨時費として、三一年度僑務委員会創業費一万一三八一元、三四年度には上海僑務局創業費八〇〇元、廈門僑務局創業費七〇〇元、僑楽村創業費三九五六元、華僑教育教師訓練班三三〇〇元、長崎失業華僑船代六九〇二元、メキシコ華僑救済費一万元が支出されている[24]。

三四年一二月僑務委員会の下部機関として廈門、上海に僑務局が設置された。中心工作は僑務委員会と同じく華僑の「移植」と「保護」である。廈門僑務局長・江亜醒は福建省永安県出身。国民党員で、南洋で教職経験がある。親日派でも欧米派でもなく、中立的であるが、日本植民地・台湾の経済発展を賛嘆していたという。「移植」工作は（一）出入国華僑の登記、（二）僑民諮詢処の設立である。出国者の多くが農民のため、出国手続、南洋の状況などが不明な者が多く、諮詢処で説明し、他方、帰国華僑には「匪乱」などの郷里状況の調査とともに、投資を斡旋する。「保護」工作は出入国の華僑保護、失業華僑の登記、華僑子弟の中国の学校への進学奨励にある。なお、僑務委員会は廈門、上海のみならず、広州、汕頭、江門、海口に甲種僑務局を設置し、将来、天津、青島、福州、梧州、北海に乙種僑務局を設置する計画でいた[25]。甲種は着実に実施に移され、三六、三七年には広州、汕頭、江門、海口各僑務局が相継いで増設された。そこで、効率化、指導の徹底を図るため、広東各港の僑務局の指導中核として、広州僑務局を広東僑務処に改組し、僑務委員会→広東僑務処→広東各僑務局と、指揮系統は構造的に整っていった。

では、海外党務状況はどのような段階にあったであろうか。三五年一一月国民党第五次全国代表大会によれば、海外党務が年来進展しているとしながらも、経費不足、人材欠乏、および上級の指導・監督が不統一という欠陥があるという。そこで、①中央は海外党務の指導・監督のために一つの「専部」などを設立し、また分区に特別派遣員を置き指導する。②従来通り、党部経費（金額不明）を支給する、③祖国文化の宣揚、華僑教育の普及を海外各級党部の中心工作とする、④中央政治学校華僑訓練班を復活するか、中央が海外党務工作人員訓練学校を設立し、党務人材の養成を期す、⑤国際宣伝費を増加させる、⑥華僑の実際の利益を重視し、党の力量を華僑に深入させる[26]。このように、国民党自体も経費不足に悩みながらも、徐々に改善を図り、海外党務を統一・整備し、人材を養成し、華僑に入り込み、指導強化を図ろうとしていた。そして、中国人意識を喚起するためにも祖国文化の高揚、華僑教育が重視されている。

ところで、海外華僑の登記は、すでに中央僑務委員会時期からおこなわれており、「華僑登記規則」を外交部に送付し、各領事館に処理させたが、その成果は不明である。改組後、新たに「華僑登記規則」を作成したが、登記期限一年と期限が短かすぎ、登記者も少なかった。そこで、僑務委員会は外交部との相談の上で、三五年一二月登記後、移転、死去の場合は再登記か登記証の返納を義務づけ、それ以外は無期限有効と修正した。大幅に規則を緩めたのである。そして、三六年から三八年までを登記期間としたが、盧溝橋事件（七・七事変）の勃発で完遂できなかった。このように、個人登記・掌握は困難を極めた。実は、当時、海外華僑の正確な人口統計すらなく、その作成が僑務委員会の基礎的ではあるが、極めて重要な仕事の一つであった。そこで、領事館、大使館、華僑団体、及び関係方面に再三調査を命令、依頼し、三六年九月段階で不完全とはいえ、やっと統計を出すに至ったのである。この時点で国民政府は世界華僑の人口を基本的に掌握したといえる。それによると、世界華僑人口は総計七八三万八八九一人で、その主要な地域と人口は、①アジアではシャム二五〇万人、英領南洋各島一七〇万九三九二人、「蘭印」一二三万二六五〇人、英領北ボルネオ七万五〇〇〇人、安南三八万一四一七人、ビルマ一九万人、フィリピン一一万人、インド一万五〇〇〇人、トルコ七〇〇〇人、香港八二万五六四五人、マカオ一一万九八七五人、日本二万七四人、朝鮮四万一三〇三人、台湾四万六六九一人、②欧州ではフランス一万七〇〇〇人、英国八〇〇〇人、オランダ八〇〇〇人、ドイツ一八〇〇人、ソ連二五万人、③米大陸などではカナダ四万人、米国七万四九五四人、西インド諸島三万六四〇〇人、ハワイ諸島二万七一七九人、メキシコ二万五〇〇〇人、中米各国九四〇〇人、ペルー五七〇四人、④オセアニアではオーストラリア一万五五〇〇人、⑤アフリカでは南アフリカ四五〇〇人などである。[27]このように、南洋中心に五大陸全てに広がっていた。

なお、三五年段階の各地域における華僑人口比率は以下のようである。シャム一八％、英領マラヤ四四・七％、「蘭印」二一・一％、仏領インドシナ二・六％、ビルマ二・一％、サワラク一九・五％、英領北ボルネオ二七・七％、フィリピン一・五％であり、南洋で五・六％とされる。[28]

ところで、三六年五月国民政府は国民大会開催を決め、僑務委員会委員長に海外華僑の代表選挙の総監督を兼任させることとした。そして、総監督の下、華僑代表選挙事務所を設立した。また、世界における選挙区を二四に分け、各区に選挙監督を置き、当地の大使、領事が兼任するとした。代表数は二四区で計四〇名である。これには帰国華僑から蒙・蔵両族人口は計四〇〇～五〇〇万人で華僑の「半分」なのに、同数四〇名ということで、不満も示されたが、逆に蒙古族委員からも蒙古族の代表数があまりに少ないとの批判が出された。結局、華僑代表数は四〇名のままで、その配分はマラヤ、シャム、蘭領各四名、安南、米国各三名、ビルマ、フィリピン、カナダ各二名、香港、マカオ、インド、日本、台湾、朝鮮、ホノルル、チリ、ペルー、キューバ、メキシコ、中米、欧州、オセアニア、タヒチ、アフリカ各一名であった。元来、華僑人口比から英領マラヤとシャムが各五名、米国二名、フィリピン一名としたが、前二者から一名ずつ減らし、米国とフィリピン華僑の革命に対する貢献を考慮して、一名ずつ増やした。これには異論はでなかった。候補者資格は特定団体会員、候補推薦者は団体職員である。特定団体とは①農会、②工会、③商会、④教育会、⑤医薬師団体、⑥新聞記者団体、⑦中華会館か各邑会所、⑧国民党部か「書報社」の有力八団体である。まず、特定団体職員が特定団体会員から候補者の三倍の推薦候補者を出し、国民政府がそれを二倍に絞りこむ。すなわち、国民政府のチェックが入り、反国民党的な人物などはこの段階で排除される仕組みとなっている。その後、その名簿を各区に戻し、複選をおこない、票数の最も多いものが代表者に当選する。かくして、三六年七月から華僑選挙事務が開始されたが、盧溝橋事件の勃発により遅延した。(29)

三七年二月国民党五届三中全会は華僑工作として①教育推進、体育提唱、生活調査、及び組織調査をおこない、②識字運動、国産（中国）品販売運動、新生活運動、国民経済建設運動などを各地の状況に応じて計画、実行する、③国民政府の「政治上の成果」と中国社会の「進歩状況」を宣伝し、外国人に正確な認識を与える、④各地の政府、人士と連絡をとることを採択した。(30)このように、国民党は党が積極的に推進する運動と結びつけ、かつ現地政府との提携促進なども目指され、国民党側の華僑政策も内容的に大きく前進した。だが、七・七事変の勃発によってほとんど実施できなかった。

僑務委員会も中国に役立つ海外華僑の農・工・鉱などの専門人材の所在、分布状況を掌握するために、特に「海外華僑専門人材調査則例」を定め、三七年四月から調査に乗り出している。調査表を、各地の大使館、領事館、および華僑団体に送付し、それを僑務委員会に返送させ、外交部と合同で審査、登記させた。これは抗日戦争準備の側面を濃厚に有していた。また、三七年春、僑務委員会は、戦争の危機が迫り、華僑経済が次第に不安定さを増しているとの認識から、相互連絡が不足気味の世界華僑の力量集中と具体的運用、及び海外事業の発展と国内建設を図るため、華僑経済会議の開催を計画した。すなわち、華僑の工商各界代表と国内各方面の専門家が南京に集まり、意見を交換し、今後の華僑経済の発展や安全を共同討論することになった。同時に僑務委員会大会も未開催に鑑み、僑務専員なども大会に出席し、海外僑務の発展を図るはずであった。六月には「華僑経済会議組織規程草案」などが作成され、行政院の許可を受け、実施するだけになっていたが、これも盧溝橋事件勃発により実現できなかった。[31]

結局、僑務委員会では、三二年から一〇年間陳樹人が委員長で、他も長期間勤めた者が多く、中央機関の中で人事面で長期安定した稀な例とされる。なお、三七年一一月の国民政府の武漢移動の時、僑務委員会構成員は委員長一人、副委員長一人、常務委員五人、委員五六人、処長三人、科長六人、科員二七人、事務員二八人、書記一六人、会計室員四人、統計室員三人、華僑教科書編輯室員七人など計一六二人で、その数は当初からほとんど変動しなかったとされる。だが、戦争で犠牲になったり、病没した者も多く、三八年四月には八三人と半減した。例えば、僑務委員会は同委員・国民党神戸直属支部主席の楊寿彭は敵国・日本で祖国抗戦のため巨額の献金を集めようとして日本当局に敵視され、三八年一月神戸の獄中で「毒殺」されたと認定した。その報告を受け、国民政府は楊寿彭を賞賛したという。[32]

ところで、周啓剛の回顧によると、一〇年間で僑務委員会はかなりの基礎を築いたが、理想には遠いと自己批判する。中国の僑務行政は上層のみで基盤が弱く、華僑自身の運動がその不足を補っている。それを打開するためにも、南洋を国防線の「外囲」と見なし、僑務行政を国策の一環とすることで、国家が華僑運動幹部を養成する必要を力説する。なお、三四年には「戦時華僑人材動員計画」を秘密裏に立案し、戦争準備と戦時運用を計画したが、環境の制限から実現できなかったという。(33)

二　華僑献金の動向と華僑の重要各事変への対応

華僑による為替送金は単に献金に限られていたわけではない。多くの送金は直接的には中国の家族に受け取られ、その生活援助になるのみならず、間接的には国家の入超を補い、生産事業を発展させ、国民経済に裨益した。抗日戦争以前は仕送りが自由であり、巨額の為替送金も阻害されることなく、その現金化にも問題はなかった。つまり、華僑送金は散発的で、家族への私的送金を含む種々の形態を採り、受け取り主体も多様で、その総額の掌握はなかなか困難である。したがって、本章で示す金額は巨額な為替送金、献金の一端に過ぎない。また、抗日戦争以前、僑務委員会の主要力量は失業華僑救済と華僑実態調査に割かれており、華僑団体の掌握に奔走している段階で、個人掌握にも努力していたとはいえ、ほとんど不可能な段階にあった。

満洲事変以降、華僑から為替献金が送付されてきており、満洲事変が華僑のナショナリズムに火を点ける一つの重大契機となったことは間違いない。国民政府は華僑指定の用途を尊重した外、一九三三年四月僑務委員会、財政部、国民党財務委員会が上海に華僑愛国義捐総収款処を設立し、南京に弁事処を設置した。三四年一月総収款処によると、前後して収めた献金は四九万四〇八八元である。以後、総収款処から報告はなく、総収款処も献金の受け皿として不透明部分を残しており、かつ未整備状態にあったことを示唆している。この他、各地華僑が直接、各機関、団体、および個人に送付された為替、及び僑務委員会、領事館、各華僑団体の報告などを総合すると、満洲事変から三三年六月までに、各地華僑が直接送付した各機関、団体、および個人は二九単位（総収款処が受け取った献金は包括せず）で、計三四九万五六五八元とされる[34]。

ところで、三五年には黄河大水害が発生し、被災地域は一〇数省に及び、被災者は一〇〇万人に達したという。それに対し、三五年七月から三六年一月までに救済金四六万元がシンガポール、ビルマ、フィリピン、シャム、安南、日本、朝鮮、米大陸、アフリカなどの華僑から送付され、僑務委員会が華僑の用途指定により義捐総収款処や賑務委員会に転送した[35]。また、四川、河南などの大旱魃に対してもフィリピンのマニラ華僑から[36]、三七年四月僑務委員会に救済献金四二〇〇元などが送付されてきた[37]。このように、自然災害に対しては常に華僑からの献金があった。

三六年三月南京市政府が一〇月三一日の蔣介石の五〇歳の誕生日を祝って、各省市に少なくとも飛行機一機分の献金を要請することを決め、市各機関代表四四人による委員会を組織した。予定金額は五〇万元であった。上海市各界は一〇機分の金額を集め、それで一隊を編成することを決め、その他の各省市もそれぞれ募金を決定した。この時、これに呼応して海外華僑の「献機祝寿運動」も大々的に展開された。三七年七月までシャム、英領マラヤ、フィリピン、「蘭印」、日本、朝鮮、米国大陸、オセアニア、アフリカなどから前後して総計二〇〇余万元が送付されてきた。このように、華僑からの献金だけで予定金額を大幅に上回ったのである。例えば、英領マラヤでは「各埠華僑購機祝寿会」が結成され、全マラヤでの募金を決定した。三六年九月代表大会（代理主席・陳嘉庚）が開催されたが、この時すでにシンガポール区の三五万元を始め、計一二〇万元に達している。また、フィリピンでは李清泉が五〇〇〇元などを出していた。こうした華僑献金で、記念委員会、中国航空建設協会、国民政府文官処は各種の飛行機二八機を購入した。一地域で一〇万元以上は飛行機に地域名を冠し、六万元以下は合わせて「華僑号」と命名するなど[38]、華僑同士の競争心も煽っている。

『僑務二十五年』の折込表によると、僑務委員会が直接受け取ったと考えられる華僑からの為替献金概数は、一九三二年三万三〇〇〇元、三三年三〇万五〇〇〇元、三四年三三万二〇〇〇元、三五年三一万六〇〇〇元、三六年三二万元、盧溝橋事件などの影響からか三七年には四五万元に跳ね上がった[39]。ただ、この金額を見る限り、華僑全献金額の内、僑務委員会が押さえていた金額は多いとは言えず、献金受皿としての機能は大きくはない。

では、華僑関連の中国重要都市の為替送金額（家族送金を含む）を見ると、例えば、シャムからの汕頭への為替送金は一九二八年三四六〇万元、二九年三四二〇万元、三〇年三三二〇万元、三一年一九九〇万元、三二年一六八〇万元、三三年一四九〇万元と[40]、世界恐慌の影響から、特に三一年以降、漸減している。また、華僑は閩南人が最大多数のため、福建、特に廈門は華僑の経済、貿易などにおいて重要な位置にあり、巨額資金は廈門を経由した。それ故、南洋の盛衰は廈門に直接影響を与えた。廈門僑務局の調査によれば、華僑の廈門への送金概数は三二年九〇〇〇万元、三三年七五〇〇万元、三四年五〇〇〇万元、三五年五二〇〇万元、三六年五八〇〇万元である。このように南洋の深刻な不況を反映し、送金額も減少し、廈門も未曾有の不況に直面したが、三四年に底を打ち、三五年、とりわけ三七年以降、南洋の景気の好転により、福建人の出国が増大し、廈門の景気もやや好転し始めたことが理解できよう[41]。

ところで、第一次上海事変の時、ビルマなどの華僑青年が次々と義勇隊を組織し、一〇〇余人が自発的に帰国し、十九路軍六一師団に収容、改編された。周知の如く、三二年五月淞滬停戦協定が締結され、華僑隊員一〇〇余人は六一師団と共に、戦死将兵（華僑隊員徐香進ら三人も死去）を追悼した後、解散させられた。だが、彼らは南京に行き、東北で継続して戦うことを請願した。僑務委員会は協定締結に鑑み、「栄誉の解散」をし、帰国させることとし、三二年六月一人当り解散費一五〇元と勲章を与えた。かくして七月彼らは居住する現地などに戻って行った。ただ、その後もビルマ華僑青年は知らずに次々中国に帰国し、入隊を請願した。そこで、廈門に人員を派遣し、船の切符を購入、一人五〇元を支給するなどしてビルマに送り返した[42]。この時も、十九路軍に多額の献金が寄せられた。例えば、フィリピンからは華僑連合会などから二万両、華僑国難後援会（主席・李清泉）から二五万元など、計七二万元、米国からはサンフランシスコ華僑の周崧が一〇万元を始めニューヨーク、シカゴからも送付され、計一七五万元で、世界各地から約四二〇万元もの献金が十九路軍に届けられた(43)。周知の如く、国民政府は一貫して第一次上海事変に消極的で、十九路軍を支援しなかったが、華僑の抗日意識と祖国愛に配慮せざるを得ず、丁寧、かつ慎重に対処している。

三三年一一月十九路軍、第三党を中核とする「反蔣抗日」の第三勢力政権・福建人民革命政府（以下、人民政府）が成立した。福建は華僑の出身地ということもあり、中国内外、特に華僑に強烈なインパクトを与えた。それ故、僑務委員会は強い危機意識から、すぐに陳銘枢らは「反動政府」を組織し、第一次上海事変の時に華僑が贈った献金「数千万元」と飛行機で「叛国」したと激しく非難するとともに、国民党・国民政府への支持を訴えている(44)。ところで、人民政府側も当然、華僑の支持獲得を目指し、その成立大会には、各省代表とともに華僑代表陳友仁、黄琬、李民欣、董冰如、李天敏の五人が列席し、かつ陳は政府委員、黄と董は経済委員会委員に就任させた。そして、人民政府はすぐに許友超、董冰如は十九路軍の抗日精神の貫徹、日本に妥協的な南京（国民）政府打倒などを訴え、胡文虎、陳嘉庚、およびキューバ、ハワイ、サンフランシスコ、フィリピン、シンガポールなどの中華商会、新聞社、各華僑団体などに打電し、人民政府への支持を求めた。つまり、国民政府と人民政府は熾烈な華僑支持の争奪戦を演じたといえる。人民政府に呼応した華僑の特徴を見ると、フィリピン華僑愛国団、シャムの瓊州華僑工会、南洋英領の中華民族復興党、全カナダ致公堂などであり、構成員の多くは小商人、および労働者などの中下層の華僑民衆と考えられ、主張の共通点は日本に妥協的な国民政府、蔣介石に憤り、抗日救国・失地回復を求めていることである(45)。また、人民政府は「僑務委員会組織大綱」を議決し、蔣介石・国民政府と華僑管理権も争う姿勢を示したのである。そして、人民政府直属形態で、華僑「移民・保育」の管理を目的に「僑務委員会」を設立した。さらに「僑務処」設置も決めている。ただ具体的内容は示されず、かつ華僑教育に当たる部分はない。このように、組織機構は政府直属形態を除けば、国民政府の僑務委員会を踏襲したものといえるが、国民政府より相対的に未整備で、初歩的段階にあったと見なせる。とはいえ、一二月には華僑の国内投資、資源開発への指導、および失業華僑救済策としては具体的に「反逆者」の土地・財産の没収、工場、農場の開設を決定した。さらに、「僑務委員会」は董冰如起草の「革命華僑奨励条例」を採択し、かつ革命で犠牲となった華僑の表彰、遺族救済などを議決するなど、華僑への配慮も忘れていない。(46) かくして、華僑支持は国民政府と人民政府に分裂したが、支持の割合、人民政府への献金額などは現在のところ不明である。ともあれ、蔣介石・国民政府の「安内攘外」政策と人民政府の「反蔣抗日」政策の衝突は、世界華僑の中でも、蔣介石を頂点とする抗日民族統一戦線支持へとアウフヘーベンしていく契機となったと見なせる。

ところで、一九三六年六月全国各界救国連合会（全救連）は第一次代表大会を開催し、「抗日救国初歩政治綱領」で①各党各派の合作と結社、集会、言論、出版の自由、②日貨ボイコット、③労働者の待遇改善と救国自由、④農民の苛捐雑税、力役の廃止と救国運動の自由、⑤男女の平等待遇と婦女の力量増大による救亡陣線の増強、⑥少数民族に対する平等など、各方面の具体的主張と要求をおこなっているが、⑦華僑は「中国の国際的な一つの偉大な力量であり、同時に民族革命中の一つの偉大な力量」とし、南洋、および欧米各国の華僑は速やかに厳密な組織をもち、そうすることで救国陣線において国際宣伝、及び経済面での供給に巨大な力を発揮できる。また華僑の合法的権益に対しては保護を加えなくてはならない。さらに、日本、台湾、朝鮮の華僑は日本帝国主義の厳しい圧迫を受け、多数はすでに反日陣線中の最も断固とした分子となっており、周到に組織化しなければならず、強制帰国させられた者には職を準備すべきである。さらに国防工業上、熟練技術を有する華僑に対しては速やかに帰国を促すとある。(47)

続いて三六年六月には、「抗日救国」と「失地回復」を求める広西・広東両派による両広事変が勃発し、同地を「半独立」状態とした。広東省も福建省と並ぶ華僑の一大出身地である。換言すれば、福建事変、両広事変の両事変は華僑にとって最重要地域で勃発したことを意味する。この時も、広州に「僑務委員会」が設立され、かつ汕頭、江門、海口には「僑務処」が設置された[48]。すなわち、人民政府の時と同様、華僑の支持、援助を国民政府と争う姿勢を明確にしたのである。英領マラヤなどの南洋各華僑団体は、両広当局に国民政府との団結を訴えている[49]。つまり、華僑は両広当局を非難するというよりも、むしろ自制を求め、「統一」こそ最も重要であり、分裂は日本に乗じる機会を与えるものと認識していた。結局、両広事変は、蔣による両広分裂の画策、買収などで「和平解決」した。ペルーの『民醒日報』総編輯・李継淵によれば、華僑は両広事変の「和平解決」と「全国統一」に歓喜し、蔣介石を孫文を継いだ「唯一の領袖」、「民族の救星」と見なし、また、サンフランシスコの華僑団体代表は国民政府と蔣介石を信頼し、救国の基礎と考えているとする[50]。なお、行政院命令により両広の「僑務委員会」は廃止され、広州僑務処に接収され、それに伴い各「僑務処」も元の僑務処に回帰した。

三六年一一月綏遠事変が勃発し、北平、天津、上海で抗日デモが発生したが、華僑も敏感に反応し、同年一二月以降、次々と献金が寄せられた。安南、シャム、マラヤ、フィリピン、ビルマ、インド、米大陸、ハワイ、アフリカのみならず、注目すべきは抗日対象たる日本、朝鮮在住の華僑からも寄せられていることである。つまり、この時期は日本当局の圧迫下でも抗日活動をおこなう余地がまだ十分残されていたと見なせる。これらの献金は綏遠省政府、国民党中央財務委員会、軍政部、および軍事委員会に送られた[51]。

さらに、西安事変の際、僑務委員会がいかなる行動をしたかについての直接の史料を入手していないが、これまでの対応から推測するに、当然華僑の動揺を防ぐとともに、「蔣介石救出」と「国民政府絶対支持」を強く訴えたものと考えられる。『中央日報』によれば、アメリカ、オーストラリア、日本・神戸、シャム、安南、パナマ、マカオ、ドイツ、カナダ、メキシコなどの世界各地の国民党総支部、直属支部から「国賊・張学良討伐」、「蔣介石救出」、「中央擁護」、「全華僑は後ろ盾となる」などの電文が届き、また、東京直属支部からは蔣介石の安否を気遣い、同時に「皆、驚き恐れている」とし、ホノルル総支部からは西安事変は「事実か」との問い合わせがきている。そうした中で、フィリピンのマニラでは中華商会、中華米商会、中華国貨商会、華僑信託局連合会、華僑餐館などが名を連ね、「岷里拉華僑各界代表大会」名で、「中央擁護」と「張学良に蒋委員長の早急な自由回復」を要求している。(52)『中央日報』の記事なので、その性格上、当然、張学良支持のものは掲載されていない。ただ、マニラなどを除けば、華僑団体のものは圧倒的に少なく、ほとんどが海外党支部のものである。また、福建籍華僑軍人七五名は、張学良が「父（張作霖）殺害、亡家の仇も忘却」し、「国家統一」、「民族復興事業」を破壊し、「国辱」的とする少々的外れな意見もあり、張の「抗日」、「統一」の主張、真意が全く伝わっていない。こうした史料を見る限り、多くの党支部は蒋介石支持を打ち出し、一般華僑は情報不足から不安を感じながらも静観し、当初、張学良支持は極めて少なかったと見なせる。蒋が無事南京に戻った時は世界各地の海外党支部から喜びの声が届けられ、日本からは横浜中華会館・横浜直属支部と東京直属支部のものが含まれていたが、安心したためか、それとも張学良の真意を理解したためか、西安事変勃発時に比して相対的に電文は少なく、反響も少なかった。(53)

三　僑務委員会と華僑団体管理

華僑団体は華僑社会を左右する。それ故、団体管理は僑務工作中、重要な位置を占めた。僑務委員会は改組後、すぐに「管理原則」として①団体組織の指導、②登録の督促、③錯誤の糾正、④意志の統一、⑤各団体整備の段取りを決定した。まず華僑団体の状況を明らかにする必要に迫られ、調査表を各領事館に送付した。また、海外の新聞掲載の華僑団体関連記事を収集し、編輯した。三五年『華僑団体専集』を出版すると同時に、「海外華僑団体報告・登記規程」と各団体の職員・会員の名簿を編集し、華僑団体処理案の資料とした。こうした基礎的作業から開始せざるを得なかったのである。その上、海外各地の状況は異なり、画一的に処理できず、各団体組織の調整、規程の改正以外には、重大な錯誤がない限り、その報告を基本的に認めるという方針で臨んだ。(54) 僑務委員会の指導目的は、(イ)団体組織の健全化、(ロ)系統の調整、(ハ)華僑運動の計画的推進、および(ニ)華僑各団体の力量を団結させ、国策を遂行させることにあった。そして、前述の如く華僑個人を掌握する段階に至っていなかった以上、まず団体掌握を目指さなければならなかったのである。

ところで、華僑団体は（一）社会団体、（二）職業・同業団体、（三）救国団体の三つに分かれる。

そして、（一）社会団体は(1)宗族団体、(2)地方・同郷団体、(3)娯楽団体などに細分化される。(1)宗族団体は同一姓氏の団体で団結力は極めて強く、華僑団体の基礎単位と称することができる。(2)地方・同郷団体には会館があり、相互扶助の同郷人の団体・自治組織で、学校設立、貧民救済、及び「義山」（墓地）の経営をおこなう。〈県単位〉には海澄会館などがあり、その構成員には宗族団体の人望者がなる。例えば、福清は福建省でも最貧地域で差別を受けていたため福清人団体は団結力は強く、相互扶助の精神に富んでいた。例えば、ジャワでは福清人の「同業団体」が自転車を安価に大量輸入しており、自転車業は彼らの独占事業となっていた。ジャワの移民制限は厳しいにもかかわらず、福清人の入国が容易な理由は相互扶助の所産である。すなわち、身元保証人、当初の生活問題は同郷団体が責任を持ち、同郷団体が小額資金を貸し付ける。その資金で自転車小売、さらに高利貸などをおこない、成功する者も少なくない。また、冠婚葬祭にはジャワ各地から集まり、その盛大さは南洋華僑中でも突出していた。〈旧府属単位〉には広肇会館、茶陽会館、瓊州会館などがあり、〈省単位〉には広東会館、福建会館、雲南会館などがあり、府属団体の人望者から構成された。宗族、地方・同郷各団体はそれぞれ団体内の結びつきは強固であるが、団体間の結合は弱いため、統轄する中華会館（「蘭印」、アメリカ、オーストラリアに多い）が必要となる。(3)娯楽団体の参加者は多種多様で、単位や区域に限らず参加する。同業種の娯楽団体の場合、建築業倶楽部、鉱務倶楽部などがあり、娯楽とともに情報交換をおこなう。

（二）職業・同業団体。同業組織で非常に多い。最も普遍的に存在するのがゴム公会、珈琲商行、米商公所、糖業公所、鉱業公会、理髪行などである。一般的に同地域には華僑による同一業種が発展するので、同業者の連絡機関として共同利益を図るために組織された。原則的に出身地の別はないが、同一業種の経営者は同出身地が大部分のため、結果的に出身地が同じことが多い。この場合、看過できないのが各地方に散在する商会である。これは商人組織で、華僑の利益を図る自治組織である。商会を統率するものが中華総商会であり、シンガポール、ピナン、バタビヤ、スラバヤ、マニラ、サイゴン、バンコク、ラングーンなどに設立されている。これは商務以外に官憲との交渉、国民政府との連繋や交渉をおこなう外、各種社会事業や学校も運営することも多い。主要都市には領事館があるが、華僑社会の実権は中華総商会が掌握している。他に、工会もあり、第一次国共合作以来、国民党によって結成され、特に英領マラヤ、仏領インドシナに多いが、シンガポールだけで二四団体が公認されている。これら工会には国民党の指導が貫徹されている。

（三）救国団体。抗戦以前から組織はあるが、「普遍性」と「健全さ」に欠き、戦争後、極点に達したとする。[55]抗日戦争前の救国団体を「不健全」と見なすのは、国民政府の「安内攘外」策を批判する団体も多く、国民党がこれら団体を統制、制御できなかったことの証左であろう。

その他、僑務問題研究の重要団体は、(1)中国太平洋国際学会で、太平洋国際問題を研究し、国民外交に尽力して各民族間の友好と理解を増進することを宗旨とする。凡そ太平洋各国の一切の政治、経済、文化問題で、国際的に需要と見なしたものは専門家を招聘して研究に従事させ、叢書として発表し、国内外の太平洋問題に関心のある人々の参考に供した。(2)国立暨南大学南洋文化事業部（三〇年頃創始？）は、国内外の僑務経験のある専門家を招聘して『南洋叢書』二〇余種を編纂した。また、南洋華僑の子弟で帰国就学者は国立暨南大学を受験している。(3)中南文化協会は三四年四月上海で成立大会を挙行し、協会所在地は私立南洋中学校内に設置した。発起者は華僑領袖の周啓剛、丁超五、陳樹人、陳春圃、張永福らで、中南文化を宣揚し、南洋での華僑地位の促進を目的とした。南洋の政治、経済、教育、宗教の調査・研究、南洋問題の資料収集、南洋館設立、通訊社設立、および華僑福利事業もおこない、華僑の最も有力な団体の一つとなったが、盧溝橋事件の勃発により停止した(56)。

このように、華僑団体は各種各様であるが、華僑を団結させたのみならず、現地政府との交渉も可能にした。そして、後の抗日救国運動の基盤ともなった。だが、国民党からみれば、三二年から三七年の間、華僑団体が乱立し、組織が「健全」で、現地や祖国に貢献する団体も多い一方、救国団体を含めて「組織不完全」で中国と連絡をとらない団体も多いという認識が一貫してあった。それ故、国民党はすでに僑務委員会改組以前の三〇年六月、一二月に「海外党部人民団体指導弁法」「帰国僑民団体管理弁法」を採択し、訓政時期における国内外華僑団体の指導基準としようとした。さらに、改組後、「指導海外僑民組織団体弁法」などを作成し、三三年三月国民党中央常務会議で採択された。同「弁法」によると、①海外華僑が団体を組織する時は、当地の党部が情況を酌量しながら指導する、②華僑団体は当地の高級党部か領事館に上申し、そこから僑務委員会に報告して許可を得る、③領事館が僑務委員会に許可を得る場合は、まず当地の高級党部に通知し、領事館は高級党部の意見を付して僑務委員会に報告する、④僑務委員会が華僑団体の登記を許可した時は、国民党中央執行委員会下の民衆運動指導委員会に送付するとした(57)。

このように、華僑団体組織化における僑務委員会、領事館、党部、高級党部、民衆運動指導委員会の役割分担と連繫が明確化された。すなわち、組織化には領事館、党部、高級党部が媒介となりながらも、僑務委員会に情報を集中させ、かつ登記認可権を僑務委員会に掌握させた。党部、高級党部の役割を増大させていることは華僑団体に国民党勢力を伸張させ、かつ中央民衆運動指導委員会を参画させることで、華僑運動を国民党系民衆運動の一環に組み込み、それと連動させようとする国民党側からの試みであったと見なせる。ともあれ、窓口が領事館に一本化され、党部が当地でチェックし、僑務委員会が最終承認権を有し、全情報がそこに集中することになったといえる。

九月「海外僑民団体備案規程」では、僑務委員会は華僑団体の登記後、性質により区分し、関係機関に送付する（第二条）。華僑団体は会員三〇人以上で登記するが、婦女団体は一五人以上でよい（第三条）とするのは、華僑婦女も開明しつつあったとはいえ、婦女団体の方が人数を集めることが困難であったことの傍証となる。団体章程には①宗旨、②事業内容など、③組織、④会員の権利と義務、⑤経費源など（第五条）を載せ、会員名簿には姓名、年齢、本籍、職業など（第六条）、及び職員履歴には経歴と職務（第七条）の掲載を義務づける。許可団体で、法令違反、公益妨害などの場合は、僑務委員会が警告、整理、解散などの処分をおこなうとし、[58] 僑務委員会に団体解散権を与えるなど、次第に権限強化が図られている。

また、三四年二月国民党中央執行委員会は「国内僑務団体組織弁法」も採択している。「国内僑務団体」とは華僑の「移植・保育」を目的に組織された中国内の華僑団体である。出身地のみに設立できるとし、中国各地における分会、支部の設立を禁じた。このことは、団体の動向を完全に掌握、統制するためでもあったと考えられる。指導機関は団体所在地の高級党部、主管官庁は僑務委員会であった。団体は一五名以上の発起により組織でき、発起人と会員は①公益に熱心で僑務に関心ある者、②海外での在留経験者、③「移植・保育」事業の研究者（第六条）で、除外するのは①「反革命」（国民党反対）行為者、②公権剥奪者、③不正職業者、④不良嗜好者（第七条）とした。第八条では、高級党部の指導面で困難が生じた時は僑務委員会に諮問する。僑務委員会が団体の行動を不都合と認めた時は、高級党部に伝達し、修正、もしくは撤廃させる。そして、海外華僑団体で、中国内に通信処、弁事処を設置する場合は、本弁法を適用できるとし、[59] 国内外のパイプとしての役割を果たさせ、関係強化を図っている。

では、僑務委員会は華僑団体にどの程度の指導力を発揮できたのであろうか。三六年八月段階で僑務委員会が世界で確認した団体が一二七六団体、内、登記したのが僅か二三二団体（18.2％）に対し、未登記が一〇四四団体に上る。

この内訳を地域的に見ると、主要地域で、登記率が高いのがシャム（一〇一団体中、七五団体登記・登記率74.3%）と台湾（二八団体中、二三団体・82.1%）のみで、他は圧倒的に未登記が多かった。例えば、ジャワは一七〇団体中、八団体のみが登記、以下、シンガポール六五中二、ビルマ五三中八、フィリピン三二中九、安南一五中五、日本四三中一二、朝鮮三六中一一、アメリカ七三中二、カナダ二二中二、ペルー三八中二、キューバ五四中三、ハワイ三二中一、メキシコ一六中三、パナマ一六中三、オセアニア一八中三、アフリカ一三中二等々である。[60] このように、国民政府の団体掌握度は決して高いとはいえず、登記させるのに四苦八苦していたことが窺える。とはいえ、登記を開始してから三、四年で二割弱を登記させ、一定の前進といえないことはない。また、三〇年代段階では、問題が多発したシャムの華僑、および日本植民地下の台湾「華僑」[61] に対する掌握度は極めて高く、また、日本（27.9%）、朝鮮（30.6%）も掌握度は相対的に高かったことがわかる。このことは、単に中国の近隣ということに留まらず、国民政府、僑務委員会が「敵国」になる可能性の強い日本、台湾、朝鮮在住の華僑を重視し、他方、華僑側も自衛、生活維持のためにも中国と強く結びつく必要があったものと理解できる。

ところで、東亜研究所によれば、華僑団体と国民政府は密接な関係にあり、団体会員中に国民党員による幹事会を秘密裏に作り、団体を指導する。また、華僑団体は国民党の諸規程によって改組される。華僑指導機関は僑務委員会と国民党海外党務委員会であり、現地では領事館、海外各級党部が中心となる。その指導は中国では海外党務委員会が中心となって教育部、外交部、僑務委員会と諮って指導事項を決定し、これを南洋各地の領事館、海外各級党部に命令し、これに従って領事、高級党部、中華総商会が中心となって実行に移す[62]、とする。ただ、事実は団体掌握度が示すように、少なくとも盧溝橋事件以前はそれほど系統だっておらず、国民党の影響力にも限界があった。

ただ、国内華僑団体は当然のことながら掌握度が高く、三六年八月段階で二三団体中、二〇団体が登記している。例えば、広州は五団体中、四団体が登記し、その他、廈門、南京は各二団体で全て、汕頭、福州、福清は各一団体で全てが登記している。[63]この場合、未登記団体は華僑側の抵抗というより、手続き上の時間的問題、及び僑務委員会側が団体人数、設備、及び「健全さ」などの理由で拒絶した可能性が強い。具体的に福建省の帰国華僑団体を見ると、例えば、廈門には海外華僑公会（会員四三一人）と旅台（湾）帰国華僑協済会（九九人）、泉州には海外華僑公会（三四八人）、漳州には汀漳龍海外華僑公会（二五六人）、福清にも海外華僑公会（二一五人）があり、南安、永春などにも同様な団体が存在している。福建省の帰国華僑のほとんどは公会に加入するが、例えば、廈門では資本家の大部分が華僑であることから、華僑公会は大勢力を有し、各種公会の最上位に位置する。[64]

華僑の家族、宗族、同郷、同業の狭い意識から中華ナショナリズムまで飛躍させるために、孫文・三民主義が極めて有効に働いた。すなわち、華僑の孫文への信頼は極めて強固で、例えば結婚式などの際も孫文の写真を前面に掲げ、式開始の時には敬礼し、孫文の遺嘱を朗読する。のみならず、領事館、学校、倶楽部、家庭に至るまで孫文の写真が掲げられていた。[65]つまり、本国以上に孫文は崇拝され、華僑と中国・国民政府を結びつける精神面での役割を果たし続けていたと見なせよう。

四　僑務委員会の華僑教育と対外宣伝

僑務委員会教育処長・陳春圃による華僑教育の時期区分は以下の通り。

〈第一段階―軽視段階―〉戊戌変法の失敗後、康有為らの影響で一時期、南洋で学校が次々と創設された。次いで一九〇五年両広総督・岑春萱により視学劉士驥がジャワに派遣され、その後、曁南学堂を創設し、華僑子弟の帰国・進学優遇を建議した。だが、清朝政府は華僑教育の重要性を認識しておらず、軽視された段階とする。

〈第二段階―無視段階―〉華僑が自力で華僑教育を発展させ始めた。民国創設の貢献者として華僑子弟教育に注意を払うべきであったが、北京政府は学務専員を設け、領事館に委託するだけであった。一八年には教育部が黄炎培を南洋に派遣したに過ぎず、具体的綱領、実施方針は不備なままであった。このように、北京政府は指導責任を果たさなかった。

〈第三段階―重視段階―〉南京国民政府が成立し、二八年五月全国教育会議が開催され、「華僑教育発展」案が採択され、それを原案に、大学院と僑務委員会が「華僑教育発展計画」を定めた。また、国立曁南大学が華僑の最高学府となった。二九年六月南洋華僑教育会議で教育行政、教師、教材などの問題、次いで三〇年九月中央訓練部主催の世界華僑教育会議では華僑教育機関の改善、学校基金と経費などが論じられた。また、教育部に華僑教育司の設立を決定したが、経費などの関係から実現できなかった。かくして、僑務委員会改組後、その下に僑民教育処が設けられたことにより、初めて華僑教育の専門管理機関が成立し、各種工作を推進できるようになったとする。(66)

ところで、一九〇〇年代には、「蘭印」では華僑の子弟はオランダ系学校かインドネシア人の学校に入学していたが、一九〇五年華僑学校が創設された。その後、華僑教育は次第に発展し、一般に華僑子弟は中国人教師に教えられ、中国語の新聞や雑誌を読めるようになり、中国からのラジオを聞き、中国の動向にも注意を払い始めた。かくして、教育水準の向上とともに、権利意識も高まり、かつ中国伝統をとり入れ、民族意識も養成されていったとされる。では、華僑教育は具体的にいかなる形で進展したのであろうか。僑務委員会改組前の三一年一一月国民党第四次全国代表大会で採決された「整理華僑教育案」を見ると、国民党は教授・課程などの統一を明確に目指しており、教育部から領事に通令し、当地の華僑の声望家を召集し、華僑教育促進委員会を組織させ、華僑教育の整理・統一を研究させるとした。また、国民政府も適時、教育専員を実地視察に派遣するとしている。(67)このように、国民党、国民政府とも当初から華僑教育を重視していた。

華僑教育を本格的に推進するには、前提となる人材不足が問題であった。華僑学校教師には資格不十分、品性、学問が劣った者も少なくなかった。そうした現状打開のためにも、第一に、僑務委員会は南京で創業費三三〇〇元、経費二万二九五元で、三四年八月（～三五年六月）に華僑教育教師第一期訓練班を開催した。受訓者は五〇名（中国内二五人、海外二五人）であり、その資格として高級中学、師範学校卒、あるいは華僑学校で三年以上の教員経験などが要求され、その上、厳格な入学試験を課した。課程は基本科目、僑務科目、補習科目の三課程である。卒業後、三〇余人は南洋や米大陸各地の登記済みの華僑学校に派遣され、教師となり、華僑教育の改善に貢献している。こうした成果が示された後、海外各地の華僑学校から登記申請が来るようになり、中国と華僑学校は結びつきを強めた。

第二に、当時、上海にあった国立暨南大学で訓練が二ヵ月間おこなわれた。その対象は海外華僑学校の現職教職員から選抜した。訓練期間中は現職校から月給を若干支給されるか、少なくとも地位だけは保証され、訓練後、現職校に戻って行った。

第三に、三七年三月南京の華僑招待所で、講師に教育専門学者を招き、華僑教育改革を目的に一ヵ月間の短期華僑学校教職員講習会（僑務委員会主催）が開催された。この時の参加者は海外華僑のみで、現職の華僑中小学校の校長、教務主任など五九人であり、公費四五人、自費一四人である。講習以外では、三月一五日午前には中央党部で邵力子に会い、行政院を訪れ、午後は小学校や金陵大学農理学院を参観した。また、陳樹人に引率され、中山陵も訪れたようである。四月僑務委員会が成立五周年記念日に修了式に出席し、その後、参加者は北平、青島、上海、無錫、蘇州、広州、杭州などの「優秀校」を参観し、現職校に戻っていった。(68)

その他、華僑の多くは工商農鉱各業を経営、あるいは従事しているが、非識字者が多く、職業知識も不足していた。三一年調査によると、マラヤ華僑一七五万人中、識字者は僅かに五三万人（30.3%）とする。華僑教育の後進地域では、非識字者比率はさらに高くなる。そこで、僑務委員会は識字、知識、職業能力を修得させるため、職業教育、民衆教育も重視したが(69)、実質的に動き出すのは三九年以降のようである。

僑務委員会は華僑教育立法化、法規面での整備も急ぎ、三三年四月「僑民教育実施綱要」を規定し、中華民国教育宗旨に則ることを明確にした。また、三四年三月僑務委員会、教育部が合同で修正公布した「僑民学校立案規程」によれば、華僑学校の設立計画者は草案などを領事館を経て僑務委員会に提出し、僑務委員会と教育部が合同審査する。有資格者は資産、資金などを有し、学校の年間経費の維持可能な者などである。校長は「本国人」が就任し、外国人の時は領事か校董会が僑務委員会、教育部に許可を申請する。その際、申請書の記載事項は創立経過、経費来源、予算、教科書目録、設備、教職員履歴などを記載する。(70) さらに、各地の領事は教育部と僑務委員会の指示を受け、華僑教育を視察し、その後、教育部と僑務委員会に赴き、現地の華僑教育の一切に関する指示を請う。こうして、華僑教育行政系統は確立した。

では、当時の華僑教育の目的、特徴を導き出すために「僑民中小学規程」（三四年二月修正公布）を検討したい。

（一）総則第一条で、僑民中小学は中華民国教育宗旨、及び実施方針を遵守し、民族意識、自治組織能力、及び生活改良、生産発展の知識と技能を養成すると明確にうたう。そして、中国学制に基づき、小学は六年間で前四年間が初級小学、後二年間が高級小学、中学校は初級中学三年、高級中学三年（第三条）で、領事、あるいは教育部、僑務委員会の派遣員の監督、指導を受ける（第六条）とした。

（二）経費は当地僑民の自弁を原則（第二条）とし、僑民の(イ)営業税付加税、(ロ)輸出入土産捐など、(ハ)僑民団体、商店、あるいは個人の月捐、年捐、特別捐、(ニ)献金など（第七条）で、また本国政府の補助金も受けられる（第八条）。

（三）課程では、教科書は領事、あるいは教育部、僑務委員会の派遣人員が当地の華僑教育団体、華僑中小学教職員代表と委員会を組織し、教育部審査・決定の教科書から選抜する（第一五条）。外国教科書は編選委員会が審査、選定する（第一六条）。「外国語」（現地通用語）以外は一律「国語」（中国語）で教える（第一七条）。

（四）校董会（学校設立者、資金援助者、教育専門家、教育団体職員などで構成）。その職権は(イ)募金と基金保管、(ロ)年経費、臨時費の支出計画、(ハ)校長の選抜、招聘、(ニ)予算、決算の審査、(ホ)所在地政府との交渉などである。

（五）教職員。ここでは小学校を説明すると、第二九条では、校長は三民主義を堅持し、高級中学相当の師範学校の卒業者などである。第三一条では、教員も三民主義を堅持する者で、小学教員は三年以上の師範学校卒業者、初級中学校以上の卒業者で教育経験者、及び小学教員二年以上、勤めた者である。

（六）学期と休暇は日曜日、中国・現地・学校各記念日など以外に、任意に休日とできない（第四三条）とし、革命記念日は三〇年七月に国民政府公布の「革命記念日簡明表」に則るとした。なお、第四五～四六条では華僑中小学校は当地の各学校と連合研究会を組織し、学科、教材、学校行政などの定期的研究が奨励される。[71] このことは、華僑学校を当地の学校と交流、連繫させ、華僑学校を安定させる試みであったといえる。

以上の内容を、全体的に見ると、基本的に中国と同一の学制、教育方針、教育内容、教科書などを採用しようとしており、三民主義に基づいた中華ナショナリズムの形成、現地における「中国・華僑の自治」が明確に目指されていた。また、学校に対して領事、教育部、僑務委員会などの監督、指導が貫徹される仕組みとなっている。ただ、財源の乏しい国民政府は華僑学校経費は独立採算を旨とし、補助金を出す程度にとどめざるを得なかった。

こうした中華ナショナリズム、三民主義を骨子とする中国語教育は世界各地で対立を呼び起こした。ここでは、対立の激しかったシャム（後のタイ）を例として出したい（シャムと中国との教育権以外の対立については第二章を参照されたい）。シャム政府は華僑のシャム同化政策の重要な一環として華僑教育の大改革に取り組んでいだ。三二年シャム教育部は「教育権回収」を鼓吹し、(イ)シャム国は教育実施権を外国人に譲らず。(ロ)華僑学校が政治的書籍を教えた場合、認可を取り消す。ただし、(ハ)特別な配慮により華僑学校が中国語を用いることも許可するとする。また、「教育条例」によれば、全ての七～一四歳の「児童」は国籍にかかわらず、毎週二五時間シャム語の授業に当てるべしとしたが、華僑学校の猛烈な反対にあい、二一時間一五分に削減した。逆にいえば、シャム政府は二一時間一五分までしか妥協しなかったのである。また、教員はシャム語に精通し、試験に合格した者を任用するとしている[72]。

シャムのやり方に対して、南京の帰国華僑団体などはシャム政府による「華僑教育破壊」と見なし、三五年三月抗議声明を発表した。すなわち、毎週二一時間一五分をシャム語に当て、その残りを中国語に当てよという。これを口実に「私立学校条例」、「教育強迫条例」を適用し、前後して華僑学校が百数十校閉鎖された。また、三五年四月から七〜一四歳の華僑「児童」は全てシャム学校に転入する通達を出した。これは華僑のみが対象であり、英、仏、日の各学校には適応されず不公正である。これでは、華僑の中に祖国教育・文化の種子がなくなってしまうと憂える。のみならず、亜洲文化協会、南洋華僑同志会、華僑半月刊社、華僑通訊社なども駆逐されているという[73]。

かくして、華僑各学校は中華総商会にも救援を求めた。これを受けて総商会は全シャムの各華僑学校の代表を召集し、会議を数回開催した。そして、学校のみならず、各界華僑が連合し、一五団体によるシャム華僑各団体執行委員会を組織した。そして、国民政府にシャム政府との交渉を要求した。同時に、各学校代表、各商号代表が人民議会に大規模な請願運動をおこなったが、シャム政府は高圧的姿勢を崩さなかった。それ以降、数人の代表の請願を認めたが、団体請願を不許可とした[74]。

南京市党部での雷振報告によれば、こうした時間割の結果、毎日早朝、二時間漢字の補習をしているだけという。このまま数十年過ぎれば、華僑は自己の祖国のことを知らなくなる。この問題は国家経済と深く関係し、中国貿易の赤字を補填しているのが華僑為替であり、南洋は中国人の生命線といえ、華僑教育取締は実に中国国家・民族の致命傷となる[75]、と率直に語り、強い危機感を募らせている。

とはいえ、こうした逆風の中でも、「国語」（中国語）教育は一貫しておこなわれていたと見なせる。三二年一一月すでに僑務委員会は各地の華僑学校に一律「国語」教学に改めるように通令していたが、その後も三三年七月華僑学校は職業教育の開設、および「国語」補習教育の拡充を矢継ぎ早に命令し、さらにシャムの政策に反発するかのように、三六年二月には「華僑国語文補習班組織簡章」などを定め、各領事館に実施を監督、指導を指令した。『僑務二十五年』は、この間の「国語教学」の成果は比較的よかった[76]、と総括するのも、中国語教育が持久的におこなわれ、それなりの成果をあげていたことを意味する。このように、中国語教育の基盤は現地政府に抵抗しながら着実に築かれていった。また、僑務委員会は教育部と海外華僑各地域での課程を決め、短期間で施行したが、さらに三六年南洋小学教科書編輯委員会を設置し、華僑学校の教科書、教授法、及び補充読物の編輯を始めさせ、各学校に供給した[77]。

もちろん、僑務委員会は全て強引に事を運んだわけではない。海外各地の環境は異なり、全てを中国内の小中学校の教授法、課程、及び中国各書局の教科書に合わせられないという認識はあった。そこで、授業科目などは各地域の状況を斟酌し、僑務委員会と教育部が相談の上、ある程度変更するなど、柔軟に対処している。当然、気候が異なる場合、学期、休暇などは現地の外国学校を参照している。経費は「自弁」等が原則であるが、地域によっては現地政府からの補助もあったようである[78]。ただ、その場合、現地政府の華僑学校への介入・発言権強化に道を開く可能性を否定できず、そのため、それを積極的に獲得する姿勢は示しているようには見えない。

僑務委員会教育処長・陳春圃によれば、世界の華僑学校は三三年一九一四校、三四年二三二五校とする[79]。また、東亜研究所によれば、三六、七年南洋には華僑学校数二一〇〇校、教員数六四〇〇人、学生数一六万五〇〇〇人とする。東亜研究所は、学校が中国教育部と僑務委員会の承認を受け、授業内容も中国とほとんど変わらない。教員も多くは中国で訓練され、教科書も商務印書館、中華書局出版の教科書を使用し、中国語で三民主義教育をする。かくして、学校が華僑に民族意識の注入場所となり、抗日救国思想も華僑学校と卒業生団体・交友会がその淵源となっている[80]、と警戒感を募らせている。だが、東亜研究所が考えるほど、僑務委員会は華僑学校を掌握していたわけではなく、三七年段階で世界には二八〇〇余（南洋を当然含む）の華僑学校中、登記したのは三六五校（13％）に過ぎなかった[81]。未登記学校に報告、登記を督促しているのであるから、僑務委員会が不許可というより学校側が消極的か、もしくは登記の必然性を感じていなかったことになる。当然、未登記学校は僑務委員会の指導に従う必然性はない。

また、華僑学校はレベル、設備が一定しておらず、自立できる華僑学校もあった反面、基金や設備がない小規模校も多く、僅か数人の学校もあった。これらは経費不足から閉校に至る場合も少なくなかった。また、前述の如く、福建会館などの地方団体運営の学校が非常に多く、出身地の色彩が強すぎる問題もあった。そこで、華僑の根強い地方観念を克服して連合・合併することが模索された。例えば、バタビア電によると、蘭領セレベス島で陳公博が同地の中華、中山、光華、正義、華僑各学校を連合し、一つの新学校に再編することを勧め、同意を得たという。問題は中南米で、特にキューバは華僑が数万人もいるのに華僑学校が一校もなく、現地の学校に通い、中国語がどのような文字かも知らないという。いわばキューバ華僑は現地化が進んでいたのである。陳春圃は、国民政府が各領事館や華僑団体に学校設立を督促し、必要時には人材、資金援助をする必要を力説する。(82) また、教育会はシンガポール、ビルマ、安南、フィリピン、香港等、八ヵ所しかなく、そこで領事館に督促して、海外各地の複雑な環境に適応させるため、教育会を設立させることが重要とした。(83)

なお、華僑教育の進展に伴い、帰国進学者が次第に増大した。それに対応するため、三三年一一月僑務委員会は改組後、早期に「指導僑生回国升学規程」を制定している。手続きは姓名、本籍、卒業校、進学希望校などを記入し、領事館、党部、商会、教育会、あるいは僑務委員会に直接、登記学校の証明書か紹介状とともに、修業証書、成績書などを提出することにした。三七年までの五年間に中学校、及び専科学校以上への進学者は二〇〇〇余人に達する。また、満洲事変以降、世界各地の華僑青年が義憤にかられて帰国し、軍事学校への進学者が多いが、教育水準が一様でなかったため、僑務委員会は軍事委員会と相談の上、華僑青年に対しては入学規約を緩和した。(84) さらに、華僑が帰国し、中国で進学しても家庭が貧困で、中退可能性のある者を補助する必要があった。

では、どのような形で華僑教育に資金援助がおこなわれたのであろうか。三〇年国民党中央訓練部の華僑教育会議で、中英義和団賠償金、あるいは国庫から華僑教育補助費「五〇万元」を支出するという決議案に基づいて、僑務委員会は、これを国家予算項目に編入するように行政院に上申した。当然、これは僑務委員会経費とは別枠の独立予算となる。行政院からの指示を受けた財政部は一九三四年三月から六月まで、登記済みの華僑学校への月補助費が計八四〇〇元、帰国華僑の苦学生への月補助費が計二五〇〇元、卒業試験奨励費八八三元を支給し、三ヵ月間で総計一万一七八三元を支出した。三四年七月～三五年六月計一八万五三五一元、三五年七月～三六年六月二〇万元、三六年七月～三七年六月二〇万元である。補助を許可した華僑学校は一五三校であった[85]。この他、華僑人口が多く、華僑学校の未設立地域には基金と補助金が支給された。結局、この資金は中英義和団賠償金二〇万元から各校当り六〇〇〇元が支給され、キューバ華僑小学校、メキシコ中華小学校、ロンドン中華小学校などが創設された。これらの小学校長は華僑教育教師訓練班の修了者から選抜された。例えば、キューバは余受之が派遣され、校長に就任している[86]。

『中央日報』（三四年一一月二九日）によれば、ロンドンでの学校創設に至るまでの状況は以下の通りである。すなわち、ロンドン華僑は元来三〇〇〇人を数えたが、第一次世界大戦後、英国政府の制限と失業によって減少し、三四年段階には約四〇〇人となってしまった。多くの華僑は英国婦女と結婚し、「混血」の子供も五〇〇余人いるが、中国語は全く話せず、中国のことを知らず、習慣も英国人の子供と同じである。最近、ロンドン華僑は「救国の道」を考え始め、このままでは自分の子供が英国籍になってしまうと憂える。そこで、三四年九月全体華僑大会を開催し、「旅英華僑子弟学校促進会」を設立した。その宗旨は中華民国の国民教育精神を発揚し、英国華僑子弟学校成立の促進にあるとする。参加者は華僑約二〇〇人、子供一〇〇余人の外、駐英総領事、楊成志教授、および英、仏、独などの留学生一〇余人であった。南京の「中英庚款」（義和団賠償金）委員会に華僑学校創設の特別資金の支出を求めることなどを決議した。その他の基金は(イ)英国華僑の募金、(ロ)ロンドンの中国機関、華僑団体、商店、個人の献金、(ハ)国民政府下の僑務委員会などの各機関の特別支出金などの助成としている。

「大会宣言」を要約すると、今日は我ら英国全体華僑の団結一致の記念日である。「祖国愛」を出発点とし、全体華僑の利益を図ることを立脚点とし、国家、教育、及び民族生存に最も密接に関係するものに、華僑子弟学校に優るものはない。我々は完全に英国化した環境の中から数百の聡明な児童を救出し、中国教育を受ける活路を築造し、真の中華国民を養成し、祖国愛の思想を啓発する。それ故、華僑子弟学校の設立は全体華僑が自らを救い、国家を愛し、民族を保存する無上の目標であるとする[87]。このように、華僑学校教育に対する思い入れは強く、子弟教育を通じて、中華ナショナリズムを基底に自らの存在の確認、「民族生存」、「救国」、「愛国」などを絡め、それらを全て実現できるという祈りにも似た深い意識が働き、その意義を驚くほど高く評価する。ロンドンは華僑数が少なく、それも激減し、孤立感を深めている状況の中で、こうした意識が南洋以上に強烈なのであろう。ただし、参加華僑が半数の二〇〇人ということは、華僑内でも種々の意見があったことを窺わせる。

では、ここで中華ナショナリズム形成のために華僑学校とともに、車の両輪の如く活動した文化団体に論を進めたい。文化団体は娯楽団体に含められることも多いが、実は社会教育の範疇に入る。華僑の文化団体は種類も数も多く乱立し、設備不足の嫌いがあったが、これらも次第に団結し始めた。文化団体には、体育会[88]、教師連合会、学生会、記者連合会、戯劇・音楽社、「閲書報社」、「僑報社」などがある。

ここでは、華僑の中華ナショナリズム形成との関連で重要な「閲書報社」と「僑報社」について論じたい。①「閲書報社」は、辛亥革命時期に孫文が革命事業推進を目的に、海外で報館や「閲書報社」を設立したことに始まる。つまり元来は革命援護の組織であった。だが、三〇年代の「閲書報社」は革命色は薄まり、貴重書の外、『紅楼夢』、『水滸伝』などの古典小説、『東方雑誌』、『新中華』、『申報月刊』、『新生』などの雑誌を所蔵するが、現地政府の禁止により国民党義などの所蔵は稀である。だが、所蔵図書を読む内に知らず知らずに中国に慣れ親しみ、その伝統と接触し、中国人意識が養成されていった。三四年段階で「閲書報社」は総計一一四ヵ所で、その内訳はアメリカ大陸一

五、オセアニア計五、アジアはシャム一二、マラヤ二二、蘭印三六、朝鮮一などの計九四であり、日本と台湾にはない。②「僑報社」（華僑新聞社）は戊戌政変後、康有為、梁啓超が逃亡後、海外各地で講話し、華僑も教育・文化事業に関心をもち始めた。さらに孫文が海外各地で革命宣伝後、華僑は政治に注意を向け始め、新聞事業を創設したのである。こうして基礎ができあがり、新聞は華僑政治化に重要な役割を果たすこととなった。三五年調査では、華僑新聞は香港一三、蘭印一〇、英領マラヤ、シャム各七などで、アジアで計四六、オーストラリア四、米国二五等々で、世界で八四発行されている。(89)なお、当時、華僑の動向に日本当局が敏感であった日本、台湾、朝鮮では発行されていない。

当然、僑務委員会は海外華僑に対する文化事業と宣伝を重視した。その理由は、①僑務委員会の所属が行政院に落ちつき、業務もほぼ確定したので、そのことを華僑に知らせる、②国内外の隔絶を除去し、随時情報交換する、③各地の華僑文化の発展のため監督・指導する、④華僑経済が大打撃を受けたため、打開策を指導する、および⑤アヘンや賭博の禁止や新生活運動を推進する必要からであった。それ故、僑務委員会は一切の業務の前提として調査を開始したが、僑務委員会には海外に独自の専門調査機関がなく、領事館などに依頼したためかなりの時間を要した。登記面では三三年「華僑文化団体登記規程」、次いで三四年「華僑新聞・雑誌登記弁法」を定め、四〇年頃までに文化団体四一、新聞・雑誌二五を登記させた。(90)また、三三年九月僑務委員会は「華僑文化団体奨励弁法」も公布している。その対象は登記後、一年以内の団体で、年一回表彰する。審査は工作状況、特殊貢献、設備などを勘案しておこなわれ、旗、銀盾、賞状、賞金などが贈られた。こうして、華僑の名誉心を刺激し、同時に国民政府支持を増大させる試みもおこなっている。

僑務委員会による宣伝は刊行物の出版、書籍の送付、およびラジオ講演などであるが、三一、三三年以降、『華僑週報』、『僑務月報』を刊行した。その内容は①僑務研究、②祖国文化、③祖国建設、④海外華僑情況、⑤華僑の経済、教育、社会各種活動であった。また、三三年以来、『通訊』を発行し、重要な政令、国内外のニュースを系統的に掲載し、各地の華僑新聞に転載させ、一方、華僑の重要ニュースを国内の新聞に転載させた。その他、僑務委員会は国内出版の各種の一般書籍、および中央宣伝部、軍事委員会、教育部などの宣伝資料も同時に華僑に送付し、宣伝を充実させた。なお、僑務委員会は三二年一一月より日曜日に中央ラジオ局から海外向けにラジオ放送もおこなっている。(91)

なお、多くの華僑新聞は有力華僑の後援を受け、あるいは国民党、華僑団体、さらに中国共産党などの機関誌となっていた。そこで、それらは単に報道に留まらず、錯綜しながらも華僑の民族意識の覚醒と思想形成を促した。それ故、国民政府は華僑新聞を重視し、その育成、指導、監督を目指し、特に国民党は『国民党報』を出し、華僑世論に影響を及ぼそうとした。僑務委員会は『国民党報』に対して経費を補助して拡充を図りながら、華僑新聞発行に対しては認可制を採り、統制し、国民党海外支部に監視させた。ただ、各紙の有する中華ナショナリズムの発露は、シャム、蘭印、仏領インドシナなどの現地政府の警戒心を喚起し、シャムでは『中原報』を除いて停刊処分にされている。(92)

おわりに

第一に、僑務機構の所属は国民政府、外交部、国民党と一定しなかったが、次第に目的、骨組み、業務なども明確にされるとともに、行政院僑務委員会という形で改組・成立した。その特色は組織機構に示され、いかなる機構にも存在する秘書処を別とすれば、僑務管理処と僑民教育処という二つの重要な柱の上に構築されていた。すなわち、僑務委員会は華僑の出入国管理とともに、当初から華僑教育を最重要視していたことが分かる。このことは、華僑を行政的に管理、統一すると同時に、国民政府の意思を華僑に伝え、また中国を祖国とみなす教育をおこない、中華ナショナリズムを養成することに最大の眼目があったことを示す。

第二に、中国は連年入超であったが、華僑による家族送金、献金という形態で中国に資金は還流した。その上、華僑は成功すると、陳嘉庚、胡文虎の如く福建、広東などに投資するのみならず、病院、学校設立などの社会事業に寄付した。このように、中国からみれば、華僑の意義は多面的であり、極めて重要な役割を果たしていたといえよう。だが、逆に現地各政府からみれば、多額の華僑資金が現地に留まることなく流出し、現地を潤さず、現地の経済建設、社会事業の増進につながらないとの意識をもったとしても不思議ではない。好況時期は問題はないが、不況になると、現地人の雇用確保のため、経済基盤の弱い華僑は排斥し、同時に華僑資金を現地でいかに吸い上げるかに奔走し、その一つが過酷税となって示されることになる。

第三に、僑務局などの設立により国内機構は一定程度、整備されたが、僑務専員と僑務視察員だけで、海外機構・組織はなく、勢い海外各地の領事館、各級党部に協力を求めざるを得なかった。だが、僑務委員会と外交部は同じく行政院下にあるとはいえ、外交部管轄下の領事に直接命令・指揮できず、いわんや国民党中央執行委員会下の海外各級党部は別組織であり（図1—1）、それを自由に動かすことは不可能であった。したがって、僑務委員会は海外調査の際、例えば、外交部を通して領事に依頼する形をとらざるを得ず、無駄な時間を浪費したのである。外交部、教育部などとは密接な連繫がとれているようにも見えるが、周啓剛が指摘するように各部の職権が不明確で、各機関は従来の条例や習慣に拘泥し[93]、円滑な協力を得られないことも多かったようだ。

第四に、華僑団体、華僑学校を登記させ、かつ教師訓練班設立による人材育成、華僑学校への支援、及び華僑学校の未成立地における創設などの工作を積極的に推進した。ただ、改組以前の僑務機構があまり機能せず、実質的な工作をしていなかったことから、華僑人口、華僑団体、華僑教育などの実態調査という基礎作業から開始しなければならなかった。この結果、国民政府の影響力は団体、学校レベルまでで、個人登記は盧溝橋事件勃発により挫折した。その上、団体、学校の登記率（前述の如く、それぞれ18.2%と13%）は高いとはいえず、中国抗日戦争史学会等編『海外僑胞与抗日戦争』北京出版社（一九九五年）の如く、教員資格などから「完全に祖国政府の影響下に入った」（四三頁）と評価することは不可能である。とはいえ、従来の「無」に近い状態と比較すれば、一定の基盤を築いており、ある意味で画期的なものといえる。なお、党勢も大きく伸張し、例えば、盧溝橋事件直前に南洋では、国民党海外支部・直属支部計一一一、分部・直属区分部計四八六に上り、党員五万七六一六人、予備党員六九六三人となっていた。ただし、華僑総数における入党率を見ると、最も高率なフィリピンでも四・五八％に留まっている。[94] 換言すれば、基盤形成時期であり、まだ十分とはいえないまでも着実に各基盤・拠点を確立していった時期といえよう。

第五に、華僑の多くは蔣介石・国民政府を支持しながらも、「安内攘外」政策には批判的で、一貫して抗戦を望んでいた。それ故、第一次上海事変の際、十九路軍を支持し、献金を送付すると同時に、華僑の一部は自ら参戦した。その流れをくむ福建人民政府樹立、さらに両広事変の際も華僑は蔣介石と「抗日」意識との間で動揺を示しながら、日本の侵略を増長させないためにも分裂ではなく、統一を望んだ。こうした経緯から、蔣介石・国民政府支持に華僑の統一が一挙に進むのは、例えば、南僑総会の「南僑代表大会宣言」にも見られる通り[95]、蔣介石が抗日戦争の開始を宣言した以降である。すなわち、第二次国共合作・抗日民族統一戦線の結成とともに、蔣介石・国民政府は国内では中共を含む統一戦線に結果的に成功し、かつ世界では華僑の全面的支持を受け、いわば蔣介石は中華世界での頂点に立ったといえるのである。

註

（1）周啓剛「我国僑務問題」『中央日報副刊』第五二〇期（『中央日報』一九三六年五月九日所収）など参照。

（2）なお、周啓剛によれば、それ以前の僑務機構としては、咸豊九年（一八五九年）清朝政府が広州、天津、廈門、寧波などに出洋問訊局があるが、この時は華工出国禁止・管理機関で、禁止にウェートが置かれていた。また、国民党以外のものとしては、一九一八年北京政府は国務院僑工事務局、二二年には僑務局（後に僑務院に改称）を設けたが、有名無実な機構であったとする（周啓剛、前掲「我国僑務問題」）。

（3）孫文「為擬興弁実業及華僑会館致美洲中華会館書」、党史委員会編『国父全集』第三冊、一九八一年再版、四二八〜四二九頁。

（4）華僑志編纂委員会『華僑志総志』一九六四年改訂版、六四五頁。

（5）『革命文献―中国国民党歴次全国代表大会重要決議案彙編（上）―』第七六輯、一九七八年、二八〜三〇頁。

（6）陳樹人（一八八四―一九四八）は広東省番禺県出身。著名な画家、国民党政治家。一七歳の時、広東の書画家居古泉に画を学ぶ。香港の革命紙『広東日報』で反清宣伝をし、一九〇五年馮自由の勧めで中国同盟会に加入。日本に留学し、京都美術学校絵画科卒業。一二年広東高等学校図画教師となるが、第二次革命失敗後、再び日本の立教大学文学科に留学。横浜華僑学校で教師となる。同時期、日本で『民国雑誌』を編集し、袁世凱打倒を訴える。卒業すると、一六年孫文の命でカナダに行き、国民党ビクトリア市党部総幹事に就任、宣伝と共に、北米華僑から資金を集めるという重要任務を担う。一七年同市の華僑紙『新民国報』の編集者。二二年帰国すると、陳炯明の乱に遭遇し、上海に退いた孫文を援助。国民党総務部副部長。二三年以降、国民党党務部長、臨時中央執行委員、広東省政務庁長を経て広東国民政府秘書長、中央工人部長などを歴任した。二八〜三〇年汪精衛に与し、民衆訓練委員会委員に就任するなど、改組派の立場にあった。三二年僑務委員会委員長に就任、以後、一六年間その地位にあり、抗日戦争時期には中央海外部長を兼任。四六年国民大会代表。四七年国民政府顧問。四八年絵画に専念するため広州に帰るが、一〇月死去。絵画は極めて著名であり、作品「嶺南春色」はベルギー万国博で最優秀賞に輝いた外、彼の作品はパリ、ベルリン、モスクワの博物館に所蔵されている（劉紹唐主編『民国人物小伝』第二冊、伝記文学出版社、一九七七年、一八八〜一八九頁。山田辰雄編『近代中国人物辞典』霞山会、一九九五年、九三頁。徐友春主編『民国人物大辞典』河北人民出版社、一九九一年、一〇六七頁）。

（7）「海外党務決議案」、前掲『革命文献』第七六輯、四四〜四五頁。

（8）「国民政府公布僑務委員会組織条例令」一九二六年八月、「国民政府任命鄧沢如等為僑務委員令」一九二六年九月、中国第二歴史檔案館編『中華民国史檔案資料匯編』第四輯（一）、江蘇古籍出版社、七三～七六頁。

（9）『華僑志総志』六四六頁。

（10）陳嘉庚（1874.10～1961.8）は、福建省同安県集美社（現在、廈門市に属する）に生まれる。父繆杞はシンガポールに渡り、米商店を開く。一八九一年陳嘉庚もシンガポールに行き、父経営の順安米商店で働き、九二年経理となる。米商店が停業後、缶詰工場二つを経営し、成功する。一九〇六年二月孫文がシンガポールに来て中国同盟会分会を設立し、一〇月陳は同盟会に加入し、孫文、及び福建革命党員を資金援助。辛亥革命の勝利後、閩僑大会を開催、福建保安会会長に選ばれる。一九年七月廈門大学創設。二五年ゴム園を所有し、華僑中、最大のゴム開墾者の一人となった。そこで、工業の重要性を認識し、ゴム製品工場を開設して、ゴム靴等の日用品を生産し、前後して中国各都市、各国の大きな港に販売店一〇〇余ヵ所を設立した。さらに、三〇余の米工場、木材工場、製革工場を経営する。陳は教育に熱心で、シンガポールの華僑地区で、道南、愛同、崇福各小学校、南僑師範、水産航海学校、南洋華僑中学を創設した。その教育の特徴は①女子教育の提唱、②貧窮者の子弟を優待し、師範生を奨励する、③「良い教師がいなければ良い学校にはならない」と主張し、教師の学校における主導的地位を確立した。④徳育、智育、体育の全面的発展を提唱する、⑤実業振興のために生産技術人材の養成と職業技術教育を提唱した、⑥教育普及を要求し、同安教育部と教育推広部を設立した。このように、伝統的発想もいれながら、当時の各種の先進的教育方法を採用し、教育普及とともに、実業の重要性を認識し、技術人材養成に力点を置いていた。三一年満洲事変の発生後、シンガポール華僑大会で華僑が愛国運動に身を投じることを訴える。その背景には、世界恐慌以降、ゴム価格の暴落と日本品との競争で、陳の公司が大打撃を受けていたことと無関係ではない。三八年抗日救国の華僑の統一組織「南僑総会」主席に就任し、華僑領袖の地位を確立する。陳はフィリピン華僑領袖李清泉と孔祥熙の依託を受け、一〇月シンガポールで南洋華僑籌賑祖国代表大会を開催し、主席に選出された。三九年「南僑総会」の抗戦義捐金五億元は華僑大衆から「特別捐」、「常月捐」等の形で集められたものであった。また、汪精衛に対して「和平絶対不可能」と打電し、汪の「近衛三原則」受諾を怒り、蔣介石に汪の「罪を宣布すること」を要求した。四〇年三月「南僑慰労団」を組織し、中国を訪問。四月重慶で蔣介石に接見し、蔣を「中国の最高領袖」と称賛し、かつ行政院に抗戦義捐金を手渡し、また「工合」（工業合作社）を参観した。ただ、蒋と中央組織部長の朱家驊の国民党入党の誘いを拒絶し、国民党の反対を押し切り、五月延安に行き、毛沢東、朱徳と会見した後、中共支持へと転換したといわれる。四一年一二月日本軍がシンガポールを爆撃すると、イギリス総督の要求と僑民大会の選挙で、シンガポール華僑抗敵動員総会主席に就任した。総会の下には労工服務団、保衛団、民衆武装部、宣伝部、総務部が設置されていた。四二年二月ジャワに逃亡したが、ジャワも日本軍に占領され、その後、二年間、同地に隠れていた。四五年一〇月シンガポールに戻る。国共内戦期、陳は反蒋を明確にし、「論美国救蒋必敗」、「蒋介石的最大錯誤」等を次々と講演したり、『南僑日報』等に発表した。その後、シンガポール「華僑各界促進祖国和平民主連合会」（民連会）を組織し、主席に就任し、胡愈之らが指導した。民連会は国民党支配区における反内戦反飢餓運動、反独裁運動の各界代表大会を支援した。さらに全シンガポール農・商・学、及び文化界一七四団体代表ら数百人に対して、陳は「政治の民主化」、「反蒋」を呼びかけた。四九年六月政治協商会議籌備会の招聘で北京に行き、九月政治協商会議第一届全国委員会常務委員となり、中華人民共和国の成立後は華僑事務委員会委員、五六年中華全国帰国華僑連合会主席、五八年政治協商会議第二、三届全国委員会副主席等を歴任したが、六一年八月北京で死去、八八歳であった（『回憶陳嘉庚』文史史料出版社、一九八四年、一～二五、二二二頁。熊尚厚「陳嘉庚」、李新、孫思白『民国人物伝』第二巻、中華書局、一九八〇年。上記の二冊の本は年月などで差異があるが、年月に関しては主に前者を採用した）。

（11）ところで、二八年五月宋淵源は済南事件を見て、国民政府に、将来の抗日戦争準備のための「経済救国の大本営」たる華僑参加の「国貨銀行」の創設を訴えた。孔祥熙は銀行準備常務委員を兼任し、僑務委員会のルートを使って華僑の投資を呼びかけた。まず、南洋のペナン華僑二〇人が株式加入し、続いて胡文虎、李清泉、陳恭奇ら数十人が応じた。同銀行の資本は財政部、江西・福建両省政府、及び南京市政府出資の官株の外、民間が購入した二〇〇余万株の内、華僑株が半数を占めていた。総行の創設後、ペナン、シンガポールなどで華僑にさらに株募集し、これら各港に分店を設立し、中国と華僑との経済連繋の基礎を築くはずであった。だが、財政部長宋子文の反対にあって実現できなかった（宋淵源「紀念僑務応注意史実与時局」、僑務二十五年編輯委員会編『僑務二十五年』海外出版社、一九五七年四月、二〇三頁）。宋子文の反対理由は不明であるが、二八年一一月中央銀行を上海に正式に成立させ、自ら総裁に就任したこととの関連が考えられる。宋は金融の中央集権化を目指し、銀行乱立には批判的であり、中央銀行を「国家銀行」として強化し、中国金融中枢に押し上げようとしていた（呉景平『宋子文評伝』福建人民出版社、一九九二年、一二五、一二九～一三〇頁）。この延長線上で、宋は「国貨銀行」創設が中央銀行強化、金融統一の障害になると考え、反対したものと思われる。こうした華僑を巻き込む金融、経済面での動きも政府首脳内部の対立から挫折を余儀なくされ、試行錯誤を繰り返していた。

(12)「華僑回国興辦実業奨励法」二九年二月、僑務委員会編『僑務十五年』一九四七年四月、四五～四六頁。

(13)『華僑志総志』六四六～六四七頁。

(14)「安置被逐回国華僑案」、前掲『革命文献』第七六輯、一七〇頁。

(15) 華僑「保護」の範囲は広く、広義にいえば、僑務の大部分が包括される。狭義にいえば、華僑の生命、財産、営業の保護であり、具体的には①国際交渉、②国内保護、及び③華僑自衛の指導（主要に抗日戦争時期）である。

(16)「僑委員会組織法」（三二年八月第一次修正、三六年一一月第二次修正）、『僑務十五年』三六頁。

(17)『僑務二十五年』二～三頁。なお、胡文虎の略歴、思想、活動などについては、第九章の註（44）を参照されたい。

(18) 呉鉄城『呉鉄城回憶録』三民書局、一九六八年、一、七、一六頁など参照。

(19) 南洋協会編『南洋の華僑』一九四〇年、一四九頁。

(20)「僑務委員会派遣僑務専員及僑務視察員規則」一九三二年七月、『僑務十五年』三九頁。

(21) ただ、陳春圃ら三人の場合、外交部派遣であり、目的は①商務を視察し、国際貿易を発展させること。すなわち、「国貨」の販路拡大であり、それ故、視察以前に上海の中華工業連合総会（主席・銭承緒）、中華「国貨」産銷公司、中国「国貨」介紹連合弁事処に相談に行っている。②領事館を視察し、その行政を改善すること、③僑務を視察し、華僑の福利を増進することにあった。つまり肩書きは外交部参事である。ただ、陳自身が自ら述べているように、僑務委員会教育処長兼任であり、同時に僑務委員会代表でもあった。期間は三ヵ月、月一人二〇〇〇元の経費で、安南、マラヤ、「蘭印」、フィリピンをまわるという（『中央日報』一九三五年一月二六日、三月三日）。

(22)『僑務二十五年』二三、二一二～二一三頁。『中央日報』一九三七年一月五日。

(23) 呉岡『旧中国通貨膨脹史料』上海人民出版社、一九五八年、一五三頁。

(24) 「僑政十年」『十年僑務―現代華僑専号―』一九四二年四月、一三～一四頁。なお、私は二〇一〇年八月華僑史料調査・収集、研究のため、海南島を訪れたことがあるが、三、四の僑楽村が現在も存在していた。そこでゴムやコーヒー採取のため働いていた帰国華僑によると、華僑は商人が多かったが、帰国後は農業をせざるを得なくなり、苦労したとの話をしていた。また農業をやっていた者でも、世界各地の農法の違いから適応するのに時間がかかったという。彼は戦後に中南米から帰国した華僑であるが、抗戦期の帰国華僑も同様な苦労をしたことは推測に難くない。

(25) 興亜院政務部『南洋華僑』(二)、一九三九年三月。周知の如く、興亜院とは、陸軍と外務省の抗争を鎮めるために、日本政府によって対中国中央機関として設立された。機構は総裁（総理大臣）、副総裁（外務・大蔵・陸・海各相）、総務長官、及び下部機構として総裁官房、政務部、経済部、文化部、技術部から構成されている。その目的は中国における日本占領地の政治、経済、文化等の各政策の立案と実施にあった。このように、中国における占領地支配に力点が置かれていたが、それに大きな影響を及ぼすものとして、華僑研究にも奔走していたものと見なせる。興亜院に関しては、本庄久佐子、内山雅生、久保亨編『興亜院と戦時中国調査』岩波書店、二〇〇二年などが参考になる。

(26) 「今後海外党務応如何改進案」、前掲『革命文献』第七六輯、二一二～二一三頁。

(27) 『僑務二十五年』一一～一五頁。

(28) 陳君慧「南洋華僑之回顧与前瞻―二七日在中日文協演講―」（続昨）、『中華日報』一九四二年三月五日。

(29) 「国民大会在外僑代表選挙事務弁理之経過」、僑務委員会編『僑務十三年』一九四五年五月、八五～八六頁。『中央日報』一九三六年四月二九日、五月三日。結局、国民大会は三七年に開催するはずであったが、盧溝橋事件の勃発で遅延した。四〇年になって日本、朝鮮、台湾を含む一九区域の代表者を選出したが、フィリピンと安南は複選を実現できなかった。開催は実に四六年一一月一五日で、周知の如く、この時、憲法を制定している。

(30) 『華僑志総志』六四七頁。

(31) 周啓剛「十年従事僑務之自我批評」『十年僑務』三～四頁。『僑務二十五年』二六～二七頁。

(32) 前掲「僑政十年」一二〜一三頁。

(33) 周啓剛、前掲「十年従事僑務之自我批評」三頁。

(34) 『僑務二十五年』二一頁。なお、総収款処は三五年には廃止された模様である。

(35) 『僑務二十五年』二二頁。『中央日報』一九三六年三月二〇日。

(36) ここでは「岷里拉」と表記されているが、フィリピンの大都市、発音の類似性からマニラであろう。なお、一般的にマニラは、中国語で「馬尼拉」か「馬尼剌」と表記する。

(37) 『中央日報』一九三七年四月三〇日。

(38) 『僑務二十五年』二二頁。『中央日報』一九三六年三月二〇日、一〇月二日、一〇月三〇日、一九三七年二月一六日など。

(39) 『僑務二十五年』一四六頁。

(40) 『中央日報』一九三四年一一月一五日。

(41) 興亜院政務部、前掲書（一）。

(42) 『僑務二十五年』二〇頁。

(43) 橋本浩一「福建人民革命政府の華僑対策と華僑の動向」、大阪教育大学『歴史研究』三三号、一九九六年二月。

(44) 『中央日報』一九三三年一一月二六日。

(45) 薛謀成、鄭全備選編『〝福建事変〟資料選編』江西人民出版社、一九八三年、一七九〜一八三頁。

(46) 橋本浩一、前掲論文。

(47) 「抗日救国初歩政治綱領―全国各界救国連合会成立大会通過―」一九三六年六月一日、『救亡情報』一九三六年六月一四日。

(48) 『僑務二十五年』一四頁。

(49) 『中央日報』一九三六年六月七日。

(50) 『中央日報』一九三六年一一月一一日。

(51) 『僑務二十五年』二二頁。なお、綏遠事変に関しては、寺広映雄「綏遠事変と西北抗日情勢の新展開」『中国革命の史的展開』汲古書院（一九七九年）を参照されたい。

(52)『中央日報』一九三六年一二月一八日。

(53)『中央日報』一九三六年一二年一八日、一二月三一日。

(54)「僑団概況」『十年僑務―現代華僑専号―』一二二頁。

(55)「僑団概況」、同前、二一頁。情報部第三課『南洋華僑問題』一九三八年一〇月、七七～八一頁など。東亜研究所『南洋華僑調査の結果概要』一九四一年一〇月、四一頁。

(56)文浩「対於研究僑務問題的感想」『僑務周刊』第二期、一九四二年三月二六日、『中華日報』所収。

(57)外務省南洋局『華僑研究資料』第一六輯、一九四三年、一一〇頁。

(58)「僑務委員会海外僑民団体備案規程」（一九三三年九月公布。三五年修正）、『僑務十五年』三九～四〇頁。

(59)前掲『華僑関係法規集』二二〇～二二二頁。

(60)『僑務二十五年』一六～一七頁。

(61)ここでいう台湾「華僑」とは、日本による台湾植民地化の一八九五年五月から日本敗戦の一九四五年八月までの期間に来台した中国人などを指す。すなわち、日本統治下で日本植民地以前から在住している閩南人、広東人、客家などの中国人、およびタイヤル、アミなどの先住民族は、行政的には「日本帝国臣民」、すなわち「日本人」（ただし「外地人」）と見なされることとなった。それ故、当時の僑務委員会調査による台湾の「華僑」人口等々は上記の定義に従ったものと考えられる。当然、国民政府も僑務委員会と同様な見解に立つものといえよう。なお、台湾「華僑」については、拙著『戦争と華僑』第一巻（汲古書院、二〇一一年）と呉文星『日據時期在台「華僑」研究』（学生書局、一九八一年）を参考されたい。

(62)『南洋華僑調査の結果概要』四三～四五頁。

(63)『僑務二十五年』一七～一八頁。

(64)興亜院政務部、前掲書（一）。

(65)情報部第三課『南洋華僑問題』一九三八年一〇月、七五～七六頁。

(66)　陳春圃「僑民教育之回顧与前瞻（続）」『中央日報』一九三五年一月二一日。なお、暨南大学の前身は清朝末期の暨南学堂と考えられる。暨南大学は第一次上海事変で大損害を受けたが、三三年末にはほぼ現状に回復したようで、文、理、商三学院一五学系からなっていた。教員一四三人、職員一一五人、学生八六三人である。文学院は軍事訓練、体育にも比重が置かれていた。なお、学生、特に女子学生の服装は華美過ぎるとされたが（『中央日報』一九三三年一一月二四日）、ある面、中国の一般学生より服装を含めて精神的に自由で、かつ裕福であったようだ。

(67)　「整理華僑教育案」、前掲『革命文献』第七六輯、一六八～一六九頁。

(68)　「僑民師範教育概述」『十年僑務—現代華僑専号—』四七頁。『僑務十三年』三六頁。『僑務二十五年』一二五、一二九頁。『中央日報』一九三七年三月一六日など。これらは記載内容が若干異なるが、暨南大学開催の訓練と華僑招待所の教職員講習会を、訓練場所も異なり、考察の上、別なものと考えた。ただ、盧溝橋事件の勃発により、例えば、僑民教育教師訓練班は停止を余儀なくされ、第二期訓練班開催は四〇年である。なお、華僑教育補助費は三三年度から開始され、四万七一三二元、三四年度一八万五三五一元、三五、三六年度各二〇万元、三七年度一四万九九九三元であり、三五～三七年度はこの中から華僑教育教材編輯室経費が支出されている（『僑務十三年』三六頁）。

(69)　「僑民職業教育及民衆教育之改進」『十年僑務—現代華僑専号—』四八頁。

(70)　「僑民学校立案規程」（二九年九月公布。三四年三月僑務委員会、教育部合同修正公布）、『僑務十五年』五三～五四頁。

(71)　「僑民中小学規程」（三一年一月教育部公布。三四年二月僑務委員会、教育部修正公布）、『僑務十五年』四八～五一頁。

(72)　『中央日報』一九三五年三月七日。

(73)　『中央日報』一九三五年三月一〇日など。

(74)　『中央日報』一九三五年五月一二日。

(75)　『中央日報』一九三五年五月一四日。

(76)　『僑務二十五年』二四頁。

(77)　『十年僑務—現代華僑専号—』六、四五頁。

(78)『僑務二十五年』二五頁。

(79)陳春圃、前掲記事（続）、『中央日報』一九三五年一月二三日。

(80)前掲『南洋華僑調査の結果概要』三五頁。

(81)『僑務二十五年』二三～二四頁。

(82)陳春圃、前掲記事（続）、『中央日報』一九三五年一月二三日。

(83)陳春圃、同前（続完）、『中央日報』一九三五年一月二四日。

(84)『僑務二十五年』二五頁。

(85)『僑務二十五年』二六頁。

(86)何光熺「僑務工作之回憶」『僑務二十五年』二二九頁など。

(87)『中央日報』一九三四年一一月二九日。

(88)南洋に多く、団体間、学校間でスポーツの競技会を開き、交流を図る。これらは中国の体育会とも交流し、一応原則的に政治色抜きのため、親善をはかり易く、結果として華僑と中国を結びつける効果を生む。例えば、三五年僑務委員会は中国第六回全国運動会にマラヤ、フィリピン、ジャワ華僑選手一〇〇余人を招待している。元英領マラヤ華僑の陳璧君（汪精衛夫人）が歓迎の宴会を設けるという。この時、シンガポール青年励志社による華僑観光団（胡文虎引率）一三〇余人も来ており、中山陵、中央農業実験場、中央軍校等を参観するという（『中央日報』一九三五年一〇月一三日）。だが、三四年マニラ華僑は極東運動会への「満洲国」選手の参加阻止を強く訴える（『中央日報』一九三四年四月六日）など、スポーツも完全に政治抜きでなかったことはいうまでもない。

(89)「海外文化団体概況」『十年僑務―現代華僑専号―』二三～二五頁。

(90)(91)「海外宣伝事業概況」『十年僑務―現代華僑専号―』五一～五二頁など。

(92)前掲『南洋華僑調査の結果概要』三八～三九頁。なお、ペナンに一〇年間住み、『檳榔嶼小報』主編、華僑学校長を歴任した梁若塵の回憶によれば、一九二八年頃、シンガポールには、三大紙として①『新国民日報』（辛亥革命時期に発刊され、蒋介石・国民党系）、②『総匯報』（康有為、梁啓超の変法支持）、③『南洋商報』（陳嘉庚経営、孫文支持、日貨排斥を主張）があり、互いに対立していたが、中共の「新民主主義革命」に懐疑的な点では共通していたという。二八年前後、第一次国共合作の分裂、蔣介石・広西派の内戦等により、上海等から英領マラヤに多くの知識分子が逃亡し、新聞社、華僑学校、華僑団体に職を求めた。そこで、必然的に激しい議論が戦わされることとなった。シンガポールでは、二九年胡文虎の『星洲日報』が創刊、ペナンでは前後して華僑団体、職工会の小型新聞、及び梁若塵主編『檳榔嶼小報』が発行され、これらは蔣介石・南京国民政府の対日不抵抗政策と「安内攘外」の「詭弁」に反対し、内戦停止、江西ソ区への包囲攻撃停止、「連合救国」を呼びかけた。他に、ペナンで旧同盟会員の丘文紹が創刊した『中南晨報』があり、孫文の遺教を掲げ、やはり内戦反対、「剿共」反対、日本の侵略に妥協反対、及び華僑の「団結救国」、現地各民族との親交共存を訴えた。これらは国民党から「不愛国」、「親ソ」、「改組派」などの誹り、圧迫を受け、またペナンの『南洋時報』は日本の侵略を非難したため、日本領事の抗議により現地政府から停刊処分にされた。その上、英領マラヤ各華僑新聞の営業収入は主要に広告費によっていたため、不況の直撃を受け、広告収入が減少し、停刊に追い込まれた。その他、三一年創刊の『南洋導報』の主催者は現地生まれの華僑連裕祥で、中国語は話すが、読めず、「マラヤ自治」を鼓吹する傾向があったという（梁若塵「馬来亜華僑報業雑憶」、中国社会科学院新聞研究所『新聞研究資料』一九八一年第五輯）。このように、当時、華僑新聞は足並みも揃っていなかったが、一種の活況を呈していたことが窺える。

(93)　周啓剛、前掲「我国僑務問題」。

(94)　東亜研究所『第三調査委員会報告書―南洋華僑抗日救国運動の研究―』一九四五年、六二一～六二三頁。

(95)　三八年一〇月南洋華僑籌賑祖国難民総会（南僑総会）創立時の「南僑代表大会宣言」には、「隣国日本は軍閥が専横し、妄りに中国を併呑し、世界征服の準備している。民国四（一九一五）年二十一ヵ条件の提出、（民国）一七年済南惨案……二〇年九一八……翌年一二八で淞滬で平然と挑発した。中国は自らの考えで国際連盟に加入し、かつ九ヵ国条約、不戦条約の調印国となり、条約の尊厳を厳守し、……堪え忍び、外交の途に則って合理的に解決を求め、日本の自覚を望んだ。にもかかわらず侵略者の野心は留まるところがなかった」。「蘆（盧）溝橋の砲声はおそらく世界和平と国際条約を弔う鐘であり、中華民族と人類公理の生死存亡の警報であった。中国政府は最後の関頭にすでに至ったことに鑑み、毅然として全面全民の長期抗戦を発動し、領土主権の完全独立を勝ち取り、国家・民族の平等・自由を勝ち取る」。そして、「国民政府は中国内外の四億七〇〇〇万同胞の共同信頼の唯一の政府であり、中国の最高領袖・蒋委員長」を「唯一の領袖」とし、大会はまず「国民政府と蒋委員長の徹底抗戦を擁護する」との通電を発すことを決めた（「南僑大会代表大会宣言全文」『南洋年鑑』南洋商報出版部、一九三九年、（辰）一七三頁）と記し、明確に蒋介石・国民政府支持を打ち出している。

第二章　世界各地における華僑排斥と僑務委員会の華僑救済
——シャム、英領マラヤ、「蘭印」、メキシコ、ソ連など——

はじめに

一九三〇年代世界各地で華僑排斥（以下、排華とも略称）が展開された。この問題は当時の世界華僑を考察する上で、看過できない。本章では、歴史開拓的にその解明を目指す。なぜ華僑は世界各地で排斥されるに至ったのか。その実態や特色はどのようなものであったのか。三〇年代の世界各地の排華法令、および華僑排斥の具体的な状況を明らかにしながらその実態と特色に迫りたい。華僑排斥を大きく(A)アジア、それ以外の(B)南北アメリカ、オセアニア、およびソ連の大きく二つのグループに分け、それぞれ華僑の重要諸国・地域や特徴ある地域、および従来不明であった地域をピックアップし、焦点を当てる。例えば、(A)グループでは、東南アジアでは、当時独立を保ち、日本や中国と特殊な関係にあったシャム（タイ）をとりあげる。シャムについては戦時期はともあれ、戦後は研究されることが少なく、華僑動態も不明点が多い。いわんや排斥状況を本格的に明らかにしたものは寡聞にして知らない。次いで、華僑研究が多い英領マラヤ・シンガポールについては華僑排斥の視点からアプローチし直す。さらにフィリピン、「蘭印」、最後に日本の状況に言及する。(B)グループでは、華僑排斥が厳しかったとされるメキシコ、同じ中米のキューバ、パナマ、さらにアメリカ、オーストラリアに言及する。それにとどまらず、社会主義国ソ連でも華僑排斥がおこなわれた。この事実は全くといっていいほど知られていないが、その実態の一端を明らかにする。

言うまでもなく華僑排斥は世界華僑に対する打撃にとどまらず、中国を直撃する問題であった。それ故、蔣介石・南京国民政府、僑務委員会はその解決に乗り出さざるを得なかった。その際、蔣介石・南京国民政府、僑務委員会はこうした事態をどのように認識し、いかなる政策をとり、対処しようとしたのか。また、具体的にどのような華僑救済を実施したのかを論じる。

一　世界恐慌下における帰国華僑の増大

第一次世界大戦により砂糖、ゴム、錫などの南洋産業は一挙に膨張したが、軍事経済が平時産業に戻ると、急激に収縮した。砂糖は没落し、さらに一九二九年の世界恐慌の影響下で隆盛であったゴム価格は暴落し、それを契機に大量の華工が失業した。三〇年には、南洋華僑の失業者は八〇万人に達したとされる。英領マラヤ、「蘭印」などの華僑系の大規模企業の所在地ほど打撃は厳しかった。英領マラヤでは一時に何十万という失業者を出し、国民政府、慈善団体が帰国させた華僑数は一三万人に達したとされる(1)。

僑務委員会によれば、一九三四年一年間で出国華僑が一三万二〇〇〇人であったのに対し、帰国華僑は二七万八〇〇〇人に上ったという。それは①世界恐慌により貿易が衰退し、華僑の職業に影響した、②世界各国が鉱産、ゴムなどの植林の生産制限協定締結により、華工が失業した、③シンガポールが厳しい移住制限をした、④南洋各地で人頭重税、および各種の過酷法令により、華僑が立足点を失ったためとする。こうして、三四年の中国への為替送付は数年前と比して九〇％の大激減であったという(2)。特に南洋華僑経営のゴム産業、錫鉱山がしばしば倒産し、一万人余の労働者を擁した陳嘉庚公司の破産はその突出した例であった。

こうした状況に対処するため、先駆的に広東省では三〇年以降、省民政庁が年間約六万元の予算を組み、帰国華僑の緊急救済の必要から広州、汕頭、および海南島の海口に各救僑弁事処（三二年以後、各市政府の直轄）を設立した。救済方法は①救僑弁事処に収容、②郷里への送還、③職業紹介（新設省営工場への斡旋を含む）、④貧民救養所や養老院に送ることなどであった。三〇年から三三年までに失業華僑を、広州では八五五〇人、汕頭は一万五三二人、海口一〇四人の計一万九一八六人に上り、彼らを①～④に振り分けて救済したのである。(3)

元来、中国貿易は入超であったが、華僑の多い南洋では有利に進めていた。その理由は、華僑の中国品使用と華僑の経済力による。例えば、英領マラヤでは人口の四割を華僑が占め、同時に商業網を独占し、中国品をマレイ人にも配給していた。また、対シャム貿易も中国は入超を続けていたが、中国の輸入品はシャム米で、それを扱うのが華僑なので、中国の支払金の大部分が華僑の収入となり、それが華僑送金となって中国に還流した。その上、華僑の中国投資は膨大で、南洋で財をなすと、中国に戻り、広東、福建、上海などに居住し、実業をおこす。例えば、上海では工場、公司、商号、銀行などへの投資額は四〇〇〇～五〇〇〇万元に達したとされる。鉄道では漳廈鉄道、潮汕鉄道、新寧鉄道は華僑資本であり、周知の如く、華僑は廈門、汕頭の都市計画、水道、電気、電話、交通、学校にも投資、献金している。(4)それ故、僑務委員会の改組後、積極的に華僑の帰国投資を奨励した。例えば、「華僑帰国実業振興奨励法」、「特種工業奨励法」により華僑投資を鼓舞し、また、三四年一月以降、「保護・指導」、税の減免、および運輸上の優遇等々を推進してきた。しかし、問題は当時の南洋が不景気で、投資する余力のない者が多かった。とはいえ、二七～三七年華僑の中国内の投資企業数は一万二二五三社、投資総額は二億五〇六五万五〇九二元に上る。(5)

確認できることは、一九三一年満洲事変以前は活路を見出すため、祖国中国への華僑投資の動きが少なからずあったことである。三一年春、「蘭印」のジャカルタ総領事張銘がジャカルタ華僑の陳丙丁、荘西言ら二〇人余の華僑商業視察団を率いて、香港、廈門、漳州、泉州各地を旅行した後、四月上海、そして五月北平に入った。実業部専員の黄祖培、王世昌二人が北平、天津、山東、河南、および東北各地の視察に同行した。国民政府と各地長官の歓迎を受け、工商業や政治情勢を視察した。多くの各国華僑がこの視察団に注目した。シャム華僑は中華総商会で帰国視察実業団を組織することを提議し、冬には視察に赴く予定とする。また、英領マラヤ華僑も同様な計画がある。視察、中国投資の予定は以下の通り。①ペナンの巨商許生理らは今夏、帰国し、南京全市の小規模な野菜場、および各種建設事業をおこなうことを承諾した。②英領・「蘭印」両属の華商陳黄諸は中国での建設に熱心で、近く資金を集めて三門湾港を開設する計画という。③マレイ半島と豊埠の鉱山商王振相らは中国各地の鉱山開発に投資する計画である。④「蘭印」のスマトラ華商陳馨深、曾禹鋪、許有志らは上海で僑南公司を設立し、大規模な輸出業をおこなおうとしている。⑤「蘭印」の「望加」（スラウェシ島南部のマカッサルのことか）にある錫華商施荷農は国貨公司を設立し、中国品を南洋で販売しようとしている。その他、華僑は公共団体、および文化機関を提唱し、上海には華僑倶楽部、中南文化協会などがある。中南文化協会は中国晩報経理の沈卓吾、その主筆陳其英、国立暨南大学劉士木、及び華僑事業に熱心な者が組織したものである[6]。

ただし、一九二七年から三七年の間、大きく二つの時期に分けられ、投資が全く異なる様相を呈していた点は見逃せない。福建省を例にとると、企業二二七二、投資総額約七〇〇〇万元であるが、二七～三一年に集中し、それは投資総額の八〇％を占めたが、三二年以降は僅か二〇％を占めるに過ぎない。また、第一位が工業投資（全体投資の44.7％）であったものが、不動産投資（59.6％）へと大転換した。これは建築業投資もあるが、華僑が帰国後の住居準備を積極的に始めたことによった[7]。

二　世界各地の排華条例

元来、植民地などでは開発時代に労力を必要とし、現地政府も華僑を歓迎した。だが、不況になると生存競争が激化し、一転して現地人の就業・保護のために華僑の活動を制限し、排斥した。このように、矢継ぎ早に出された「移民法令」は華僑を狙いうちしたものが多い。こうした傾向は世界的規模に拡大した。僑務委員会はそれに危機意識をつのらせ、世界の排華法令の把握に懸命なる努力を重ねていた。僑務委員会が華僑関連の過酷法令とする主なものは以下の通りである。

（一）アジア

(1)シャムでは、①三一年移民条例修正（入国禁止者の種類）、②三二年「教育強制条例」、③三六年外国人登記条例（外国人身分証携帯、生死登記）など。その他、華僑入国制限、華僑増税の実施。

(2)海峡植民地（シンガポール）では、①三二年移民登記条例、②同年入国華工条例。

(3)英領マラヤ―三三年移民律例。

(4)フィリピンでは、①三三年外国人移民入国税増額案、②三三年外国人居留民印紙税増額案。

(5)ベトナムでは、①教師条例（華僑学校校長と教師は当地に三年以上住んでいた者）、②現地出生の華僑国籍問題。

(6)「蘭印」では、①入国居留条例、②新移民条例、③警察条例（県行政官は華僑の犯罪有無の判明までの三ヵ月拘禁できる）、④三二年私立学校取締条例（学校登記と教員検定基準）、⑤遺産処分弁法などが出され、その他、現地生まれの華僑登記と華僑学校取締りもおこなわれている。

(7)日本では、①一八九八年日本外国人居住法、及び施行細則（行政官庁の許可なく居住地など以外の労働従事を禁ず）、②一九一八年外国人入国条例（入国禁止者の種類等）、③中国人労働者取締法がある。

（二）欧米（中南米を含む）

(1)メキシコ新移民法、排華。

⑵キューバ移民律例。
⑶パナマ「華人」禁例提案。
⑷コロンビア排華。
⑸アメリカでは、①二四年新移民律（全東洋人排斥）、②留学生労働取締案等々。
⑹二〇年英国「外僑律」（移民官は外国人出入国の許可・拒否権を有する）。

（三）オセアニア

⑴オーストラリアでは、一九〇一―二五年移民条例（入国者の言語検査、人頭税徴収など）。

（四）アフリカ

⑴南アフリカ連邦では、①三〇年移民土地所有限度額律（有色人種は不動産所有権なし。ただし、三〇年三月以前の所有者は有効）、②「アジア人賃居律」（アジア人の金鉱区居住の禁止。ただし、一九年以前に設立の商店は保護）などがある。(8) これらは、主に三〇年代に新たに制定されたもの、あるいは、それ以前に制定され、継続している多数の関連法令がある。

三　アジアにおける華僑排斥状況

上記の法令は入手した史料には羅列されているだけで、具体的内容が判然としないものも少なくない。そこで各法令をより具体的に検討するため、世界各地における華僑排斥の状況にアプローチしたい。

第一に、シャム（一九三九年六月以降、タイ）

当時、政治・経済両面で大変動を経験していた。一九二九年世界恐慌の影響による大不況、国民生活の窮迫・失業、およびシャム米輸出の不振を背景に、国民の不満は鬱積し、三二年六月王族専制に対して、武官派の陸軍大佐ピヤ・パホンと文官派プリディ・ファノムヨンに率いられた人民党によるシャム立憲革命が勃発し、無血革命を成功させた。これは支配階層内での政権争奪という色彩を有していたが、強烈なシャム・ナショナリズムを打ち出し、民衆の一定の支持を獲得したのである。彼らが掲げた「革命六原則」は①立法、財政、経済の外国支配からの独立、②国内秩序の維持、③権利の平等、④自由の確保、⑤教育の普及、⑥健全な経済政策である。これらは全て華僑問題と関連づけて考えられた。それ故、主要な攻撃対象は、政治、経済両面で圧倒的力量を有す華僑に向けられた。一二月憲法が発布され、人民代表会議が樹立されることになるが、これ以降、シャム政府の華僑対策は弾圧と融和を繰り返しながら国家・民族の政治・経済両面での自立化を図り、「大タイ主義運動」、「国民文化運動」、「国産品（シャム製品）愛用運動」を展開していくことになる。(9)

他方、中国も「国貨」（中国品）提唱運動を大々的に展開していた。一九三三年一一月「国貨」提唱運動の宣伝週に南京で中央執行委員邵元冲は「国貨」問題の重要性を指摘し、日々中国品の販路が減退し、中国商業が衰退し、さらには中国工業をも発展できなくなると主張し、「民族生存」、「国家独立」基礎の樹立のためにも「国貨」提唱の必要を力説している。(10)また、実業部商業司科長馬克強は「国貨提唱は（中国のような）産業落後の国家の経済侵略に抵抗する一種の運動」と位置づけ、中国社会、商人各方面で「国貨」提唱の叫びが起こり、全国各工廠が連合して「中華国貨産銷合作協会」が組織された。また、上海で「国貨提唱大同盟」、全国各地で国貨公司が設立されたことを紹介する。そして、馬克強は「国貨」提唱運動で巨額の入超を一定程度、緩和できると考えていたようである。(11)このように、「国貨」提唱は中国の施策の中でも極めて重要な位置を占め、「民族生存」、「国家独立」とも関連づけて論じられた。そして、「外貨」（外国品）ボイコットとも連動して日本などに対しても大きな威力を発揮したが、同時に中国よりも相対的に弱い立場にあるシャムなどにも打撃を加える。つまり、中国と同様に、政治的、経済的自立を目指すシャムとの衝突を不可避ならしめたのである。

まず、華僑排斥を税制面から見ると、二七年には入国税五バーツ、手続費六・五バーツであったが、三一年それぞれ一〇バーツ、一三・五バーツに値上げされた上、居留税三〇バーツが新設され、三三年には居住税が一〇〇バーツに増額された。かつシャムに戻るビザ費も二〇バーツで期限一年とされた。その上、非識字者は入国制限され、その結果、貧困な華工、非識字者の多い中国婦女は入国が困難となった。『中央日報』は、これを華僑同化政策の一環と見なし、これでは華僑が「シャム婦女と結婚せざるを得なくなる」[12]、と強く非難する。

さらに、三三年一〇月には、南部のベトン（Betong）地方で華僑惨殺事件が発生した。この事件の直接契機はベトン警察が「無実」の華僑羅石義父子を拘留・殺害したことにある。それを怒って警察署を取り巻いた華僑大衆に対して警官が掃射し、十数人を銃殺した。その後、大軍を集結させ、戒厳令を布告し、分かれて華僑を捜索しては殺害した。中華学校長張乃清と教員一人も銃殺された。死者は数十人に上り、華僑大衆は次々と英領マラヤに逃げ込んだ。ただ、原因、真相は不明で、シャム政府は遺憾の意も表明していないという[13]。おそらく、排華風潮の中で相互のナショナリズムが一触即発の状況にあり、校長、教員の殺害を見ても教育権問題も絡まっていた可能性を強く示唆する。

中国・シャム貿易面では、三五年四ヵ月は中国の輸入一四四三万五〇〇〇元に対し、輸出は一四二万元に過ぎず、確かに中国側の大幅な入超であった[14]。だが、シャム側から見ると、シャム米輸出は、世界恐慌の影響で各国関税が上がり、中国、ジャワ、インドが前後して米輸入税を徴収し始め、日本が外米輸入を拒絶するという極めて苦しい状況にあった。さらに、各国が豊作に転換し、輸入の必要性はさらに薄れたことが追い打ちをかけた。この結果、シャム米の輸出は二一〜二六年は各年一八七二〜二二三一万担で推移していたのが、二七年一〇〇万担に激減し、さらに二八～三三年六九～九三万担に減少した。シャム米価格も三三年は二五、六年の二六・五％に下落した[15]。シャム経済は深刻な打撃を受けていたのである。その上、シャムはインフレにより木材価格などが高騰し、木材を香港、広東に運搬しても売却できない状況となり、シャムの大規模な木材廠、精米廠の六〇％以上が操業停止に陥った。その結果、失業華僑で溢れ、「物乞い」になる者まで現れた。こうした状況下で、シャム政府は財政困難の緩和のため、人頭税徴収を続けてきたが、華僑の未納者を逮捕し、強制送還することを決定したのである。また、華僑工商業に対して営業税、所得税、遺産税などの重税を課し、かつ種々の新条例によって経営を制限した。かくして、シャムから厦門、汕頭に来るシャム船には毎回少なくとも数十人の帰国華僑が乗船していたという。シャム中華商会は中国内の各商会にシャムの工商業情勢を知らせ、むやみに来ないことを強く勧告している[16]。

また、三四年二月には、精米廠労働者と四月鉄道労働者の大ストライキが二件発生した。双方のストライキとも華僑と関係があるようであるが、ここでは、華僑と明白な関係のある精米廠での賃上げの大ストライキを説明したい。精米廠は「華人」経営が八、九割を占める。バンコクだけで精米廠が五一も存在し、労働者は合計五〇〇〇～六〇〇〇人に上り、多くは華工である。このように、「華人」・華工間の労使対立という複雑な様相を呈していた。シャム政府は調査団を組織し、精米廠代表の陳守明、労働者代表の林広らも参加し、収拾を図った。結局、逮捕された労働者代表八人の無罪釈放をかち取った代りに、賃上げは実現しなかった。使用者の勝利にも見えるが、精米廠も莫大な損害を蒙ったという。『中央日報』は、精米廠に華工は寄宿し、食事も経営者から供給され、賃金はさほどの問題ではなかったと主張する。そして、「華人」・華工の対立というより、シャム人の電車労働組合指導者と弁護士の扇動に乗ったもので、この機に乗じて華工の地位をシャム人労働者が奪うという陰謀があったと断言している[17]。このように、「華人」・華工間に矛盾がなかったと主張するのは、その亀裂を恐れてのことであろう。

華僑排斥は各方面に現れた。例えば、シャム沿海には華僑の漁民が極めて多い。それに対し、三四年一二月「漁業税条例」が実施され、シャム国籍漁民を七五％とするとした。その結果、チュンポンの華僑漁民数千人はすでに二、三〇年もここで働き、船上生活の零細漁民であるにもかかわらず、すでに六〇〇人が失業していると非難する[18]。シャム政府は漁業協同組合などを提唱しているらしく[19]、シャム漁民の経済基盤確立を目指しており、排斥はその一環であったといえる。

ところで、シャムとの条約・国交締結に関して国民政府は一貫して積極的であった。二八年、二九年、三〇年とシャムに人員を派遣し、三一年には外交部朱鶴翔がシャム政府外交部長と交渉した。特に華僑排斥問題が激化するにつれ、中国側にとって正式な外交ルートを設けることが緊急な課題となったのである。だが、シャムは一貫して「時期尚早」として消極的であった。最大の障害の一つは「国籍法」問題である。例えば、シャム「国籍法」（一二年公布）は現地主義を採り、同第三条三款によれば、シャムで誕生した者は「シャム国籍」になると規定している。つまり、華僑の子供がシャムで生まれた場合、「中国人」ではなく、「シャム人」となる。ところが、中国「国籍法」（二九年二月公布）第一条一款では誕生の時、父が中国人（「中華民国籍」）の者は「中華民国籍」と規定し、華僑の子供はシャムで生まれても「中国人」となる。このように、両国の法律が真っ向から矛盾・対立するのである。その結果、三四年段階で、中国側はシャム華僑「二五〇万人」を主張するのに対し、シャム側の調査では「四四万五〇〇〇人」であり、実に約二〇〇万人の極端な差が出ることになるのである[20]。この対立を逃れるため、華僑は二重国籍を取得する。これに対し、シャム政府は「シャム国籍」の華僑の子弟はシャムの学校に入学することを当然のこととして要求する。かくして、華僑のシャムへの同化政策を強く推進するシャム政府と、華僑に中国人としての意識を養成したい国民政府は熾烈な華僑教育権を巡る争いを展開した[21]。

こうしたことを背景に、中国各地の民衆団体に帰国華僑も同調し、シャム政府による排華政策、および華僑教育への干渉に対する報復として、国民政府にシャム米輸入禁止を求める世論が沸騰した。ただ、それに反対する者もいた。

例えば、「外交界要人」（姓名不詳。元駐英、伊、日各大使を歴任したとある）はシャム米輸入を禁止して、シャムの反省を促すというやり方は危険だとし、シャムからの輸出の半数が米であり、中国はその四〇％強を輸入している。もしシャム米輸入禁止を実行すれば、確かにシャムの国民経済に大打撃を与える。だが、同時に広東の食糧の大部分はベトナム米とシャム米であり、広東の食糧問題を引き起こすことは不可避である。のみならず、シャムには華僑大資本経営の精米工場が約二〇〇ある。その労働者の九割が華工である。当然、精米工場に損害を与えるのみならず、そこで働く華工には失業の虞がある。華僑米商も禁止に反対しており、華僑内部を分裂させ、祖国政府に恨みを持つことになる、[22]と警告する。

また、『中央日報』（一九三五年五月二九日）は「社評」で以下のように論じる。要約すると、中・シャム関係は一四〇〇～一五〇〇年前に生じ、それ以来、一貫して友好が維持されてきた。ここ十数年来、シャムは列強と通商条約を締結し、国際的に平等な地位を獲得したが、かえって中国とは正式な通商条約も結んでいない。シャム皇室は中国鄭氏の末裔である。シャム人口一一〇〇万中、「華人」は三〇〇万余に達し、中・シャムの「混血」を含めればそれ以上となる。シャムの開発、繁栄、独立は「華人」の力によることが「大半」であり、シャム政府は同化政策を止め、中国の地位と「華人」の人格を尊重し、とりわけ中・シャムの「血統」と交情が分離できないことを考え、正式な通商友好関係を結ばねばならない、[23]と。このように、国民政府の見解を代弁する『中央日報』は歴史的関係、「血統」などを強調し、「華人」のシャムに対する貢献を誇る。これらの多くは事実であろうが、ある面、威圧的であり、シャム政府の精神を逆なでし、中国からの直接、間接の干渉に対して実質的自立を目指すシャム政府の反発を呼び起こしたものと考えられる。

第二に、英領マラヤ

英領マラヤの華僑人口は一九三一年から三四年まで漸減したが、三五年には回復し、三一年より多くなったという。三五年調査によれば、マラヤ連邦の全人口は一八一万三七一四人で、華僑は第一位で七三万七四四〇人、第二位マレイ人六四万九四四〇人、第三位インド人三九万七五八二人で、他民族は僅かに三万人弱に過ぎない(24)。

一九三四年五月マラヤ連邦特別会議は「外籍人民入境制限新律例」を採択した。三〇年の「移民制限律」では労働者のみが対象であり、三三年「外籍人民入境律例」ではマラヤ連邦に到着してしまった者に対しての制限は明文化されていなかった。それが、今回、「外国船」の密入国に対して新律例が適用され、海峡植民地からマラヤ連邦への入国が不許可になったと批判する。新律例の規定によれば、違反して上陸しようとした場合、船長、船主などに一〇〇〇元以上の罰金を課す。もし罰金を納入しない場合、船を没収し、警察が船長などを拘留している。『中央日報』（一九三四年六月七日）は、乗船しているのはほとんどが華僑であり、こうした処置は「土人」（「土着の人」、すなわち現地人のことであるが、この呼称には差別感情が入っている可能性がある）の生活を守り、華僑の各種活動を削減することに眼目があり、華僑の生活の途を断絶する(25)、と激しく非難する。こうした主張の背景には華僑は英国人より早くマラヤに来ており、そうした華僑の経済活動を制限すべきではないとの意識が働いている。ただ、世界恐慌を機に次第に出入国規定が厳しくなり、それに中国・華僑は対応しきれない面があった。

では、ここで海峡植民地のシンガポール総督クレメント（Clementi, Sir Cecil。元香港総督）の見解を見ておきたい。クレメントは一九二九年五月就任以来、五年間に国防資金増額、地方分権、中国国民党取締り、マレイ語を基本とする教育、稲作提唱、工業化などを推進してきた。クレメントによれば、国民党は三〇年から英領マラヤで公然と活動し、政治宣伝をし、華僑を鼓舞している。その目的は(イ)全マラヤ華僑の組織化、(ロ)全華僑学校を党の支配下に置く、(ハ)自ら編集した教科書で反英思想を注入する、(ニ)農業、実業への投資などである。要するに、国民党マラヤ支部はイギリス政府への華僑の帰順を破壊することにある(26)、と不信感を露骨に示している。

それに対して周啓剛は激しく反発する。華僑は英国植民地化のずっと以前から当地に来ており、鉱山開発、交通発展、建設などをおこない、マラヤの繁栄を築いた。また、華僑組織は合法的に組織されたものである。華僑は政治的野心はなく、博愛、和平という長所があり、現地政府や当地の人士と協力して共存共栄を求めるものであり、英国海峡植民地に貢献して英領マラヤの繁栄と幸福を図るものである。その上、三民主義は華僑への共産主義の侵入を防いでいる。ただ祖国（中国）は華僑を保護する政治力量はないが、華僑は決して祖国を忘れることも、祖国に背くこともない。だが、同時に現地政府の法律を守り、その繁栄を援助することは断言できるとする。そして、クレメントが香港総督在職中であった二五年「省港スト」に厳しく対処したことで、ストが拡大し、双方とも大損害を受けた事実を想起せよと主張し、「共存共栄」の道しかないと強調するのである。(27)

南洋、特に英領マラヤでは中国共産党（以下、中共）が強い勢力を有していた。なぜなら、一九二七年四・一二クーデタの時、中共党員が蔣介石・国民党の粛清を逃れ、大量に流れ込んだからである。彼らは華僑学校や華僑団体に潜入し、多数の華僑学生に強い影響を及ぼしたという。とりわけ、三一年の九・一八（満洲）事変以降、中共は宣伝を強め、国民政府が抗日に誠意を示さないと非難した。英領マラヤの華文新聞の論調はこの主張と完全に一致していた。国民党系の新聞、例えばシンガポールの『新国民日報』、ペナンの『光華日報』、『檳城新報』でさえも中共や第三勢力に同調し、それらの意見を多く掲載した。かくして、中共は民族解放先鋒隊を組織して学校や工場に深く入り、その外郭団体を形成した。いわゆる「各界抗敵救国後援会」は各市鎮・郷村に密に存在し、「憂国」の言を発しただけで、「敗北主義者」、「悲観主義者」、甚だしきは「トロッキー派漢奸」のレッテルを貼った。(28) このように、英領マラヤではイギリスとの矛盾のみならず、当初から中国から持ち込まれた国共両党が対立する構図があった。

第三に、フィリピン

議会採択される可能性の強い外国商人の小売業、米業制限両案を廃案に追い込むため、華僑商会は特別委員会を組織した。フィリピンの小売業は華僑五割、日本人、フィリピン人各二割で、制限両案が採択されると、華僑は発展の機会を失うとする。そして、米業規定ではフィリピン人、アメリカ人以外に、米穀売買ができなくなるとの危機感があった。(29)また、一九三七年一月アメリカの「禁工条例」が援用され、アジア各国からフィリピンへの入国は困難になることが予想された。こうした中で、日本人だけは国力を背景に白人と同等の待遇を受けていると批判する。さらに、一月から移民局は労工部管轄となり、華僑を駆逐して「職工のフィリピン化」の議案も出されるとする。「禁工条例」は次第に厳しくなり、廈門から来るのは月に三〇〇人足らずで、それも華商家族の子女などばかりという。(30)

第四に、「蘭印」

「蘭印」では、一九三三年九月条例が採択され、華僑移民数、および各国人数を制限し、華僑の利益に重大な影響を及ぼしている。バタビア、スラバヤなどの三〇の中華商会は総督に条例取消の請願書を提出した。そして、制限目的が、華僑は「土人」(現地人)の地位を奪う危険性を有しており、「土人」扶助のためとする。それに対して『中央日報』(一九三三年一一月二三日)は、農業面では、華僑は「蘭印」において土地所有権がなく農作物で「土人」と争うことはなく、都市の工場では「土人」を雇用し、商業面では「土人」のために農作物を、オランダ人のために工業品を販売しており、「土人」、オランダ人にむしろ貢献していると反論する。(31)なお、実業部要員の言によれば、南洋の華僑貿易が衰退した要因として世界恐慌とともに、日本品のダンピング攻勢をあげる。その結果、蘭領の市場の八〇%以上を日本品が占めている。それに、「愛国心」に欠ける華僑が小商店を開き、「土産品」とともに日本品を「土人」に販売している。特に、「蘭印」では僅か四〇〇〇~五〇〇〇人の日本人がほとんど全市場を制覇した。中国工業は落後しており、ここ幾年来、中国工業が勃興した時には日本品が先に占領しており、かつ上海の工場が薄利を求めて品質に注意を払わなかったことにも起因すると自己批判もしている。[32]このように、一部の「愛国心」に欠ける華僑が日本品を販売しているると指摘する。また、当時、日本品の品質の悪さが指摘されることも多いが、中国品はさらに劣悪であった。ともあれ、日本品と中国品は熾烈な市場争奪戦を展開したのである。

第五に、日本

一九三一年万宝山・朝鮮事件[33]と満洲事変、三二年第一次上海事変を経て、中国侵略とともに日本当局の強硬姿勢は徐々に強まり、問題も多発するようになった。[34]経済不況と大量失業を抱えた日本は、失業問題の打開策として南洋などでダンピングを開始したが、中国内の民衆運動、および南洋華僑による激しい日本品ボイコットに遭遇した。その報復を日本華僑に向けたともいえる。三四年五月、長崎で華僑学生葉木花（一九歳）殺害事件が発生した。日本当局が単なる「私怨」による殴打殺人事件と発表したことに対し、南京の帰国華僑各団体は犯人が空気銃と鋭利なナイフを持っており、「愛国学生」に対する「計画的殺人」と断じ、国民政府に対して日本政府への強硬交渉を要求した。[35]

また、華僑経営店の営業停止に関しては、中国公使、領事が日本外務省で直接交渉したにもかかわらず、進展しなかった。あまり知られていないが、東北六県にも華僑が多く、経営が順調であったにもかかわらず、三四年六月財産没収、妻子（おそらく妻は日本人）拘留の上、「失業華僑」とされ、強制送還された。七月山形県米沢華僑の胡志超ら一六人が強制送還され、八月には秋田で中華料理店を営む華僑二一人が妻子は拘留、財産は差し押さえられたまま、帰国し、上海市党部に救援を求めた。そして、陳順発ら代表八人が南京の中央党部に、(イ)外交部による交渉、(ロ)妻子と財産を取り戻すため再訪日のビザを要求した。[36]

また、日本は突然日本と朝鮮両華僑に対して輸入税一人「一〇〇元」を徴収し始めた。それに対して中国外交部が交渉している時、今度は日本華僑七二六人が強制送還されることとなった。これら華僑の多くは福建人と浙江人で、飯店、料理店、布店などの小経営者である。確かに、日本には明治期の労働関連法令はあったが、それまで執行されたことがなく、慣例として小売業、料理店は営業ビザをとる必要はなかった。ところが、急にこれが適用され、営業を続ける術がなくなり、強制送還されたという。結局、三四年九月四日第一波の五〇人、九日第二波三一人、一一日第三波七人が上海に到着した。実は第三波は一三人で伏見丸に乗船し、帰国の途についたが、内六人は門司で日本の警官に殴打されて重傷を負い、門司の病院に収容された。第三波のみならず、多くの暴行があったという。名古屋、阪神では日本の水上警察が強制捜査と称し、その時、武器等で殴打され、重傷を負った。また、門司で停泊した笠置丸には警官一九〇人もが乗船してきて、帰国華僑を麻縄で縛り上げ、警察署に連行、拷問し、三〇数名が負傷し、一人は脳挫傷のため生死不明となったとされる。また、日本人妻二人は再乗船が許可されず、拘留された。第一、二、三波の華僑代表三人が中央党部、外交部、僑務委員会に日本への抗議と救済を要求した(37)。このように、中国を侵略していた日本での華僑排斥は人権無視の様相を呈していた。

四　南北アメリカ、オセアニア、およびソ連の華僑排斥状況

第一に、メキシコ

一九三〇年代、排華風潮が世界で最も激しかった一つがメキシコとされる。一八九九年以前は華工がメキシコの交通建設、銅山採掘に従事していた。同年、中国とメキシコは正式に外交関係を結び、条約では「両国国民の自由居住、並びに各種商業の経営、生命財産は同様な保護を受ける」、「労働者の出国時、家族同伴も自由」などが規定され、平等互恵の関係となった。華僑のメキシコ移住が本格化するのは、二〇世紀初頭である。広東華僑一九〇〇人が入国し、メキシコシティーの中華街は「小広州」と称されるようになった。こうして、メキシコに来る華商や華工が漸増した

のである。一九〇三年ペルー公使梁誠がメキシコに領事館を開設し、メキシコ側も広州などに領事館を設置した。一〇年メキシコ華僑人口は一万三二〇三人であり、主にメキシコシティーやソノラ（Sonora）州に居住していた（一九〇九年から二一年の間にメキシコに来た華工は総計二万七八〇〇人に上る）。これら早期の華僑は直接メキシコに来たのではなく、大部分はアメリカ、キューバ、ペルーを経て相対的に就労機会や自由の多いメキシコにやって来た。このように、良好に見えた中国とメキシコの関係であった。だが、華僑人口増大を警戒したと考えられるが、二〇年ソノラ州では排華条例が採択され、華僑とメキシコ人の結婚禁止、および華僑居住地域の画定をした。二一年条約改定で「華工は中国・メキシコ両国の許可なくしてメキシコに来ることはできない(38)」、と規定した。

こうして、一九二〇年代から排華傾向があったが、本格化するのは三〇年代である。その背景には、一九二九年世界恐慌によりアメリカから万単位のメキシコ人が失業して帰国したことにある。この時、メキシコ自体の経済状況も悪く、排華の世論が一挙に高まった。三〇年にメキシコ国会は「排華総会」を組織した。まず各店舗や工場などに「九十駁百工例」（従業員・労働者の九割をメキシコ人とする）を実施した。続いて突然営業税を新設、衛生罰款も施行した。三一年メキシコ大統領P・E・カレス（Plularco Elias Calles）はメキシコシティーで排華団体を組織した。当時、その息子R・E・カレスはソノラ州知事で、排華を開始した。こうして、排華運動はソノラ州からシナロア（Sinaloa）州などに波及した。三一年には中国では万宝山事件、満洲事変が勃発し、それを契機に対日経済絶交運動が起こったが、それは政治的意味が強く、中国当局は原則として不介入の態度を維持した。それと異なり、メキシコの排華は政治よりも経済的要因が強かったとされる。排華の方式は華僑拘禁、華商や華工の経営・仕事の妨害、アヘン・賭博取締り、華僑とメキシコ人の結婚取締り、衛生取締り、雇用の「八〇％」（九〇％？）をメキシコ人とする労働法、突然の営業税増税などがあった。とりわけメキシコ人「八〇％」雇用と営業税の増税は華商、華工の基盤を破壊したとされる(39)。このように、種々の排華法令などにより華僑を圧迫してメキシコから駆逐した。

では、ここでメキシコの中で排華運動が最も厳しかったソノラ、シナロア両州の実態をより具体的に見ておきたい（一）ソノラ・シナロア両州。ソノラ州の「排華党」は重要な各港華僑に対して「（三一年）八月二五日を限りに廃業し、八月末までに全ての者はソノラ州を離れ、他所に行く」ことを強要し、「さもなければ保護せず」とした。地方官と「排華党」は結託しており、阻止する術はないとする。(40) なお、ソノラ州の華僑職種（一九三一年一一月頃）を押さえておくと、多い順に雑貨店四五〇軒、餐館二一軒、旅館七軒、衣服店七軒、靴店五軒、菓子店四軒、牛乳工場二軒、パン屋二軒、製粉工場一軒の計四九九軒であった。(41) このように、当時、雑貨店（90％）を中心に客商売が多く、そこが狙い打ちされた。

いわばソノラ、シナロアなど数州の日常必需品などのほとんどは元来、華僑が取り扱っていた。だが、メキシコ当局は自国民の「農工保護政策」を打ち出し、特に華僑を圧迫した。そして、アメリカから帰国したメキシコ人「暴民」を利用して排華風潮を増長した。メキシコシティーでは、国会議員が国会内に排華総会を組織し、それに呼応して相互に推進した。ソノラ、シナロア両州では「九十駁百工例」により小商店でもメキシコ人を四人を雇わざるを得なくなり、その上、「商税」（営業税など？）が突如、数十ペソから数百ペソに跳ね上がった。さらに「排華党」は衛生罰金をとった。(42)

メキシコ衆議院で「九十駁百工例」が討論された時、ある議員は「九〇％をメキシコ人とする」を改め、「九〇％をメキシコ『白人』とする」ことで、メキシコ籍の中国系をも排除することを提起した。これでは、中国系以外にも波及する虞があったからか、採択されなかった模様である。いわば排華の特色は官民合作であった点にある。すなわち、一方で「排華党」による華僑圧迫を放任し、他方で地方官が華商に対する営業税を毎月増大させ、華商の営業継続を不可能にさせ、中国への帰国を余儀なくさせる。(43)

シナロア州の排華状況では、一九三二年五月排華が発生したが、やはり「排華党」は官庁と結びつき、法令や衛生検査などを口実に、罰金を課し、多方面から圧迫を加え、期限付きで出国を命じている。その上、シナロア州北部の「排華党」は華商に閉門を迫り、あるいは門前で見張り、入店を許さないなどの行動に出た。「排華党」は華僑駆逐を速めるため「暗殺団」を組織したとされ、華僑二人が殺害され、五人は負傷したという。その結果、多くの華商、華農は数十年の蓄積や成果を失った上、侮辱、蹂躙された。(44)

三一年メキシコ排華風潮が発生後、貧窮華僑八〇〇人が次々と国境を越えてアメリカに密入国しようとしている。換言すれば、アメリカからメキシコ人は大量帰国したが、それに対して華僑は逆にアメリカに逃亡しようとし、いわば逆流が生じていたのである。ただしアメリカ政府はそれを国内で受け入れず、資金援助してすべて中国に帰国させようとした。そうした状況下で、中国の駐米大使館は、ソロラ州の失業華僑は二一〇〇人余おり、もし密入国が続けば、中国政府が彼らの帰国費用を工面する責任を負うべき、と提起した。当然、アメリカ当局側からの要請もあったと考えられる。また、三一年の排華は激烈で、被害華僑は数千人に達す。国民政府はまず「五万元」を支出し、メキシコ駐在の大使館に送り、華僑救済すべきである、と。さらに「五万元」はソロア、シナロア両州の華僑救済金として約四〇三七ペソを使用しても、まだ二万六七三九ペソ（法幣約四万元）が残る。だが、失業華僑は三、四千人以上もおり、それでも不十分である、(45)と窮状を訴えた。こうした状況下で、全財産を失い、ソノラ、シナロア両州から多くの華僑が姿を消した。

（二）チアパス（Chiapas）州のビアパス（Bhiapas）の幾つかの港では、華商が略奪に遭っている。同州のメキシコ労働党は華僑の商店前面を封鎖し、営業不可能とした上で、華商に同党関係の労働者の雇用を迫った。双方の交渉の結果、「一級商店」（おそらく規模、従業員数、商品数、販売額などによって等級を決定）では労働者二人、「二級商店」は一人を雇うことで妥結した。(46)ここから華僑商店は従来華工のみを雇い、メキシコ人を雇用しない傾向が強かったことが再確認できる。

（三）チワワ州の政情も不安定となり、それに危機感を抱いたチワワ市駐在のイタリア、アメリカ、フランス三ヵ国領事は「排華党」の暴動に際、極力華僑を支援した。三三年五月二六日には、女教師（中国系?）が華僑商店で購入した際、「排華党」員が警察を呼び、彼女を拘禁させた。これに憤慨したチワワ小学堂児童と師範学堂学生が「排華反対」のデモを挙行した。なお、チワワ市には日系人三〇人余が居住し、多くが雑貨店経営であった。いわば華僑とは「商売敵」であった。日系人と「排華党」との関係はよかったようで、「排華党」員は日系人の商店内で毎日会議を開いた。日系商人側は毎日、銀貨一〇ペソを献金していたという[47]。これが事実か否か不明であるが、当時は黄色人種全体の排斥ではなく、華僑に焦点を絞っていたことがわかる。

また、同年チフアフア州のビラアルダマ港では、五月二一日メキシコ人の娘一三歳が行方不明となり、二四日凌辱された遺体が発見された。その容疑者として李吉、楊庭光、許益の華僑三人が捕縛拘禁された。李吉と許益は雑貨店、楊庭光はパン屋を営み、三店とも隣近所であった。失踪前、李吉の雑貨店内にいたとの目撃証言があった。ただそれだけで、二度にわたる三店の捜査にもかかわらず、何らの証拠もでず、三人とも冤罪であった可能性が強い。だが、二三日夜九時、メキシコ人「暴徒」三〇〇人が監獄に押しかけ、地方官を脅迫、監獄の鍵を強引に受け取り、その内、二五人が監獄になだれ込み、獄中で三人を鉄棒と棍棒で殴り殺した。なお、同月には、ソロラ州ノガレス警察は「アヘン・賭博」を口実に華僑三一人を逮捕している[48]。

三二年の排華暴動では華僑の死者は「二〇〇人」とも称される被害を出した。これに対して、国民政府、中国大使館も手を拱いていたわけではない。メキシコ政府にしばしば厳重に抗議し、かつ三三年国民政府は黄芸蘇を派遣した。こうして、「通商保僑条約」を締結、経済状況の好転、および華僑の激減などにより排華風潮も徐々に収束し、三四年六月までには戻ってきた華僑を含めて華僑商店も営業を再開できるようになった[49]。

第二に、キューバ

経済恐慌の直撃を受け、大不況、政情不安、治安悪化に見舞われ、一九三三年九月革命により民族政権が誕生した。しかし、四ヵ月でアメリカの圧力などにより崩壊し、キューバ政府は接収していた二つのアメリカ人経営者の砂糖工場を、キューバ・米国砂糖会社として返還した。その背景には、両工場閉鎖により失業者が一〇万人余に上っており、状況が緊迫していたからである。また、キューバ政府はアメリカ大陸を除く地域からの移民制限に踏みだした。これに華僑制限は連動するが、キューバでは、日系人は優遇されていたようで、中国公使凌冰は抗議と同時に、日系人などと同様な待遇を要求している(50)。

第三に、パナマ

当時、独立国であったが、アメリカの影響が強く、一九二五年には反米闘争が勃発している。三一年成立のアルヌルホ内閣はパナマ運河一帯の主権を巡って米国と交渉を粘り強く続けており、排外的、経済的自立意識も強固であった。こうした状況下で、華僑商店に対する重税が三五年七月から施行された。中国大使館の抗議に対してパン、野菜販売などの額外鑑札税の免税を決定した。この業種の華僑は多く、かなりの負担軽減となったとされる(51)。三五年パナマ政府は第九号法案で一般の商店、企業は特殊な専門、あるいは科学技術に関連するものを除いて雇用労働者の七五%をパナマ国籍とすることを決めた。また、第七五法令は商業国有化政策を規定し、すべての商店の五一%はパナマ資本とし、パナマ人の経営下に置き、外国人は多くとも二五%だけと限定した。この両法案は華僑社会に衝撃を与えた。なぜなら華僑の就業機会に影響を及ぼすのみならず、華商二〇〇余戸の経営に対して極めて大きな打撃となるからである。そこで華商は連合して最高法院に対して法案を「違憲」として控訴した(52)。その結果は不明である。

第四に、アメリカ

サンフランシスコでは、一九三四年に一九〇六年の大地震・大規模火災の時の大パニックに匹敵するというゼネストが決行された。すなわち、三四年七月暴動、破壊活動が多発した後、電車労働者四八〇〇人がストライキに入り、六万五〇〇〇人の労働者を代表するスト委員会が結成された。そして、全市を巻き込む大規模なゼネストが発生した。警官一五〇〇人が配置され、さらに五〇〇人が待機した。港ではスト派と反スト派双方が拳銃を持ち出しての衝突が起こり、死者三人と重軽傷者を出した。西海岸一帯の各地の労働組合七万五〇〇〇人がゼネストを声援し、クリーニング店や小売店も支援物資を送り、スト参加を決定し、さらにポートランドの労働組合八〇もスト参加の準備を呼びかけている。(53) こうした大不況の下で経済・政治不安が高まり、華僑排斥が断行された。

第五に　オーストラリア

移民条例を発布後、(イ)入国華僑に「地方語」(オーストラリア方言の英語?)五〇〇〇語の試験、(ロ)医者による健康診断書、(ハ)入国人数制限を徹底したため、一九〇二年二万九九〇七人いたものが、三〇年には一万五〇〇〇人に半減し、さらに三六年には一万三〇〇〇余人に減少してしまったと嘆いている。(54)

第六に、ソ連

こうした華僑排斥は、社会主義国ソ連も例外ではない。ある意味でむしろ厳しいものであった。ソ連政府は、華工が労働によって得た為替や金銭を携帯して帰国することを、ソ連国庫に不利として制限した。『中央週報』によれば、ソ連銀行が国営で、もし国家銀行が引き出し、為替を組む金額の多少を論ぜず一概に不許可としたならば、また、もし華僑本人が携帯してソ連から出国することを厳しく禁じたならば、華僑の受ける損失は計り知れないという。そこで、華僑は相継いで逃げ帰ってきた。一九二八年ソ連は一種の単行章程を取り決めた。凡そ華人で、砂金採掘場（以下、採金場）で獲得した砂金で毎人毎月獲得した賃金の七五％は、その会計室が証明書を発給して、それを国家銀行に持っていき、為替で送金することができた。そこで、小利を図る華僑はぞろぞろと（国家銀行に）出向いた。ソ連の採金事業はこれにより振興した。金量が充足すると、ソ連は（送金できる）為替額を減額し、毎人毎月多くとも五〇～六〇％とし、さらに二五％に改悪した。そうした制限以外にも、（華僑から賃金を吸収し、海外に持ち出さないようにするため）「悪辣な計画」を用い、各採金場に遊郭、賭博場を設けた。ソ連国内の採金場は、多くが人口稠密な地域から数千華里（1華里は500メートル）の位置に分散しており、高く険しい山々に遮られ、大きな川があり、虎、狼などもおり、危険地域にある。幹道を使用しなければ、生還できる者は少ない。もし幹道を使用すれば、検問所を多数経過しなければならない。検問所を経過する毎に検査され、金銭、砂金、およびその他の貴重品を持っていると、巻き上げられる。携帯している金額や貴重品などの量がかなり多いと、獄に繋がれる。かつ華僑の供述によれば、「金銭は他人からかき集め、密かに国外に持ち出そうとした」と捏造され、没収の上、放逐される。そこで、華僑は中国領事館に訴えるが、交渉しても、ソ連側は「華僑がすでに『秘密裏に持ち出そうとした』と供述した」とし、規則に則って没収したと言い張る。こうした不条理は決して少ない例ではない。当然のことながら、華僑が帰国する際、税関も厳しく検査をし、衣装箱、行李はハサミなどで任意に引き裂き、かつ医者の如く下半身を検査し、婦女もこれを逃れる術がない。そこで、黒龍江（アムール川）の氷上を密かに渡って逃げる者がいるが、ソ連国防軍の騎兵が「戒厳令」の規定を乱用し、まず空砲を撃って威嚇し、それでも立ち止まらないと、射撃する。捕獲される者は一〇人中、二、三人で、それ以外は射殺される。このように、稀に見る厳しさであり、ハルビン市商会は各商号にこうした実情を通達し、民衆に周知させようとしている[55]。こうして、ソ連を含む世界規模での華僑排斥により帰国する失業華僑は激増した。これに南京国民政府は対処する必要に迫られたのである。

五　南京国民政府の華僑救済政策と僑務委員会

南京国民政府は世界各地の華僑排斥に対処するために、外交努力とともに華僑救済に腐心し、僑務委員会に法案作成を命じた。かくして、一九三三年六月頃、具体的、かつ充実した内容を持つ「救済失業華僑弁法」が作成され、公布された。それを要約すると、以下の通りである。

南洋は不況、生産過剰により農園、工場は閉鎖されている。かつ現地政府によりゴムと錫の生産は制限され、華僑経営のゴム園、錫鉱山は尽く失敗に帰した。現地政府は自国労働者には募金等の救済策をおこなったが、華僑には入国制限、過酷な入国税などで対処している。また、アメリカ大陸では農業経営、金鉱労働者が多く、他は料理店、クリーニング店で、その業種は狭い。経済恐慌の影響で失業しているが、現地政府は過酷条例で入国制限とともに、失業華僑には出国を命じている。南洋の場合はゴム園、錫鉱山の経営者の多くが華僑であるのに対し、アメリカ大陸の場合、経営者は「外国人」（アメリカ人）であり、華僑の基盤は弱く、華僑経営の小規模農場は「死を待つ」有り様となっている。クリーニングも器械化により、手作業中心の華僑店はその地位を奪われているとする。

（甲）国外救済・・失業華僑は往復費用すらなく、一旦帰国すれば、再入国が許されない。そこで、海外での「現有地位」（職業・生活）の維持を目的とする。すなわち、①失業華僑数を実地調査する、②国民政府、あるいは有力実業家が連合して信用合作社（協同組合）を組織し、低利資金を貸し付ける、③海外貿易商会を設立し、化学、食品、日用品などの華僑各工場の製品、及び中国品の販路を拡大する。例えば、陳嘉庚工場のゴム製品を学生・軍人のゴム靴、自動車のタイヤに使用すれば、工場を維持し、華工の生活を維持できる、④華工に失業保険を採用する、⑤多くの華僑は就学経験なく、知識が低く、経営能力が薄弱であり、それが失敗要因の一つとなっている。そこで、職業教育を振興させる。例えば、華僑子弟のために、広東、福建両省、および上海に職業学校を創設したり、中国内の大学、専門学校の入学に便宜をはかり、また領事館などは華商団体を指導し、職工補習学校等々を短期間に設立させる（資金は国内は国民政府、国外は華商団体）、⑥中央銀行海外支店を設立し、兌換、為替送金の利益を回復し、華僑農商工各業に低利資金を貸し付ける、⑦領事館、華僑団体が各自の技能により海外での安定職業を斡旋し、不可能な場合、旅費を支給し、中国に帰国させる。

（乙）国内救済・失業華僑は帰国しても国内にも仕事がない。華僑の民国建国時の功績を思えば、速やかに救済する必要がある。①出国華僑に対しては年齢、技能などを審査し、領事館や僑務専員の報告により各地域各業の需要に合わせ、徒らに失業者を増大させない、②国内各地の実業主管機関に有望事業の調査などをおこなわせ、海外華僑団体に実業振興への投資を指導し、優先権、保護を与え、失業華僑を雇用させる、③西北各省市政府による有望事業の計画書を作成した後、国民政府が資金を支出し、あるいは華僑などの投資を仰ぎ、西北開発に帰国華工を使用する、④国民政府が開墾区域を指定し、帰国華僑に技能に応じて土地を与え、耕作、牧畜をおこなわせる、⑤送還された失業華僑で、領事や僑務専員などの証明書を有している者は国内の鉄道、汽船運賃を一回に限り全額免除する、⑥政府指定の鉱区開発の帰国華僑が携えてきた錫などの採鉱機械を免税扱いとし、再利用に供する、⑦廈龍（廈門—龍岩）鉄道、福馬（福州—石馬江）公路建設等を、華僑の投資、あるいは国民政府の出資でおこない、失業華僑を使用する、⑧製紙、マッチ、アルコール各工場や水力発電所を設立し、失業華僑の技能により振り分ける、⑨中国・南洋間の航路は外国人に握られ、華僑の往来、および中国貨物の運搬で、巨額資金を消費している。運賃を安価にし、華僑工業を維持するためにも南洋航路を開設する、⑩出国華工に対しては、雇主に雇用期間、労働時間、月賃金、待遇などを明確にさせる。さもないと、華工には生活保証なく、現地では訴える所もなく、「終身奴隷」となる可能性すらあるとする。その他、費用として「失業華僑救済公債」二〇〇〇万元の発行や各国から返還された義和団賠償金などから出すことを考慮していた[56]。

この「弁法」公布以降、華僑救済は国外、国内に分けられて処理されるようになった。また、「弁法」内容はその後の活動の基準となり、幾つかは着実に実施に移された。例えば、（甲）③の関連では、南洋華僑による熱心な「国貨（中国品）愛用」、「国貨提唱」で中国品の販売はやや上向きになり始めた。また、上海「国貨廠・商代表団」はシンガポール、ベトナムなどで「国貨」展覧販売大会を開催している。そして、代表王志聖は(イ)南洋各地にさらに多くの「国貨」陳列館を設立すること、(ロ)全国商連会と上海市商会は「国貨」貿易通訊機関を組織し、宣伝に責任を負うこと、(ハ)中国、上海商業儲蓄両銀行は南洋に分店を設け、華僑為替業務を担当すること、(ニ)国内に機関を設けて国内工場・商人が華僑から直接購入できるようにすることなどの提言をおこなっている[57]。事実、一九三五、六年には、世界各地の二、三〇ヵ所の中華商会内には「国貨」陳列所が設置されるに至った。（甲）⑥との関連では、当時の中央銀行だけでは荷が重く、三四年頃、財政部は海外華僑の要請により中国と華僑の商取引増進のため、中国銀行も海外各地に支店を設け、海外為替の取引業務を担わせようとした。また、三五年一月財政部は荷為替を提唱し、南洋での「国貨」の販売促進のためにも、中央、中国、交通、上海商業儲蓄、中南、金城、塩業など各銀行は南洋の各港に分支店か代理処を設立することを呼びかけている[58]。

また、僑務委員会は（乙）①に見られる通り、妄りに移民を出すことの危険性を考慮して、出国制限し、海外での身請保証人がいることを必要条件とした。国民政府公布の「工人出国条例」（一九三五年一〇月）によれば、出国労働者の資格は二〇〜四五歳で、身体強健で、伝染病がなく、「不良嗜好」（アヘン吸飲など）がない者とされた。かつ雇用契約を結ぶ時は僑務委員会の許可を必要とした。また、三六年一一月僑務委員会は「募工承攬人取締規則」によって、請負人は募集開始以前、申請書を僑務局か県市政府を経て僑務委員会の審査により、募集許可証が発給されるとした。そして、申請書には、事務所の所在地、募集の資金総額、募集数等を書き込ませ、不法な募集を阻止しようとしている。さらに、請負人は僑務委員会に許可費二〇元、印紙税二元を納め、その上、募集労働者が二〇〇人以下は保証金二〇〇〇元、二〇〇〇人は二万元（つまり一人当り一〇元）を僑務委員会に前納することを義務づけた。もしも、詐欺的方法などで労働者を募集した時は許可証を取り消す外、損害を賠償させるとし、(59)行政、金銭両面から華工の安全と保護を図っている。なお、実業部によれば、三五年一月頃、出国している華工はカナダ二万五〇〇〇人、米国ニューヨーク二万五〇〇〇人、サンフランシスコ二万二〇〇〇人、ハワイ九三〇〇人、ベトナム三三七五人、日本（東京・横浜一二三〇人、名古屋二〇九人、長崎一七八人、下関一二人）一六二九人、朝鮮一万一一一七人で、総計一四万五九九一人としている。(60)

（乙）②については、帰国華僑の増大と送金額激減に対処するため、帰国華僑を吸収できる事業を起こす対策などが採られた。前述の「華僑回国興弁実業奨励法」（一九二九年二月）の改善を検討し、三四年一月財政、実業、交通、鉄道各部、及び各省市政府が華僑の帰国、各種実業創業に関して適切な指導と保護、税の減免、運輸上の便を与えることを行政院に提案している。また、中国内の各種実業に投資できることが華僑に周知徹底していなかったので、『実業指導』を編輯し、海外に頒布し、投資、創業の参考に供した。三五年僑務委員会の奨励により、各地華僑が投資し、また団体を組織して視察、観光したものにシャム華僑視察団、オセアニア華僑視察団、蘭領バンドン華僑視察団、フィリピン華僑視察団などがあった。(61)

（乙）③の西北開発は、特に国内産業を振興させながら、帰国華僑と一般失業者の救済のために浮上した。三四年二月国民政府は行政院と全国経済委員会への命令により、①西北開発・建設各案、及び黄帝陵道路の修築案を早期に実施、②「西京市」（西安）建設費の月三万元を党、財政部から支出するとした。(62)

これらの活動とともに、僑務委員会は一九三二年チリからの失業華僑を二万元、三三年メキシコからの帰国華僑は一万元でそれぞれ救済し、キューバ華僑は領事館が汽船公司と交渉し、優待割引切符で帰国させた。これら世界各地からの華僑は出身地に帰郷させるか、僑楽村に送り、開墾に当たらせた。三四年メキシコでは労働争議と風害の被災華僑に救済費一〇〇〇元、シンガポール大火の被災華僑に一〇〇〇元、横浜火災の被災華僑に三〇〇元、及び台湾の台中、新竹地震の被災華僑に一〇〇〇元を送付するなどの活動をおこなっている。(63)

また、一九三四年三月僑務委員会は世界各地の失業華僑救済のために、華僑貿易公司創設を決定している。大規模工場等を普遍的に設立し、華僑、中国双方の貿易を結びつけることよって華僑事業を発展させ、同時に関税を軽減し、最も効率的な方法で、華僑の貨物と中国品を相互に流通させ、「国貨」提唱と華僑救済の一挙両得を期すとした。総公司は暫時上海に設け、その後、各港の大都市に分公司を設立する計画であった。(64) もちろん、華僑自らも生活困難の打開を目指した。同時期、南京の帰国華僑は華僑界長老が発起人となり、衆知を集めて互いに助け合うことを趣旨に華僑互済社設立を決め、積極的に準備し、開始段階にあるという。(65) ただ、なかには、こうした状況に便乗して営利追求する者も現れたようである。例えば、「華僑失業救済院」がそうである。すでに上海で運営開始の準備をしていたが、慈善団体にもかかわらず、章程に「本院剰余の二〇％は董事報酬金、一〇％は創始者報酬金」などを盛り込んでいた。それに対して僑務委員会は不許可で設立した場合は、制裁を加えるとの強硬姿勢を打ちだしている。(66)

特に、こうした動向の中で看過できないのが、帰国華僑の経済的自立を目指す「僑楽村」建設であろう。一九三三年一二月国民政府は「救済失業帰国僑胞」を決議し、その線に沿って、僑務委員会が失業華僑救済のために開墾の候補地となる荒地の調査に乗り出し、各省市政府に調査を依頼するとともに、自ら数回にわたり人員を派遣し、各地の実地調査をおこなっている。数ヵ所の候補地があり、華僑の特技を生かし、国家資源の開発に当たらせるとする。(67) 三四年一一月僑務委員会は行政院の承認を受け、内政部、外交部、財政部、交通部、教育部、鉄道部と合同でまず失業華僑救済委員会を設立した。そして、「僑楽村」建設は単なる慈善事業ではなく、国家事業であり、帰国華僑の経済的自立を目指すものと位置づけた。さらに、農業専門家の調査を経て、安徽省宣城県水陽鎮付近の荒地に決定した。

ここは公路・水路などの交通の便がよく、その周辺にはすでに三一年にメキシコからの帰国華僑一〇〇戸余が村落を自発的に形成しており、また、付近の村落には広東籍の華僑の家屋が散在しており、華僑同士の互助が期待され、最適地と考えられたのである。(68)

そこで、安徽省財政庁、宣寧官産墾荒局から官有地の荒地一万数千畝を購入した。一九三五年一月「僑楽村管理処」が設立され、僑務委員会の指示を受けながら、「墾民」（帰国華僑）の指導と村自治・自衛を担当することとなり、その下には事務、技術両組も設けられた。つまり、「村自治」とはいえ、「管理処」が担うことになっており、「墾民」の意見がどの程度反映したかは不明である。また、「労資合作」で開墾をおこなうとあるが、この場合の「資」はいわゆる資本家ではなく、資金を出す側の僑務委員会であり、「墾民」は全て「労」である。「墾民」には一定の生活費が支給される。そして、三年間の収穫は国税、地方公益費を除き、全て「墾民」が得るが、四年目以降、「労資」折半とする（ただし、土地一畝を年に僅か二角で借り受けることもできるようになり、その場合、収入は全額「墾民」のものとなる）。帰国華僑には海外各地からの者がおり、農業のやり方が異なり、かつ農業従事未経験者もいるため、農業知識・技術を与える農事訓練班四班各五〇人（計二〇〇人）を組織することとした。経済自立のために、生産、消費、運銷、信用各合作社を組織し、合作社は「墾民」全加入である。収穫物も合作社が販売することとした。(69) 換言すれば、国民政府の重要施策の一つである合作社が金融、生産、消費、流通のほとんどを担い、「僑楽村」の経済基盤となっていたことは注目に値するだろう。(70)

かくして、三五年六月には開幕祭典を挙行した。「墾民」は救済委員会が審査・選抜した六四人である。「計口授地」で一人一五〜三〇畝となっているが、結局三〇畝で落ちついた。農場は個人、貸付、「労資合作」の三種に分けられた。同村南側六〇畝を模範農場とし、「墾民」の参考に供する。また、建築費七〇〇〇元で、講堂、事務室、住宅、合作社、倉庫、家畜舎、職業学校などを建て、排水溝を通し、道路を修築した。また、月毎の華僑救済費（金額不明）

も支給された。だが、経費に限界があり、大規模な拡充はできなかったとされる。治安面では僑務委員会の依頼で、近隣の保安隊が当った。ただ、「墾民」と付近七、八ヵ郷の郷民一〇〇人が言い争いから衝突事件を起こし、傍観者を含めて一時は二〇〇～三〇〇人に膨れ上がり、保安隊が駆けつけて鎮静した。僑務委員会は安徽省財政庁から正式に買い上げ、土地測量も手続きも問題ないとしているが、省財政庁が強引に線引きをした可能性を示唆している。また、七月には行政費の圧縮から救済委員会は廃止され、全ての救済事業を僑務委員会が担当することとなった。一〇月には「墾民」一〇〇人に増大し、最多が日本からの浙江籍の帰国華僑で、次いで米国からの広東籍華僑であった。一年目は開墾、栽培の二つが重視され、数百畝の開墾を終え、かつ西瓜、胡麻、緑豆、玉蜀黍等々の収穫も上々であったという。なお、「墾民」数は盧溝橋事件までで最多は三〇〇～四〇〇人程度であったと考えられる。(71)

陳樹人は、帰国華僑が江蘇省板橋鎮、浙江省三門湾などに自発的に「新村」を作っていることに鑑み、全国各地に百数十ヵ所の「僑楽村」創設を打ち出しているが(72)、結局、この時期、幾つ実現したのかは不明である。

当然、国民政府はこうした華僑救済とともに、華僑排斥が華僑の合法的権益を侵すものとして外交部に再三にわたり改善交渉を命じている。前述の如く、僑務委員会も外交部にメキシコ政府と絶えず交渉するように依頼し、状況をやや好転させた。華僑保護のため、外交部は条約締結も積極的におこなった。特に条約未締結の中南米諸国で、華僑が冷遇されてきた事実に鑑み、航海、貿易、入国、居住、領事交換を包括する通商条約締結を急いだ。三五年以降、キューバ、チリ、パナマ、ベネズエラ、エクアドル、ガテマラ、ドミニカなどと折衝を開始したが、華僑排斥運動が発生したドミニカの華僑が友好条約締結を強く望んだため、重視された(73)。

シャムについては、一九三二年領事館設置に関してシャム政府の正式承認が得られないままであったが、その代りに外交部駐シャム商事弁事処員を置くことができ、当地華僑財閥の陳守明を任命した。僑務委員会の尽力により、三六年民間視察団の相互派遣、交流を基礎に、三七年三月中国には中・シャム協会（理事長・周啓剛）、シャムにはシャム・中国協会を設立した。なお、三五年には、懸案であった仏領インドシナに領事館を設けている(74)。

ここで、中国の民間動向を見ておきたい。一九三六年七月中華工業国外貿易協会・上海三七工廠による「中国南洋商業視察団」代表が行政院秘書長翁文灝、外交部長張群、実業部長呉鼎昌と接見した。つまり、民間とはいえ、国民政府の意向も強く受けていたと見て間違いない。団長高事恒（上海華亜絹織廠副経理）によれば、マニラ、バタビア、シンガポール、ペナン、バンコク、サイゴンなどを視察する動機は、華僑が中国工商業の発展に注目し始めており、そこで「国貨」を海外華僑に紹介し、その品質の向上を認識させ、共同提唱させるためとする。一行は一三人で出発し、バタビアなど各地で華僑の熱烈な歓迎を受けたようで、中国と華僑の精神的結合は強まっていた。また、バタビアでは中華「国貨」展覧会を開催している(75)。このように、華僑との関係強化、「国貨」販売に力点が置かれており、現地各政府との矛盾解決を目指したものではない。

ところで、失業華僑の帰国は続いていたが、一九三五年頃から米国、カナダ、オーストラリア各地の経済情勢は好転し始め、例えばカナダ政府は失業華僑に宿泊、食事を無料にするとともに、帰国費用を出すなど、丁寧に扱うようになった(76)。また、南洋でも英領マラヤのゴム、刻み煙草もやや回復し始めた。そして、三七年になると、シンガポールの工商業は活気を取り戻し、ゴム、錫価格の上昇に伴い、ゴム園、錫工場は大半が回復した。こうした状況下で、中国内地の農村破産により、シンガポールに出国する華工が再び増大し始めた(77)。このように、経済好転とともに、各国政府の姿勢も徐々に緩和し始めた。ただ、結局のところ、各国各地域によって事情は異なるが、華僑が過酷法令から完全に脱却できるのは抗日戦争勃発後、もしくは第二次世界大戦の終結後まで待たねばならない。

おわりに

以上のことから以下のようにいえよう。

第一に、一九二九年の世界恐慌を契機に東南アジアも大不況に襲われ、華僑の工場などが倒産し、大量の華工の失業者を出した。そうした状況を打開するため、「蘭印」、シャム、英領マラヤなどの華僑が中国へと環流した。華僑が中国に投資する傾向が生まれたのである。僑務委員会も改組後、「華僑帰国実業振興奨励法」などにより帰国投資を奨励した。また、華僑視察団も組織され、国民政府や各地長官の歓迎も受けた。とはいえ、現地での華僑は打撃を受けており、その力量が低下しており、活発とはとてもいえない状況であった。

第二に、好況の時は華工を必要とするが、不況になると、現地人の職業維持・雇用を優先し、一転して華僑排斥をおこなう。かくして、世界各地で各種各様の華僑排斥法が制定された。例えば、①シャム（タイ）では、国籍法の規定を巡る矛盾、対立が根底にあり、華僑、もしくはその子弟に中国国籍を維持させたい国民政府と現地国籍を取得させたいシャム政府の先鋭な対立あった。また、シャム、中国双方とも国産品愛用を推進するが、当然のことながら矛盾対立が生じた。華僑排斥は強制送還、入国拒否、苛酷税から華僑学校など教育権問題に至るまで各種方式がとられた。②日本における華僑排斥は一九三一年万宝山・朝鮮事件などを契機に発生したが、三〇年中期に至っても従来制定した法令が突如厳格に施行されるなど、日本政府当局・官憲が強制送還するという形であった。暴力的に実施される場合もあった。すなわち、日本の場合、その中国侵略が進むにつれ、「獅子身中の虫」と見なした華僑を国家権力が計画的に排除していった可能性がある。③メキシコでの華僑排斥は世界恐慌下でアメリカから帰国した失業メキシコ人が導因となっていた。三〇年には、メキシコ国会が「排華総会」を組織し、かつ三一年には大統領自身が排華団体を組織し、息子が州知事を務めるソノラ州、シナロラ州から全国に波及していった。その手足として動くのが国家の承認を受けた「排華党」であり、換言すれば、その特色は中央、地方、「排華党」、メキシコ民衆という官民一体の排華形態をとり、その主要目的はメキシコ人の職業確保にあった。したがって、経済不況から回復する三〇年代中期には排華風潮は収まり、華僑も営業を再開できた。

第三に、華僑出身地の広東省は救済活動を早期に実施していたが、南京国民政府は一九三三年「救済失業華僑弁法」を僑務委員会に作成させ、公布した。それは、（甲）「国外救済」、（乙）「国内救済」に分け、前者では海外での地位・生活の維持を目的に、①失業華僑調査、②有力実業家による信用合作社組織化と低利貸付、③海外貿易商会の設立による華僑各工場の生産品の販路拡大を目指した。後者では、①華僑の年齢、技能審査を実施し、むやみに出国させない、②海外華僑団体に実業投資させ、失業華僑の雇用創出、③西北開発に帰国華僑の使用、④指定開墾地域での華僑の使用など中国開発、振興とも連動させるものであった。また、帰国失業華僑による「僑楽村」も各地に創設している。

第四に、華僑からの献金、家族への仕送りは巨額であり、それを失うことは中国にとって大打撃であった。したがって、南京国民政府は排斥各国との外交交渉をおこなうが、国によって異なるが、成果は限定的であった。僑務委員会改組後、最大の任務は華僑排斥に伴い世界各地からの帰国失業華僑に対する救済であった。僑務委員会は、機構的には主要各港に僑務局を設置し、帰国華僑に対処するとともに、世界の「排華条例」の把握という基礎的作業をおこなった。かつ、前述の「救済失業華僑弁法」を公布後、その幾つかを実施し、経費的に限界があったとはいえ、世界各地からの華僑の帰国支援、救済を積極的におこなっている。確かに華僑救済費は華僑献金に比して少ないともいえるが、「国難時期」に僑務委員会自体が極めて厳しい資金繰りの中からそれらを捻出しており、そうした背景を考えるならば、その活動、成果を過小評価することはできない。

註

（1）　企画院『華僑研究資料』一九三九年三月、五六、五九、六一頁。

（2）　『中央日報』一九三四年二月九日。なお、三四年の調査によれば、潮州・汕頭人九〇五家の南洋に渡った主要因は以下の通

り。経済圧迫六三二家（69.95%）、親戚・友人関係一七六家（19.45%）、天災三一家（3.43%）、企業拡充二六家（2.87%）、犯罪により逃亡一七家（1.88%）、地方不安七家（0.77%）、家庭不和七家（0.77%）、その他八家（0.88%）であった（陳君慧「南洋華僑之回顧与前瞻―二七日在中日文協演講―」（続昨）、『中華日報』一九四二年三月四日）。

(3) 通商局第二課『華僑ノ現勢』一九四一年六月、一一七～一一九頁。

(4) 田村寿「南方華僑の現勢」『南方年鑑』一九四三年、二四七頁。

(5) 林金枝「近代華僑投資国内企業的幾個問題」『近代史研究』一九八〇年第一期。

(6) 「海外華僑内向熱」『台湾新民報』一九三一年九月二六日。

(7) 林金枝、前掲論文。

(8) 「僑民之移植」『十年僑務―現代華僑専号―』一五～一六頁。『僑務十三年』一三～一八頁など。

(9) 河部利夫「タイ」『アジア歴史辞典』第六巻、平凡社（一九六〇年）など参照。

(10) 『中央日報』一九三三年一一月一〇日。

(11) 『中央日報』一九三三年七月九日。

(12) 『中央日報』一九三五年五月一〇日。

(13) 『中央日報』一九三五年五月一六日。

(14) 『中央日報』一九三五年五月二七日。

(15) 『中央日報』一九三五年五月一九日。

(16) 『中央日報』一九三四年八月一九日、一九三五年五月一五日など。

(17) 『中央日報』一九三四年六月一日、一九三五年五月一五日。

(18) 『中央日報』一九三五年五月二五日。

(19) 『中央日報』一九三五年五月一五日。

(20) 孫育才「和平現階段与僑務的関連性」(1)、『南京新報』一九四一年三月六日。

(21)『中央日報』一九三五年五月一九日。楊建成『華僑参政権之研究』文史哲出版社、一九九二年、九五頁。文浩は次のようにいう。すなわち、各国の国籍法の規定によれば、⑴血統主義、⑵出生地主義、⑶両種併用に分けられるが、各国の立法が異なり、厳しい問題となっている。例えば、中国が血統主義を原則とするのに対し、①英国では出生地主義を採り、華僑の子供が英国、及びその植民地、自治領で誕生した場合、英国人であることが承認される。もし華僑が成人に達し、行為・能力が「完全」な場合、英国籍からの離脱を宣言できる。また、華僑は英国籍に帰化後、若干の優遇条件を享受できるが、かなりの制限、差別条項が存続する。②米国は出生地主義を採るが、華僑を「劣等民族」と見なしており、華僑帰化の禁止規定がある。③「蘭印」は出生地主義であり、現地で生まれると、知らぬ間に「該国人民」(「蘭印」人民で、オランダ国民とはならないかは不明)となる。条約の関係から、中国は中国国籍を主張できないが、また「蘭印」当局も中国国籍に戻ることを阻止できない。中国は弱く、強力な外交を展開できず、華僑保護はかなり少ない。④フランス国籍法は柔軟で、血統主義であるが、同時に出生地主義も採る。故にベトナム華僑の子供がそこで成長した場合、一律にフランス籍と見なされる。このようにした要因は、第一次世界大戦後、フランス人口が絶対的に少ないことを感じ、フランス政府が出産を奨励するとともに、「外来民族」との雑婚を許可した。ただし、フランスの子女教育を受けなくてはならず、それによって「フランス人民の子弟」と見なされる。したがって、フランス政府は人口増大のために、華僑がフランス籍となることを歓迎する。⑤タイ国籍法は併用主義であり、父母のどちらかが「外来民族」であっても当地で成長した者は全てタイ国民となる。そして、タイの立法精神に基づき、タイ教育を受けなくてはならず、華僑学校や中国語の授業は時に圧迫を受け、種々の手段で取り締まられ、閉鎖されることもある。このように、タイ華僑にとって最も厳しい問題は国籍の問題である(文浩「華僑国籍問題的研討」『僑務周刊』第五期、一九四二年四月一六日。本『僑務周刊』は『中華日報』に所収、掲載されている)。なお、丘漢平によれば、華僑の政治問題は、主要に①中国での参政権問題、②納税と服役(徴兵・労役)問題等とする。①については、国民政府が各種代表会議に華僑参加を承認しており、中国側に問題はない。一方、現地政府は現地出生の華僑は同化しやすいと考え、現地国籍を与えている。だが、中国の政治工作に参画すれば、現地国籍、居住権を剥奪され、放逐される。華僑は海外に生活基盤があり、国民政府には確実な救済方法はない。②については、二重国籍の華僑は二重の義務を負う。

在住国で無権利でも義務を負い、帰国すれば、中国で納税義務があり、戦時には服役義務すらある（丘漢平『華僑問題』商務印書館、一九三六年一二月、一二二～一二三頁）。つまり、華僑にとって参政権、「二重国籍」ともプラス、マイナス両側面があった。

(22)『中央日報』一九三五年五月一九日。
(23)「社評：中暹之共同利害観」『中央日報』一九三五年五月二九日。この場合の「華人」には当然、華僑が含まれている。
(24)『中央日報』一九三六年一二月一三日。
(25)『中央日報』一九三四年六月七日。
(26)周啓剛「我対於坡督金文泰在英倫馬来亜公会演説之質疑」(1)、『中央日報』一九三四年九月九日。
(27)周啓剛、同前記事(2)(3)、『中央日報』一九三四年九月一〇日、九月一二日。
(28)関作璸「大東亜戦争与華僑」(3)、『南京民国日報』一九四二年四月一六日。
(29)『中央日報』一九三四年一一月一〇日。
(30)『中央日報』一九三七年一月二二日。
(31)『中央日報』一九三三年一一月二三日。
(32)『中央日報』一九三四年四月一六日。
(33)万宝山・朝鮮事件に関しては、拙稿「万宝山・朝鮮事件の実態と構造―日本植民地下、朝鮮民衆による華僑虐殺暴動を巡って―」、愛知学院大学人間文化研究所『人間文化』第22号、二〇〇七年九月などを参照されたい。
(34)一九三七年抗日戦争以降に関しては、私の前著『戦争と華僑―日本・国民政府公館・傀儡政権・華僑間の政治力学―』汲古書院、二〇一一年を参照されたい。
(35)『中央日報』一九三四年六月二九日。
(36)『中央日報』一九三四年七月四日、八月二八日。
(37)黄仲瑜（僑務委員会）「華僑最近之厄運与救済」(1)、『中央日報』一九三四年九月二〇日。『中央日報』一九三四年九月一二日。

(38) 国史館『国民政府外交史料・排華史料彙編―墨西哥―』上冊、一九九一年所収、「前言」一～三頁。以下、『排華史料彙編―墨西哥―』と略称。

(39) 黄仲瑜、前掲記事。「僑民之保護」『十年僑務―現代華僑専号―』一八頁、『排華史料彙編―墨西哥―』上冊所収、「前言」四～五頁など。なお、メキシコでの排華により三〇年一〇月メキシコから墨洋丸が中国送還の華僑計五八人が乗せて横浜に寄港した。ある部分の華僑はメキシコですでに二〇余年住み、雑貨経営も順調であった。「精神疾患者」(当時は送還理由とされた)が六人いるが、それ以外のほとんどの華僑は送還理由は「わからない」と答えた。訊問を受けた一〇人中、一人は香港に行くことを望んだが、残る九人は駐メキシコ大使館による交渉の妥結後、メキシコに戻りたいと希望した。換言すれば、メキシコ華僑は中国に生活経済基盤がなかったことを示唆する。なお、出身地が判明する四七人中、山東二人、河北一人、不明一人を除くと、すべて広東省出身で、中山(二三人)、台山(一三人)、南海(三人)、新寧(二人)各県などである(横浜総領事館→外交部「駐横浜総領事館電外交部陳墨華僑被解回華情形」一九三〇年一〇月、『排華史料彙編―墨西哥―』上冊、六八頁)。このように、ほとんどが中山県、台山県など広東省出身である。

(40) メキシコ大使館「駐墨使館呈報観見墨総統交渉情形及順・善両省排華近況」一九三一年八月一五日、『排華史料彙編―墨西哥―』上冊、二〇一頁。

(41) 「順省華僑商店概数表」一九三一年一一月(?)、『排華史料彙編―墨西哥―』上冊、三三八頁。

(42) 「李少岳(中国帰国国民党員)呈報中国国民党中央執行委員会海外党務委員墨国排華情形」、『排華史料彙編―墨西哥―』下冊、一九九三年、一二二一～一二二二頁。

(43) メキシコ大使館「駐墨使館呈報観見墨総統交渉情形及順・善両省排華近況」一九三一年八月一五日、『排華史料彙編―墨西哥―』上冊、二〇三～二〇四頁。

(44) メキシコ大使館「墨国善省華僑団体総会呈外交部善省排華情形及領事辦理経過」一九三二年一月一五日、『排華史料彙編―墨西哥―』下冊、八頁など。

(45) 中国外交部→行政院「外交部呈行政院由駐美使館答覆美政府我願負僑財政責任並請美政府転請船公司協助難僑」一九三二年五月二一日、『排華史料彙編―墨西哥―』下冊、五二頁。
(46) 「駐墨西哥公使館呈外交部墨国各処排華情形」一九三一年五月三日、『排華史料彙編―墨西哥―』下冊、四九頁。
(47) 「冼秘書呈報調査及交渉墨国周省排華暴徒私刑慘殺華僑」、『排華史料彙編―墨西哥―』下冊、一七八～一七九頁。
(48) 「駐墨西哥公使館呈外交部順善周三省最近排華情形」一九三三年五月二七日、「駐墨西哥公使館呈外交部周省排華情形」一九三三年六月一日、「冼秘書呈報調査及交渉墨国周省排華暴徒私刑慘殺華僑」、『排華史料彙編―墨西哥―』下冊、一五一、一五二、一八二頁。
(49) 『中央日報』一九三四年五月二一日、六月二六日。奥間一輝「世界華僑と新生活運動について」、東アジア史研究会『東洋史論―華僑・華人特集―』第九号、一九九六年一〇月など。
(50) 『中央夜報』一九三四年一月六日。
(51) 『中央日報』一九三五年八月二日。
(52) Juan Tam著、徐光普訳『巴拿馬華僑一五〇年移民史』秀威資訊科技股份有限公司、二〇〇四年、一三五頁。著者のジュアン・タムはパナマ生まれの華裔であり、パナマ中華商会理事、中華青年会会長などを歴任した。なお、私がパナマに史料調査収集で訪れた際、駐日パナマ大使館、パナマ大学の支援を受け、著者のジュアン氏には直接インタビューし、パナマ華僑に対する種々の興味深い話を聞くことができた。謝意を表したい。
(53) 『中央日報』一九三四年七月一五日、七月一七日。
(54) 『中央日報』一九三六年三月二五日。
(55) 『中央週報』第一五九期、一九三一年六月二二日、一四～一五頁。
(56) 東亜研究所訳『華僑関係法規集』一九四一年、九八～一二二頁。『華僑ノ現勢』一一六～一一七頁。
(57) 『中央日報』一九三四年一一月三〇日、一九三五年一一月二六日など。
(58) 『中央日報』一九三五年一月三〇日。

(59)『僑務十五年』四二～四五頁。
(60)『中央日報』一九三五年一月六日。
(61)『僑務二十五年』一九頁。
(62)『華僑ノ現勢』一一五～一一六頁。
(63)『僑務二十五年』二〇頁。
(64)『中央夜報』一九三四年三月一三日。
(65)『中央日報』一九三四年二月一二日。
(66)『中央日報』一九三五年八月二七日。
(67)『中央日報』一九三四年八月一二日。
(68)陳樹人「僑楽村創弁経過及其意義」(1)、『中央日報』一九三五年一〇月八日。
(69)「僑楽村墾殖綱要」(続)、『中央日報』一九三四年一一月三〇日。陳樹人、同前(2)、『中央日報』一九三五年一〇月九日など。
(70)当時の合作社の中国全土における組織化や普及状況については、拙著『中国初期協同組合史論』日本経済評論社、二〇〇八年の「補論」を参照されたい。
(71)『中央日報』一九三五年一月九日、七月一五日、一二月九日。陳樹人、前掲記事(1)、『中央日報』一九三五年一〇月八日など。
(72)陳樹人、同前(3)、『中央日報』一九三五年一〇月一一日。
(73)『華僑ノ現勢』一一六頁。
(74)『僑務二十五年』一八～一九頁など。
(75)『中央日報』一九三六年七月一六日、九月八日。
(76)『中央日報』一九三五年一月二五日。
(77)『中央日報』一九三七年三月一九日。

第二部　抗戦期・重慶国民政府時期

第三章　重慶国民政府の戦時華僑行政と僑務委員会

——一九三七年七月から四五年八月まで——

はじめに

一九三七年盧溝橋事件（七・七事変）から四一、四二年南洋各地の日本軍占領を経て、四五年日本敗戦に至るまでの抗日戦争時期（以下、抗戦期）は、情勢の変転により国民政府の戦時華僑行政は複雑な推移を辿った。重慶国民政府の戦時華僑政策について、従来の研究では、国民政府を強力に支援したとされる献金などに集中しており、抗日戦争を支えた華僑献金、中国への投資、日貨ボイコットなどが採りあげられ、政治経済的意義が強調されてきた。これらは重要な研究とはいえ、これだけでは当時の華僑政策や華僑の実態を解明できず、歴史を一面的で平板化してしまう危険性がある(1)。

そこで、本章では戦時華僑政策の特質を多角的視点から分析する一環として、僑務委員会を中心に海外華僑からの支援のみならず、財政負担となった日本、南洋などからの帰国華僑とその保護政策にも焦点を当て、その実態、意義と限界を解明する。結局、抗戦期に重慶国民政府は何を目指し、戦時華僑政策は歴史的にいかに位置づけられるか。国民政府・国民党の華僑認識、中国の国際的地位、華僑教育、および汪精衛（兆銘）問題を絡めて考察する。すなわち、(1)僑務委員会の機構、抗戦精神の維持、華僑保護政策、および「抗戦建国」期における僑務委員会の基本方針を明らかにする。(2)シャムなどを中心に世界各地の華僑排斥状況を押さえた後、日本・台湾・朝鮮、次いで英領マラヤからの帰国華僑などを論じ、その対策を明確にする。(3)華僑投資誘発のための優遇策の意義と限界を示しながら、特に陳嘉庚に比して看過されてきた広東系客家の華僑胡文虎の活動に注目する。(4)学校、教育を重視するが、同時に帰国した華僑学校教職員、学生への対策を論じ、最後に(5)日本・汪精衛問題と華僑の対応に着目する。なお、海外部も華僑による抗日防衛体制の構築を推進し、連合国・現地政府に全面的協力を打ち出した。それを梃子に各国での華僑地位の向上が目指され、一定程度成功したと論じる。ここで重要なことは僑務委員会と海外部との関係であろう。したがって、海外華僑業務を担当したのは、僑務委員会、外交部、教育部、および海外部であるが、主に僑務委員会、海外部を中心にその位置、相互関連、実態を明らかにする。

一　盧溝橋事件後における僑務委員会の動向と基本方針

一九三七年盧溝橋事件の発生後、僑務委員会は「海外僑胞に告げる書」を発表した。すなわち、九・一八事変（満洲事変）以来、第一次上海事変、山海関戦役、熱河戦役、長城戦役と、日本は一歩一歩侵略してきた。堪え忍び退き、和平を謀ったが、淞滬（停戦）協定、塘沽（停戦）協定などの締結後も察北六県の陥落、冀東傀儡組織の成立、豊台の占領、および武装密輸の横行があり、「凡そこれ皆、一つの独立国家として容認できない」。そして、七・七事変以来、海外僑胞から抗戦を望む書簡、電報が次々と届いており、蔣介石も汪精衛も全面抗戦を辞さずという。そこで、自衛抗戦実行のために僑胞（華僑）は力を尽くして国家に貢献すべき[2]、と訴えた。同時に僑務委員会は各地領事館などに海外救国団体を強化するように訓令した。なお、行政院は、僑務委員会に今後一切の救国慈善の華僑献金の授受管理を命じた。

だが、僑務委員会は当時、緊縮財政下で混乱し、縮小の危機にあった。僑務委員会は国民政府公布の「非常時期疎散工作人員原則」に基づき、①留任者、②「暫時離会」者（待機し、賃金は一時停止。命により随時仕事に赴く）に分けた。その結果、僑務委員会は元来の科長以下、元来、九六人であったが、三七人が「離会」した。大部分の留任職員は一一月二〇日南京を離れ、その一部に賃金三ヵ月分を支払い、疎開させた。このように、緊急時期にむしろ人員を削減せざるを得なかったのである。留任職員は一九三七年一一月南京を離れ、漢口に弁事処を設立した。(3)

そして、一二月僑務委員会は「為遷移会址通告僑胞」を出し、国民政府の重慶遷都に伴い、同委員会も重慶に移転し、華僑行政を継続するとした。その際、華僑の動揺を押さえるため、①首都南京を決して放棄したわけではなく、日本の消耗を待つ戦略である、②敗戦したのではなく、長期抗戦のためである、③国際情勢が日増しに中国に有利になっている、④勝利信念こそ最後の勝利につながると懸命に訴え、華僑の「救国救民」の責任はますます重く、犠牲的精神で献金し、軍需に供給して軍事力を高め、日本を敗戦に追い込むべきと強調した。(4)その後、武漢の軍事緊張から、三八年八月僑務委員会職員は全面撤退を開始し、重慶に集中した。ただ仕事は多く、現有職員だけでは分担しきれず、疎開人員から一部を選抜した外、重慶で補充したとする。

一九三八年四月には、周知の如く国民党臨時全国代表大会で『抗戦建国綱領』が発布され、中国全力量の総動員体制の幕開けとなり、華僑にも動員体制が採られた。同月「抗戦期間、広く意見を集め、全国力量の団結」を目的に、国民参政会が設立されたが、参政員一五〇名中、僅か六名とはいえ華僑に割り当てられ、(5)華僑に発言権を与えるとともに、抗戦遂行の一角に組み込んだ。八月僑務委員会は各地領事館に救国組織強化の通令を発した。だが、一〇月広州、武漢陥落後、海外華僑は国民政府軍の武漢撤退に懸念を深め、外交部、僑務委員会に対して次々と詳しい情況を問い合わせてきた。中央海外部と僑務委員会は、海外各党部、各新聞社、各華僑団体に、広州・武漢からの移動は主導的地位を勝ち取り、抗戦継続の実力を保持することにあり、最後の勝利の信念を固め、「輸財出力」の継続を望む、(6)と再度強調せざるを得なかった。

図3―1により僑務委員会の組織機構、推移、役割について概観しておきたい。

図３―１　僑務委員会組織系統図（1937年７月―1945年５月）

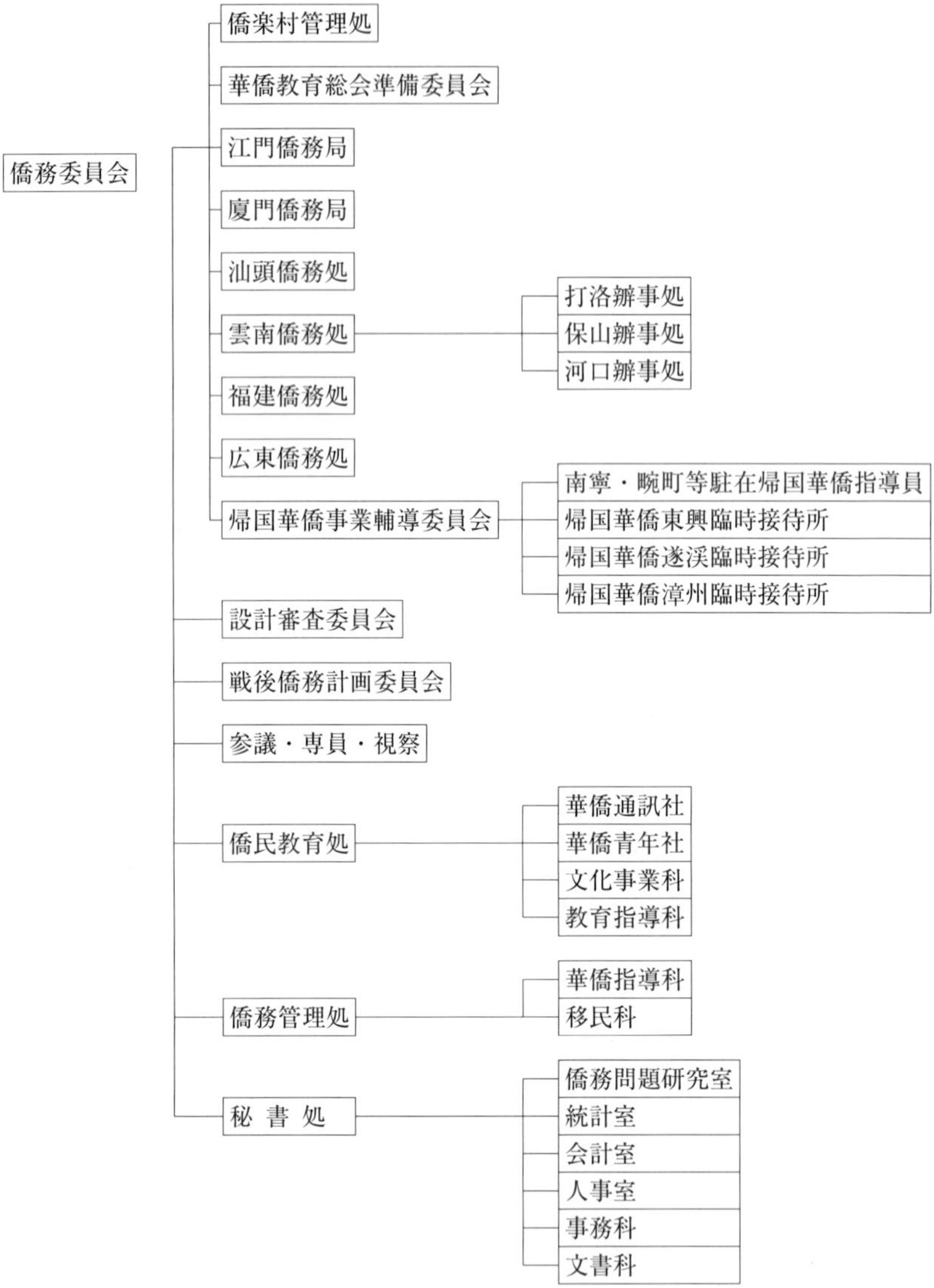

出典：僑務委員会編『僑務十三年』1945年５月、４～５頁。

（一）各僑務局、各僑務処は僑務委員会の下部機構として、華僑の出入国業務などを直接おこなっていたが、沿海などに面していたため、日本軍の侵略、占領に遭った。例えば、広州僑務局は一九三六年八月に設立され、一二月広東僑務処となったが、三七年末香港（広州陥落は三八年一〇月）、さらに四一年末マカオ、四二年初頭に曲江、四五年初頭に連県に移転を続け、業務を継続した（抗戦勝利後、広州に戻る）。同様に三六年設立の汕頭、江門各僑務処も移転せざるを得ず、海口僑務処は抗戦期、業務を停止した。沿海、沿江諸都市の陥落の中で、新設されたのは四〇年昆明僑務局で、四二年六月雲南僑務処に改組され、打洛、保山、河口に弁事処を設置して活発に業務をおこなった。四一年一〇月福州設立の福建僑務処は永安に移動した。こうして、僑務委員会の下部機構も移動しながら華僑業務を継続した。

（二）抗戦前からの「僑楽村管理」処下の「僑楽村」は継続された（財政緊縮により四五年七月救済委員会廃止）。これは、下記の帰郷村との違いが不明確であるが、「僑楽村」は不十分とはいえ、原則として村民自治と生産などを重視して「模範区」として帰郷村とは別個に存続させたものと推測される。

（三）国民政府は南洋華僑の生命・財産の安全を保障するため、四一年一月行政院から「緊急時期護僑指導要綱」を頒布し、三月には僑務委員会下に財政部、経済部、教育部、外交部などが合同で「帰国華僑事業輔導委員会」（以下、輔導委員会）を成立させた。その任務は①戦時後方生産建設への華僑投資の指導、②華僑実業株式有限公司の提唱と運営、③帰国華僑を開墾に従事させること、④帰国華僑への緊急救済工作、⑤華僑青年の従軍奨励などであった。かくして、輔導委員会下に、帰国華僑の接待、登録、救済、指導のため、南寧、畹町、昆明、貴陽、柳州、龍岩などに帰国華僑指導員が置かれ、東興、遂渓、漳州などに帰国華僑臨時接待所を設けた。なお、僑務委員会の機構全体を抗戦前と比較すると、戦時に即応して整備、充実されているが、下部機構全体を統括する形から、例えば、僑民教育処、僑務管理処、秘書処統括部門が拡充、責任分担が明確化され、処理能力のアップが図られたものと考えられる。

（四）四一年僑民教育処下に華僑通訊社が組織され、中国抗戦状況を海外の各華僑新聞社に伝え、他方、華僑の実状を重慶などの新聞社に知らせた。南洋各地との交通遮断後も「抗戦建国」などを放送し、『現代華僑月刊』なども出版することで、抗日宣伝を続行した。

（五）四二年秘書処には僑務問題研究室が設置され、華僑行政はいうまでもなく、各国の移民法令、華僑の経済、文化、教育各事業、社会生活、団体、移民史などの広範な問題を研究した。南洋研究所と重複業務もあり、協力関係にあったと推測されるが、南洋研究所よりも僑務委員会の中枢にあり、研究所からのデータをもとに委員会の政策立案など、より実践的形態をとっていたものと考えられる。

（六）四二年五月には、太平洋戦争勃発で中国勝利が想定される中で「戦後僑務籌備弁法」が制定され、四三年三月戦後僑務籌画会議が始まり、四四年五月戦後僑務計画委員会が成立し、僑務委員会高級職員、重慶の華僑専門家、帰国華僑指導者などが委員となり、各方面の意見を集め、復員方案を制定した。

周啓剛は、①僑務委員会の空間・対象は全世界を包括しているが、最高機関が国内に設けられているだけで、国外の機構・手段は欠乏している。②僑務専門人材、すなわち学術研究人材の欠乏。当面育成の法を設け、また初歩的実践をしているに過ぎない。③世界経済・地理・交通・人口などを包括する僑務資料が欠乏している、(7)と問題点を指摘する。

ところで、三九年度の開始にあたり、僑務委員会は『密件：第二期戦時行政計画』（以下、『第二期行政計画』と略称）を出している。これが「抗戦建国」期の華僑工作の基本計画ともいえるもので看過できない。

第一に、華僑を指導し、人力、財力を以て祖国に貢献させ、および生産建設事業を発展させる。華僑献金と公債募集の鼓舞と同時に、華僑技術人員の帰国・志願の指導では、航空機械、防空、防毒、化学、交通を学んだ者、および技師、医師、看護士などの全ての技術人員は、「非常時期専門人員服務条例」によって随時帰国させると明記した。

他方、抗戦に直接必要のない者は、継続して工商事業の発展に努力して財力、物力を以て祖国に貢献する。

第二に、華僑大衆を動員して抗戦の後援とする。(1)一般華僑団体の調整と救国団体組織化の促進。海外華僑の農工商各種団体は一三〇〇単位以上が分立しているが、これらを随時調整し、団結させる。(2)抗戦情況の宣伝と「反動」宣伝を防止する。すなわち、敵は国内団体、あるいは華僑名義で海外で「反動」刊行物を発行しており、影響を受ける者もいる。それに対して、僑務委員会は①刊行物『華僑動員』を充実させる。重要な文章は外国文に翻訳する。②海外放送で抗戦情勢の宣伝を続け、献金を鼓舞する。③各地で「抗戦建国教育」の各種映画を放映する。(3)華僑学校を指導して学生に抗戦意識を教える。そこで、講演、話劇、壁新聞、映画などを利用して学生の抗戦意識を増強させる。(4)華僑が中国品を選別できるように指導する。すなわち、陥落区からの搬出品が敵により廉価で購入され、高価で販売されており、利益は尽く敵の掌中に入る。そこで、①敵占領区からの物は我国旧来の商号が直接搬出した物、あるいは敵と無関係な第三国の商号が経営している物は国産品と認める。敵の商店、あるいは日系品は日本品と見なし、ボイコットする。②内地の商品で、我国海関に納税し、証明書がある物などは国産品である。これ以外は、経済部発布予定の「査禁敵貨条例」に基づき処理すること。(5)節約運動の推進。今後「節約運動大綱」に基づき各地の華僑団体を指導し、これまで以上に積極的に提唱する。

第三に、失業華僑救済などでは、①各地の海員、鉱山労働者で敵に服務することを願わず、ストによる失業帰国者に対して、まず相当な救済を与える。②華商で帰国し、再び現地に戻って商売しようとする者に対しては、政府が華僑の経済地位を維持するために華僑壮丁の出洋の制限を免除すべきである。ただ、その場合、領事館登記証（領事館がない場合、中華商会）、植民地政府の出港証などの証明書をとる。[8] すなわち、華僑に対して献金、華僑技術人員の帰国を指示、華僑団体の団結、抗日宣伝強化、抗日教育、日本品ボイコット等々、多面的に取り組み、華僑抗日体勢を形成しようとしていた。

四〇年には、僑務委員会は早くも「抗戦勝利は近い」と鼓舞し、華僑は常月捐を出す外、各種記念日に特別捐、例えばバザー、節約儲蓄、各種公債などによって抗戦経済を充実させるべきと訴えている(9)。

四一年には、「緊急時期海外僑団整理弁法」を制定し、華僑団体への指導・監督をおこなった。その結果、①意見の融和、紛糾の減少、②系統が明白になり、力量を集中した、③信念を強化し、外からの誘惑を受けなくなった。こうして華僑団体はさらに団結し、救国力量を発揮し、国民政府の重要な支柱となったという。太平洋戦争後、南洋各地は日本軍に占領され、華僑愛国団体は多くが破壊され、重要分子は殺害された。また敵傀儡は「漢奸」を利用し、親日華僑団体を組織し、華僑社会は粉々に破壊された。僑務委員会は戦事華僑運動を立案、推進し、かつ戦後の華僑組織を準備し、四三年には「海外僑民団体整理実施弁法」などを制定した。かつ連合国艦船などで働く海員に対しても指導を強化している。世界各地の海員の福利や生活指導のため、前後して中華海員リバプール分会、同海員倶楽部などを組織した。なお、外交部も、海員に対して国民政府が褒章を出すことを批准し、また海員待遇の改善を交渉している(10)。ただし国民党による華僑団体への監視、管理強化という側面があったことも否めない。

ここで抗戦宣伝は重要なので、再度詳細に見ておきたい。僑務委員会は海外文化団体に指導し、かつ各種資料を与えて「抗戦建国」の国策を宣伝した。例えば、①四一年華僑通訊社を組織し、毎週中国内の抗戦状況、時論などを海外の各華僑新聞に供給して掲載させた。他方で、華僑の正確な状況を重慶、および福建、広東、広西、雲南各省の新聞社に伝えた。南洋各地が日本に占領された後も、継続してインド、南アフリカ州、米州などに原稿を発送し続けた。②太平洋戦争後、中国からの海外ラジオ放送は南洋各地の多くが中断したが、緊急性と重要性を増した。放送は「抗戦建国」放送（時事分析・党政著名人士と華僑領袖の講演・日本の陰謀の暴露・連合国勝利のニュース・戦後復員計画など）、業務放送（海外華僑向けの僑務委員会とその所属機関の日常業務、戦時僑務措置など）、「慰労」放送（海外華僑慰問、各種戦時工作参加への鼓舞、および国民政府軍や連合軍への華僑の協力・動員の各種指示など）、および通訊（帰国華僑や学生、国内華僑家族の便のための放送、海外ニュース、各方面からの書信など）の四種に大きく分かれる。③定期刊行物は主要に二種であり、一つは『現代華僑月刊』で「抗戦建国」状況を宣伝し、華僑の「輸財出力」を鼓舞、二つは『僑民教育季刊』（教育部と合弁）で、華僑教育やそのニュースを扱い、華僑学生指導に有益とする。(11)このように、新聞、ラジオ、雑誌などを可能な限り動員した。

四二年困難もあったが、海外部の活動はより成果をあげたという。『中央日報』（一九四三年五月六日）によれば、海外部の活動で①海外国民党新聞は四一年には海外国民党報は二三あったが、四二年陥落地域の一一が停刊を余儀なくされた。とはいえ、米州、オセアニア、インド、アフリカに一二が残った。海外部が発行力量の強化を支援、資料供給に尽力した。また、海外部の支援により海外宣伝放送は四二年は大きく進展した。一般の海外放送以外、南洋ではマレイ語、タイ語、ベトナム語などで放送、米州通訊放送など五八二回に及ぶとする。②華僑大衆の現地での戦時防衛組織、救済政策への参加。海外各党部・団部、および華僑領袖に命じ、戦時連席会議を連合組織させ、海外戦時工作の指導に責任を負わせた。(12)かつ海外部は帰国華僑支援などでも活動しており、独自、あるいは僑務委員会と協力関係にあったと考えられる。

四三年一〇月二三日中央海外部長張道藩は海外部講堂茶会に重慶にいる華僑指導者許文頂ら三〇余人を招待し、海外党務工作を強化するため、全面的協力を切望した。(13)また、中央海外部は南洋各地の華僑に働きかけ、連合軍の作戦計画に呼応するため、ビルマ駐在弁事処（所在地は「八莫」。工作範囲はタイ、英領マラヤなどを包括）の設立を決定し、すでに主任李思源らを派遣したという。(14)

二　重慶国民政府と華僑の中国投資・華僑為替・華僑「労軍」

（一）華僑の中国投資

一九三七年盧溝橋事件の際、国民政府は西南開発に華僑資本を吸収する方針を採用した。これを受けて、経済部は「僑胞投資奨励弁法」を修正発布し、農鉱工商、および国防関連事業に対して華僑が資本総額の六割以上投資する場合には、捐税減免などの優遇策を打ち出した。また国民政府は抗戦献金体制の確立を目指して、戦時公債勧募委員会を成立させた。その主任委員は蔣介石、副主任委員孔祥煕、秘書長黄炎培であり、常務委員二四人には孫科、陳立夫、宋子文、陳樹人らの外、華僑領袖陳嘉庚、荘西言、陳守明、胡文虎、李国欽ら錚々たる人物が招聘された。いわば国民政府が華僑資金に焦点を合わせていたことは明白である。八、九月には矢継ぎ早に「救国国債条例」、「購募救国公債奨励条例」などを頒布し、これに応じた華僑団体に対して金額によって勲章や賞状などを授与した。僑務委員会（委員長陳樹人、副委員長周啓剛）は、第二次上海事変の際、「全世界華僑は一致して祖国を救え」と呼びかけた(15)。一〇月財政部長孔祥煕は南洋華僑に「抗日戦費の四分の一」を要請するなど、華僑の経済力に対する期待は否応なく高まっていったのである。

では、僑務委員会は具体的にいかなる形で重要業務を遂行したのか。まず華僑の中国投資を指導した。華僑投資は『行政計画』以前から始まっており、三七年一二月福建省徳化出身のマラヤ華僑鄭荊倫らは長期抗戦中の祖国中国にとって後方生産が極めて重要と考え、徳化に「華僑種植有限公司」の設立を発起した。この背景には、南洋でゴム植樹が禁じられ、パイナップルも制限された状況下で、農園経営華僑は活路を模索していた。まず桐、杉、松などの樹木油生産公司を設立し、それを中心に新村を造り内地建設の模範とし、民衆に仕事を与え、農村復興の基盤とする。

さらに鉱産物開発に進めば、後方生産は原料不足の虞れはなくなる。すなわち、この事業は「救国」にして「救郷」と位置づけた[16]。また、ペナンでも福建華僑が「救郷会議」を呼びかけた。参加者は九つの福建系中華会館の代表と個人参加者の計二二人であった。福建省の近況が報告され、討論の結果、「ペナン福建実業公司」の設立が採択され、準備委員会委員として三七人が選出された。資本金は五〇万元で（一株五元）、一〇万元が集まった段階で設立を進め、一ヵ月内に設立するとした[17]。

三九年頃、僑務委員会は華僑投資の便と拡大を図るため、関係各機関に各種「実業計画」を送付したり、また『実業介紹初編』を編集して海外華僑の参考に供すると同時に、抗戦資源の増大を目指した。その背景には重慶国民政府が基盤とする西南、西北には未開発事業が多く、華僑投資を必要としていたのである[18]。

しかし、国民政府は「捐税減免」などを含めて華僑優遇の意思はあるものの、実際には具体的な規定がなく、華僑側も繰り返し質問せざるを得ない状況が発生している。例えば、三九年九月クアラルンプール領事から、華商が桐栽培投資を望んでいるとし、僑務委員会に「非常時期華僑投資国内経済事業奨励弁法」について再三内容を問い合わせている。それに対して華商の生産事業投資に「可能な範囲」で優待するとし、華商の桐栽培地購入には特に優遇規定はないが、西南各省には栽培適地が多い。桐油は統制物資であり、国民政府は華商から優先的に購入する。華商が「奨励弁法」に則り捐税を支払えば、運輸・費用面で便宜を与える[19]、と回答している。

また、華僑投資を野放図にせず一定の枠をはめようとした。例えば、三九年八月雲南省政府は華僑個人の投資を認めたが、無頼の暗躍を未然に防ぐため、当地の華僑団体が紹介するか、僑務委員会に許可を請求させるなどの手続きを厳しくしている[20]。四〇年七月国防最高委員会の第五届中央執行委員第七次全体会議で、委員陳樹人らは「華僑資金を吸収して西南周辺を開発して国防を強化する」案を行政院が迅速に事務処理するように要求していることからも[21]、具体案決定がスムーズに進んでいなかったことを示唆する。

とはいえ、日本の南洋侵略により経済基盤を失った帰国華僑による中国投資が四一、四二年に増大した。例えば、福建では陳済民（陳嘉庚の子）が永安に「マラヤ実業公司」を設立し、石鹸生産、印刷、開墾、運搬など多業種経営をした。煙草生産廠（資本金二五万元で、華僑資本が半分以上）が龍岩で操業を開始した。福建農林公司は安渓の鉄鉱石に着目し、農具廠（資本金三〇万元で、華僑資本が五〇％以上を占める）設立を開始し、四三年春には大量の新式農具、改良農具の大量生産に入るという。福建省の公・華僑合弁の「閩僑興業公司」は「華僑興業公司」と社名を変更して設立準備中であり、華僑領袖鄭玉書は資本金一〇〇〇万元で「華僑建設公司」を創設するため、株式募集中である。[22]その他、英領マラヤ、シンガポールからの帰国華僑は西南各省にゴム廠、重慶に華僑連合銀行、帰国華僑企業公司、中国電化廠などを設立している。

ここから胡文虎の動向に焦点を当てたい。『東亜』によれば、南洋華僑の巨頭胡文虎らが三九年初頭より華西墾殖公司など続々開発会社を設立している。[23]華僑の奥地投資誘致工作は南京陥落直後より開始され、重慶移転後はさらに活発化したが、胡文虎ら少数者が応じた外、「大した効果も見られず、また広東、福建両省の華僑出身地に送られる金は奥地開発資金として何等役立たない」と見なす。[24]確かに、四一年五月頃、胡文虎も華僑企業公司も雲南の資源開発を目的に設立準備をしているが、当局は積極的支援をしていないという。[25]また、福建華僑王振相は雲南省にゴムタイヤ工場の「中南有限公司」設立を決め、南洋で技術人員一二人を集めた。さらに、鄭玉書、黄漢梁、胡文虎らが近く「華僑建設公司」（資本金は五〇〇〇万元予定）開設を発起している。[26]

参政員胡文虎は蔣介石の要請にもかかわらず、武漢開催の第一回国民参政会に参加できなかった（理由不明）。四一年二月一五日胡は中国訪問のため、シンガポールを発ち、バンコク、ヤンゴンを経て、二一日「中山号」（おそらく飛行機）で重慶に到達した。胡文虎を孔祥熙、呉鉄城、張群らが出迎えた。四川初訪問の目的は重慶国民政府の指導者と会見し、時局に対する私見を述べ、同時に蔣介石を表敬訪問し、南洋華僑の状況を報告する。また、中国内の実業を視察し、華僑投資を計画することにあった。昆明では、胡文虎はすでに華僑企業公司（資本金二〇〇〇～三〇〇〇万元）を準備し、かつ多額の献金をおこなうとしている。[27]

四日晩、国際放送局から胡文虎は呼びかけている。すなわち、中国抗戦はすでに四年となり、海内外同胞は蒋委員長の指導下で、刻苦抗戦し、中国を併呑滅亡せんとする敵（日本）の迷夢を粉砕した。のみならず、敵国はますます泥沼の深みにはまり、軍民の厭戦気分、経済の破産、および国内派閥の暗闘は内在的問題となっている。他方、中国は戦えば戦うほど強くなり、生産は日に日に増大し、経済力量は充実してきている。国際的にも、数多くの和平国家の援助と共鳴を受けている。私は平素から「忠孝仁愛」、「信義和平」を唯一の信条とし、また「救国救民」に唯一準拠している。したがって、私は凡そ国家民族、広範な民衆に益することに力を尽くし、個人の力量の及ぶところ、国家、社会に貢献した。海内外同胞に一切の旧習慣を改め、新生活信条を実行し、自分、他人、国家、民族に対してさらなる責任と貢献を求めた[28]、と。なお、二五日には胡文虎は「傷兵之友同楽会」を訪れ、栄誉軍人を慰問している。

ところで、中共も辺区への華僑の投資を呼びかけていた。『解放日報』（四一年六月一日）の「社論」によると、陝甘寧辺区では民主政治が実施され、苛捐雑税も廃止され、工農業生産も顕著な進歩を見せているとし、その安定を強調する。そして、辺区政府は計画的に実業を提唱し、民間生産事業に対して『施政綱領』でも「私人企業の奨励、私有財産の保護」を明文化し、「反共頑迷分子」のデマを粉砕した。このように、実業発展の基本条件が整っており、華僑の投資に対して自由な発展を保障するとともに、特別優遇するとした[29]。このように、国共両党とも華僑資金を渇望していたのである。

（二）重慶国民政府と華僑為替

海外華僑の中国への為替送付はその家族を救済するのみならず、社会経済を繁栄させ、生産事業を発展させ、国家の入超を補い、国家経済と人民生活に裨益することが大きいとされた。抗戦後、沿海各省が陥落し、かつ現地政府も金融統制を実施し、南洋華僑の為替問題は重大となった。続いて太平洋戦争が勃発し、航空郵便が断絶し、華僑為替は転送され、常に時間がかかるようになった。当時、物価も高騰し、華僑家族の生活は極めて逼迫している。米・オーストリア地区ですら厳しい問題となった。僑務委員会はこうした困難な問題を解決するため、しばしば関係各機関と改善方法を相談した。

（一）一九三八年僑務委員会は華僑為替に発生した困難に対応するため、財政部と統一的に処理しようとした。バタビア（巴達維）では大公銀行、メダンでは中華商業銀行、安南ではサイゴン東亜銀行、シャムでは広東省銀行が積極的に華僑為替を吸収し、中央銀行、中国銀行に送り、広東省銀行、福建省銀行、郵政匯業局、福建・広東批業（大口売買）局が一つの華僑為替金融網を形成した。同時に財政部は中国銀行、広東省銀行、福建省銀行に廈門、汕頭、海口各地に分支店を増設することを命じた。次いで、アメリカではシカゴ以東はニューヨークの中国銀行、シカゴ以西はサンフランシスコの広東省銀行を中心に華僑為替、公債を取り扱った。これらは香港中国銀行の財政部帳簿に統轄された。メキシコの華僑為替は、サンフランシスコの広東省銀行、あるいはニューヨークの中国銀行を経て香港に送付され、内地へと振り替え送金された(30)。

（二）三九年七月汕頭が陥落し、海外の潮州出身華僑の為替送付は中断された。そこで、僑務委員会は財政部と相談の上、財政部から中国銀行に梅県に機構設立を命じた。かくして、華僑が潮州一帯で為替送金が必要ならば、梅県の中国銀行、あるいは香港の中国銀行から為替振替ができるようになった。だが、福建方面でも廈門が陥落し、泉州などでの華僑為替が中断した。こうした状況に次々と対処せざるを得なかったのである。

（三）三九年欧州戦争の発生後、英属の海峡植民地（シンガポール）政府は「戦時国防金融法令」を頒布し、華僑為替と出国携帯金額を制限し、五〇〇シンガポールドルを超過することを得ずとした。その後、「国防金融条例」を頒布し、さらに華僑為替限度額を二五〇シンガポールドル、携帯額を一〇〇シンガポールドルに減じた。超過限度額を越える場合はまず外国為替統制官の批准を受けなくてはならない。また、華僑為替献金はマラヤ全体で五〇万シンガポールドルと規定している。僑務委員会は、しばしば外交部に依頼し、シンガポール駐在総領事に命じて交渉させた。その結果、四一年四月から七五万シンガポールドルに増額された。「蘭印」でも交渉の結果、増額に成功した。[31]

（四）太平洋戦争の勃発後、南洋華僑は流離し、華僑為替はすでに停頓し、かつ海上交通が中断され、米、オーストラリア、インドなどからの華僑為替は阻害された。その結果、華僑為替の疎通、中国への為替の簡便さと国内での支払い効率化が僑務委員会の主要業務となった。僑務委員会は財政部と相談し、弁法を以下のように改善した。

⑴支払いの改善と小切手の供給。①昆明の中央銀行が法幣二〇〇〇万元を準備し、華僑為替の立替払いの準備金とする。②郵政儲金匯業局に回転資金五〇〇万元を予め渡し、随時華僑為替の現金化の便を図る。

⑵華僑為替の疎通。①中国銀行海外分支店が現金と登録暗号を受け、華僑為替を組み、中国内の同銀行に暗号電報を打ち、支払う。こうすれば為替は迅速に到達し、為替委託人の負担を減じる。ニューヨークの中国銀行におけるアメリカでの登録暗号は一〇万戸に近く、ロンドンでも約六〇〇〇〜七〇〇〇戸、オーストラリアでも三〇〇〇余戸ある。随時運用し、迅速化を図る。②中国銀行が華僑為替を広東省肇慶支店に集中してから、それぞれ分散して発する。同時に、肇慶、台山などは自ら無線電信室を設けて重慶からの電信を受け、為替支払いの迅速化を図った。また、新昌にも弁事分処を設けている。③陥落地域の華僑為替の支払いは中国銀行肇慶支店が金崗・永泰銀行、沙坪・嘉南銀行に委託し、新会、中山などの為替を処理させた。[32]

（五）以前、華僑為替は多く香港に集中し、支払いを受けていた。だが、香港陥落後、華僑家族は為替手形を法幣に兌換する術がなかった。かつ交通関係もあり、華僑家族は期日通り金を受領できず、銀行、匯業局に差し戻されてしまう。このことは、華僑家族の生活に重大な影響を及ぼした。これに対処するため、僑務委員会は財政部と相談し、弁法二項を決めた。①華僑為替手形の部分兌換は、まず中央銀行が法幣の半分を立替払いする。こうした兌換は四三年二月まで中国銀行、広東省銀行から中央銀行に受け渡した華僑為替手形は計一九万二九枚であり、法幣計九九〇万四三〇七元が立替払いされた。②華僑為替受領の差し戻し期限は一律一年間延長することを、財政部が四聯総処に通告し、同時に僑務委員会から関係各方面にしらせた[33]。

(六)　四四年秋、湘桂戦により重慶と広東の陸上交通は断絶し、四邑各地も日本軍に占領された。その結果、突然華僑家族の救済ができなくなり、悲惨な状況に陥った。僑務委員会は財政部と相談し、中国銀行韶関支店、広東省銀行に命じ、広東省西江南路の余剰金を準備金とし、まず四邑の華僑為替三〇〇〇万元を代理で支払う。同時に航空委員会と相談し、華僑為替委託書や帳簿などを飛行機で運搬し、韶関で支払うこととした[34]。

以上のように華僑為替は種々障害があり、華僑家族の生活を直撃した。僑務委員会は財政部、外交部など関係各機関と打開策を模索している。こうして中央、中国両国家銀行の海外分支店や広東省銀行、福建省銀行などと共に華僑為替金融網を創出し、それに対応している。

(二)「労軍」(兵士慰労・支援)

帰国華僑の動きも活発化した。一九三七年七月一五日華僑教育総会は華僑団体代表を南京で集め、談話会を開催した。主席は張鵬高で、代表は王匡侯、陳偉義ら一〇人余である。①各団体は「首都帰国華僑抗敵後援会」を連合組織する、②各団体毎に一～五人が参加、③章程起草、④前線将兵の慰撫激励、⑤海外華僑一致援助の要請などの分担を決めた[35]。

この方面では、香港が早く、盧溝橋事件の勃発後、すぐに「華人男女青年会」、連青社、中華慈善会など四団体が談話会を開催し、「労軍」、および救護などについて意見を交換した。また、香港にいる華僑医者(西洋医学・西医)も全華僑西医に対して北上救護を呼びかけた。香港全体で華僑西医は計八八人おり、三グループに分けて北上する。さらに聖約翰救傷隊の男女も随時北上するという。[36]

四三年には、湘鄂（湖南・湖北）での戦勝報告が伝わり、中国内の「労軍」運動は熱烈に展開された。四三年一二月一五日、全国慰労総会名誉会長孔祥熙は海外華僑も「労軍」運動の拡大を呼びかけた。孔はまず湖南省北部の戦士慰労のため、ニューヨーク華僑救国会からの献金五〇〇〇余米ドルを送付したことを明らかにした。[37]また、呉鉄城も華僑に「労軍」参加を呼びかけ、現在、祖国の湘鄂「労軍」運動は積極的に進行しており、個人、社会団体が献金、献物をし、冬着を募集し、慰労品や書簡などを贈り、熱烈である。そこで、海外華僑も衣食を節約し、勇んで「労軍」に参加し、最高指導者、指揮責任長官、および湘鄂前線将兵を慰労することを希望した。[38]このように、「労軍」参加の呼びかけに呼応する形で中国内外の華僑団体・青年が積極的に活動した。

三　世界各地の華僑排斥と帰国華僑

日本軍の直接的侵略、占領による避難・移動のみならず、世界各地における華僑排斥が抗戦期にも発生している（抗戦前、南京国民政府時期における世界各地の華僑排斥については第二章）。すなわち、一九三七年七月盧溝橋事件を契機に日中戦争が勃発すると、日本、および植民地台湾、朝鮮からの帰国華僑問題が急浮上した。僑務委員会と外交部が日本華僑の困難に鑑み、財政部、交通部などと相談の上、帰還方法を決めた。日本華僑などに関しては、まず外交部は在日大使館に帰国人数を調査させ、予算を組む。そして、僑務委員会が慰問、護送、および免費による乗船、乗車に責任を負い、行政院により第一回目の移送費九万五〇〇〇元が批准された。この資金は在日中国大使館を通して日本、台湾、朝鮮各領事館に配分され、船賃や貧窮華僑への補助金に使用された。当初、招商局の汽船を使用する予定であったが、海岸線を封鎖され、外国船を賃借りせざるを得なくなった。かくして、横浜、神戸、長崎、および朝鮮の仁川から威海衛、烟台に、新義州、釜山から烟台に、往復移送した。(39)

三七年八月から同年末まで台湾「華僑」（一八九五～一九四五年間に日本植民地台湾に中国大陸から台湾に渡った中国人）の事務処理に時間を要した。帰国台湾「華僑」六万人中、約二万人は苦力であり、また財産全てを没収され、無一文の者もおり、対応は至難を極めた。台湾「華僑」は閩南人が多いが、一部に江蘇、浙江、江西、広東各出身者もおり、廈門を経てそれぞれ出身地に戻っていった。九月二三日五〇〇〇～六〇〇〇人を乗せ、広州、廈門、上海に移送し、三回で終える予定でいた（一回の予算一七〇〇元。一、二回は順調であったが、三回目は船舶故障で実施できず）。高雄に集中した華僑は大半をオランダ船に乗り換えさせ、まず威海衛、烟台方面に送り、管理公署、公安局に委託し、広州、廈門、上海三港に護送した。このように、一旦北上してから南下するのは遠回りになり不可思議であるが、日本軍による海上封鎖との関係があるのだろう。そのため、三港事務が繁雑になったことから、僑務委員会は陳景唐ら三人を急遽派遣し、各地僑務局、および国民党、政府、軍、警察、華僑団体、慈善機関が合同で帰僑管理会を組織した。ところで、華商は仕事の関係で帰国しにくく、糖業、炭鉱関係の華工はパスポートを没収され、帰国できないでいる。なお、台湾「華僑」は労働者も多く、失業して帰国しても仕事がない。そこで、生産管理会が接収した台湾人農場の一部を貧窮華僑に供出し、生活安定とともに、戦時生産に当たらせるという。(40)

この頃、台湾中華総会館常務委員林梧村から、中国の中央党政軍機関、僑務委員会宛てに緊急連絡（一九三八年一月三日付け）が入った。すなわち、盧溝橋事件以降、総会館所属の各級会館に、我国家・民族の生存防衛のために最高領袖蒋介石を擁護し、抗戦を最後までおこない、同時に国民政府の抗戦計画、救亡工作への参加を指示した。そこで、秘密裏に会員、華僑を帰国させた。各地幹部も財産を犠牲にして次々と帰国し（日本は帰国「華僑」の所持金を制限）、あるいは虐待下で身一つで帰国している。国交断絶以前、日本は僅かに残留した華僑団体職員を逮捕、監禁し、同時に華僑団体の名義を利用しようとしており、団体自身は存在価値を失っている。そこで、台湾中華総会館、その所属の中華会館、並びに一切の団体の名義を取り消し、解散し、敵の利用を防止する、と。(41)

三八年四月「国民政府令」によれば、三月三一日外交部が、京城総領事館総領事の範漢生、随習領事張義信を「勾結通敵（日本）、背叛党国」の罪で処罰することを求めてきた。行政院は直ちに二人を解任し、罪状を調査、処罰を命じた。これのみではない。一〜三月には、「外交部令」には多数の総領事館の業務停止、人事案件が掲載されている。第一に、朝鮮では、一月一六日京城総領事館、釜山・新義州各領事館、元山副領事館が暫時停止、元山副領事の馬永発免職を始め、釜山領事陳祖佖が京城総領事を代行、および各地副領事、随習領事、主事に暫時帰国命令と在留資金停止が発せられた。第二に、日本でも①駐日本大使館では一月二一日、日本側に付いたと見なされた二等秘書兼領事事務の孫湜、二等秘書馬天則、柳汝祥らは暫時帰国命令と在留資金の停止が発せられた。結局、二月二一日孫湜を免職にした。②横浜総領事館は一月二六日業務暫行停止、同日総領事邵毓麟、領事鄭寿恩、副領事羅集誼らに暫時帰国命令と在留資金停止が発せられた。こうした状況は神戸総領事館（一月二九日業務停止、同日王守善には暫時帰国命令と在留資金停止。副領事潘錦喜、随習領事孫嘉燮、主事馬玉生、および同総領事館派遣の領事で大阪弁事処弁事楊雪倫、副領事で名古屋弁事処弁事耿善颺らに暫時帰国命令と在留資金停止が発せられた）、長崎領事館と函館、門司、大阪、名古屋各弁事処などでも同様であった。第三に、台北総領事館は一月二六日暫行業務停止が命令され、同日総領事郭彝民、副領事林国珪、代理副領事張振漢らに暫時帰国命令と在留資金停止が出されている。(42)

また、僑務委員会は英領マラヤからの帰国華僑の対応に追われた。三八年「鉄山失業工人救済委員会」（主席陳振賢、副主席林慶年）が日系の龍運鉄鉱山を自発的に辞めた「愛国工友」数百人の帰国を決定した。そして、香港東華医院(43)に対して接待後、広州僑務局に転送し、それぞれ原籍に送還するように依頼した。五月失業華工がシンガポールを経て香港に到着し、東華医院は温州と福州両籍の華工一三人を収容し、一人香港ドル五元を支給した。広州では抗戦教育実践社の馮聖広が華工を華僑集安所に連れて行き、そこで五日間滞在させ、列車で漢口に向わせた。僑務処長徐天深が市政府と相談し、六三人に一人当たり四元を支給した。五月一三日漢口に着くと、僑務委員会が一人一〇元、市政府が一人五元を支給し、経済的には当面の心配はなくなった。その後、僑務管理処長周演明が華工に訓話した。各界から慰労に訪れる者も多く、広範な同情が集まった。河南からの華工二一人が帰郷したが、山東華工四二人は故郷陥落のため、後方で国家に服務することを希望した。かくして、「マラヤ敵人鉄鉱罷工回国華僑工友服務団」が組織され、政治部長陳誠に一切を依頼したという。(44) 他組織も動きだした。例えば、上海赤十字総会は傷兵・難民献金から「蘭印」からの帰国華僑に対して資金援助をしている。金のある華僑に対しては廉価（僅か四角）な旅社と食事を準備し、かつ中国銀行で優遇兌換させた。また貧窮者には宿、食事を無料で按配した。そして、双方とも僑務局に登録させ、内地通行ビザを発給し、安全を確保した。(45) のみならず、第二次世界大戦の勃発により、英、独、仏、ポーランド、オランダなど、欧州からの帰国華僑も相継いだ。経営が大打撃を受けた広東、閩南両華僑が多数を占め、その数は一〇月段階ですでに二万五〇〇〇人に上っている。(46)

ここで看過できないのは、繰り返すが世界各地で排華がおこなわれていたことである。

第一に、特にシャムの華僑排斥が激しかった。『中央日報』（一九三八年一〇月一一日）の「社論」によれば、最近、シャムで逮捕拘禁された華僑は四〇〇〇人に達す。今回の華僑大量逮捕は表面的には各種不安分子の一掃にあり、少なからぬシャム人も含まれるとするが、大部分が華僑である。このことは一層中国人民の疑惑をかきたてている。両国の商務関係は密接で、シャムの主要輸出品である米の最大の顧客は中国である。二年前、齟齬が生じ、シャム米排斥の風潮発生を、我国政府が極力制止した。両国間の根本的な欠陥は使節交換がないことで、もし正式な使節を交換できれば、必ず多くの溝を取り除き、今回発生した事件も容易に解決がつく。もし華僑の一部が本当に不安分子ならば、中国使節はシャム政府に協力し、かつ自ら取り締まる、(47) と。

こうした提案にもかかわらず、三九年七月にもシャム政府は連日大量の救国分子、および国民党員梁偉成、陳文天らを逮捕した。二〇余の華僑学校が内偵され、また救国会の為替献金領収書が捜査された。のみならず、華僑・広東両銀行の正副経理が拘留された。この背景には、三二年シャム政治制度の改革以来、「親日傾向」があり、中国の抗戦後、日本の挑発煽動もあり、いわゆる「シャム人によるシャム建設」を提起し、一方で英仏に対応、一方で華僑とシャムを分裂させるため、華僑排斥の陰謀がある、(48)と不信を強めていた。タイは戦時の影響を受け、工商業は沈滞した結果、華僑失業者も日増しに増大し、一〇万人以上に上った。シャム当局はこうした失業華僑を強制送還しており、ここ三ヵ月間で中国に帰国した者は八〇〇〇人余に上る。(49)

三九年八月八日重慶各報連合版の「社論」は以下のように分析する。ここ百年の大変化は二つの異なる時期に分けられ、【第一期】は東亜と欧州の生存競争、【第二期】は東亜内での生存競争とする。【第一期】に欧州勢力が次第に東に向かい始め、徐々に全アジアを併呑しようとした。この時期中国と日本は共に欧州勢力の攻撃の目標であった。中国の国民革命運動は幸いにもこの趨勢を阻止したが、（【第二期】には）アジア自身の自損の動きが発生した。日本は東亜同種を殺害する元凶となった。昨年日本の掲げた「東亜新秩序」は全アジア人を奴隷とし、自ら「覇王」となるつもりである。中国二年の抗戦は中国を救い、また全アジア人を救うとし、(50)シャムに日本の陰謀に迎合しないように訴えた（なお、三九年六月武官派ピブン内閣が成立し、国名を「シャム」から「タイ」に改称したが、中国ではしばらく「シャム」の名称を使用し続けた。そうした点もタイには不満であったのであろう）。こうして、タイの排華は次第に収まる傾向にあったが、一〇月頃、再燃し、華商の伍佐南が殺害され、タイは華僑六〇〇～七〇〇人を逮捕した。にもかかわらず、中国はタイ政府と直接交渉できず、英仏に交渉を依頼せざるを得なかった。(51)タイ政府は中国使節団派遣を拒絶し、全ての合法的な華商、分を守る華僑は均しく保護するという。だが、タイ政府が外国為替関連で尋問した華僑は蟻光炎を含む一〇〇〇人余に上った。(52)四〇年僑務委員会は関係各機関と合同で「タイ華僑保護弁法綱要」、四一年「タイ華僑保護実施弁法」を定め対処したが、四五年初頭、タイは九地区を設定し、華僑の転出制限令を出すなど、抗戦期を通じて好転しなかった。

タイは、国民政府が「タイを白眼視」し、かつ重慶からのタイ・安南関係における「不利益報道」をしていると批判した。それに対して、中央海外部責任者が釈明せざるを得なかった。中タイ両国は正式国交はないが、もとより親善関係にある。今回タイの「失地回復」要求はタイと安南の関係で、中国は無関係とする。要するに、当面、タイ在住の華僑数は極めて多く、タイが安定し、華僑が「安居楽業」し、これによってタイの繁栄促進を望んでいる。三九年一二月タイ総理によれば、タイ政府が華僑に適切な保護を保証するという。我政府と人民は喜び、中タイ間のさらなる連繫を希望している。中国は今日東亜和平の保障と世界和平の樹立のために戦っており、タイも和平を愛好する国家ではないのか、[53]と訴えた。

ただし、各国で各種排華法が実施されていたが、抗戦期を通じて国によっては基本的に改善する趨勢もあったことは看過できない。例えば、アメリカの場合、外国人登録案は非合法入国華僑に影響が大きく、僑務委員会は外交部と相談し、駐米大使館に救済を命じた。中国では、現地生まれ華僑は二重国籍が取得できるとなっており、矛盾が大きい。そこで、僑務委員会は各帰国華僑が期限後、アメリカに戻るよう通告する一方、外交部に期限延期の交渉を依頼した。また、華僑徴兵令では、連合国所属の者の義務としながら、アメリカ人と同等の待遇を受けていなかった。『中央日報』(四三年四月二三日)の「社論」は、アメリカが立国精神からいって、「最も自由と平等を提唱する国家」である。現在、民主陣営と枢軸陣営の最大の差異の一つは、民主国家が人類は平等で、種族・宗教・階級的差別はないと主張していることである。アメリカは、過去に年間イギリス人六万五七二一人、アイルランド人一万七八五三人、ドイツ人二万七三七〇人、イタリア人五八〇二人等々を許可し、アジアのフィリピン人、アフリカ黒人などには特殊な制限はない。ただ中国人には移民排斥法がある。こうした不平等な法律は「道徳上、経済上、両国にとって不利益」

とし、「我々は特にアメリカ朝野が戦争最中、この法律を廃止することを希望する」[54]、と。交渉の結果、アメリカは四三年一一月に排華法を廃止し、一切の待遇が同じとなり、一二月「新移民法案」が実施され、毎年一〇五人の移民が許可されることになった。

また、カナダ政府は華僑出国期間を設定し、カナダ華僑の出国は二年以内と規定し、それを越えた場合、申請できないとした。交渉の結果、三八年一二月一日から四一年一二月三一日までの期間の帰国者は四年に限りカナダに戻る期限を延長することとなった。

その他の世界各地はどうであったか。国・地域によって異なるが以下の通り。

中南米では、(1)四一年パナマ政府は排華を励行し、すでに頒布した苛酷な条例を実施している。例えば、(イ)飲食店員などは「健康証」の所持を義務づけ、(ロ)農工商の被雇用者は、パナマ国籍が人数、賃金総額の七五％を占める、続いて(ハ)「労工法案」、「新工商法」、「新憲法」に基づき、「華人」を「被禁人種」とし、商工業の終了期限がきたら、国外に「駆逐」するとした。僑務委員会は外交部に厳重交渉を求め、華僑の損害賠償権を保留することを声明、およびメキシコ公使をパナマに派遣、処理を電令するように依頼した。

(2)ペルーの華僑再入国の禁止。三九年居住地に帰還する華僑の「替え玉」事件が発覚し、ペルー政府は華僑再入国の暫時停止命令を出した。交渉の結果、四一年から帰国華僑は往来の自由が回復したが、新華僑の入国は一律禁止されている。

(3)グアテマラは華僑を六五七八人と定め、新華僑流入を禁じた。交渉後、流入が許可され、かつ一切の法律条文から中国人を「歓迎されざる分子」の文字は削除された。また、華商が店を新設、移転・営業拡充の制限は取り消された。

オセアニアでは、(4)オーストラリア政府が中国品の輸入を禁止した。交渉の結果、麻織物、ズボンは三九年の七五

%が輸入可となった。

(5)ニュージーランドの華僑親族入国制限案。同政府とウエリントンの中国領事館が折衝した結果、移民条文の華人差別項目は削除。また、二年延期し、満期で延期を申請できることとなった。ただし同国出生の「華人」は永住できるが、年間八八人に限るとした。

東南アジアでは、(6)フィリピンの非合法入国華僑の合法永住案がある。当地政府の査定を経て、中華商会を法定代理として代理申請する。こうした華僑は一万人前後である。

(7)「蘭印」では「種族（民族）差別」規定を廃止すると宣言している。(55)

これらのことは、中国の国際的地位の低さとも連動する差別的排斥にとどまらず、各国の自国民保護・失業対策、経済保護、および違法な中国人取締りなど各種各様な要因が複雑に絡まりあっていた。僑務委員会によれば、各国政府に華僑保護を基本原則に華僑差別法令を撤廃し、平等互恵条約を主張し、この線で改善されたとする。このように、華僑保護の鍵は各国政府の華僑差別法令を撤廃し、平等互恵条約を根本原則とすることにあった。反面、各国各地域政府は戦時期でもあり、残留各華僑の協力を引き出すことも重要であり、そのためにも華僑の人権や各種権益を一定程度承認する必要があったといえよう。

ところで、四二年一〇月国民参政会第三届第一次大会において各国での「華僑地位向上のために中国出国人民に短期訓練を施す」方案が、参政員許文頂ら二二人によって提起された。これは、行政院を通して国民政府に提出された。その内容は、華僑の海外地位向上には政治外交方式で平等互恵の待遇を勝ち取ることも必要だが、華僑自身が行為を点検し、海外で軽蔑されず、当地の政令違反で自らの名誉や中国の国体を傷つけないためにも、公民道徳の素養も必要である。各地僑務処局には南洋各地指南や出国手引などを置き、海外各地の民情、風俗、習慣、政令を詳細に掲載して参考にさせるべきであり、また知識の浅い非識字者には短期訓練を施すべきである、(56)としている。中国側にも、こうした建設的な自省の念が生じていたのである。

四　帰国華僑の保護と救済

表3―1は僑務局、僑務処各報告から作成された華僑出入国統計であるが、日本、朝鮮は混乱のためか統計数字はなく、かつ台湾についても記載がない（南京汪政権などの地域への出入国が多く、統計を作成できなかった可能性もある）。このように、全ての華僑が登録されているとは限らず不完全であり、緊急避難については未登録、あるいは僑務局から未報告の華僑も多数いることを示唆する。ここでは、登記数字が相対的に整っている〈中国―英領マラヤ〉を見ると、出入国とも地域的にはシンガポールが大多数を占め、その他はペナンやセランガーなどであった。英領マラヤからの中国への帰国人数は一九三七年八八二人であったが、抗戦の翌年の三八年には二万四八五一人、三九年九三六九人と減少したものの、四〇年一万二五八一人、四一年一万二〇七〇人と上昇に転じた。ただ四二年日本軍占領後、帰国が難しくなったのか、一五八六人、四三年六〇一人、四四年三八四人と激減するが、入国も困難となり、四二年ゼロ、四三年九二人、四四年ゼロであった。三七年から三九年までは、出国の方が多く、出国から帰国を減算すると、それぞれ二七八一人、三一七〇人、四三二〇人となるが、逆に四〇年からは帰国の方が多くなり、帰国から出国を減算すると、七二八四人、四〇三四人、一五八六人である。シャム・タイは排華運動の激化した三八、三九年にそれぞれ三万〇二九五人、一万三八六一人であった。アジア全体の場合、三七年は三五七七人と少なく、財力を有す富裕層から逃亡した可能性を示唆する。その後、六万八〇一四人と急増するが、特に太平洋戦争の勃発と日本軍の占領地拡大の四二年にはアジア全体で、実に二四万八三三三人もが帰国している。これらに、僑務委員会は対処せざるを得なかったのである。

表３—１　華僑出入国登記人数（1937-1945）

地域	中国からの出国登記人数									中国への帰国登記人数								
	1937	1938	1939	1940	1941	1942	1943	1944	1945	1937	1938	1939	1940	1941	1942	1943	1944	1945
英領マラヤ	3,663	28,021	13,689	5,294	8,036		92	－	1,191	882	24,851	9,369	12,581	12,070	1,586	601	384	447
(内シンガポール)	3,663	21,926	9,876	4,902	5,991	－	15	－	1,191	882	21,266	5,957	10,745	9,503	694	78	98	14
タイ	43,255	27,693	5,803	2,207	112	－	391	36	66	980	30,295	13,861	5,270	456	434	1,685	576	5
ベトナム	1,105	27,856	17,653	1,163	268	－	1,623	68	209	33	1,101	895	3,049	381	302	8,161	2,620	154
ビルマ	－	1,902	1,153	628	450	－	134	－	2,067	－	1,526	1,311	886	597	54,135	1,601	1,420	654
「蘭印」	－	5,002	5,183	7,718	7,337	－	1	－	494	－	1,650	3,130	17,815	8,148	401	18	160	5
英領ボルネオ	－	－	－	5	3	－	－	－	110	－	－	－	42	47	61	1	－	－
フィリピン	－	6,533	4,026	9,882	596	－	－	－	42	－	2,353	4,092	6,550	6,928	298	44	96	18
インド	－	－	－	－	15	84	11	4	17	－	－	1	52	94	53	9	72	43
香港	124	164	422	278	312	－	3	－	545	188	133	24	540	275	177,378	9,334	8,408	530
マカオ	－	－	2	257	111	－	－	－	－	－	－	1	242	103	13,673	401	4,052	－
日本			－	－	－	－	－	－	－	－	－	－	－	－	－	－	－	－
朝鮮	－	－	－	－	－	－	－	－	－	－記事なし－								
その他	6,501	5,219	1,353	－	5	－	－	－	495	1,400	5,007	2,369	7	1	12	60	376	－
アジア	15,648	102,390	49,284	20,932*	22,618*	84	2,225	108	5,236	3,483	66,916	35,053	47,034	29,100	248,333	21,915	18,164	1,856
大洋州	－	－	－	21	20	－	－	－	－	18	－	8	23	6	3	－	－	601
アフリカ	－	－	－	－	－	－	－	－	－	－	－	－	3	－	－	－	－	－
欧州	6	11	4	－	－	－	－	－	22	18	220	43	－	－	－	3	20	43
米州	－	7	189	246	177	－	－	8	4	58	878	184	144	103	7	10	12	11
総計	15,654	102,408	49,477	21,199	22,815	84	2,255	116	5,262	3,577	68,014	35,288	47,204	29,209	248,343	21,928	18,196	2,511

出典：僑務委員会編『僑務十五年』1947年、30、32頁から作成。なお、1945年の統計数字には、当然、日本敗戦後の数字が含まれている。＊は実際計算すると、それぞれ「27,432」、「17,245」であるが、原数字に従った。

華僑の出入国手続きは簡略にし、便宜が図られるべきであるが、特に戦時には徴兵制度が実行され、壮丁の出国は禁止された。華僑が帰国後、出国しようとすると、常に地方政府に留められる。そこで、僑務委員会は弁法三項を定め、それに合致する帰国華僑は「壮丁出国禁止弁法」の制限を受けないとした。次いで、帰国華僑は二年間兵役に服す必要はないと規定し、かつ「出国補充弁法」四項で具体的な事例を出した。①遺産を継承し、駐外大使館・領事館、あるいは当地中華商会の証明書を有する者は出国を許可する。②兄弟三人で、すでに一人が兵役に服している場合、一人の出国申請を許可する。③独り息子で、父の事業の跡取りなど出国必要があり、確実な証明書を有している場合、出国を許可する。④華僑で帰国後、すでに二年を超過し、確かな兵役免除・延長条件を有する者で、商務などをおこなう必要がある場合、出国を許可する。この弁法は帰国華僑出国問題の一つの合理的規定となり、華僑出国申請の根拠となった[57]、とする。

世界各地で多数の華僑が当地政府により駆逐され、また戦時の影響で帰国した。それに対して海外部長劉維熾は南洋華僑の大多数が敵統制下にあり、多くの華僑が危険を冒して祖国に帰国しているが、交通、供給面で準備が不十分で、彷徨流離の悲惨な状況に陥っていると指摘する[58]。四二年二月蒋介石は外交部に南洋の現地政府など関係方面と速やかに交渉し、帰国華僑の携帯現金の増額許可を得て旅費を充実させる。同時に人員を派遣し、登録、招待、資金援助することなどを命じている。他方で、滇緬路局方面は帰国華僑の交通の便を可能な限り適切に協力すべきとし、緊急事態に対して蒋は救済費一億元の支出を指示した[59]。太平洋戦争の影響でベトナムから徒歩で帰国した華僑が非常に多く、その内、広東省韶関にも三〇〇余人がやって来た。省振済委員会は「義民」（抗日活動をして強制送還された華僑）招待所に収容、あるいは資金を与えて帰郷させた。また省教育庁は華僑学生救済に積極的で、中等学校以上の華僑学生二四〇人に一人一〇〇元を支給した[60]。

帰国華僑救済と保護に関してより詳しく見ておこう。第一に、日本軍の南進以降、世界各地華僑は当地政府により駆逐され、また戦時の影響で帰国せざるを得なかった。行政院は「緊急時期護僑指導綱要」と「国外戦区僑胞緊急救済案」を頒布した。当時、各関係省政府はそれぞれ緊急華僑救済委員会を組織し、かつ四一年三月一日帰国華僑事業輔導委員会は華僑の登記事務を実施した。

四三年上半期の事務終了までに南洋、および香港・マカオからの帰国華僑は以下の通りである。①広東緊急華僑救済委員会（略称は広東救僑会）での登記は九九万四八九四人（94.5%）、広西緊急華僑救済委員会の登記は一万一四五五人（1.1%）、福建緊急華僑救済委員会での登記は二万三一七〇人（2.2%）、貴州緊急華僑救済委員会の登記は九八三人（0.1%）、および雲南緊急華僑救済委員会の登記は二万二一八五人（2.1%。雲南での未登記は六万六五五五人）で、計一〇五万二六八七人である。②各僑務処局の登記が計二三万一二〇五人、③帰国華僑事業輔導委員会での登記が六万六五七六人であり、総計一五〇万一八三八人（重複登記を差し引いた実数は一三五万一六五五人）である。これら帰国華僑は行政院頒布の「緊急救済大綱」に基づき救済される。救済対象は(イ)海外華僑、(ロ)帰国華僑と国内華僑家族、(ハ)海外失業教員・失学学生と仕送りの途絶えた国内華僑学生である。救済費一億元の内、まず一〇〇〇万元を支出している。なお、帰国華僑には技術を有した者も少なくなく、自活できるように職を斡旋したが、四一年七月から四四年末までに審査の上、登録された者は計一万〇八四〇人である[61]。

第二に、帰国華僑の中には技術を有した者も少なくなく、自活できるように職業登記をおこなわせ、職業紹介などをした。四一年七月登記を開始し、海外に三年以上居住し、三七年七月以前の帰国者は輔導委員会・各接待所、もしくは各地僑務処局で登記申請できると規定した。

第三に、中国での全国知識青年志願従軍に連動した形で、華僑青年従軍運動が発起された。四四年三月までに志願参加した華僑知識青年従軍者一五九人（内、女一一人）、遠征軍一二一人、海軍四〇人、空軍一七人、従軍通訳九人の計二四七人である。彼らは指導と奨励金を受けている[62]。

四二年一、二月行政院管轄下の振済委員会代理委員長許世英が福建、広東、広西三省を慰問し、かつ救済を指示した。行政院の特別支出金の命を受け、振済委員会の一〇〇〇万元の配分は以下の通り。①海外振済費三〇〇万元の内訳はマラヤ八〇万元、蘭印八〇万元、ビルマ五〇万元、フィリピン二〇万元、北ボルネオ二〇万元、残り五〇万元は準備金とする。海外各地では、領事館が当地の関係機関と、募金を担う華僑救済委員会の組織化を相談している。②国内振済費五〇〇万元（100％）は広東三〇〇万元（60％）、福建一〇〇万元（20％）、雲南五〇万元（10％）、広西二〇万元（4％）、残り三〇万元（6％）が準備金。③教育振済費二〇〇万元は華僑学生と帰国文化人の救済費用、および一部資金が華僑学校の創設費用。国内振済費と教育振済費で、全特別支出金の八割を占める。振済委員会は別に昆明難民総站に弁事処設置を命じ、華僑を招待、救済、移動をさせ、同時に赤十字社と華僑帰国の交通費について相談している。また、広東、福建、雲南、広西四省では、それぞれ緊急救僑委員会を組織した。(63) このようにして、救済体制は徐々に整備されていったのである。と同時に、持続的な多額の支出を伴うものであった。

華僑集中地帯のマニラ、香港、シンガポール、マラヤが陥落した状況下で、『中央日報』（四二年三月五日）は「社論：如何救済僑胞？」を掲載している。それを要約すると、最近、中央と広東、広西、福建、雲南各省政府は多くの救済策を決めた。中央も救済のため、広東、広西、福建三省も救僑会を組織した。注意すべき点は、①海外華僑がなお陥落区域に留まっており、そこで、祖国と精神的連繫を保持して、敵の宣伝に惑わされないようにすべきである。敵の占領は点と線で、中国の陥落区と同様、海外陥落区の工作も不可能ではない。②敵の南洋侵略の目的は豊富な物資、特に人力にある。華僑全体の撤退は不可能ではあるが、専門技術人材と有為な青年は尽く撤退させ、祖国に服務させるべきである。いわゆる専門技術人材とは鉱山、工場、農場内の各種技士・技術工、および医師、薬剤師であり、有為な青年とは大学、中学の学生である。これら分子は多く、南洋各地の経済開発の一大動力であり、彼らを大量に撤退させれば、敵は南洋の物資を利用できなくなる。③もし国民政府が帰国華僑を十分指導できれば、辺境開発、国内の資源開発にさらに成果をあげられよう。④政府は海関、交通検査所に、誠意をもって帰国華僑の便利を図るように厳命すべきで、華僑を欺き、食い物にする行為は厳罰に処すべきとした[64]。このように、技術を有する華僑や帰国華僑の積極的活用に転換すべきと訴えたのである。

こうした状況下で華僑救済の必要性は強まることはあっても、弱まることはなかった。前述した振済委員会の許世英代理委員長は四二年一月二三日永安に到着し、福建省政府劉主席と、帰国華僑・華僑家族救済弁法を相談した。そして、省政府に救済金一〇〇万元の支給を決定し、省政府が統一的に按配し、緊急救済、および農場、工場を準備設立して「生産救済」を実施することとなった。許によれば、日本軍の圧迫により香港から七〇万人が疎開し、その一部が広東省東江一帯に押し寄せているという。許は福建省を視察後、広東省韶関に引き返し、帰国華僑の送迎を指示した[65]。

四二年五月二八日には、貴州省各界緊急救済会が第二次会議を開催し、振済委員会の振済費が届く以前、省政府が一〇万元を立て替え、帰国華僑に一人二〇元を支給することにした。また、資源委員会、中国運輸公司、赤十字社が帰国華僑のために自動車を準備した[66]。

帰国僑民事業輔導委員会は、華僑帰国開墾の観点から広西省龍州、雲南省仏海の両地域に帰僑村を設立することにし、海外各機関に通知した。その開墾方法は「自費開墾」と「合作開墾」の二種があり、その最終目的は民生主義の「耕者有其田」により華僑福利を図ることにある。その内容は以下の通り。

(1)僑務委員会備案「帰僑村墾殖綱要」（一九四一年七月一九日）では、①帰僑村には管理処を設け、村務をおこなう。毎村、暫定的に華僑一〇〇人とし、効果を見て拡充する。

②年齢は一七～六〇歳で、開墾能力、忍耐力があり、「不良嗜好」（アヘン吸飲などを指すと考えられる）や持病がない者。

③各村の開墾は「自費開墾」、「合作開墾」の二種とし、それぞれ暫定的に五〇人を割り振る。(イ)「自費開墾」は申請し、許可後、村管理処が開墾地を画定する。一切の労働力と資金、農具、耕牛、種子、肥料に至るまで概ね自弁。一人は原則として三〇畝であるが、その能力を斟酌して増減する。(ロ)「合作開墾」（いわゆる合作社ではなく、公的機関の支援による共同労働のようである）も申請し、許可後、村管理処が開墾地を画定する。

④余力があれば、副業を兼営できるが、村管理処の指導、監督を受ける。また、付近で事業投資もできる。

⑤自費墾民は三年後、村管理処に法的手続きをとり、土地所有権を獲得できる。ただし、合作墾民は自力経営後、初めて所有権を申請できる。

⑥毎村毎年の収益は村務の発展、公益事業に用いる。

⑦村管理処は墾民が均しく生産自給ができるようになり、土地所有権を取得した段階で廃止され、その後は墾民が村務を自らおこなう。

(2)僑務委員会備案「帰僑村管理処組織通則」（一九四一年七月九日）によれば、①村管理処の職掌は(イ)公費収支などの保管、予算・決算・統計事項、(ロ)墾民への土地配分、(ハ)衛生教育、福利事業、(ニ)墾民の生産運銷、および各種合作事業の指導、(ホ)農業技術訓練、害虫駆除、水利改良、(ヘ)治安・防犯、(ト)事業投資への協力、指導などである。

②村管理処の構成は、主任一人で輔導委員会の命を受け、村務を統轄する。なお、副主任一人を置くこともでき、主任を援助する。村管理処には農業技士一人、衛生指導員一人、幹事二人、および助理幹事を若干人を置き、主任の指示で村内の各業務をおこなう。(67)

では、ここでは広東、雲南を中心に地方別に見ておきたい。

第一に、広東省の場合、香港陥落後の一九四二年一月広東緊急華僑救済委員会（救僑会）が成立し、救済工作を三期に分けて実施した。第一期が香港帰国華僑一五万人、第二期が同一五万人である。救済対象は(1)難民華僑、(2)華僑学生、⑶技術工、⑷華僑家族である。救済方法は①帰郷への資金援助、②職業斡旋、③各同郷会による救済、④身寄りのない老人・幼児を救済院に送るなどである。そして、(イ)華僑学生救済は、第一次救済費を中学生一〇〇元、専科以上の学生二〇〇元を支給し、別に月食費を貸し付ける。技術工の第一次救済費は五〇元で、かつ職業斡旋をする。(ロ)華僑家族救済は省銀行、四大国家銀行と相談の結果、救済費約二〇〇万元を出すことになった。二月一六日まで帰国華僑登録は計一万人余に過ぎないが、香港からマカオに来た者だけで約三五万人、三水、西江各地を含めると、総計五〇万人以上となるという。(68)六月広東救僑会第八次会議が開催された。

⑴第一、二期の終了を受けて、第三期の南洋からの帰国華僑一〇万人の救済に入った。元来設立の各救僑站・所は整理合併する。また、救僑会の内部機構も元来、総務・救済・輔導・財務四組で、各組に組長一人、副組長一人か二人、組員若干人で構成されていた。それを、第一組、第二組、および会計室とする。組には、組長一人、主任組員と組員若干人を置く。会計室には主任一人、組員若干人を置く。業務は、第一組は文書・印章などの保管、第二組は疎開・救済・医療・収容・輸送・職業斡旋・生活補助・登録・統計作成など。会計室は予算・決算・会計検査など。つまり合理化された面があるとはいえ、機構は縮小した。

⑵救僑会は情勢の逼迫と経費の限界から「消極的」(受動的)救済に従事していた。これでは根本的解決にはならない。そこで、今後、帰国華僑開墾地、「安僑村」、華僑婦女生産工作団などを計画し、「積極的」救済に転換する。ただ必要経費は巨額で、中央の支出にも限りがある。したがって、救僑運動献金をおこない、各種事業の準備設立の経費とするとした。(69)なお、福建の場合、許世英が省政府劉主席と相談し、省政府は帰国華僑・華僑家族救済金一〇〇万元の支給を決定した。そして、省政府が統一的な按配、緊急救済とともに、福建も華僑の終着点であるため、多くは善後策にあり、農場、工場などを準備して「生産救済」を実施することとなった。(70)

第二に、雲南省救僑会が一九四二年五月に正式に成立後、五月一日から八月末までに同会を経て送った華僑は二万人余で、九月段階で昆明に残るのは一〇〇〇人余である。救僑会は国民政府から一一二〇万元を受け、華僑保護を実施し、特に生産建設に導き、「抗戦建国」力量の増強を図ろうとしている。報告によれば、⑴省救僑会成立の経過は四二年一月香港陥落、フィリピンでの戦闘、英領マラヤの混乱により、国民政府は省政府に救済準備を電令し、省政府を経て省振済委員会にその処理を指示した。また、昆明僑務局は僑務委員会の命を受け、接待・救済の準備をした。昆明僑務局は、巨商虞洽卿（当時、三民主義貿易公司総経理）に相談し、立替金五万元を受け、緊急救済に着手した。その時、難民華僑が日に二、三〇～一〇〇人で、それぞれ移送し、滞留者はいなかった。ところが、二月シンガポールが陥落すると、ビルマも緊迫度を増し、昆明僑務局の力量では対処不可能となった。そこで、二月一七日省政府は改組を決定し、参加機関を一七単位とした。省振済会、昆明僑務局、および難民総站を「（機関）常務委員」に推挙し、雲南省救僑会が成立を宣言した。同月末、僑務委員会委員長陳樹人が昆明を訪問、指導し、同時に雲南省主席龍雲と相談した。また、四月振済委員会許代理委員長が省政府と救僑会改組を相談した。そして、省主席龍雲を省救僑会主任委員、省民政庁長、振済委員会、僑務委員会の雲南駐在各代表を常務委員、各関係機関長官、各団体領袖、華僑代表を委員と決め、救僑会が五月一日正式に改組成立し、業務を開始したのである。

⑵救僑会は難民華僑の接待を拡大後、一日一人食費八元と定め、食事を与えた。五月初旬、畹町、龍陵が陥落し、昆明に難民華僑が殺到した。五月中旬、連日一〇〇〇人前後やってきたため、宿舎や接待所も不十分であった。そこで、接待所九を増設、約八〇〇〇人を収容して食事を提供した。接待所内には、児童教育班、同好会、朝会を組織し、外には日用品販売場四ヵ所を設けた。さらに中国銀行に外国貨幣兌換を要請し、かつ救僑会は各種証明書の遺失者に再発行や職業斡旋もおこなった。

⑶救済策として、救僑会は一人旅費一四〇元を支給し、救僑会の自動車や列車を乗り継がせ、昆明から曲靖、貴陽を経て原籍の福建、広東に送った。補助要請には、審査の上、一人一〇〇〇元が支給される。雲南省の大学、初級・

高級中学の卒業華僑には特種救済金一人一五〇元が支給された。また、振済委員会、僑務委員会、海外部は帰国華僑特別補助として一〇〇〇～五〇〇〇元を支給した。

(4)救僑会は昆明全市の大規模な各医院と特約し、難民華僑に免費で収容、治療を実施した。また、昆明赤十字社と合同で救済医院を設立している。結局、救僑会は改組後に支出した一一〇〇万元の内訳は移送費七〇％、食費二一％などで、移送が主要業務で、それに忙殺されていたことが窺える。(71)

特に雲南の場合、看過できないのは民間の動きで、特に陳嘉庚の「片腕」とも称された侯西反の帰国後の活動である。侯西反は帰国華僑の身分で華僑救済工作をおこなってきたが、四三年九月から四四年二月まで当局の命を受け、重慶と昆明間を三回往復している。

侯西反によれば、(1)南僑総会の呼びかけに応じ、帰国服務した華工は三一九三人に上る。少数がインドに向かい、また帰郷するなどした外、多数は頼るところもなく、破廟で雨露を凌ぎ街を襤褸服で放浪している。昆明の帰国華僑数は約九〇〇〇人で、その内、技術工は約一〇〇〇人とする。四三年一二月当局は二〇万元を支出し、予め救済のために侯を派遣した。侯は到着後、まず登録から着手し、技術工の収容に従事した。二週間で技術工五〇〇人が登録した。同時に各界に協力を請い、軍政部は上下綿衣五〇〇着、滇緬局は軍用毛布六〇〇枚を贈った。また、赤十字社は医薬品（八〇万元相当）を出した外、さらに昆明市の医師陳永祥、周文輝の二人にボランティアで無料診療を要請した。これら技術工は福建会館に収容されたが、大多数が強健な青年であった。交通部は上述の技術工一〇〇人を選抜して任用した。その他は職業を斡旋した。こうして、この救済工作は一段落を告げた。

(2)華僑の老人・婦女・幼児などの登録を展開し、福建会館にやはり住まわせ、同時に僑光学校を開設、彼らを収容した。福建会館は家六〇軒を有していた。そこで、一部を僑光学校の校舎とした外、他は住居とした。華僑児童は教えるところを失っていた。侯は学校開設を旗頭に社会人士に向けて献金を呼びかけた。省主席龍雲の第三子（龍純曾）

が一五〇万元、富商胡春玉が一五万元、華商劉某が二〇万元など、同時に推進した華僑救済献金と合わせて、総計六〇〇〜七〇〇〇万元に達した。これらは全て華僑の救済経費と学校経常費とされた。四四年二月一五日僑光学校（校長は西南連合大学卒の梁祐賢女士）は当初四年制で教師六人、児童一二〇人（華僑児童六割、当地の貧窮児童四割）で開学した。学費は無料で教科書、ノートは無料支給である。

(3)侯は帰国華僑互助会を設立し、指導機構とした。互助会の設立以降、行政当局の多くの雑事を減少させた。例えば、華僑間の紛糾を仲裁し、同時に親睦を進めた。互助会の名誉理事には張群海外部長、周僑務委員会長を推しているほか、帰国華僑援助に尽力している雲南省各庁長・処長、および龍純曾を名誉顧問に招聘しているとする。当面、雲南省で救済工作の担当人員は百数十人で、全て奉仕という。互助会収容の第一波は華工四五〇人で、その多くに職業を斡旋した。その内、一〇〇人余は訓練を受けるため某地に出発したという(72)。

五　僑務委員会と戦時華僑教育

一九三九年僑務委員会は『第二期戦時行政計画』で華僑教育に関して以下のように打ち出した。

(一) ①校務の統一、②教程を統一、③華僑学校、教職員に抗戦宣伝を奨励する。

(二) 華僑学校は国民政府の補助後、進歩を見せたが、補助費は多くなかった。抗戦後、各校董事が「献金救国」に努力し過ぎた結果、学校経費に困難が発生した。そこで、運営に成果をあげながら経営困難な学校、「抗戦建国」募金に成果ある学校、および各種公益に努力している学校には補助を継続する。戦区となり他校転学の華僑学生や清貧で成績優秀者は「補助清貧僑生回国升学規程」に基づき補助を考慮する。

(三) 海外華僑には職業教育の必要を強く感じる。そこで、交通の便よく、華僑の多い地域には一、二の職業学校を設立し、また重要地域の華僑学校に職業補修班を付設し、国民政府が設備補助金などを支出する。二年内に職業学校一五〜二〇校、職業補修班五〇〜一〇〇を設立する予定である。

（四）華僑教育総会は設立準備中である。シンガポール中華教育研究会、ジャカルタの南圻華僑教育連合会、フィリピン華僑教育会などの九つの教育団体を華僑教育分会に改組し、教育総会下の統一組織とし、各地華僑学校の一切の事がらについて研究して連絡する。

（五）華僑学校は環境、経費、教師、組織運営などの関係から一律ではなく、成果も一定ではない。そこで、専員を各地華僑学校に派遣し、実地視察、あるいは駐在させ、改善などを指導させる。その調整方法は①「派員指導僑校弁法」の制定、②華僑学校各項基準の改定である。例えば、経費配分比率、クラスにおける学生と教師の比率、履修基準、教材、時間、学科などである。③水準以上の華僑学校奨励弁法と水準以下の学校援助弁法を制定する。④華僑学生の課外活動原則、例えば新生活運動、社会服務、青年運動、体育などを制定する。

（六）中国内の学校は多くが戦区となり、華僑学生は海外に戻った。そこで、海外の重要区域に高級中学一校を設け、もし該地にすでに高級中学がある場合は専科学校一校を設ける。[73]このように、学校の校務、教程、指導機関などの統一と拡充、学校の新設が目指され、職業教育も重視されている。ただし国内外が地域によって戦区となり、流動的であった。

教育部長陳立夫は、「戦時期、華僑学校教職員と学生への救済工作は徹底したもので、海外華僑の祖国への求心力増進に大きな力となった[74]」と総括する。では、実態はどうか。生活救済の範囲はかなり広く、華僑学生の衣食住を含む一切の日常生活を対象とする。これらは僑務委員会の中心工作となった。

（一）接待所：三九年七月僑務委員会は帰国進学華僑学生臨時接待所を設立している。ただしそれらの所在地が郷村にあり、交通不便で、かつ小規模であった。四一年七月に接待所に補習班が設置された。九月には接待所を拡大改組し、僑務委員会、教育部、中央海外部、三民主義青年団中央団部の四機関が合同組織管理委員会を組織し、それによって運営されることになり、重慶南岸に移転した。こうして規模は拡大したが、思想を含めて管理統制が強化された。接待所には図書館、教室、講堂、浴室などが設置された。また男女宿舎には前後七〇人余が居住し、秩序正しい集団生活を送り、常に各種の座談会、討論会が開催された。太平洋戦争後、華僑学生は生活困難に陥り、そのため接待所は進学、就業指導のみならず、四二年冬から衣服、四三年八月から食事も支給した。その結果、年経費が増大したため、教育部、中央海外部、三民主義青年団中央団部の月経常補助費の外、僑務委員会が接待所食住費などの支出は四二年から四五年三月閉鎖まで、三〇八万三三三七元に上った。[75]

（二）公費の支給・四二年三月僑務委員会、教育部は緊急救済費から二〇〇万元を華僑教育救済費に移すことが行政院に許可され、その上、国庫から二〇〇万元が追加支出され、計四〇〇万元となった。そこで、僑務委員会は教育部と相談し、戦区学生待遇に倣い食費貸付を実施し、四三年八月貸付制度を公費に改めた。これには甲種（公費待遇で食住学費が免除。補助もある）と乙種（食費のみ免除）の二つがあった。

（三）各種救済・①特種救済金（一九四二年から毎学期の書籍・文具購入費を支給）、②冬着補助費（四三年冬から一人補助五〇〇元、四四年冬から実物支給。湖南・広西から重慶避難の華僑学生で救済必要な者、毎人綿衣一着。その他の華僑学生は一〇人に一人）、③医薬（入院）補助費（四二〜四五年計一四万八九六〇元）、④旅費（重慶で受験する時の旅費で、四二年〜四五年三月の期間、距離により一人五〇〜三〇〇元。マカオ高級・初級中学卒業生の帰国進学旅費五万元。後述の従軍奨励金・旅費を含めて、僑務委員会支出は計一一九万八五二〇元）、⑤臨時救済費（四二年〜四五年三月。華僑学生の不慮の災害などに支給する）。

太平洋戦争後、僑務委員会は広東・雲南・貴州各省教育庁に計二〇万元を支給した。第一華僑中学の移転費五万元、曁南大学華僑学生救済費二万元、香港大学教職員・学生救済費三万元、第二華僑中学救済費五万元などである。[76]全体から見れば、宿舎、食費、学費等々、戦時期という状況下で不十分とはいえ、できる限り配慮していたことが窺える。

また、華僑の移動が激しく、旅費の比率が高かった。

華僑学生と連動する形で華僑教職員救済も緊急であった。国民政府は交通断絶地域を除き、香港、マカオ、ベトナム、ビルマの各華僑学校の教職員を資金援助して帰国させ、後述する新設の国立華僑中学、国立華僑師範学校、および南洋研究所(77)などに優先的に招聘し採用した。一九四二年度僑務委員会が救済した華僑学校教職員は八一人で、一人当たり救済費二〇〇元以上を支給し、計二万二七二〇元であった。他に、マカオ教職員救済費三万元、ビルマ九万元、および南洋各地からインドに避難した教員五八二八元を支給した。四三年度には救済教員五五人、三万八二〇〇元、他にマカオ救済費四万元で計七万八二〇〇元で、一九四四年度一九人、八万三五〇〇元。この他、死亡教員撫恤金五〇〇〇元。僑務委員会が支出した華僑学校教員救済費は計三一万五二四八元である。(78)教職員確保の視点からもこうした救済が必要であったことがわかる。

ところで、華僑教育も進展している。三八年五月には国立厦門大学(79)はすでに華僑高等教育を発展させる目的で、シンガポール中華総商会を窓口とし、暫定一五名の「特別生」を募集している。資格は高級中学卒かそれと同等の学力を有する者で、一年間国文、中国歴史、中国地理の補修などを受け、正式入学を望む者は入学試験を改めて受ける必要がある。「特別生」の待遇、学費などは特別規定者を除き、正規学生と同じであった。(80)このように、「特別生」は華僑学生に高等教育への道を開くものであったが、高等教育の場合、華僑学生を特別扱いせず、中国の学生と同等な学力を要求した。なお、指導員養成、海外華僑学校への派遣が緊急課題となり、四一年以降、厦門大学と国立曁南大学にマレイ語科、中央大学にインド語科を設置した。かつ雲南省に国立東方語文専科学校と東方語文訓練班が設立されている。(81)

こうした中で、華僑学校が現地化し、中国から離反することを恐れるシンガポール中国総領事は、華僑教育界に中国の教育方針を示しながら、「国家」（中国）に責任を負い、戦時とはいえ教育方針、内容を勝手に変更しないようにと釘をさした。中国の「戦時教育方針」は「三民主義に基づき人民生活を充実させ、社会の生存を助け、国民経済を発展させ、民族生命を延長させることを目的とし、民族独立、民権普遍、民生発展を期して世界大同へと促進する」ことにあるとした。そして、(1)今後の教育方針として①「三育」（徳・智・礼）並進、②文武合一、③農工並重、④教育と政治目的の一致、⑤家庭教育と学校教育の連繋、⑥伝統文化に科学方針を加えることで民族自信の復活、⑦自然科学により国防と生産の必要に応じること、⑧社会科学により自他の長所を採り制度改革すること、⑨各級学校教育の目標を明確にして各地の平均発展を図り、義務教育も規定年限で普及させる。教師に関しては、各級学校教師の資格審査を実施し、高等師範のやり方を斟酌し、「三育」を有する中等学校教師を育成する。なお、学校教材には一貫した体系をもたせ、特に中小学校の公民、国文、史地（歴史・地理）などの教科書を編輯し、「愛国・愛郷」観念を強固にする。また、学校訓練と軍事訓練を連関させ、課外活動で肉体と精神を鍛錬するとした。(2)特に中等学校以上では一律に厳格な軍事管理方法を採り、清潔、整頓、確実、敏捷の美徳、労働習慣と責任、団体規律を守る精神を養成する。学校の経費不足は精神力で克服する。教育は国家・民族の生存にかかわり、とりわけ非常時期には、その使命は重大であり、国家規定の教育方針に則り、実際の必要を斟酌して特殊な環境に適応する。こうして、華僑教育は「教育救国」の神聖な任務を全うできる、と。[82]このように現地化を阻止し、中国との一体化、厳格な軍事管理統制、儒教思想・道徳教育が強調され、「愛国・愛郷」心を鼓吹し、軍との結合も強調されている。また、「三育」を基準に教師も審査され、教師、学生とも中国への忠誠を求め、民族主義的、かつ実践的な内容となっていた。

教育部も独自におこなっており、例えば帰国華僑学生に対して、四〇年福建省長汀、広東省に国立華僑師範学校二校（学生数不明）を設け、同時に雲南省保山に華僑第一中学（学生三〇〇人）、四川省江津に華僑第二中学（五〇〇人）、広西省楽昌に華僑第三中学（学生数不明）の国立三校を設立した。この他、教育部は復旦大学、中山大学、広西大学、広東省立大学にも特別支出して華僑先修班を増設させ、中学卒以上の華僑を入学させた。[83]では、華僑中学とはどのようなものか。雲南を例に出しておきたい。教育部は西南辺境の雲南省に国立華僑中学を創設した。四〇年八月「八一三」（第二次上海事変）記念日に、騰衝会館（華僑中学臨時校舎）の前に、「到農村宣伝去」を合言葉に数百の華僑学生が集合し、民衆も参加した。主席劉県長が記念日の意義を述べた後、幾人かの紳士、学生が演説した。「打倒日本！　打倒汪逆！」の熱烈なスローガンの声の中で記念会は終わった。その後、二〇〇余人の華僑中学宣伝隊が「義勇軍行進曲」を歌いながら行進したという(84)。

問題は、華僑学生のレベルはそれまでの居住国によって一定ではなく、特に「国文」（中国語）に差があり、合格できない。そこで、関係機関と相談し、中等教育の場合、①僑務機関の証明保持者は「優待」入学させる。②選抜試験での一九四二～四三年各級学校合格者は計五〇人であった。③各華僑中学、華僑師範学校に定員枠で配分し、学校側が選抜して編入させた。その際、学歴証明が重要であったが、南洋各地からの華僑学生は証明書がない者、遺失した者、および日本に差し押さえられた者がおり、毎回困難が生じた。そこで、四二年三月僑務委員会は「華僑学生学歴証明および身分証明発行暫行弁法」を定め、進学に支障を来さないように配慮した。①～③の比率は不明であるが、一九四二年から四四年までに進学・編入した華僑学生は計一万二三一〇人に上る(85)。

表3―2によれば、華僑教育費は一九三八年を一とすると、三九年三・一、四〇年四・一、四一年一四・一と増大を示し、四二年には低迷するが、四三、四四年には九〇・七、一〇一・九と急増する。太平洋戦争直後は対応に遅れを示すが、四三年から体勢を取り戻し、華僑教職員・学生の緊急救済に巨額を投じた。四四年華僑学校と教職員救済費四〇一万元を、教育部に編入された華僑教育経費と合わせると、計一四二六万六九六〇元に上った。また、五九九万元は僑務委員会が華僑学生救済に使用したとする（総計二〇二五万六九六〇元）。要するに、四四年二〇〇〇万元に達し、戦時経費が極度に困難な時、「国民政府がいかに華僑教育を重視していたかがわかる」とする。ただし物価指数を見ると、一九四二年はまだしも、四三年以降、三八年の一四四倍、四三八倍、一三〇〇倍と狂乱物価に突入してお

表3―2　戦時華僑教育費統計（1938-1945）

年	華僑教育費（元）	補助費（元）	計（元）	A	B
1938	70,000	70,000	140,000*	1.0	1.0
1939	290,000	142,000	431,000	3.1	2.0
1940	323,000	250,600	574,200	4.1	5.2
1941	1,759,690	217,700	1,977,390	14.1	13.6
1942	1,716,822	217,700	1,934,522	13.8	39.5
1943	12,697,100		12,697,100	90.7	144.0
1944	14,266,960		14,266,960	101.9	438.6
1945	10,464,400		10,464,400	74.7	1,300.2

出典：『僑務二十五年』1957年4月、33頁と拙稿「重慶政府の戦時金融」『中国国民政府史の研究』汲古書院、1986年、394頁から作成。＊1938年の計は実際に算出した数字。1944年は救済費401万元を含む。Aは計（華僑教育費・補助費）の1938年を1とした増大率。Bは物価指数（販売価格）で、各年12月をベースとしているが、1945年のみ6月統計数字。

り、華僑教育費の増大を減殺していった。したがって、冬着の実物支給などがむしろ効力を発揮したとみなせよう。その他、僑務委員会の裁量で五九九万元は華僑学生救済に使用した。華僑学校管理面から言えば、四四年「僑校立案規程」頒布後、三九年まで華僑学校三〇〇〇余中、僑務委員会が立案したものは僅かに四〇〇余校（13.3%）である。

表3―3は、日本軍により陥落した地域の数字も入っており、不完全な統計であるが、一定程度華僑学校の設置地域、特色、傾向などを導き出すことは可能である。中学、師範学校、職業学校、小学、民衆・補習学校などの海外華僑学校統計である。やはり華僑集中地帯のアジアが圧倒的に多く三二〇八校に上り、次いでアメリカ州が一〇六校などである。総計で見ると、小学が九五校、中学が一四六校と一定の基盤を有していた。教師養成のため重視されていた師範学校であるが、八校しかなく、それもベトナム、英領マラヤのみであった。したがって、師範学校創設が一貫して叫ばれたが、十分進まず、むしろ中国内での既存の大学や創設に依拠していたとみなせる。世界で三三八五校であったが、運営資金、設備、教師数、学生数などから認可されているのは六一八校（18.3%）に過ぎなかった。その上、前述した如く学校が集中していた地域は日本軍に占領され

るなど、南洋中心に華僑学校は壊滅的打撃を受けた可能性が強い。このように戦争の影響で華僑学校の多くが停止されたが、新たに立案されたものも二〇〇余校あったとする。

教師養成については、抗戦前の三四年にすでに「僑民教育師資訓練所」において第一期が実施されていたが、不足気味で、抗戦後は四〇年第二期が実施され、第三期は僑務委員会と教育部の合同となり、「僑民教育師資訓練班」と名称を改めた。ただし第三期の卒業生を送り出した後、戦時の影響で停止された。なお、教師養成は教育部も積極的におこなっており、例えば帰国華僑学生に対しては、四〇年から雲南省保山、四川省江津、広西省楽昌に国立華僑中学を計三校、福建、広東に華僑師範学校二校を設けて華僑教師を養成した。この他、教育部は復旦大学、中山大学、広西大学、広東省立大学に特別支出して華僑先修班を増設させ、中卒以上の華僑を入学させた。(86)

三九年一二月僑務委員会は教師、教育指導者の資質向上や再教育を目的に、重慶に華僑「函授」（通信教育）学校の設立を決めた。当然、国民党系の教育人材拡充を目的にしたとみなせる。校長は僑務委員会委員長の兼任、副校長二人は同副委員長と僑民教育処長が兼任し、名誉校長は教育部長となっており、意気込みが感じられる。僑務委員会が全面的にバックアップする形で、教務、事務、各主任も僑務委員会職員の兼任であった。対象は現職の華僑学校教職員、華僑教育団体職員、および華僑教育事業を志す者で、一般常識の充実、専門技能の増大とともに、三民主義教育を実施できる優秀な人員育成を目指すとする。手続きは現職学校や団体からの推薦書が必要であり、また無職の志望者は中学卒程度で、当地の領事館か教育会の推薦書が必要である。他に「自己紹介文」（字数無制限）に家庭環境、社会服務経過、華僑教育に関する意見、自分の長所と欠点、および国家・社会に何をもって貢献したいかなどを書いて送付する。四〇年三月に開学し、期間は一年半。第一期学生募集は二〇〇〇人を限度とする。課程は〈基本学科〉総理（孫文）遺教、領袖（蔣介石など）言行、最近の国内外情勢、〈教育学科〉教育概論、教育心理、各科教育法、華僑学校行政、華僑学校訓育（主に道徳教育）、戦時教育など、〈僑務学〉国際公法、各国開拓史、条約と華僑居留地法規、

表３―３　海外華僑学校統計（1944年末）

華僑居住国等	中学	師範学校	職業学校	小学	民衆・補習学校	種別不明	計
アジア	138(92)	8(1)	6(6)	2,482(476)	76(6)	498	3,208(581)
ベトナム	14(6)			305(57)	1(1)	29	349(64)
ビルマ	5(4)	3(1)		339(37)			347(42)
タイ	6(3)			163(20)			169(23)
英領マラヤ	27(14)	4		1,027(210)	43(3)		1,103(227)
〈内、シンガポール〉	7(2)	2		249(35)	19(1)		277(38)
「蘭印」	1(1)			33(33)		469	503(34)
英領北ボルネオ	8(2)			73(20)			81(22)
フィリピン	10(7)			117(32)	22		149(39)
ポルトガル領ティモール				6(6)			6(6)
香港	53(45)		5(5)	361(18)	8(1)		428(69)
マカオ	8(7)			25(17)			33(24)
「広州湾」	3(1)		1(1)	2(2)			6(6)
インド				7(6)	1		8(6)
日本	1			10(5)	1		12(5)
朝鮮				14(14)			14(14)
大洋州	2(1)			46(3)	7(3)		55(7)
オーストラリア				4	1(1)		5(1)
ハワイ	2(1)			37(2)	6(2)		45(5)
フィジー				5(1)			5(1)
アフリカ	1(1)			12(9)	2		15(10)
南ア				6(5)	1		7(5)
モーリシャス	1(1)			6(4)	1		8(5)
欧　州				1(1)			1(1)
イギリス				1(1)			1(1)
米　州	5(3)			91(16)	10		106(19)
アメリカ	5(3)			50(7)	3		58(10)
カナダ				26(4)	2		28(4)
メキシコ				7(2)	2		9(2)
キューバ				6(1)	3		9(1)
グアテマラ				2(2)			2(2)
総　計	146(97)	8(1)	6(6)	2,632(505)	95(9)	498	3,385(618)

出典：『僑務二十五年』1957年４月、34～39頁から作成。（　）は国民政府に登録、認可済みの学校。日本、朝鮮、及び陥落区は抗戦前の統計数字も「列入」とあり、一定の不正確さも否めない。また、例えば、英領マラヤの計は「1,103」となっているが、実際計算すると「1,101」であり、香港は「428」ではなく、「427」であるが、原数字にしたがった。

〈補助学科〉応用文作成、簿記などである。なお、学費は無料のようで、経費は僑務委員会僑民教育補助費から支出される。(87) 以上のように、僑務委員会が力をいれた学校であったが、実際には四〇年七月一日に遅れて開学し、入学者は一二〇〇人余に上ったにもかかわらず、太平洋戦争の勃発により、海外各地が戦乱に陥り、四二年には通信が不能となり第一期の中途で閉鎖されてしまった（再開校は日本敗戦後の四五年一二月）。

四〇年九月、僑務委員会は教育部と合同で「僑民教育設計委員会」を設立し、華僑教育専門家、華僑教育経験者を指導や計画へ参画させることにした。さらに、僑務委員会は領事館や華僑教育専員に学校未設立の地域を調査させた。学校の未設立地域では、華僑児童が失学に陥るのみならず、「異民族に同化される」危険性を指摘する。そこで、四〇年内に先行的にオーストラリアのシドニーなどに華僑学校を直接設立し、当地の領事、華僑団体、華僑指導者に責任を負わせるとした。(88)

また、指導員などを養成し、華僑学校に派遣することが緊急課題となった。そこで、四〇年九月僑務委員会は教育部、外交部と相談の上、教育学識経験者を指導要員として華僑教育改善のため派遣を決定している。まず、僑務委員会と教育部合同で香港駐在の教育調査専員一人を置き、香港、マカオの華僑学校を視察、指導させた。さらに四一年三月「僑民教育視導専員設置計画」を立案し、同時に英領マラヤ、フィリピン、ビルマ三地に華僑教育の指導専員各一人が設置された。そして、専員がフィリピン、ビルマ、インドなどの華僑学校を視察した。その他、四一年九月僑務委員会教育処長の余俊賢が「居鑾」に来て、華僑、中華、培華三学校を視察し、教師と面談して三学校の協力と華僑教育の促進を訴えるとともに、職業学校、補習学校などの設置を主張した。(89) このように、この時期に華僑教育指導制度は局部的に形成され、具体化し始めたが、世界各地に散在する華僑学校に対して、僑務委員会、教育部が全て直接指導することは不可能であった。そこで、四一年以降、実践的な人材育成を目的に、厦門大学と暨南大学にマレイ語科、中央大学にインド語科を設置し、かつ雲南省に国立東方語文専科学校と東方語文訓練班を設立している。[90]

華僑学校の統一的な教科書編輯については、三六年に南洋小学教科書編輯委員会がすでに設置されており、戦争で中断したが、三九年一一月再開している。華僑学校教科書は教育部が主要に編輯したが、僑務委員会も改訂と授業指導書作成に参画した。四一年三月までに小学校各教科書、授業指導書は九〇％が完成し、中学校教科書は四一年から編輯し始め、四二年には初級中学校の公民、歴史、地理、算術などの教科書を供給できた。これら教科書は祖国の実情の伝達と民族主義に重点が置かれており、華僑の愛国心を高めた。華僑学校での教科書採用率は八〇％以上とされる。[91] なお、南洋研究所も教科書作成に参画している。[92]

また、学校の種別としては、技能養成の華僑職業教育学校とともに、華僑民衆学校も華僑の下層教育水準の底上げのため重視された。華僑民衆学校は「中華民国教育宗旨」などに基づいて簡単な知識と技能を与える。各地領事館が華僑団体、華僑学校などに民衆学校設立を勧告し、領事館のない地方は中華商会、華僑団体が代理する。対象は一〇歳以上の失学華僑で、性別を分かたず、民衆学校に入学でき、初級班卒業、あるいは同等の学力を有する者は高級班に入学できる。学費は原則的に無料で、書籍、文具は半値で、貧窮者には学校が支給する。授業時間は毎日二時間で、総時間は最低二〇〇時間であり、高級班は休日や夜間に実施する。教科書は中国出版のものを採用し、教員が各地の状況を斟酌して編輯、増減して使用する。科目の配分は、初級班は国語六六％、算術一八％、楽歌六％、体育一〇％であり、高級班は「国語」(中国語)五〇％、算術(算盤など)一二％、楽歌六％、体育一〇％、職業科目二二％となっている。[93] このように、民衆学校でも「国語」が五〇〜六六％と最もウエートが重く、識字教育とともに教材として「公民」、「常識」、特に中国「歴史・地理」が重視され、華僑に中国人としての民族意識の養成を目的としていた。

なお、華僑学校は戦争の推移によって〈海外→中国〉、〈中国→海外〉、〈中国内移動〉と、ある面流動的であった。いわば帰国華僑の増大に伴い、ある部分の華僑学校は中国内に移らざるを得なかった。太平洋戦争の勃発後、香港、マカオ、および南洋各地から中国に移転した学校は二七校である[94]。教育部が資金援助し、福建、広東、広西、雲南各省で授業を再開させた外、帰国華僑学生の進学支援、および仕送りの途絶えた中国にいる華僑学生救済に全力を尽くした。かくして、各種救済金によって受益した華僑学生は一万四二八六人にも上る。また、華僑学校教職員には旅費を援助して帰国させ、国立各華僑学校の教師などの職を斡旋した。当時の教育部長陳立夫は、戦時期、華僑学校教職員と学生へ徹底した救済工作が実施され、華僑の祖国への求心力を強めたと回顧する[95]。だが、帰国華僑は中国抗戦に人材、経済建設両面で貢献した面もあるが、反面、財政負担でもあったのである。

張道藩（中央海外部部長）が執筆した「社会教育与海外党務」（『中央日報』一九四三年一一月一二日）によれば、中国の社会教育政策の宗旨は全民の知識・道徳などを増進し、国家文化水準を高め、全国民衆に公民常識と民族意識を養成したことにある。ただ華僑は異国におり、中国の社会教育の目的にいかに到達するか。語文教育、公民教育、農・工・商従事者への補習教育は海外華僑社会で最も重視すべきである。今後、海外党部の華僑団体指導は華僑学校や職業補習班の増設、および閲書報社と華僑大衆教育館などを広範に設立させる。その方針は「党教合一」制などを採り、党部自体を社会教育施設とする。党務工作人員が社会教育工作人員を兼ねる。もし党務と社会教育が融合して一つになれば、社会教育は（三民）主義を貫徹する中心となり、党部は社会教育推進を業務とする。書報社が報館（新聞社）を創立すれば、自ずと効果を収めやすい。さらに張道藩は語文・公民・補習各教科について具体的に述べる。

①語文教育：華僑の多くは福建・広東出身のため、相互に通じない。海外において言語の溝は地域観念を生みだす。そこで、今後華僑学校では「国語」（北京語）を用いて普遍的に教え、華僑各居留地では広範に「国語」補習学校を設立する。また海外生まれの華僑が「祖国の文字」を知らない者も少なくない。語文教育の推進は同時に非識字者の一掃も兼ねている。もし華僑が「国語」に通じれば、民族精神は自然にわき上がってくる。このことは、もとより簡単な識字教育から、進んで全華僑の愛国教育達成を目的としている。

②公民教育：各地の党部、華僑学校、および華僑社会団体は一切の集会、各種記念日に講演、演劇、放送、映画など各種方式で、公民意識を注入し、同時に三民主義の発揮、五権憲法の研修、民族文化美徳の発揚を実施し、努めて華僑に「忠党愛国」の健全な公民とする。外に対しては居留地政府の政治建設に協力して共存共栄し、内には（中国の）国家復興の進展に参画し、権利と義務双方を兼ね備え、しかる後に華僑社会における民権主義の基礎を強固にし、世界が共に大同へと進むことができる。

③補習教育：海外華僑の八、九割が工・商・農・鉱などであり、科学的知識がない。今後、勤労倹約の経験だけでは生存競争できず、一切を改善する必要がある。したがって、補習班を設け、専門人材を訓練し、専門技術を学び、とりわけ華僑社会の中で切実な要求を解決する。しかる後に華僑社会の中に民生主義を造りだし、世界各国人士と共に平和で安定した境地に立てる。こうして中央海外部は社会教育と海外党務を内外一致させる。(96)いわば華僑に対して国民党の三民主義を中核に北京語で統一、「忠党愛国」により中国内外を統一することを目指した。

とはいえ、最大の問題は学校などの経費不足が継続していることであり、四四年二月には「捐資興学褒奬条例」が公布され、私費で学校、図書館、博物館、体育場、民衆教育館などへの献金者に対し、教育部が一〇〇〇元～二九九九元の七等賞から一〇万元以上の一等賞などの賞状を出すとした。これは中国内の蒙古、チベット、および海外の華僑地域が重視された。領事館や教育専員から送付された書類を僑務委員会が調査の上、教育部に諮問し、授与されるなどの形態を採った。(97)このように、当該地の有力者の名誉心をくすぐり、国民政府の財政不足を補いながら辺疆、海外の教育・文化向上を目指した。

ところで、中国での全国知識青年志願従軍に呼応した形で、僑務委員会は華僑青年従軍運動を発起している。四四年僑務委員会は同委員会職員一〇余人が従軍運動に参加した外、並びに専門委員鄭震寰を江津の国立第二華僑中学に派遣し、華僑学生の従軍を鼓舞した。その結果、同校で自発的な従軍署名者が一一月二〇日までに軍事訓練教官を始め、教職員、学生七四人に上った[98]。僑務委員会の従軍募集に応じて、申し込んだ華僑学生は四四年一二月一日までで計一九二人に上る。その内訳は中国国内従軍者が一二八人、遠征軍二二人、海軍二二人、空軍一四人の外、体格検査による不合格者が六人である。全て帰国僑民事業輔導委員会が指導し、並びに食・宿は提供され、入隊後は一人奨励金一〇〇〇元が支給された[99]。なお、中央海外部計画委員朱瑞石はビルマで二〇余年の経験を生かし、広西、広東両省はビルマ出身の華僑青年を招き、ビルマ遠征軍の通訳、政治工作、技術工作などに参加させ、軍事反攻に連繋させた[100]。

ともあれ僑務委員会は戦時華僑教育を以下のように総括する。①太平洋戦争の勃発後、僑務委員会は華僑学校の教職員・学生の救済と内遷援助をおこない、同時に「処理戦時僑教要点」、「立案僑校及由国内遷移設港澳之学校内遷処理弁法」、「救済海外僑校員生及在国内就学僑生弁法大綱」、「戦時国内華僑学生救済弁法」などを矢継ぎ早に定めた。この他、教育部、外交部と華僑学校管理の分担、および領事が華僑教育行政を兼担する規定を相談した。こうして責任系統が明確となり、華僑教育立法の基礎が定まった。

②華僑教育工作の地区は全世界に及んでおり、各地の情勢も異なる。したがって、前後して補助機構を設立、その性質によって華僑教育専門家、華僑領袖、および関係機関の個人を参画させた。重要なのは、四一年四月設立の南洋研究所であり、政治、経済、教育、歴史・地理など各組で構成されていた。四五年三月「裁員簡政」（人員削減と政治の簡素化）の実施に伴い廃止されたが、僑務各方面の研究と宣伝に貢献したという。

③三九年僑務委員会と教育部合同で華僑教育設計委員会を組織し、連絡機関とし、かつ華僑教育を研究、立案した。四一年重慶で業務をおこなった（四五年二月廃止[101]）。

ところで、抗戦末期、国民政府は一貫して懸案であった国家機構における重複職権の解消、分担の明確化に着手している。例えば、従来、華僑教育は僑務委員会、教育部合同で、関連事項は外交部、海外部と相談の上、実施した。このように権限が集中せず、時間を浪費し、各下部機構はさらに柔軟性がなかった。そこで、四四年五月国民党第五届中央執行委員会第一二次全会で「明定系統画清職権以利僑務案」が決議され、案件は国防最高委員会から行政院に渡された。六月行政院は僑務委員会、教育、外交、社会、経済、海外各部を召集し、具体的な実施弁法を検討させた。その結果、①海外僑務・華僑団体は「僑務行政機関」が主管し、他機関は事業の指揮・監督する。②中国内の僑務・団体は社会部が主管し、他機関は事業の指揮・監督すると決めた。だが、各部がそれぞれ既得職権に固執したようで、特に海外での「僑務行政機関」とは僑務委員会のみを指すのか否か、抽象的で、混乱を招きかねなかった。さらに、同月行政院は訓令を発し、「国内」（中国内）の華僑教育管理機関は僑務機関と教育部の両機関としてきたが、教育部のみを主管機関とすると変更し、僑務委員会と外交部は協力機関とするとし、「国外」に対する言及はなかったようである。これに対して僑務委員会は「管理僑民教育画分準則」を起草し、①「国内」の華僑教育・文化機関運営の管理経費の見積り、査察、指導員派遣、およびその他の教育行政事項は教育部が主管し、僑務委員会が協力すると妥協したが、②「国外」業務は僑務委員会が主管し、教育部と外交部が協力するとし、「国外」での職権確保を期した。この案に教育部は同意せず、外交部は結論を出せず、一致をみなかった。四五年五月国民党六全大会で、僑務事項、華僑権益、海外の華僑団体と教育文化、経済事業は「僑務行政機構」が主管し、関係機関が協力し、「国内」の華僑団体、教育・文化機構、経済事業はそれぞれ「主管部」が「僑務行政機構」に命令し、協力、処理させるとした(102)。

だが、やはり抽象的な部分が残り、「僑務行政機構」を僑務委員会とイコールで考えた僑務委員会には異論がなかったが、教育、外交両部に強い不満が残ったことは疑いえない。換言すれば、職権の明確化・統一と各機関の協力の重要性が認識され、それに着手されながらも、抗戦中には決着がつかず、四六年六月の決定にもち越された(103)。

六　重慶国民政府と汪精衛問題

僑務委員会にとって重大だったのは汪精衛問題である。この処理を誤ると、抗戦の帰趨のみでなく、日本の狙い通り中国人の大分裂を誘発する危険性すらあった。幸いにも、華僑から蔣介石の抗戦支持と汪精衛非難の電報が次々と寄せられた。例えば、一九三八年一二月三一日南僑総会主席陳嘉庚から軍事委員会委員長蔣介石宛に、汪精衛は公然と日本侵略者の亡国条件を受け入れ、総理（孫文）の「叛徒」になったばかりでなく、中華民族の「国賊」となった。最後まで抗戦することは全国に擁護され、すでに「抗日鉄案」となっている。中途の妥協は滅亡に等しい。八〇〇万華僑は抗戦を最後までおこなうことを擁護する、と。

同様な電報は世界各地から数多く寄せられた。シンガポールの中華総商会、福建華僑各会館、広東会館から三九年一月四日から九日にかけて、汪精衛は敵に和し、軍民の動揺を招いた「民族罪人」として党籍の永久除名を求めるという強い要望が届いた。その他、①英領マラヤのペラック州福建公会、②ベトナム中華総商会、ユエ華僑救国会、③フィリピンでは、国民党分部、中華商会、華僑公会、中国フィリピン協会、④シャムの籌賑会などである。アメリカ華僑の反応も素早かった。三八年一二月三一日在米華僑統一義捐救国総会は「抗戦到底」国策を擁護し、凡て「主和派」を一律に「漢奸」として断罪すべきとした。そして、三九年一月九日ボストン致公堂、一三日米州致公堂、カナダのビクトリア致公堂から日本との和議反対が明白に伝えられた。米大陸の致公堂が抗日に動き出したのである。その他、ボストンの抗日後援会、「墨芝省」（ニューメキシコ州？）華僑抗日救国会なども抗戦要求と汪精衛批判を明確にしている。(104)

帰国華僑結成の上海華僑連合会は一九三七年役員を改選し、李福林を理事長に選出した。だが、上海、南京から国民政府軍が相継いで撤退し、会務の進行が難しくなった。そこで、印鑑、重要文件を香港に運び、活動停止を宣言した。理事長李福林らは、「漢奸」が同連合会名義を使用し、汪精衛の「和平」に付和して華僑を幻惑していると非難し、排斥するよう通電し、[105]警戒を呼びかけている。

四〇年三月三〇日南京に汪精衛の傀儡「中華民国政府」（以下、南京汪政権）が成立すると、そうした傾向はさらに厳しさを増した。四月二日英領マラヤのネグリセンビラン州籌賑会主席黄益堂から南京汪政権非難の通電、またシンガポールの南僑総会代理主席陳延から「国民政府の最後までの抗戦を断固擁護する」との通電が入った。四月三日カナダのバンクーバー総領事館から外交部に、南京汪政権の成立に対し、管轄区の全華僑は憤激しているとし、さらに六日中華会館などの五〇団体が署名し、総領事館に提出した。そして、南京汪政権による「喪権辱国」を承認せず、一致討伐を主張し、並びに中央の抗戦政策を心から擁護し、後ろ盾となることを、林森主席、蔣介石総裁に伝えてほしいと懇請した。また、カナダのビクトリア台山総会館からも傀儡政府の成立、「売国密約」を聞き、憤激しているとし、制裁と「抗戦建国」の貫徹を要求した。他に、オーストラリアのシドニー全体華僑名で同様な趣旨の通電が入っている。[106]

こうした状況下で、中央海外部長呉鉄城は四〇年九月から五ヵ月間、南洋のフィリピン、「蘭印」、英領マラヤ、シンガポール、ビルマ各地の五〇〇港を歴訪し、「愛国」・民族主義を鼓舞、抗戦への支持を訴えた。そして、自発的献金三〇〇〇万元以上を集めた。[107]この際、一二月一四日マラヤのペラック州華僑による呉鉄城歓迎大会主席張球から、林森、蔣介石宛に呉鉄城訪問に対して熱烈に歓迎し、民心を奮い起こして勇んで献金するとした。それと同時に汪精衛の「売国条約」締結に憤激しているとし、彼らを誅滅し、一日も早く最後の勝利に到達することを請うとし、華僑は誓って後ろ盾になると打電してきた。また、バタビヤにおける国民党直属支部、華僑慈善委員会、中華商会、福建会館、華僑公会、広肇会館などが、汪精衛は敵と条約を結び、国家・民族を売ったと非難し、終始「抗戦建国」国策を支持するという。その他、アメリカでは、シカゴ華僑救国後援会が日本と汪の条約を完全に無効とする外、国民政府の再度の汪逮捕令、並びに「除奸懸賞決議」を断固として擁護し、抗戦を最後まで援助する、と強調した。このように、華僑の蔣支持・汪打倒の姿勢が高まりを見せていた。[108]

ところで、四〇年九月二二日中央委員陳樹人は「海外党務の報告と検討」を報告している。それによると、海外一切の華僑動態は国民党と直接、間接に関係がある。例えば、今回の「南僑慰労団」の帰国を裏面で推進したのは国民党員で、慰労団参加の四九人中、大多数が国民党員とする。国民党は元来海外に発祥し、海外の啓蒙運動は旧来からの同志が根幹としている。そこで、人口における海外党員数の比率は、中国内よりも高く、幾つかの地区での党員数は華僑人口の七～一〇％も占めている。具体的には以下の通り。

海外での国民党の党務情況は、①組織面では海外党部が現在七三単位で、内訳は総支部一一、直属支部六〇、直属分部二である。その他、日本、朝鮮に直属支部計六あったが、抗戦後、党員は強制帰国され、停頓している。海外党員は二八年総登記時に九万人余であり、その後、歴年新党員が二万人余ずつ増大し、死亡などを除いても、現在なお一〇万六二〇〇人余もいる。とはいえ、過去に各党部の人事紛糾、組織不健全により党員の多くも国民党から離れた。②訓練面では、海外部が海外工作人員と党員の知識水準を普遍的に高めるため、「函授」学校を設置した。登記した者は初級・高級学生計一三〇〇人である。海外党務工作人員の訓練方面では、第一期の南洋・アメリカ州の党部常務委員、書記長、秘書六〇余人はすでに訓練を終えた。③宣伝面では、国民党革命理論を最も重視し、孫文の革命理論、『党報』配布、海外部の工作計画に関して指導し、常に指示を出す。海外部は世界各地で「第二期抗戦宣伝週」を挙行し、日本の「東亜新秩序」に反駁し、並びに海外各党部に「国民公約宣誓」を挙行する訓令を出した。これを受けて海外で一七四単位、数十万人が熱烈に参加したという。[109]

日本の南進企図が露骨になるに伴い、南洋華僑の自衛問題が浮上した。華僑の生命・財産は脅威を受け始め、華僑壮丁を組織して英米と共同作戦をおこなうとした。僑務委員会は外交部、軍政部、海外部と弁法を定め、かつ外交部は関係各当地国と交渉した。ただ当初、現地各政府は太平洋戦局にさほど切迫感がなかったが、①フィリピン華僑安全委員会の成立後、フィリピン当局設立の「護民行政処」業務に参加を計画した。また、当地の義勇軍総部も華僑指導者一二人を名誉軍官として招聘した。②英領ボルネオには華僑義勇軍の組織があるが、小規模である。③ペナンでは後方服務人員華人委員会を組織し、応募者は四三〇〇人に達した。④クアラルンプール、シンガポールの各華僑の多くが自衛団、防空・救護・消防隊などの工作に参加している。⑤ボルネオのサラワク各埠頭華僑はそれぞれ後方防務協会、防空・救護隊などを成立させた。⑥スマトラ北東部のメダン各埠頭華僑は自衛委員会などを組織し、壮丁を登記し、運輸組、護衛組、調査組などに分け、それぞれ訓練している。華僑の義勇隊参加者は蘇東一帯で一〇〇余人、メダン二〇〇余人、近隣各埠頭は各四〇～五〇人である。その他、アメリカ華僑は特に熱心である。例えば、ホノルルでは自らを戦区と位置づけ、華僑で各種国防工作に参加した者は数千人を下らない。アメリカ空軍第一四地上勤務大隊は全て華僑であり、「官佐」（将校）がその三分の一に達した[110]、とされる。このように、日本の南進に対して華僑は抵抗する姿勢を見せた。

太平洋戦争勃発直後の四一年一二月一一日、蔣介石は文書で、海外部、僑務委員会、各地大使館を通じて海外華僑に訴えた。要約すると、国民政府はすでに日本に正式に宣戦布告し、同時に独伊に宣戦布告した。これより我中華民国はすでに全世界の反侵略友邦と連合一致し、共同で奮闘する。太平洋戦禍の拡大の日に当たり、海外華僑、とりわけ英、米、オーストラリア、オランダ、ニュージーランド、カナダ各友邦各属領の親愛なる同胞に、共同の敵を消滅し、最後の勝利を達成するために、友邦に協力し、一切の人力物力を捧げることをぜひ望む[111]、と。

こうした趨勢を受けて、国民党マラヤ総支部は「戦時工作綱領」を発表し、華僑に現地政府に極力協力して枢軸国の侵略に抵抗するよう鼓舞した。①戦時工作への参加、②現地政府の一切の戦時規則を遵守し、並びに当局の需要への供給に協力すること、③もし当地が陥落したら遊撃戦を実施すること、④戦区内では連合軍を極力援助すること、⑤後方の軍事行動に協力し、秩序を厳格に守ることなどを具体的に指示している。そして、壁などに「有銭出銭・有力出力」、「軍事第一・勝利第一」の中国語のスローガンを多数貼り出した[112]。

南洋各地は日本軍に占領され、華僑愛国団体は多くが破壊され、重要分子は殺害された。また「敵傀儡」は「漢奸」を利用し、親日華僑団体を組織し、華僑社会は粉々に破壊された。僑務委員会は戦事華僑運動を立案、推進し、かつ戦後の華僑組織を準備し、四四年には「海外僑民団体整理実施弁法」などを制定した。かつ連合国艦船などで働く海員に対しても「その犠牲的精神」を賞讃するとともに、指導を強化している。そして、世界各地の海員福利を図り、生活指導をして正規なものとするため、前後してイギリスでは中華海員リバプール分会、同海員倶楽部、インドではムンバイ海員倶楽部、カルカッタ海員倶楽部などを組織した。なお、外交部も海員に対してベルギー政府が中国海員に褒章を出すことを批准したことを受けて、海員待遇改善の交渉をした[113]。

ただし周啓剛は問題点を指摘し、①僑務委員会の空間・対象は全世界を包括しているが、最高機関として国内に設けられているだけで、国外の機構・手段は不足している。②僑務専門人材、すなわち学術研究人材が不足しており、当面育成の法を設け、また初歩的実験をしているに過ぎない。③世界経済・地理・交通・人口などを包括する僑務資料が不足している[114]、と。このように前進していたとはいえ、戦時期の資金不足、人材不足などもあり、不十分な点も散見した。

四三年一〇月二三日中央海外部長張道藩は海外部講堂茶会に重慶にいる華僑指導者許文頂ら三〇余人を招待し、海外党務工作を強化するため、全面的協力を切望した[115]。また、中央海外部は南洋各地の華僑に働きかけ、連合軍の作戦計画に呼応するため、ビルマ駐在弁事処（所在地はバモー〈Bhamo〉。工作範囲はタイ、英領マラヤなどを包括）の設立を決定し、主任李思源らを派遣した[116]。

四三年劉維熾は、国民党中央が海外工作の指導と計画に従前より注意すべきとした。

(1)一般党務：中央は海外党務工作を強化するため、三八年臨時大会で中央海外部の組織回復を決議した。海外部成立後、海外党務は整理され、例えば海外新党員募集などをおこない、同時に六ヵ月計画を立て基層組織を整備した。一般党務推進に至っては、分区輔導計画を立て、各地幹部訓練とその機構充実を期した。既定の計画の外、海外党務を普遍的に推進した。同時に近隣から遠方へと次第に推進し、まず香港・マカオで工作し、その後、再び南洋、アメリカ州などで党務改善を監督指導した。太平洋戦争が勃発したため、海外同志と華僑を発動し、現地政府の抗戦工作に協力するよう尽力した。その後、海外党部の中心地帯たる南洋の大部分が前後して陥落した。そのため、南北アメリカの党務発展に特に力を入れ、同時にインドの地位が日増しに重要となり、駐印総支部の機構を回復させた。

(2)華僑運動と国民外交：海外部は「戦時海外工作綱領」を制定し、海外各地党部に頒布した。そして、各地華僑を発動し、「愛党愛国」に本づき、現地政府の各種戦時工作に協力することを期した。その結果、シンガポールが包囲された時、国民党員が募集した軍需華工が守備軍を組織し、日本軍に抵抗した。香港陥落時、香港・マカオ総支部の陳策は英国軍に協力して奮闘した。ビルマ総支部の国民党員は華僑租界地域を守り、かつ戦地服務工作に積極的に参加している。フィリピン総支部は戦争時、かなりの成果をあげた。非戦争地域の華僑は当面現地政府に一致して戦時工作準備に協力し、最も主要な任務は友邦と肩を並べて戦うことである。一切の不平等条約が排除される時、普遍的に国民外交を進め、国交を増進し、同時に現在、あるいは戦後の華僑の地位を高めるとした。

(3)帰国華僑救済：南洋華僑の大多数は敵（日本）統制下にあり、また少なからぬ華僑が危険を冒して祖国に帰国している。だが、交通、供給面で準備が不十分で、彷徨流離の悲惨な状況に陥っている。中央は緊急事態に対処するため、振済委員会、海外部、および僑務委員会などに救済弁法の準備を命じた。また、蔣介石は救済費一億元もの支出を指示し、かつ雲南、貴州、広西、広東、福建五省にそれぞれ緊急救僑委員会を設立させている。雲南では同委員会が救済し、疎開させた華僑は一万三八〇〇人余に上る。貴州では三万余人、広西では梧州、鬱林、南丹などに招待所があるが、救済者は五万六〇〇〇人（五〇〇〇〜六〇〇〇人？）余。広東では、入境各地に招待所が分設されているが、七〇万人以上。福建の場合、華僑の終着点である。それ故、多くは善後策にあり、帰国華僑に実業公司設立を指導、合作事業推進などを実施する。(117)

おわりに

国民政府は南京から武漢、さらに重慶へと撤退した。こうした状況下で、僑務委員会も首都南京の陥落は日本を消耗させる戦術で、中国の敗北を意味しないとアピールし、華僑の動揺を抑えるなど重要な役割を担っている。僑務委員会の任務は国民政府に華僑の心を繋ぎとめ、抗戦への支援を引き出すことにあった。国民党が『抗戦建国綱領』により国民参政会の議席を華僑を割り振ったのも支援を引き出す布石といえる。沿海、沿江の工業・金融諸都市を失陥する中で、財源不足に悩む国民政府は華僑経済力に大きく依存せざるを得なくなり、華僑献金を要請するとともに、また未発達地域である中国後方への工業、金融の直接投資を呼びかけた。他方、南洋での経済発展が頭打ちとなるゴム園などの経営華僑は活路を求めており、投資も実現した。ただ、華僑出身地・福建省の日本軍未占領地域が中心で、重慶中心の大後方である西南、西北への投資は出足が鈍かった。

本章から導き出せる結論は以下の通り。

第一に、国民政府が帰国を期待したのは華僑の技術人材であったが、実際は重荷となる失業華僑や難民華僑が多数を占め、財政負担となった。華僑献金など一方的な中国支援形態から、逆に世界各地からの帰国華僑の増大とその救済がそれまで以上に重要課題となり、経済支援、仕事按配、帰郷させることが緊急であった。とはいえ、国民政府が華僑の信頼と支持を獲得し、その政権基盤を固めるためにも、帰国華僑救済に真剣に取り組む必要があった。ここで重要なことは僑務委員会と海外党部との関係である。海外華僑業務を担当したのは、僑務委員会、外交部、教育部、および海外部であるが、それぞれの位置と相互関連と業務分担が不明確で重複していた。その上、外交部には海外の大使館・領事館があり、中央海外部には海外党部があったが、僑務委員会には海外に直接の下部機構が薄弱であるという問題点もあった。僑務委員会は華僑政策遂行の中心機関であるが、実際には教育面では教育部、救済面では振済委員会、海外では外交部などとの共同作業であった。逆に言えば、戦時期を通して僑務委員会は単独で重要な華僑業務の遂行が不可能という限界があった。

第二に、日本とその植民地台湾、朝鮮からの帰国華僑の救済、次いで日系鉱山を辞めたマラヤからの華工接待に奔走した。特にシャムは一九三〇年代から排華運動が激化し、抗戦期になってもそれが続き、シャム・タイ政府による華僑弾圧は熾烈であった。国民政府は国交がなく、直接交渉できないという脆弱性を示した。その上、北米、中南米、オセアニア各国でも華僑が排斥された。これに対し、国民政府は国際的地位の上昇と差別撤廃を目指し、シャム・タイなどを除き、一定程度以上の成功を収めた。戦時華僑行政の特質の一つは、現地政府、特に連合国への協力、支援を梃子に各国での華僑地位の向上を目指した点があげられよう。

第三に、特に太平洋戦争前後から香港、南洋各地の陥落、日本軍占領などにより華僑が大量帰国した。それに対して、蔣介石は救済費一億元もの支出を指示した。振済委員会と共に広東、広西、福建、貴州、雲南各省には各救僑会などを設け、また赤十字社も積極的に活動した。このように関係各機関がこの問題に総力を挙げて取り組んだといえる。四二年二月頃から四三年上半期までの登録実数は約一三五万人に上る。前述の如く技術人材や学生は重視され、日本側の利用を阻止する意味でも帰国させ、むしろ中国の建設に貢献させるべきとの意識が一貫して存在したことを意味する。広東や福建は帰国華僑の入り口と同時に、いわば出身地であり、終着点という特質を有す。そのため帰国華僑を自活させ、かつ生産力に繋げる「積極的救済」へと転換していった。「僑楽村」や帰僑村の設立もその一環である。雲南省では、救僑会とともに民間の動きが活発で、例えば侯西反指導の互助会がある。互助会も教育を重視し、僑光学校を創設し、また華工の各種訓練と滇緬運輸局への就職斡旋もおこなうなど、生活、就職、福利、医療に至るまで配慮している。

第四に、僑務委員会と教育部が中心となり、戦時華僑教育を推進した。その特徴として数的、質的に不十分であった華僑教師、教育指導員の養成と再教育があり、その方向性としては、義務教育から高等教育、さらに職業教育、民衆教育まで幅広い教育を施すことにあった。そのためにも、南洋中心に現地研究が重視された。教育部と僑務委員会は小中学校の未設立地域に、失学児童の減少と現地化の阻止という目的で直接設立を目指し、幾校かは実際に設立された。当時、中国の教育との統一が重視され、教育部作成の教科書が初等・中等教育での採用が推し進められ、華僑学校での採用率は八〇％とかなりの普及率を示している。これらは、華僑に中国語教育を骨幹として「公民」、「歴史・地理」などの科目に重点を置かれており、必然的に中国人意識が養成され、中国との精神的一体化が図られている。換言すれば、華僑教育の基盤整備と普及により民族意識の養成による抗戦支援という歴史的意義を有するものであるが、反面現地からの精神的離反、国民党一党独裁の肯定に繋がる限界をも併せ持っていたといえよう。だが、太平洋戦争以降は南洋などからの帰国華僑学生に対して中国内における教育にもウエートが置かれ、かつ各大学において高等教育への途が開かれた。

第五に、日本や汪精衛に対する僑務委員会、華僑の動向についてである。この際、南洋における日本占領地の拡大、南京汪政権の成立、汪精衛側華僑の動向に対して、必然的に蔣介石・国民政府、僑務委員会の重点は、南洋から南北アメリカ、特にアメリカ、カナダへとウエートが移っていった。太平洋戦争後は、その傾向はさらに強まる。国民党面からいえば、海外党部は重要な位置を占めることになり、太平洋戦争の勃発により緊急度が増すと、防衛体制へ多数の南洋華僑が参加した。そして、陥落地域での抗日運動の可能性も模索され、実践された。

註

（1）　例えば、①曽瑞炎『華僑与抗日戦争』四川大学出版社（一九八八年）、②任貴祥『華僑第二次愛国高潮』中共党史資料出版社（一九八九年）。③中国抗日戦争史学会等編『海外僑胞与抗日戦争』北京出版社（一九九五年）は帰国華僑問題にも触れるが、ウエートは「中華民族」としての華僑の団結と抗戦経済支援にある。この結果、世界各地の華僑排斥や帰国華僑に対する問題意識は皆無に近い。台湾では、④李盈慧『華僑政策与海外民族主義（一九一二～一九四九）』国史館（一九九七年）が「主体」・国民政府の視点から華僑民族主義により中国「国民」化（中国人意識）の形成過程を論じ、抗戦支援の見返りとして華僑保護とする。それに対し、私の研究は華僑を受動的存在と考えておらず、「主体」を蒋介石・国民政府のみならず、南京汪政権、日本、華僑の四極に設定する。日本では、華僑研究は歴史学、経済学、社会学などからのアプローチが見られ、研究それ自体は増大傾向にあるが、一九二〇年以前と、その後、一挙に現在の研究に集中する傾向がある。すなわち、戦時期に関しては、日本軍政下の南洋（例えば⑤明石陽至編『日本占領下の英領マラヤ・シンガポール』岩波書店、二〇〇一年）を除けば、僅かに⑥中華会館編『落地生根』研文出版（二〇〇〇年）が神戸華僑に論及、また⑦村上勝彦「日中戦争下の東南アジア華僑」（宇野重昭編『深まる侵略　屈折する抵抗』研文出版、二〇〇一年）がやはり献金や日貨ボイコットの経済的意義をとりあげるに過ぎない。このように、戦時期華僑研究は空白が多い。他に⑧菊池一隆『抗日戦争時期における重慶国民政府・南京傀儡政権・華僑の三極構造の研究』（平成一〇―一二年度科研費補助金基盤研究（C）（二）研究成果報告書、二〇〇一年三月）がある。

華僑行政・政策については主要に人民共和国成立後を扱っており、抗戦期を包括するものとしては①毛起勇、林暁東編『中国僑務政策概述』中国華僑出版社、一九九三年、また、抗戦期華僑に関しては、②呉鳳斌『東南亜華僑通史』〈福建人民出版社、一九九三年〉の第一七～一八章、③曽瑞炎、前掲書、④任貴祥、前掲書、④前掲『海外僑胞与抗日戦争』北京出版社、一九九五年などがある。これらの共通性は「中華民族」としての華僑の抗日運動への高評価と華僑の団結を強調している点にあり、差異は国民政府、国民党の評価問題である。

（2）『中央日報』一九三七年八月一九日。

（3）僑務二十五年編輯委員会『僑務二十五年』海外出版社（台北）、一九五七年、二七～二八頁。なお、四五年三月職員計一二二人。

（4）『南洋商報』一九三七年一二月二二日。なお、『南洋商報』はシンガポール大学中央図書館など所蔵のものを使用。

（5）『国民参政会資料』四川人民出版社、一九八四年、五～六頁。

（6）『中央日報』一九三八年一〇月二七日。

（7）周啓剛「十年従事僑務之自我批評」『中央日報』一九四二年四月一六日。

（8）『僑務委員会第二期戦時行政計画』一九三九年四月、台湾の国民党中央委員会党史委員会所蔵史料。ただし、華僑が一旦帰国すると、地方政府に留められ、出国できない事態が多数発生していたようである。特に徴兵制により壮丁の出国は禁止された。そこで、僑務委員会は、帰国華僑が二年間兵役に服す必要はないとし、かつ出国できる華僑として、①遺産を継承し、駐外大使館・領事館や中華商会の証明書を有する者、②兄弟三人の一人が兵役に服している場合、一人は出国できる、③独り息子で、父の事業の跡取り、④華僑で帰国後、二年を超過し、確かな兵役免除・延長条件を有する者で、商務などの必要がある者とした。これらは一つの合理的規定となり、華僑出国申請の根拠となった（『僑務二十五年』二九～三〇頁）。

（9）僑務委員会「訓令・関於僑民捐輸救国除実行常月捐外凡各種紀念日尤応発動売花売物等特別捐令仰知照由」一九四〇年、党史委員会所蔵。

（10）『僑務二十五年』二八～二九頁。

（11）『僑務二十五年』四一頁。

（12）「三十一年度党政事業成績」（続）、『中央日報』一九四三年五月六日。

（13）『中央日報』一九四三年一〇月二四日。

（14）『中央日報』一九四五年三月一八日。

（15）曽瑞炎、前掲書、六〇、一四〇頁など。
（16）『南洋商報星期刊』一九三七年一二月一九日。
（17）『南洋商報星期刊』一九三八年二月六日。
（18）陳樹人「僑務委員会公函—為函請検賜主管内可准華僑投資之事業詳細計画俾彙輯実業介紹続編以便指導華僑投資開発由」一九三九年（?）、党史委員会（台湾）所蔵。
（19）中央研究院近代史研究所檔案館所蔵 18-21-9-2『農林司』所収、僑務委員会「據駐吉隆坡領事館呈據僑商請指示回国投資種植油桐弁法函請核示意見由」一九三九年一一月二九日、同「公函・准函………」一二月一六日など。
（20）「僑務委員会訓令—為僑胞来・考査投資応由当地僑団負責介紹令仰転飭知照由」一九三九年、党史委員会所蔵。
（21）国防最高委員会「函行政院送七全会関於吸収華僑資金開発西南沿辺以固国防案………」一九四〇年七月三一日、党史委員会所蔵。
（22）中国工業合作研究所（桂林）編『中国工業』第一二期、一九四二年一二月、四六頁。
（23）「蔣政権の工業建設と西南開発の現況」『東亜』第一二巻三号、一九三九年三月。
（24）「支那奥地の工業建設問題」『東亜』第一四巻七号、一九四一年七月。
（25）「社論」『解放日報』一九四一年六月一日。
（26）『中央日報』一九四〇年九月二二日。
（27）「南洋華僑領袖胡文虎抵渝」『中央日報』一九四一年二月二二日。
（28）「胡文虎昨播講、詳述『回国後之感想』」『中央日報』一九四一年二月二五日。
（29）「社論」『解放日報』一九四一年六月一日。
（30）（31）『僑務二十五年』四一〜四二頁。
（32）（33）（34）『僑務二十五年』四二〜四三頁。
（35）「帰国華僑籌組後援会」『中央日報』一九三七年八月一五日。

(36)『中央日報』一九三七年七月二八日。
(37) 孔祥熙「発動海外僑胞労軍」『中央日報』一九四三年一二月一六日。
(38) 呉鉄城「号召僑胞労軍」『中央日報』一九四三年一二月一八日。
(39)(40)「僑務委員会弁理旅日帰僑及抵廈経過」『南洋商報』一九三八年一月二六日など。
(41)「台湾華僑防敵人利用、解散中華総会館」『南洋商報』一九三八年一月一八日。
(42)「国民政府令」、「部令」『外交部公報』第一一巻一・二・三号合刊、一九三八年四月、一〜一〇頁。日本・台湾・朝鮮各華僑の動態の詳細については、拙著『戦争と華僑―日本・国民政府公館・傀儡政権・華僑間の政治力学―』汲古書院、二〇一一年を参照されたい。
(43) 東華医院は一八七〇年に広東幇によって創設された香港最大の華人慈善組織であり、中国伝統医療を中核に西洋医療も次第に取り入れ、災害救済、難民送還、義学運営、助葬、紛争調停など広範囲な活動を展開した。アメリカや東南アジアの華人社会で絶対的信頼を獲得していたという（帆刈浩之「香港東華医院と広東人ネットワーク」『東洋史研究』第五五巻一号、一九九六年六月など参照）。
(44)『南洋商報』一九三八年六月八日。
(45) 前掲「僑務委員会弁理旅日帰僑及抵廈経過」。
(46)『南洋商報』一九四〇年一〇月二日。
(47)「社論・・暹羅拘捕華僑」『中央日報』一九三八年一〇月一一日。
(48)「因受敵寇愚弄、暹羅突排華」『中央日報―重慶各報連合版―』一九三九年八月八日。
(49)『南京新報』一九三九年四月一七日。
(50)「社論・・暹羅与我国僑胞」『中央日報―重慶各報連合版―』一九三九年八月八日。
(51)「第一八次常務会議紀祿」一九三九年一〇月二六日、党史委員会『国防最高委員会常務会議記録』第一冊、一九九五年、六〇五頁。なお、国防最高委員会（前身は国防最高会議）は長期抗戦のための党政軍統一指揮の最高政策決定機関で、三九年二月七日（～四七年四月）正式に成立した。委員長は国民党総裁、委員は党政軍各部長以上の者が就任し、中央政治委員会の職権を代行した（李雲漢「『国防最高委員会常務会議記録』影印初版序」、前掲書所収などを参照）。
(52)「第一九次常務会議紀禄」一九三九年一一月九日、『国防最高委員会常務会議記録』第一冊、一九九五年、六二九頁。
(53)「中泰両国情感融洽」『中央日報』一九四一年四月二〇日。
(54)「社論・美国改善華僑待遇問題」『中央日報』一九四三年四月二三日。
(55)『僑務二十五年』三〇～三二頁。
(56)行政院「公函・為提高南洋華僑之声誉……」、党史委員会所蔵。
(57)『僑務二十五年』二九～三〇頁。
(58)劉維熾「抗戦以来海外工作的回顧与前瞻」『中央日報七七増刊』一九四三年七月七日。
(59)「蔣委員長関懐帰僑」『中央日報』一九四二年二月七日。劉維熾、同前。
(60)「救済返国僑胞」『中央日報』一九四二年一月二六日。
(61)(62)『僑務二十五年』四四頁。なお、福建省の泉州護僑委員会は帰国難民華僑貸付を実施することにした。帰国華僑で貸付を請求できるのは、(イ)祖国中国の「抗戦建国」国策を支持したがため、当地政府に駆逐された者、(ロ)日本品ボイコットなど「愛国運動」への参加者、(ハ)帰国して抗戦工作に参加したため、失業、病気となり、生活維持が困難な者である（□□挙辦帰国難僑貸款」(1)、『国民日報』（サンフランシスコ発行）一九四一年一一月一九日）。このように、貸付に当地での抗日活動の有無など、厳しい規定を設けるところもあった。
(63)『中央日報』一九四二年二月五日。
(64)「社論・如何救済僑胞？」『中央日報』一九四二年三月五日。
(65)「救済返国僑胞」『中央日報』一九四二年一月二六日。
(66)『中央日報』一九四二年五月三〇日。
(67)「祖国帰僑村之墾殖辦法」『少年中国晨報』一九四一年一二月一六日。

(68)『中央日報』一九四二年二月一八日。

(69)「粤救僑会決定第三期救僑計劃」『中央日報』『掃蕩報』連合版、一九四二年七月三日。

(70)『中央日報』一九四二年一月二六日など。

(71)「滇省救僑工作」『中央日報』『掃蕩報』連合版、一九四二年九月一〇日。

(72)「救済在昆明帰僑」『中央日報』一九四四年二月二一日。侯西反「滇省華僑互助会報告書」『中央日報』一九四四年一二月四日など。なお、同報告書は侯の遺作であり、一九四四年一一月一〇日成都から昆明に向かう飛行機事故により死去。侯西反略歴については、第四章の註（101）と（103）を参照されたい。

(73)『僑務委員会第二期戦時行政計画』一九三九年四月、党史委員会所蔵。

(74) 陳立夫『成敗之鑑』正中書局、一九九四年、二七五頁。

(75)『中央日報』一九四一年九月二三日。僑務二十五年編輯委員会編『僑務二十五年』海外出版社、一九五七年、四五〜四六頁など。

(76)『僑務二十五年』四五〜四七頁。

(77) なお、南洋研究所は一九四二年四月僑務委員会と教育部合同で僑民教育教材編輯室（一九四一年設立）を改組、成立した。南洋研究所には政治、経済、教育、歴史・地理各組があり、華僑学校使用の教科書作成から華僑行政の関連問題までも幅広く研究した（僑務委員会編『僑務十三年』一九四五年五月、三五頁。『僑務十五年』三頁など）。

(78)『僑務二十五年』四七頁。

(79) 廈門大学は、二〇年八月陳嘉庚が上海で蔡元培、黄炎培らを招聘して華僑関係大学創設の相談をした。そして、陳嘉庚が大学経費を献金し、福建省政府が公有地を出す形で創設された。三五年文・理・教育・法・商五学院となり、後に航空工程、海洋各学系が増設された。三七年国立となり、日本軍の廈門砲撃を避けて長汀に移転した（『民国史大辞典』中国広播電視出版社、一九九一年、一七一頁参照）。

(80)『南洋商報』一九三八年六月八日。

(81) 陳立夫、前掲書、二七六～二七七頁。
(82) 『南洋商報』一九三九年一月一八日。
(83) 陳立夫、前掲書、二七六頁。『僑務二十五年』三二頁。
(84) 宋哲湘「華僑救亡呼声在辺疆—去年『八一三』的回憶—」『中央日報』一九四一年八月一二日。
(85) 『僑務二十五年』四五頁。
(86) 陳立夫、前掲書、二七六頁。
(87) 「僑務委員会設函授学校」『星洲日報星期刊』一九四〇年一月二一日。なお、『星洲日報』はシンガポール大学中央図書館所蔵。
(88) 『南洋商報』一九四〇年九月一〇日。
(89) 僑務委員会編『僑務十五年』一九四七年四月、二三頁、『南洋商報』一九四一年九月二四日など。
(90) 陳立夫、前掲書、二七六～二七七頁。
(91) 陳立夫、同前、二七六頁。『僑務十五年』二一頁などから考察。
(92) 僑務委員会編『僑務十三年』一九四五年五月、三五頁。『僑務十五年』三頁。陳立夫、同前、二七七頁。なお、南洋研究所は国費節約から四五年三月に閉鎖。
(93) 僑務委員会「僑民民衆学校規程」一九三九年六月二八日、『僑務十五年』所収、五二～五三頁。
(94) 『僑務十五年』二〇頁。
(95) 陳立夫、前掲書、二七五頁。
(96) 張道藩「社会教育与海外党務」『中央日報』一九四三年一一月一二日。
(97) 「捐資興学褒奨条例」一九四四年二月一〇日、『僑務十五年』所収、五四～五五頁。
(98) 「僑務委員会発動僑生従軍」『中央日報』一九四四年一二月五日。
(99) 「華僑学生従軍潮湧」『中央日報』一九四五年一月一九日。

(100)『中央日報』一九四四年四月一九日。
(101)『僑務二十五年』三二頁。
(102)『僑務十五年』一三～一四頁。『僑務二十五年』三一～三三頁など。
(103)四六年四月行政院が僑務委員会、教育部、外交部を召集し、「華僑教育職権画分弁法」が制定され、①海外の華僑教育・文化面は僑務委員会が主管、教育部と外交部は協力、②国内のそれは教育部が主管、僑務委員会が協力、③僑務委員会が海外の華僑教育・文化面の行政権を行使する時、大使館・領事館を指導して実施させる。④海外華僑の教育・文化予算は一律僑務委員会の支出項目に編入され、その計画は僑務委員会が実施する。このように、抗戦勝利後、僑務委員会は海外での華僑に関する事項の主管機構としての位置を確かなものとした。他方、外交部は華僑業務から大きく後退したようにもみえるが、国家間の対外交渉などの重要事項に集中できるようになったと考えられる。
(104)『中華民国重要史料初編―対日抗戦時期　第六編　傀儡組織（三）』中国国民党中央委員会党史委員会、一九八一年、五五～六一頁。
(105)「滬華僑連合会理事李福林等通電斥汪」『中央日報』一九三九年一二月六日。
(106)前掲『中華民国重要史料初編―対日抗戦時期　第六編　傀儡組織（三）』一一二～一一四頁。
(107)『中央日報』一九四一年二月九日。
(108)前掲『中華民国重要史料初編―対日抗戦時期　第六編　傀儡組織（三）』一一四～一一五頁。
(109)「海外党務―陳委員樹人在中枢紀念週報告―」『中央日報』一九四〇年四月二四日。
(110)『僑務二十五年』二九頁。
(111)「蔣委員長勗勉海外僑胞努力協助友邦作戦」『中央日報』一九四一年一二月一二日。
(112)「馬来亜総支部激励僑胞」『中央日報』一九四一年一二月二三日。
(113)『僑務二十五年』二八～二九頁。
(114)周啓剛「十年従事僑務之自我批評」『中央日報』一九四二年四月一六日。

(115)『中央日報』一九四三年一〇月二四日。

(116)『中央日報』一九四五年三月一八日。

(117) 劉維熾「抗戦以来海外工作的回顧与前瞻」『中央日報七七増刊』一九四三年七月七日。

第四章　日本軍占領前後までの南洋華僑の動態と抗日活動

――英領マラヤ、シンガポールを中心に――

はじめに

本章では、世界華僑の中で圧倒的な勢力を有する南洋華僑、その中でも核心といえる英領マラヤ、シンガポールに焦点を当て、日本軍占領前後までの重慶国民政府と華僑の関係、および華僑の動態を解明する。いわば抗日戦争時期（以下、抗戦期）における重慶国民政府と南洋華僑の関係は看過できない重要テーマであるため、[1] 中国で幾つか専著が発表されている。これらは、①旧来からの観点で、毛沢東の「海外華僑は全民抗戦の一つの重要力量」（「論連合政府」）を引用しながら、南洋華僑の抗日救亡運動に全面的に高い評価を与える一方、国民党については党勢拡大と愛国進歩華僑への圧迫という否定的観点から書かれたもの、[2] ②「中華民族の高度な団結」による「愛国運動」の一環として位置づけ、抗日運動や物的支援など抗日側面のみを強調したもの、[3] ③国民政府の華僑政策を高く評価し、抗日戦争開始後、僑務委員会、海外党部などの活発な活動により中国の政治、経済と密接となり、一体化し、華僑も積極的に中国抗戦に貢献したとし、限界への言及がないものなどに大別される。[4] これらの共通性は「中華民族」としての華僑の抗日運動への高評価と華僑の団結を強調している点にあり、差異は国民政府、国民党の評価問題である。私も②③と同様、大筋として国民政府の華僑政策、および華僑の抗日運動や物的支援の歴史的意義を高く評価する立場に立つが、これだけでは当時の華僑のビビッドな実態を解明できず、歴史を一面的で平板化してしまう危険性がある。そこで、本章では南洋華僑の意義のみならず、矛盾、限界にも焦点を当て、国民政府と華僑との矛盾対立、僑務委員会の役割と華僑の不満、華僑内対立と協調、英国植民地政府との矛盾と融合[5]、民族意識の養成を目的とした華僑教育などの全面的解明をおこなう。換言すれば、抗戦期の国民政府と南洋華僑の状況を多角的視点から構造的に分析するために、具体的には華僑の特質を明らかにしながら、歴史開拓的に蔣介石支援の署名運動、援英運動、および華僑労資間の争議などにもアプローチする。

では、①第三勢力としての華僑、②南洋華僑の抗日献金と義勇軍、③南洋華僑の抗日活動と対日ボイコット、④南洋華僑の日本・南京傀儡政権との闘争、⑤英国植民地政府との矛盾と援英運動、⑥南洋華僑の労働争議の実態と特徴、⑦戦時華僑教育について、実証的に順次論じていきたい。なお、本章は、主要に三七年七月中国抗日戦争の開始から四一、四二年南洋各地が日本軍に占領される前後までに焦点を絞っている（日本軍占領後の南洋華僑については、すでに上梓した拙著『戦争と華僑』汲古書院、二〇一一年の第四章「『大東亜共栄圏』下における南洋華僑の『媚日』と抗日」、および第五章第三節「『大東亜共栄圏』下における南洋華僑学校教育」を参照されたい）。なお、主要史料としては台湾の党史委員会所蔵檔案、および重要史料にもかかわらず、抗戦期では僅かにしか使われてこなかった陳嘉庚系の『南洋商報』[6]を本格的に用い、胡文虎系の『星洲日報』[7]を補強史料とする。

一　海外第三勢力としての華僑

南洋華僑はいかなる特徴、本質を有していたか。一九三七年盧溝橋事件（七・七事変）直前、南洋には国民党海外支部、直属支部は計一一一、分部、直属区分部は計四八六の総計五九七に上り、党員も六万四〇〇〇人を越え、あらゆる階層の指導者を網羅しているとされる[8]。かくして、国民党は華僑と密接な関係にあり、一定以上の支持基盤を有していたとみなせる。とはいえ、南洋華僑を「七一三万〇七〇一人」（後述の表4―1の英領マラヤ～フィリピンまでの合計）とすると国民党員は僅か〇・八％を占めるに過ぎない。また華僑青年の組織化にも奔走していた。すなわち、中国で三民主義青年団（以下、三青団と略称）の組織化が、三八年五月二九日武昌開催の国民党臨時全国代表大会で決定され、七月九日中央団部が成立し、中央臨時幹事会が設置された。これは①地方、②学校、③辺疆（チベットなど）、④海外の四つに分かれるが、海外は当然華僑を対象とした。すなわち、三青団は海外進出を目指し、慰問のみならず、団・部の基礎樹立を目的とした。四〇年一月から南洋中心に組織化し、英領マラヤ、「蘭印」、ビルマ、タイ、ベトナム、さらに香港、マカオに直属区団部、あるいは団務籌備委員を設置し、続いて米大陸には米東部、米中部、米西部に三地域に分けられて三直属団部が設けられ、カナダには団務籌備員、および重要地区に通訊員が置かれた。組織化は順調に発展したが、太平洋戦争後、南洋各地が相継いで陥落し、多数の団員は潜伏せざるを得なかった。そこで、広州湾付近に直属区団部、ベトナム（仏領インドシナ）国境に団務籌備員を置き、海外団務を継続して推進する拠点とし、かつ連絡の中枢とした。四二年一二月段階で海外区団一三、分団一二、区隊二三、分隊八四で、海外団員は一九〇〇余人とする。[9] このように、国民党の青年組織である三青団も一定の基盤を華僑青年の中に有しているようにみえるが、海外団員は僅か一九〇〇余人に過ぎない。順調に発展していると称されることが多いが、国民党の党勢拡大は頭打ちになっているようにもみえる。

ここで、まず押さえておくべきことは、華僑は中国共産党（以下、中共）を敵視しておらず、各政治勢力のバランスを考え、国共分裂を最も恐れていたことである。例えば、南洋商報記者が三七年一二月一〇日から延安に四日間逗留して毛沢東らにインタビューをしている。この時、毛は、抗戦以来の大問題として全国人民を未だ動員できないことにあり、今後、独立自主の運動戦によって敵を殲滅するのがよいと述べた。また、八路軍将兵は一致して蔣委員長を擁護して最後まで抗戦すると主張していると好意的に紹介し、[10] 大衆動員に問題が残るとしても、中共も蔣を頂点とすることに異論なく、国共間に矛盾がないことを強調しているようにみえる。また、後の四〇年一二月陳嘉庚は華僑が最大関心を寄せている問題として「国共問題」をとりあげ、陳自身が延安を訪問した時、中共はすでに共産政策を放棄しており、他地方と何ら変わることはないといい、人民は商売もできるし、「土地（売買?）の自由」も有しており、三民主義に基づいて事をおこなっている。現在、全軍民は均しく抗戦している。蔣委員長がいう通り決して内戦の危機にはないので安心してほしいと説明している[11]。

では、華僑はいかなる思想、行動形態を有していたのであろうか。さらに追究してみたい。三七年一二月クアラルンプール華僑指導者の曹堯輝、洪進聡、丘満らは国民政府主席林森、委員長蔣介石に次のように建議した。すなわち、将兵の忠勇壮絶、軍事領袖の戦略の堅実さに感服し、抗戦を最後までおこない、中途で妥協しないという最高国策を華僑は誠意をもって擁護する。しかし、抗戦以降、軍事上、消耗戦によってかなりの成果をあげたとはいえ、すでに五、六の重要省都を失った。原因は種々あるが、妥協分子を未だ粛清できず、民衆運動も未だ開放しないことも原因で、これでは全国総動員という最終目的を達成できないと苦言を呈した[12]。このように、対日妥協に反対し、蔣介石を支持しながらも、首都南京などの陥落はやはり問題であるといい、民衆運動の開放を強く主張した。

三七年一二月二〇日『南洋商報』も、民意の表現としてシンガポール華僑各界抗敵後援会の国事に対する主張を掲載した。その内容は以下の通り。亡国奴となることを願わない全マラヤ華僑は「我政府」（中国国民政府）の後盾となり、最後まで抗戦することを誓う。抗敵後援会は「我政府」の抗戦方針に基づき、全マラヤ華僑抗日救亡の新戦線を樹立し、積極的に物資の募集と公債販売などの工作をおこない、「銭ある者は銭を出し」、「力ある者は力を出し」、国を救い、「種族」を救い、自己を救う責任を負う。上海、南京が前後して陥落したことに、華僑は悲憤にかられているが、終始、蔣委員長の偉大な抗戦主張を断固として擁護し、中華民族は「抗戦すれば生」、「妥協すれば死」の信念を持ち、最後の勝利を勝ち取る。このため、蔣介石と中央当局に対して以下のことを希望する。①ソ連とさらに一歩進めた互助条約を締結し、かつ英米仏と友誼関係を樹立する、②徹底した民主政治を実現し、和平統一を強固にし、一切の政治犯を釈放するとともに、民衆の救亡運動に絶対的自由を与える、③早日、国防会議を開催し、各党各派の才能ある人士を集中して共に国難に赴き、妥協親日派、売国漢奸を処罰する、④労働者、農民の生活を改善し、全民を武装して断固として抗戦を最後までおこなう、⑤中央政府（国民政府）は南洋各地の領事、特派外交専門員を促し、各植民地政府と意思を疎通させ、華僑救国運動を開放し、それに絶対的自由を与え、海外華僑に充分な力を発揮させ、抗戦支援の巨大勢力とし、中華民族の独立と自由を勝ち取る。(13) このように、献金を呼びかけるとともに、その前提として民主政治、政治犯の釈放、民衆運動の開放、各党各派の有力人士の国防会議など、やはり中国第三勢力と同様な主張を繰り広げるが、特にソ連との提携強化、労働者、農民の生活改善などは孫文の三大政策（連ソ・容共・農工扶助）、および第三党の影響を強く受けている可能性を示唆する。

抗日民族統一戦線を支持し、国民政府に抗日と民主を要求する多くの華僑の姿勢は一貫している。幾つかの例をあげておきたい。

第一に、三九年一二月広東省恵州出身者の華僑救郷会第三次代表大会が循人学校講堂（所在地不明）で開催されたが、国民政府に憲政運動の擁護、民主政治の実行、妥協投降路線に反対と通告するとした。(14)

第二に、四一年九月二〇日英領マラヤのパナン七区州華僑代表大会が開催され、主席が中国国内が団結一致し、民主を実行し、貪官汚吏を排除し、反攻力量の増強を望むとし、かつ祖国中国のみならず、英領マラヤ植民地政府を支援すべきと訴えた。また、各区代表は「団結禦侮」を努めて推進すると演説している。(15)

第三に、『南洋商報』（一九四一年一月一四日）の「社論・民主団結乎？　独裁反共乎？」は以下のように主張する。F・ローズベルト米大統領が「民主国家援助、独裁国家反対」を打ち出して以来、「民主」と「独裁」がますます明確となった。中国は民主国家であろうか。いうまでもなく民主国家であらねばならない。なぜなら、中国は民有、民治、民享を実施する三民主義国家だからである。孫文の民権主義とは民主主義であり、英米よりも一歩進んだ革命的民主主義である。最近、第十八集団軍（八路軍）と新四軍が移駐問題で、（国民政府軍と対立して）国内団結の新たな危機を生じさせた。ある人々は、これは単純な軍令問題で、「国共摩擦」ではないと考えている。その根拠は、訓政時期、政権は国民党に属すが、その他の政党、例えば中共、中国青年党、国家社会党の存在は許されている。そうでなければ、独伊日の独裁政治と少しも変わらなくなるのではないか。本日蔣委員長は上海の『大美晩報』アメリカ記者との談話で、①中国は決して枢軸国家に傾斜せず、民主国家と運命を共にする、②国共関係については、日本がいかなる宣伝をしようが、抗戦を最後までおこない、決して分裂しない、③抗戦勝利後、中国は自由な民主的新憲法を実施する、④多党制を採用し、一党制を採用しないと述べている。すなわち、中国は「民主・団結・各党各派合作の道」を採り、決して「独裁・反共・一党独裁の道」は採らないと述べている。これは蔣の一貫した主張であり、すでに三七年八月中共も三民主義擁護、暴動政策の取消を打ち出し、これを蔣は歓迎し、三八年四月中国青年党、国家社会党も団結合作、「共に国難に赴く」として蔣に承認された。かくして戦時臨時民意機関で、各党各派が団結する国民参政会の設立が決定されたのである。このように、蔣はずっと在野政党との合作抗日を主張しており、中共を非合法組織として両党間の摩擦を増大させ、国共分裂を誘発することは、蔣の最も避けたいことなのである。ところが、「中国抗日会駐マラヤ総部」なる組織から、第十八集団軍と新四軍を誹謗した油印のビラが各所に送付された。その目的は国共間の悪感情を挑発し、華僑を惑わし、正当な世論を破壊することにある。敵、漢奸のビラならば、問題にする必要はないが、そうでなければ認識の誤謬は人心を寒からしめる。『南洋商報』はずっと無党無派の立場で団結抗戦を主張し、投降・分裂に反対し、国民政府、蔣委員長を擁護している。「民主団結すれば生、反共分裂は滅亡」である、とする。(16)

この「社論」から、新四軍事件は華僑を動揺させ、蔣のやり方に疑問を持ち、統一戦線が分裂するのではないかとの危惧を抱く者も多かったことがわかる。それ故、『南洋商報』はその動揺を抑えるためにも「社論」を掲げ、民主が不十分なことに不満を感じながらも、蔣支持を明確にし、蔣自身、統一戦線を分裂させる意志がないと強調せざるを得なかった。そして、「社論」は明確に「反共団結」ではなく、孫文の三大政策の延長線上にある「容共団結」を打ち出している。

『南洋商報晩版』の「時論」によれば、華僑の絶対多数は「無党無派」とする。「時論」は、陳嘉庚が各地の歓迎会で、華僑の立場を常に「無党無派」と説明する事実をもち出し、華僑は最も早期に革命を援助したが、正式な入党者は決して多くなかったと指摘する。当然、所在国の制限もあり、党派活動に参加する者は非常に少ない。華僑はただ祖国が強大となり、華僑の国際的地位が高まり、在地国で事業が順調に発展することを望んでいるだけである。現在、華僑は国民政府と蔣委員長を擁護し、団結抗戦し、民主国家を建設しようと考えている。このように、華僑は民族、国家の利益を前提とし、「民族至上」、「国家至上」を最高原則として遵守するいかなる党派をも一律に擁護する。国民党指導の「抗戦建国」をもとより支持しており、中共が三民主義を信奉して国民政府に服従していることを、我々は疑ってはいない。日本による侵略状況下で、「団結すれば生、分裂は滅亡」である。漢奸、汪派以外、中国人は全て団結しなければならない(17)、と。

周熊も「関於華僑無党無派」で、華僑の「無党無派」スローガンは自ら党派党争の渦に巻き込まれず、断固として団結し、民主によって抗戦力を強固に発展させることを最高原則として生まれたという。換言すれば、華僑の「無党無派」の立場は完全に民族、国家を愛し、抗戦勝利を勝ち取るためのものであり、民主実現の出発点でもある。そして、自らを戦闘的陣営に立たせ、抗日各党派の合作を擁護することで、某一党派に忠誠を尽くすことではない。かくして、中国内の党派摩擦の拡大を防ぐと同時に、党派摩擦の南洋への侵入を防ぐ。その要求は、現実の闘争を基礎に、特殊な情勢下で必然的に発生したものといえる。今日、「無党無派」の立場は大多数の華僑にとって切迫した要求になっており、いかなる人も阻止したり、破壊したりできない[18]、と。

中国第三勢力は、民族資本家などを指導勢力として各階層の団結・連合戦線をスローガンに掲げ、また対外ボイコットなどを武器に脆弱な生産基盤の拡充と商品販売の拡大を期し、対日を中核とする反帝闘争の急先鋒に立った[19]。民族間の矛盾対立もある他国に在住し、資本家や商人なども多い華僑の場合も、彼らが指導勢力を形成し、同様な思考・行動形態をとり、同様な特質を有していた。それ故、国共両党の支持を受け、抗戦経済の確立を目指した第三勢力指導の中国工業合作運動を極めて高く評価し、物心両面からの熱烈な支援をおこなったことは、必然的なことであったといえよう[20]。

ところで、一九四一年六月一四日『南洋商報』は「七・七事変四周年」を記念して、蔣介石支援の「七・七簽名(署名)運動」を発起した。すなわち、抗戦はすでに四年に至り、情勢は変化した。日本、漢奸は継続してデマを流している。中国内の汚職はなくならず、政治は改善されていない。その上、安徽省南部では不幸な事件(新四軍事件)が発生し、華僑社会は①消沈、②憤激、③積極的に団結して抗戦しようという三種に分かれた。とはいえ、華僑の絶対多数が依然として抗戦を最後までおこない、団結・民主を擁護している。問題は「熱烈さ」を十分に示せないことにある。投降・妥協・分裂分子は少数で、力も弱いが、破壊作用をもっている。そこで、最大多数の華僑を発動し、党派、幇派、階層、老若男女を分かたず、一致して抗戦擁護、団結・民主擁護を示せば、抗日情緒は再び高まり、敵、漢奸のデマに致命的打撃を加えることができる。具体的には①「抗戦を最後までおこなう」、「中途の妥協は滅亡」との主張を堅持する蔣委員長を最高領袖、中国の団結と抗戦の偉大な象徴とする。②海外華僑は前線兵士、および後方と陥落区の同胞を一時も忘れず、心を祖国に置き、最後まで抗戦を堅持し、決して民族敵と何らの妥協もしない。③全マラヤ華僑を広範に参加させるため、最も簡単な方法である署名運動とする。『南洋商報』がまずマラヤ各派各界の華僑に呼びかけ、「七・七簽名運動」を実施し、広範な華僑動員を期す。これにより華僑の抗戦情緒を高め、海外の「抗戦長城」を強固にし、華僑社会の国民精神総動員の一助としたい、と。[21]

六月一六日『南洋商報』は再び「社論」で、運動発起の理由を以下のように説明した。日本は中国政治を分裂させることには終始失敗しているけれども、四年来、中国の政治進歩もまだ不十分で、民主政治も実施されず、民衆運動も開放されない。汚職は駆除できず、民権は伸張せず、物価も安定せず、民生も改善できない。「一つの党、一つの主義のファッシズム独裁政治」は、『抗戦建国綱領』とも蔣介石の訓示とも相容れない。華僑の信念は「抗戦到底、政治民主、擁護団結、粛清漢奸」の一六文字に集約される。[22]この精神で運動を推進するというのである。そして、『南洋商報』は、全マラヤ国民党、および「無党無派」の華僑が本主張に同意してくれると信じていると書いた。なぜなら領袖蔣委員長、国民政府の擁護し、抗戦、団結の擁護が全国各党各派、無党無派の共同主張だからである。全マラヤの華僑の錫鉱山主、ゴム園主、金融家、および一切の巨商、実業家は賛助してくれると信じている。なぜならマラヤの富裕な華僑は民族意識が強固で、南洋の救国運動の中堅である。各業華工、および一切の肉体華僑労働者もこの運動を必ず推進してくれると信じている。マラヤの華工は高度な愛国心を有し、普遍的に合法組織を持ち、最も妥協に反対し、団結を堅持するからである。全マラヤの教師、学生、書記、店員、および一切の市民は喜んで同意し、推進に骨を折ってくれるに相違ない。彼らは華僑救国運動の中で往々にして最も有力な発動分子だからだ。子供も老人も参加する。全マラヤの各団体、各学校、各公司、各鉱山、各ゴム園、各工場、各家庭、そして大衆のいる隅々まで熱心に署名運動を展開しよう、[23]と呼びかけた。

「運動弁法」によると、署名期間は六月一六日から「七・七」の前日である七月六日までである。いかなる人でも署名（中国語、英語共に可）でき、マラヤ以外の外国籍華僑に対しても自発的な署名は拒絶しない。署名は自筆で一人一回限りであり、姓名、職業、住所を書き、職業欄には「農」、「工」、「商」、「教育」、「学生」、「家庭婦女」と書く。姓名は『南洋商報』に掲載する。[24]ただし、住所などは後に日本軍に利用された可能性が高い。ともあれ、第一日目だけで署名者は一五〇七人と上々の滑り出しであった。農工商学各界も熱烈に呼応したように見受けられる。献金と異なり、貧窮者でも参加できた。陳嘉庚ら閩南幇系統は当然のこととして、シンガポール中華総商会会長の連瀛洲、および潮州幇の陳振賢、李偉南、林忠邦ら、三江幇では三江会館総理楊纘華、王相賢、瓊幇（海南島）符致逢が華僑巨頭として積極的に動いているようである。(25) ただし、胡文虎ら客家系が動かなかった可能性が強い。とはいえ、署名運動は当然、日本、傀儡に蒋介石中心に華僑の団結を示す効果があるが、蒋に真っ正面に向けた運動であり、強く蒋を励ますと同時に、「抗日」と「民主」の両側面で蒋に圧力をかけ、かなりのインパクトを与えたことは間違いないであろう。そして、国共分裂を是が非でも阻止しようとする華僑の強い意思が感じられる。

華僑は政治を含めて中国の状況をかなり熟知していた。例えば、南僑総会による「慰労団」創設があげられよう。その目的は、一方では全南洋華僑を代表して各省の軍民を心から慰労するとともに、全南洋華僑に祖国抗戦を最後まで擁護することを明白に示すことにあったが、他方では、祖国の戦時各方面の状況を詳細、正確、系統的に報告する任務をおびていた。「慰労団」はすでに組織化を進めており、二一省を六方面に分かれて視察し、四〇年三月初旬には日程を終えるとした。六方面とは「北路」は山西、綏遠、河北、「東路」は河南、山東、江蘇、「南路」は湖南、江西、広東、福建、「中路」は湖北、安徽、浙江、「西北路」は陝西、寧夏、甘粛、新疆、「西南路」は四川、雲南、貴州、広西であり、重慶国民政府の支配区のほとんどを網羅する。「慰労団」には各属区会から一～数人を代表として出す。視察内容は①主要農作物と政府統制の有無。罌粟栽培は根絶されているのか。②鉱産物開発の状況。③各種機械工場、手工業の生産品目。④日本品などは一掃されているのか。民衆のボイコット運動の状況。外国品の販路。⑤省都と各県の交通の状況。運搬手段は自動車か人力、牛馬か。⑥文化状況。大中小学校の状況と日本軍爆撃による被害状況。⑦行政官、紳士の態度とそれに対する民衆の批判内容。⑧会党、土匪の感化状況。⑨正規軍の規律、遊撃隊の成果、軍民合作状況などであった。(26) このように、華僑の関心は広範囲に及び、中国の状況を総合的、かつ的確に理解するための真剣な内容で、国民政府自体を調査対象としていないとはいえ、例えば⑦⑨は国民政府の政治、軍事状況を底辺部から具体的に観察するものといえよう。換言すれば、これを基に華僑の対応を模索するものであった。

もちろん重慶国民政府、国民党側はこれら「慰労団」を含めて華僑訪中団を熱烈に歓迎した。例えば、三九年一二月ビルマ華僑訪華団に対して、中緬文化協会の成立大会では国民党大幹部朱家驊、陳銘枢、洪蘭友、谷正綱、潘公展らを含む計一〇四人の参加の下、重慶で盛大に挙行された。さらに訪華団は昆明でも大歓迎を受け、「護国軍起義二四周年記念日」祭典では省主席龍雲が主祭で、陳立夫が起義の意義を講演した。それに対して、訪問団長宇巴倫は「ビルマ華僑四万人は中国人民と家庭の骨肉のようなもので、感情は十分に融合している」と挨拶し、蔣介石らの指導する中国抗戦は東西永久和平の礎を築くものとして高く評価した[27]。

しかし、華僑の国民党一党独裁や汚職への怒りは留まることがなかった。陳嘉庚は孫文遺嘱「余は国民革命に尽力することおよそ四〇年、その目的は中国の自由、平等を求めることにあり」を引用し、それはまだ達成されていないとする。蔣介石の下でアヘンはほぼ厳禁されたことを評価しながらも、「党化」の民族への害は極まりないとし、民主政治を宣揚し、一党独裁を厳しく攻撃した[28]。さらに、『南洋商報』は『大公報』（一九四一年四月二三日）の「社論」を転用し、南洋華僑が祖国防衛の「海外長城」となっているし、それを望んでいるとしながらも、抗戦以来、中国政治の進歩は軍事に及ばず、とりわけ汚職は一掃できず、地方の庶政も多くは今一歩進展できないでおり、人々に心痛を感じさせている。華僑を含めて国民政府に進歩、政治の健全さを要求し、「抗戦建国」の偉業完成を促す権利をもっている[29]、と強調した。

二　南洋華僑の抗日献金と義勇軍

表4―1は世界華僑人口であるが、各地域の人口流動が激しかった抗戦期の一九三七～四六年と期間が長く、不完全ではあるが、困難な中で僑務委員会が各大使館と現地政府の報告を基に公表した統計数字であり、主な傾向は読みとれる。これによると、世界華僑人口は八七〇万〇八〇四人で、内、アジアは実に八三五万七六七三人（96.1%）を占める。その内、南洋は圧倒的に多く、タイ二五〇万人（世界華僑の28.7%）、英領マラヤ（シンガポールを含む）二三五万八三三五人（27.1%）、「蘭印」一三四万四八〇九人（15.5%）と突出しており、その他、ベトナム四六万二四六六人（5.3%）、ビルマ一九万三五九四人（2.2%）、フィリピン一一万七四六三人（1.4%）であった。

一九三六年二月シンガポール華僑は各界救国連合会を成立させ、国民党五届三中全会に「剿共、および一切の内戦停止、国防政府の組織化、政治犯の釈放」を打電することを採択した。この後、陳嘉庚の発起によりシンガポール華僑籌賑会が成立した。同月フィリピンの華僑労働界は反日代表大会を開催し、「抗日統一戦線の樹立、続いて各界各党派代表の参加する民族武装自衛会の設立」を主張した。さらに、三月ビルマ華僑も各界救亡連合会を成立させ、「党派、宗教、男女、老若を分かたぬ」民族連合戦線の樹立を主張した。(30) このように、この時期すでに抵抗基盤が形成されていた。

ところで、三八年二月一日には、国際和平運動協会の会議がロンドンで開催され、中国抗戦擁護を決定し、日本制圧の具体的段取りを討論することになった。中国からは宋慶齢、孫科、陳銘枢らが代表として参加している。それに先だって一月に僑務委員会は世界の華僑にこれを宣伝するよう通電した。また、中国国民外交協会（三八年漢口で成立。主席は陳立夫で国民外交と国際宣伝をおこなう組織）は二月六日以降を侵略抵抗宣伝週とすることを決定し、海外の華僑各団体に宣伝に努力するように打電した。このように、抗日宣伝における華僑の役割は極めて重視され始めたのである。華僑自身、対外宣伝は「全世界人民の共鳴と和平戦線に属する国家の支援を勝ち取る」ために重要との認識をもち始めた。こうして、シンガポールでは華僑国際和平運動擁護宣伝委員会が二月九日から一週間を宣伝週と決め、連

表４―１　世界華僑人口統計（1937-1946）

	地域名	人　口(人)
アジア		8,357,673
	英領マラヤ	2,358,335
	タ　イ（シャム）	2,500,000
	ベトナム	462,466
	ビルマ	193,594
	サワラク	86,000
	英領ボルネオ	68,034
	「蘭印」	1,344,809
	フィリピン	117,463
	香　港	923,584
	マカオ	157,175
	インド	17,314
	トルコ	7,000
	メッカ	6,100
	日　本	18,811
	朝　鮮	27,796
	台　湾	59,692
	その他	9,500
大洋州		63,835
	オーストラリア	17,000
	ニュージーランド	3,400
	ハワイ諸島	29,237
	その他	14,198
アフリカ		14,893
	南アフリカ	4,000
	インド洋諸島	10,329
	その他	564
欧州		55,364
	イギリス	2,546
	ソ　連	29,620
	デンマーク	900
	ドイツ	300
	イタリア	500
	その他	21,498
米州		209,039
	アメリカ	80,613
	カナダ	46,000
	メキシコ	12,500
	ニカラグア	1,500
	パナマ	2,000
	キューバ	32,000
	英領ジャマイカ	8,000
	ペルー	10,915
	チ　リ	1,500
	ベネズエラ	1,500
	ガイアナ	2,300
	その他	10,211
総計		8,700,804

出典：僑務委員会編『僑務十五年』1947年、26～27頁から作成。なお、マラヤにはシンガポールが包括され、また、インド洋諸島はマダガスカル、モーリシャスなどを指すものと見なせる。欧州では、フランスの統計数字が明らかでなく、また、ドイツ、イタリアの華僑人口があまりに少ないのは戦争末期、もしくは戦争直後の統計数字と推測される。

日、各遊芸場や戯院では、華僑団体代表、南華女学校学生などが国際和平会議の意義、および東方ファッショ国家・日本の中国侵略、暴挙について講演、「義勇軍行進曲」などを合唱した。各小学校児童も侵略反対の漫画一〇〇〇枚を書き上げ、各遊芸場、戯院、コーヒー店、および交通要所に貼り出した。[31]また、クアラルンプールのセランガー中華総商会も各地商会に呼びかけ、「マラヤ中華商会連合会」の名義で和平運動協会に支持電報を打った。このように、華僑の抗日意識は高まっていった。

三八年一月一六日広州で帰国華僑の余俊賢（省市国民党部特派員）、謝英伯らは、華僑を含めた全国民抗戦との考えから「帰国華僑抗敵後援会」を組織し、広東省国民党部で成立大会を開催した。そして、①国家・民族利益の擁護、②三民主義の擁護、③国民政府の擁護、④領袖擁護を宣言した。その任務は、とりあえず技能ある華僑の帰国斡旋、献金募集であるが、将来は分会を中国内外に設け、抗戦への華僑全体動員を指導するとした。[32]また、ビルマ華僑は日本軍と直接戦うために「帰国華僑抗日義勇軍」を連合組織した。第一派三〇人がすでに総領隊張史俊に率いられて香港に至り、戦地工作の準備として救護訓練を要求し、すでに第四路軍訓練班で訓練を受けている。第二派五〇名、第三派四〇名も帰国後、それぞれ国民政府に前線服務を要求するという。[33]

こうした状況に対して、中央宣伝部は困惑を隠しきれない。すなわち、海外華僑が義勇軍などを組織して自発的に帰国する愛国熱情は敬服するが、人力、財力の損失に繋がるだけで効果が少なく、国民政府が帰国服務を求めている科学者、飛行員、医師など以外、特殊技能も専門技術もない多くの華僑は一時の興奮で軽率に帰国すべきではなく、最も有効な「救国」の道は献金、日本品ボイコット、抗日宣伝などにあると戒める。[34]このように、国民政府にとって華僑義勇軍は重荷になっていた。また、『南洋商報』の「社論」も、本来「全国民皆兵」であり、華僑も帰国して兵となる可能性があるとしながらも、日本の如く人口が少なく兵源の少ない国家と、中国は同一には論じられないという。抗戦後、海外華僑の「愛国志士」は次々と帰国して命令を待っているが、中国軍政当局は軍事専門人材以外は海外で仕事に従事し、物力で救国に努めるようにいっている。全面抗戦においては財力は人力とともに重要で、軍事物資の供給はとりわけ緊急で、救国国債の購入、賑済などの面で貢献すべきと諌める。(35)

だが、むしろ帰国を要請されている熟練医師は英領マラヤでの応募は少なかった。熟練医師は保身に傾き、安定した生活を捨て、危険な戦地に赴くことを願わなかった。致し方なく、マラヤ・シンガポールでは若い医科学校卒業生に呼びかけた。なぜなら、例えばエドワード七世医科学院の卒業生は非常に多いが、その一部が植民地政府から適当な職を与えられず、苦しんでいたからである。(36)その他、正確な数は不明であるが、看護婦も自願により送り込まれている。

ところで、三八年五月廈門の陥落後、陳嘉庚や中華総商会に次々と緊急電報が寄せられた。福建省の抗敵後援会からは、福建全省が危険な状態にあり、各属華僑は一致して中央増援を請う、鼓浪嶼には廈門難民六万人余が流入などの緊急連絡が入った。(37)このニュースは、英領マラヤの福建系華僑に大きな衝撃を与え、福建防衛と祖国抗戦への支援強化が主張された。そして、連日、「愛国愛郷」の熱情から「救郷」計画が相談され、全マラヤ福建系華僑の組織統一のため、福建系華僑団体に福建会館での会議が提起された。これに対し、フィリピンの李清泉は電報で、三八年六月香港でフィリピンの福建系華僑代表会議を開催するが、これにマラヤ華僑も合流し、福建省南部の交通、食料、為替、救済の諸問題の討論に参加することを建議した。これにシンガポールの福建系華僑各界の多くが賛同し、(38)フィリピン、マラヤ双方の福建系華僑の連携は強化された。また、元廈門大学校長の林文慶博士は廈門難民救済を談じ、海外華僑は米糧、薬品、古着の送付、および献金を訴えている。(39)

福建系華僑の団結は南洋華僑全体の統一への趨勢を促した。三八年夏、インドネシア華僑領袖荘西言、フィリピン華僑領袖李清泉は、陳嘉庚に南洋華僑の救国運動の統一を提案した。その結果、一〇月シンガポールで大会が開催された。英領マラヤ、シャム（タイ）、フィリピン、インドネシア、ビルマ、ベトナムの華僑代表一七六人が参加し、

「南洋華僑籌賑祖国難民総会」（以下、南僑総会と略称）の設立を決定した。その大綱で「救亡工作の計画、実行」、祖国難民への献金、「資金を集め、祖国実業を発展させる」などを宗旨とし、かつ会員は団体を単位とした。かくして、南洋各地の籌賑会八〇余も、南僑総会の指導下に入り、組織的に献金などを集め中国抗戦に貢献したのである。マラヤの献金だけで約一九五七万元、公債購入を含めると三二四四万元余に達していた(40)。同様に、タイ、フィリピンなどでも多額の献金が集められた。とはいえ、献金が全て順調に集められたわけではなく、一部には中国に「シンガポールの徴税を許容するものだ(41)」、との不満も存在しないわけではなかった。なお、献金などのみならず、華僑は抗戦勃発から四〇年一〇月までに飛行機二一七機、戦闘車両二七台、救護車一〇〇〇余台など、約一億六〇〇〇万ドルに相当する物資を送り込んでいる(42)。

三八年一〇月南僑大会に参加したフィリピン華僑代表の陳三多（マニラ中華商会常務委員）と王泉笙（同中央委員）が講演した。陳はフィリピン華僑一〇余万人の抗戦一年以来の献金総額は一三〇〇余万元に上る。マラヤ華僑人口はフィリピンの一〇余倍あり、献金も一〇余倍を出すことを望むといい、さらに「国が滅びて何をかあらんや」として、英、蘭、仏各植民地の華僑が各自力を尽くせば、中国は最後の勝利を必ず勝ち取れると信じるとし、王は「兵が死を恐れず、民は財を惜しまず」、中国が勝利すれば、華僑の地位も必ず高まると鼓舞した(43)。

三八年一〇月武漢が陥落し、西南援蔣ルートの整備が緊急な課題として浮上した。南僑総会は軍事委員会西南運輸処の要請を受けて、三九年一年間に英領マラヤで帰国服務の華僑機械工三〇〇〇人を九回に分けて募集し、それぞれ組織的に帰国させた。主要任務は四ヵ月軍事訓練を受けた後、ビルマルートで運輸工作をおこなうことにあった。華僑の機械工二一七三人、熟練運転手六一〇人、運転練習生一一五四人の総計三九三七人で、「技術戦士」と称された(44)。それに先だってシャムでも同様な動きがあった。三八年シャム華僑機械工帰国服務団（代表馮裕鐘）一行四六人が桂林に来て当局に謁見し、「救国」のために短期訓練を要求した。そこで、桂林行営主任白崇禧は広西の幹部学校に訓練を命じた。目標は華僑に民族危機、三民主義、および華僑と「抗戦建国」の関係を理解させることにあり、訓練内容は軍事・学術科目、政治科目、小組会議、課外活動などで、一日八時間、期間一ヵ月とした[45]。

三九年九月には、宋美齢から陳嘉庚に対して、華僑団体、各界華僑が戦区将兵防寒服の寄付募集をしてほしいとの要請があった。かくして、陳嘉庚は綿入れ一着三シンガポールドルの見積もりで三〇万着を集めることとし、南僑総会が推進することとなった。華僑人口比に基づいたものと推測されるが、分担は以下の通り。英領マラヤ（シンガポールを含む）一二万着、「蘭印」六万着、フィリピン四万着、英領ボルネオ、タイ、香港各二万着、ビルマ、安南（ベトナム）各一万着である。南僑総会の通告以後、一〇月初旬から各地で学校、労働団体、華商、マスコミ界に至るまで呼応し、異なる方式で予定をオーバーして達成されたとする[46]。このように、南僑総会は香港との関係が密接なばかりか、影響力を有し、香港も分担に加えている。

ここで、看過できないのが医薬品支援である。三九年一二月中国回教総会（理事長白崇禧）の南洋訪問団（団長馬天英）が三ヵ月の予定でシンガポール、英領マラヤを訪れ、華僑、マレイ人回教徒の注目するところとなった。任務の一つは海外の各国籍回教徒と連絡をとり、中国の抗戦情況を知らせ、日本が「漢・回両民族に亀裂を入れるため、回民救済のために戦っている」という歪曲した宣伝に打撃を加えるためとする。訪問団のもう一つの任務は中国の傷兵、難民に医薬品救済の依頼であり、華僑が医薬徴募委員会を組織し、前線に供給してくれることを陳嘉庚に希望した。運搬はビルマ、ベトナムのルートを通り西南運輸公司がおこない、重慶の回教総会に運び、そこから各地に送られるという[47]。この訪問は必然的に南洋における華僑とマレイ人の分裂を防ぎ、団結をも促す効果があったことは推測に難くない。なお、これを契機に馬天英らの発起で中国・マラヤ文化協会が準備設立されることとなった。

これを受けて、一二月二七日南僑総会医薬委員会（主任林文慶）が正式に成立した。シンガポール華僑の中西医薬界の名士が参加し、計画や方策を決定した。南僑総会主席の陳嘉庚は中国が華僑に求めたものは主要に三つあるとし、

⑴資材：これは義捐、公債購入という形で実施しており、⑵技術人材：三九年に三〇〇〇人の機械工が送り込んだが、⑶薬品は不十分であったとし、医薬委員会設立を決めたとする。[48]具体的な段取りは、①軍事委員会に要請し、華僑との合同組織を設立し、薬品寄付事項に責任を負う。②重慶に弁事処、昆明に総薬倉庫を設立するが、供給の便を図るため、分処、分倉庫を各戦区、あるいは省都に設置する。③製薬廠はシンガポールに設け、製造可能な包帯、仁丹、薬油、止血剤、消毒薬などは生産し、西薬も経費節約の観点から機器も利用し、大量生産する。生産不能な西薬は、シンガポールが「自由港」のため免税でコストは相対的に安いことから欧米から購入し、高価な西薬は諮問、研究、薬品原料の買付などをおこなう。④中国沿海は日本に封鎖され、国際ルートは西北を除けば、安南、ヤンゴン両地であり、その中間に位置して交通中枢のシンガポールが西薬廠設置の立地条件はよいとする。なお、これらの薬品は非売品であり、一般市場での利害衝突は発生しないと説明し、[49]薬品製造・販売関係の華僑にも配慮を示した。従来から分散的に薬品も送られていたが、これで、系統的、組織的に大量送付が可能になった。

周知の如く、薬品製造・販売の客家胡文虎は抗戦を擁護して、盧溝橋事件前後から海外各地で華僑の「団結救国」を指導し、個人での救国公債購入、献金総額だけで三〇〇余万元に達し、また社会公益事業への援助、難民・児童の救済にも全力を尽くしていた。三八年四月にも、国民政府主席林森に対して、政府に協力し、傷痍軍人療養院、戦死将兵遺児教養院の創設のため、二〇〇万元（上記「三〇〇余万元」内か否か不明）を献金すると打電してきた。[50]このように、巨額の献金を続けている。ただ、この時は、香港からシンガポールに戻った胡文虎は陳嘉庚と共同歩調をとらず、独自の活動に終始した。胡文虎は広西省南部の日本軍に対する抗戦を聞き、万金油一万缶、八卦丹一万包を香港の広西省銀行を通じて前線兵士に寄贈することとし、指導者李宗仁、白崇禧に畏敬しているとして慰労の書簡も送った。回教総会の南洋訪問団が来る以前にも、三九年六月陳嘉庚に全国慰労総会からの依頼があったらしく、その時、指定薬品から重要な万金油三〇万缶、八卦丹三〇万包の両項を削除して薬品製造工場を建設する計画を立てたとする。このことは遺憾であり、寄贈を決めたという。もし陳嘉庚が胡文虎経営の薬堂に万金油、八卦丹を購入に来たら割り引くかとの記者の質問に、胡は、自分は祖国などにすでに少なからず薬品を寄付しているが、それは社会貢献の気持ちからである。陳嘉庚が薬品購入に来ても、理由が不正ならば割引、寄付しないのみならず、何倍もの価格で売ると、(51)敵愾心を露わにした。一般華僑にとっては客家と福建系華僑の対立に連動する胡、陳の対立は頭痛の種であった。

世界大戦の激化で、植民地政府は戦時措置を採り、四〇年一年間は、緊張した雰囲気に包まれた。海上航行困難により物資が途絶え、物価が暴騰し、生活費を圧迫した上、植民地政府が戦時税徴収を実施したことで、負担が増大し、華僑も生活苦に陥った。ただし、籌賑工作は、南僑総会の指導下で、全マラヤの各区籌賑会の献金工作は従来通り実施され、四〇年一月から九月まで約五〇〇万シンガポールドルで、成果はそれほど悪くはなかったという。華僑献金は常月捐、特別捐の外、寒衣捐、難民児童捐、薬品捐、傷兵捐、「七・七記念捐」で、かつトラック一〇〇台の寄付もたちどころに集まった。特筆すべきことは、①八月から新中国劇団が全マラヤを回って義捐公演をし、富商から車夫、「乞食」に至るまで競って献金をした。五ヵ月で「献金模範区」のジョホール州二八万シンガポールドルを最高に、計八〇万〇八二〇シンガポールドルを集め、英領マラヤ各地で公演継続中である。②蔣介石の命を受けて海外部長呉鉄城がフィリピン、「蘭印」を回り、一一月シンガポールに到着、英領マラヤ各地で大歓迎を受けた。ジョホール州、およびペナンの献金は突出し、各約三〇〇万元で、その他を加えて総計八二八万元に達した。③南僑総会は節約献金運動を拡大し、各区の多くの籌賑会が呼応している。(52)

なお、日本の『南方年鑑―昭和十八年度版―』では、重慶国民政府の発表を引用しながら、南洋華僑の献金高について以下のように記述する。海外華僑の献金高（救国・国防公債を含む）は事変当初から一九四〇年一〇月までに「二億九四〇〇万元」であるが、この中には中国赤十字社、航空協会、各省軍隊、共産党系の各機関に送金されたものは含まず、その他、飛行機二一七、戦車二七、救護車一〇〇〇、米穀（タイのみ）約一万俵、薬品、雨衣、ゴム靴、その他雑品の「約三〇〇万元」を含めるとすれば、合計は「三億五〇〇〇万元位」であろう。蛇足であるが、華僑の帰国参戦人数は事変当初から四〇年五月までに「三九七八名」（政治工作隊、医師、救護隊、飛行士、運転手、童子軍、娘子軍）であった、とする。(53)

ここで、世界華僑からの献金総額（千元単位を四捨五入）をみておくと、三七年一六七〇万元、三八年四一六七万元、三九年六五三七万元、四〇年一億二三八〇万元と着実な増大を示し、四一年も一億〇六四八万元であったが、太平洋戦争の勃発により南洋各地が陥落し、四二年六八六八万元と落ち込むが、おそらく経済好況にわく米大陸華僑からの強力な支援により、四三年一億〇二二七万元とすぐに回復し、四四年二億一二三七万元、四五年五億八四二五万元と増大している。(54)こうした僑務委員会発表の統計数字をみる限り、世界華僑総体としては、蔣介石・国民政府への支持は続行し、大枠として華僑献金に関してはほとんど打撃を受けていないようにみえる。

ところで、四一年一二月二五日香港は陥落し、逃げ遅れた胡文虎は日本軍に捕縛されている。ただし、日本軍は胡を経済畑の中立系人物で、また蔣介石に圧迫を受けている人物として好感をもってみていた。例えば、香港島西地区憲兵隊が香港における重慶国民政府の抗日宣伝機関を調査している。その要旨は以下の通り。「日支事変」（盧溝橋事件）勃発後、蔣介石は特に華僑方面への抗日思想普及徹底のため、香港の各種宣伝機関の把握を計画し、「栄記」（任務は日本軍・傀儡政権側の各種情報収集、一般民衆、および南洋・欧米華僑への抗日宣伝）、「華記」（同）、および国際宣伝処を新設した。『星島日報』は胡文虎創刊で、当初は永安堂薬行の各種薬品を宣伝した。胡は「中立人」で、国民党と関係のない樊仲雲を総編輯に起用した。ほどなく樊が汪精衛下に行ったので、後任に金仲華を就任させた。金は胡の信任を得て社員の七割を無党派とし、論調も「中立公平」であったため、重慶から圧迫を受けた。その後、蔣は監察院秘書長・元『中央日報』社長の程滄波を香港に派遣し、改組し、商業的な『星島日報』は抗日機関紙に変じた、(55)と。

三　南洋華僑の抗日活動と対日ボイコット

盧溝橋事件後、南洋華僑は熾烈な抗日救亡運動を展開した。例えば、一九三八年一月一日シンガポールで青天白日旗を掲げて三〇〇余が抗日デモを決行したが、警備兵に弾圧された。五日孫科出迎えの華僑二千数百人が「日本打倒」を叫んでデモをおこない、九日孫科を見送った華僑約二〇〇〇人に、当日が丁度、インド国民会議派のチャイナデーであったため、印僑も参加して反日デモを決行し、武装警察と衝突した。この際、検挙者がでたため、中央警察署に押しかけ、翌日までの暴動となった。五月メーデーに際して、マラヤ政庁は華僑労働者の秘密団体を手入れし、七〇名を検挙したにもかかわらず、シンガポールで「日本品不買」、「ファッショ打倒」を掲げたデモ隊が出現した。七月ペナンで、華僑二〇〇余人が日本産大豆を積載したトラックを襲い、かつ日本品を扱う商店を破壊した。これは五日間にわたるペナン暴動に発展し、軍隊により鎮圧された。八月シンガポールで、共産党系のマラヤ華僑抗敵後援総会幹部・粘文華、「鋤奸別動隊」王炎之の逮捕に対し、猛烈な釈放運動がおこなわれた。マラヤのみならず、ラングーンでは三〇〇〇人の抗日大会が開催され、サイゴンでも孫文生誕記念日に華僑数千人が抗日デモをし、日本品を破壊している。(56) 大小無数の抗日運動が続発していたのである。(57)

では、華僑が最も多く、かつ抗日運動の激しかった英領マラヤ、タイに焦点を絞って論じたい。第一に、英領マラヤ（海峡植民地・シンガポールなどを含む）華僑の日本への経済的依存度の低さが、日本品ボイコットを有利にしたとされる。例えば、三四年マラヤの対日輸出は全輸出額の九％、日本からの輸入額は全輸入の八％に過ぎず、その上、日本への輸出品が鉄鉱石、錫、ボーキサイトなどで、軍需的に重要物資（日本が必要とする鉄鉱石の六〇％、石油の九五％、ゴムのほとんど全てを南洋に依拠していた）であるのに対し、日本からの輸入品が織物などの雑貨品中心であった。それ故、経済断絶は日本側に大打撃となった[58]。

盧溝橋事件勃発後、海峡植民地政府はすぐに①日中両国人の平和を害する行動を禁ず、②政府は公平な態度をとる、③両国人の軍事目的の義捐金募集は許さずと声明した。だが、八月中華総商会は日本品ボイコット運動を起こした時、その取締態度は寛大であった。しかし、三八年七月ペナン暴動が発生すると、華僑に「厳罰で臨む」との強硬な警告を発し、排日団体の取締りを強化し、九月「青年楽心社」を解散させ、一八団体に警告を発した。

日本品販売の商人、およびやり方は以下の通りである。(1)日本品を扱う華商は元金の損害防止に懸命で、過分な利益を得ようとせず、それを完売した後、二度と日本品を購入しない。こうした者には同情もできる。だが、少数の「奸商」はかえって抗戦時期を利用して日本商人と結びつき、発財しようとし、抗戦前に発注したと偽ろうとする。(2)「奸商」は日本品を発注すると、まず香港や安南（ベトナム中部）に運搬し、改装、改造を施し、シンガポールに運搬し、「国貨」（中国品）やフランス品と偽る。三七年一二月香港華商商会主席李星衢は「商場には依然として仇貨（日本品）が充満している」といっている。(3)シンガポールでは香港の幾つかの華人の機械廠生産の綿シャツの販路は極めて広い。そこで、「奸商」は「廉価劣悪」な日本品にその商標を付けて販売する。その他、(4)日本の原料と他国のそれを混合して食料品などを生産する例がしばしばみられる。また日本製の紙を印僑（インド人）に売り、「蘭印」製紙として販売する[59]。

植民地政府に政治上、法律上で、偽商標が発覚した時以外、「奸商」に有効な制裁を加えられない。そこで、代わって一般の愛国青年や労働団体が種々の激烈、かつ有効な制裁手段をとる。福田省三によれば、日本品ボイコットの中心は、組織的にはシンガポールに本部のある「マラヤ抗敵救国鋤奸団」（侯西反指導）で、マレイ半島全域にわたり、地方、職業別に多数の細胞を作っていたという。これら排日団幹部、監察隊員は大部分がマラヤの中国人愛国者、国民党員、共産党員などであった。監察隊員は①日本人との取引の監視と妨害、②華僑の貨物検査、③税関の貨物の監視などを行った。違反者には口頭での忠告から殺傷にまで至る厳しいものであり、英領マラヤのみで三八年に忠告は無数、殺傷も三〇人に上った。[60]

具体例も多数報告されている。例えば、①「蘭印」で買い付ける商人が日本品を扱っていたために、耳を切り落とされた。②大阪の商船に代って運搬していた者が刺殺された。③日本品販売の商号の看板にコールタールと糞尿が塗りたくられた。④運搬車のタイヤがパンクさせられ、満載していた日本品にはコールタールが塗られ売り物にならなくなった。⑤三八年一二月から翌年一月にかけて闇市の壁に日本品を扱う商人の姓名が多数貼り出された。こうした民間の「奸商」制裁方法以外に、シンガポールの香港商会と一部華商は自発的に中英貨物研究会などを組織して商品審査をおこない、証明書を出している。[61]

その他、天地会、三合会などの秘密結社も、シンガポールのみで一七〇結社あり、抗日運動を推進した。シンガポールの洪門会は祖国中国の全面抗戦と華僑救亡運動に共感を示し、「国難」のために以前の恨みを忘れ、従来の械闘による不幸な事件を今後消滅させると宣言し、海外の洪門会にも呼びかけた。[62] なお、日本品ボイコットは印僑（インド人）を巻き込んで推進された。小売り華僑の四万九八八九人に対して印僑も一万九七一人と大勢力であり、印僑が日本品を販売すれば、ボイコットの効果は大幅に減殺されるからである。結局、三七年一〇月印僑は中央インド協会大会を開催して、中国戦禍救済献金の募集を決定し、日本品ボイコットに印僑の一部が参加した。

では、日本品ボイコットの影響は実際にどの程度のものであったか。日本品輸入は三七年七月四六〇万四〇〇〇ドル（三七年を100とする）、八月四〇六万一〇〇〇ドル（88）、九月三二四万六〇〇〇ドル（71）、一〇月二四三万八〇〇〇ドル（53）、一一月一六四万三〇〇〇ドル（36）であった。それに対して、対日輸出は三七年七月五四八万四〇〇〇ドル（100）、八月三八六万一〇〇〇ドル（70）、九月三八三万一〇〇〇ドル（69）、一〇月四二九万九〇〇〇ドル（78）、一一月四八五万二〇〇〇ドル（88）である。[63] このように対日輸出に比して輸入面で日本経済に大打撃を与えたといえよう。

ただ、「鋤奸団」などの活動には行き過ぎの面も多々あったらしく、レッテルを貼っての攻撃に対して、『南洋商報』の広告欄に多くの反論が載せられている。例えば、①「鋤奸別働隊」に対して丘宗庭公司がソーダを敵から購入したとするが、それは誤りで、現存するソーダは英国から買い付けたものである。不合理な懲罰は受け入れられず、真の愛国者の心を冷やし、救国の前途を阻害することになると不満をもらす。[64] ②「敬告華僑抗敵救亡戦闘団」の広告は蔡永発が出したもので、苦力に運搬を強制し、「敵の走狗」となったと門に貼り出された。全くの事実無根で、調査したらよかろうと困惑と怒りを露わにする。[65] ③源茂公司は「重要啓事」として各種証明書を添付して新聞に大きなスペースをとって抗議する。すなわち、廈門失陥時に残存している紙一五〇〇袋が日本に没収されることを恐れ、英国領事に交渉してもらい、それを鼓浪嶼公共租界の中国側海関で納税し、正当に輸入したものであり、「抗敵除奸義勇隊」がそれを「資敵嫌疑」といい、「懲罰」として「貨物価三〇％の罰金」と値上げを許さないというが、納得いかない、[66]と。姿がみえず、直接交渉できない「鋤奸団」などに対し、各公司が新聞紙上で反論し、誤認攻撃を防止し、同時に華僑界における信用回復を期したものといえよう。なお、「鋤奸団」は時に「罰金」名目で活動資金集めをしていた可能性も否めない。とはいえ、概林によれば、一般労働界の華僑は緊急性を理解し、極端に艱苦な生活を過ごしていようとも、できる限り祖国を支援したいと願っている。それに対して、「大多数の中上層華僑」は散漫で腐敗した生活を克服できず、救亡情熱も持久性に欠ける、[67]と批判する。こうした苛立ちが「鋤奸団」を華僑資本家に対する激しい行動に駆り立てたとも考えられる。

三八年九月国民政府経済部は陥落地域の物品の運搬販売に対して、現在「査禁処置弁法」草案を作成中であり、弁法決定後、物品の性質によって査禁を実施するという。このことは、陥落地域の物品全てを「仇貨」と見なすのか、その範囲や判別基準は何かという問題と連動する。これに対してシンガポールの六二の国貨商店が中華総商会に会議開催を要請した。総商会としては経済部の「弁法」確定をまち、物品の性質に基づいて査禁物品を指定するとした。[68]

日本軍占領地の拡大につれ、その地域の生産品をいかにみなすかが重要問題として浮上したことを意味する。日本占領地とはいえ、中国人による生産物や華僑生産物は中国人、華僑の生活に直接関わる問題だけに慎重にならざるを得ず、同時に日本に経済的打撃を加えなくてはならず、複雑、かつ困難な作業といえた。

第二に、シャム（一九三九年六月よりタイ）でも激しいボイコット運動が展開された。シャム華僑は三五、三六年綿糸布、食料品、雑貨、金物など、約七〇〇万バーツの日本品を輸入しており、シャムの日本品輸入総額二七七九万バーツの四分の一に当たる。また、華僑が香港、シンガポール経由でバンコクに輸入する日本品を加算すると、約一一〇〇万バーツで、実に日本品輸入総額の三五％に上る。その上、日本品のシャム人への小売りも八、九割は華僑によって担われていた(69)。シャムでは、華僑はこうした力量をもっていたのである。

盧溝橋事件後、上層華僑も二週間後には抗日運動に入り、新規取引を拒絶した。八月第二次上海事変が勃発すると、動きが本格化し、中華総商会は駐シャム代表の国民政府外交部商務員陳守明と密かに提携して抗日運動を指導した。華南よりシャムに入国した指導員、在地華僑、および秘密結社により監察隊が組織された。一〇月日本品を扱う華僑に対するテロが八件発生し、日本船の荷役拒絶や三井物産社員への暴行事件も起こり、米や塩の対日不売運動もおこなわれた。その打撃は甚大で、日本雑貨商人は半休業状態に陥った。一二月南京陥落で抗日運動は小康状態を示した。同時期シャム外相は「厳正中立」を声明、一切の対日批判を禁止した。また、華僑の秘密結社に対して大弾圧を加えたのみならず、一般華僑に対しても五〇〇〇人に上る検挙、追放を断行した。この結果、シャム国産品愛用運動やシャム人の商業進出助成運動を見るに至った。だが、シンガポールから宣伝隊約五〇名が到着すると、再び激化し、三八年一月三井物産と取引のある華僑の腕が切り落とされ、三井物産の倉庫も放火された。この時期より抗日分子は共産的色彩を加えたため、シャム政府は警察を総動員して大弾圧を加えた。だが、検挙を逃れた者が潜行し、日本品をドイツ品などに代えようとした。なお、チェンマイでも福建茶行主の台湾人が三井物産と取り引きした廉で殺害された。

「日本人」（台湾人）殺害は排日運動史未曾有の事件として、日本商人を震え上がらせ、台湾人五〇人に台湾公会を組織させ、その統制に乗り出した。ところで、華僑が自ら直接損害を受けながら日本品ボイコットをするのに対し、ここでも、その都度印僑は巨利を博し、地盤を拡張することから、三七年一一月中華総商会は印僑と談判し、翌年一月以降、日本品を取り扱わないと制約させた。かくして、シャムの日本品ボイコットも日本に大打撃を与えた。日本品の輸入は三七年前半期に比して、盧溝橋事件後は二割半減、三八年前半も二割半減、後半は三割七分の減少を示している。また、対日輸出額は三八年が三六年の半分であり、三七年よりも大幅な減少を示した(70)。

しかし、三八年末、汪精衛の「和平声明」が報ぜられるや、シャム華僑は動揺を示し、陳守明ら国民党派と李憲、蟻光炎（広東人・シャム中華総商会主席）ら汪派との対立、軋轢が激化し、次第に後者の勢力が増大しつつある(71)、と日本側史料は書いている。そして、三九年シャム政府は国民党の活動の取締り、華僑学校の停止、華僑新聞社の封鎖、抗日分子の逮捕を断行し、また、広東・華僑両銀行経理を拘留、法幣を没収、献金を禁止した(72)。このように、シャム政府の対華僑強硬策は事実であるが、蟻光炎は果たして汪派であったのかは疑問が残る。なぜなら、蟻が「凶徒」に暗殺された時、不思議なことに中国国民党ベトナム支部が「党国」への功績、犠牲精神を記念し、特にベトナム華僑各界に呼びかけて三九年一二月盛大な追悼大会を挙行した。各界華僑団体、私人三〇〇〇余人が参列したという(73)。冰生は「日寇対南洋華僑的陰謀」の中で、蟻は日本のテロによって暗殺されたと断言している(74)。

その他、三九年一月頃、「蘭印」当局は華僑の抗日言論を取り締り、厳しい制限や印刷品などの検査を実施している。例えば、中国外交部、軍政部で勤めた華人がスラバヤに戻った際、「中国抗戦問題」の講演をしようとした時、日本批判禁止を告げられ、さらにスラバヤ警察から集会不許可が命じられた。交渉の末、「中国新精神の興起」のみの講演が許可された。集会には各国領事館員、社会団体指導者、ジャーナリスト、および多くの華僑が集まったが、講演中、現在の戦争に話が及んだ途端、警察に制止され、途中で講演を断念せざるを得なくなったという(75)。ところが、

「蘭印」当局の華僑に対する姿勢は対日政策とともに揺れを示し、対日強硬策が採られるようになると、四一年九月頃、一転して「蘭印」当局はジャカルタなどで、突然、多くの華僑指導者の住宅が汪精衛派の宣伝嫌疑で四〇回にわたり捜索を受けた。ジャカルタでは映画館経営、医者、日本商社勤務、工場経営などの華僑が拘留され、スラバヤでも同様な捜査を受けた(76)。

四一年四月五日、国民政府軍事委員会は外交部、海外部、僑務委員会に対して、日本が華僑連絡委員会を設置し、南洋各地の華僑に対して計画的、かつ系統的に政治的な攻撃をする準備をしているとして、警戒を呼びかけた。そして、日本は中国陥落区の政治活動に対して機構を樹立し、南洋各方面の華僑活動を研究後、華僑連絡委員会を設立して統一することを目論んでいるとする。これに対抗するために、四月二三日中央海外部で討論会が開催され、外交部、海外部、僑務委員会各代表が出席した。そして、①海外部、外交部、僑務委員会はそれぞれ南洋各地の国民党部、領事館、華僑団体に注意するよう命じ、同時に連繋を強化し、随時情報を交換する、②敵傀儡がベトナム、タイの華僑に経済協力で誘惑することに関して非協力方式を採用し、消極的に抵抗させる、という決議をおこなった。そして、五月以降、外交部は、例えば①英領マラヤ方面では、迅速に現地党部と連絡をとり、党部・領事館連席座談会を何度も開催し、情報交換をおこなった。七月には汪精衛が海南島籍の文毅冒を西南運輸処職員として派遣し、香港からペナンに来て活動をおこなった。領事館は秘密情報を受け、すぐに移民局に通知、文を拘留、香港に送還した。また南京汪政権の僑務委員会が英領マラヤに弁事処を設けようとしており、各方面に注意を呼びかけている。②タイ方面では、敵傀儡の活動が非常に活発で、ペナンに来たタイ各華僑団体の代表に阻止するように告げた(77)。

四一年一二月八日、日本軍は真珠湾攻撃後、すぐにタイ、英領マラヤに侵入、フィリピンに上陸し、一一日には日泰攻守同盟を成立させた。この後、当地の華僑の態度は一変し、蔣介石の写真を焼却し、汪精衛の「中華民国国民政府」(後述)の旗を掲揚したりした。一二五日香港が陥落すると、一二九日総商会は広東、福建などの華僑代表四五〇〇名で会合を開催し、日本側官民、タイ政府代表も参列した。総商会主席張蘭臣の提起した①日泰攻守同盟を基本とするタイ政府に協力、②総商会名義で「和平建国」参加を決議した。さらに、四二年一月総商会はラジオで汪主席への全面的協力と重慶国民政府への援助打ち切りを声明したのである(78)。

大平洋戦争が勃発すると、陳樹人は以下のように華僑に呼びかけた。海外華僑は戦雲が充満する太平洋上で、戦時の損失を受けることを免れず。政府は各種の指示を出している。海外各地の華僑は愛国精神を発揮して各種の困難を克服してもらいたい。僑務委員会は中国国内の華僑家族に対して、各省政府に保護を加えるようにとの命令を出した。もし華僑が経済上の心配があれば、長期貸付弁法を制定し、それに対処する。また帰国華僑にも指導所、招待所などに便宜を図るとした(79)。

中国は一二月九日に独・伊・日の枢軸国家に宣戦し、英・米・蘭・ソの民主国家と一体となった。友邦の敵は我らの敵であり、友邦の成敗は我らの成敗である。海外華僑の唯一の任務は一切の人力・財力・物力で貢献し、友邦の作戦に協力し、全面勝利を勝ちとることである。そして、華僑に対して最低要求を提起する。

①誠意をもって統一組織に団結すること。海外華僑は歴史・政治・地域・言語の種々の関係から各派に分かれている。抗戦後、民族の生死存亡を深く認識し、抗戦の旗の下に集中した。だが、現在、華僑には相変わらず対立があり、悲しむべきことである。華僑は即刻、一切の先入観を棄てて相互に手を携え、同時に広範な華僑大衆は誠心誠意団結し、組織を統一し、共に国難に赴こう。

②現地政府を信頼しよう。各国の植民地政府は伝統的な統治関係から華僑に疑念を有している。そこで、華僑と現地政府の間には溝や誤解も存在する。だが、大敵が目前に迫っている時、我らは共同の敵に対して友邦を信頼し、僅かな猜疑心も抱くべきではなく、共同で作戦することを肝に銘じるべきである。

③現地の人々と掛けあう。一般的にいって、大多数の華僑は現地の「土人」(「土着の人」、もしくは「現地人」を指す

が、華僑などによる一定の差別的感情が含まれている呼称の可能性がある）と平和的に過ごしている。ただ少数の華僑と「土人」は気があわない。我々は今後、倍の努力をして彼らと付きあおう。とりわけ注意すべきは、敵の挑発行動を防止し、民族紛糾により思わぬ不必要な損害の発生を免れることである。

④人力面で貢献し、抗戦に協力する。海外で友邦の抗戦に協力し、国内では領土に命を捧げ、全力で敵に打撃を与え、華僑の「第二の故郷」である居住地を保護する。もし居住地を保てなければ、生命財産もすべて大きな損害を受ける。それ故、持っているもの、できることを尽くし、義勇軍、救護隊、戦地工作隊などに参加し、友邦に協力して作戦する。

⑤絶対に漢奸と合作しないこと。幾つかの地方、例えば、ベトナム、タイなどはすでに敵の手に落ち、その統制を受けている。タイ三〇〇万華僑、およびその他のすでに陥落した各地の華僑はベトナム五〇万華僑と同様、絶対に敵傀儡と合作しないと信じている。しばらく敵の統制下にあろうとも、臨機応変に重要地方に潜伏し、時の到来を待って敵に致命的な打撃を与えよう(80)。

こうした状況下で、僑務委員会は、南洋各地の日本軍占領後も華僑に対する影響力を維持しようと懸命であった。例えば、日本の影響力は強まったとはいえ、独立国であるタイの華僑団体組織に対する指導を継続しようとし、団体の構成分子、華僑社会での影響の分析に注意し、同質の団体は調整し、かつ幇派の争いを消滅させる必要があるとしているが(81)、どこまで効果をあげ得たかは定かではない。なお、こうした厳しい状況下でも抵抗し続けるグループも存在した。バンコク機器業華工は抗日義勇隊を組織し、抗日闘争を展開し、二〇余の工場で労働者を発動し、日本の軍需生産を破壊した。また、華僑の地下抗日組織は『実話報』などを出版し、日本ファシズム反対を宣伝した。その他の各国、例えば日本軍占領下のベトナムでは華僑救亡会などの抗日団体がストライキ、食糧徴発拒否などで闘い続け、フィリピン、ビルマ、「蘭印」などでもゲリラ、抗日宣伝などをもって日本軍を悩ませ続けたのである。

四　南洋華僑の日本・傀儡政権との闘争

日本の「以華制華」政策への転換により、傀儡政権として一九三七年一二月北平に王克敏の「中華民国臨時政府」、三八年三月南京に梁鴻志の「中華民国維新政府」が設立された。そして、四〇年三月には両政権を統合し、南京に汪精衛の「中華民国国民政府」（以下、南京汪政権と略称する）が成立した。こうした経緯で、蔣介石と傀儡政権との間で華僑争奪戦が次第に熾烈さを増した。

三九年一月ジョホールバールの華僑団体がシンガポールの「中華自救社」からの文書を受け取った。内容は、中国抗戦と蔣介石ら最高指導者を非難し、中国の軍事力は弱く、ついには滅亡を招く。それに対して汪精衛の学識は優秀で責任感があり、実践主義で、主要なポストにいた。また、シンガポール籌賑会主席（陳嘉庚）は大勢を知らず、中国の前途から発想していないと攻撃する。[82] このように、汪をもちあげ、中国軍事力の脆弱さなどを強調することによって「中日和平」の必要性を説き、華僑に揺さぶりをかけている。さらには陳嘉庚の権威失墜までも目論んでいた。

華僑側も対抗策として、まず日本軍占領区や傀儡地区の新聞などの実態把握に努めた。すなわち、「維新政府」宣伝局長劉驥業の下には中華連合新聞社があり、各地の新聞に「宣伝」材料を提供する。また、南京には新聞検査所があり、中国人記者と日本側人材が共同で検閲をおこなっている。江浙陥落区には新聞社一五社があり、例えば『南京新報』、『蘇州新報』、『江南日報』、『武進日報』、『杭州日報』、『無錫日報』等々があるとし、[83] それらの華僑への影響を防止しようとしている。

三九年五月中国で国民精神総動員法が宣布されたことを受けて、英領マラヤでも各地籌賑会が前後して総動員を発動し、華僑個人や団体を召集して精神総動員大会を挙行した。目的は国民政府の「最高基本三原則」①勝利第一、軍事第一、②意志集中、力量集中、③民族至上、国家至上にあるが、この原則の下で、華僑は具体的には日本の「以華制華」の迷夢を粉砕し、「東亜新秩序」の陰謀を暴露し、同時に日本品をボイコットし、「反侵略・鋤奸」の工作強化にある。そして、華僑自らは団結精神を養成し、動揺分子を根絶し、目先の安楽を求める習性を取り除き、「自力更生」の力を発揮するとともに、国民外交を推進して友邦の共鳴を勝ち取ることにあるとした。五月一日シンガポール籌賑会の開催した大会には参加団体三〇〇余単位、代表者□万五〇〇〇人もが参集した。(84)

こうした折り、六月八日国民政府が汪精衛の「通緝」（指名手配令）を発した。『南洋商報』は「社論」で、「通緝」が汪一派に打撃を加え、敵の「和平妥協」の政治陰謀を粉砕したのみならず、さらに抗戦を最後までおこなう決心を示し、抗日陣営を整頓し、全民族反妥協反漢奸の鮮明な旗幟を掲げたと高く評価する。だが、一部の華僑領袖と華僑大衆は国共合作に懐疑の態度をとり、相互に利用しあう一時的「策略」で、将来の紛争は不可避と考えている。また、「頑固者」は「抗日」と「防共」は同様に重要とか、「防共」が「抗日」よりも重要とかいう。こうしたセクト的観念は実に抗日の前途にとって最大の危機である。蔣委員長のいう通り、日本の「目的は防共にあらず、防ソにあらず、実はそれを口実とした亡華である」。抗戦二四ヵ月以来、英領マラヤ華僑の団結統一は非常に進展したけれども、特に幇派の団結は非常に不十分で、領袖間、華僑団体には偏見、猜疑、懐疑の観念が存在し続けている。国共長期合作を擁護し、各幇派を団結し、華僑統一戦線を強固にすることこそ、英領マラヤ華僑が汪逆売国陰謀を粉砕する最良の方法である、(85)と華僑の団結を呼びかける。

傀儡政権との華僑獲得抗争は激化の一途を辿った。シンガポール駐在総領事によれば、南京の傀儡「維新政府」も「僑務委員会」を設立しようとしており、同時に人員を海外に派遣して潜入させ、是非を転倒させ、華僑大衆を惑わしている。また、広州の傀儡「維持会」は広州の繁栄を回復させるため、海外華僑に帰順を希望し、特に広東華僑連合会を成立させ、人員を南洋に派遣して活動させ、かつ各種刊行物を出版して宣伝をおこなっている。これらを暴露し、華僑に注意を促す必要があるとした。そして、シンガポール総領事が同封してきた油印の新聞（名称不明）には、日本は海外華僑が「輸財報国」に日増しに熱烈なことに鑑み、挽回を企図し、「維新政府」の梁鴻志らはシンガポールに人員を派遣し、華僑を欺瞞し、分裂、離間を目論んでいる。広州の敵傀儡は、南洋華僑に広東出身者が非常に多いことから、近くマレイ語ができる広東籍の華僑青年多数を召集し、訓練後、南洋群島で活動させようとしている。英領マラヤ、「蘭印」など各地の華僑団体は注意が必要という(86)。

さらに、三九年一二月中央特派の海外指導員周啓剛は「為粛奸抗敵公告僑胞同志」という一文で、汪精衛らの売国行動、「抗戦必敗」の言論などの種々の罪悪を暴露した。汪は革命的立場を離れ、ただ中日の物量の長短から動揺し、「失敗主義」の観念に縛られ、王克敏、梁鴻志に追随してしまった。華僑は孫文の革命失敗時にむしろ最も努力したという光栄な歴史を有している。この偉大な精神に基づき、国家・民族が侮りを受けている現在、さらに努力し、漢奸を粛清し、「抗戦建国」革命を完成させよう(87)、と呼びかけた。

傀儡政権から直接南洋への宣伝人員派遣も明らかになっている。四〇年一月九日の『星洲日報』は、僑務委員会の重要通告「汪逆の反動宣伝を断固として排斥せよ」を掲載した。通告によると、三九年九月廈門に移動してきた傀儡綏靖軍支隊長の王天才が南洋に赴き、「中日和平に中央各軍の多くが賛成し、維新政府の部隊に投降している」とデマを流し、無知な華僑を幻惑しており、全民抗戦の力量を破壊し、華僑献金を獲得し、「売国」結託を実現しようとしているという(88)。また、日本は廈門の傀儡商会委員の黄鴻薩を南洋各地に遊説のため派遣した(89)。

南京のみならず、広州でも四〇年六月一四日『南洋商報』は陳公博と陳璧君（汪精衛の妻）の弟陳耀祖の間の権力闘争を報じるが、陳耀祖は日本機で一〇日の傀儡「広東省政府」の開幕式典に参加し、姉の陳璧君の助力を受け、「広東省主席」に就任した。そして、広州各新聞記者との会見で「和平実現」、「中日親善」、「中日経済提携」の施政方針を語った。なお、陳耀祖は省主席のみならず、省建設庁長、広東保安司令も兼任し、省の行政、経済、治安各部門を一手に掌握した。かくして、汪直系の「広東省政府」を成立させた後、広州では各種活動がさらに活発さを増し、かつ海外華僑の分裂を謀っている。特に広州に傀儡「僑務委員会」を設立後、広州に傀儡華僑機関が組織され、前後して「五洲（五大陸）華僑洪門致公堂」、「南洋華僑真相劇社」、「興中会」など、一〇余単位も組織されたとする。また、「広東華僑連合会」の名称で雑誌や刊行物が広東以外の華僑団体にも送付されているので注意が必要という(90)。

広東省の汕頭では市長周之楨は傀儡「僑務委員会」を設立し、自ら委員長に就任した。そして、華僑宣撫班員を多数訓練し、陥落区の各郷村に宣伝に赴かせ、華僑家族を登記させ、その後、華僑慰問員に月二回家族を慰問させている。また、郷長に為替は今後「僑務委員会」が仲介するとの書簡を各華僑宛てに出させた(91)。また、市政府は市青年団内に「僑務訓練所」を開設した。その趣旨は、華僑青年を訓練し、海外華僑の指導工作に当たらせ、「和平建国方針」で「東亜新秩序」を建設することにあるとしている。中国内は警戒体制をとっているが、海外華僑は特に注意が必要とする(92)。

福建省厦門でも、厦門興亜院連絡部の新長官木田泰は厦門傀儡政権の基礎を固めるため、華僑の経済力で厦門を復興させようと考えた。その第一段階として、傀儡「僑務局」強化のため、台湾に行政視察団を派遣し、さらに「僑務局」局長譚培檗を東京に赴かせ、東亜経済懇談会に参加させた。そして、「僑務局」を通して帰国華僑を籠絡することを画策した。第二段階は「僑務局」、傀儡「華僑公会」、傀儡「華僑招待所」三機関を整備拡張し、招待員を埠頭や客桟（旧来の旅館、倉庫業）に派遣し、厦門出入りの華僑に汪精衛の思想を注入しようとした上、「僑務局」発行の刊行物などを閲覧させ、思想改変を試みた。第三段階は華僑が利用する日本—南洋・米国などへの航路に日本船舶を極力導入し、密輸奨励のみならず、譚局長に僑務工作に当たらせ、厦門に華僑財産を置くように誘導している(93)、と。

ところで、特に重要な問題が華僑為替問題である。日本は中国の華僑家族を梃子に華僑為替の吸収を企図した。三九年一月僑務委員会からのシンガポール中華総商会への電報によると、日本参謀本部の上海駐在責任者「佐繁木」

（佐々木繁？）中佐が各華僑に故郷家族の安全保障、為替送金の便宜、および南洋商業の保護などの利益誘導をおこなっている。だが、一旦華僑為替を日系銀行に入れると、日本占領区で華僑家族が得るものは軍用票だけで、現金は日本の外貨財力を増強し、祖国侵略に加担することになる、[94]と警戒を喚起している。

この問題は財政問題と直接かかわり、緊急であった。すなわち、南洋は広東出身者の集中地帯で、華僑為替総額は毎年二億元に達している。そこで、海港封鎖後、日本はこれに狙いを定めた。汕頭を例に出すと、①潮汕（潮安・汕頭）陥落の時、華僑専門の銀荘四〇余が存在していたが、日本は華僑家族救済の名目で一部の銀荘の業務を再開させ、同時に台湾銀行汕頭分店の管理統制下に置いた。そして、「僑批公会」を組織させ、三九年一〇、一一月商号に計七五万元を為替で納入させた。各銀荘がそれを引き出す時、日本側の登記印を必要とし、その際、海外華僑の住所が日本側に掌握された。そして、繰り返すが、法幣を納入すると、台湾銀行から日本の軍用票で各華僑家族に発給されたという。②台湾拓殖会社社長の吉野近蔵は汕頭に傀儡「僑務局」を設置し、南洋華僑の家族状況を調査し、かつ婦女団体を組織し、華僑家族を訪問させ、懐柔策を実施してきたが、さらに吉野近蔵は潮安商会会長に勧め、銀荘などを召集させ、傀儡「華僑銀行」を組織した。そして、資本金は日中折半で、台湾人に裏でその実権を握らせ、同時に董事就任などの美名で華人に「華僑銀行」に投資させているという。[95]

これに対して、重慶側の広東省政府は対日対抗策を打ち出した。

①華僑為替網の樹立：〈省内〉潮汕陥落後、広東省銀行は香港分店を華僑為替の取次機関とし、梅県支店を中継点として興寧、大埔、恵陽などの弁事処と結びつけ、中山四邑の華僑為替はマカオ支店を中継点とする。支店、弁事処のない県には専門金庫を設けていたが、為替所に改組して華僑為替の吸収と迅速化を図る。〈国外〉外部の操縦を免れるため、直接、海外為替を取り扱う。三九年広東省銀行シンガポール支店を創設して南洋華僑為替の中枢とした。その海外代理処はロンドンの中国銀行、美蘭銀行、ニューヨークの中国銀行、大通銀行、サンフランシスコの広東銀

行などであり、タイ、「蘭印」などにも銀行、弁事処を設立して華僑為替の吸収を図る。②為替料の軽減：特に香港、マカオ、広州湾の銀行、弁事処は華僑為替料を無料とする。華僑為替の支払いは迅速、かつ手続を簡単にし、前述の華僑為替網の樹立の外、各郷市鎮では商店に代理支払いを委託する。③華僑家族の保護：銀行、弁事処は華僑服務部を設置し、以下の優遇処置をとる。(イ)国内外の華僑、もしくは家族の状況の報告、(ロ)旅行時の情報提供、(ハ)為替料の特別低価優遇、(ニ)利息の特別優遇、(ホ)代筆などである。④代理投資：広東省銀行の華僑為替預金は利息優遇により華僑遊休資本を吸収した。また、代理投資する利息の高い「信託代理投資弁法」を定めたことで、この種の預金は四〇〇万元余に達したとする。(96)

では、日本と汪精衛派の南洋での活動と具体的な宣伝内容をさらに明らかにしておきたい。

(1)傀儡「僑務委員会」はベトナムを僑務工作の基点とし、反汪華僑団体は日本の圧迫で当地当局に全て解散させられ、汪派の「国民党分子」が公然と活動している。

(2)現地人と華僑を挑発し、感情的に離反させ、甚だしい場合、排華を激発させた。例えば、フィリピンでは日本は小商業経営により現地人を援助して、親日勢力を養成し、華僑に反感を持たせた。また、「蘭印」では、日本はダンピングし、現地人と華僑の感情破壊にかなりの効果を収めている。

(3)郷土観念を利用して幇派間の挑発し、華僑の団結と抗日運動を分裂させようとしている。

(4)宣伝内容

①新四軍事件の際、国共分裂を大いに宣伝し、シンガポール、「蘭印」、フィリピンなどの抗日団体は分裂したとデマを流し、またバンコクの日系同盟社は華僑の考えは変わり、「日本打倒」の標語はすでにないと宣伝する。これらは地元では一笑に付されるが、遠隔地の華僑にはかなりの悪影響を及ぼす。その他、南僑総会を破壊するため、巨頭陳嘉庚が中共を支持し、反蔣を通電したとする。

②日本軍占領下の華僑故郷の秩序は極力維持されており、華僑は日本統治に好感をもっており、華僑為替も増大している。例えば、海南島では、日本は四一年一月華僑為替の送付額は陥落前の約三倍の二九〇万元に達したとする。

③有力華僑の南京汪傀儡政権への参加や華僑投資も呼びかけた[97]。

このように、日本、南京汪政権はベトナムでは基盤を形成し、海南島では華僑為替の掌握にある程度成功しているようにもみえる。華僑の現地人に対する精神的優位性、侮蔑もあり、現地人と華僑の亀裂、かつ幇派の対立も根強く、これらがいわば華僑側のアキレス腱であった。日本は、これらを破壊活動に徹底的に利用する方針であり、その効果も地域によっては現れていた。日本の南洋侵略以前に、(4)―①の陳嘉庚の中共支持は事実の可能性も強く、日本側にとって絶好の宣伝材料であった。②は華僑為替の増大を目指したもので、③政権参加や華僑投資のようなアメの政策をもちらつかせた。

こうした日本、南京汪政権の揺さぶりに対して、南洋華僑側も宣伝、組織、訓練、国際提携各側面で進展がみられた。〈宣伝〉宣伝方式が多様化した。汪精衛の「艶電」後、華僑社会では激烈な反汪運動が展開され、かつ実際に汪派に制裁を加えた。また、精神総動員運動の展開に伴って普遍的に華僑大衆を訓練し、抗戦情勢や国際情勢を深く理解させた。さらに、宣伝隊や戯劇隊が深く農村に入り、抗日宣伝をした。〈組織〉散漫な力量から集団的力量となり、各組織間は系統的に分担して計画的に遂行した。各階層の多くの華僑は異なる救亡組織を有し、特に青年華僑は各種救亡工作に従事し、組織は日増しに拡充された。〈訓練〉実践と闘争を通して多数の青年幹部が成長し、また救亡工作者の理論研究、時局討論などにより、一般華僑の政治水準も次第に高まった。〈国際連携〉英領マラヤでの救亡運動の際、口頭と文字で宣伝し、外国人の中国抗戦に対する同情と援助を勝ち取った。各友邦人士は直接、中国を物的援助をしてくれた外、自発的に日本との経済不合作運動を展開したという[98]。

表4―2　華僑為替の中国送付額と中国入超の関係（単位：千元）

年	華僑為替額（A）	中国入超額（B）	入超相殺率（A／B）
1931	43,468	816,413	53.2%
1932	334,628	861,191	38.9%
1933	314,226	733,739	42.8%
1934	338,313	494,451	68.4%
1935	332,489	343,402	96.8%
1936	344,386	235,803	146.0%
1937	473,502	115,130	411.3%
1938	644,074	123,559	521.3%
1939	1,270,173	306,407	414.5%
1940	1,328,610	570,322	233.0%

出典：任貴祥『華僑第二次愛国高潮』中央党史資料出版社、1989年、97頁。なお、「入超相殺率」は小数点1の位まで算出した。

では、統計数字から華僑為替の推移をみておきたい。表4―2から、華僑為替の送付額が中国の入超を大きく相殺していることがわかる。すでに一九三五年から華僑為替が入超の九六・八%を相殺しているが、三六年以降は、入超額を上回り一四六%、三七年四一一・三%、実に三八年には五二一・三%に達する。このように、華僑為替が中国の財政経済にとって極めて重要な意味をもっていた。それ故、前述したように、華僑為替の争奪戦は熾烈を極めたのである。なお、四一年以降は入超額が不明なのは遺憾であるが、僑務委員会によれば、同年華僑為替額は二七万八八〇〇元と低迷し、日本軍占領下で南洋華僑からの送付が滞り、四二年四三万一三四一元に留まった。そこで、為替金融網の整備、拡充、中国への送付を簡便にし、また中国内の支払いを迅速にし、かつ南洋華僑に代わって経済活況に見舞われたアメリカ華僑からの送付により、四三年一二〇万七五〇二元に増大し、四四年七四万三二七六元、四五年六七万六三四九元を維持した(99)。このように、日本側からみれば、海南島、もしくは南洋占領により、地域的、時期的に日本は為替争奪に一定程度成功したようにもみえるが、中国と華僑の経済防衛体勢にてこずり、さらにアメリカ華僑などの登場により、中国側に決定的打撃を与えることはできなかったとみなせる。

五　英国植民地政府との矛盾と援英運動

インドではガンジー、ネルー指導で反英独立運動を闘っていたが、日本の中国侵略に憤慨し、中国に声援を送った。ネルーは中印連帯の証として、インド国民に献金を呼びかけ、医薬品、医療器材を購入し、国民会議派遣のインド医療使節団をスペインと同様、中国に送ることを決定した。三八年九月ボンベイを英国船で出発し、九日一行四〇人（多くが赤十字社関係者）がシンガポールに到着した。人道主義に基づく偉大な精神とし、籌賑会主席陳嘉庚はもちろん、総商会正副主席□□賢、林慶生、副領事林文慶、侯西反らも埠頭まで出向き、華僑、印僑大衆四〇〇〇人が大歓迎した。アタル団長は「インド人は中国に同情しており、中国抗戦は必ず勝利する」と語った。その後、一行は香港、広州、漢口などを経て重慶に到着した。アタル、コートニス、バスー、チョールカル、ムカージーの医師五人は国民政府下の諸都市で日本軍爆撃による負傷者治療をおこなっていたが、周知の如く、国民政府の反対を押し切って延安へと向かった(100)。もちろん英国からの独立を目指して反英運動をするネルーら国民会議派と、祖国侵略の日本を主要敵として英国植民地政府と協力するシンガポール華僑との間に矛盾がないわけではなかったが、帝国主義の圧迫と戦っているという一点で結びついたものといえよう。

四〇年一月一日陳嘉庚の片腕とも見なされていた侯西反(101)が海峡植民地政府とのトラブルから、総督によって英領マラヤから追放された。このことは華僑救済のみならず、シンガポールの救亡運動、反汪闘争などへの大打撃を意味した。侯は南僑総会委員、シンガポール籌賑会重要委員、募捐委員会主任、同済医院総理、南安会館常務主席、華僑中学董事、中華総商会董事などの要職にあり、重要な役割を担っていた。植民地政府によれば、籌賑会は純粋な献金組織で、その目的が難民援助にあるにもかかわらず、侯は愛国活動支援の名目で非合法社会団体である先鋒隊、抗敵後援会を支援し、籌賑会と密接な関係を発生させた。英領マラヤ各地に存在する抗敵後援会はマラヤ共産党の機関で、目的は革命で植民地政府を打倒することにあり、容認できない、と。[102]一月八日陳嘉庚らシンガポール籌賑会は中華総商会で「委員幹事各区分会連席会議」を開催し、侯に反英言動がなかったことを確認し、その前途を祝したという。[103]こうして侯追放による動揺を抑え、またイギリスとの矛盾がないことを確認するとともに、植民地政府のやり方に痛烈な皮肉を込めた。

『南洋商報』の「社論」は日本の南洋侵略が強まっていると警告を発した。ベトナム、タイの華僑は直接、間接に日本に蹂躙されている。一年前、日本がベトナム北部に駐兵して以来、華僑は極度の困難に陥った。サイゴン（現、ホーチミン市）の中華街ショロン地区では、フランスが日本の鼻息をうかがい、華僑新聞社や学校を閉鎖し、華僑の愛国運動を取り締まった。今回、日本軍の全ベトナム占領後、華僑はベトナム人同様の悲惨な地位に陥り、僅かに存続していた華僑新聞社も全て閉鎖され、華僑愛国分子は全て放逐された。日本軍は小商人を伴ってくるため、商業経営者のほとんどを占める華僑は生計の道が断たれた。また、数年来タイは日本の機嫌を伺っており、華僑は種々の苛酷な法令や不平等な待遇の下に置かれてきた。国民政府はタイとの正常な外交関係をしばしば提起したが、タイ政府にことごとく拒絶され、華僑は外交面で保護のない状態に置かれている。今後、バンコクはさらに厳しくなり、汪傀儡政権を承認し、華僑は強制的にその支配下に置かれることになる。いうまでもなく、華僑の生命財産と自由権の保護は当面の最も緊急な任務となっている。当面の救済方法として①生計の術のない華僑は中国大後方で生産に従事する、②ベトナム華僑に対しては中国は当地政府と外交関係を維持しながら、フランス政府に華僑保護を要求する、③国民政府は迅速に資金を支出して華僑救済機関を設立すべきで、当地の領事館が華僑救済に責任を負う。このように、国民政府は誠意をもって華僑保護の責任を負うべきであり、他方で華僑自身、「団結自救」につとめる。確かに、近来、僑務委員会がしばしば人員を海外に派遣して寄こすが、実際任務は献金、飛行機献呈の要請にあり、あるいは党務強化を目的に華僑教育の思想統制をおこなうためである。華僑は「金のなる木」ではない。華僑は祖国に献金の義務はあるが、同時に祖国に保護を求める権利もある、[104]と国民政府に対して怒りを露わにする。

このように、日本の脅威が強まる状況下で、四一年八月南僑総会は、「英国参戦二周年」を記念して九月一日から「援英週」とすることを決定し、全マラヤ華僑に英国空襲救済基金の募集、義売、「売花」(花を売って献金を募る)、および援英遊芸大会の開催を呼びかけた。「援英」の理由は世界和平の維持、人類自由の保障、ファシストの侵略戦争に反対するためで、中国抗戦と同一線上にあると位置づける。このことは、マラヤ華僑が英国を「友邦政府」とみなして合作したことを意味する。

これは第一に、「友邦」援助のためである。中英ソ三国は民主と自由の防衛のために戦っている。米国は参戦していないが、道義上、精神上、同一の立場である。当面、中国は日本とだけ戦い、英ソはドイツ、イタリアとだけ戦っているが、六月二二日以降、全世界のファシスト、反ファシスト両戦線は完全に分離した。中国はドイツ、イタリアと国交を断絶し、英米は対日経済制裁を発動した。つまり中国と英ソ米は生死、存亡を共にしているのである。そこで、本年の「七・七記念日」は民主国家は全て援華運動を挙行しており、英国は我々の「友邦」である。英国属地の華僑の英国援助は間接的に祖国援助になる。英国では本年「七・七」を「援華日」と定めた。そこで、華僑は「英国参戦記念日」に「出銭出力」し、英国の被災民を救援する。

第二に、民主防衛のためである。独伊日のファシスト独裁制は全人類を奴隷とすることを終極目標としている。したがって、一切の民主国家、民主勢力は全て連合しなければならない。中英両国人民は民主を勝ち取るために戦う。現在、全マラヤ華僑は南僑総会の指導の下で、自発的に「民主友邦」に献金、救援をおこなっている。このことは全世界反ファッショ民主戦線の強化に極めて大きな支援となり、かつマラヤ反ファッショ統一戦線樹立にも極めて大きな貢献をするものである。

第三に、侵略に反対するためである。英領マラヤは侵略者に蹂躙される危険性があり、華僑の生命、財産を委ねるマラヤはすでに一刻の猶予もない。現在、全マラヤ華僑は盛大な援英運動を挙行し、反侵略の断固たる決意を表明した。この運動は中英の連合一致を示したもので、敵の脅威、挑発に対する一つの有力な回答である。これまでの献金以外に、各地籌賑会は以下のことをおこなう必要がある。①各地籌賑会は各華僑団体を召集して「友邦支援・民主防衛・侵略反対代表大会」を開催する。②各種言語による宣伝、無線放送、街頭講演により華僑と各民族に援英運動の意義を充分に認識させる。③各華僑団体が全マラヤで、反ファッショ「V字」（勝利）運動を展開する。④華僑団体代表が英国駐留軍を慰問するなどである。[105]

これを受けて、四一年八月一五日シンガポール籌賑大会が開催され、「英国空襲救済義金」運動の開始を決定した。そして、各幇に書簡で大規模な援英実施を呼びかけた。「売花」、バザーなどの形態で援英献金を集め、そのための募金特別隊を組織するとした。ただ、南僑総会は「民主政治下の自由権」の発動であり、あくまでも自由意思による自発的献金で、強制してはならないと強調した。[106]

この後、主席陳嘉庚から、援英運動の前におこなっていた「七・七」四周年記念の「売花」と献金総額が幇毎に報告され、①「売花」は広東幇一万三〇〇〇元、福建幇七三〇〇元、瓊幇二四三〇元、潮州幇二一〇〇元、客家一〇六〇元、三江幇五〇〇元など、計二万九七七〇元、②献金額は福建幇二万九六〇〇元、潮州幇一万一八六〇元、広東幇六五〇〇元、客家四九一四元、瓊幇四六八〇元、三江幇一五七〇元など、計六万九三九四元であった。[107]このように、各幇が責任をもつと同時に、幇毎に競争心を煽りながら献金などを増大させた可能性がある。

かくして、四一年九月一日シンガポール籌賑会は中華総商会で、大規模な援英大会を開催し、中英両国旗が掲げられた。大会主席は陳嘉庚で、参加華僑団体は二〇〇単位に及び、その代表は一三〇〇余人に上った。まず、軍楽隊により中国国歌が演奏された後、陳嘉庚が挨拶をし、「中日和平の最低四条件」として①九・一八事変以前の領土主権の原状に戻すこと、②「九ヵ国条約」精神の維持、③中日間の不平等条約の撤廃、④日本の全ての在華財産没収を提起し、さらに侵略による人的物的損害の賠償を要求するとした。日本がこれに同意しなければ、「和平」は論じられず、海外華僑は抗戦を継続し、勝利まで死を誓って奮闘すると強調した。次いで団体代表一六人が援英運動の意義、中英民族合作により民主戦線内の相克を克服することなどを演説した。最後に①ファッショ打倒、②民主戦線擁護、③マラヤ防衛、④中英両国万歳のスローガンが叫ばれ、全体で英国国歌を歌って締めくくった。[108]

シンガポールのみならず、援英運動はマラヤ全土で普遍的な高まりを見せた。方式は遊芸会、「売花」、バザー、スポーツ大会などで様々であった。目的は援英一本に絞られたが、ペナン籌賑大会は「援英宣言」を発し、「援英」とはすなわち「援華」でもあり、同時にマラヤ華僑の自衛運動と位置づけた。そして、英国の中国抗戦支援を振り返る。①英米政府は一再ならず貸款してくれ、法幣の信用を高め、抗戦経済を強固にした、②抗戦後、中国は緊急に生産したが、英米政府も大量の軍用品を中国軍に補給してくれた、③英国民衆は援華会を組織し、絶えず巨額の資金や薬品を集め、中国傷兵と難民に送付してくれた、④マラヤ籌賑運動が最も熱烈で成果も突出したのは植民地政府が優遇し、種々の協力をしてくれたお蔭である。[109] このように、英国との良好な関係のみを回顧し、英国に対して誠意をもって支援すべきとする。すなわち、植民地政府との矛盾、対立を「援英」によって打開し、華僑の生活、活動を守ると同時に、祖国中国を侵略する日本ファシズム打倒に集中する効果を狙ったものといえよう。

では、英国、それに連動する植民地政府との間に、前述の侯西反問題以外に、いかなる矛盾が存在したのであろうか。

第一に、第二次世界大戦の発生後、植民地政府は英国戦時経済を支援するため、新税として所得税を設定し、年利益が五〇〇〇元以下は免税。五〇〇一元以上は六%、一万元以上は一二%とした。課税対象は①不動産、②投資、③財産相続、④専門職業、⑤雇用、⑥工業である。このニュースが伝わった後、英領マラヤの商業団体はこぞって所得税に反対したが、とりわけ華商の反対が最も激しかった。その理由は、(イ)華商が漢文簿記を用いており、申告に手間がかかり、支出が増大する。(ロ)資本高、営業成績を他に明確にしない慣習がある。こうした理由は中華社会だけで通用し、植民地政府を説得するには至らなかった。四〇年一一月ペナンで開催されたマラヤ中華商会連合会年次大会でも反対を表明したが、植民地政府は四〇年一月一日所得税を強行した[110]。

第二に、英国が英領の華僑資金凍結を宣布して以来、英領マラヤの華僑為替は行き場を失い、華僑経営は停滞し、各民信局も営業を停止した。国民政府はこうした状況が長引けば、華僑は不安を感じると憂慮を表明した。その上、植民地政府は資金流出防止のため、外国為替統制を実施し、「金ポンド集団」の国家以外には一回為替送付額は五〇〇シンガポールドルを超過してはならないと規定し、四〇年二月二五〇シンガポールドルに下げ、さらに五〇～一五〇シンガポールドルにまで制限を厳しくしようとした。華僑はこれに反対した。すなわち、現在、輸入は制限、禁止され、英領マラヤの主要産品は高騰して巨額の出超となっており、制限しなくとも資金流出は自然に止まる。それに対して、中国は侵略者に破壊されており、中国にいる家族救済のため為替送付の増大は当然のことで、資金流出と同一視できない。南僑総会、マラヤ中華商会連合会は、為替統制が多数の華僑に身を切るような痛みを与えているとして、植民地政府に善処を要望した。植民地政府財政司は家族仕送りの場合に限り、二五〇シンガポールドルに据え置くと妥協した[111]。

四〇年末頃、僑務委員会は、華僑が自衛のためにも義勇隊に参加し、英国政府と共同で地方治安を守るべきとの指示を出した。これを受けて、一二月一三日『南洋商報』は華僑義勇隊による「第二の故郷」マラヤ防衛を打ち出した。そして、植民地政府の同意を得た後、全マラヤの華僑参加を呼びかけるとした。華僑領袖林文慶、李光前、林忠邦もそれに同意した。ただ、ジョホール州国務院華籍議員石煥章は植民地政府に対する警察補助の「華人輔助隊」組織化を要請した時も植民地政府側の動きは鈍かった。英領マラヤに対して、「蘭印」の方は華僑が次々と自衛団を組織しており、一致して防衛の準備をしているとし、(112) 焦りを示す。このように、英領マラヤでは植民地政府は、マレイ人や華僑の武装が植民地支配打倒に向けられる可能性も危惧して及び腰であったと推測される。だが、四一年八月になると、極東陸軍総司令は植民地義勇軍第二大隊に若干のマレイ人、華僑を募集するとし、通信、運輸、機関銃などを担当させ、機会があれば、正規軍に加入させるとした。(113) 華僑を武装してでも、兵力増強せざるを得ない状況に追い込まれていったといえよう。

四一年太平洋戦争勃発後、英国総督はついに南僑総会に英軍への協力と抗日を要求した。そこで、一二月三〇日南僑総会はシンガポール華僑抗敵動員総会を成立させ、陳嘉庚が主席に就任した。そして、四二年二月日本軍のシンガポール上陸に対して壮絶な防衛戦が展開された。各党派、無党無派、学生、および労農ら華僑によって構成された義勇軍は、英国当局に武器などを要求し、日本軍に抵抗した。八日間の激戦の末、英軍は全面降伏し、義勇軍も解散した。だが、その後も華僑は臆すことなく、次々と抗日遊撃隊を組織し、抵抗を開始した。著名なのが八個独立支隊から構成された共産党指導の人民抗日軍で、主要な指導者、戦士は華僑であった。もう一つが英国経済作戦部と国民政府が組織した第一三六部隊で、情報収集と遊撃活動をおこない、これらは日本敗戦まで戦い抜いたのである。

六　南洋華僑の労働争議の実態と特徴

盧溝橋事件前後から日本軍の南洋占領まで、実は労働争議が頻発した時期でもあった。つまり華僑はストを闘いながら、祖国中国を支援したのである。この事実は南洋華僑の実態、特質をより深く解明する上で、決して看過できない内容を含んでいる。

華僑は日本品ボイコットで日本経済に打撃を加えると同時に、侵略者をいかに憎んでいるかを日本人に知らせようとした。例えば、日本人住宅の家政婦は相継いで辞め、華僑の住宅経営者は日本人居住者に対して期限を切って引っ越すか、家賃五〇%増しを通知した。タクシーは日本人の乗車を拒絶した。注目を浴びたのは、シンガポールで日本人小学校の建設に従事する華工が日本の中国侵略を怒り、日本人経営者に三〇%の賃上げ、「自由公債」(中国政府発行?)の購入、および日本政府に侵略軍撤退の打電を要求した。日本人経営者は三〇%賃上げと公債購入については了承した。特に、華工は中国侵略、殺害に直接つながる銃火器原料の運搬には激しい反発を示し、ストや辞職で抵抗した。例えば、①三七年一一月英国商船の「蘭印」運搬品目(最終的に日本に輸送?)に爆薬が含まれていることを知り、寧波出身などの中国籍船員が一致して仕事を拒絶した。そこで、「蘭印」政府はこれら船員四〇人をシンガポールの移民庁に引き渡し、「移民法」に則り中国に強制送還することとした。だが、当地の華僑団体などが船員の国家・民族を憂える犠牲的精神に感銘し、次々と慰労食物を贈り、かつ楊惺華且以建設公司が新たな仕事を保証したことで入境できた。②三七年末、英領マラヤのバンダー・ペンガランの日系鉄鉱山では華工が鉄採掘に従事していたが、これが日本で軍火器に製造されて同胞を殺害するとし、全員が辞職した。内三〇〇~四〇〇人がシンガポールに新たな仕事を探しにやって来た。これらの華工は「愛国失業」とみなされ、華僑は白米、牛乳などで慰労し、かつ仕事を探してやり、結局、華人建設公会が今後来る華工を含めて五〇〇人以上の雇用を可能とした(114)。その他、ジョホールバールの鉄鉱山では失業華工一〇人を雇ったが、日本人経営と知り、一〇人とも辞めてしまったという(115)。

このように、華僑の抗日運動は日本品ボイコットのみならず、辞職、ストという幅広い形態で激しく闘われた。特に「愛国失業」の場合、中国が優遇したのみならず、華僑社会もそれを許容、支援し、再就職の受け皿も準備したのである。

ただし、ここで押さえておくべきことは、こうした華工のストは日本人のみに向けられたものではなく、実は華僑資本家にも向けられ、華僑間の労資対立という色彩をも有していたことである。日本との民族間対立と華僑間の階級対立の双方が激流を形成していたといえる。ここでは、華僑間の階級対立、経過、処理の仕方を実証的に分析することで、その特質にアプローチしたい。

三六年末、電車労働者、道路清掃人夫、機器労働者、印刷労働者のスト以後、特定業種とはいえ、参加労働者が増大し、かつ交通、衛生、文化各方面に影響を及ぼすようになった。さらに、三七年になると、普遍的、かつ多業種にわたるようになった。新たに理髪、裁縫、建築、ビスケット菓子、靴製造、ゴム採取、鉄鋳造等々がストに突入した。例えば、三七年四月労働者側の主要な要求は①三〇％賃上げ、②労働者が病気の時、解雇できず、医薬費は工場が支給し、かつ従来通り賃金を支払うこと、③八時間労働、④夜勤には三角半を支払い、四時間を限度とする、⑤理由なく労働者を解雇できない、⑥工場主は労働者代表の安全を保障するなどとなっている。『南洋商報』の子心は全物価が上昇し、生活が苦しいことを考えると、労働者の大半の要求は合理的で、シンガポールではほとんど実施されていないが、八時間労働制も世界の通例と理解を示す(116)。このように、主要な要求はインフレ下での賃上げと労働条件の改善、および地位保全などにあった。

インフレと労働争議の相関関係をみると、シンガポールでストが三七年中で最も頻発した四月は、食料品や生活必需品が五～三〇％軒並み上昇している。三月以前と四月を比較すると、例えば、米は一包み七元五角から一〇元、日常的に飲まれているコーヒーが毎斤三角五銭から四角五銭、肉類が毎斤四角四分から四角四銭四分、石鹸一角九分から二角四分という具合である。スト発生以後、資本家側が譲歩して待遇改善を受け入れ、迅速に解決した例もあるが、自らの主張に固執し、労働者側も過分な要求をおこない、関係が悪化して収拾がつかなくなり、工場が操業停止された幾つかの例もある。例えば、四月和和、一一月太豊ビスケット菓子の両工場は操業停止された。太豊の場合、資本家が操業停止を宣告し、労働者側も同工場に留まるつもりがなく、①三ヵ月分の解雇金請求、②新住居が見つけるまで宿舎の無期限貸借、③工場側は操業停止を新聞で報告するの三条件を提起した。前述の子心は個人的見解と断りながら、争議発生は現状では避けられないが、その予防、件数減少、あるいは早期解決は可能とし、最も重要なことは労資双方が相互依存関係にあり、互いに協力して双方が利益を得られ、対立すれば勝者はなく、双方が傷つくと忠告する[117]。ここには、華僑間における階級調和的な発想がみいだせる。

ともあれ、三七年の争議の特徴は、資本家側に労働団体を組織して、一致団結して待遇改善を求めた点にあるとされる。未組織のところでは準備委員選挙から開始し、組合員を吸収する。一旦ストが発生すると、労働者の要求は組合名義で提起され、組合代表が一切の責任を負い、資本家側と交渉に当たり、資本家側も労工司もこれを無視できなくなった。シンガポールで最も活動的なのは機器行、洋服同業行、金属鋳造興和行などの一〇団体であり、平時に「工友会費」を徴集しており経済基盤があり、ストを持久的におこなえる。また、失業労働者支援もおこない、例えば洋衣行では職場復帰の労働者三〇〇人余が失業労働者六〇〇人余の食費のために貯金を決議し、同時に「星洲洋服店」を開設し、失業労働者に仕事を与えることにした[118]。このように華僑労働運動も組織化され、資本家と対等な交渉テーブルにつき、かつ経済基盤をもつことで強靭となり、かつ持久的闘争が可能となった。

ストはあらゆる所で頻発したようで、三八年一〇月クアラルンプールの失業救済基金秘書「約翰漢徳」（ジョン・フォード?）は、弁公処事務職員が毎日午後六時、七時に延長すること（開始時間不明）を不満とし、賃金減額に同意せずに、労働時間の軽減ばかり要求しすぎると、「共産党」と称されると警告した。そして、雇主と事務職員は協力して休憩時間とかで労働条件の改善などをすべきとした[119]。また、クアラルンプールの英国人経営の錫鉱山でも四〇％賃上げを要求してストに入ったが、二〇％賃上げで妥結し、すぐに操業が再開された。

マラッカの大小の華人経営百貨店二〇の店員一〇〇人余が欧戦以来の物価上昇と生活困難を理由に、二〇〜四〇％の賃上げと一〇時間労働を要求してストに入った。その時、労働者側は「民族利益は一切より高く、労資の誠意ある合作の立場」をとる百貨店側に、同じ華僑として窮状理解を求めた[120]。

シンガポールでもストが頻発した。(1)新興、発興、泉成、南発の四つのパイナップル工場（おそらく缶詰工場で、パイナップルとともに錫の需要とも関連し、基幹産業の位置にあったと推測される）：労働者計一五〇〇余人が資本家側に生活改善要求五項目を出した。その後、労働者側は二〇％の賃上げ要求を一五％に下げたが、資本家側は七％を堅持して譲らず、一月八日交渉が決裂し、ストに入った。交渉会場には労資双方の代表の外、ジョホールバールのパイナップル工場の資本家も傍聴に来た。発興、新興両工場の労働者計七〇〇人余は要求が貫徹されない限り、職場復帰しないと気勢を上げた。泉成、南発両工場もストに入った。スト労働者の大部分は福建人、一部が潮州人であり、男女比は二対一である。[121]

(2)アヘン工場[122]：包装部門の女工二〇〇余人の賃上げストに、機械部門の男工数十名が合流し、第二次世界大戦による物価高騰で生活が大打撃を受けているにもかかわらず、工場支給の生活手当は微々たるものである。そこで、①全員三角の賃上げ、②工場内外にかかわらず、負傷した場合、医薬と病院費の支給、③負傷者への補償金、④一〇年以上勤務の労働者に報奨金、⑤理由なく解雇できない、⑥クリスマス、新年の休日も他日と同様に賃金を計算する、⑦無料宿舎提供の七項目の要求を出したという。[123]

三九年一二月ペナン埠頭で港湾労働者である華工、インド工の計二〇〇〇人余が連合して物価上昇による生活難を理由に三〇％の賃上げを要求した。その後、労資双方とも華民政務司に数度の斡旋を依頼し、労資代表が別々に談判を繰り返した。だが、難航し、四〇年一月八日埠頭公会籌備処で華印工友全体大会を開催し、臨時主席に林分君を推挙後、華工代表七人、インド工代表三人を選んだ。また、糾察総隊長一人、隊長一人、糾察員一〇〇人を組織し、ストに突入した。労働者の要求が大筋で通り、職場復帰したが、雑貨運搬部門だけが除かれていたため、同部門の華工、インド工の数百人がストを続行した。そこで、二日間労資双方の代表が談判を継続し、資本家側はその要求を全面的に飲み、華工は一律三五％、インド工は二五％増で、「円満解決」したという。かくして、一三日操業を全面再開した。[124]

特に、植民地政府まで巻き込んで紛糾したのは、シンガポール海港局ドック部の争議である。技術工一五〇〇人の内、多くがストに参加し、ドックが停頓状態になった。スト糾察隊が入り口でスト破りを警戒した。ここは英国海軍の軍艦修理もおこなっており、植民地政府は戦時重要工作に影響を及ぼすとしてストを容認しない構えを示し、ストを止めるように警告を出したが、聞き入れられず、ついに中央警察局に発動を命じた。四〇年一月一八日警察隊四〇人が到着した時、門外で集会をしており、職場復帰を拒絶した。警察隊をみて興奮して演説を始める者もいたが、多くは地面に座り込んでおり、集会は極めて秩序だったものであったという。集会が終わり、退出する時、警察隊は植民地政府が三九年に定めた「国防航務律例」違反に当たるとし、指導者とみなせる三人を含め、スト労働者計一一人を逮捕、拘留した。[125] この他にも港湾労働者のストが頻発していたこともあり、強い姿勢で臨んだものといえよう。

四〇年一月全ペナンの広東、福建両幇の理髪店員が月給三〇％の賃上げと待遇改善を要求してストに入った。これに対し、一七日理髪公会は両幇資本家を召集して連席会議を開催し、その要求条件を検討した。一八日理髪公会は資本家側の回答をもって理髪華工全体大会を開催した。一〇〇余人が参集し、討論の結果、労働時間を一二時間に短縮することは資本家側がすでに同意したことを評価しながらも、①月給一〇％の賃上げでは不十分、②週休の早急実施、③病気の時、資本家側が五元を貸し出しに同意したが、全快後、復職の権利も要求する、④解雇は半月前に通知すべきで、理由ない解雇の場合、一ヵ月の給料を支払うべし、⑤六ヵ月間、華工代表の地位保全を全体一致で議決した。[126] このように、理髪公会が労資双方の調停をし、双方から信任を受けていたことを窺わせる。

その他、コーヒー生産、販売、コーヒー店もストに揺れた。シンガポールの瓊僑コーヒー公会主席は董事会で、コーヒー茶業華工の賃上げ、生活改善ストが董事、各代表の調停により一五〜二五％の賃上げで円満解決したことに感謝している。[127] クアラルンプールのコーヒー・茶葉の労資紛争は一〇元以下の賃金の者は五％、一〇元以上の者は一〇％の賃上げで妥結したが、資本家側が労働時間一三時間に固執したため、解決には至らなかった。[128] ペラック州のコーヒー店員互助社では、一〇〜一五％の賃上げと労働時間の短縮について会議を開いていたところ、偵探局員が多数来て互助社内を捜査し、書簡などを持ち去ったという。学校も例外ではなかった。クアラルンプールの尊孔中学校（教職員六〇余人、学生一二〇〇人余）でも教職員会議で校董部に賃上げ要求を決議している[129]。

四〇年一月シンガポール中華総商会（主席陳嘉庚）は争議頻発に対して警告を発した。すなわち、非常時期、争議が拡大すれば極めて重大な影響を及ぼす。そこで、特に董事会議を開催し、労資華僑に誠意をもって合作することを勧め、かつ中華総商会内に調停委員会の設置を決議した（労資双方の依頼を受けた初仕事は上述のシンガポールのパイナップル工場の争議解決）。そして、①防犯・治安はとりわけ重要であり、植民地政府の法律と治安対策を極力遵守すること。②ストを絶対に停止し、後方生産を増大させ、戦時経済強化を支援する。華僑は祖国抗戦支援の重大任務を担っており、同時にマラヤは英国の後方属地であり、「友邦」を助け、中英親善の精神を示す。③賃金改定は必要である。資本家側は労働者の困苦に鑑み、可能な範囲で待遇改善に尽力し、労働者側は資本家側の状況を斟酌し、過分な要求を出して工商業の発展を阻害すべきではない。④注意すべきことは、絶えず大規模な争議が発生すれば、華工に対して不良な印象を与え、投資者は警戒感を抱き、他国籍の労働者を雇うようになったり、経営を他所に移し、マラヤの工商業と華僑の地位に影響を及ぼす[130]、と。

例えば、③であるが、中国第三勢力の章乃器が連合戦線樹立のために、①地主が亡国奴になるのを願わないなら、一部の土地利益を犠牲とし、封建的搾取を放棄して農民の抗敵力量を培養する必要があり、②農民が亡国奴となることを願わないならば、その要求水準を低くして地主との衝突を免れ、同時に地主を連合戦線に加入させなければならない[131]、と地主、農民の双方に自制を求め、妥協を迫っている。これは土地問題で、シンガポール華僑内の労資関係と異なるが、対日民族矛盾などを背景に双方に自制と妥協を迫る点に共通性がみられる。

さらに、シンガポール中華総商会は第二三号通告を発した。すなわち、最近、少数の輩が「救国名義」を用い、刊行物を乱発し、華僑を惑わしていると非難する。彼らは反英運動を提唱し、華僑の団結を離間させ、抗戦陣営を破壊し、あるいは籌賑・献金を妨害している。これを労働争議の頻発と結びつけ、以前は賃上げなどであったが、今は政治問題であると断じる。例えば、最近のストは「弁事職員」（事務職員だが、この場合、組合専属職員）の異動阻止を口実とする。これは資本家の権限に属するもので、それが不満なら労工庁に公正な仲裁を要求すればよい。ストによる器材破壊は資本家ではなく、労働者の責任である。今回のゴム工場桟（宿舎・倉庫・運搬）のストでは労資双方とも華僑であり、全て華僑が損害を受けた。また、ある労働者は献金のためと賃上げを要求しながら、実際には自らの生活に使用している。誠意をもって労資合作をし、華僑全体の地位と利権を守るべきとし、外交部、僑務委員会の五項目訓令を遵守することを望むとした。それを受けて、四〇年六月一七日シンガポール総領事館は、国民政府外交部、僑務委員会の訓令に則り「誠意をもって植民地政府との合作」を通告し、以下の五項目の遵守を呼びかけた。①三民主義と国父の遺教を遵守し、抗戦のために奮闘する、②国民政府を擁護し、一切の敵傀儡組織を撲滅する、③蔣委員長に服従することは民族に忠、国家に孝を尽くすことである、④敵味方を明確に識別し、「敵漢奸」に利用されないようにする、⑤献金に関しては統一計画、統一送付の原則を遵守する、[132]と。ここには、上からの資本家側からの発想が窺え、ストと「敵漢奸」の結びつきが事実か否か不明であるが、ともあれ、民族矛盾を優先する形をとって階級矛盾を覆い隠す。そして、救亡運動を妨害し、華僑を離間させ、華僑全体に損害を与えるものとして労働争議を断罪している。

七　僑務委員会と戦時華僑教育

一九三九年僑務委員会は『第二期戦時行政計画』で華僑教育に関して以下のように打ち出した。

(1)三九年から①校務の統一、②教程を統一、③華僑学校、教職員に抗戦宣伝奨励。

(2)華僑学校は国民政府の補助後、進歩を見せたが、補助費は多くなく、抗戦後、各校董事が「献金救国」に努力し過ぎた結果、学校経費に困難が発生した。そこで、運営に成果をあげながら経営困難な学校、「抗戦建国」募金に成果ある学校、および各種公益に努力している学校には補助を継続する。戦区となり他校転学の華僑学生や清貧で成績優秀者は「補助清貧僑生回国升学規程」に基づき補助を考慮する。

(3)海外華僑は職業教育の必要を強く感じる。そこで、交通の便よく、華僑の多い地域には一、二の職業学校を設立し、また重要地域の華僑学校に職業補修班を付設し、国民政府が設備補助金などを支出する。二年内に職業学校一五～二〇、職業補修班五〇～一〇〇を設立する予定である。

(4)華僑教育総会は設立準備中である。シンガポール中華教育研究会、ジャカルタの南圻華僑教育連合会、フィリピン華僑教育会などの九つの教育団体を華僑教育分会に改組し、教育総会下の統一組織とし、各地華僑学校の一切の事柄について研究、連絡する。

(5)華僑学校は環境、経費、教師、組織運営などの関係から一律ではなく、成果も一定ではない。そこで、専員を各地華僑学校に派遣し、実地視察、または駐在させ、改善などを指導させる。その調整方法は①「派員指導僑校弁法」の制定、②華僑学校各項基準の改定。例えば、経費分配比率、クラスにおける学生と教師の比率、履修基準、教材、時間、学科などの基準、③水準以上の華僑学校奨励弁法と水準以下の学校援助弁法の制定、④華僑学生の課外活動原則、例えば新生活運動、社会服務、青年運動、体育などを制定する。

(6)中国内の学校は多くが戦区となり、華僑学生は海外に戻った。そこで、海外の重要区域に高級中学一を設け、もし該地にすでに高級中学がある場合は専科学校一を設ける[133]、と。このように、学校の校務、教程、指導機関などの統一と拡充、学校の新設が目指され、職業教育も重視されている。

三九年一二月僑務委員会は教師、教育指導者の資質向上、再教育を目的に、重慶に華僑「函授」（通信教育）学校の設立を決めた。当然、実力を有する国民党系の教育人材増大を目的にしたとみなせる。校長は僑務委員会委員長の兼任、副校長二人は同副委員長と僑民教育処長が兼任し、名誉校長は教育部長となっており、意気込みが感じられる。僑務委員会が全面的にバックアップする形で、教務、事務、各主任も僑務委員会職員の兼任であった。対象は現職の華僑学校教職員、華僑教育団体職員、および華僑教育事業を志す者で、一般常識の充実、専門技能の増大とともに、精神訓練を施して三民主義教育を実施できる優秀な人員育成を目指すとする。手続きは現職学校や団体からの推薦書が必要であり、また無職の志望者は中学卒程度で、当地の領事館か教育会の推薦書が必要である。他に「自伝文」（字数無制限）に家庭環境、社会服務経過、華僑教育に関する意見、自分の長所と欠点、および国家・社会に何をもって貢献したいかなどを書いて送付する。四〇年三月に開学し、期間は一年半。第一期学生募集は二〇〇〇人を限度とする。課程は〈基本学科〉総理（孫文）遺教、領袖（蔣介石など）言行、最近の国内外情勢、〈教育学科〉教育概論、教育心理、各科教育法、華僑学校行政、華僑学校訓育（主に道徳教育）、戦時教育など、〈僑務学〉国際公法、各国開拓史、条約と華僑居留地法規、〈補助学科〉応用文作成、簿記学などである。なお、学費は無料のようで、経費は僑務委員会僑民教育補助費から支出される[134]。以上のように、僑務委員会が力をいれた学校であったが、実際には四〇年七月一日に遅れて開学し、入学者は一二〇〇人余に上ったにもかかわらず、太平洋戦争の勃発により、海外各地が戦乱に陥り、四二年には通信が不能となり、第一期の中途で閉鎖されてしまった（再び開校するのは日本敗戦後の四五年一二月）。

ところで、華僑教師育成はすでに抗戦前の三四年に「僑民教育師資訓練所」で第一期が実施されていたが、不足気味で、抗戦後は四〇年第二期が実施され、第三期は僑務委員会と教育部の合同となり、「僑民教育師資訓練班」と名称を改めたが、第三期の卒業生を送り出した後、戦時の影響で停止された。なお、教師養成に関しては、教育部も積極的におこなっており、例えば帰国華僑学生に対しては、四〇年から雲南省保山、四川省江津、広西省楽昌に国立華僑中学を計三校、福建、広東に華僑師範学校二校を設けて華僑教師を養成した。この他、教育部は復旦大学、中山大学、広西大学、広東省立大学に特別支出して華僑先修班を増設させ、中卒以上の華僑を入学させた[135]。

華僑学校の調査、計画に関しては、四〇年九月教育部と合同で「僑民教育設計委員会」を設立し、華僑教育専門家、華僑教育経験者を指導や計画に参画させることを決定している。さらに、僑務委員会は領事館や華僑教育専員に、不完全な華僑学校を指導、改善させ、学校未設立の地域を調査させる。その他、僑務委員会が華僑中小学校を直接設立する重要な計画もあるとする。学校の未設立地域では、華僑児童が失学に陥るのみならず、「異民族に同化される」危険性を指摘する。そこで、四〇年内に先行的にオーストラリアのシドニー、アメリカ（地域不明）に華僑学校を直接設立し、当地の領事、華僑団体、華僑指導者に責任を負わせるとした[136]。

また、指導員などを養成し、華僑学校に派遣することが緊急課題となった。そこで、四〇年九月僑務委員会は教育部、外交部と相談の上、教育学識経験者を指導要員として華僑教育改善のため派遣を決定している。まず、僑務委員会と教育部合同で香港駐在の教育調査専員一人を置き、香港、マカオの華僑学校を視察、指導させた。さらに四一年三月「僑民教育視導専員設置計画」を立案し、同時に英領マラヤ、フィリピン、ビルマ三地に華僑教育の指導専員各一人が設置され[137]、専員がフィリピン、ビルマ、インドなどの華僑学校を視察した。その他、四一年九月僑務委員会教育処長の余俊賢がクルアン（Keluang）に来て、華僑、中華、培華三学校を視察し、教師と面談して三学校の協力と華僑教育の促進を訴えるとともに、職業学校、補習学校などの設置を主張した[138]。このように、この時期に華僑教育指導制度は局部的に形成され、具体化し始めたが、世界各地に散在する華僑学校に対して、僑務委員会、教育部が全て直接指導することは不可能であった。そこで、四一年以降、実践的な人材育成を目的に、廈門大学と暨南大学にマレイ語科、中央大学にインド語科を設置し、かつ雲南省に国立東方語文専科学校と東方語文訓練班を設立している[139]。

華僑学校の統一的な教科書編輯については、三六年南洋小学教科書編輯委員会がすでにあり、戦争で中断したが、三九年一一月再開している。華僑学校教科書は教育部が主要に編輯したが、僑務委員会も改訂と授業指導書作成に参画した。四一年三月までに小学校各教科書、授業指導書は九〇%が完成し、中学校教科書は四一年から編輯し始め、四二年には初級中学校の公民、歴史、地理、算術などの教科書を供給できた。これら教科書は祖国の実情の伝達と民族主義に重点が置かれており、華僑の「愛国心」を高めた。華僑学校での教科書採用率は八〇%以上とされる。(140)なお、前述の如く、南洋研究所も教科書作成に参画している。

また、学校の種別としては、技能養成の華僑職業教育学校とともに、華僑民衆学校も華僑の下層教育水準の底上げを目指す目的で重視されている。民衆学校は「中華民国教育宗旨」などに基づいて簡単な知識と技能を与える。各地領事館が華僑団体、華僑学校などに民衆学校設立を勧告し、領事館のない地方は中華商会、華僑団体が代理する。対象は一〇歳以上の失学華僑で、性別を分かたず、民衆学校に入学でき、初級班卒業、あるいは同等の学力を有する者は高級班に入学できる。学費は原則的に無料で、書籍、文具は半値で、貧窮者には学校が支給する。授業時間は毎日二時間で、総時間は最低二〇〇時間であり、高級班は休日や夜間に実施する。教科書は中国出版のものを採用し、教員が各地の状況を斟酌して編輯、増減して使用する。科目の配分は、初級班は国語六六%、算術一八%、楽歌六%、体育一〇%であり、高級班は「国語」（中国語）五〇%、算術（算盤など）一二%、楽歌六%、体育一〇%、職業科目二二%となってる。(141)このように、民衆学校でも「国語」が五〇～六六%と最もウエートが重く、識字教育とともに教材として「公民」、「常識」、特に中国「歴史・地理」が重視され、華僑に中国人意識の養成を目的としていた。

では、具体的に教育はどのように展開したのだろうか。まず、三八年五月国立廈門大学(142)が華僑高等教育を発展させる目的で、シンガポール中華総商会を窓口とし、暫定一五名の「特別生」を募集した。資格は高級中学卒かそれと同等の学力を有する者で、一年間国文、中国歴史、中国地理の補修等を受け、正式入学を望む者は大学入学試験を改めて受ける必要がある。「特別生」の待遇、学費などは特別規定者を除き、正式学生と同じであった[143]。このように、「特別生」は華僑学生に高等教育への道を開くものであったが、特別扱いをせず、中国の学生と同等な学力を要求し、養成することにあった。

もちろん学校で救亡運動も展開している。三八年六月六日教師デーには、シンガポール華僑教師による記念会が大世界遊芸場で開催され、「祖国難民の苦を忘れず」をスローガンに、満員の観衆に対して呉盛育が「最後の関頭」を独唱し、次々と「救国軍歌」などが演奏された。また南洋、南華、中華三学校の女生徒が「売花」募金をおこなった。最後に中国国歌を歌って盛会の内に終わった。クアラルンプールでも、セランガー州の学校連合部慶祝籌賑遊芸大会が中華大会堂で開催され、名誉会長と教師二一七人が参集した。音楽教員による合唱、舞踏などが催され、話劇では新生活運動の影響を受けたと思われる「清潔運動」や「尊孔」を掲げ、「漢奸批判」を盛り込んだ社会、政治色の強い内容で、献金も三〇〇〇余元が集まった[144]。このように、教育界でも華僑の団結が図られた。

こうした中で、華僑学校の現地化、中国からの離反を恐れるシンガポール中国総領事は、華僑教育界に中国の教育方針を示しながら、「国家」（中国）に責任を負い、戦時とはいえ教育方針、内容を勝手に変更しないようにと釘をさした。中国の「戦時教育方針」は「三民主義に基づき人民生活を充実させ、社会の生存を助け、国民経済を発展させ、民族生命を延長させることを目的とし、民族独立、民権普遍、民生発展を期して世界大同へと促進する」ことにある。そして、(1)今後の教育方針として①「三育」（徳・智・礼）並進、②文武合一、③農工並重、④教育と政治目的の一致、⑤家庭教育と学校教育の連繫、⑥伝統文化に科学方針を加えることで民族の自信を復活、⑦自然科学により国防と生産の必要に応じること、⑧社会科学により自他の長を採り制度改革すること、⑨各級学校教育の目標を明確にして各地の平均発展を図り、義務教育も規定年限で普及させることとした。教師に関しては、各級学校教師の資格審査を実施し、高等師範のやり方を斟酌し、「三育」を有する中等学校教師を育成する。なお、学校教材には一貫した体系をもたせ、特に中小学校の公民、国文、史地（歴史・地理）などの教科書を編輯し、「愛国・愛郷」観念を強固にする。また、学校訓練と軍事訓練を連関させ、課外活動で肉体と精神を鍛錬するとした。(2)特に中等学校以上では一律に厳格な軍事管理方法を採り、清潔、整頓、確実、敏捷の美徳、労働習慣と責任、団体規律を守る精神を養成する。学校の経費不足は精神力で克服する。教育は国家・民族の生存にかかわり、とりわけ非常時期には、その使命は重大であり、国家規定の教育方針に則り、実際の必要を斟酌して特殊な環境に適応する。こうして、華僑教育は「教育救国」の神聖な任務を全うできる、と。[145] このように現地化を阻止し、中国との一体化、厳格な軍事管理統制、儒教思想が強調され、「愛国・愛郷」心を鼓吹し、軍との結合も強調されている。また、「三育」を基準に教師も審査され、教師、学生とも中国への忠誠を求める実践的な内容となっていた。

こうした発想は教育行政機関にも貫徹されていく。海峡植民地・マラヤ連邦華文教育部連席会議はマラヤ四州府華僑学校総視学官マイルスを主席、シンガポール華僑学校視学官呉毓騰を副主席に推挙し、シンガポール、ペナン、マラッカ、クアラルンプールなどの華僑中小学校長一一人を委員とし、「華僑小学課程修改標準委員会」を設立した。そして、四〇年六月クアラルンプールで会議を開催し、華僑小学校の課程改善を討論することになり、シンガポールの養正学校長林耀翔、南洋女子中学校長劉韻仙両委員の意見書により科目と時間縮減が論じられた。その結果、「国文」（中国語）の必要性は自明の理として議論されず、①「常識」は自然界、社会界の一般現象や歴史を簡潔に教え、日常生活、将来の処世法を学ばせ、「公民」は「優良な公民」を養成し、社会や人々への服務の仕方を学ばせるもので、この二科目は決して廃止できない。②授業時間は「国語」、「常識」、「公民」、居住地の関係から英語、科学人材養成の観点から算術とも減らせず、削減するとしたら体育、音楽、美術とし、これに多くが賛同したという。[146] このように、主席マイルスにも配慮して英語削減の提案はなかった。

ところが、クルアン（Keluang）では、現場教師が構成する華僑学校教師会の執行委員九人が集まり、児童年齢では「国語」(中国語)と英語の二ヵ国語を学習するのは負担が重すぎ、低学年の英語時間を減少させるべきと主張した。また、授業時間は統一すべきとし、学科の性質、児童の忍耐力を考慮すると、一コマ三〇分間がよいとした。また教科書の統一も論じられたが、それは継続課題とした。その他、学校記念日も一月一五日開学、三月一二日「国父」(孫文)逝去記念日、四月四日児童デー、五月五日「革命政府」成立記念日、五月二四日英国各民族連合記念日、九月二七日回教のサルタン生誕記念日、一〇月一〇日双十節、一一月一二日「国父」生誕記念日などに統一することが決議された[147]。このように、華僑学校の授業改革は全て統一する傾向にあった。ただ英語は削減しても、中国語教育は決して削減せず、華僑に「中国国民」としての意識を養成するが、同時に学校行事では、中国の主要行事を押さえながらも、現地政府との対立を避けるため、当地の祝祭日に配慮を示した。

太平洋戦争後、香港、マカオ、および南洋各地から中国に移転した学校は二七校である[148]。教育部が資金援助し、福建、広東、広西、雲南各省で授業を再開させた外、帰国華僑学生の進学支援、および仕送りの途絶えた中国にいる華僑学生救済に全力を尽くした。かくして、各種救済金によって受益した華僑学生は一万四二八六人にも上る。また、華僑学校教職員には旅費を援助し、帰国させ、国立各華僑学校の教師などの職を斡旋した。当時、教育部長であった陳立夫は、戦時期、華僑学校教職員と学生へ徹底した救済工作が実施され、華僑の祖国への求心力を強めたと総括する[149]。

学校などの経費不足は続いていたようで、四四年二月には「捐資興学褒奬条例」が公布され、私費で学校、図書館、博物館、体育場、民衆教育館などへの献金者に対し、教育部が一〇〇〇元~二九九九元の七等賞から一〇万元以上の一等賞等の賞状を出すとした。これは中国内の蒙古、チベットと海外の華僑地域が重視された。領事館や教育専員から送付された書類を僑務委員会が調査の上、教育部に諮問し、授与されるなどの形態を採った[150]。このように、当該地の有力者の名誉心をくすぐり、国民政府の財政不足を補いながら辺疆、海外の教育・文化の向上を目指したのである。

おわりに

以上のことから以下の結論を導き出せる。

第一に、上海、無錫、さらに武漢などという沿海、沿江工業・金融諸都市を失陥する中で、財源不足に悩む国民政府は華僑経済力に大きく依存せざるを得なくなり、華僑献金を要請するとともに、また工業、金融の未発達地域である後方に直接投資を呼びかけた。他方、南洋での経済発展が頭打ちとなるゴム園などの経営華僑は活路を求めており、投資も実現した。ただ、華僑出身地・福建省の日本軍未占領地域が中心で、重慶中心の大後方である西南、西北への投資は出足が鈍く、再三呼びかけをおこなわざるを得なかった。また、国民政府側にも具体的な優遇規定の不備もあった。こうした状況下で、僑務委員会も献金、投資を懸命に呼びかけ、かつ首都南京の陥落は日本を消耗させる戦術で、中国の敗北を意味しないとアピールし、華僑の動揺を抑えるなど重要な役割を担っている。当時、最大の問題の一つは日本、台湾を含め、世界各地からの多くの帰国華僑に対処することであり、彼らへの経済支援、仕事按配、帰郷させることが緊急であった。この処理を誤ると、華僑の中国への信頼を失うことになることから、特に「愛国華僑」に対しては積極的な優遇策をとっている。

第二に、華僑は第二次国共合作、抗日民族統一戦線を一貫して支持し、国共分裂を恐れ、かつ全民動員のために国民党一党独裁に反対し、政治的民主を強く要求した。また、中共・毛沢東らの言論を好意的に紹介し、かつ対日的には中華民族の団結を誇示するため、援蔣運動を発起し、実践した。このように、華僑は政治バランス感覚を有しており、中国の分裂を慎重に防止しながら、極力中国の政争に巻き込まれないように注意した。そして、自らを「無党無派」と位置づけ、かつ幇派の対立は根深かったとはいえ、各階級各階層を包括した、いわば「華僑統一戦線」の樹立を目指した。こうした華僑の特質は民族資本家、プチブルジョア指導の中国第三勢力のそれと共通している。自らの経営のみに熱心な中上層華僑もいたとはいえ、ゴム園経営者、商人などの華僑資本家が抗日指導勢力を形成し、華工などがそれを下から支えたことと無関係ではない。つまり、華僑は国民政府に一方的に指導されたわけではなく、中国の海外第三勢力として国民政府への最大の圧力団体の一つでもあった。

第三に、南洋華僑の抗日献金は籌賑会中心に進められた。その方式はバザーなど、様々な方式が採用された。廈門陥落に際する福建幇の動きは速く、ともすれば中国全体よりも「救郷」重視の傾向が読みとれるが、そこから「救亡」、「救国」への思考的転換も進展していったようである。寄付は献金だけではなく、衣類から飛行機に至るまで多種多様であったが、薬品も看過できない。これに対して、福建幇の陳嘉庚らは薬品工場を新設し、大量送付を決定し、各幇も呼応したが、胡文虎ら客家は共同歩調をとらなかった。このように、幇派を背景とする華僑領袖たちの足並みも決して一致していたわけではない。こうした状況下で、僑務委員会は民族意識を鼓吹し、中国と華僑を結びつけ、献金などを引き出す重要な工作を担った。特に下層華僑は熱心に献金に応じた。また、「救国」熱情に駆られた華僑青年が義勇隊を組織して帰国している。だが、国民政府としては財政的にも負担であり、むしろ技術工、運転手、医療関係者、各専門家を必要としたが、医者の動きは鈍かった。

第四に、華僑の抗日運動と日本品ボイコットは各種の抗日団体が組織され、例えば、「鋤奸団」は華僑社会で公認された上で激烈な形をとった。日本との取引のある華僑公司は名指しされ、名誉失墜から営業妨害、「罰金」までも科せられ、ある場合は経営者などが処刑された。行き過ぎも多発したようで、悲鳴をあげる者も多く、『南洋商報』紙上で公司は「冤罪」を訴えた。南洋華僑以外で、実力行使を受けるものは台湾人の商人が多く、華僑は「漢奸」とみなして攻撃し、一方、日本は「日本人」への攻撃として「防衛」体制をとった。だが、あくまでも日本品ボイコットは日本経済に打撃を加え、同時に中国経済、華僑経済の防衛を目標としたものであった。それ故、華僑の主体的な抗日運動として、日本人に対するテロではなく、台湾人を含む中国人を対象とし、「漢奸」と日本品に向けられたものので、その原則は貫かれ、ある意味で秩序だったものとみなせる。こうした方法、手段は中国内の日本品ボイコットと共通しており、海外での日本品ボイコットは連動した形で、日本経済に大打撃を加えた。また、その際、南洋の場合はやはり圧倒的な経済・金融網を有す印僑を日本品ボイコットに巻き込むことが、不可欠であった。

第五に、日本、汪精衛派にとって、華僑の支持をいかに獲得し、その献金や華僑為替を吸収するかが、占領支配や傀儡政権の存亡と安定を決定する。とりわけ、日本軍は華僑の故郷ともいうべき広東、福建両省の重要地域を占領した。このことは、南洋中心に世界各地で抗日運動を展開する華僑の家族を掌握したことをも意味した。いわば、華僑家族は「人質」ともいえる存在となり、その家族への仕送りである華僑為替の争奪戦が激化した。さらに、傀儡政権の支配地域では中国人青年が訓練され、宣伝員として南洋に送り込まれていたようだ。こうした日本、汪派の活動に対して、南洋では理論的撃破、行動的撃破、団結等々、種々の形態で闘われた。その結果、少なくともマラヤ、シンガポールに限っていえば、日本、汪派は占領以前、勢力浸透に成功しているようにはみえない。

第六に、マラヤ、シンガポール華僑は、不可避的に英国植民地政府の法律下での経営と生活が余儀なくされる。英国植民地政府が最も恐れるのは、マレイ人や華僑が英国植民地支配の打倒運動を起こすことである。その延長線上に籌賑会幹部の侯西反追放があるし、日本の南洋侵略が差し迫るまで、マレイ人、華僑の武装防衛を認めなかったこともある。また、植民地である以上、必然的に英国に隷属し、その政治、経済動向に左右される。英国の戦時経済支援のための増税、またポンド圏からの資金流出防止のための華僑為替送付の制限などが実施され、これらは華僑経済に直接、大打撃を与えた。にもかかわらず、華僑は英国植民地支配の打倒までは考えず、その枠内で経営が順調にいくことのみを願い、むしろ祖国中国を侵略する日本帝国主義打倒に集中した。それは、中国の弱体化、もしくは「亡国」が華僑の海外での地位を下落させることを恐れての面もあった。それ故、「民主国家」と「ファシズム国家」との区分は華僑を救った。なぜなら英国は中国の「友邦」となり、とりもなおさず華僑にとっても「友邦」となったからである。華僑がそれを明確に示そうとしたのが、援英運動である。華僑の中に残る英国植民地支配への不満と反英意識を払拭して、援英で一本化すると同時に、英国、および植民地政府の危惧をも払拭する試みであったといえる。ただし、英国植民地を肯定する華僑と、それを根本的に否定するマレイ人・ナショナリズムとの将来における確執を残すことになった。

第七に、抗戦開始前後から日本軍占領時期まで英領マラヤ・シンガポールは華僑争議が頻発した時期でもあった。特に第二次世界大戦の勃発後、物価が暴騰し、労働者の生活を圧迫した。この打開、および抗日献金拠出のためにも賃上げが要求された。ストは多業種にわたるものであったが、その要求には共通性があった。賃上げ、労働時間短縮などの労働条件の改善、解雇権乱用の防止などであり、労働者は組合を結成し、団体交渉をおこなっている。『南洋商報』は労働者の要求を合理的と理解を示した。また同業公会、中華総商会などが調停するが、できる限り華僑枠内で処理しようとし、ストは華僑全体の損失に繋がると労資双方に自重を促している。特に非常時期でもあり、ストの推移次第では華僑間の団結に亀裂を入れる可能性もあり、「円満解決」を目指し、事実そうなる場合も多かった。このように、階級矛盾に対して対日民族矛盾を強調する「階級調和」的傾向が強い。ただし、争議の頻発に対して、中華総商会は、真偽は不明であるが争議における「漢奸」の煽動も臭わせ、政治的にストを押さえにかかる資本家としての顔もみせた。なお、植民地政府はドックなどの重要部門の争議でない限り、静観しているようにみえる。

第八に、僑務委員会と教育部が中心となり、戦時華僑教育を推進した。その特徴として、数的、質的に不十分であった華僑教師、教育指導員の養成と再教育があり、その方向性としては、義務教育から高等教育、さらに職業教育、民衆教育まで幅広い教育を施すことにあった。それをスムーズにおこなうためにも、南洋中心に現地研究が重視された。教育部と僑務委員会は、小中学校の未設立地域に、失学児童の減少と現地化の阻止という目的で直接設立を目指し、幾校かは事実設立されている。当時、中国の教育との直結、統一が重視され、国民政府教育部の作成教科書が初等・中等教育での採用が推し進められた結果、華僑学校での採用率は八〇%に上り、かなりの普及率を示している。これらは、華僑に中国語教育を骨幹として「公民」、「歴史・地理」などの科目に重点を置かれており、必然的に中国人意識が養成され、中国との精神的一体化が図られている。このことは、当然、ある意味で現地よりも祖国中国を重視する発想を育み、抗日献金などでも大きな威力を発揮したと考えられるが、他方、祖国中国と国民党とがイコールで結ばれ、「党化」の強化をも意味した。換言すれば、華僑教育の基盤整備と普及、中国人意識養成による抗戦支援という歴史的意義を有するものであるが、同時に現地からの精神的離反、国民党一党独裁の肯定に繋がる管理統制導入という限界をも併せ持っていたといえよう。

註

（1）氷生によれば、日本は華僑を南進の最大の障害物とみなしているという。その理由として①「華僑は革命の母」と称されるが、その性格は「最も優秀な中華子女」であり、刻苦耐労、毅然、勇敢、民族観念と郷土観念が強く、「繁殖力」も強い。②政治、経済面では、華僑を中国抗日政権の有力な支持者とみなしている。(イ)中国への華僑為替額は国民政府の国際収支の三割を占め、財政金融政策と密接な関係を有す。(ロ)国民政府機構内の華僑出身者が日増しに増大し、国民政府の政策への影響力を示す。(ハ)抗戦以来、華僑の為替送付、抗戦支援金、難民救済金などは日本の見積もりによれば、抗戦資金の四分の一を占める。③華僑経済力は英米大資本、日本商人との競争で厳しい打撃を受け、危機にあるとはいえ、その基礎は相変わらず堅固である（氷生「日寇対南洋華僑的陰謀」『南洋商報星期刊』一九四一年五月一八日）、と。

（2）例えば、呉鳳斌『東南亜華僑通史』（福建人民出版社、一九九三年）の第一七～一八章。

（3）例えば、曽瑞炎『華僑与抗日戦争』四川大学出版社、一九八八年。任貴祥『華僑第二次愛国高潮』中共党史資料出版社、一九八九年。

（4）例えば、中国抗日戦争史学会・中国人民抗日戦争記念館編『海外僑胞与抗日戦争』北京出版社、一九九五年。
（5）①英国海峡植民地とは、ペナン、マラッカ、シンガポール、ウエレスレイ、ラプラン島、クリスマス島、ココスイ諸島などである。②マラヤ連邦はペラクバハン、セランゴール、ネグリスンビランなどであるが、英国はこれらの地域を保護国として統一した。③マラヤ非連邦はケゾー、ケランタン、ジョホール、ペルリスなどであり、形式的には独立し、サルタンが統治しているようにみえるが、一切の政治は海峡植民地総督下の英国人顧問が当たっている（『長崎日日新聞』夕刊、一九四二年一月一五日参照）。
（6）『南洋商報』は、一九二三年陳嘉庚が創刊。資本的基盤が強固である。そして、専門家を招聘して、華僑新聞の中でも視点、内容的に優れており、その紙面も豊富で、量も多く、突出している。三七年資本を増額し、林慶年、劉韻仙、李光前、李玉栄、侯西反ら錚々たる人物が董事に就任し、南洋華僑のマスコミ界のトップの位置を占める。当然、華僑、特に福建幇の意識、動向を分析する上で不可欠な一級史料といえる。
（7）『星洲日報』は、一九二二年胡文虎が創刊。内容が充実していたため、南洋華僑に注目された。胡文虎・客家の立場に立つといえるが、華僑資本家のみならず、華工の立場や労働争議についても紙面を割いていて、重要史料といえる。本新聞を『南洋商報』と重ねて使用すると、南洋華僑側の考え方、動向を客家、福建幇の双方から立体的、構造的に分析できる。
（8）東亜研究所『第三調査委員会報告書―南洋華僑抗日救国運動の研究―』一九四五年、六二頁など。以下、『第三報告書』と略称。
（9）『三民主義青年団中央団部工作報告』一九四三年三月、一、一三、一七～一八頁、党史委員会所蔵。
（10）「毛沢東先生訪問記」『南洋商報』一九三七年一二月三一日。
（11）『南洋商報』一九四〇年一二月三一日。
（12）「海外華僑抗戦呼声―粛清内部妥協分子、実行開放民衆運動―」『南洋商報』一九三七年一二月二九日。
（13）『南洋商報』一九三七年一二月二〇日。
（14）『星洲日報』一九三九年一二月二七日。

(15)『南洋商報』一九四一年九月二二日。
(16)「社論・民主団結乎？ 独裁反共乎？」『南洋商報』一九四一年一月一四日。
(17)「時論・論華僑無党無派的立場」『南洋商報晩版』一九四一年一月一四日。
(18)周態「関於華僑無党無派」『南洋商報』一九四一年五月二七日。
(19)菊池貴晴『増補・中国民族運動の基本構造』汲古書院、一九七四年参照。
(20)拙著『中国工業合作運動史の研究』汲古書院、二〇〇二年所収の第一一章「華僑の抗日ナショナリズムと中国工業合作運動」を参照されたい。
(21)「社論・僑胞怎様表示擁護抗戦？」『南洋商報』一九四一年六月一四日。
(22)「社論・為七七簽名運動敬告馬来亜僑胞」『南洋商報』一九四一年六月一六日。
(23)「二百五十万僑胞動員起来……」『南洋商報晩版』一九四一年六月一四日。なお、一九三八年神戸の日本南洋雑貨輸出組合連合会が南洋華僑への「対日認識是正」の宣伝文送付に対し、「蘭印」華僑の「平和維持大同盟」から反論が寄せられ、「吾等華僑、即ち大中華民国の国民は祖国の後楯となり、世界人類の仇敵と決戦」を誓うもので、いなかる反宣伝にも動揺しない。「貴会諸君は早期反省をなし、平和愛好の中華民族と連合戦線を張りて悪逆無道の日本軍閥並にファシスト主権者の走狗を打倒し、東亜の平和を確立し、日支両国の幸福を招来」させよう、と書かれていた（『昭和十三年外事警察概況』七三〜七四頁）。こうした日本の意を受けたと考えられる切り崩しがあり、それに反論し、むしろ団結を訴えている。
(24)『南洋商報星期刊』一九四一年六月一五日。
(25)『南洋商報』一九四一年六月一七日。
(26)K・T「一年来的馬華籌賑運動」『南洋商報新年特刊』一九四〇年一月一日。
(27)「緬甸訪華団在中国」『南洋商報晩版』一九四〇年一月一一日。
(28)『南洋商報』一九四一年八月九日。
(29)『南洋商報』一九四一年五月八日。

(30) 任貴祥、前掲書、六八頁。
(31)『南洋商報星期刊』一九三八年二月六日、一三日。「社論・抗敵宣伝週与海外華僑」『南洋商報』一九三八年一月三一日。なお、中国国民外交協会はシンガポールを含む国内外に七三分会を設立し、社会団体、籌賑会も積極的に華僑と英国人、マレイ人、印僑各民族との友好を深めるなどの活動をおこない、記念会等には各民族の参加を要請し、中国の抗戦情況を伝え、反侵略戦線を強化した。さらに米国には対日禁運、英国にはビルマルート開放を要請している（黄科梅「一年来的馬来亜華僑」『南洋商報新年特刊』一九四一年一月一日）、という。
(32)(33)『南洋商報』一九三八年一月二九日。
(34)『南洋商報』一九三八年五月二〇日。なお、フィリピン華僑労働連合会の二〇余人は第三戦区内の新四軍を慰労後、自ら新四軍に参加、もしくは政治工作に当たるとする（国史館国家檔案 05000-0670-6050-1『日本僑務案』、外交部→軍事委員会政治部「菲島華僑回国慰労新四軍並投軍或加入政治工作事」一九四一年（?）六月一九日。本史料は字が不鮮明）。
(35)「社論・実施徴兵制度与海外華僑」『南洋商報』一九三八年六月一三日。
(36) 達人「抗戦中的星嘉坡華僑」『南洋商報新年特刊』一九三八年一月一日。
(37)「一致電懇中央増援」『南洋商報』一九三八年五月一七日。
(38)「賛同李清泉建議」『南洋商報』一九三八年五月一七日。
(39)『南洋商報』一九三八年五月一七日。
(40)『第三報告書』三五九頁。
(41) 企画院編『華僑の研究』松山房、一九三九年、二七〇頁。なお、企画院とは三七年一〇月創設の内閣直属の国策立案機関で、日本の総動員体制、戦時統制経済を推進した。
(42) 蔡北華主編『海外華僑華人発展簡史』上海社会科学院出版社、一九九二年、七二頁。
(43)『南洋商報』一九三八年一〇月三日。
(44) K・T「一年来的馬華籌賑運動」『南洋商報新年特刊』一九四〇年一月一日。

(45) 呉汝柏「一月来的広西動態」『建設研究』第二巻三期、一九三九年一一月。なお、三九年中央は海外党部組織を健全にして海外党務を推進するために、海外各党部の責任者を帰国させ、重慶で中央訓練団党政班第三期訓練を実施している。

(46) K・T、前掲記事。結局、防寒服そのものを募集するのではなく、「寒衣」献金の形態であったらしく、一ヵ月半で全南洋(香港を除く?)で一〇数万元超過した五一〇万元が集まったという。ただし、各地で購入されたと考えられる防寒服は「三〇万着」ではなく、一二万着であった。

(47) 『南洋商報』一九三九年一二月一三日。

(48) 『南洋商報』一九三九年一二月二八日。

(49) K・T、前掲記事。

(50) 『新華日報』一九三八年四月二七日。

(51) 「胡文虎又慨捐霊薬寄贈桂省前線将士」『星洲日報』一九四〇年一月一三日など。

(52) 黄科梅「一年来的馬来亜華僑」『南洋商報新年特刊』一九四一年一月一日。

(53) 南方年鑑刊行会編『南方年鑑—昭和十八年度版—』一九四三年所収、田村寿「南方華僑の現勢」二四八頁。

(54) 『僑務二十五年』一四九頁。

(55) 香港西地区憲兵隊「香西憲警甲第六号—重慶政府香港ニ於ケル宣伝機関ノ状況」一九四二年三月八日、姫田光義編『重慶中国国民党在港秘密機関検挙状況』一九八八年、三三五、三六六〜三六七頁など。

(56) 『第三報告書』二四三〜二四五頁など。

(57) なお、三六年一〇月英領マラヤにいた「日本人」は八三八五人(内、朝鮮人一五人、台湾人二四〇人)であり、三七年には日中戦争勃発と日本品ボイコットにより約二〇〇人弱が減少した。三七年一〇月調査によれば、シンガポールの「日本人」は三九七三人(有職者二二二三人、家族一七五〇人)で三七年一〇月より一四四人減少した。職業分布は漁業労働者一一二八人、会社員・商店員四七三人、旅館・接客七六人、理髪六〇人、裁縫五九人、病院関係四九人(シンガポールの開業医一一人、歯医者一七人のほか、助手、看護婦など)、雑貨商四二人、大工など三三人、家政婦など三一人、雑貨以外の商業三〇人、工場労働者二三人、「自由労働者」（日雇労働者？）二一人、教育一三人、官吏九人等々である（奇父「日本人在新加坡」『南洋商報』一九四〇年一〇月二日）。このように家族を伴った者も多く、また病院も充実しているようにもみえ、一定の定住志向を窺わせる。また、華僑と競合関係にあるのは雑貨商を含む商人であるが、七二人と多いとはいえない。ただ、会社員と商店員が区分されていないのは遺憾であるが、前者に貿易関係は含まれている可能性もある。

(58) 企画院、前掲書、二四七～二四八頁。陳昌福『日本華僑研究』上海社会科学院出版社、一九八九年、九四頁。

(59) 達人「抗戦中的星嘉坡華僑」『南洋商報新年特刊』一九三八年一月一日。

(60) 福田省三『華僑経済論』一九三九年、巖松堂書店、四七六～四七七頁。

(61) 達人、前掲記事。

(62)『南洋商報』一九三八年九月二八日。

(63) 福田省三、前掲書、四八六、四八八頁。

(64)『南洋商報』一九三八年六月二〇日。

(65)『南洋商報』一九三八年一二月三一日。

(66)「許連誠源茂公司重要啓事―各愛国団体各僑胞公鑒」『南洋商報』一九三八年一〇月一日。

(67) 慨林「一年来的馬華救亡運動」『南洋商報新年特刊』一九四〇年一月一日。

(68)「失陥区物品是否仇貨問題」『南洋商報』一九三八年九月二三日。

(69) 満鉄東亜経済調査局『タイ国に於ける華僑』一九三九年、一八九～一九〇頁。

(70) 同前、二二一～二二四、二三三頁など。

(71) 同前、二二六頁。

(72)『僑務二十五年』三〇頁。

(73)『星洲日報』一九四〇年一月九日。

(74) 冰生「日寇対南洋華僑的陰謀」『南洋商報星期刊』一九四一年五月一八日。

(75)『南洋商報』一九三九年一月一六日。
(76)『南洋商報』一九四一年九月三〇日。
(77) 国史館国家檔案 05000-0671・20-0860-1『旅日僑団活動案』所収、「敵設華僑連絡会案」一九四一年四月五日～二六日、檳榔嶼領事館代電「関於敵方籌設華僑連絡会事」一九四一年八月二三日。
(78) 井出季和太『華僑』六興商会出版部、一九四二年、一〇七～一〇九頁。
(79)「僑務委員会陳委員長樹人為太平洋戦事告海外僑胞」(続)、『国民日報』(サンフランシスコ) 一九四一年一二月二四日。
(80)「代論 太平洋戦争中之華僑」『国民日報』一九四一年一二月二三日。なお、これには但し書きがあり、中央ラジオ局から南洋華僑に向けての放送であるが、アメリカ華僑の参考とするため、掲載したという。
(81)『僑務十五年』一三頁。
(82)『南洋商報』一九三九年一月二八日、二月一日。
(83) 秋風「淪陥区的漢奸報紙」『南洋商報』一九三九年一月三一日。
(84) K・T、前掲「一年来的馬華籌賑運動」。
(85)「社論・為拡大反汪運動告僑胞」『南洋商報』一九三九年六月二七日。
(86) 僑務委員会→外交部「情二八字第一九〇四七号公函」一九三九年八月一六日、および「南京敵偽図派員来星組織偽僑務委会」、党史委員会所蔵。
(87)『南洋商報』一九三九年一二月一六日。
(88)『星洲日報』一九四〇年一月九日。
(89)『南洋商報』一九四〇年一月一七日。
(90)『南洋商報』一九四〇年六月一四日。
(91)『南洋商報』一九四〇年六月一九日。
(92)『南洋商報』一九四〇年九月二六日。

(93)「廈門敵僑務機関図奴化我海外僑胞」『南洋商報』一九四〇年一二月二八日など。
(94)『南洋商報』一九三九年一月二一日。
(95)(96)「我敵対粤僑匯争奪戦」『南洋商報』一九四〇年九月九日。
(97)冰生「日寇対南洋華僑的陰謀」『南洋商報星期刊』一九四一年五月一八日。
(98)慨林「一年来的馬華救亡運動」『南洋商報新年特刊』一九四〇年一月一日。
(99)『僑務二十五年』一四六頁など。
(100)大杉孝平編『日中戦争とインド医療使節団』三省堂選書、一九八二年所収、「序」二一～三頁。「印派往我国之救傷隊過星受我僑熱烈歓迎」『南洋商報晩版』一九三八年九月九日。なお、インド医療使節団「五人」ではなく、「四〇人」であり、シンガポールに立ち寄ったことは従来あまり知られておらず、別グループとも考えたが、同時期であり、団長「摩翰・阿徳」、もしくは「亜塔爾」はM・アタルの中国語発音と同一であり、四〇人で出発し、最終的に五人となったと考えた。なお、周知の如く、延安では九ヵ月の医療活動をおこなったが、その間、チョールカルとムカージーが健康上の理由でインドに帰国し、三九年一一月残り三人はベチェーン医師と交代するために華北戦線に向かった。四〇年三月アタルの健康が悪化し、帰国したが、百団大戦では、コートニスとバスーは八路軍と共に移動しながら負傷兵の治療に専念した。その後、コートニスは華北戦線でベチェーン国際平和病院初代院長となったが、河北省唐県で三二歳で病死。
(101)侯西反（1882.8.20—1944.10.10）は福建省安南県出身。幼い頃、故郷で何年間か私塾で学ぶ。二六歳の時、シンガポールに来て「商界」職員となる。この頃、新聞で自学する。資金が貯まったので、友人と「振美ゴム公司」を創設し、同業の中でかなりの位置を占めたが、ゴムが不景気となり、操業停止。ただ、陳嘉庚が彼の才覚を高く評価していた結果、陳のゴム品製造公司の業務終結処理の責任者となり、かつ『南洋商報』総経理を兼任。三六年陳の推薦で亜洲保険公司副経理などを歴任。労働者の苦痛なども知っており、その信任を受け、労資紛争では調停に尽力した（陳民「侯西反」、厳如平、宗志文主編『民国人物伝』第五巻、中華書局、一九八六年）。
(102)『南洋商報』一九三九年一二月二九日。

(103)『南洋商報』一九四〇年一月九日。なお、侯西反は日本品ボイコットの指導者として、日本品販売の商人の恨みをかっており、彼らが植民地政府に誣告したという。侯は飛行機でラングーン（現、ヤンゴン）経由で重慶に行く予定であったが、友人や労働者数千人が植民地政府の戒厳令を無視して、不測の事態が発生する可能性があった。そこで、陳嘉庚と相談し、秘密裏に列車でペナンに行き、そこから帰国することとした。だが、ペナンでも当地の各界人士や華僑二、三千人が集まり、見送ってくれた。帰国後も重慶、昆明で「抗日救国」に奔走した。また、昆明では華僑互助会や華光学校を創設した。四〇年春、陳嘉庚ら「南洋華僑慰問団」が来ると、同行して一〇余省を視察した。この時、侯は「国民外交協会」（主席陳銘枢）常務委員の資格で陳を招聘し講演させたが、陳が延安の抗日状況を絶賛したため、国民党の不満を呼び起こした。とはいえ、侯は僑務委員会名誉顧問、国民党海外部青年団連絡委員会委員、賑済委員会委員、軍事委員会諮議、福建省政府参議などの要職にあった。四四年成都から昆明に行く飛行機事故で死去（前掲「侯西反」参照）。

(104)「社論・敵南侵中的保僑問題」『南洋商報』一九四一年八月六日。

(105)「社論・響応南僑総会的援英号召」『南洋商報』一九四一年八月一四日など。

(106)『南洋商報星期刊』一九四一年八月一七日など。

(107)『南洋商報』一九四一年八月一六日。

(108)『南洋商報』一九四一年九月二日。

(109)『南洋商報星期刊』一九四一年八月三一日。

(110) 黄科梅「一年来的馬来亜華僑」『南洋商報新年特刊』一九四一年一月一日。

(111) 黄科梅、同前記事。『南洋商報』一九四一年八月一六日。

(112)「時論・由荷印華僑義勇軍談起」『南洋商報晩版』一九四一年一月一〇日。黄科梅、前掲記事。

(113)『南洋商報』一九四一年八月一八日。

(114) 達人「抗戦中的星嘉坡華僑」『南洋商報新年特刊』一九三八年一月一日。

(115)『星洲日報』一九三九年一二月二三日。

(116)(117)(118)　子心「一九三七年星洲的工潮」『南洋商報新年特刊』一九三八年一月一日。
(119)『南洋商報晩版』一九三八年一〇月一日。
(120)『星洲日報』一九三九年一二月二三日。
(121)『星洲日報』一九四〇年一月九日。
(122)日本軍の占領以前、海峡植民地政府がインド、イランから生アヘンを輸入し、シンガポール市内にある精製工場（従業員四四人）、および本章で出てくる市外の包装工場（従業員二七二人）で煙膏を精製していた。なお、アヘンは政府専売で、政府直営店で販売された外、マラヤ、ブルネイなどに供給され、政府歳入の四〇～四五％を占めていたとする（江口圭一『日中アヘン戦争』岩波新書29、一九八八年、一六七～一六八頁）。英国はこの時期も積極的にアヘン政策を推進していた可能性を否定できない。
(123)『星洲日報』一九四〇年一月九日。
(124)『星洲日報』一九四〇年一月九日、一三日。
(125)『星洲日報』一九四〇年一月一六日、一九日。『星洲日報晩版』一月一八日。
(126)(127)『星洲日報』一九四〇年一月九日、一九日。
(128)『星洲日報』一九四〇年一月二三日。
(129)『星洲日報』一九四〇年一月一九日。
(130)「中華総商会発出通告為工潮事件敬告僑胞」『星洲日報』一九四〇年一月一三日。
(131)菊池貴晴『中国第三勢力史論』汲古書院、一九八七年、二三九～二四〇頁。
(132)「中華総商会掲発奸人煽惑反動、通告僑胞厳加防範」『南洋商報』一九四〇年六月二〇日。
(133)前掲『僑務委員会第二期戦時行政計画』一九三九年四月、党史委員会所蔵。
(134)「僑務委員会設函授学校」『星洲日報星期刊』一九四〇年一月二一日。
(135)陳立夫『成敗之鑑』正中書局、一九九四年、二七六頁。なお、当時陳立夫は教育部長であった。

(136)『南洋商報』一九四〇年九月一〇日。
(137)『僑務十五年』二三頁など。
(138)『南洋商報』一九四一年九月二四日。
(139)陳立夫、前掲書、二七六～二七七頁。
(140)陳立夫、同前、二七六頁。『僑務十五年』二一頁などから考察。
(141)僑務委員会「僑民民衆学校規程」一九三九年六月二八日、『僑務十五年』所収、五二～五三頁。
(142)廈門大学は、二〇年八月陳嘉庚が上海で蔡元培、黄炎培らを招聘して華僑関係大学創設の相談をし、周知の如く、陳嘉庚が大学経費を献金し、福建省政府が公有地を出す形で創設された。三五年文、理、教育、法、商五学院となり、後に航空工程、海洋各学系が増設された。三七年国立となり、日本軍の廈門砲撃を避けて長汀に移転した（『民国史大辞典』中国広播電視出版社、一九九一年、一七一頁参照）。
(143)『南洋商報』一九三八年六月八日。
(144)『南洋商報』一九三八年六月七日。
(145)『南洋商報』一九三九年一月一八日。
(146)「社論：修改華僑小学課程標準問題」『南洋商報』一九四〇年六月四日。
(147)『南洋商報』一九四〇年六月一二日。
(148)『僑務十五年』二〇頁。
(149)陳立夫、前掲書、二七五頁。
(150)「捐資興学褒奨条例」一九四四年二月一〇日、『僑務十五年』所収、五四～五五頁。

第五章　アメリカ華僑の動態と抗日活動
――サンフランシスコ・ニューヨークを中心に――

はじめに

抗日戦争時期（1937～45。以下、抗戦期）における地球規模の華僑の動態と構造を解明するための一環として、本章ではアメリカ華僑に切り込みたい。その際、①華僑の歴史が最も古く、人口の多い西海岸のサンフランシスコが重視されてきたが、それだけではアメリカ華僑（ほとんどが広東幇。約95％と称される）を一面的にしか明らかにできないとの認識から、もう一つの大きな柱として東海岸の大都市ニューヨークを設定する。アメリカ華僑は異質な二つの心臓を有していたと考えられるからである。②抗日献金の活動、特質を明らかにする。ただし金額も重要と考える（表5―1）が、今回は、それよりも、むしろその仕組みや問題点に焦点を当てる。③中国国民党に対するアメリカ華僑の姿勢と同時に、むしろニューヨークでは致公堂の司徒美堂に光を当てる。[1] ④アメリカ社会における華僑の受容・華僑の地位向上を移民排斥法とからめて分析する。そして、⑤アメリカ、特にニューヨーク華僑がどのように蔣介石・国民党を切り捨て、中国共産党（以下、中共と略称）支持へと傾斜していったのかを明らかにする。では、アジア・太平洋戦争期のアメリカ華僑の動態を、多角的な視点から考察し、新たな歴史的断面の開拓を模索したい。[2]

なお、史料的には、国民党の『中央日報』、中共の『新華日報』はもちろん、台湾の国史館所蔵の国家檔案、スタンフォード大学フーバーライブラリー所蔵の華字新聞を骨幹に日本の外交史料館、アジア経済研究所などで収集した

表５―１　アメリカ主要地域における華僑の抗日献金総額（単位：米ドル）

献金活動団体	献金期間	献金総額（米ドル）	備考
旅米華僑統一義捐救災総会（サンフランシスコ）	1937.8.21～1948.3.31	5,000,000	
ニューヨーク全体華僑抗日籌餉総会	1937.10.13～1946.4.30	3,295,047	８年６ヵ月間に献金会議を437回開催している。
シカゴ華僑救国後援会	1934.8.21～?	2,400,000	
ロサンゼルス華僑拒日後援会		2,200,000	救急車（購入？）献金、公債購入費も含まれている。この数字は元主席朱守仁の報告による。
ニューイングランド華僑抗日後援会		2,100,000	ニューイングランド６州を包括。華僑１人当たり毎月公債５米ドルを規定、額捐１米ドルが店主により差し引かれる。常務委員は李覚之、陳月湖らである。
サクラメント華僑救国会	?～1945.12.10	800,000	主席は鄺光彦、陳以正。
ストックトン中華会館救国委員会	1937～1945.9	411,132	華僑数は2000人であるが、献金者は1000人以下である。
シアトル華僑救国会	?～1949.11.1	400,000	華僑は月給の２割を献金している。常務委員は陳沢民、林勲らである。
サンアントニオ華僑抗日会	1937.8.15～1945.8.14	372,972	当地の華僑は500人、近隣にも華僑がいるが、献金者は「僅かに230人」とする。献金は中国に為替送付したが、なお5455米ドルが残っている。主席は劉文晃、伍耀煒。
ポートランド華僑救国統一会	1939冬～1945.12.28	310,000	主席は林疉、巫理唐。
フレズノ華僑救国会	1936.5.6～?	360,000	主席は黄子熊。
ワシントン華僑救国会		300,000	常務委員は洪禎祥、余敬礼、李傑民、謝石岩。
デトロイト華僑救国会	?～1947.4.4	300,000	公債約15万米ドル、航空捐7万余米ドル、献金８万米ドル。主席は余阿中、梅宗蔚。
セントルイス華僑救国会		280,000	委員長は李宇南、周錬梓。
プロビデンス華僑救国会		180,000	主席は陳光耀。
ピッツバーグ華僑救国会		170,000	常務委員は余敦礼、余錫中ら。
ミルウォーキー華僑救国会		170,000	委員長は黄文立、梅廻一。
コロンバス華僑救国会		70,000	主席は余参中、胡維熹。
シンシナティ華僑救国会		60,000	主席は黄濙、余軾和。
ヒューストン華僑救国会		57,000	献金は１人当たり平均400米ドル。
ニューオリンズ華僑救国会		52,435	主席は王栄徳、朱厚鏡。
ジャクソン華僑救国会		6,000	主席は関定俸、伍慈勲。
計		19,295,587※	

出典：劉伯驥『美国華僑史』続編、黎明文化事業公司、1981年、581～583頁。※は実際算出した数字。なお、これらは比較的に大きな中華街のみで、その他を含めると、「約2500万ドル」に達するという（583頁）。ただし、献金総額は1945年８月までのものではなく、戦後までも含まれている点、また逐年献金額が不明な点などは遺憾である。

表5—2　アメリカ華僑におけるサンフランシスコ・ニューヨーク各華僑比率（単位：人）

年	アメリカ全土(A)	カリフォルニア州(B)	B/A %	サンフランシスコ(C)	C/A %	ニューヨーク(D)	D/A %
1880	105,456[a]	75,132[a]	71.2		—		
1890	107,480[a]	71,066[a]	66.1		—		
1900	89,863[a]	45,753[a]	50.9	13,954[a]	15.5	6,321[b]	7.0
1910	71,531[a]	36,248[a]	50.7	10,582[a]	14.8	4,614[b]	6.5
1920	61,639[a]	28,812[a]	46.7	7,744[a]	12.6	5,042[b]	8.2
1930	74,954[a]	37,361[a]	49.8	16,303[a]	21.5	8,414[b]	11.2
1931				17,325[b]			
1932				18,200[b]			
1933				19,075[b]			
1934				12,311[a]			
1939						29,000[b]	
1940	77,504[b]	39,556[b]	51.0			12,753[b]	16.5
1943	77,300[b]						

出典：a,『外交部公報』第9巻1号、1936年1月、430、432頁、b, 劉伯驥『美国華僑史』続編、黎明文化事業公司（台北）、1981年、45、49、52〜53頁から作製。なお、1934年は、「男7304人、女3490人」で、「年齢（性別）不明者」が「1517人」である。また、本表で使用の華僑は中国出生・アメリカ出生の合計である。

ものを使用する。

ここでは、とりあえずアメリカ華僑の人口を押さえておきたい（表5—2）。シカゴ総領事館によれば、アメリカ華僑人口の数字はいわゆる「密入国」問題があり、正確ではないという。「密入国」には幾つかのルートがある。主なものは以下の通り。

(1)海員上陸。海員のアメリカ上陸に関しては法律に禁止する明文はない。ただし上陸後、職場に復帰しなければ、汽船公司は罰金を受ける。それ故、汽船公司は逃亡海員数の実数を報告しないため、その調査は困難である。移民局の報告によれば、一九一三、四年には、中国人海員の密入国が各年三万人以上であり、二二年には毎月平均一二五〜一五〇人、二三年密入国海員がニューヨーク一帯に二、三千人はいるとする。

(2)「海道私運」（一般密入国者の船での運送）。メキシコ、キューバ、および南米各国を経て来る者が多いが、直接中国から来る者もいる。一般的に大きな船でアメリカの公海上まで来て、ここで小船に乗り換え、密かに上陸する。あるいは船の貨物室に隠れ、機を見て上陸する。例えば、三四年一一月連邦麻薬捜査官が荒野の小屋に匿われている中国人一八人を発見した。これら中国人は約一ヵ月前に中国を離れ、まず南米のトリニダードトバコで船を乗り換え、バージニアの海岸に上陸し、その後、トラックで運ばれてきた。中国からの密入国運賃など、一人当たり一〇〇〇～一五〇〇米ドルであった。元来、密入国の中国人グループは三八人で、一部はすでに移動し、内、四人は途中で病気を患ったため、海に投棄したという。

(3)越境。カナダ、メキシコからアメリカに越境する中国人の人数が非常に多い。当時、メキシコで排華が激烈であったことが背景にある。[3] こうして、不法滞在の場合、アメリカ政府による戸口調査、中国公館による登録に応じず、一旦移民局に発見されれば、強制送還されるため、隠れている。

こうした事実を踏まえて、シカゴ総領事館はアメリカ華僑人口を以下のように推定する。

①一八八〇年は米中条約により華工のアメリカ入国は合法であり、一八八二年の「禁止華工条例」以前は隠れる必要がない。したがって、一八八〇年のアメリカ政府による戸口調査での「華僑一〇万四四八六人」は基本的に正確である。一九一三年から一九三二年は年平均の中国人の入国者が「九六〇人」、出国者が「九一五人」で(入国者が若干上回り)、またアメリカ出生華人、死亡華僑数もほぼ匹敵する。これらから推定すると、アメリカ華僑数は一八八〇年より増大し、三五年段階は「一〇万四〇〇〇人以上」(一〇万四四八六人以上)となる。

②一九三〇年アメリカ政府の戸口調査によれば、アメリカ華僑の中国出生は「四万二八〇九人」とある。この数が合法的に入国した華僑数と見なすと、非合法入国の華僑とアメリカ生まれ華人を加算すれば、総数が導きだせるはずである。

(イ)サンフランシスコ：アメリカの戸口調査によれば、「九〇〇一」人(中国出生)である。サンフランシスコ総領事館の報告によれば、「一万五〇〇〇人余」である。ところが、中国人街以外に華僑は少なくとも四倍おり、「六万」人以上と見積もられる。

(ロ)ニューヨーク：華僑街、および衣館（クリーニング屋）、料理屋の華僑が「約一万五、六千人」とされる。この他、料理屋、あるいは家庭での炊事人、車夫、「僕夫」（下男）、商人、および失業者は一万人を下らない。かくして、「三万人」との仮定も成り立つ。ところが、戸口調査では僅かに「六六二九人」であり、実数は約五倍である。
(ハ)シカゴ：戸口調査では、「一九一七人」であるが、中華会館会員は「六〇〇〇人余」であり、非会員も少なくない。ここで「八〇〇〇人」と見積もっても、戸口調査の四倍である。(4)

一　盧溝橋事件の勃発とアメリカ華僑

まず一九三六年一二月の西安事変から論じ始めたい。その時、アメリカ華僑はいかなる動向を示したのか。サンフランシスコの『少年中国晨報』（国民党系）によれば、蒋介石はすでに反乱軍に殺害されたという説があり、その「生存すでに絶望」とし、宋美齢は「慟哭已まず」とする。他方、国民政府のスポークスマンは、張学良による「蒋介石殺害」を否定した。(5)このように情報は入り乱れ、これらを読む在米華僑を混乱に陥れたことは想像に難くない。

かくして、国民政府は華僑の鎮静化に努め、例えば、中央組織部から同アメリカ総支部に対して、「委員長（蒋介石）は極めて安全。……中央は陝乱（西安事変）に対して軍事により速やかに平定し、委員長を一日も早く救出することを決定した。諸同志が持すべき態度は領袖（蒋）の救出、統一強化、中央擁護、逆賊（張学良）討伐である」。また、中央宣伝部も電文を寄こし、「張逆はすでに赤化」し、何応欽が討逆総司令に就任したことを伝えた。(6)そして、こうした緊急事態に直面して駐在諸官員、さらにアメリカ華僑に蒋介石・国民政府への支持を求めた。

『少年中国晨報』で健筆をふるった唯我は三つの提案をした。①不法手段を以て政局を混乱させた張学良の行動に対し、国民は容認できない。国難非常時期に各方面の軍政指導者は抗日統一の目的に達することを望む。②敵（日本）

のために中国自滅の機会を造ってはならない。張学良の綱紀破壊に対して討伐令を出すべきである。③国家の危機存亡の非常時期には一切の救国大計は何が国家によって有益かを考え、各方面からの意見を聴取するべきである。以上、三点が今日の厳しい時局を解決し、全力で日本に抵抗する方法である。(7)このように、張学良を厳しく非難し、討伐を求めた。それと同時に日本への警戒を隠さない。また、各方面からの意見聴取により打開策を模索することを提案している。

ただ、一二月二八日になると、トーンは明白に変わる。唯我は以下のように主張する。すなわち、張学良はすでに悔悟を表明しており、今後、陝変の善後策は二つある。①各方面の救国の意志を調和し、禍変の源を断ち、禦侮救亡の全体方案を確定して計画的に成果をあげる。②抗日救国戦線を統一し、中枢（この場合、国民政府）の指導下に、迅速に全国の軍事・経済総動員のエネルギーを作りだし、日本の我国を滅亡させようとする野心を撃破し、東亜の政局を安定させる。この二つは「安内攘外」のかなり適切な方法と考えられ、国民は共同努力し、達成すべきものと思う、(8)と。張学良の行動形態は問題としながらも、それが抗日・救国・統一を求めるものであったことを理解したからであろう。そして、あくまでも国民政府下での救国戦線の統一を訴えた。そして、「安内攘外」政策を支持する。

こうした状況下で、西安事変のもう一人の立て役者である楊虎城が訪米している。周知の如く、楊は西安事変の責任をとる形で出国を迫られ、三七年六月から五ヵ月間、米、英、仏、独、スペインなどの一一ヵ国を歴訪した。立ち寄った神戸では総領事館、国民党支部の対応は冷淡そのものであったが、七月サンフランシスコに到着すると、在米公館、華僑に暖かく迎えられた。アメリカでは、楊虎城の団結抗日の姿勢が再評価されたからである。カリフォルニア知事や黄朝琴総領事などの依頼を受けて、楊虎城は「中日問題」を講演している。日本は数十年来、中国を侵略しており、すべての国際連盟協約、九ヵ国条約、不戦条約も理不尽にも省みず、和平を破壊している。こうして、我国人民の抗日精神が激発した。これは、「ある民族が生存を図るための必然的結果」(9)、と断じた。また、サンフランシスコの楊姓清白堂での楊虎城歓迎宴には楊夫妻、および黄朝琴総領事も出席した。楊は次のように述べた。私は一八歳で軍に身を投じ、孫中山先生を崇拝し、三民主義を篤信し、（辛亥革命に参加してより）革命工作二〇余年。「倭賊」（日本）が我領土を侵犯する心あることを深く知り、「抗敵主義」を抱き、打倒することを誓った。「華僑は絶対に党派に分かれず、共同一致し、国内（中国内）同胞と連合し、誠意をもって抗敵工作をおこなうことを望む」[10]、と。このように、孫文・三民主義を高く評価し、ここでも共同一致の抗日を求めた。

さらに、七月二五日、サンフランシスコ抗日救国総会は「大中華戯院」で、「欧米視察軍事専員」の楊虎城を招いて、大規模な抗日宣伝大会を開催した。各界の男女華僑など参加者は二〇〇〇人余に達した。何少漢が開会理由を述べた後、戦死将兵や殉難民衆へ黙禱した。救国総会宣伝部主任の翁秀民が開会の辞を述べた。すなわち、①中国政治統一の基礎がすでに定まり、力量が日増しに発展し、これに伴い抗日運動が急速に進展している。日本はそれを恐れ、今回再び華北侵略を発動した。ただし日本の内政と経済は混乱の極にある。もし中国が上下心を一つにして命を賭して抗戦すれば、日本を打ち負かすことができる。海内外の民衆は一致して政府の後ろ盾となり、政府に抗日を督促する。楊虎城将軍が訪れたことを機に宣伝大会を開催し、華僑大衆の抗日精神を鼓舞したい[11]、とした。

なお、楊虎城は、西安事変に関して中外人士は不明確で、欧米の報道も多くは不正確であると指摘した。そして、「西安事変とは、蔣委員長への擁護を強化するものであり、蔣委員長をさらに広範に擁護するものである」。換言すれば、蔣に抗日の決心を督促することにほかならないとして[12]、蔣個人に敵意や恨みはなく、むしろ擁護しており、抗日という大局に立った行動であったと説明した。なお、楊は、七月三〇日にニューヨークでも華僑の大歓迎を受けている。

ところで、当時、抗日・救国・統一を求める『少年中国晨報』の姿勢は一貫しており、その点では国民政府より先行し、むしろ突き上げていた。したがって、その延長線上で、「抗日七君子」に対しても好意的な記事を掲載している。すなわち、全救連の重要指導者で蘇州高等法院に監禁され、すでに八ヵ月を経た。「救国（抗日）七君子」の主張は「内戦停止」、「連合抗日」、「救国自由」である。我々は政府に「七君子」、および一切の「抗日犯」、「救国犯」を即刻釈放し、以て政府が抗日救国の誠意を示すことを要求する、と。(13)

国民政府は華僑に種々のことを要求したが、特に求めるものは抗日献金であった。大使王正廷は、華僑が私財を出すという義挙は戦士が干戈を交える苦闘と異なるところはない、(14)と呼びかけている。また、王正廷は次のように語る。アメリカ華僑は連合一致して派別、思想にかかわらず、各々が自由におこなうが、中華民国国民と同様に救国の責任がある。抗戦は長期闘争となるばかりでなく、非常に大きな犠牲を伴う。抗戦に最も必要なのは飛行機である。空中戦での損失もでやすく、その補充、および飛行士を増大させなければならない。アメリカ華僑はこのことに注意を払うべきである。全米各地の華僑はそれぞれ毎月、あるいは毎週「節衣縮食」し、献金し、政府の後ろ盾となることを希望する。一切の献金は中国銀行アメリカ分店（ニューヨーク）が取り扱うが、指定したボストン、サンフランシスコ、シカゴ、およびカナダの代理銀行も取り扱う。アメリカ人の多くは今回の「中日（盧溝橋）事件」（七・七事変）の是非を知っているが、敵は「反宣伝」をしており、警戒する必要がある。宣伝工作に華僑は全体動員し、かつ留米学生もその任務を負うべきである、(15)と。戦争の長期化、それ故、飛行機献金の重要さ、および日本のプロパガンダに対抗する役割を、華僑や留学生に求めたといえる。そして、ここで押さえるべきことは、アメリカでの献金受入の窓口の中心が、アメリカの金融中心であるニューヨークの中国銀行分店であったことである。

ところで、潘朝英は、「アメリカの態度を軽視すべきではない」として、次のような論理を展開した。すなわち、アメリカは世界列強の一つであり、海軍はイギリスと並ぶ。工商業は発達し、経済は世界一位である。したがって、国際外交面でその一挙手一投足は影響力がある。その上、アメリカの太平洋での地位と利益は極めて重要であり、次第に増大している。(16)現状は、①中日双方とも先に正式な宣戦布告することを望まず、双方ともしばらく局部戦争をおこなっている。ただ戦争は拡大趨勢にあり、大規模戦争に発展しやすい。②アメリカ政府も国民の多くも中国に同情的であり、かつアメリカの在華権益は日本と真正面から衝突する。だが、アメリカは間接的に中国を支援しながらも、日本との正面衝突を恐れている。③日本の中国侵略は当然、中国の領土・行政・主権に危害を与えているが、アメリカの現行中立法では侵略国、その犠牲国を問わず、同等に扱おうとしている。それ故、中立法はアメリカの条約上の義務、例えば、門戸開放主義、九ヵ国条約、不戦条約などと矛盾する。④中立法運用は必然的にアメリカ工商業に大きな損失を与え、アメリカはおそらく中立法を維持しがたい。戦争が拡大、長期化すれば(17)、アメリカは中立法を破棄せざるを得なくなり、必ず参戦する。こうしたことを鑑みれば、圧倒的多数を占める南洋華僑とは別の意味で、アメリカ在住の華僑には重大な役割があるといえるであろう。

この点に関連していえば、三七年八月一六日シカゴで北米中国学生会がF・ローズベルト大統領に電報を打っている。要約すると、アメリカは九ヵ国条約の提唱国であり、中国の領土を完全に尊重するとしており、それを守る道義と責任がある。その条約を軽視し、破壊しようとする日本に警戒する必要がある。アメリカの中立法は中国に与える損害が特に甚だしい。もしそれを宣布、施行すれば、特に中国民衆は残酷な状況に遭遇せざるを得ず、日本の狂暴な野心は日増しに増長し、世界和平を害することになる。したがって、国際集団安全保障の観点から中立法を施行すべきではない(18)、と。なお、北米中国人学生会は三七年九月一日からシカゴでの抗日大会開催を決定している。このように、シカゴでは学生の活動も目立つ。中国人留学生はF・ローズベルトを始め、アメリカ政府関係者に直接働きかけた。

また、日本侵略非難の急先鋒に立っていた在米朝鮮人は、「日本による東北（満洲）蹂躙の悪辣さはすでに予言した通りである。おそらく倭寇の人格・性質、すべての文化は皆、中国人を敵するに足らない。いわゆる『大陸政策』はついには迷夢となるだけである。……私は亡国（朝鮮）人であるが、東北人のために落涙するのみならず、関内

（長城の内側）人に告ぐ。中華人士は東北四省を教訓として誠心誠意団結し、準備し、倭寇を駆逐し、失地を回復し、以て大中華の美しい山河を完全に取り戻すことを」、と。[19]こうして、アメリカでは、華僑と朝鮮人が結びつく必然性があった。

ここで、浮上するのが、周知の如くアメリカによる日本への屑鉄、石油など戦略物資の輸出である。換言すれば、日本はアメリカから輸入した屑鉄、石油などを使用して中国侵略を進めていたとも言えよう。いわばアメリカは、日本が中国を侵略して戦略物資を消耗すればするほど、貿易が増え、利益が上がる仕組みとなっていた。四〇年二月六日、国際反侵略運動大会秘書処にアメリカ分会から書簡が届いた。すなわち、アメリカは中国に同情しているが、経済力でかえって日本を大々的に支援している。第二次世界大戦の勃発以前、日本がアメリカから輸入した五六％は主に軍需品で、一九三七年から三八年に至る期間、三億米ドルを超えるアメリカ物品、例えば、屑鉄、銅、鋼鉄、石油、機器、およびモーターなどを日本に運搬し、その軍事組織構築を助けている。大戦開始後、アメリカはほとんど日本のための唯一の経済支援国となった。[20]これに反発して、すでに七・七事変直後から華僑は「対日不供給」運動を展開した。アメリカ西部各港では、日本への屑鉄の運搬阻止のため、埠頭で華僑男女、子供までも動員し、ピケを貼り、数ヵ月闘争を続けた。より具体的に実態、推移を見ておきたい。

まず、サンフランシスコの事例をあげると、山東烟台の水源輪船公司はアメリカから旧船を購入し、「広源号」と名付けた。一九三七年同船は青天白日満地紅旗を掲げ、中国から貨物を搭載してアメリカにやってきた。日本人は船長河野吉助、航海士磯尾鼎三、機関長大森赤久松で、中国人は山東籍海員二〇人などで構成されていた。戻る際、別の埠頭で武器、屑鉄二二〇〇トン（価値六万五〇〇〇米ドル）を満載した。八月サンフランシスコで、中国総領事館に「国籍証明書」を求めた。総領事王朝琴は海員らを問いつめ、日本に向かうことが判明した後、証明書発行を拒絶した。三八年二月河野は致し方なく同船を大阪の小谷某に売却したが、証明書は発行されず、同船は停泊したままであった。そこで、河野は船名を「徳行丸」と改名し、日章旗を掲げようとしたが、それを阻止しようとした海員らと乱闘となった。河野はアメリカの法廷に「殴打罪」で「海員一〇人の拘束」を求めて提訴した。だが、法廷は「中米条約」に基づき、「中国船（籍）内」の海員の紛糾は中国総領事が処理すべきものとした。この時、華僑各界は海員たちに食料や物品を贈り、「英雄」的と讃えた。四月二六日、国民政府外交部は黄朝琴に電令し、軍事委員会による同船接収を指示した。そこで、黄朝琴は日本人三人を解任し、二等航海士の趙子明を船長に昇格させた。これに対して、五月河野らは海員による同船「占拠」として提訴し、また横浜正金銀行（屑鉄などの所有権を有していたと見なせる）も「貨物引揚げ」を求めて提訴した。だが、それも裁判所に棄却された。四〇年にも横浜正金銀行は連邦裁判所、さらに最高裁判所に上訴したが、受理されなかった。結局、四一年一月オーストラリア船商に売却され、屑鉄はアメリカの鉄工場に引き取られた。こうして、日本への運搬阻止に成功した。

その他、①三八年一二月ギリシア船が屑鉄二五〇〇トンを日本に運搬予定であったが、一六日華僑五〇〇〇人が大挙して押しかけ、風雨の中でピケをはり、それに白人の労働組合も賛同した。一二日にはピケを解除せざるを得なかったが、大きな宣伝効果があった。②三九年九月にはノルウエー船の海員二〇人が屑鉄の日本運搬に抵抗したが、解雇された。③三八年イギリス汽船は屑鉄を日本に運搬しようとして、中国人海員二九人全員がストに入り、一月一九日欧州に戻らざるを得なくなった。④三九年一月ロサンゼルス拒日会は華僑、朝鮮人一〇〇〇人を繰り出し、それにアメリカ人の援華会も合流、計三〇〇〇人となり、屑鉄を載せたノルウエー船二隻に対して糾察した。五月にも華僑一五〇人が日本船「明宇丸」を糾察している。⑤三九年一月ワシントン州のエバレットなどでも華僑、朝鮮人、アメリカ人などが協力して日本船、オランダ船などによる日本への屑鉄運搬を阻止した。華僑拒日後援会はエバレット市長に「屑鉄運搬禁止」を請願した。市長は同意した模様で、その勧告に従い、糾察隊は自発的に解散した。そして、華僑・白人労働組合はオランダ船と「以後、同埠頭から屑鉄を侵略国に運搬しない」ことを決め、双方署名した。(21) このように、サンフランシスコのみならず、ロサンゼルス、エバレットなど、西海岸各地で華僑による激しい抵抗が続いた。その対象は日本に屑鉄、武器などを運搬する船籍で、イギリス、ギリシア、ノルウェー、オランダ各籍であった。屑鉄運搬阻止に成功、失敗双方あったが、華僑のみならず、「利敵行為」を批判するアメリカ人・労働組合、さらに朝鮮人が連繋して行政を突き上げ、アメリカ世論を喚起した。

ここで、注目すべきは、やはり華僑が朝鮮人と合作して多くの反日大会を挙行していることであろう。「抗日中国」、「亡国韓国」を国際社会に訴え、アメリカ議会に日本による侵略反対を請願した。そして、献金を集め、中国人、朝鮮人の抗日兵士に送付した。こうして、彼らは中国抗戦の意義を国際化する役割を果たしたのみならず(22)、必然的に朝鮮植民地問題を浮上させた。すなわち、朝鮮人は実際行動を通じて日本植民地政策への反対、独立を求めていることを、国際的にアピールしたともいえる。

なお、アメリカには一万人余の朝鮮・韓国人がおり、三八、三九年に前後して中国抗戦後援会、朝鮮義勇隊後援会を成立させ、積極的に中国抗戦、および中国における朝鮮革命運動を支援している。四一年四月国民会、同志会、および朝鮮義勇隊後援会などの八団体は党派、思想を分かたず、完全に統一し、アメリカ大韓人連合会を組織し、在米朝鮮人が祖国朝鮮の解放戦争に参画できるようにした(23)。

ここで、指摘しておく必要があるのが、死後の孫文の影響力である。中央海外部は、総理（孫文）遺教・総裁（蔣介石）言論書籍の出版のため、海外各地に印刷所を設けるとした。だが、設備不十分などを理由に、結局、香港西南図書印刷公司が一括して印刷・配布することに変更した。こうした孫文遺教・蔣介石言論は、「抗戦建国」の指針であり、抗戦を指導し、民族生存などを勝ちとる唯一の活路(24)と見なしていたからである。そうした流れの中で、中国国民党サンフランシスコ分部は、アメリカ総支部、西支部、建国中学と連合で、三月一六日に同分部講堂において「総理（孫文）逝世一五周年紀念会」を開催した。そして、代表たちは、孫文遺教を受け、蔣介石の「抗戦建国」に基づき、共同奮闘し、民族解放、最後の勝利という共同目標を勝ちとり、革命偉業を完成させよう[25]、と呼びかけた。このように、この時期も依然として孫文は国民党分部などを通じて、アメリカ華僑を結束させる精神的支柱であり続けた。逆にいえば、国民党は孫文を通して祖国中国へと繋ぎ止め、それへの支持を盤石なものにしたいという意欲の表れともいえよう。

二　サンフランシスコ華僑の抗日動態

まず華僑の抗日活動の重要な位置を占める献金の実態から論じ始めたい。

国民党系の『美洲国民日報』（三七年七月一六日）の「言論」は、「今回の戦争は前回の局部戦争とは異なり、すでに大規模戦争となった。日本は政府から下は民衆に至るまで我国を圧迫、侵略する野心を抱いている」。したがって、切迫しており、綱領を提起、機関を組織し、資金調達については各地の中華会館がこれを提唱し、いかなる華僑献金も完全に中央政府に集中し、以て抗戦の需要に充てる[26]、と。このように、日中全面戦争が勃発したとの認識を示し、抗日献金を国民政府に集中することを提起する。

また、馬典如は同紙紙上で、海外華僑が中央政府の指導者を信じ、擁護し、力を尽くして献金して戦争を支援すべきである。これが華僑の唯一為すべきことであり、同時に世界各地の日本人に（日本）軍部による中国侵略への支持が間違いであることを知らせる。これも華僑が担うべき任務とした[27]。華僑はあくまでも国民政府を信じ、かつ世界各地で日本人に侵略戦争の誤りを認識させる役割を果たさせるというのである。

こうした折り、サンフランシスコの日本総領事館が日本居留民から「侵華」献金を集め、すでに「八二〇〇元」（米ドル？）に達しているとの情報が入ったようで[28]、それへの対抗意識をむき出しにした。このことは、とりも直さず華僑献金を鼓舞する効果もあったであろう。

では、実際の抗日献金の動向はどうか。東華医院（すべて華僑献金により一九〇九年設立）の華僑男女職工（総人数不詳）は一人当たり月給の四分の一を献金することにした。また、サンフランシスコの華僑学生抗日連合会も政府の抗日を後援するため、「儲金救国」を議決した。まず各校学生会がそれぞれ各学生に献金を募るという[29]。さらに、大舞台戯院の大明星劇団男女俳優らが演劇の売り上げの外、自発的に軍事費のための献金をおこない、計八一一〇元となった[30]。

三七年八月一八日サンフランシスコのアメリカ華僑教育会は特別会議を開催し、各校代表が参加した。その結果、①今回の日中戦争で、戦区難民は拠るべきところを失い、情況は厳しく、本会は華僑、アメリカ人に献金を呼びかけ、それによって祖国を救済する。②各華僑学校の教師は授業で、毎日かなりの時間を割いて日中戦争について報告し、生徒の愛国心を鼓舞し、各生徒にそれらを宣伝させるよう奨励する[31]、と議決した。

黄篤初は以下のように主張する。要約すると、アメリカ華僑は「一〇万」人と称す。少数の民国反対者などを除いても、約八万人以上は平均一人毎月七、八〇金（米ドル）の収入がある。月平均七五金で計算すると、一日平均は二「元」（金）半である。アメリカ華僑八万人であるから、（月に一日分を献金しても）合計二〇万金となり、法幣換算で六六万余元に当たる。二日間分を献金すれば、倍額となる。これは単にアメリカ華僑だけの計算であり、海外華僑は全世界に遍くおり、その数は多い。もし一斉に立ち上がり、このたやすい責任を負えば、敵を打倒し、救亡できる。まず我々アメリカ華僑から立ち上がり、先導しよう[32]、と。

また、婦女誠志会は、日本の侵略に悲憤し、凡そ国民には救国の義務があるとし、林進夫人らの発起で特別会議が開催された。そして、各人が少なくとも献金一〇米ドルを出すことを決めた。そして、全米華僑婦女は家庭で「縮衣節食」して国民政府を後援することを希望するとした。また、華人婦女界の女医張媽珠は抗戦による傷兵救済のため、救護隊薬品支援処を特設し、医薬品募集を開始した[33]。なお、党部講堂では、孫文逝去一四周年記念連合大会を開催している[34]。

こうした献金の窓口となる統一機構の新設が急がれた。実は、三六年一一月綏遠事変（周知の如く関東軍と徳王ら蒙古傀儡軍に綏遠省主席傅作義が逆襲した事件）後、国民党中央から国民党駐米総支部に対して、当地の華僑団体・商会などを集中して統一的な募金組織を設立し、巨額の献金を集め、抗日軍需に供するようにとの電令があった。そこで、一二月八日各華僑団体代表が開会し、「旅米華僑連合募捐救国会籌備（委員）会」を成立させることを議決した[35]。つまり献金機構統一の動きは七・七事変（盧溝橋事件）後ではなく、綏遠事変を契機に始まっていた。ただし、本格化するのは七・七事変以降である。

三七年八月二〇日、サンフランシスコ総領事館の働きかけによって、数十団体の代表一二〇人が参集し、団体代表大会を開催し、「旅美華僑統一義捐救国総会」（China War Relief Association of America）を成立させた。八月二一日総領事黄朝琴の立ち会いの下、全体委員が中華総会館で宣誓、それぞれの任に就いた。そして、執行・監察委員連席会議を開催、方策を討論した[36]。

その「成立宣言」によれば、「我ら華僑は自ら心を合わせて団結し、国民政府軍の後ろ盾となる。このために境界をなくし、全華僑が集合し、アメリカ華僑統一義捐救国総会を組織した」、とある。「章程」によれば、

⑴所在地：中華総会館（サンフランシスコ）に設置。

⑵宗旨：統一義捐によって政府の抗日救国に協力。

⑶組織：①サンフランシスコの華僑各団体毎に代表二人を出し、代表大会を組織する、②代表大会を最高機関とする、③各団体の出席代表が記名投票により執行委員四一人、監察委員二一人を選出し、それぞれ執行委員会、監察委員会を組織する。なお、執行委員会は、(イ)執行委員会委員の互選で常務委員二一人を選出し、常務委員会を組織する、

(ロ)常務委員会委員の互選で常務委員会主席一人、副主席二人を選出する。(ハ)常務委員会内に総務・財務・宣伝・調査四処を設置する。処毎に主任一人、処員若干人。監察委員会は、監察委員会委員の互選で常務委員三人を選出する。その担当事務は、(イ)収支検査、(ロ)決算報告書の編輯印刷。

(4)募金隊：全体代表が募金員となる。

(5)会議：①代表大会は常務委員会主席が召集し、毎月一回、②議案採択は出席人数の過半数の賛成を必要とする。

(6)財産管理：①献金は日毎に財務処が広東銀行に預金する、②銀行預金は法幣五〇〇〇元になった段階で、国民政府財政部に為替送付するが、僑務委員会、大使館、サンフランシスコ総領事館にそれぞれ報告する、③一切の献金は日毎に公開し、月毎に決算報告書で刊行する、④本会全体職員は均しく無償で、賃金はない。[37]なお、主席には鄺炳舜、副主席には何少漢と李雲煦が就任している。[38]ここで押さえるべきことは、「旅美華僑統一義捐救国総会」と称し、全米組織と錯覚しそうになるが、その範囲は主にサンフランシスコとその周辺に留まり、しばらく他地域との連繫はあまりなかった可能性が強い。

各団体代表の名簿によれば、司徒有恵「肇慶会館」、李雲煦「寧陽会館」、李立生「三邑会館」、郭育之「中華総商会」、鄧寛「憲政党」、李聖庭「李氏公所」、岑兆祥「致公堂」、趙超常「天主堂」、鄺炳舜「抗日救国総会」、麦炳友「国民党米西支部」、甄錫坤「アメリカ共産党華人部」、莫益彰「国民党サンフランシスコ分部」、梁秉彝「キリスト教連合会」、黄伝本「黄雲山総公所」、□永増「中華民国国民救国総会」、梁拭塵「アメリカ華僑反日救国宣伝隊」、趙九疇「和平総会」、陳中海「教育会」、黄照棠「中華中学校」、劉世隆「国民党駐米総支部」、周敬「東華医院」、胡振華「華僑学生抗日連合会」など多数であった。[39]ここから、「アメリカ共産党華人部」も名を連ね、幇、党派、宗教の別なく集結し、統一戦線、連合戦線組織であったことが読みとれる。サンフランシスコ致公堂も参加している。ただし、「アメリカ共産党華人部」を中共系と考えるのは難しく、緻密な考証が必要であろう。また、東華医院に「共産党」

が多いとして弾圧された過去を有すが、中共直系と確定できるものが見あたらない。

ここで、これらの諸団体の特質を押さえるため、シカゴ総領事館の報告書（ただしアメリカ全体の諸団体を対象）を参照したい（なお、サンフランシスコの諸団体に関する史料はあるが、政治色について不明なので、あえて本報告書を使用）。それによると、中華会館は名目上、各地における総団体である。中華会館は華僑は均しく会員となることができる。中華会館、あるいは中華公所と称し、全国で一〇余ヵ所で、それぞれが独立している。換言すれば、サンフランシスコでは中華総会館と称し、六大会館の総体であるが、各地中華会館の総体ではない。

報告書によれば、それ以外の諸団体は以下の通りとする。

(1)同郷団体‥三邑、四邑、肇慶、陽和、岡州など各団体の外、東安公所（東莞・新安）、南順同郷会（南海・順徳）、寧陽会館（台山）、鶴山公所（鶴山）、禺山信局（番禺）、中山同郷会（中山）、福州会館、海晏公所（台山海晏区）、三合同郷会（台山三合区）など。

(2)姓氏団体‥李氏公所、陳氏公所、梅氏公所、丘氏公所、鍾氏公所、梁忠孝堂、林姓河堂、振徳公所（姓は翁）、雲山公所（黄・王）、志孝篤親公所（陳・胡・袁）、龍岡親義公所（劉・関・張・趙）、南陽公所（鄧・葉）、昭倫別墅（譚・談・許・謝）など。

(3)政治団体‥①国民党、②致公堂（一八七〇年ロサンゼルスに成立し、洪鈞老祖を信奉した。したがって、洪門と称され、復明思想を有し、加入者は頗る多かった。その宗旨は次第に変化し、暴力団を擁し、賭博をおこなった。清末には康有為・梁啓超の変法を擁護し、次いで孫文の革命に共鳴し、三五年頃になると、国民党に反対し、五色旗を擁護して、国家主義派に接近した）、③金蘭公所（致公堂左派）、④中国憲政党（「有名無実」）、⑤「美洲反帝大同盟」（「共産党」。この場合は、中共系を指しているると考えてよいのか）、⑥抗日救国連合会（「共産党員」が多数を占める）、⑦失業工人救済会（「共産党」がコントロール）。なお、「共産党」はニューヨークに集中しており、少数の知識分子、例えば徐永瑛らが指導し、『先鋒報』を刊行している。華僑加入者は三〇〇～四〇〇人と称される。逆に考えれば、「共産党」員自体が少なく、ニューヨークに集中し、サンフランシスコなどには中共系は少なかった可能性が強い（一九一九年アメリカ共産党本部がシカゴに設立された。国民党左派のグループがアメリカ共産党に加入?）。

(4)職業団体：中華商会、ニューヨーク華商総会、大陸商会（客家系）、連義社（海員）、恵州工商会、餐館工商連合会、ニューヨーク華僑衣館連合会・ニューヨーク華僑衣館総公会、三江会所（大多数が浙江・福建海員）、中医公所、留米工程師（技師）学会、民智劇社、東慶堂（サンフランシスコ衣服店経営者）、西福堂（同店員）。

(5)広東客家団体：崇正堂（人和会館改称）、大鵬慈善会、三合会館。

(6)堂：協商公会（全米）、安良工商会（アメリカ東部・致公堂系）、秉公堂（アメリカ西部）、萃勝堂（同）、全勝堂（同）、安協堂（同）、保安堂（同）、保良堂（同）など。

その他、和平会（「堂闘」の調停機関）、同源公所（アメリカ生まれの華僑）、土生会（同）、中国音楽社、航空救国会、婦女愛国会、留米学生青年会、留米学生会、中華聖公会、長老会などがある。(40)アメリカ華僑統一義捐救国総会は、実質的にサンフランシスコとその周辺に限定されていたため、参加していない諸団体もある。

次いで、献金を集める実働部隊として重要であるので、募捐隊の組織機構、活動について見ておきたい。「募捐隊辦事細則及進行計画」によれば、

①組織：本隊には総主任一人、副主任二人、および文書科、会計科、宣伝科、調査科、籌賑科を設ける。募捐隊は(イ)先鋒隊、(ロ)「分名隊」（「旅美華僑統一義捐救国」を掲げるが、それぞれの地区で献金を集めるものと見なせる）の二種とする。

②宣伝：宣言発表、標語の印刷、および講演隊を組織し、戯院、各華僑区などの巡回講演。

③調査：(イ)華僑団体の住所とその経済能力、(ロ)「本埠」（サンフランシスコ）の華僑の姓名、住所を調査し、全華僑から遍く献金を集める。

④奨励：本会は賞状を、公債五〇〇元～一〇〇〇元の購入者は総領事署名、一〇〇〇元～一万元は大使署名、一万元～五万元は財政部に署名申請、五万元以上は国民政府・蒋介石が署名したものを発給する。(ロ)各隊は募金成績を競争する。

⑤募金：すべての献金は法幣を基準とする。

⑥募金活動段取り：(イ)先鋒隊の出発時期の相談、(ロ)「大隊」（前述の「分名隊」を指すものと考えられる）出発時期、(ハ)アメリカ人に対する募金、(ニ)他地域（サンフランシスコ以外）の華僑に対しての救国公債募集の協力。

⑦第一期の募金額を「一〇〇万元」を目標とすることに決定した。一〇大隊が分かれて募金活動をする、[41]とした。

このように、規約、活動目標、組織機構は整っていた。いわば献金を各華僑の経済力まで調査して、くまなく集めようとしていたこと、奨励・名誉を与える、および法幣を基準としていることが理解できよう。

また、四一年一二月五日、アメリカ華僑統一義捐救国総会は以下のような通告を出している。冬を迎える祖国将兵は緊急に綿衣を必要としている。そこで、「一一月一五日から綿衣募集と救済献金を発動した。華僑一人は最低五米ドルを献金する。自発的な献金以来、本埠（サンフランシスコ）華僑、および各分会・華僑団体は一致して呼応し、積極的に献金し、成果は頗るよい」としながらも、「本会、および本会所属の各埠華僑で、未だ綿衣募集、救済捐を出していない者は期限通り支払うことを求む」とした。その上で、各華僑は均しく献金すべきで、もし規則通り献金しないならば、「永久追放」する、[42]と警告している。このように、自発的献金としながらも、ここでも「永久追放」など、かなりの強制力が働いていたと見なせよう。なお、四〇年三月には、蒋介石からサンフランシスコ中華総商会に感謝状が届き、華僑のさらなる努力を求めるものであった。[43]

三　ニューヨーク華僑の抗日動態

ニューヨーク華僑を語る際、看過できない華僑巨頭に司徒美堂（1868-1955）がいる。まず彼の略歴、およびその位置について考察を加えたい。広東省開平県出身。「破産農民」の家で生まれ、六歳の時、父を失い、私塾に通うが、一〇歳で失学。新会県で線香小作坊の見習工となる。一八八〇年母から五二銀元を借り、汽船でアメリカに渡る。着くとすぐに、人種差別と侮辱を受けたという。サンフランシスコで餐館「会仙楼」で調理人となる。八五年「反清復明」の民族主義に目覚め、洪門致公堂（米大陸での洪門の開始は一八五〇年であるが、その後、太平天国運動の崩壊後、大量の残党が南洋、ハワイ、米大陸に逃亡し、組織が発展し始める。アメリカではまず「三合会」と称され、後に「洪門致公堂」に統一された）に加入。この時期、幾人かのアメリカ人無頼を幼い頃からやっていた武術で殴殺した。その結果、逮捕され、死刑判決を受けるが、華僑、洪門人士の募金により一〇ヵ月後に救済された。九四年アメリカ軍艦の料理人となり、ペルー、キューバ、ブラジル、パナマなどの中南米、およびパリを巡り、見識を広げた。同年彼は致公堂が複雑な状態にあり、分裂していることを知り、致公堂内に「鋤強扶弱、除暴安良」（強きを挫き、弱きを助ける。暴虐を取り除き、民を安んじる）を宗旨とする「安良堂」（正式名称「安良工商会」）を組織した。一九〇四年一月孫文自身がホノルルで洪門致公堂に加入後、同秋ボストンを訪問すると、司徒美堂は会いに行った。孫文は革命による「清朝打倒と民国建立」を勧め、致公堂が「駆除韃虜、恢復中華、創立民国、平均地権」を宗旨とすることを提起した。この時、司徒美堂は孫文のいう「民有、民治、民享」の革命道理を初歩的に理解したという。この後、孫文に伴いニューヨークに行き、五年「安良総堂」を創立した。それ以降、司徒美堂は華僑団体工作に専念して、致公堂の発展に尽力し、四〇年余、「安良堂」総理となった。北米西部に分堂を遍く設置し、さらに中南米を網羅する二万人余の大団体に発展させる。なお、一一年四月広州起義の失敗後、中国同盟会が緊急資金を必要とすると、カナダにある致公堂のビル三つを抵当として一五万米ドルを準備し、孫文に献金した。

司徒美堂は公益事業にも熱心であり、アメリカのボストンに広華学校、ニューヨークに中華公学のみならず、カナダ、キューバ、メキシコなど各地で華僑学校を発起、創設に協力し、多くの学校で自ら校董となった。アメリカ大陸の堂、会所、会館などは封建的色彩が濃厚で、互いに紛争を起こした。そこで、司徒美堂はサンフランシスコの岡州公所主席李宝湛と連繋し、「和睦団結会議」を開催して堂間で和約を結び、堂闘は次第に終息した。九・一八事変（満洲事変）後、絶対多数の華僑は団結一致の共同抗日の必要性を認識し、「堂闘」はさらに減少したという。三二年中国に帰国した際、蔣介石が抗日を主張する軍・民を弾圧する「安内攘外」政策をおこない、またアメリカ華僑からの十九路軍支援献金の八、九割を着服したことには深い失望と心痛を感じたという。なお、福建人民革命政府の失敗後にアメリカに逃亡した蔡廷鍇、および楊虎城、陶行知、馮玉祥らを歓迎し、彼らの抗日言論を擁護した。

七・七事変後、司徒美堂は「ニューヨーク華僑抗日救国籌餉総会」（General Relief Fund Committee of Chinese Consolidated Benevolent Association）を発起し、自ら常務委員に就任した。そして、抗戦支援の献金運動を発動し、宋慶齢らの保衛中国同盟と密接な連繋を保ち、財力・物力を以て八路軍、新四軍を援助した。四一年一月新四軍事件が勃発すると、司徒美堂は蔣介石に「分裂反対、団結堅持。投降反対、抗戦堅持」を求めた。四一年国民参政会華僑参議員として招聘を受け、帰国する途上、日本軍の香港占領にたまたま遭遇し、日本特務機関から秩序維持のため、維持会長となって香港耇会を組織することを依頼されるが拒絶。洪門人士の援助で仮装して小船で脱出し、徒歩などで広東省東部の遊撃地区を経て重慶に到達した。重慶では、蔣介石から国民党入党と行政院華僑議員の就任を勧められるが、「自分が孫中山先生に付き従ったのは祖国を愛し、民族を愛するからで、官に就くためではない」と固辞した。ただし、国民政府賑済委員会委員と第三届国民参政会参政員には就任している。重慶滞在中、馮玉祥、陶行知、徐宗漢（黄興夫人）ら進歩的人物や中共の董必武と会い、さらに八路軍弁事処で周恩来と会い、その茶話会で司徒美堂は「抗戦堅持」の演説をする。

四三年アメリカに戻った後、重慶国民政府の指示を受け、キューバ、ペルー、ブラジル、パナマ、カナダ各地を遊歴し、広範な華僑に抗日宣伝をおこなった。他方で、蔣介石派の献金汚職の領事と闘争したという。四五年司徒美堂は抗戦支持を継続しながら、他方で勝利後、帰国して政治活動に参加するため、華僑政党の組織化を計画した。かくして、三月一二日ニューヨークで「米洲洪門懇親大会」を開催した。その参加者はアメリカ、カナダ、キューバ、メキシコ、ペルー、ブラジル、パナマなど九ヵ国の致公堂代表であった。そこで、封建的な「堂」から近代的な「党」とするため、「洪門致公堂」を「中国洪門致公党」とすることを決め、司徒美堂は全米総部主席に就任した。会後、洪門系の『五洲公報』（アメリカ）、『大漢公報』（カナダ）、「洪鐘時報」（同）、『開明公報』（キューバ）、『民聲日報』（同。同紙は蔣介石支持から批判へと転換?）、『公言報』（ペルー）など一〇紙と共に「十報宣言」を出し、「国民党一党独裁の終結、政治を民に返還、国民代表大会の開催、民主政府の樹立」を宣言した。こうして、「国民党一党独裁」反対を鮮明にしたのである。四月サンフランシスコで国際連合準備会議が開催され、中国代表団華僑顧問となった。

四六年四月司徒美堂は米大陸の各洪門代表を率いて帰国、上海で「五洲洪門懇親大会」に参加している。当初、「華僑政党」の身分で祖国建設に参画するためで、その政治姿勢は国共間の「中間路線」で、「和平談判」のためと考えたとする。だが、中国国内の極度のインフレ、飢餓、農村破産などの状況を目撃し、考えを変え、祖国を救うためには蔣介石を打倒しなければならず、「愛国愛民」の中共を擁護する必要があり、「中間路線はない」と断じた。四八年春、アメリカに戻ると、「祖国解放戦争」のため華僑を発動し、他方、国共内戦において蔣介石支援のアメリカを激しく批判した。四八年「中国洪門致公党」を「中国致公党」に改組して主席就任。五〇年の「中ソ友好同盟互助条約」締結にも好意的であった。その後、政治協商会議全国委員、人民代表大会常務委員、帰国華僑連誼会副主席などを歴任している。五五年北京で脳溢血で死去。葬儀には中共の林伯渠、郭沫若、彭真、廖承志らの外、第三勢力からは沈鈞儒、黄炎培、何香凝、章乃器、羅隆基、蔡廷鍇、李済深ら、華僑では陳嘉庚らが列席した。そして、遺骨は八宝山革命公墓に埋葬された(44)。このように、その略歴を見ると、陳嘉庚などと同様、蔣介石の強圧的な非民主的姿勢、国民党の汚職などの体質に反発を強め、次第に中共支持へと傾斜していった。そして、最晩年期には「中間路線」を切って捨て、中共全面支持を明言した。ただし、葬儀の列席者を見ても分かる通り、中国第三勢力の支持を受けていたことは明白であり、ある意味で、国民党から中共支持への傾斜という中国第三勢力の主流と同様の軌跡を描いたともいえる。

ところで、一九三七年七・七事変が勃発すると、アメリカでは華僑の抗日運動が一挙に活発化した。ニューヨークがいち早く反応し、当日の夜には、華僑反帝大同盟、華僑衣館連合会、留学生連合会、致公堂などが会議を開催し、抗日宣伝と募金を目的に「ニューヨーク華僑抗日救国籌餉総会」を成立させた。そして、致公堂領袖の司徒美堂ら執行委員一九人を選出した。次いで、七月一三日工人保障会華人部、反帝大同盟などが連名で、国民政府に「全国の海陸空軍を動員して華北を援助し、全国民衆を動員」し、人民に対して「一切の民主権利を与え、一切の救国人士の釈放」を提起した。さらに、一〇月司徒美堂はニューヨークの華僑五四団体に呼びかけ、大規模な「抗日救国籌餉総会」を組織し、抗日献金運動を開始した。こうした動きはサンフランシスコ、ボストンなどでも同様であった。ただし、全てが順調にいったわけではない。司徒美堂によれば、アメリカの武器商は日本と商売をし、武器や原料を日本に供給し、他方で華僑を殺害している。アメリカ華僑は猛烈な勢いで抗日献金をし、かつ華僑団体は「不愛国華僑」に懲罰を加えた。だが、それに対し、アメリカは日本を刺激するとして公然と干渉した。ニューヨーク「唐人街」での抗日公債の販売に対しても、警察がアメリカの法律に抵触するとして捕縛した(45)。ニューヨーク華僑の先駆的な抗日運動の意義とともに、ここで押さえるべきことは、献金に応じるか否かが踏み絵とされ、「愛国華僑」、「不愛国華僑」に選別され、後者には懲罰が加えられたことであろう。

ニューヨークでは、①華僑衣館同業組合が三七年七月一一日に執行・監察委員連席会議（主席は司徒卓？）を開催した。そして、中央政府を経て前線将兵に強硬に抵抗することを打電し、かつ献金をすぐに送付することにした。②中華公所が七月一五日、職員会議を開催し、救国の方法を討論した。海外華僑が愛国心を示し、軍心を鼓舞し、最後の勝利を獲得する。そして、国民政府と北平冀察政務委員会の宋哲元・全将兵宛の二通の電報を打つことにした。その内容は、(イ)国民政府に対しては、即刻日本と国交断絶し、抗戦を実行し、主権を保護、失地を回復することを請う、(ロ)宋哲元らに対しては、国民政府軍の抗戦が次々と勝利し、華僑は非常に感動している。抗戦を最後まで貫徹し、国土を固く守ることを望む(46)、とした。

ここで、中国人学生の動向を見ると、ニューヨークの中国学生抗日救国会と学生会執行委員会は、力を集中し、団結抗日すべきとして大同公寓で全体同学会議を開催している。そして、未曾有の盛り上がりの中で抗日救国を全民一致で決めたという。林伯雅が主席となり、工作報告をした。従来、学生執行委員会、抗日救国委員会はそれぞれ独自に活動し、協力は不十分であった。そこで、連合して抗日工作を拡大するため、まず機構的に宣伝、募金、組織、調査四部に分け、定期的に会議を開催して抗日工作を論じる。連合組織は臨時組織とし、従来の両委員会改組の問題は改めて夏休みに大会を招集して討論することにした。とりあえず「ニューヨーク全体同学」の名義で、①国民政府に対して日本の北平・天津侵略に出兵、討伐することを請う、②宋哲元に対して奮勇抗戦を請う。全体同学は後ろ盾となる(47)、と打電した。このように、学生運動も抗日を強化するため、連合・統一の方向に向かった。

その他、客家系の大鵬慈善総会も積極的に動いており、「日本が我国土を侵略し、我同胞を爆撃」していることに鑑み、抗敵将兵支援のため長期献金をするとし、第一期（～九月七日）ニューヨーク中国銀行からワシントンの大使館に一万〇二九一元を送金、第二期（～一〇月七日）五四七四元などを送金している(48)。

三八年台児荘での「空前の大勝利」後、国民政府は中国内外の民衆に五月三日から九日まで盛大な行進を挙行し、全国民衆の抗日精神を鼓舞し、最後の勝利を獲得するとの訓令を発した。ニューヨーク総領事館からの通知を受け、五月二日ニューヨーク全体華僑抗日救国籌餉総会は「五月九日」に抗日大行進の実施を議決した。そして、中国支援とともに、国際宣伝をおこなうことにした。そこで、総務部七委員、および余纘棠、林芳、黄柏森ら一五人を準備委員とした。準備期間が短いこともあって、総領事館各職員も協力した。また、華僑団体幹部や一般華僑も熱心に準備に参加した。その情況を『紐約中西報』が詳細に伝えた外、ニューヨーク市、およびその付近の各港の商店、料理屋、衣服店も一斉に休業とし、各界華僑の参加者は一万二〇〇〇人以上となった。これを一〇グループに分け、一グループを六隊とした。隊の前には大きな青天白日満地紅旗、星条旗、次いで蒋介石の大肖像を掲げた。沿路で英文ビラ五万枚がまかれた。たまたま大雨に見舞われたが、整然と行進を続けたという。アメリカ白人も皆、「中華民族復興の精神」を賞讃し、国際的な中国への同情の一端が見てとれたという。行進中、白人、華僑から献金六〇四米ドル（法幣換算で二〇四〇元）があった。こうした状況は、翌日のニューヨーク大小各新聞で報道された(49)。そして、抗日大行進は五月二八～三〇日の三日間、新中国戯院でも放映され、前線将兵慰労の献金一一七〇米ドル（五六四四元）を集めた(50)。

すべて順調に見えるが、抗日献金・公債を巡る混乱があった。史料的にニューヨーク中心のように見える。中国国民党ニューヨーク分部から国民政府主席林森宛の書簡によると、今回、全国で発動した抗戦勝利のニュースに、華僑は興奮し、各項の抗日献金により国民の天職を尽くそうとしている。最近のニューヨーク『民気日報』（『民気報』？）によれば、ニューヨークだけで法幣五〇万元に上っている。だが、政府には未だ統一した献金納付法がなく、華僑は右往左往し、国民党分部に問い合わせてくる者が甚だ多いという。結局、大使館、現地の（総）領事館、代理で（華僑）団体、中国銀行経由、さらには個人が党分部に直接送付してくる。このように混乱しており、献金が放置されたり、遺失する可能性すらあるとする。もし政府が適切な献金法を示さなければ、華僑の抗日献金熱は日増しに冷めてしまい、抗日の雰囲気にも間接的に影響する、[51]と危機感を募らす。このように、民衆の抗日熱意、献金熱の方が先行し、国民党部や国民政府の献金方策・ルートの設定は立ち後れていたといえよう。

また、「紐約全体華僑抗日救国籌餉総会告僑胞書」によれば、以下の通り。総会成立の宗旨は、「統一されたニューヨークの全体華僑は積極的に公債を売り、救済費を募集し、以て政府抗戦の後ろ盾となる」ことにある（繰り返すがサンフランシスコと別立てで、それぞれ独自に集め、行動していた。ただし、献金自体は原則的に一旦ニューヨークの中国銀行支店に集中することになる）。派別・家柄を見ず、地域の別なく、凡そニューヨークの華僑団体、あるいは個人は皆、一切の先入観を棄て、一致団結して積極的におこなうことを望んでいる。ニューヨークの七〇余の華僑団体はこれに同意し、人員を派遣し、本総会を断固として擁護している。だが、『民気報』の「少数の不良分子」は総会の抗日救亡工作に対して一人として協力せず、新聞紙上で総会の悪宣伝をおこない、華僑界を混乱させ、団結救亡工作を破壊しようとしている。本総会は、華僑の一致団結が必要との観点から放置してきたが、宣伝中傷は凶悪になり、かつ国民政府の法令を軽視し、総会の決議案に違反している。献金を別に為替送付し、総会の統一募金を破壊しているとして、次のような具体例を示している。

①『民気報』総編輯の林伯雅、通訳の駱来添二人は総会職員に選出されたにもかかわらず、拒絶、②「全国公債勧募総会」（所在地は上海？）主席宋子文から、上海の環境はよくないので、献金は香港分会に為替送付せよとの来電があった。そこで、総会は慎重を期して香港に変更した。にもかかわらず、『民気報』は督促があって初めて献金を送付したと中傷した、③総会は、国民政府に統一的な献金収納機関の指示を求めたところ、「全国公債勧募総会」にすべて収めると指定された。また、一〇月外交部から駐外公館に対して、中央の規定により一律「全国公債勧募総会」にすべて収めるとの指示があった。だが、『民気報』は献金を外交部に為替送付し、総会の取り決めに違反したのみならず、国民政

府の法令を軽視した。その他、本総会が一一月三〇日に議決した「国民党義捐款項弁法」（内容不詳）は連義社職員蔡滋田が提起し、両団体（『民気報』と連義社？）職員の伍卓山、林松柏も賛成し、大会で採択された。にもかかわらず、中国銀行に行った際、両団体代表は議決案に反対し始め、強硬に献金を別処に為替送付しようとした。(52)『民気報』は国民党系新聞と見なせるが、何故か徹底的に抵抗している。【中国銀行→「全国公債勧募総会」】のパイプ一元化に反対し、さらには宋子文に反対しているようにも見える。したがって外交部に送付したのだろうか。しかし、元来、外交部も一つのパイプではなかったのか。

ここでは、外交部ではなく、財政部であるが、ニューヨーク全体華僑抗日救国籌餉総会の会章第七条の「財政部之権責（権限）」によれば、財政部には正主任一人、副主任二人、会計員三人がおり、本（総）会の一切の収支、為替預金各項、および受領証発給などの事がらを管轄している。その献金収入項目については一律に本総会大会議決に送り、指定の中国銀行で三〇〇〇米ドルに達した時、報告する、(53)とある。つまり財政部は、総会自体の業務管理を含めてかなりの権限を有していた。ただ、この点において混乱はないように見受けられる。

だが、混乱は単に送付側・窓口の問題に留まらず、国民政府・国民党の機構・各部処間でも発生していた。国民政府文官処は、三八年一月一三日の「渝字第70号函」で国民党中央執行委員会秘書処（以下、中央秘書処と略称）に対して、「国債総会（全国公債勧募総会の略？）、および中央財政委員会がすでに取り消され、各方面からの献金は財政部に統一して収め、支出していると聞くが、本処には通知がない」と、不信感をにじませた。それに対して、中央秘書処が、中央財務委員会の業務停止の議決を経た後、すべての業務、抗敵後援の献金受取りも引き継ぎ、随時中央銀行に保管する、(54)と返答している。ここでは、中国銀行ではなく、中央銀行となっている。このことから、中国銀行と中央銀行の対立、宋子文と孔祥熙の対立の可能性を窺わせる。また、国民政府機構と国民党組織の対立も示唆し、国民党組織が強引に事を進めているように見える。

ともあれ国民政府文官処は納得せず、三月五日に中央秘書処に再度問い合わせている。勧募総会と中央財政委員会が前後して廃止されたため、結局どこに送付するのが最も適切なのか。かつて中央党部と行政院に統一弁法を相談の上、定め、それに則ることがよいとした。次いで、中央秘書処が中央財務委員会の業務停止を議決後、献金授受を含めて、すべての業務を秘書処が引き継ぎ、随時中央銀行が保管、転送するとした。現在、行政院が返信を寄こし、華僑為替は四銀行による「救国公債・救国捐弁法綱要」と「慈善捐経収弁法綱要」に基づき、処理するという。なお、国民党中央と行政院による統一的な献金受入機関に関して意見はまだ一致をみていない[55]。ここでは中国、中央両銀行のみならず、交通、中国農民両銀行も参画させるという。

そこで、「四銀行□辦救国公債及救国捐辦法綱要」（一九三八年三月九日）を見ると、①「救国公債勧募委員会総会」（勧募総会）はすでに終結し、各省分支会もすでに期限を切って終了する（ただし、海外分会は従来通り業務をおこなう）。すべての救国公債、および救国献金事務は均しく財政部がおこなう。②救国公債、あるいは救国献金の受領、および債券交換・発行事務は財政部が中央・中国・交通・中国農民四銀行に委託経営・処理させる。国外での受領、および債券交換・発行事務は香港中国銀行が経営・処理し、並びに同銀行が責任をもって、その他の海外各地の銀行に代理を委託する。また、「慈善捐経収弁法綱要」（同）でも同様に、中国慈善救済会は中央・中国・交通・中国農民四銀行に経理を委託し、慈善献金の授受をおこなう。国外部分は香港中国銀行が取り扱い、同銀行が責任をもって、その他の海外各地の銀行に代理を委託する[56]、となっている。ここでは、四大国家銀行全体に委託する形を採り、中国銀行のみならず、中央銀行の役割も相対化される。ただし、海外については、香港中国銀行の役割の重要性は依然として継続していた。

ここで、献金窓口・パイプ・権限の問題だけでなく、もう一つの重要な問題を指摘しなければならない。ニューヨーク中国美術会黄玉漢の中国銀行漢口分行に送付した献金一米ドルは法幣「四元五角一分」に換算する[57]、としている点である。献金額は「一米ドル」と僅かで問題にならないにもかかわらず、看過できないのは換算率が明確となるからである。米ドルでの献金が多いと考えられるが、それを法幣換算で記載される。そうなると、為替レートの変動を無視したレート固定化により、例えば、中国銀行がそれを独占すれば、法幣価値の下落に伴い、その巨額の差額が必然的にストックされるという仕組みなのである。いわば献金は抗日活動の重要な一環である反面、銀行にとってうま味のある業務であったことは間違いない。この問題はアメリカにとどまらず、必然的に世界各地からの華僑献金、公債へと波及していく。

こうした為替レート問題は、次の公債に関する史料からも明らかになる。ニューヨーク全体華僑抗日救国籌餉総会は、三八年七月二六日職員大会で議決した【甲案】は八月一日より開始の「美金公債」（米ドル公債）は月購入額を一人少なくとも五米ドルとする。八月一六日議決の【乙案】は、ニューヨーク中国銀行が未収である同総会実施中の販売期間内の公債販売の米ドルについては暫時「固安銀行」（一定の銀行？）にストックする。【乙案】では法幣為替レートの下落にもかかわらず、依然として「二九米ドル六セント」を、法幣公債「一〇〇元」（一米ドルは約三元三角八分）に設定している。もしサンフランシスコなどの籌餉総会が市価レートを採用すると、ニューヨーク華僑は多くの詰問を受けることになる。また、本総会が預け入れるニューヨーク中国銀行や大使館は「救済難民費」に関して「二九米ドル六セント」のレートを固持しているため、華僑からさらに多くの非難を受ける。そこで、中国銀行に対して「美金（米ドル）公債」のみに一元化することを要望したが、八月三〇日までの一ヵ月間、「国幣（法幣）公債」しか発行していない。したがって、本総会は大使館を通じて今後、一切の献金は一律、米ドルを用いることを要請した。その上、財政部の許可を得て「（美？）金公債」は中国・中央・交通国家三銀行に委託することにした。ところが、ニューヨークの中国銀行はこれらの指示を無視している。その他、慈善公債は巨額であるが、大使館は財政部の受領書を有しておらず、国民政府にすべてを送付していないのではないかという質問・疑念が華僑から頻繁に出ているという(58)。

このように、ニューヨーク華僑の司徒美堂らは、中国銀行に対する根強い不信感をにじませ、それを国民政府主席林森に直訴した。そして、中央・交通両銀行を参画させることで、巨額の差額が中国銀行のみに独占されることを阻止しようとした。このことは、やはり中国銀行董事長の宋子文に対しての不信感が根底にあることを窺わせる。そして、華僑の公館に対する不信感にも連動し、複合的、かつ構造的不信感があることを感じさせるに十分である。

ニューヨーク全体華僑抗日救国籌餉総会によると、本総会はニューヨーク広東人による献機献金はかなりの成果をあげ、三八年九月二二日に広東人民献機委員会がサンフランシスコ広東銀行に貯蓄した「一七万五〇〇〇米ドル」を移した。そして、それを香港の広東銀行に為替送付されたという。一一月二日サンフランシスコ総領事館は広州陥落（三八年一〇月）の状況不明を理由に香港広東銀行に（ニューヨーク以外を含めて？）献機預金計「五〇万米ドル」の暫時支払停止を打電し、同時に外交部に通知した。この結果、二二日に香港広東銀行から広東人民献機委員会に献金は返還された。本総会は献金した華僑からの質問に返答できず、主任呉鉄城は香港にいないようであるし、主任余漢謀は軍事情勢の急転から広東省を逃れられず、もし両主任がこの献金を受け取ってくれないとしたら、誰がこの巨額の献金に責任をもつというのか、[59]と困惑を隠さない。

結局、外交部は、ニューヨーク全体華僑抗日救国籌餉総会に対して次ぎのように返答した。中国大使館は手を加えず、すべての献金をニューヨークの中国銀行に代理収支をおこなわせ、財政部の審査処理を経た後、同総会に対して宋（子文）董事長が情況説明の書簡を出す。[60]この結果、系統がある程度、明確になる。

とはいえ、司徒美堂は献金の使途などに疑惑があるとし、戦後になっても、回顧録の中で不満を隠さない。献金は「額捐」（毎月一人一五元を献金）、「飛行機捐」、「散捐」、「自由捐」、および公債であった。八年抗戦中、ニューヨークだけで華僑一人当たり「額捐」だけで六七〇～一〇〇〇米ドルで、総計一四〇〇万米ドル前後に上り、これらは中国銀行を通して蒋介石に為替で送られたとする。アメリカ全体の華僑の抗日献金と公債は数億米ドルになるが、蒋介石はその額を公表していない。腐敗した現象は抗戦前もあったとし、三五、三六年いわゆる「献機祝寿（宋美齢の誕生日?）」活動をおこなった。アメリカ華僑も少なくない献金をしたが、国民党はそれで飛行機を購入せず、宋美齢は旧い飛行機の何機かに「ニューヨーク華僑号」、「サンフランシスコ華僑号」などと書き、写真を撮って送って寄こすが、その後、それを消して「マラヤ華僑号」、「インドネシア華僑号」と書く。こうして、華僑献金は宋美齢がアメリカの銀行に預金する、(61)と怒りを露わにする。これが事実か否か不明であるが、華僑の血の滲むような献金を私物化してきたとの疑念があった。こうして蓄積した不信が、戦後、一挙に噴き出すことになる。ともあれ、このような抵抗はニューヨークが激しく、それに対して、サンフランシスコは国民党系が相対的に強固であり、不満を示しつつも、あまり抵抗しているようには見えない。

四一年一〇月、全米助華連合総会がニューヨークで援華大会を開催した。参加者はアメリカ人、中国人計一万五〇〇〇人余に上った。会場には中・米両国旗が掲揚され、両国親善が示された。共和党の大統領候補ウェンデル・L・ウィルキー、およびニューヨーク市長も列席した。そして、ウィルキーは開会の理由で、中国抗戦を和平のための戦いと明確に位置づけた。軍民の死者は三〇〇万人に達し、救済を待っている者は数知れない。アメリカ国民はできる限りの努力をする、と。その後、駐米大使の胡適が講演し、最近、湖南・広東前線で中国軍が大勝利を収めたこと、またアメリカ人の中国支援に感謝していると述べた。その他、元海軍部長チャールズ・エディソン（Charles Edison. 彼は一九四〇年一月から六月まで海軍長官代行）らが演説し、皆、中国に対しての献金・救済を呼びかけた。このようにアメリカ人の中国への共鳴は、太平洋戦争の勃発以前からかなり高まっていたのである。同日晩、華僑は三民主義青年団、青年救国団、華僑婦女新生活運動会などの青年数十人を招待し、歌詠団主任劉良模の指揮の下、義勇軍行進曲を合唱し、抗日の空気は一挙に高まった。(62)ニューヨークでは、このような盛り上がりを示していた。

四　太平洋戦争の勃発とアメリカ華僑

アメリカが正式に対日宣戦布告をおこない、中国も日・独・伊三国に宣戦した。こうした状況の大転換を受けて、『少年中国晨報』は、唯我の「アメリカが日本に宣戦した！」という「言論」を全面に掲げた。それによると、「太平洋上の強盗国家（日本）を一旦消滅させ、人類は和平の秩序を確立するため、新建設をする。ただアメリカ合衆国に居住する我ら華僑は自ら可能なことに尽力すべきで、アメリカ政府の命令を受け、地方の安寧維持に協力し、戦時服務に努力する。アメリカが日本を打ち破った日がまた我国も失地回復する時である。我らは祖国を愛する気持ちをもってアメリカを愛し、一日も早く人類の和平を破壊する倭賊を殲滅しよう(63)」と呼びかけた。

四一年一二月一二日には、蒋介石が次のような「軍民に告げる書」を発表した。

「今日以後、英・米・ソ、および世界の正義・和平を愛する各友邦は共同一致し、肩を並べて作戦し、人類の敵を徹底的に消滅し、同時に世界永久和平を確固たるものとする。我国は五〇〇〇年の歴史文化を有し、かつ三民主義を継承し、自らを救い、世界を救う中華民族であり、これより空前の重大な使命を負うべきである」。また、「海外華僑も同じく黄帝・炎帝の末裔であり、誠意を尽くし、その偉大な力を奮い起こし、各々居住地区ですべての力量を捧げ、友邦を援助しよう(64)」、と。これを受けて、劉伯驥は『国民日報』（四一年一二月一二日）の「社論」で、心に抱く唯一の信念は民主集団は決して枢軸（国家）に征服されることはないと言うことである。人類文明、国際正義は決して暴力によって消滅されない(65)、と強調した。

また、国民党駐米中支部は、今回の戦争で、どうして軍備劣等な国家（中国）が一等の強国である日本に抗戦し、大打撃を与え、日本の人力、物質、および経済を大きく消耗させることができるのか。それは、我国はここ数年間、後方各省の農・工・商・鉱・教育・交通などの建設は勃興の気運にあるからである。「抗戦建国」の大きな奇跡である。我らはこの最高の国策をすでに一致して擁護している。総理孫（文）先生が本党（国民党）を創設して以来、その目的は中国を救い、世界を救うことであった、[66]と述べている。このように、軍備劣等な中国が強国日本に打撃を加えられるのは、中国経済が勃興期にあり、それは「抗戦建国」政策の正しさを立証しているとする。そして、その精神的原点は孫文にあると強調するのである。

この時期、アメリカは臨戦体制の構築を一挙に加速させた。サンフランシスコでも臨戦体制が採られ、日本人の外出禁止が命じられた。一二月一三日、アメリカ華僑教育会は各華僑学校の校長などを招集し、非常時期における生徒・児童の安全問題を討論した。その結果、空襲警報、避難訓練を実施することにした。[67]日本軍によるアメリカ本土攻撃も想定されて準備が進められたのである。

「華裔僑民登記辦法」によれば、サンフランシスコ総領事館は、①非常時期に当たり、華僑保護のために、「華裔僑民証明証」を発行する。②凡そ総領事館管轄下の華裔僑民は自ら来館して登録し、証明書を申請する。③来館する華裔僑民は写真、および以下の各機関（救国総会・国民党総支部・中華総会館）の一つ、あるいは総領事館が認可する「商店個人」（商店主）の保証書を提出しなければならない。④これらは一律免費である。[68]シアトル領事館でも、非常時期に管轄区内における華僑出入の安全を保障し、誤解を避けるため、「華裔・僑民証明書」を発行した。[69]

また、アメリカ各地で日本人居住者を捜索、逮捕し始めた。そうした状況下で、中国人と日本人は皮膚の色などあまり差異はなく、華僑が日本人と誤認される。そこで、ロサンゼルス中華会館は華僑大衆の安全を図るため、一方で華僑自ら自衛する戦時服務委員会を設立し、時局に対処するとともに、他方で急ぎ図案を決め、ワッペン五〇〇〇枚を作製し、華僑が襟に付け、（日本人と）識別させることにした。[70]

大平洋戦争の勃発後、華工合作会（CIDとAFLの華工千数百人による組織）は、F・ローズベルト大統領に対して、アメリカの対日宣戦を心から擁護するとし、かつ中国・イギリス・ソ連、および各民主国家を全力で支援し、ファッショ侵略の枢軸国家に打撃を加えることを願っているとした(71)。このように、華工を含め、各階層の華僑が立ち上がっていた。

四二年元旦には、サンフランシスコの中華総会館が中華民国成立三一周年記念儀式を挙行した。列席者は総領事馮執正、副領事梁紹文、各会館主席、および中華学校校長陳中海などであった。商会理事兼中華学校校董会副主席の鄺墀等は、抗戦四年、蒋委員長指導下で軍事・外交は日々有利となっている。中・英・米・ソなどの民主国家は同一の戦線に立ち、歩調を合わせて、侵略者に痛撃を与えている。我らは何らの隔てなく、最大限の力で政府に貢献し、奮闘を強め、早期の勝利を達成すべきである。次いで、総董事の周堂は、蒋介石が華僑家族救済を広東省政府に命じたという電文を紹介しながら、政府の華僑愛護の迅速さが分かるとし、他方で、日本軍の真珠湾攻撃により負傷した軍民をサンフランシスコに迎え入れている事実を示し、日本に対して怒りを露わにした。そして、各会館主席、東華医院総理、および中華学校校長陳中海が女学生数人を連れて花、煙草、菓子などを携えて、負傷者が収容されている医院に慰問に行くことを議決した。四二年元旦、三民主義青年団アメリカ西直属区団部（主席はやはり陳中海）も中華民国成立三一周年記念大会を開催している(72)。

ところで、四二年一一月宋美齢はF・ローズベルトの招聘によりアメリカ各地を訪れ、各界人士、華僑の歓迎を受け、「抗日援華」の講演をおこなっている。反響は極めて大きく、ボストンでは市政府から九万ドル、華僑抗日後援会から三〇万元、華僑婦女新生活運動会から一一万元の献金を受けた。その他、シカゴ、デトロイトでも多額の献金を受けている。四三年四月にも、宋美齢はロサンゼルス唐人街を訪れた。街には中国・アメリカ各国旗が懸けられ、華僑三〇〇〇人が出迎えた。彼女は華僑に対して技術と科学知識を増大させること、および中国道徳を忘れず、そして父母は「中国の偉大な文化と精神」を子弟に教えるように(73)、と述べた。また、四三年六月には、宋美齢はカナダのオタワも訪れ、議会両院で演説、婦女会の昼食会、記者会見会など、精力的に活動している。

太平洋戦争の勃発以来、華僑の祖国愛護の精神はますます高まった。全国慰労総会が最近受け取ったアメリカ・カナダ各地の華僑労軍献金は、アメリカ華僑統一義捐救国総会一〇万元、ニューヨーク華僑籌餉総会一五万元、シカゴ華僑救国後援会一〇万元、オタワ華僑救国後援会一〇万元、カナダ華僑愛国会五万元、ワシントン華僑救国会三万元、シアトル華僑救国後援会五万元、およびボストン国民党分部八〇〇〇元など、計七七万三〇〇〇元であった。これらは献金者の指定に基づき、「忠勇将兵」を慰労する、[74]とする。アメリカ華僑統一義捐救国総会も全米組織ではなく、サンフランシスコとその周辺を管轄にしていることを考えると、各地がそれぞれ独立して独自におこなっていたことを示唆する。

中国救済職員によれば、中日開戦以来、アメリカ華僑の対中献金の総額はすでに一五〇〇万米ドルに達している。その中でサンフランシスコ華僑の献金が最も多く、四五〇万米ドル、次いでニューヨークで三三〇万米ドル、第三番目がシカゴで、一七五万米ドルである。献金用途は難民救済、軍慰労、飛行機献金、公債、およびその他の戦時活動関係の費用とする[75]。

では、ここで華僑とアメリカ軍との関係に論を進めよう。四三年三月になると、留学生で永久居留証を保持していない者の多くは強制的に徴発されることとなった。かくして、アメリカ公民、中国公民、および中国人留学生を包括する華僑一万人余が徴発された。アメリカ陸軍の各種兵士、雑役、料理人、医者などに充当された。海軍方面は多くはないが、ジョージ・陳が海軍士官となった外、兵士や雑役を担当した。空軍方面では、飛行士、射撃手、および地上勤務員となり、廖達三は「飛虎隊」(The Flying Tigers)に入隊し、日本軍と戦った。第一四航空隊に服務した者が多く、第四〇七空軍、第五五五空軍各二六〇人である。第一一五七通信隊、自動車運輸隊各一三〇人など、総計一〇〇〇人以上とする。サンフランシスコの華僑軍人戦死碑にはサンフランシスコ二七人の外、ロサンゼルス、ニューヨークなど計九〇人が刻まれているが、サンフランシスコだけでも三六人おり、漏れている者も多く、実数はこれ以上とされる。なお、正規軍への華人の参加以外に、四二年民防義勇軍が組織された。サンフランシスコにはカリフォルニア州第一七軍第二大隊F隊の隊長は陳参盛、李啓奎両中尉であり、志願兵六〇人余は華僑だった。また、ロサンゼルス華人隊一五〇人があり、また、戦時婦女隊にも参加している。[76]

また、四三年六月アメリカ援華救済連合会の調査によれば、世界的に遍く分布するアメリカ陸軍にはすべてアメリカ籍華僑が参加し、その間の海軍商船隊、政府の業務、農村戦時工廠、債券の購入などにも積極的に参加しているという。そして、最終的にアメリカ軍参加の華僑は一万三〇〇〇人に上り、華僑総数の一七%に上ったとする。[77]英米連合軍に参加した華僑は反ファッショ戦争の前線で戦い、四四年六月ノルマンディー上陸に際して六〇〇〜七〇〇人の犠牲者を出している。[78]このように、アメリカ軍内部で華僑は一定の位置を占めるようになっていた。

他方で、四三年五月アメリカ各大学で全時間を就学に充てる中国系学生は学ぶ課程にかかわりなく、兵役を緩和する、[79]との通達が出された。アメリカの留学生政策自体が短期間で揺れ動いていた。当時、約五〇〇〇人の中国人留学生がいたが、その大多数は英語を話せ、理工科系であり、中国の近代化促進の目的をもっていた。これら新型知識分子は旧来の華僑の意識に衝撃を与え、アメリカ社会からも共鳴を受けた。ところで、アメリカ政府が最初に中国移民を取り締まったのが一八六八年のことであり、いかなる地方にも居住できるが、アメリカ国籍取得を否定した。次いで、一八八二年「排華条例」が採択され、一〇年間に限定して華僑入国許可を停止し、さらに一九〇四年アメリカ議会は「アメリカ移民例」で永遠に中国移民の入国を禁止した。ただし中国政府官員、学生、商人およびその家族などを例外とした。その上、アメリカ生まれの華僑（華人）にとって最も重要な問題は、法律的には「アメリカ国民」にもかかわらず、社会的地位が白人に認められていなかったことである。とはいえ、教育と思想はすべて西洋化し、一世移民の思想とは相容れず、独立集団を形成した。そして、権利意識に目覚めた華僑青年は、一八八二年以来の「排華法案」を容認できないとの態度をとり始めた。その上、中国とアメリカが日本と共同で戦っているという事実は、六〇年来の「排華」の局面を変化させ、四二年には「排華法案廃止公民委員会」の成立をみた。アメリカの民主人士や各種労働組合もこれを支持した。[80] かくして、一二月「新移民法案」が実施され、毎年一〇五人の中国人移民が許可された。申請にはパスポートを所持し、アメリカ領事館にビザを請求、同時にアメリカ人、もしくは永住権を有す「華人」の保証書も提出する。なお、「アメリカ国籍法」（四〇年頒布）も修正され、「華人」、および「華人」の後裔は均しく公民資格を取得できるとした。ただし「華人の血統を五〇％受け継いでいない」場合は国民資格を取得できないと規定され、その後に課題を残した。[81] こうして、四三年国民政府は「排華法案」廃止を要求した。

F・ローズベルト大統領は、「歴史的誤り」は正すことができる、[82] と述べた。かくして、四三年一二月に移民定数改定により、アメリカに入国し、永久居住を希望する「華人」にビザを発行する。従来の「華人」移民条例はすでに撤廃し、アメリカに移住した一切の「華人」に対して、一般の移民法に基づいて処理する。中国人は他民族と平等な機会を獲得でき、[83] ついに「移民法案」は廃止された。華僑から見れば、ある面、アメリカの移民排斥法との闘いであったといって過言ではないが、一挙に解決するのは太平洋戦争期であった。

この時期、「国民党一党独裁」問題が浮上してきた。四三年サンフランシスコの「抗日救国籌餉局」が七・七事変六周年記念大会を開催したが、それに国民党は「C・C」特務蕭吉珊をアメリカに派遣し、「指導」と称して華僑団体の献金活動に統制を加えようとした。この時、司徒美堂らは極力反対した。蕭は大会で、「孫中山遺嘱」を述べた後、「一つの政党、一つの政府、一つの主義、一つの領袖」を主張した。それに対して参会した華僑は驚き、批判した。致公堂責任者の司徒俊葱が立ち上がって、救国籌餉会は「党派を分かたず、姓氏を論ぜず、男女を問わず、郷邑を限らない」。何故「遺嘱」を持ち出し、「一つの主義」などというのか。各党派華僑を侮辱したことに抗議する、と。こうして、多くの致公堂員は退席してしまった。アメリカ華僑の中で国民党は孤立しており、なす術がなかった。[84] かくして、蕭は得るものなく帰国せざるを得なくなったという。こうした経緯もあり、多くのアメリカ華僑は「蒋介石・国民党一党独裁」に対する認識が次第に深まり、献金疑惑も絡まり、反発を強めていった。この時期には、サンフランシスコ、ニューヨーク両華僑が同席、もしくは連繋する機会も次第に増えていたようである。

四五年になると、抗戦勝利後が展望できる段階に入り、さらに論争が激化した。二月サンフランシスコの『世界日報』（憲政党）は「美洲華僑報界対国事主張」を特別掲載し、それは、国民党の蒋介石をはじめ、共産党の毛沢東、民主政団同盟の張瀾、左舜生、張君勱、章伯鈞、沈鈞儒、梁漱溟、保衛中国同盟の宋慶齢、および国内外新聞社を通じて全国同胞に宛てたとする。すなわち、盧溝橋事件より瞬時にして八年、将兵の命を用いて戦いに努力したが、内政は未だ安定せず、全局に影響を及ぼしている。中国国内報告によると、将兵の待遇はあまり改善されず、兵数の水増し報告は未だ改まらず、傷病兵は記録破りの多さという。一党独裁の局面が相変わらず続き、人民の自由権は未だ回復されず、反対派を排斥し、軍隊を移動させて辺区を封鎖している。こうした状況を利用し、汚職が満ちあふれ、特務が横行する。経済面では生産は落ち込み、インフレとなり、独占現象が生じ、国民経済はすでに崩壊している。こうした状況下で、国家とは存在できるものなのだろうか。盟邦と連合して勝利を勝ち取るためには、まず政治改革をする外、途はない。①国民政府は即刻言論を開放し、一切の愛国党派に合法的地位を与えることで団結統一を強固にして士気、民心を奮いたたせる。そして、広範な全国の人力、物資を動員し、戦闘力を強化し、以て盟邦と呼応して日本侵略者の進攻に対処すべきである。②国民党は即刻一党独裁の終結を宣布し、政治を国民に返還しなければならない。同時に国民政府は各党各派領袖を召集し、政治会議を開催し、連合政府を創設する。③その後、一方で最も有効な方法で政治、軍事、経済、外交を改善し、他方で最短期間で国民会議を召集し、憲法を制定、頒布する。

この主張を、アメリカの『紐約日報』（ニューヨーク・致公堂系？。これらの党派・堂などは本章各所などから確定、もしくは推定。以下、同じ）、ホノルルの『新中国日報』、カナダの『洪鐘時報』（オタワ・致公堂系）、『大漢公報』（バンクーバー・致公堂系）、キューバの『開明公報』（致公堂系）、メキシコの『墨京公報』、パナマの『愛国報』、ペルーの『公言報』（致公堂系）などと連合で発表する、と。[85] このように、国民政府、国民党、とりわけ蔣介石の一党独裁などを鋭く批判し、中国第三勢力と同一の論陣をはった。

それに対抗して蔣介石・国民党擁護の急先鋒に立ったのが、サンフランシスコの『少年中国晨報』であり、『世界日報』は華僑新聞を代表していないとし、サンフランシスコの『国民日報』、シカゴの『三民晨報』、ニューヨークの『美洲日報』、『民気日報』（ここから同新聞は国民党系ということが分かり、前述の献金を巡る紛糾は国民党内矛盾と見なせる）、ホノルルの『中華公報』、カナダのトロント『醒華報』、キューバの『民聲日報』（致公堂系？）、ペルーの『民醒報』、パナマの『共和報』、メキシコの『僑聲月刊』などと連合宣言とし、真っ向から対立する論陣をはった。それによると、連合軍と肩を並べて戦い、侵略者を殲滅し、勝利に望みがある時、『世界日報』は友邦を混乱させ、かつ故意に中国人の「奮闘殺敵」の意志を分裂させようとしており、その狙いは測り知れない。国民政府は蔣介石主席の指導下で全国軍民を統率し、日本侵略者に抵抗し、八年間血戦し、艱難困苦にもかかわらず国策に基づき切磋邁進してきた。最近の「抗戦建国」推進で際だっていることは四つある。①蔣主席は今年元旦に全国軍民に放送し、「我軍は軍事情勢が安定し、反攻基礎が確立し、最後の勝利をさらに具体化できた時、全国国民大会を開催し、憲法を頒布し、……政治を全国国民に帰す」と提起した。国民党の建国目的は三民主義憲政を実施することにある。国民政府はすでに積極的に準備しており、今年内に国民大会を開催、憲法を公布、憲政を実施しようとしている。この時、国民党はその他の政党と平等な地位に立つ。②日本軍の真珠湾攻撃後、中国の海洋は全て日本に閉鎖され、盟邦の援助はかなり困難となった。中国は生産落後国家であり、また肥沃な土地の多くが日本に蹂躙され、軍民生活の困難は倍加した。だが、周知の如く、四四年冬以降、国民政府は巨額六億元で将兵の生活水準を高める施設の設置を決め、かつ献金、地主の献糧により、その生活を改善しようとしている。③四四年冬、国民政府は全国知識青年の従軍を発動し、機械化旅団を訓練・編制し、その数は一〇万人を越え、連合軍に呼応して戦っている。④戦時生産局を組織し、生産を増大させ、軍需に供給して物価安定に寄与している。その他、公務員は農工商各界の人々に比して生活はとりわけ厳しいが、犠牲的に報国しており、汚職をすれば、法によって厳罰が下される。ところで、『世界日報』は華僑憲政党（保皇党）の機関紙で、憲政党とは「保皇党の変名」であると指摘、抗戦になんらの貢献もしなかったばかりか、投機に走り、失敗のみをとりあげて破壊する、(86)と激しく非難した。

この二つの記事からほぼ政治的色分けが明白になるが、これらの論戦は、抗戦勝利後、アメリカ華僑をも巻き込む形での国共内戦の前兆ともいうべきものであった。ただし、双方とも国民党一党独裁を是としない点で共通性を有し、国共内戦期に多くのアメリカ華僑が国民党から離反する結果を招く要因となったと考えられる。なお、「保皇党」を前身とする憲政党も第三勢力と同様、もしくは第三勢力的色彩を強め、蔣介石・国民党への批判を強めていたことになる。

四五年三月一日（～一二日）ニューヨーク洪門会が全米洪門代表大会を開催し、一律「中国洪門致公党」（総部所在地はニューヨーク）を改称し、一二四日「党章」を発表し、各国・各港などの分会に通達した。一二月機関誌『紐約公報』を『五洲公報』（未入手）と改称し、党の主張の宣伝に尽力するとした。党は「団結救国除奸」を宗旨とし、「対外的には盟邦との密接な合作、完全な領土主権の実現、国際地位の平等を主張し、対内的には各党各派の一致団結、憲法の制定、一党独裁の廃止、民主政治の実現を主張する」とした。(87)

他方、『中央日報』（一九四五年五月七日）によれば、アメリカ華僑代表の梅友卓、李文恩、林逸川、潘漢枢、陳家賢らが中国に帰国し、中央社に対して談話を発表した。要約すると、我らは愛国精神から連年献金をしながら、国事を気にかけている。大原則は、華僑は一致して国民政府を擁護し、蔣（介石）主席の下で一致団結すべきと考えている。とりわけ国民は同心協力して誠意をもって合作すべきである。また、中国国内の華僑家族の生活は日増しに厳しくなっており、その生活と直結する華僑為替をスムーズに送付できるように改善すること、および国民政府による救済を希望した。中国に汽船で来る途中、アメリカ大統領F・ローズベルトの死を知った。世界は偉大な政治家を失った。哀悼の意を示したい、と。(88)このように、国民政府支持を明確にし、かつ華僑家族の保護を要請した。いわばアメリカ華僑は国民党を支持するか否かで、分裂の様相を呈していたといえよう。

アメリカ華僑団体の集友社、およびアメリカ中国人海員二六人は近く中国に帰国する。その所信によれば、中国国事に対して、即刻民主政治の実現を希望するとした。彼らは四三五米ドルを集め、解放区へ献金し、泗水攻略の「英勇戦士」の慰労に用いることを指定した。(89)解放区、つまり中共への支援であった。アメリカ華僑は民主政治実現を期待し、それは、国民党支援ではなく、中共支援へと向かった。換言すれば、民主政治を実現できるのは、国民党ではなく、中共と考え始めたのである。

四五年八月一四日（日本時間では一五日）アメリカ大統領H・トルーマンは日本の正式降伏を宣言した後、『国民日報』は号外を出し、各商店は爆竹を鳴らし、熱烈にそれを歓迎した。サンフランシスコ全体の老若男女は皆、大喜びであった。(90)当然のことながら、ニューヨークなどアメリカ各地華僑も同様な状態にあった。

五　アメリカにおける華僑学校教育

まず、中華中学校から論じはじめたい。サンフランシスコでは、一九〇五年当時の領事鍾保熙が華僑界領袖、および祖国中国文化を尊ぶべきとし、また現地生まれの華僑児童が中文を理解できないことに鑑み、華文学校を唐人街に設立した。校名を「大清書院」と称した。学生は一〇人であった。辛亥革命により「中華僑民公文学堂」と改称した。校長はボランティアで、賃金はなかった。そのこともあって、校長は学校にいる時間は非常に少なく、校務の進行に支障をきたした。そこで、中華会館は学監を置き、管理させることを提起した。かくして、学生への賞罰などを厳格にしたことで、校風は整頓されたという。同時に各学生を指導して学生自治会を組織させ、各種の事がらをおこなわせた。一九二七年児童・学生の増大により校舎を拡充するため、各華僑・華僑団体の献金、および不足分は銀行からの借入金（二万元余）で計三万七五〇〇元で、隣接する教会の建物を購入して、校名も「中華中学校」と改名した。(91)

二八年七月初めて投票による校長選出がおこなわれ、中国において校長や教授経験のある林始亭が就任した。林は「三大計画」を打ち出し、①債務の完全返済、②宿舎建設、③基金創設である。華僑はこの趣旨に賛成し、数百元から一〇〇〇元の献金を募ったが、大口の一万四七〇〇元の献金もあり、計画はほぼ完遂した。華文学校がない地域も多く、中文失学児童は数千人を下らなかった。そこで、寄宿舎を建設し、彼らを受けいれようとした。だが、もう一つ問題があり、華文小学の卒業後、中学への進学が困難であったことである。したがって、「中華中学校」を正式に完全な形で「中学校」とした。二九年林はワシントンの中華総会館に異動のため、校長を辞職したが、歴代校長の中で七年間と最も長期であった。(92)

三四年に学董会は趙九□を校長に選んだ。趙は広州で「教育要職」を務めた後、本校に来て七年間教師であった。だが、趙は二年後、私的理由で校長を辞任し、一般教師に戻り、代わって陳中海が校長となった。陳は中国・西洋双方の学識を有し、コロンビア、ハーバート両大学に計八年間留学し、かつ華僑行政に通じ、華僑界でも推戴されていた。陳は一年内に三つのこと、すなわち①本校は数十年の歴史を有しており、国民政府の認可を受けること、②大規模な図書館設立と図書の充実、③中国内の著名大学と連繋することを実施するとした。本校はアメリカ華僑の最高学府である。成立以来、人材を輩出し、高級中学を卒業した者は各華僑学校校長、教員、華文新聞記者、商店経理、および牧師などになっている。アメリカの大学への進学者や帰国して大学教授となった者、あるいは軍政要職にある者も少なくない。本校の大学創設計画が実現するまでの間、高級中学を卒業して帰国、大学に進学させることが必要である。そのためには、中国の著名大学との連繋が不可欠である。本校はアメリカ華僑学校の中で最も早期に成立した。学生も一〇人から数百人に増大し、校舎も拡充している、(93)とした。

ところで、サンフランシスコには、華僑区（唐人街）に英語夜学校が六校あるが、学生の年齢がかなり高く、昼間、仕事をしていて公立学校に通えない者が学んでいる。中文学校は一〇校あり、専ら華僑青年を教えている。その他、華僑の子弟で、アメリカの公立学校で学ぶ者も少なくなく、その状況は以下の通り。

(1)公立小学校・幼稚園の華僑児童数

①コンモドレ・ストックトン小学校・・男女児童一〇三六人（内、幼稚園児六六人）、②ハンコック小学校・・男三六人、女二三人で、計五九人、③ジーンパーカー小学校・・男二四一人、女一七三人の計四一四人、④ワシントン・リビング小学校・・男女児童計三六〇人である。総計一八六九人。

(2)中学校の華僑生徒数

公立中学校は、①フランシスコ中学校・・男二六六人、女一九九人で、計四六五人、②プレシディオ中学校・・男女各一人で、計二人、③イブレット中学校・・男一九人、女六人で、計二五人、④ローズベルト中学校・・男のみ三人である。総計四九五人（内、男二八九人、女二〇六人）。

(3)公立高校は①ポリーテクニック高校・・男一七人、女二人、計一九人、②ガリレオ高校・・男六四人、女四七人で、一一一人、③女子高校・・女一一人、④ミッション高校・・男五人、女八人で、計一三人、⑤ローウェル高校・・男三三人、女一五人で、計四八人、⑥商業高校・・男五六人、女四八人で、計一〇四人、⑦高校補習学校・・男三〇人、女一三人で、計四三人である。総計三四九人（内、男二〇五人、女一四四人）。

(4)短期大学・師範学校・大学の華僑学生

①サンマテオ短期大学・・男三一人、女七人、計三八人、②ゴールデン・ゲイト短期大学・・男のみ三人、③サンフラ

ンシスコ省立師範学校・・男八人、女五人、計一三人、④工芸技術大学・・男一人、ミルズ大学・・女一人、⑤ヒールズ商務専門大学・・男一〇人、女八人、計一八人、⑥ヒールズ技術大学・・男一〇人、⑦ヒールズ機械技術大学・・男一八人、⑧カリフォルニア大学・・男二七人、女一二人、計三九人、⑨サンフランシスコ大学・・男二人で、[94]総計一四三人（内、男一一〇人、女三三人）である。このように、諸外国・地域に比して、アメリカでは教育システムが完備し、進学の多くのパイプがあったといえよう。

三五年六月サンフランシスコ総領事館の報告によれば、高校で華文学校で学んだ経験のない者は、①ポリーテクニック高校・・一七人中、九人（一人不明）、②ガリレオ高校・・五五人中、二七人（三人不明）、③女子高校・・一五人中、一二人、④ミッション高校・・一四人中、八人、⑤ローウェル高校・・四一人中、一九人（三人不明）、⑥商業高校・・四八人中、二五人（二人不明）、⑦高校補習学校・・三七人中、一八人（一三人不明）である。すなわち、サンフランシスコにおける公立高校の華僑生徒二三七人中、華文学校で学んだ経験のあると確定できる者は八七人のみで、三六％に過ぎないというのである。[95]

表5—3は、サンフランシスコにおける華文学校の児童・生徒数であるが、小学クラスから初級・高級中学クラスまで準備されている。ただし、小学クラスが五七も設けられているのに比して、初級中学クラスが一一、高級中学クラスは中華学校のみで、それも三クラスしかない。このことは、高学年になればなるほど中国語を学ばなくなることを示す。

華文学校が「最も多いのがアメリカのサンフランシスコ」とする。私人設立を除いても公立学校が一〇あり、華僑児童が華僑学校で学ぶ機会はその他の華僑地域と比較して多い。サンフランシスコでは、華僑児童は五、六歳から入学し、一般的に華僑学校とアメリカの学校双方に入学する。午前八時から午後三時までアメリカの学校で学び、午後五時から八時まで華僑設立の学校で中国語を学び、それを通して中国の歴史・地理、一切の風俗習慣などの概略を知

表５―３ サンフランシスコ華文学校と児童・生徒数（単位：人）

華文学校名	男	女	計	備考
中華学校	200	200	400	高級中学３クラス、初級中学３クラス、小学６クラス
南僑学校	65	65	130	初級中学（特別班）１クラス、小学６クラス
聖瑪利学校	164	86	250	初級中学１クラス、小学６クラス
協和学校	170	170	340	初級中学３クラス、小学６クラス
孔教学校	100	35	135	小学５クラス
聖公会学校	79	79	158	小学６クラス
陽和学校	65	65	130	初級中学３クラス、小学６クラス
金巴崙学校	65	75	140	小学６クラス
自立浸信学校	27	18	45	小学５クラス
華人浸信学校	40	80	120	小学５クラス
小計	975	873	1,848	男は全体の52.8%、女は47.2%
その他の華僑「私立」（キリスト教系・非キリスト教系・個人）学校				
カトリック学校			250	以下、各級レベル・クラス数不明。男女比不明
長老会学校5校合計			803	１校当たり平均約161人
非教会学校4校合計			795	１校当たり平均199人
個人私立機関（塾とか？）			約200	
合計			3,896	なお、個人私立機関「200人」で計算

出典：『外交部公報』第8巻6号、1935年6月、95～96頁、『外交部公報』第９巻１号、1936年１月、437～438頁から作製。華文学校で学ぶ者は「3,072人」となっているが、実際計算すると、「3,896人」である。なお、華文学校は華僑団体が設立したもの、救済会が設立したもの、及び私立学校の大きく３つに分かれる。年齢は６～21歳と幅がある。周知の如く長老会はプロテスタントの一派でカルヴァン系列。

る。このことは、サンフランシスコが海外華僑の中でもよい環境といえる。だが、華僑児童・青年の大多数はこうした機会を生かしきれていない。幼い頃は、父母の命に従い華文学校に通うが、前述の如く年齢が高くなるにつれ華文学校から離れる傾向がある、とする。[96]

では、その要因は何か。①華文学校教師は計四〇人余であるが、その内、師範教育を受けた者は僅かである。一般的に中国語ができるか否かを基準に教師とするが、実は児童心理、教育原理が分からず、甚だしくはその名称すら聞いたこともない。したがって、大多数の教師は清朝時代の私塾のやり方で教えているのである。②教材は華僑社会の特殊事情に基づいて編纂されたものである。中国内の旧教科書を取捨選択せずにそのまま使用し、「祖国文化の注入」の熱意だけで教育する。③華僑の子女はアメリカの教育・法律の枠内にあり、凡そ一八歳以下の者は均しくアメリカの学校で学ぶことが義務づけられている。小学時代の科目は遊戯面が多く、アメリカの学校と華文学校双方で学ぶことが負担ではなく、両立可能である。だが、中学に進学すると、アメリカの学校での科目数が多く、予習が大変で華文学校で学ぶ余裕がなくなる。その上、生活困窮者もおり、子女の教育費を支払う力がなく、華僑生徒も放課後、仕事をしている。サンフランシスコの中学華僑生徒の六六％がこうした状態にあり、華文学校に行くことができない。[97]それ以外にも、アメリカに次第に同化したということも見逃せない事実であろう。

最後に、ハワイの華僑学校教育に触れておきたい。六歳になると、当地の英文学校で学び、失学児童は少ない。三五年一二月段階で英文大学・中学・小学（学校数不明）の学生総数は八六一一人である。その内、公立学校で学ぶ者は六六四三人（77.1％）、私立学校は一九六八人（22.9％）である。つまり圧倒的多数が公立学校に通学していた。教員数も多く、ホノルルの全公立学校教員二五〇九人中、「華人」は四七〇人（18.7％）を占める。ただし人数的に多いとはいえ、割合的には約一九％であった。私立学校教師は五九三人中、「華人」は二八人（4.7％）と相対的に少ない。それ以外にも華文学校教師九七人もいるが、正規の学校制度には含まれない。華文学校は基金がなく、経常費は学費

収入であり、不足分は献金（三四年献金は一年間で二万一六八五米ドル）により補助する。(98)

おわりに

以上のことから以下のようにいえる。

第一に、サンフランシスコの場合、国民党、総領事館が一定程度以上の力量を有し、当時、各党各派、各団体の団結もスムーズにいっているように見える。ただし、サンフランシスコ華僑も抗日のための団結を国民党以上に求め、突き上げていた。それ故、西安事変を起こした楊虎城の訪米を心から歓迎した。それに対して、ニューヨークの場合、致公堂が大きな力を有しており、国民党による華僑掌握度は低かったのではないか。司徒美堂・致公堂を中心に、むしろ献金を巡り中国銀行、総領事館への不満は、蔣介石・国民党一党独裁への不満へと連動し、高まっていく必然性があった。ここで不可思議なのは、中共党員の活動がほとんど見あたらない。史料的な問題であろうか。ならば抗日戦争末期から、国共内戦期に至るまでの中共支持の増大をいかに考えればよいのか。それは、中共勢力の増大というよりも、致公堂など第三勢力の国民党一党独裁批判と中共への傾斜が、逆転をもたらしたものといえよう。

第二に、抗日献金は主に中国銀行を中心とするパイプに集約されたが、それを巡る問題点が、特にニューヨークで噴出した。献金・公債業務を中国銀行に独占させず、中央銀行という国家二大銀行案、さらに交通、中国農民両銀行も参画させるという国家四大銀行案が浮上した。これに留まらず、党・政府機構内の矛盾へと発展した。これには、中国銀行董事長の宋子文と中央銀行総裁の孔祥熙の金融・財政面での権力闘争があった可能性を否定できない。その上、為替レート固定化があり、米ドルと元との交換比率の問題がからんでいた。また、従来、献金は「愛国心による自発性」が強調されてきたが、実際にはかなりの強制力が働き、献金に応じなければ、排斥される可能性すらあった。

「愛国華僑」か否かの踏み絵ともされている。このことは、献金拠出が難しい極低所得層の華工にとって厳しいものであったことは想像に難くない。

第三に、アメリカ華僑は七・七事変を契機に、幇、党派、宗教などを越えた団結が一挙に進んだことは疑い得ない。日本の中国侵略が主要矛盾となり、華僑内の諸矛盾を上回ったからにほかならない。その上、満洲事変（九・一八事変）後、「堂闘」も漸減していた段階であったことも幸いした[99]。死後の孫文がアメリカの国民党での影響力はもちろん、党と華僑を結びつける紐帯の役割も果たしている可能性が強い。こうした状況下で、アメリカ華僑による献金は当然のこと、日本への屑鉄、石油の運搬阻止活動も大きな意義をもった。それは、中国人留学生などがF・ローズベルト大統領に直接訴え、華僑、朝鮮人、アメリカ白人・労働組合の動向とも連動し、アメリカ政府を動かし、中立法破棄への傾向を加速させた。南洋華僑と比較すれば、人数こそ少ないがアメリカに在住し、発言すること、それだけで重大な政治的意味を有していたといえよう。その上、軍への華僑参加はアメリカ社会での受容、華僑地位の向上に繋がった。これに伴い、四三年一二月には中国人に対する移民排斥法が破棄された。

第四に、中国国民党と中共に対するアメリカ華僑の姿勢であるが、サンフランシスコでは国民党の浸透度が高く（これは国民党関係史料の党員数などからも立証する必要がある）、ニューヨークは致公堂などの勢力が強いように感じられる。対日勝利後が展望できる段階になって、憲政党（旧保皇派）も致公堂とともに、第三勢力的傾向を強め、国民党系華僑との間で、国民政府、蔣介石の評価を巡って激しい論争が展開された。繰り返すが、アメリカ華僑が中共へと傾斜したというより、むしろニューヨーク華僑を中心に蔣介石政権が切り捨てられる状況といえるかもしれない。つまり、こうした第三勢力の動向は中国国内のみならず、アメリカでもある意味で同様な状況にあった。こうしたアメリカ華僑の蔣介石・国民党批判の動向は少なからずアメリカ政府の政策に影響を及ぼした可能性がある。

第五に、華僑学校教育である。華僑学校のみならず、アメリカの公学校進学で、大学までの高等教育を受けることができる教育システムの中で、他国家・他地域の華僑に比して、かなりよい教育環境にあった。ただし低学年の時は、公学校と華僑学校の双方に通っているが、高学年になるにしたがい、華僑学校に行かなくなる傾向がある。その理由は①公学校の授業が厳しくなり、それだけで精一杯になること、②ある部分の華僑家庭が貧窮で学費を支払う能力がなく、子供も仕事をせざるを得ないことがあげられるという。結果的に中国語会話・読解が十分できず、英語圏の中で華僑の現地化が進んだといえよう。

註

（1）アメリカ華僑を論じる場合、秘密結社の致公堂を避けては通れない。そこで、致公堂の起源と歴史について簡単に説明しておきたい。致公堂が属する洪門とは天地会のことである。三合会、哥老会はその支流で、致公堂は三合会（三点会）のアメリカでの通称である。その起源は清朝の康熙帝時代で、宗旨は「反清復明」で、各種暗号を用い秘密を保持する。致公堂はアメリカでは一九世紀中葉に生まれた。最初、ホノルルで潜伏していたが、太平天国の瓦解などを経てその関係者が海外での再起を期し、勢力も次第に隆盛となり、アメリカにおける三合会の統一名称を致公堂に改めた。その後、カナダ、および中米諸国に拡がった。その下に分派したものが非常に多く、保安堂、聚良堂、秉公堂、秉安堂、瑞端堂、安平公所など二〇数堂がある。致公堂は巨大組織であり、アメリカ華僑は先を争って加入して保護を求めた。サンフランシスコに致公総堂を設立し、各都市に分堂を設けた。華僑の足跡の及ぶところ、致公堂がないところはなく、加入者はアメリカ華僑の七、八割を占めたとされる。
　したがって、清朝末期、康有為も孫文も渡米し、全力で致公堂と結びつこうとしたのである。例えば、一八九八年戊戌政変後、康有為、梁啓超は前後して訪米し、「保救大清光緒帝会」を発起し、洪門人士も多く参加した。他方、革命派の孫文が最初に訪米した一八九六年には、華僑の共鳴を受けず、成果をあげることができなかった。一九〇四年孫文の第二回目の訪米の時、保皇党の在米勢力が大きかったが、ハワイのホノルルで致公堂に加入し、この日、同盟員が六〇人余に達し、孫文を「洪棍」（首領）とした。この後もアメリカ大陸では、紆余曲折はあったが、孫文の革命派は次第に致公堂との関係を強化することができた。致公総堂「洪門籌餉局縁起」によれば、「内地同胞が命を捨て、海外同胞が財を出し、各々長じるところを尽くし、相互に協力すれば、革命完成は自然と定まる。……本総堂は孫大哥（孫文）の指示により（洪門）籌餉局をサンフランシスコに設立する」、とした。そして、その献金を孫文は自由に使用でき、他方、華僑は論功行賞や、「大功」者には「民国成立日に、一切の実業優先利権を申請できる」など、名誉と利益誘導の側面があった。なお、洪門籌餉局は「国民救済局」と名称変更し、職員は致公堂（二七人）、中国同盟会（一七人）両団体から選抜し、弁事処をサンフランシスコに設けた（馮自由編著『華僑革命組織史話』正中書局（台北）、一九五四年、二三～二四、八四、八七～八八頁。濮文起、劉燕遠編『中国会党史料集成』第一冊（北京図書館出版社、一九九九年、一六二～一六四頁など参照）。こうして、致公堂は孫文以降、大勢として国民党を支持し、原則として蔣介石をその後継者として支持を与え、抗日戦争を強力に支援していくことになる。

（2）　研究動向として関連するものは、まず、アメリカ華僑を真正面からとりあげたものに、①劉伯驥『美国華僑史』続編、黎明文化事業公司（台北）、一九八一年（同書は一九一二年～一九六一年、なお、前編は一九世紀中葉～清末）があり、アメリカ華僑史の全貌解明に挑み、最も参考になる本である。著者は孫文を信奉、抗戦期、サンフランシスコ華僑の指導者で、マスコミで健筆をふるい、抗日献金を呼びかけている。ただし国民党への過剰な評価・反共的姿勢が明確であり、国民政府の台湾逃亡後、国民党中央評議委員などを歴任。このように、蔣介石・国民党側に偏った記載があり、限界への言及が弱いとはいえ、実体験者の記述・回顧録としても重要性を失わない。②陳依範『美国華人発展史』三聯書店（香港）一九八四年は排華法案撤廃までの歴史を中心にアメリカ社会への融和（現地化）などに焦点を合わせる。なお、著者は陳友仁の息子であり、トリニダードの聖マリア学院卒業後、モスクワ芸術学院美術・印刷専攻、イギリスで新聞記者。抗戦期にはロンドンで抗日献金を集めた。一九五〇年中国に帰国後、『人民中国』、『北京週報』の編輯など、興味深い経歴を有す。このように、①②は研究者と言うより、華僑活動を実際に指導した実践家による書籍である。それ故の長所と、自らの過去の活動を肯定的に捉えたいという短所があることを明確に押さえておく必要がある。③朱辛流『美国華埠』中美研究所（ニューヨーク）、一九八五年はチャイナタウンについて述べ、抗戦期にも僅かに言及する。抗日戦争時期の南洋華僑を中心に論じながらも、アメリカ華僑をその中に組み込んでいるものに、④曾瑞炎『華僑与抗日戦争』四川大学出版社、一九八八年、⑤任貴祥『華僑第二次愛国高潮』中共党史資料出版社、一九八九年、⑥黄小堅等『海外僑胞与抗日戦争』北京出版社、一九九五年があるが、献金などについても抗戦への意義、祖国支援、華僑の熱意が強調され、その問題点への指摘はほとんどない。⑦『広東華僑華人史』広東人民出版社、二〇〇二年は世界各国の広東幇の現在までを概説し、アメリカでは排華条例などに論及する。最近出版された⑧園田節子『南北アメリカ華民と近代中国』東京大学出版会、二〇〇九年が一九世紀における人口移動や移住に焦点を当てる。私の研究目的や時代とは大きく異なるが、カナダ、キューバ、パナマ、ペルーなどを包括する力作で、参考になる。ただし、サンフランシスコだけでアメリカ華僑を代表できるのか、世界三大排華国家として著名なメキシコを捨象できるのかなどが気にかかった。その他、入手が遅く、今回は利用できなかったが、⑨麦礼謙『従華僑到華人―二十世紀美国華人社会発展史―』三聯書店（香港）、一九九七年（第二版）がある。

英文では、①Mary Roberts Cooidge, *CHINESE IMMIGRATION*, Henry Holt Ani Company, New York.1909 は、一九世紀から二〇世紀初頭のアメリカ華僑を対象とし、②H. F. Macnair, *THE CHINESE ABROAD*, The Commercial press, Shanghai, 1926 は、一九世紀から一九二〇年までのアメリカを含めて世界の華僑について解明しようとする野心的な作品である。③Victor Low, *THE UNIMPRESSIBLE RACE*, East/West Publishing Company, San Francisco, 1982 はサンフランシスコにおける華僑学校・華僑教育権について論じる。④L. L. Rarson, *SWEET BAMBOO: Saga of a Chinese American Family*, Chinese Historical Society of Southern California, Los Angeles, 1989 はロサンゼルス華僑一族の回憶録であり、僅かではあるが、第二次世界大戦期のことも書いてある。幾人かの華僑婦女の視点から華僑一族、家族の歴史を回憶したものに、⑤*Linking our Lives: Chinese American Women of Los Angeles*, Chinese Historical Society of Southern California, Los Angeles, Second Printing 1992 があり、抗戦期については新生活運動の体験を述べる。⑥Judy Yung, *CHINESE WOMEN OF AMERICA: A Pictorial History*, University of Washington Press, 1986 は写真集であるが、抗戦期の写真とともに、華僑婦女が日本品ボイコットをしたとの記載がある。このように、一九世紀から二〇世紀初頭に関しての充実したアメリカ華僑史の関連研究は出ているが、管見の限り抗戦期に関しては回憶録の中で述べられているに過ぎない。

これらの研究動向、回憶録に対して、本章では歴史学から実証分析を進めた。すなわち私の関心は社会学、あるいは人口移動・移住などにはなく、(イ)時期的には、戦時期（1937～1945）を設定し、一断面としてアメリカ華僑に特化、(ロ)「落地生根」など現地化を評価する傾向にあるが、抗戦期に、むしろ「祖国中国」を掲げてナショナリズムを高揚させたことを対日抗戦力の側面から評価、(ハ)サンフランシスコのみならず、ニューヨークの二極（さらに大使館のあるワシントン、華僑抗日活動が活発であり、総領事館のあるシカゴ、それに「華僑の優等生」として独自な活動を展開したハワイを加え、五極からの分析を予定）からアプローチ、(ニ)国民党のみならず、致公堂を重視、(ホ)抗日献金の意義のみならず、問題点の摘出、(ヘ)中国における国民党崩壊の要因考察、そして、(ト)アメリカ華僑教育とナショナリズム、もしくは現地化の実態考察などがあげられよう。今回は割愛したが、南京汪政権と華僑との関連を重視しており、蔣介石・国民党の双方とも「死後の孫文」を掲げて、闘った実態に迫りたい。

(3)(4)　芝加哥（シカゴ）総領事館「旅美華僑概況」『外交部公報』第八巻七号、一九三五年七月。
(5)『少年中国晨報』一九三六年一二月一四日、一六日。なお、『少年中国晨報』はスタンフォード大学フーバーライブラリー所蔵。なお、『少年中国晨報』は中華民国の開始時期から国民党の主義を掲げた。その結果、当時、臨時大総統であった孫文から表彰され、海外革命史において輝かしい一頁を刻んだという（『国民日報』一九四〇年三月一日）。このように、同新聞は極早期から一貫して国民党を支持して論陣をはってきた。
(6)『少年中国晨報』一九三六年一二月一七日。
(7)唯我「言論　制裁叛軍与抵抗外侮」『少年中国晨報』一九三六年一二月一九日。
(8)唯我「言論　陜変善後」『少年中国晨報』一九三六年一二月二八日。
(9)『少年中国晨報』一九三七年七月二〇日。
(10)「楊清白堂歓宴楊虎城」『美洲国民日報』一九三七年七月二一日。なお、『美洲国民日報』はスタンフォード大学フーバーライブラリー所蔵。
(11)『少年中国晨報』一九三七年七月二六日。

(12) 鋤倭「勗楊虎城将軍」『少年中国晨報』一九三七年七月二五日。
(13)「救国七君子不屈」『少年中国晨報』一九三七年八月一日。
(14)「専題　王正廷大使告旅美僑胞書」『美洲国民日報』一九三七年七月二〇日。
(15)「専題　王大使演講対日戦争中吾人応有之責任」『美洲国民日報』一九三七年八月二〇日。
(16) 潘朝英「来論　中日武装衝突与美国中立法」(1)、『美洲国民日報』一九三七年八月二一日。
(17) 潘朝英、同前(4)、『美洲国民日報』一九三七年八月二四日。
(18)「北美洲中国学生会請美政府勿施中立法」『美洲国民日報』一九三七年八月二八日。
(19) 洪焉（高麗人）「来論　亡国涙只有亡国人灑之」『少年中国晨報』一九三七年七月一一日。
(20)「特載　国際反侵略運動大会要訊」(1)、『国民日報』一九四〇年三月一四日。なお、『国民日報』はスタンフォード大学フーバーライブラリー所蔵。
(21) 劉伯驥、前掲『美国華僑史』続編、五七四～五七七頁。なお、サクラメントでも、七・七事変後、華僑と白人労働者は日本の侵略野心と一般民衆に対する暴行に憤激していた。そこで、白人を構成員とするAFLとCIOの二大労働者の党が日本の死命を制するため、日本品ボイコットを開始した。そこで、当地の中華会館主席鄺瑤普は特別会議を召集し、人員を派遣して白人労働者の党大会に参加するか否かを採決した。その結果、全員一致で賛同した。同時に陳以正、方炳照、周祝如ら一一人を委員とし、一切の交渉を委任した。一九三八年二月第一回委員会を開催し、陳以正が主席に就任し、白人労働者の党と密接に連携することを議決した（「二埠救国会聯同西人抵制日貨」『中華公報』一九三八年二月二四日)。このように、華僑は白人労働者・党との連携を強めながら日本品ボイコットを推進したのである。
(22) 胡春恵『韓国独立運動在中国』中華民国史料研究中心、一九七六年、二〇〇頁。
(23) 韓志成「特稿　目前的朝鮮民族独立運動」(7)、『国民日報』一九四一年一一月二四日。
(24)「駐美国総支部致各分部函」『国民日報』一九四〇年三月一四日。
(25)「中国国民党連合挙行総理逝世十五週年紀念会紀盛」『国民日報』一九四〇年三月一四日。

(26)「言論　我僑胞応即籌款援助政府抗戦」『美洲国民日報』一九三七年七月一六日。
(27) 馬典如「言論　対日抗戦中敬告我旅外僑衆」『美洲国民日報』一九三七年八月五日。
(28)「本埠日僑捐款侵犯中国」『美洲国民日報』一九三七年八月一一日。なお、新聞の題字は汪精衛の筆によったが、汪が日本に走った後、『国民日報』と名称を変え、蔣介石の筆に替えられた。
(29)『少年中国晨報』一九三七年八月一七日。
(30)「大明星劇団男女職員」『美洲国民日報』一九三七年八月二〇日。
(31)「美洲華僑教育会之議案」『美洲国民日報』一九三七年八月二〇日。
(32) 黄篤初「来論　長期抵抗之具体辦法」『美洲国民日報』一九三七年八月二五日。
(33)『美洲国民日報』一九三七年八月二三日。
(34)『美洲国民日報』一九四〇年三月一二日。
(35)「専載　旅美華僑連合募捐、救国会籌備委員会宣言」『少年中国晨報』一九三七年八月一五日。
(36)「旅美華僑統一義捐救国総会成立」(1)、『美洲国民日報』一九三七年八月二二日。
(37)「旅美華僑統一義捐救国総会成立」(2)、『美洲国民日報』一九三七年八月二三日。
(38)「旅美華僑統一義捐救国総会成立」(3)、『美洲国民日報』一九三七年八月二四日。
(39)「旅美華僑統一義捐救国総会成立」(4)、『美洲国民日報』一九三七年八月二五日。
(40) 芝加哥総領事館「美国華僑之団体」『外交部公報』第八巻八号、一九三五年八月。なお、四三年美国総支部書記長黄伯耀はニューヨークに赴き、全米救国機関代表大会に参加後、各新聞に向けて国民党中央の意思を提示した。その後、カナダのバンクーバー、ビクトリア、トロントに赴き、国民党、致公堂、キリスト教会、保皇党、主要新聞社などに国民党中央の訓示を伝えた。さらに中共系労働者が創刊しようとしている『華僑報』も国民党側に吸収する活動を続行している。四三年一一月には、汪精衛はもはや問題ではなくなったと見なしているようであり、中共活動防止に焦点を当てる。シカゴはすでに中共の基盤なく、サンフランシスコでは「中共」と称さず、「アメリカ共産党華人部」と称すが、勢力は弱く、音楽社に入り込んでいる。音楽社は一〇余あり、多くがアメリカ生まれの華僑青年によって組織されている。彼らは中国と西洋双方の教育を受けている。したがって、彼らを国民党部で演奏させ、かつ三民主義青年団員を接近させ、国民党員増加に繋げる（党史委員会所蔵特 8-3-1-23 中国国民党駐美国総支部書記長黄伯耀→総裁蔣介石・中央執行委員会呉秘書長、一九四三年一一月二二日）。このように、中共から切り離し、国民党系の青年団体に再編しようとしていた。

(41)「旅美華僑統一義捐救国総会消息」『美洲国民日報』一九三七年八月二六日。

(42)「旅美華僑統一義捐救国総会通告勇躍捐助棉衣賑款」『国民日報』一九四一年一二月八日。

(43)『国民日報』一九四〇年三月一二日。

(44)司徒美堂『祖国与華僑』下冊、文匯報、一九五六年、五五～五九、六三、一七一、一七六、一七八頁。「司徒美堂」、温広益主編『広東籍華僑名人伝』広東人民出版社、一九八八年、一二五～一三二頁。陳民「司徒美堂」、李新・孫思白主編『民国人物伝』第二巻、中華書局、一九八〇年など。

(45)司徒美堂『祖国与華僑』上冊、文匯報、一九五六年、九六頁。アメリカ東部致公総堂宣伝部はすぐに「洪門人士抗日救国之鄭重宣言」（『大漢公報』一九三七年七月三〇日）を出し、「我々は瀋陽事変（満洲事変）後、極力抗日を主張してきた。抗日には努めて一致すべきである。ただ各党各派が民主原則に基づき共同連合抗日して、はじめて一致することができる」。洪門人士は以下のように主張する、「大義を強め、反内戦、私心を押さえ、公道に立ち、全国の人力、財力、物力、および一切の力量を集め、共同でこの空前未曾有の危険な局面に対処し、共同で日本侵略者に徹底的に抵抗し、我々四億人の中国を救うべきである」、と。

(46)「紐約埠華僑団体紛紛電請政府出兵抗日」『美洲国民日報』一九三七年七月二一日。

(47)「紐約中国学生連合拡大抗日救国工作」『美洲国民日報』一九三七年七月二二日。その後、四部のほか、総務部を増設することになり、総務部主任、中文秘書、英文秘書各一人の計三人である。その他は組織部一人、宣伝部三人、募金部三人、調査部三人である（「紐約華学生抗日会会議」『美洲国民日報』一九三七年八月一日）。なお、「全華僑」や「全体同学」が「後ろ盾となる」という末尾の表現は意識的、原則的に踏襲されていた。

(48) 国史館（国家檔案）0671-40-8060-01.01『美国華僑捐款』所収、紐約大鵬慈善総会主席鍾錦舟→国民政府文官処、一九三七年一一月七日。

(49) 国史館（国家檔案）0671-40-8060-01.01『美国華僑捐款』所収、紐約全体華僑抗日救国籌餉総会常務主席黄剣農→国民政府主席林森、一九三八年五月一六日。

(50) 国史館（国家檔案）0671-40-8060-01.01『美国華僑捐款』所収、紐約全体華僑抗日救国籌餉総会常務主席黄剣農→国民政府主席林森、一九三八年六月三日。

(51) 国史館（国家檔案）0671-40-8060-01.01『美国華僑捐款』所収、中国国民党ニューヨーク分部常務委員余光天・梁一強→国民政府主席林森、一九三七年九月一九日。

(52) 国史館（国家檔案）0671-40-8060-01.01『美国華僑捐款』所収、「紐約全体華僑抗日救国籌餉総会告僑胞書」一九三七年一二月（?）。なお、宋子文、孔祥熙の職責は複雑に交替している。一九三一年一月宋子文が財政部部長、三三年四月中央銀行総裁は宋子文から孔祥熙に交替、八月孔祥熙が財政部部長、三五年四月宋子文が中国銀行董事長、三八年孔祥熙が行政院院長（「宋子文」、劉紹唐主編『民国人物小伝』第四冊、伝記文学出版社〈台北〉、一九八九年再版、七三頁）。また、中国勧募委員会〈総会?〉の主任委員は蔣介石、副主任委員は孔祥熙、秘書長は黄炎培で、常務委員二四人は行政院招聘で、華僑領袖の陳嘉庚、荘西言、陳守明、胡文虎、李国欽らが就任している（曾瑞炎、前掲書、一四〇頁）。ただし、本文で示す通り「中国勧募総会」主席は　宋子文であり、これも交替を予測させる。

(53) 国史館（国家檔案）0671-40-8060-01.01『美国華僑捐款』所収、紐約全体華僑抗日 救国籌餉総会常務主席練天然→国民政府、一九三七年一一月二九日。

(54) 国史館（国家檔案）0671-40-8060-01.01『美国華僑捐款』所収、中国国民党中央執　行委員会秘書処→国民政府文官処「函復中財会事務由本処接辦捐款亦由本処継続継収希査□」一九三八年一月二〇日。

(55) 国史館（国家檔案）0671-40-8060-01.01『美国華僑捐款』所収、国民政府文官処→国民党中央執行委員会秘書処「公函五七三」一九三八年三月五日。

(56) 国史館（国家檔案）0671-40-8060-01.01『美国華僑捐款』所収、「四銀行□辦救国公債及救国捐辦法綱要」一九三八年三月九日。なお、任貴祥によれば、一九三七年八月国民政府の規定により、華僑献金は均しく僑務委員会、行政院を経て軍政部に渡される。この後、さらに財政部に渡され処理する。財政部は世界各地の華僑為替を統一的に接収処理し、国際為替送付専門の中国銀行に一任し、福建・広東両銀行、および郵政匯業局と連絡をとり、華僑為替を集める。さらに中国銀行から中央銀行に「匯解」（現金送付？）する。同時に財政部は中国銀行に世界各大都市や華僑集中地域に分支店を準備設立するように督促した。四〇〜四二年ヨーロッパ、アジアの多くが陥落したことにより分支店も撤退を余儀なくされ、残ったのはロンドン、ニューヨーク、カルカッタ、シドニーなどの中国銀行の代理店だけであった。とりわけニューヨークが南北アメリカの唯一の華僑為替を扱うこととなり、対応に追われた。そこで、国民政府はアメリカではボストン、サンフランシスコ、ホノルル、およびカナダ、キューバなどの銀行に華僑為替の代理業務を委託したという（任貴祥、前掲書、八五頁）。このように、献金の系統が簡潔に説明されているが、本文で明らかにしたように、実態はかなり複雑であったようである。

(57) 国史館（国家檔案）0671-40-8060-01.01『美国華僑捐款』所収、中国国民党中央執行委員会秘書処→国民政府文官処「函送紐約黄玉漢捐款収拠復函希査案転止致」一九三八年九月八日。

(58) 国史館（国家檔案）0671-40-8060-01.01『美国華僑捐款』所収、紐約全体華僑抗日救国籌餉総会主席団の黄剣英・許成皿・余纉棠・楊炳・司徒美堂等→重慶国民政府主席林森への書簡、一九三八年一〇月。

(59) 国史館（国家檔案）0671-40-8060-01.01『美国華僑捐款』所収、紐約全体華僑抗日救国籌餉総会主席団の黄剣英・許成皿・余纉棠・楊炳・司徒美堂等→重慶国民政府主席林森への書簡、一九三八年一一月一四日。

(60) 国史館（国家檔案）0671-40-8060-01.01『美国華僑捐款』所収、外交部公函「関於紐約全体華僑抗日救国籌餉総会呈事」一九三八年一二月九日。

(61) 司徒美堂、前掲『祖国与華僑』上冊、九五〜九六頁。同下冊、五九頁。

(62) 「全美助華開援華大会」『少年中国晨報』一九四一年一〇月一四日。

(63) 唯我「言論 美国対倭寇宣戦！」『少年中国晨報』一九四一年一二月九日。

(64)「蔣委員長告軍民書」『国民日報』一九四一年一二月一二日。

(65)（劉）伯驥「社論 恭読領袖訓詞後」『国民日報』一九四一年一二月一二日。

(66)「中国国民党駐美中支部第六次代表大会紀詳」『国民日報』一九四一年一二月二五日。なお、アメリカでの国民党機構は総支部〈ワシントン？〉の外、サンフランシスコ、ニューヨーク、シカゴ各分部、中支部、東支部〈ニューヨーク〉、西支部、南支部、北支部がある。元来、総支部がアメリカ、支部は中南米にあった模様であるが、この時期はアメリカ内と考えられる。ただ所在地が特定できない。国民政府公館はワシントンに大使館、サンフランシスコ、ニューヨーク、シカゴは総領事館である。

(67)「華僑教育会議決要案」『少年中国晨報』一九四一年一二月一七日。

(68)「華裔僑民登記辦法」『少年中国晨報』一九四一年一二月一一日。

(69)「駐西雅図領事館通告」『国民日報』一九四一年一二月二五日。

(70)「羅省中華会館通告照録」『国民日報』一九四一年一二月一六日など。なお、「美籍倭奴尽忠美国」（『大漢公報』一九四一年一二月三日）によれば、大統領ローズベルトと上院全議員に対して、サンフランシスコの日本人連合会は、この度、同会員のアメリカ国籍日系人はアメリカに忠誠を誓い、決して日本を支援しないことを声明したという。すでに太平洋戦争の勃発前に在米日系人のこうした動向があったことは押さえておく必要がある。

(71)『国民日報』一九四一年一二月一一日。

(72)『国民日報』一九四二年一月五日。

(73)曾瑞炎、前掲書、一一六頁。「在洛杉磯会訪唐人街、蔣夫人嘉勉僑胞」『中央日報』一九四三年四月一四日。なお、ロサンゼルスでは、三八年夏、新生活運動婦女協会が中国孤児支援献金を集めるため設立された。その時、宋美齢が抗日戦争勝利を支援するため、中国・アメリカの女性動員について討論する中国婦女指導者四八人の協議会を開催した。その結果、アメリカに一〇の分会（サンフランシスコ、ロサンゼルス、シカゴ、ニューヨーク、ワシントンなど）を設立することにした。その活動は戦時救済献金募集、女子教育・文化活動などであった。ロサンゼルス分会の初代会長はリリー・陳であり、戦争献金を各年二、三千米ドルを集めた。新生活運動には多くの中国系の女性や少女が組織的に日本品ボイコット、バザー・ファッションショーなどによって献金募集、中国への医薬品送付を支援した。太平洋戦争が開始されると、華僑女性は戦時公債の販売に尽力した。宋美齢は四三年三月にロサンゼルスを訪問し、熱い歓迎を受けた。彼女はハリウッドでの宴席で英語と中国語でスピーチし、華僑婦人を鼓舞し、かつ新生活運動とアメリカ市民としての義務を結びつけた。この結果、この年、新生活運動分の会正式会員だけで二〇〇人を越えた（Linking our Lives, op.cit. pp.94-99etc)。

(74)「美加各地僑胞勇躍捐款労軍」『新華日報』一九四二年七月三〇日。

(75)「我旅美僑胞踴躍捐款」『新華日報』一九四三年九月二二日。

(76) 劉伯驥、前掲書続編、七〇三～七〇五頁。なお、「飛虎隊」(The Flying Tigers)、第一四航空隊に関しては、拙著『中国抗日軍事史』有志舎、二〇〇九年の第三章第二節「日本軍の制空権喪失」を参照されたい。

(77)「旅美華僑踴躍参加服役」『新華日報』一九四三年六月一二日。陳依範、前掲書、二六七頁。

(78) 任貴祥、前掲書、三三五頁。

(79)「我留美生均獲緩役」『中央日報』一九四三年五月九日。

(80) 金山（サンフランシスコ）総領事館「金山華僑之概況」『外交部公報』第九巻一号、一九三六年一月。沈已尭『海外排華百年史』万有図書公司、一九七〇年、三七頁。陳依範、前掲書、二六六、二七一頁。

(81) 僑務委員会編『僑務十五年』一九四七年、一二頁。

(82)「廃除限制華人移民案、美参院週末付表決」『新華日報』一九四三年一一月一七日。

(83)「華僑移居美国的護照、依照新移民制簽発」『新華日報』一九四三年一二月二一日。

(84) 司徒美堂、前掲『祖国与華僑』上冊、九六頁など。

(85)「特載　美洲華僑報界対国事主張」『世界日報』一九四五年二月一〇日。

(86)「美洲各地僑報共同宣言」『少年中国晨報』一九四五年二月一二日。

(87)「全美洪門代表大会決議、成立中国洪門致公党」『新華日報』一九四五年七月二四日。

(88)「美洲僑胞代表団、僑胞擁護政府企望団結統一」『中央日報』一九四五年五月七日。
(89)「美洲華僑団体呼声、主張立即実現民主」『新華日報』一九四五年五月二三日。
(90)「攻倭勝利日華埠大放爆竹熱烈慶賀」『国民日報』一九四五年八月一五日。
(91)「専題　中華中学校之過去与現在」(1)、『美洲国民日報』一九三七年八月二日。
(92)「専題　中華中学校之過去与現在」(2)、『美洲国民日報』一九三七年八月三日。
(93)「専題　中華中学校之過去与現在」(3)、『美洲国民日報』一九三七年八月四日。
(94)金山(サンフランシスコ)総領事館「金山華僑之概況」『外交部公報』第九巻一号、一九三六年一月。
(95)金山総領事館「金山華僑学生入華文学校求学之概況」『外交部公報』第八巻六号、一九三五年六月。なお、%などは筆者。
(96)金山総領事館、同前。
(97)金山総領事館、同前。
(98)火奴魯魯(ホノルル)総領事館「檀山華僑概況」『外交部公報』第九巻五号、一九三六年五月。
(99)ここで、「堂闘」について説明を加えておきたい。アメリカ華僑の「堂闘」は一八七五年に遡り、大小の闘争は四〇回を下らない。大規模なものでは数十人が殺害され、その期間も二年以上にわたった。その原因は外部にはわからぬものも多い。では、どのような「堂闘」があったのか。例えば、①一九一七年シアトルの協勝堂の少数分子が華勝堂に移った。会費未清算のため、協勝堂は督促し、その結果、「堂闘」が発生した。西部各州の堂がそれぞれを支援するなど、その渦に巻き込まれ、六ヵ月にわたり闘われた。死者も七〇人余、負傷者無数に上った。そこで、中立華商が和平会を設立し、仲裁(具体的な仲裁内容は不詳)し、「米西部大戦」は終息した。②二四年シカゴの安良堂会長の陳沢霖は少数の古参堂員と共に、「護法派」を結成し、勢力拡大を図り、堂内選挙を有利にしようとした。それに対して、反対者は「衛綱団」を組織した。一月、安良堂は全国代表懇親大会をピッツバーグで開催し、陳沢霖らの堂籍を解除した。陳らは堂員数百人を率いて協勝堂に転入した。その結果、「堂闘」が発生した。アメリカ東部各港での武闘で死者は七〇余人に上った。ニューヨーク・シカゴ連合の華商陳孔芳らが多方面で仲裁し、和平解決した。このように、「堂闘」の要因はほとんどが些細なことであるが、それは導火線に過ぎず、勢力拡大・地域拡大による収入増大・財政基盤の確立を目指している。

ところで、六〇年間の「堂闘」の歴史は三期に分けられる。南北戦争時期、次第に「大姓」(多数を占め、勢力を有している姓)が六大会館を掌握し、圧迫を加えたため、「小姓」も「大姓」に抵抗した。その結果、やむを得ず法廷で争われた。だが、華僑の大多数は英語を解せなかったため、通訳が必要となった。その時、「大姓」が通訳を買収し、黒白を転倒させ、「小姓」に冤罪を着せた。こうした状況下で、馬某が「大姓」の横暴を怒り、各「小姓」を連合させ、広徳という「堂」を組織した。これが「堂」の起源である。広徳堂は「扶弱抑強」をモットーに、「鉄血」を以て「公理」を追求した。これ以降、「堂」の組織は全国に普及したが、その宗旨は変化し、「堂闘」が頻発した(芝加哥総領事館「美国華僑之団体」『外交部公報』第八巻八号、一九三五年八月)。

【創立期】南北戦争後、広徳堂が成立し、「大姓」の「小姓」圧迫から発生した。「小姓」の結合は一時的な共同利害に基づくものであった。姓・同郷各団体の成立により相互に蔑視し、破壊した。一八七五年以降、一般的に中立団体の華商が仲裁した。一八八〇年の瑞勝堂と黄氏公所の「堂闘」の際、多数の華商や中立団体は暗に黄氏を支援し、瑞勝堂を消滅しようとした。だが、この時期の堂は基盤が固まっておらず、状況の険悪さから活路を見出すために瑞勝堂に一斉に加入して黄氏に抵抗し、瑞勝堂の勝利に導いた。この時期の特徴は生存をかけての闘争であった。ともあれ、ここに堂の基礎が固まった。当時、「堂闘」には暗黙の決まりがあり、①双方ともまず正式に通告する、②闘争は日時、地点を決める、③敗北側は勝者側の条件を受けいれて和平解決する。

【発展期】瑞勝堂の勝利後、堂は華僑社会の中でかなりの地位を獲得するに至った。かくして、一時期、堂が多く組織された。サンフランシスコ一帯だけで一二堂も組織された。こうなると、各堂が勢力を維持、地盤拡充を目指し、この結果、「堂闘」が発生した。一八八〇年以降、秉公堂はサンジョセ分堂を組織しようとして、協勝堂と衝突した。

【防禦期】一九〇六年サンフランシスコ大地震後、(秉公堂の?)洋文事務所が未だ回復しない外、他の各堂は前後してオークランドに移り、相次いで回復したとはいえ、発展は困難で、規模・勢力とも以前ほどではない。一九一七年協勝堂、萃勝堂の「堂闘」は双方とも(他堂からの?)外援を得た。一九一七年の「堂闘」は和平会の調停により解決し、それ以降、和平会が一切の堂間の紛糾を収めた。その後、アメリカ西部では大規模な「堂闘」は発生していない。この功は和平会にあるとするが、東部にも和平会があるにもかかわらず、効果はない。では、西部で「堂闘」が発生しなくなった理由は何か。①堂があまりに多く、勢力が分散し、かつ人力、財力両面で闘えなくなった。②中国と接近し、その「進歩思想」の影響を受け、かつ華僑教育が発展し、世論による力も強いという。だが、東部、中部は状況が異なる。ニューヨーク各堂は、一八九〇年には完全に協勝堂に統一された。だが、安良堂が成立すると、対立局面が生まれ、時に衝突した。一九三六年頃になると、西部の各堂勢力はすでに衰え、大規模な「堂闘」を起こせない。アメリカ東部、中部の安良堂、協勝堂は利害衝突はないが、両勢力が伯仲し、双方の勢力維持と均衡維持がここ二〇年来のアメリカ東部における「堂闘」の原因となっている。堂員の会費などは巨額であり、その目的は生命・財産の保護を求めることにある。もし一堂員が詐欺に遭っても、後ろ盾とならなければ、失望して相継いで安定を求めて他堂に移る。過激な者は「革命」を起こす。一九二四年「安良・協勝大戦」の前、ニューヨーク協勝会長は安良堂との決裂を望まなかったことから、追放され、生命の危険性すらあった。

「堂闘」が発生する際、外界が察知すれば、当地の領事、中華会館などの団体が調停する。それでも「堂闘」が発生した場合、当地の領事、中華会館、中立団体が多方面からの調停に乗り出す。ただし各堂の重要幹部は雲隠れしており、容易に接近できない。双方の堂の了解がなければ、調停を進めることは難しい。要するに、各堂当局は実際的には「堂闘」を願ってはおらず、相手を消滅できる可能性はない。堂内部の団結、及び面子を立てるため、闘わざるを得ないのである。「堂闘」の解決には、多くは形式上、「和平会議」を開催し、当地の領事、中華会館各董事が関係各堂の代表を集め、「和約」を締結する。それを布告として華僑大衆に告知する（芝加哥総領事館「美国華僑之堂的概況」（続）、『外交部公報』第九巻三号、一九三六年三月）。つまり本稿の対象時期には、「堂闘」が下火、もしくは終息し始めていたといえる。シカゴ総領事館によれば、堂組織化の動機は、一つは自衛心理から発生、もう一つは外界の状況から引き起こされたもので、各堂は宗旨にすべて「一家・生命・財産の保護」の条文を有している。

さらに堂と「堂闘」について追究しておきたい。①一九世紀中葉、来米華僑は純粋に華僑募集に応じてきた華工が多く、品位、知識が低く、言葉も通じず、風俗・習慣もアメリカ人と異なっていた。それ故、一隅に集まって居住し、アメリカ社会と隔絶していた。相互の関係も中国旧来の「郷村自治」、「郷董管理」の方法を採り、アメリカの法律とは密接な関係は生じなかった。こうした華僑の不健全な環境下で堂は出現した。②アメリカ華僑の九五％以上が広東人である。広東人は冒険奮闘精神に富むが、教育・薫陶に不足し、「義俠」（各堂は関羽を奉る）を誤解し、私闘の風潮がある。中国郷村での械闘は両広で盛んに発生する。その延長線上にあるという。アメリカ華僑の同郷・同姓団体で、武力衝突を未だ起こしていないのは中山同郷会だけである。他団体もその「礼拝堂」（キリスト教？　孫文？）のことを知り、闘わなくなった。中山県出身のアメリカ華僑はハワイ諸島に最も多く、同諸島で最も多数を占める。したがって、「堂闘」はハワイ諸島では発生していない。③世界六大州に華僑の足跡があるが、堂の組織は主にアメリカだけに限られる。一八九〇年協勝堂がカナダのビクトリアに分堂を設置したこともあったが、カナダ政府により閉鎖され、一九三六年段階ではアメリカ大陸で僅かに存在するだけである。我々はアメリカの法治精神を全く疑っていない。だが、二〇世紀物質文明の時代、社会犯罪も免れ得ない。現在、各堂の多くはアメリカの政治・社会勢力と連繋している。各地での市長選挙で、共和党、民主党の選挙運動（アメリカ生まれの華人はアメリカ国籍を有し、選挙権がある）では、投票用紙や運動費の調達において、各堂は人員を派遣し、双方を応援する。ところで、堂の財源は賭博場の保護費、次いでアヘン、妓館である。ただし堂の勢力は華僑社会に及ぶだけであり、警察機構とも連絡をとる。例えば、一九三三年末、ニューヨークでは新市長に交替し、中国系賭博場一六はすべて自発的に停業した。三週間後、再び開帳した。その理由は、市長の賭博場に対する姿勢が判明せず、しばらく停業して様子を見ていた。その後、開帳しても問題ないということになったらしい。換言すれば、当地の警察は賄賂を取ることで、賭博などを容認しており、これは公然たる秘密であった。④堂のやや大きいものはすべて顧問弁護士を雇っている。アメリカの弁護士は品性が悪く、政客型や訴訟ゴロのような者も少なくない。だが、堂内の人々は彼らに異常なほどの信頼を寄せている。もし不法なことをしても、熟練弁護士ならば、無罪にできる。例えば、ニューヨークの某堂の用心棒の一人は殺人により六回も拘束されながらも、法の枠外でのうのうと生活している。堂員は弁護士の力と考えている。歴年の堂闘は弁護士が煽り、事件を拡大させ、引き延ばし、調停を困難にさせることも少なくない（芝加哥総領事館「美国華僑之堂的概況」（続）、『外交部公報』第九巻三号、一九三六年三月）。

第六章　ハワイ華僑の動態と抗日活動

はじめに

ハワイ華僑は、孫文の革命を全力で支援し、団結力が強く、「堂闘」（華僑団体同士の武闘）もなく、華僑の「優等生」とされてきた。そのため、辛亥革命時期のハワイ華僑については研究が多い。また、中国人移民初期の移動と定住、結婚、家族構成、チャイナタウン、伝統芸能などがとりあげられる。もちろんこれらの研究も歴史に触れてはいるが、歴史学的分析や歴史的背景へのアプローチは稀薄である。それも一九二〇、三〇年代前半にとどまり、抗日戦争時期（1937～1945。以下、抗戦期）については若干触れるものもあるが、素通りし、一挙に戦後の状況が論じられる。[1] いわば抗戦期の研究が空白のまま残されてきたといえる。だが、この時期のハワイ華僑動態が不明なままでは、ハワイ華僑史それ自体、さらにはアメリカ華僑史も本格的な解明ができないであろう。その上、ハワイ華僑を除いては、私の現在追究している最大のテーマである抗戦期における世界規模の華僑動態解明は不可能と考えた。では、①ハワイ華僑が抗戦期どのような動態を示し、それはいかなる特色を有すのか。②アメリカ大陸の華僑との関係はどうか。③日系移民をハワイ華僑との関連でとりあげる。④民間秘密結社・致公堂を重視する。このように、本章ではアメリカ華僑に続き、解明が遅れている抗戦期におけるハワイ華僑の抗日動態をとりあげる。

表6―1　ハワイ諸島における民族構成とその推移（1853-1950）

民族/年	1853	1872	1890	1900	1910	1920	1930	1940	1950
原住民・ハワイアン	70,036	49,044	34,436	29,799	26,041	23,723	22,636	14,375	12,245
	95.8%	86.2%	38.2%	19.3%	13.6%	9.3%	6.1%	3.4%	2.5%
「ハワイアン混血」	983	2,487	6,186	9,857	12,506	18,027	28,224	49,935	73,845
	1.3%	4.4%	6.9%	5.1%	6.5%	7.0%	7.7%	11.8%	14.8%
コーカサス人など	1,687	2,944	18,939	26,819	39,158	49,140	73,702	103,791	114,793
	2.3%	5.2%	21.0%	17.3%	20.4%	19.2%	20.0%	23.0%	23.0%
中国人	364	2,038	16,752	25,767	21,679	23,507	27,179	28,774	32,376
	0.5%	3.6%	18.6%	16.7%	11.3%	9.2%	7.4%	6.8%	6.5%
日本人			12,610	61,111	79,675	109,274	139,671	157,905	184,598
			14.0%	39.7%	41.5%	42.7%	37.9%	37.3%	36.9%
朝鮮人					4,533	4,950	6,461	6,851	7,030
					2.4%	1.9%	1.8%	1.6%	1.4%
フィリピン人	5				2,361	21,031	63,052	52,569	61,062
					1.2%	8.2%	17.1%	12.4%	12.2%
プエルトルコ人					4,890	5,602	6,671	8,296	9,551
					2.5%	2.2%	1.8%	2.0%	1.9%
ネグロ				233	695	348	563	255	2,651
				0.2%	0.4%	0.1%	0.2%	0.1%	0.5%
その他	62	384	1,067	415	376	310	217	579	1,618
	0.1%	0.7%	1.2%	0.3%	0.2%	0.1%	0.1%	0.1%	0.3%
計	73,137	56,897	89,990	154,001	191,909	255,912	368,336	423,330	499,769
	100.0%	100.0%	100.0%	100.0%	100.0%	100.0%	100.0%	100.0%	100.0%

出典：Clarence E. Glick, *Sojourners and Settlers: CHINESE MIGRANTS IN HAWAII*, The University Press of Hawaii, 1980の付録表から作成。

一　一九三〇年代のハワイ華僑

では、華僑はハワイの民族構成の中でいかなる位置を占めるのか。

表6―1によれば、日系は一八八四年に一一六人（0.1%）であった。「原住民・ハワイアン」の激減と、「ハワイアン混血」の漸増が見て取れるが、全体人口増大の中でその位置は急激に低下していく。日系、フィリピン系、中国系は共にアジア系であるが、白色人種のコーカサス系が日系に次ぐ人口を有していることは一応押さえておく必要があるかもしれない。日系は四〇％前後を推移し、最大多数を占めていた。華僑は一九三〇年以降、二万七一七九人、二万八七七四人、三万二三七六人と漸増した。それに対して日系は、三〇年一三万九六七一人、四〇年一五万七九〇五人、五〇年一八万四五九八人と急増し、太平洋戦争後もその占める割合は漸

減しているとはいえ、三、四割を占める大勢力であり続けた。なお、ホノルル華僑はほとんどが広東人であり、その中で孫文の出生地である中山県（旧香山県）出身者が大多数を占める。次いで台山、開平、恩平各出身者が続く。

一九三五年六月段階を見ると、ハワイ華僑総数は二万七二六四人で、内、中華民国籍が五〇三〇人（18.4%）、アメリカ籍が二万二二三四人（81.6%）である。前年比で中華民国籍が三一九人減少し、アメリカ籍が二七五人増大した。

①選挙―アメリカ籍の華僑男女（一八歳以上？）は選挙権、被選挙権を有す。選挙権を有している華僑は男四〇四二人、女二〇三三人の計六〇七五人であるが、増大傾向にある。前回当選した華僑は一八人で、内訳は上院議員二人、下院議員八人、市参事四人、財政局長一人などであった。このように、ハワイでは華僑が政界に進出し、政治力を有している。

②職業―華僑は白人経営の各大商店で従業員になる外、政府各機関で職員や雑役となる者が約五〇〇人である。陸海軍などで雇用される者はとりわけ多く、海軍各機関だけで計八〇〇人余に上る（なお、軍事関係の職工には日本人を用いない）。その他、米国籍の華僑教師数は多く、ホノルルの全公立学校は四七〇人、私立学校は二八人である。また、華文学校教師は九七人である。弁護士七人（他にハワイ島二人）、内外科医二五人などがおり、社会的地位を有している華僑も少なくない。なお、ホノルル国民軍軍官一一〇人中、米国籍華僑は五人、現地人とのハーフ六人である。同兵士一五二二人中、米国籍華僑は一九四人、現地人とのハーフ一二六人である。製糖華工は中華民国籍四二七人、米国籍一二七人で、計五五四人であった。(2)

ところで、三六年六月ホノルル衛生庁の統計によれば、ホノルルでは日本人移民が約一四万人でトップで、次いでフィリピン系住民が総計五万四六六六人で、ホノルル全人口の一四%を占め、華僑の二倍とする。すなわち、アジア系では日系、フィリピン系、そして第三位が華僑となる。ただしフィリピン系のハワイ移民は極めて遅く、ハワイ生まれで成人になった者が少なく、一九三四年段階に選挙権を有している者が僅か一〇二人しかいなかった。(3)いわばフィリピン系は政治・経済両面で日系、華僑に比して極めて脆弱であった。

なお、海外における日本人居留民は三四年一〇月〜三五年九月段階で総計一八〇万三〇〇〇人である。第一位が「満洲国」で二四万三六六八人、第二位がブラジルで一七万三五〇〇人、第三位がホノルルで一五万〇八三二人、第四位がアメリカ（ハワイを除く）で一四万六七〇八人である。(4)このことから鑑みると、ハワイは、日本人の勢力が強いが、華僑も財政力を有し、双方が拮抗している地域といえそうだ。なお、ハワイ華僑経営の商業はアメリカ大陸とほぼ同様で、主に中国食料・雑貨等を供給したり、また中国の骨董品、玩具、絹織物などを販売する。中国料理店も盛んで、ホノルルには大規模な高級中国料亭もあり、中華料理に対する需要は高い。(5)

ところで、一九二九年世界経済恐慌によりホノルルの経済は苦境に陥り、金融も逼迫し、華僑商店も多く倒産した。この年、米ドルの為替レートが下落し、華僑の中国への為替送付が巨額に達した。そこで、華僑マーケットは資金不足に陥った。華僑経営の銀行でも預金引き出しの傾向が強まったが、しばらくすると収まった。主要な産業である蔗糖（砂糖黍から精製する砂糖）などの市場も停滞した。こうして、不景気で、失業者も急増し、華僑社会も例外ではなかった。三三年F・ローズベルトが大統領に就任すると、ニューディール政策を実施し、失業者を救済し、不景気は払拭され、次第に商業も正常な状態に戻った。砂糖価格が安定し、パイナップル業もやや発展し、各種商業もこれによって維持している。この結果、華僑の各営業は安定した。(6)

華僑経営の銀行は①中美銀行、②共和銀行で、華僑資金を吸収し、為替業務を経営する。華僑資金の回転にも好都合である。中美銀行の前身は華美銀行で、一九一六年開業したが、その後は支出が多すぎて現金に欠乏し、資金回転ができなくなり、三二年に一旦停業に追い込まれた。そこで、華商が資金を集め、ワシントン金融復興局の支援も受けて、三五年四月改組し、資本を増大し、中美銀行と改名して業務を再開し、営業も順調となった。共和銀行は二二年の設立で、業務は発展している。この他、中華営業公司、漢拿魯爐信託公司が実業関係、および銀行業務をおこなっている。(7)

毎年、ハワイ華僑の中国への為替送金は、一九三〇年には約四〇〇万米ドルである。中国・ハワイ間の貿易は香港経由が多く、次いで上海である。二一年中国からの香港経由の輸入は多く、九四万八〇〇〇米ドル余であった。因みに上海経由は一三万一〇〇〇米ドルである。三五年香港経由が約四一万三〇〇〇米ドル、上海経由が約一七万六〇〇〇米ドルである。かくして、華僑商業は日増しに発展し、ハワイ政府に対する華僑の納税は動産税、不動産税、人頭税、所得税など、一四年一〇万四〇〇〇米ドルであったものが三〇年には七六万米ドル余となり[8]、七倍以上となっている。

ここで、団体・結社に目を転じると、ハワイの団体・結社はアメリカ大陸と同様なものが存在し、その面では大差がない。例えば、中華会館、中華総商会の外[9]、数十団体が存在し、出身地、姓氏、職業、学芸、政治などに区分される。出身地別団体としては、人和会館、四邑会館、以義堂、岡州会館などがある。また、中山県出身者が多いことから細分化し、中山県内の各地域別団体も存在し、重要なものは四大都会館、隆都従善堂、良都会館、積善堂、安堂同郷会などがあった。姓氏団体としては龍岡公所、林西河堂、毛氏同郷会、旅檀安渓社、陳潁川堂などがある。職業（労働団体を含む）団体としては、中華総工会、永楽漁行、牛肉行、群安閣、海安堂、檀声劇社、吉慶公所、正声音楽団などがあった[10]。

例えば、上記の出身地別団体である人和会（館）は主席甘華煥、副主席刀貴、会計甘梅、中国語書記陳黄林、英語書記範慈和である。職業団体の牛肉行は正主席陳巧、副主席林仲池、中国語書記楊澤群、英語書記は官一寿であった[11]。このように、両団体とも中国語書記、英語書記を置き、当然のことながら中国語、英語双方での活動を可能にしていた。

では、ここで政治団体を見ておきたい。孫文の活動の流れも受け、ハワイにおける政治団体としては中国国民党、中国憲政党、致公総堂、国安会館などがある。中国共産党（以下、中共と略称）、および中共系団体は史料で確認できない。この他、文化・芸術関係団体としては、中西拡論会、精武体育会、華人大学生会、華人婦女大学生会、華人学生会、ホノルル華人航空会、広義会館などがある。ハワイ現地生まれの団体としては、華人土生会、隊伍軍人華人協会、中華婦女協会がある。倶楽部では華人商務倶楽部、三思会があり、宗教面では京街中華基督協会、聖彼得基督教会、華人ＹＭＣＡがある。なお、アメリカ大陸では自衛団体として各種の堂号組織があるが、ハワイ諸島にはほとんど存在しない。ハワイ華僑は相互に和睦することを重視し、必然的に「堂闘」も発生しない(12)。

二　西安事変とハワイ華僑

では、ここで西安事変はハワイ華僑にいかなるインパクトを与えたかを探っていきたい。思いの外、それに関する史料はハワイでは入手できなかった。例えば、当該時期に関する華字新聞がハワイ大学ハミルトン図書館のマイクロフィルムでは欠落しているのである。そもそも発行されなかったのか、それとも紛失したのかは不明である。では、ハワイ華僑は西安事変を知らなかったのであろうか。そうではなかろう。むしろ事態推移を正確に飲み込めず、立場表明ができず、沈黙していたのではあるまいか。

なぜなら主要なハワイの地方新聞である〝ホノルル・アドバタイザー〟（The Honolulu Advertiser）が西安事変に関して、連日、一面トップで報道し、その関心の高さを示していたからである。華僑がこれを知らないはずがない。知識人華僑や富裕華僑のみならず、ビジネスマン、専門職などを含む中間階層はこれを読んでいた可能性が強い。一九二〇年代以降、ハワイ生まれで英語を読める華僑が増えていたのである(13)。

例えば、一九三六年一二月一三日付けの〝ホノルル・アドバタイザー〟は一面トップに、“*Young Marshal*” *Leads Revolt Gen. Chiang Reported Captive,* という記事を掲げた。まず、今日、張学良が直接、蒋介石夫人（宋美齢）に、夫（蒋介石）に危害を加えるつもりはないと電報を打った。なお、南京（国民）政府の指導者である蒋作賓（内政部長）と陳誠（当時、陝晋綏寧四省辺区剿共総指揮）二人も「若き司令官」（張学良のこと）に連れ去られた、と報じた。また、東京電

(United Press by Radio）では、総司令官で「中国のストロングマン」で、南京政府の事実上の独裁者である蔣介石が、軍閥で、いわゆる「若き司令官」と称される張学良によって拘禁されたと報じている。そして、南京の同盟通信を引用して、張学良は中国西部において「反共戦役」（「剿共」）のトップとして西安にいたと紹介する。[14]

アメリカ当局のコメントによれば、アメリカ政府の政策をさらに具体化するためには情報不足とする。ただし、この危機が長引けば、最近改善していた中国の外交上や軍事的な状況にダメージを受けるであろうと指摘する。[15]

これに対して、日本外務省は中国情勢について注意深く見守るとした。そして、外務省は陸海軍の指導者と会合を開き、中国における役割分担を進め、日本人の生命・財産を守りながら中国側の行動を監視する。なお、中国大使の川越茂によれば、上海では蔣介石は死んでいると考えられているという。[16]このように、日本は「蔣介石の死」を予測した。だが、状況打開のため、「クリスチャン・ゼネラル」として著名な馮玉祥らは、もし蔣介石を解放するならば、彼ら自身が身代わりに人質になると強調した。[17]この英字新聞から、華僑は蔣が生存しており、馮玉祥ら著名な有力軍閥の蔣介石支持を読みとったかもしれない。

また、張学良の新たな要求に含まれたのは、①張の軍隊に対する領域拡大と資金増大、②今回の示威行動の結果に対して張学良らに報復しないこと、③反共戦闘の停止、④反日戦略の増大であった。[18]ここから、張学良による蔣拘禁が抗日戦争開始のために中共攻撃の停止が目的であったことが明確に読みとれる。

宋美齢は洛陽に降りずに南京に舞い戻った。また、南京の国民政府軍は（張学良の軍隊と）戦闘はしておらず、南京当局によれば、蔣介石解放をおこなうために和解に努力しているという。[19]

南京国民政府は、日本やナチス・ドイツが流している蔣介石処刑説を否定した。以前、蔣介石の顧問で南京国民政府の密使であるW・P・ドナルド（オーストラリア人で、張学良の友人でもあった）は蔣介石の健康状態はよいとした。ドナルドによれば、張学良は蔣介石が日本の中国侵略に反対する必要があると考えていることは理解したが、蔣の政策はそれに必要な精神に欠けていると感じたという[20]。これらのことから、華僑は日本やナチス・ドイツが流している蔣介石処刑説を意識的なプロパガンダではないかと疑うだろう。そして、宋美齢やドナルドが蔣介石救出に動いていることを知った。

この後、国民党ホノルル総支部の新聞『中華公報』は蔣介石解放を報じ始めた。昨日、国民党ホノルル総支部は南京の中央党部から来電があり、蔣介石は無事飛行機で洛陽に至り、健康にも問題はない[21]、と胸をなで下ろしている。ホノルル総支部は孫文の後継者として蔣介石を高く評価していたから、蔣解放は待ちに待ったものといえた。

天津市内で張学良の弟張学忠が拘束された。天津公安局はその事実を認めた。張学忠が天津、および華北各地で反乱を企て、張学良の西安事変に呼応しようとした。天津公安局はそれを察知し、張学忠を拘禁したのだとする[22]。

こうして、三七年元旦には、意気消沈していた華僑が、一挙に大規模な祝賀会を開催できる雰囲気となった。すなわち、中華民国成立二五周年記念日にホノルル総支部、オアフ支部、およびオアフ第一、第二、第三分部により祝賀会を開催し、総支部秘書処が一切を準備し、当日、茶会も設け、各同志、各華僑の参加を歓迎するという[23]。

なお、ドイツの医者「範斯」（ハンス？　ドイツ人歯科医のヴィンシュを指している可能性が強い）が西安で殺害された。これは張学良により西安事変発生時に殺害されている。西安は排日、排独の気運が激烈であり、それはドイツが日本と防共協定を締結したことによる[24]。いわばドイツ人「医者」殺害も日本と提携するドイツの人間であることが原因と報じ、そのことはハワイ華僑の抗日意識がさらに高まっていたことを示唆する。

三　中国抗日戦争の勃発とハワイ華僑

一九三七年七月（八月？）八日ホノルルでは、華人救国会により「ホノルル全華僑連席大会議」が発起され、中華会館で開催された。各団体代表者、一般華僑が多数列席した。各代表は意見を出し、その結果、ホノルル全華僑団体は共同団結し、「祖国抗敵後援委員会」の組織化を採択した。そして、諸団体は代表各一人を出すことになった。その中から、まず委員一七人を選抜し、主席団を構成する。これら委員は中華会館、中華総商会、中華総工会、中華キリスト教会、四邑会館、国民党総支部、国民党ホノルル支部、救国会、崇正会、致公堂など一七団体の代表であった。いわば華僑の統一戦線組織であり、その目的は祖国の「統一抗敵」を支援することであった[25]。

『中華公報』（一九三八年一月二二日）紙上で、寿齢は華僑に対して、「救国」に努力することを訴える。すなわち、前線戦士が必死の抗戦をし、同胞は流浪している。したがって、「後方の民衆、および海外華僑は救国工作などを共に分担し、種々の娯楽を速やかに停止しなければならない。……各華僑が今日まで蓄えた金銭で、救国公債を購入し、努めて政府の長期抗日を援助し、殺敵に用いる武器を購入」すべきである[26]、とする。

こうした状況下で、献金・公債購入と同時に日本品ボイコットが強力に推進された。いわば献金・公債購入と日本品ボイコットは抗日運動の二本柱に位置づけられたといえよう。例えば、①ホノルル各界職業連合会は日本品ボイコット問題を討論した。そして、ボイコット委員会を設立した。委員には欧州系を含む各民族が就任しているが、華僑代表は一〇数人であった。②日本品ボイコットは学校レベルでも討論された。中山学校三年級では、ホノルルにおける華僑の日本品ボイコット運動は「秘密」裏か、「公開」にするかで激論が戦わされた。「公開」を主張したのは許振権、毛潤全らであり、「秘密」を主張したのは何羅秀、梅木蘭らである。激論の結果、「公開」と決まった。傍聴者としては訓育主任の楊華徳、八年級主任の古石雲、および卒業生らがいた。他の学年でも同様な議論が展開されている[27]。このように、日本品ボイコットは生徒を巻き込み、学校レベルで激論がおこなわれ、公然とおこなう趨勢にあった。「公開」にすることで、より多くの生徒の結集を容易にしたものと考えられる。

また、一九三八年二月中華薬品救済会（主席は林栄貴）各職員はホノルル中華会館で全体会議を開催し、献金運動について討論した。それに対して二〇団体から協力するとの連絡が入った。華人大学生会（主席は杜細州）など華人青年三〇機関も開会し、募金方法を相談している。薬品救済会などは勧募隊を組織し、三月一日に隊員数百名が分かれて出発し、各地で献金を訴える。民衆は現金一括払いも、あるいは月割でも寄付できる。これら献金と救済品は、すべて中国国際赤十字社に渡すことにした(28)。

ホノルル総領事館は（国民政府外交部から？）勧募救国公債の命を受けた後、勧募員が奔走し、華僑も呼応したことで予定額（予定額不明）に達し、三七年一二月末に終結した。その後、総領事館下にある勧募分会は財政部からの命を受け、為替解除と公債に交換する作業を継続して処理している。三八年一月から中央・中国・交通・中国農民四大銀行に委託して審査し、記録に留めることにした。この時の華僑による公債購入による巨額寄付は「輸財救国」の具体的な象徴といえた。そこで、勧募公債が終了後、『徴信録』を編纂し、氏名を額によって記載することにした。救国公債奨励条例に合致する者は総領事館から国民政府に上申し、表彰する。すべての公債二〇〇〇元以上の購入者は一律、本総領事館が特製の賞状を授与することなどを決定した(29)。このように、名誉を重んじる華僑を鼓舞するため、金額によって栄誉も与えられた。

ところで、『中華公報』は社論で、華僑に対して「共同で篤く三民主義を信じ、中国国民党指導下の国民政府を共同で支持し、最高領袖蒋総裁を共同で擁護すべきである。総裁の指導下で最後まで抗戦をおこない、最後まで奮闘する。我らが同胞に望むのはこれのみである(30)」、と訴えた。当然のこととはいえ、「三民主義」、「国民政府」のキーワードを使用し、特に孫文の後継者として蒋介石を高く評価し、その指導下でハワイ華僑が最後まで抗戦を支援することを呼びかけている。

では、ここで中国抗戦を支援し、献金を積極的におこなった華僑団体について論を進めたい。

（一）ホノルル婦女献金会である。名誉会長は梅景周夫人、黄蔭余夫人、李啓輝夫人、正会長は雷□開夫人、副会長は呉炳松ら四人、正会計は陳梅国夫人、中国語正書記は林允恭夫人、英語正書記は黄福夫人などである。いわば当地の有力者の妻たちであった。婦女献金会は機構的にも整っており、監督（会計・組織監督？）、宣伝科、調査科、交際科、顧問などに二人から数人の夫人や「女士」（この場合、夫人と区別し、未婚女性を指しているものと考えられる）が担当している。幹事は八一人に上るがほとんどは夫人であり、「女士」は六人だけであり、男と見られる「氏」は三人に過ぎない(31)。

四周年記念演劇救済募金には、国民政府の林森主席、蔣介石委員長、海外部部長劉□□、僑務委員会委員長陳樹人、および中山海外同郷済難総会会長の郭泉などから題詞が贈呈され、さらに国民党ホノルル総支部、総領事館が後援していた。総領事梅景周、祖国将兵難民救済総会などの各団体代表は参列し、例えば、祝辞、献金、生け花、食品贈品など一切を指示した(32)。

婦女献金会は四周年紀念演劇救済募金では、とりわけ積極的救済のため、「以工代賑」（仕事を与えることで救済する）をおこなうとする。その理由として抗戦以降、中国は民族工業は敵（日本）により破壊され、八〇％の工業区域は陥落した。工業品は日に日に欠乏している。したがって「抗戦建国」の最高国策は国防経済建設にある。民生の安定、各種軽工業を発展させる。合作社設立もその一つで、すでに日用品の供給補助は大きな成果をあげている。本会は四周年紀念の救済準備は政府の「抗戦建国」の趣旨に則り、国のために努力する、と(33)。換言すれば、単なる金銭を与える慈善的な「消極的救済」ではなく、難民、失業者などに仕事を与え、中国で不足する工業品を生産させるという一石二鳥を狙ったものといえよう。

この側面で大きな力を発揮したのが、ニュージーランド人のレウィ・アレーらが中国で指導する中国工業合作運動であった。すでに四一年四月頃には、中国工業合作協会の推進組組長梁士純は孔祥熙の命を受けて工業合作社の推進、および各援華団体の対中連合募金活動に協力するため、アメリカのニューヨーク、ロサンゼルス、サンフランシスコなどを巡ったが、途中、ホノルルなどにも立ち寄った。それを契機として、五月ホノルルでは華僑による工業合作推進委員会が成立し、名誉主席は杜恵生（総商会主席）、主席陳紹雄、委員には梅景周らが就任した。[34] 婦女献金会は合作社に注目し、「日用品の供給補助に大きな成果」とするのは工業合作社を念頭に置いて、それを積極的に支援したとみなせる。

（二）全米援華連合総会ホノルル分会が医師林栄貴が会議を召集し、近く成立する。アメリカニューヨーク総会が挙行する「五〇〇万元」（米ドル？）献金運動に呼応する。医者や牧師が積極的に参加しているように見える。各島の募金主任は以下の通り。オアフ島は医者の鄭帝恩、ハワイ島は陳威、林益治、マウイ島は成天□、モロカイ島が阮潤祺などであった。今回の募金はすでにホノルルの祖国傷兵難民救済総会、中華医薬救済会、教会連合教会が一致して賛同している。暫定的に八月二四日から九月七日までを募金期間にしたという。[35]

（三）ホノルル華人航空協会も成立している。選挙により正総理は梁漢新、副総理が余威廉、会計が陳文安などであり、董事には中華会館主席の楊見枢、中美銀行会計の程潤乾、アメリカ退役軍人団前ホノルル分団長で医師の李明献、ホノルル下院議員の鄺友良などが就任している。[36] 前述の全米援華連合総会ホノルル分会もそうであるが、医師が積極的に参画していることがわかる。

（四）中華総工会の活動も活発であった。総工会は二六周年を記念し、演劇籌賑籌備委員会を組織してホノルル華僑に呼びかけることにした。すなわち、倭（日本）は今、鯨呑の野心をほしいままにし、両京（北京と南京）を占拠し、公然と災いを各省に及ぼしている。また、至るところで虐殺姦淫をおこなっている。中華総工会員はこうした状況を見るに及び、特に抗戦劇団と相談し、中山学校で演劇を開催して華僑各界に献金を呼びかける。救済献金から売花費、券販売に至るまで全額を難民救済に用いるとした。籌備主任姚讃琚、顧問陳国梅、総幹事胡霞ら二人。その他、文書科、特刊編輯、理財科、宣伝科、設計科、広告科、核計科、庶務科など、組織機構も本格的に整えられ、委員も三〇人が就任している。なお、婦女献金会が助力し、劇券の販売を担当した[37]。

（五）ハワイ致公堂はどうか。ハワイだけにとどまらず、アメリカ大陸の致公堂とも連携しているのが特徴である。四一年一〇月ホノルル致公堂は会議を開催し、以下のことを議決した。ホノルル洪門（天地会の流れをくむ民間秘密結社で「反清復明」を唱えた。哥老会、紅幇も同系列）会員が組織する各支分部、および所属機関は「祖国傷難慰労」献金の募集を準備し、以て洪門「昆仲」（厳密には「義兄弟」の意味であるが、以下、会員）の「抗戦建国」と国民政府に対する協力を示すという。同時に全米（州？）各埠の会員が賑款をおこなう。その際、分散して実施するので、すぐにホノルルでも実施することになる。なお、ホノルル致公総堂主席には劉引大、書記には劉其玉らが就任している[38]。

ホノルル致公総堂は全米州洪門総幹部の六月三日発の来信を受け取った。それによると、メキシコ洪門代表懇親大会の議案執行に基づき、司徒美堂（当時、米州洪門総幹部首領、国民政府行政院参議、中国公債局幹事、広西省綏靖公署顧問、中央振済委員会委員、および米州華僑航空委員会委員など多くの肩書きを有していた）を米州洪門会員代表として中国に派遣、帰国させるという内容であった。司徒美堂は中国で蔣介石委員長に敬意を表し、献金を携え前線将兵を慰問する。かつ抗戦工業を発展させる目的があった。他方で、五州洪門大会の開催を準備する。いわば全世界の致公堂が中国抗戦支援をおこなう体勢を整えることになる。司徒美堂はその途中、ホノルルに立ち寄るという。これを受けて、ホノルル致公総堂は国安会館など洪門会員と共に歓迎準備を開始した。二四日司徒美堂の到着日、埠頭には梅景周総領事を始め、国民党ホノルル支部代表伍□（益？）、中華会館主席楊星枢、および致公総堂代表劉引大、国安会館代表甘華煥など、洪門会員が多数参集した。司徒美堂は、「過去に孫（文）総理の革命に従い、現在は蔣（介石）委員長に従い、抗戦建国の大業に参加している。これは独り司徒美堂個人の栄誉であるのみならず、洪門、および華僑の栄誉である。洪門会員と全華僑は一致して政府と蔣委員長を擁護し、一切の異端、邪説を廃して抗戦建国の最後の勝利を勝ち取る[39]」、と述べた。これを受けて、ホノルル致公総堂は司徒美堂に一致して協力すると約束した。それを実現するため、致公総堂は一〇月五日、会員会議を召集し、救国の責任を果たすため、巨額の献金を集めることを全体一致で採択し、総幹部はじめこれを推進するとした(40)。

マウイ致公堂の建物が老朽化したため、一一月九日再建式をおこなった。講堂にはそれぞれ中・米両国旗を立てた。主席は季広富で、来賓は一八〇人余である。全体起立し、中・米両国旗に拝礼した後、祖国抗戦で戦死した将兵、および後方殉難の同胞に対して三分間、黙禱した。その後、主席の宣誓後、会計から建物修復費への各界からの献金に関する報告があった。そして、国民政府と蔣委員長を擁護し、洪門革命の全責任を負うとしている(41)。このことから、致公堂はオアフ島のみならず、マウイ島にも一定の勢力を有していたことがわかる。

なお、ホノルル致公総堂は「洪門人士の組織した慈善団体」と自己規定し、「慈善団体」的側面を強調している。その宗旨は、（会員の）感情を結びつけ、公益を提唱することにあるとする。会員は五〇〇〇人に達したことがあるが、今（一九五〇年）は一〇〇〇人余である。（ハワイで？）すでに数十年の歴史を有し、一九一九年義興総会が改名し、致公総堂となった。なお、義興総会は和安会館（一八九二年設立）と保良社（一九〇五年設立）の二大洪門団体が一九一三年四月に合併して成立した。主席は林合から始まり、許昌、陳禎、曾旺、劉引大、黄烘、李康、馮燕平ら一七人が歴任し、現在（一九五〇年？）の正主席は鄭君烈、副主席は黄愛邦である。機構的には顧問団、実業委員会、慈善委員会、法律委員会、宴会委員会、設計委員会から構成される(42)。

ハワイ華僑を考察する際、朝鮮・韓国人との関係は看過できない。なぜなら東アジアにおける反日民族連合戦線のハワイでの形態・活動を分析する重要な視角を提供することになるからである。ホノルル中韓民衆大同盟は、瀋陽事変（満洲事変）後の日本の侵略行動を契機に、中韓連合組織の必要性から一九三二年成立したという。その後、活動しながら、かつ韓吉寿を代表としてワシントンに派遣し、アメリカ政府国務院や国会外交委員会に働きかけ、成果をあげた。さらに組織を拡大するため、中韓人士の参加を募るとする。その趣旨書によれば、①中韓両民族の友好関係を増進し、連合一致し、文化や社会福利上で共同努力し、真の世界和平という目標に到達することを願う、②中韓人士が連合して有効な方法により日本帝国主義とその軍部を打倒し、中国は和平と自由を獲得し、韓国は独立自主を回復する、③日本の国際和平を擾乱する陰謀を暴露し、すべてのアメリカ人にその悪巧みを尽く明らかにする。そして、アメリカの道義上、行動上、大量の中国支援を促進し、最後の勝利を勝ち取るという。[43] このように、自然の趨勢として抗日のための中韓連合組織があり、ハワイ内はもちろん、ワシントンにまで行き、国務院などに働きかけていた。

こうした状況下で、当然のことながら世界華僑の抗日動態についても報じられている。例えば、四一年七月一五日付けの『中華公報』には、陳嘉庚指導下で七七事変を記念し、マラヤ等の「華僑五百余万」は「誓って政府・領袖の主義（蔣介石と三民主義・「抗戦建国」）を擁護して奮闘する。福建・広東交界の残敵を完全に粛清する」[44]、との宣伝が大きな太文字で掲載されている。つまりハワイ華僑は英領マラヤ（シンガポールを含む）における陳嘉庚の抗日活動を知っており、それに鼓舞され、呼応しようとしていたことは明白である。

では、『中華公報』は汪精衛や中国共産党に対していかなるスタンスをとろうとしたのか。

一方で、『中華公報』は汪精衛を日本の傀儡として厳しく非難している。「敵は（中国）国内の民衆を欺瞞するために汪（精衛）らによる傀儡組織を生み出した。敵は傀儡によって号令をかけさせ、以華制華（中国人によって中国人を制する）の妄想を実現しようとした。しかしながら、哀れむべきことには傀儡たちは（中国にとって）無用の長物であり、我々の抗戦の決心を揺るがすことはできない」。「（抗戦）四年以来、我々は正義・自由と民主のために戦っており、激流の中で堅固な基盤を樹立した。………①現在の国際情勢は侵略と反侵略の二つの陣営に分かれており、我国は反侵略の重要な構成部分である。②独伊と我国は敵対関係にあるが、英米ソと我国は一致しており」、その関係はますます深まり、「連合の程度は極めて密接である」。したがって、各友邦と連合して「悪勢力」と断固として戦う。そして、実力で敵を駆逐する。ならば敵の銃剣支援下の傀儡政権なぞ、即刻、瓦解する、と。[45]

他方で『中華公報』（一九四一年七月一五日付け）は中共を脱党した孫際明の文章を掲載し、中国共産党（以下、中共と略称）に対して疑念を表明している。孫際明（一九二七年に中共加入、モスクワの中国大学卒業、帰国後、共産主義青年団□書記、中央執行主席団委員という経歴を紹介）は反共的立場を鮮明にしている。

(1)二七年革命失敗の理由は、中共が統一的な民族戦線を破壊し、民族革命力量を分散させる中共の戦略にあった。九・一八（満洲）事変後、華北は日本の脅威下にあったが、中共自体が分裂していたのみならず、民族革命戦線を分裂させる策略をとった。

(2)中国民族の存亡は抗日戦争の成敗と関係する。

①紅軍の到るところでは土地が荒廃し、人口は激減し、文化は破壊され、これがソビエト区の現状である。瞿秋白の盲動路線、李立三の「半トロツキー路線」の結果である。このように、共産主義は中国の国情に適していない。

②中共の最も得意とするのはストライキによる階級闘争であるが、「労働者には祖国なし」のスローガンでは日本の侵略に十分対応できない。

(3)中共内部での派閥闘争などにより不安的な時期が続いており、李立三路線以降、陳紹禹（王明）、秦邦憲が大権を握って以降、敵対分子を排除し、陰険な武断をとり、中共内は四分五裂の状態であり、次々と脱党して自首している。これもまた中共指導路線の誤りの結果である[46]、と断じる。

以上のように、中共は統一戦線を破壊、内部分裂などを抱え、階級闘争、民族主義を否定する「労働者には祖国なし」では日本の侵略に対抗できず、中国の国情に合わず、自滅するというのである。つまり一方で汪精衛・傀儡政権を非難、他方で中共に対しては民族主義などが欠如していると批判し、自らのスタンスを明確にした。

ここで、華僑と日系移民との矛盾・対立について言及しておきたい。ハワイにおいては、量的に日系のプロパガンダは生活水準が相対的に高く、全体として購買力を有しており、中国人に比してかなり大きい。そこで、日系人はプロパガンダの手段として、例えば、新聞、雑誌、ラジオ、映画、劇場、および日本人学校などを支援している。その上、これら日本のプロパガンダは組織だっており、準備万端で、ハワイの日系移民に対して、日本統治者の考える戦争が新聞、ラジオなどによって連日与えられた[47]。華僑から見れば、自らの国が破壊されつつある。他方、日系人は自らを「余裕ある勝利者」として認識しており、ある意味で単純である。他の影響は全体として日系人のプロパガンダは中国人のそれより監督統制されている。特にソ連・共産主義への反対、蒋介石・国民党への反対を打ち出した。一人のハワイ生まれの日系人がいった、「まず多くの日本人は、中国人が十分打撃を受けるべきだと感じている。だが、日本人の感覚では、戦争が終わりに近づいているように見える今、中国は蒋介石政権よりも良い中国政府を生み出すことを望んでいる[48]」、と。このように、一九三八、三九年段階で、日系人はすでに日本の優位性・勝利を確信し、「戦争が終わりに近づいている」と考え、そのことを疑ってもみなかった。

日系人は極東平和維持のためには、中国での日本軍の侵略を「聖戦」と見なし、それを遂行し、勝利すべきであると考えていた。日本への「自己犠牲」、「愛国心」、「統一」が日系人の精神を形成していた。日系キリスト教徒は中国災害のために活動したこともある。上海にあるＹＭＣＡ院長の「フルヤ・マゴジロウ」（古屋孫次郎？）は一九三八年秋にホノルルで講演し、日中間の友好について説教し、中国人を引き入れる仕事は日本人キリスト教徒に頼り、そして中国も日本も平和な時代をもたらすリーダーシップをアメリカに期待すべきと述べた。けれども、日系新聞は、中国人の中で信頼を勝ち取ることはほとんど不可能と報道した。けれども『ハワイ報知』（一九三八年一〇月二二日）によれば、（日系の？）青年仏教徒協会で五〇〇人の聴衆を前に、「不幸なことに中国人は共産主義が吹き込まれている。我々は中国人を共産主義から救出しなければならない」、と演説した。さらに一一月、日系人と思われるが、マキキ（Makiki）はキリスト教会でキリストに対して日本帝国軍への支援に感謝の念を捧げたという[49]。日系人、華僑のプロパガンダ戦はあったが、双方とも暴力行為には至らなかった模様である。

四　太平洋戦争とハワイ華僑の動態

一九四一年一二月八日（ハワイでは一二月七日）、日本軍の真珠湾攻撃により太平洋戦争が勃発した。これを受けて米陸軍司令部は一二月八日（以下、現地時間）、全島に戒厳令を宣布した。電話使用、および自家用車による市街への外出禁止など厳しい管制を敷いた。(50)

こうした状況下で、駐米大使から「米日関係はすでに戦争状態に入った」との来電があった。すなわち、これは中国にとって一大転機である。だが、華僑は慶祝の挙にでずに、努めて沈静な態度をとり、アメリカ人の誤解を招かないように、(51)というものであった。ホノルル中華総商会も各華僑商店に午後四時半に閉店し、かつ燈火を一律に消すように指示を出している。(52)また、中華総商会会長の範□和は民生庁長の命を受け、各華僑商店に対して、各種の自家用食料や日常必需品の販売は酌量して均等に分配するようにし、いかなる顧客や個人の大量購入・買いだめも許さない、(53)とした。

ところで、日本軍の真珠湾攻撃による民間人の死者は四九人、負傷者が八二人である。内、華僑の死者は二人、負傷者は三人である。(54)また、日系人への被害に関しては、ホノルル市内の日系人家屋に爆弾一発が落とされたが、負傷者はいない。いわゆる国防区域での死傷者が厳しく、死者、負傷者各一五〇〇人で計三〇〇〇人という。(55)このことから、真珠湾攻撃は軍用地・国防区域への集中爆撃で民間人への人的被害は比較的軽微であったことがうかがえる。

当時、日本軍諜報員が貯水池に毒薬を投入したとのデマがあり、当局はすぐに市民に二四時間、生水を飲まないようにと警告し、水質調査をおこなった。結局、水道公司は、それが事実ではなく、一〇日水道水は無毒で飲むことに問題はないと発表し、(56)鎮静化した。こうしたデマが流れたことに、日系人は一九二三年に関東大震災の際、朝鮮人が

「井戸に毒を投げこんだ」というデマを流して、朝鮮人を大量虐殺したことを思い出し、震え上がったであろう。

アメリカ参戦以降、交通は断絶し、中国品輸入は中断を余儀なくされ(57)、華商の雑貨輸入など商売は大打撃を受けた。こうした状況下でも中国の抗戦支援・難民救済に対する献金は重要性を増してくる。祖国傷兵難民救済総会は献金の一本化の必要を強調する。すなわち、国難時期には、凡そ国民は募金の義務があるが、救済方法は系統的であるべきである。私的に結合した団体、あるいは縁者に献金する。各自が勝手におこない、規律がない。これでは「抗戦建国」の前途に障害になる。本会は募金の最高機関であり、ホノルル各団体によって成立した。したがって、これ以降、傷難救済、「捐輸救国」、あるいは税関係や（救済献金目的の）入場券販売などは本会と相談すべきである。本会が審査し、認可する。各団体がこの手続きを尊重するように通告する(58)、と。この時期、各団体・個人献金が難民救済総会に一本化されておらず、そのことは、難民救済総会はハワイにおける献金の「最高機関」と自称するが、その信頼がまだ不十分であったことの傍証となる。なお、遺憾ながらハワイに関して団体別の散発的な献金高の史料を僅かに入手しているだけで、具体的、かつ逐年別のハワイでの総額統計史料を入手するに至っていない。

対日戦争勝利が間近に迫った一九四五年元旦には、『中華公報』は兪培□による「慶祝新年」を掲載した。兪は軍事、外交、内政に分けて新年を祝う三つの理由をあげた。すなわち、①軍事面では、七・七事変（盧溝橋事件）以降、軍備落後の中国は武器優越な暴力的日本に抵抗し、七年半、戦い続けた。壮絶な犠牲は未曾有であった。前線の将兵は決死の抗戦をし、後方の民衆は焦土の中で抗戦し、孤立奮闘した。次第に日本は四面楚歌となり、中・英・米・印連合軍は東京を直撃した。軍事上からの勝利は確実である。②外交面からいえば、一八五八年の中英間の天津条約で治外法権が確定した。その他、米、仏、オランダ、ベルギー、ドイツ、イタリア、日本、ロシアなどと同様な不平等条約を結んだ。だが、抗日戦争後、外国人は中国人の不撓不屈の精神を見た。かくして、四三年一月、八〇数年間の重荷であった不平等条約から解放された。英米との間で平等条約が結ばれ、治外法権も廃止された。③内政面では、建国大業も次第に進行し、戦争終結の一年以内に国民代表大会が開催され、憲法が制定されることになっている。その他、政治、経済、教育、交通などすべて基盤が築かれた。ここから前進し、民有・民治・民享の新中国を造りあげる。ただし、浮かれてばかりおられず、勝利を確定的なものにするため、「最後、最大の努力をすべき時でもある」[59]、と気持ちを引き締める。

中国国民党ホノルル総支部、オアフ島、マウイ島各支部、およびハワイ島のヒロ支部などは戦後を見すえ、新党員募集・党員拡大に乗りだした。すなわち、全国革命分子と有志青年は真に国家の存亡と共にし、民族の栄辱を共にし、国家の事業を自らの事業とし、民族の生命を自らの生命とすべきである。そのためにも本党（国民党）に加入しなければならず、そうしてこそ初めて国民の最も崇高な職責を尽くし、人生の最も完全な境地に達することができる。また、このようにして我々の共同建国の偉大な使命を完成させることができる[60]、とした。国民党の影響力が支部などを通じ、ハワイ各島に及び、影響力を有していることがわかる。また、対日本勝利が明確化する中で新党員獲得によりハワイにおける基盤を確固たるものにする意思の現われと見なせよう。

当時、『中華公報』紙上には、義春記クリーニング店同人など「謹賀新年並祝最後勝利」など興味深い広告が多く掲載された。なかには程康錫のように個人で「恭賀新禧並向蔣主席致敬」と、蔣介石の抗戦功労に敬意を示す者もいた[61]。いわば抗日戦争勝利を確信し、最後の勝利を確実なものにする意思表明でもあった。

ところで、周知の事実ではあるが、日本国籍の日系移民もアメリカ軍に参加した。アメリカ陸軍は日本国籍の日系移民に対して新政策を打ち出し、アメリカ国内に居住する日本国籍移民が自ら従軍を願えば、これを受け入れるとした。かくして、ホノルルでは、日本籍数名が軍役に就いた。その中には、ハワイ大学農業振興部職員、数学教授、『社会運動界』編集者、会社員などが含まれていた[62]。このように、戦争末期には日系アメリカ人のみならず、日本籍移民もアメリカ軍に参加できた。彼らは、日本敗戦がほぼ確定的な段階で、ハワイに居住を続けるためには軍に参加した経歴が有益と考えたのかもしれない。換言すれば、華僑のみならず、日系移民も自らのアメリカでの地位と生活確保のために、日本の敵であったアメリカ軍に参加した側面もあったということである。

四五年八月、実際に日本が無条件降伏し、連合国・中国が完全勝利すると、『中華公報』には数多くの勝利を喜ぶ公告が掲載された。①栄興肉品店同人「慶祝最後勝利」では、「世界和平を愛する国家の公敵はすでに正義によって粉砕された。日本が正式に投降を受諾した日に、また世界人類は和平新世紀に入った。我々は正義を勝ち取り、勝利を勝ち取った精神をもって、今後、世界の永久和平と全体の安全を維持しなければならない」。②郭靄朋「慶祝最後勝利」では、英語と中国語で書かれており、"GREETINGS to the VICTORIOUS ARMED FORCES of the UNITED NATIONS"と書かれ、中国語では「このたびの連合国の対日共同勝利は連合軍共同努力の成果である。我々は米英など連合国指導者と将兵が中国と衷心から協力し、最後の勝利獲得を迅速に実現させたことに謹んで感謝を示したい」と書かれていた(63)。このように、アメリカを始めとする連合国に感謝することはハワイ華僑の立場上、当然のことに思える。だが、他方、中国独自の勝利、もしくは対日戦争勝利そのものに酔い、意外とアメリカなど連合国に配慮が見られない広告も少なくない。

ホノルル西商会（各民族商業団体や個人経営者で構成しているようである）は「日本投降慶祝勝利大パレード」を実施することを決定した。その準備委員会総主任の「搭比夭思麦朶茂」（欧州系白人？　英名不明）は以下のように述べた。大パレードの順序はすでに定まった。アメリカ大統領トルーマンが対日勝利を宣言するのを待ち、午前一〇時から大パレードを開始する、と。中華会館、中華総商会の連合組織による華僑対日勝利大巡行準備委員会は昨日、会議を開催し、主任梁金満は大パレード節目を詳細に説明した。同時に軍界、軍人服務団体、および各団体の参加希望が非常に多いと聞く。そこで、行進者は一五人一列とする。自由参加の自動車や商業広告を旨とする自動車は参加を認めない。出発地点は二ヵ所である。華僑グループは第一〇番目である。出発の時、華僑民衆は中国語、英語の標語を押し立て、次いで精武体育会の獅子舞、中国・アメリカ各国旗、華人音楽隊、各団体の男華僑隊、婦女華僑隊などが続くことになった[64]。このように、おそらく日系移民を除いてハワイでは祝賀ムードが限りなく高まっていた。

中華会館・中華総商会としては、ホノルル西商会からの正確な連絡を待ち、かつ民生庁長の公布後、挙行する。中華会館と中華総商会は西商会祝勝会責任者と一切を相談し、並びに華人慶祝勝利準備委員会を組織する。もし華僑団体でパレードに参加を願うものがあれば、総商会幹事の劉登に通知を請う。それを西商会に伝える。華僑団体・各界が積極的に参加することを願う。ただしパレードの際、法律に抵触するので道路での爆竹使用を禁止するとした[65]。なお、爆竹に関しては、華僑会館・中華総商会幹事の劉登によれば、太平洋戦争の勃発後、ホノルル軍政府が各華僑商店から押収した爆竹を元の所有者に返還するという。ただし、爆竹の大部分は太平洋戦争において戦場で「森林戦」で使用し、現物返還は不可能である。そこで賠償し、まだ残存している爆竹をいかに処理するかは、後で通告するという[66]。

こうした戦勝祝賀ムードの中で、ホノルル婦女献金会は中共批判を展開した。すなわち、日本は投降し、国を挙げて統一を望んでいる。ところが、中共は政権を奪取しようとし、割拠し、密かに敵の武器を回収し、内戦を策動している。ホノルル華僑婦女献金会のすべての愛国婦女華僑は義憤にかられ、打電することにした。すなわち、「『重慶大公報』、『新華日報』気付、延安の毛沢東先生へ。中共を率いて中央（国民政府）に服従し、統一を擁護し、勝利の対局を維持することを請う」とあった[67]。このように、ホノルル婦女献金会は中共を牽制し、反感を有していた。

ところで、太平洋戦争勃発後、アメリカ軍参加の華僑は一万三〇〇〇人であり、ホノルルだけで各種国防参加の華僑は数千人に及んだ。また、アメリカ空軍第一四地上勤務大隊は全てが華僑であったという[68]。他方、日系移民はどうであったか。呉尚鷹によれば、「日本政府は従来、日系移民の力量を養成、ハワイ占領の準備を進めていたようである」、とする。しかし、太平洋戦争の勃発後、ホノルルの日系移民は日本に対して何らの役割も果たさなかった。それどころか、日系アメリカ人はアメリカに忠誠を誓い、欧州戦争に参戦し、顕著な成果を上げた。アメリカ当局は日系アメリカ人の戦時服務の成果に良い評価を与えている、(69)と。日本政府が日系移民を利用して「ハワイ占領の準備」云々は他史料で裏付けができず、おそらくそこまでは考えていなかったと推測される。ところで、ハワイ島生まれの日系二世有吉コージも太平洋戦争末期の二年間、アメリカ軍情報部員として重慶、さらに延安に滞在し、毛沢東、周恩来と親交があった。(70)なお、致公総堂は戦争勝利後、自らの組織機構を整えている。(71)

五　ハワイの華僑華文学校

まずハワイ華文学校（中国語が授業の主要言語で、華僑子弟が通う）の歴史的推移を押さえておきたい。

ホノルル華文学校の起源は、一八八八年の福音堂中文班の創始にあるとされる。次いで、一八九九年には中西学堂が設立され、規模的にも学校としての体裁を整え、専ら中国の伝統的な「国学」を教えたという。なお、一八八八年には、『隆記檀山新報』が発行されており、海外華僑新聞の先駆けとなった。一八九一年習文社が新設され、「文」をもって会友を盛り立てることを提唱し、その後、各華僑団体によって華文学校が次々と設立された。(72)

一九一四年、第一次世界大戦の勃発後、アメリカ人はドイツ人を敵視し、ドイツ語学校を排斥した。第一次世界大戦終結後も、ホノルルでは外国語学校取締りの世論が高まり続けた。その主要対象は日本語学校であった。二〇年段階で外国語学校は一六五校あり、その内、日系移民の多さを背景に日本語学校が一四六校（88.5%）に上り、それに対して朝鮮語学校九校、華文学校は僅かに六校しかなかった。二〇年ハワイ議会に「外国語学校制限案」が提出された。その内容は、外国語学校は教育庁に批准登記を経て初めて設立できる。教師は（母国語以外に）英語ができ、かつ資格試験に合格する必要がある。各外国語学校は法律を遵守して運営できるというものであった。(73)この「制限案」

では、多くの日本語学校が存立、運営基盤を失う可能性があり、かつ教師の英語力も低く、レベルも高くなかったのであろう。この時、日系移民は多方面に働きかけ、それを修正というより撤回させたようである。

二一年ホノルル教育庁が外国語学校管理局を設立し、初めて華文学校学生数の調査をした。華僑子弟のほとんど全員が公立学校に進学、卒業していた。あらゆる国民は義務教育をうける必要があり、アメリカの公民教育に則り、その課程はすべて英語でおこなわれた。つまり、このことから、当初、華文学校は正規の学校ではなく、補習学校のような位置づけにあることが判明する。すなわち、公立学校の放課後に通う。ところが、放課後に華文学校に通う華僑学生は英語学校に通う学生の三分の一しかいなかった(74)。その結果、必然的に中国語を話す機会が減少し、中国語を話せない華僑が増大していくことになる。

その後、教育当局は二〇年の「外国語学校制限案」より厳しい法令を公布し、二四年九月から施行させた。すなわち、学生は公立学校二年次を経た後、初めて外国語学校に入学できる。すべての教科書は新たに編纂する。教師のみならず職員も検定試験に合格しなければならないとした。日系移民団体が団結し、日本語学校が最多を占めていたこともあり、法廷に集団提訴した。「外国語学校制限の法令」は合衆国憲法に違反するとして撤廃を要求したのである。一九二七年最高法院で日系移民団体が勝訴した(75)。法令は外国語学校に枠をはめ、教科書編纂、教師・職員の検定試験など、ある面、教育の質を確保する狙いもあったと考えられる。公立学校二年次修了後、「外国語学校に入学できる」とするのは、アメリカ公民化政策の一環とも見なせる。さらに、この時点で初等教育の二年間を義務づけ、その後、外国語学校を卒業できるようなシステムに転換していたのではないか。この問題は、外国語学校を野放しにせず枠をはめたい教育当局と、外国人学校における独自の教育権を守るという日系移民との対立を誘発した。その結果、華文学校も「外国語学校制限の法令」撤廃後、順調に発展したという。

ハワイの華文学校はそれぞれ独自に運営され、統一されていなかった。そのため、三三年四月ホノルル華僑教育会議が開催された。参加学校は明倫、中山、互助、大中、中華、檀光など計一二校であった。会議では、当地の状況が討論され、議案は①中華会館に教育総機関としての権利を与える。各校連合会議を開催し、学校を単位とし、各学校は一票の表決権を有す、②除籍学生に関しては、その理由を各校に通知し、六ヵ月間は学籍を回復できない。その後、（除籍学生から）請求があり、学籍回復を許可する場合、元の学校で授業を受けさせるか、転校させる。③転校の場合、学費精算の上、同時に転学証明書を付して他校に転学させ、その学校を卒業させる。以上は三三年七月一日施行するとした。また、ホノルルの中国領事館は三四年一〇月華僑教育座談会を開催し、各校教職員四〇余人が参加した。そして、随時連絡をとり、相互に協力することとした(76)。いわば中国語教育が不振なことを憂え、中華会館を中心に各学校が協力して整備・統一し、そうした状況の打開を図ったものといえよう。

ところで、『外交部公報』（三六年五月）に掲載されたホノルル総領事館の「華僑概況」によれば、ホノルル華僑の子弟は六歳になると、英語学校で学び、失学児童は少ない。三五年一二月段階で英語使用の小学・中学・大学（学校数不明）の学生総数は八六一一人である。その内、公立学校で学ぶ者は六六四三人（77.1％）、私立学校は一九六八人（22.9％）である。教員数も前述の如く多く、ホノルルの全公立学校教員二五〇九人中、華人は四七〇人（18.7％）を占める。私立学校教師は五九三人中、華人は二八人（4.7％）である。それ以外にも華文学校教師九七人がいた。ただし華文学校は基金がなく、経常費は学費収入であり、不足分は献金（三四年献金は一年間で二万一六八五米ドル）により補助する(77)。つまり、ここから理解できることは公私立学校にも四・七％とはいえ、華僑（米国籍）教師がおり、華文学校の華僑教師は実に九七人に達していた。華文学校の場合、無資格教師が多かった面を否めないであろう。

表6―2によれば、華文学校に通う者の総数は一九三〇年以降は二〇〇〇～三〇〇〇人前後である。だが、英語学校に通う華僑子弟は三〇年に七九九四人で、三一年から四一年まで八〇〇〇人余をキープしている。このことは、ハワイ華僑にとって中国語（広東語を含むと思われる）よりも英語の需要が高いことを意味し、それが生活、進学、就職

表6―2　各学校学生人数比較統計（1921-1941）

年	華文学校	英語学校華僑学生	日本語学校
1921	1,495	4,874	18,612
1925	1,374	6,229	19,643
1930	2,403	7,994	38,162
1931	2,483	8,125	39,144
1932	2,478	8,070	40,017
1933	2,678	8,076	40,754
1934	2,714	8,286	41,192
1935	3,311	8,611	42,665
1936	3,647	8,568	37,922
1937	3,255	8,797	37,564
1938	3,294	8,896	39,003
1939	3,287	8,929	38,607
1940	3,168	8,712	38,948
1941	3,115	8,636	38,515

出典：林伉新「外語校案奮闘史」第2編、檀山中華総工会・華僑教育連合会『檀山華僑辦理外語校案特刊』一九五〇年一〇月所収、80頁（ハワイ州立図書館所蔵）。

などに有利との考えによるものであろう。ただし、そのことはハワイ華僑の土着化、祖国中国やその文化などからの離脱を意味し、移民一、二世代の危惧をも誘発することになった。なお、華文学校が常に意識している日本語学校であるが、日系移民が多く、かつ日本語教育に熱心なこともあって、三〇年には三万八一六二人であり、その後も四万人前後で推移しており、優位にあったといえよう。例えば、日本語学校の場合、二一年一万八六一二人、三五年四万二六六五人で、華文学校に比して一三～一五倍である。このことは日系移民の子弟の極めて多くが日本語学校に通っていたことを示す（なお、四二年以降の統計数字がないのは、後述の如く、華文学校が停校を余儀なくされたからである）。

表6―3は、華文学校教師・学生数統計であるが、一九二一年五校であったものが、三一年一四校、四一年には一二校である。このように学校数としては波打っているが、これは華文学校自体が低迷したとのみ見なすことはできない。なぜなら二一年教師数は三四人、学生数は一四九五人（教師一人当たり学生数は四四人）であったものが、三一年にはそれぞれ六四人、二四八三人（同三八・八人）、四一年六七人、三一五五人（同四七・一人）と一〇年スパンで見ると、増大しているからであり、統廃合を経て機構・設備が整ってきたことを示唆する。(78)著名な華文学校は明倫学校であるが、これも一貫した伸びを示し、四一年

表６—３　華文学校教師・学生数統計（1921-1941）

華文学校名	1921年		1931年		1941年	
	教師数	学生数	教師数	学生数	教師数	学生数
明倫	16	773	21	1,073	23	1,167
中山	13	545	14	558	18	795
蟄辰	2	87				
明漢	2	46	1	33		
位巴湖華文	1	44	1	36	1	35
互助			7	238	8	405
平民			6	186		
中華			3	116	3	120
共和			1	23		
尚徳			1	28		
季直			1	21	1	23
位亜城華文			1	43	2	45
希爐華文			1	65	1	42
加弥奥喜公益			1	32		
茂宜漢文			1	31		
檀光					4	275
大公					2	66
大中					2	117
希爐振群					2	35
計	34	1,495	64	2,483	67	3,115

出典：林伉新「外語校案奮闘史」第２編、檀山中華総工会・華僑教育連合会『檀山華僑辦理外語校案特刊』一九五〇年一〇月所収、81頁から作成。

には教師二三人で、学生は一一六七人に上っている（教師一人当たり学生数は多く、五〇・七人）。その他、四一年には中山学校、互助学校、中華学校、檀光学校などが学生数が多く、規模を備えていることが看取できる。ただし、二一年に存在した蟄辰学校などは消滅し、浮沈が激しく、統廃合が進んでいたことを示唆する。また李直学校のように教師一人、学生二三人（四一年段階）など、基盤が弱く、教師が一、二人という私塾的なものも依然として少なくなかった。

一九四一年日本軍による真珠湾攻撃後、アメリカが参戦すると、学校や教育を取り巻く状況は一変した。ホノルルは軍政下に置かれた。オアフ島の公立学校は一律休講となり、その間、各校の校長、教員はグループ毎、輪番で、一日に四時間巡回した。また、校舎を軍民の緊急事態に用いることとなった(79)。

この時、アメリカ人の日本人・日系人に対する憎悪は激しかった。また、華僑、朝鮮人、フィリピン人は、祖国が日本の侵略により蹂躙されており、とりわけ憤慨していた。こうした状況下で、アメリカは「愛国主義」を宣伝し、すべての事は「アメリカ第一」、「星条旗の下、アメリカの主権を擁護」し、「一切を犠牲にしてアメリカを防衛」することを強く要求した。他方、日系人の活動はすべて禁止され、日本語学校は閉鎖された。それに留まらなかった。華文学校を含む、その他の外国語学校もアメリカ・ナショナリズムの高まりの中で停校を余儀なくされたのである。とはいえ、四三年アメリカにとって太平洋戦争が好転すると、ホノルルでは軍政から民政に移り、この時、外国語学校も法律による制限がなくなり、平常に戻るかに見えた。だが、反日的意識は依然厳しく、日本語学校は攻撃の対象とされ続けた(80)。

こうした状況下で、中国系上院議員が一切の外国語学校を禁止し、その代わり公立学校に外国語課を設け、憲法に合致させることを提議した。これを知ると、華僑は騒然とし、二〇年前、「外国語学校制限案」（二〇年の「外国語学校制限案」のこと?）がすでに最高法院で違憲判決が出ているにもかかわらず、これが再提議されたと見なしたのである。とはいえ、太平洋戦争が続く中、日本語学校が従来、反米宣伝をおこない、児童に対して「天皇に忠」と教え込み、一種の敵対機関となっており、閉鎖された。ただし、日本語学校のみならず、外国語学校全体を敵視する排他的傾向があったといえるであろう。この流れに逆らうことは困難であった。したがって、華文学校も含むその他の外国語学校は巻き添えを避けるために、自発的に停校を続けざるを得なかった(81)。

ホノルル議会で議決された「外国語学校制限法案」は四三年七月に施行された。その内容は、児童が公立学校において八年間課程を完了するよう制限するため、年齢がすでに一五歳に達した者は外国語学校を卒業することができる。外国語学校の教師は英語に精通する必要があり、同時に教育当局の試験に合格して職に就くことが許される。外国語学校が授業をおこなっている期間、教育当局は随時人員を派遣して視察し、違法なことがある場合、法院は制裁を加えることができる。こうした厳しい制限の下、各華文学校の教師が英語に精通せず、試験に合格できないため、停校を継続せざるを得なかった。[82] これも大きな要因である。なお、「外国語学校制限法案」は、アメリカ当局が一貫して追及した教師に対する英語精通、資格試験など、ある面で正当性もあった。だが、外国語学校のみに対する管理強化が「人権・自由」など各項に合わないとされ、法令改正により華文学校を含む外国語学校が正式に再開できるようになったのは、戦後の四七年一〇月のことである。

おわりに

以上のことから以下のようにいえよう。

第一に、ハワイはアジア系移民が多い地域であり、日系、華僑が多くを占めた。フィリピン系が華僑の人口を上回ったが、政治、経済両面で実力がなかった。その意味で、日系と華僑はアジア系の双璧ともいえ、拮抗していたといえよう。華僑は政界にも進出し、上下院議員などにも就任し、かつ、教員、弁護士、医者になるなどその社会的地位が高いものもおり、その他、軍人や軍関係の仕事に就く者も少なくなかった。華工は主に製糖に従事した。中美銀行、共和銀行などがあり、金融面でも整備され、また、中国への為替送金、および香港、上海経由の貿易ルートも確立していた。確かに世界経済恐慌に大打撃を受けたとはいえ、華商の営業は再び発展したという。団体・結社はアメリカ大陸同様、極めて多く、出身別団体、姓氏別団体、職業別団体が存在した。政治面でも孫文の革命活動の流れを受け活発で、国民党、憲政党など多数が存在した。なお、団結力が強く、「堂闘」が発生しない理由は、①ハワイが島であること、②広東出身者がほとんどを占めていたこと、③日系など有力勢力が存在し、華僑総数は相対的に多くなく、華僑同士の闘争よりも団結する必要があったのであろう。その上、④上下院議員に華僑がなるなど、アメリカ大陸に比して華僑の地位が相対的に高かったことも関係するのかもしれない。

第二に、『中華公報』は孫文の後継者として蔣介石を高く評価しており、西安事変の勃発に対して憂慮していた。それ故、『中華公報』は事変に関する記事を差し控えていた可能性がある。華僑もこうした状況が充分飲み込めず、沈黙していたようにも見える。果たして華僑は西安事変についてどの程度知っていたのであろうか。その際、看過できないのが、ハワイの有力地方新聞〝ホノルル・アドバタイザー〟である。連日、一面トップで西安事変とその後の推移を報じた。英語ができる華僑が漸増していた結果、蔣介石の生存、妻宋美齢らによる蔣救済の動き、有力軍閥の蔣支持、および張学良が主張するのは反共活動停止と抗日意思からの行動などを把握することができたであろう。蔣解放とほぼ同時に『中華公報』もその事実を報じ、ハワイ華僑も安堵すると同時に、ホノルル総支部を中心に中華民国成立二五周年記念日の大祝賀会を開催し、抗日への結集を可能にしていった。

第三に、盧溝橋事件後、日中全面戦争が始まると、ハワイ華僑の中国抗戦支援が活発化した。ホノルルでは華僑一七団体が連合する「祖国抗敵後援委員会」が成立した。これは、いわば華僑の統一戦線組織といえるものであった。この後、献金・公債購入と日本品ボイコットが二本柱で推進されることになるが、それは華僑・学生のみならず、各民族を巻き込んだ。公債も順調に販売され、その購入額によって華僑はそれぞれ栄誉が与えられた。献金団体としては、①ホノルル婦女献金会があり、当地の有力者の妻などが積極的に参加し、機構も整っており、各種方式により献金を集めた。その際、単なる慈善としての「消極的救済」ではなく、「積極的救済」として難民、失業者に仕事を与え、自活させると同時に、中国で不足する工業品・日用品などを生産させることが目指された。この動きは必然的に中国工業合作社と結びついた。中華総工会も劇団や婦女献金会と連繫して、抗日宣伝と募金運動を展開した。また、致公堂も蔣介石表敬、前線将兵慰問、抗戦工業発展のため、中国に帰国する司徒美堂のホノルル来訪などに刺激を受けて、巨額の献金を集めることにしている。抗日のための中韓連合組織も活動を続けていた。なお、『中華公報』は一方で傀儡として汪精衛を切り捨てると同時に、他方で中共を批判する姿勢をとった。ただし、四一年一月の皖南事変の後とはいえ、第二次国共合作が継続中であり、脱党者の中共批判の言を紹介するに留まり、まだ抑制の利いたものであった。

第四に、太平洋戦争によるアメリカの本格的な対日戦参戦を意味し、華僑にとって大きな喜びであった。ただし、アメリカ参戦は華僑にとって朗報とばかりとはいえなかった。なぜなら軍政下で管理統制が強化されたからである。その上、その対象は日系移民にのみ向けられたものではない。華僑を含めたアジア系全般に向けられる傾向があった。こうした状況になっても、献金機構は一本化していなかった。祖国傷兵難民救災総会はそれに対して各団体により構成された献金の「最高機関」と自ら位置づけ、一本化と同時に、献金関係の審査、許可権を有すと強調した。だが、こうしたことを強調せざるを得ないところに、まだ十分な信頼が得られず、その権威が確立していないことの傍証ともなる。ともあれ一九四五年元旦になると、『中華公報』には、太平洋戦争過程で中国が勝ち得た不平等条約撤廃(四三年)など、軍事、外交、内政三面における意義を総括し、かつ戦勝気分が漂い、それを祝う多くの広告が掲載された。そして、四五年八月中国を含む連合国の勝利、日本の無条件降伏が確定されると、民族を超えて戦勝大パレードが挙行されることになる。対日戦争勝利における日系移民を除く各民族の喜びがそこにはあった。戦争中、華僑はアメリカ軍人、もしくは軍関係の仕事に従事することで、犠牲も多かったが、その地位を高めた。他方、日系移民の子弟もアメリカ人・軍人として参戦し、その地位を向上させた。なお、婦女献金会が示した中共批判・不満はその後の中国での国共内戦を予測させるものであった。中国系、日系の新聞報道も相対的に抑制されたものであり、戦争や救済の基金もアメリカの枠内で合法的である限り許された。したがって、ハワイ生まれの日中双方の行動は概ね「アメリカ国民として望ましい」か否かが価値基準となった。そのことが、ハワイにおける華僑と日系間の矛盾が過激な直接対立に至らないようにする安全弁として機能した。

第五に、「外国語学校制限法案」は繰り返し提起され、華文学校教師に対して再三にわたり英語必須、教員資格審査を要求した。このことは、私塾的なものから学校としての整備、正規の学校への転換を意味するものであった。だが、同時に外国語学校のみを対象として管理強化を意味するものでもあった。当初、正規の学校の放課後に通う中国語の学習塾的なものであったが、小学、中学、高校などを有する形へと編成替えされていくのは二四年を契機にしていると考えられる。四一年一二月、太平洋戦争の勃発で、アメリカの対日作戦参加は華文学校にとって朗報でもあったが、日本語学校の閉鎖に連動した形で華文学校も六年もの間、停校を余儀なくされた。日系人のみならずアジア系民族全体に対する警戒心が背景にあったことは否めない。ともあれ、ハワイ生まれの「新生世代」の華僑児童は中国語教育を途中で断絶され、中国語を理解できない新世代が生み出されることになった。こうした状況を打開するためにも、戦後、中華総工会の華僑教育に熱心な人々により華文学校の再開が実現したとされる。(83)

註

（1）従来の研究動向は以下の通り。①陳依範『美国華人発展史』三聯書店、一九八四年、②劉伯驥『美国華僑史』正編、黎明文化事業公司、一九七六年、同続編一九八一年、③潮龍起『美国華人史 1884-1949』山東画報出版社、二〇一〇年などはアメリカ華僑に関して充実しているが、ハワイ華僑に関する言及は皆無に近い。周知の如く、孫文は彼の兄がマウイ島で農業をやっていた関係上、少年時代をそこで過ごし、ホノルルのミッションスクールで教育を受けた。孫文や一九一一年の辛亥革命前後に焦点を当てるものとしては、例えば、④馬兗生『孫中山在夏威夷—活動和追随者—』近代中国出版社（台北）、二〇〇〇年（英語版：*SUN YAT-SEN IN HAWAI'I: ACTIVITIES AND SUPPORTERS*, Hawaii Chinese History Center and Dr. Sun Yat-sen Hawaii Foundation, 1999。発行年を見ると、先に英語版が出版されたようである）があり、孫文とハワイの関係に着目し、少年時代に過ごしたハワイ、興中会成立、および華僑の孫文支援を論じる。そうした中で、一九三〇年代まで踏み込んで論及するものとしては以下のものがある。⑤Andrew W. Linda, *HAWAII'S PEOPLE*, The University Press of Hawaii, 1955 は、一八九六、一九一〇、二〇、三〇、四〇、五〇、六〇各年の統計からハワイにおける民族構成と推移、選挙権、男女比、結婚、家族構成などを論じる。確かに一九四〇年なども記述するが、戦争との関連や歴史的背景などについての関心は稀薄である。⑥Char, Tin-Yuke. comp, *The Sandalwood Mountains*, The University Press of Hawaii, 1975は、エスニック・グループへの関心から、一八世紀、清朝時代から辛亥革命を経て一九三五年までのハワイ華僑史をとりあげ、特に各種華僑団体・コミュニティーの起源、推移、実態などが参考になる。⑦Clarence E. Glick, *Sojourners and Settlers: Chinese Migrants in Hawaii*, The University Press of Hawaii, 1980は、一九世紀（一八七五〜一九七〇年代）の中国人のハワイへの移動から論じ、華南からの砂糖や米のプランテーションなどの労働者としてのみならず、商人、職人として生活の基礎を築き、次第に定住化していったとする。そして、ハワイ生まれの中国人が次第に増大、家族を形成した。経済、政治、文化、社会に影響を及ぼし、コミュニティ・チャイナタウンを形成したと論じる。このように、歴史学というより、人口移動や社会学的アプローチが主である。⑧James C. Mohr, *PLAGUE and FIRE*, Oxford University Press, 2005である。一九〇〇年の衛生局によるハワイのチャイナタウン放火、消失などに焦点を当てて論じるのは、⑨Douglas D. L. Chong, *Reflections of Time, Hawaii Chinese History Center*, 1976はハワイ華僑のチャイナドレスの変遷について写真を挿入し書くが、一九三〇〜五〇年代のその特徴に僅かに触れるだけである。その他、ハワイで成功した華商を主人公とする小説としては、⑩Pam Chun, *The Money Dragon*, Sourcebooks, Inc, 2002があり、これも時期的には一九三五年までである。以上のように、管見の限り抗戦期におけるハワイ華僑の動態に関しては遺憾ながらほとんど解明されていない。

（2）　火奴魯魯（ホノルル）総領事館「檀山華僑概況」、中国国民政府外交部『外交部公報』第九巻五号、一九三六年五月。

（3）　卓麟「旅檀菲僑概況」『中華公報』一九三六年一月一日。なお、『中華公報』（英名は"UNITED CHINESE NEWS"）はハワイ大学ハミルトン図書館所蔵のマイクロフィルムを使用している。『中華公報』は、ホノルルで刊行されていた国民党機関誌（正式には中国国民党中央党部のホノルル総支部機関紙）で、一九二八年に創刊された。中国国民党中央党部からの資金援助を受け、『中華公報』という題字も国民政府主席林森が筆によるものである。したがって、中国国民党の見解が反映するが、当然のことながらハワイ独自の問題も多く報じている。三二年以降、土曜日には英文新聞増刊も出している。これは中国語を解さぬホノルル華僑が多くなった現状に対処するためであった。なお、ラジオのニュース放送が三三年から開始された。これは華人ラジオ放送局であり、専ら広東語を使用した（呉尚鷹編著『美国華僑百年紀実』嘉羅印刷有限公司（香港）、一九五四年、四五七頁）。

（4）火奴魯魯総領事館「檀山日人居海外日僑第三位」『外交部公報』第八巻一〇号、一九三五年一〇月、三六九頁。

（5）呉尚鷹編著、前掲書、四四八頁。

（6）（7）呉尚鷹編著、同前、四四八〜四四九頁。火奴魯魯総領事館「檀山華僑概況」『外交部公報』第九巻五号、一九三六年五月。

（8）呉尚鷹編著、同前、四四八頁。

（9）ホノルル中華総商会の設立構想は、清朝末期に華商の趙錦、古金福、陳滾、程水、黄弼廷らによって発起され、一九一二年一〇月一〇日に正式に成立した。そして、ホノルル駐在領事が代理で中国農商部の批准を受けた。陳滾が恩喬義合公司の二階を集会所として借り受けた。一四年程水が会員から資金を集め、総商会が永久借用する建物を建設することを提案した。全員一致の賛同を得て建設準備委員会（委員は程水ら五人で、主任は程霖）をつくった。会員は資金一七〇〇元（米ドル？）余を集め、建設した二階建てで、一階は実業有限公司が創業し、二階を総商会の事務室（家賃は年僅かに二元）として使用した。二七年に華商杜恵生が第八番目の総商会会長に選ばれた。当時、会員も増大したことから建物規模を拡大する必要があり、「留余斉」（店名？）主人である張鵬一が自ら一二〇〇元を献金した上で各界華僑に献金を呼びかけ、計一万二〇〇〇元余を集めた。そこで、中華総会館の背後の空き地を極めて安価な年一元で借入して三合院を建設し、中華総会館と連接する形で双方の利用を可能とした。なお、温恵庭の同前「史略」によればホノルル中華総商会の入会基金は二元から一〇元に、年会費も六元から一二元に増額されたとするが、増額されたのが戦中か戦後か不明である。ホノルル総領事館は華僑以外の人物から租借していたため、不安定な状態にあった。三〇年末、総商会正会長の杜恵生、副会長の黄弼廷らは、華商楊□昆所有の交通の便よく、かつ広い面積の宅地を購入することにした。その購入費として銀行から一万一七〇〇元余を借入し、また、運送、改装、修理、および家具備品などに約一万七〇〇〇米ドルを必要とした。そこで、会議を召集、献金委員会を組織し、各界華僑に呼びかけた。マウイ島、モロカイなど各島華僑も呼応し、すぐに一万六〇〇〇米ドル余りが集まったという。なお、成立以降、ホノルルの経済、政治、教育、国民外交などに貢献した。例えば、教育での成果も極めて大きく、科学の重要性を感じ、中国国内の教育に対しても支援したとされる（温恵庭「中華総商会史略」、鄭君烈「中華総商会対於教

ホノルル中華総商会の主要な活動は以下の通り。

年	慈善事業（祖国中国に対して）	教育事業（祖国中国に対して）	ハワイ・ホノルルなど
1929	・華僑老人院の建築献金 ・中国河北、甘粛、陝西の旱魃に対して、ホノルル政府の助力を得て全ホノルル民衆に呼びかけ、14万元余を献金。この献金は後に北京華洋義賑救災総会を経て陝西省の涇水壩建設に使用		・華僑子弟の養成に尽力してきたホノルル聖藟学校による新校建設に３万米ドルを華僑に呼びかけ、３万米ドルを献金（1922年） ・ホノルルYWCAが会所設立のため協力を要請。社会教育の観点から華僑界で2万米ドルを献金（年不詳） ・当地の貧病華僑のため、汽船会社と折衝、船賃25％引きで、無事中国に帰国させた（年不詳） ・「アメリカ籍民が外国で娶った妻の入国を許さない」との条例があったが、本総商会の訴えにより、ワシントンの下院で採択され、1924年華僑が結婚した妻の入国が許可された ・東アジアから運搬した「蕃薯参茨」（芋の一種？）が輸入禁止とされたため、本総商会は当地の農林局長を通じてワシントンの農林省に伝えてもらい、禁止は緩和された（1927年） ・ホノルル製麺華商が用いるソーダ溶液が多年にわたり衛生局に禁じられてきたが、本総商会が多方面と交渉の結果、衛生上、問題なしとされた（年不詳） ・爆竹の輸入禁止に対して本総商会は多くの商会と連合してホノルル市政府に抗議、勝利した（年不詳）
1930	・中国北部の水害被災者に献金、古着、食料を何回かに分けて送付	・広州の嶺南大学に付設されている華僑学校増築に3000余米ドルを献金 ・南京にある貧民児童第一教養院院長がホノルルでの募金活動を全面的に支援	
1931		・上海の南洋商業中学校に対して校舎敷地購入費などを献金 ・香港聖保羅女中学の協力要請により2000余米ドル献金 ・広州YMCAの社会教育に対しての献金額は4000米ドル余に達す	
1932	・第一次上海事変の被災者に義援金を送付		
1933	・総商会は中華総会館と共に東北難民救済分会を組織し、救済活動に尽力		
1935	・黄河水害救済		
1936	・華僑老人院宿舎の建築献金		

出典：温恵庭「中華総商会史略」、Robert M. Lee “The Chinese in Hawaii” 1961 所収。このように、祖国中国に対する慈善事業、教育事業を２本柱に、ハワイ華僑の人権問題、貿易問題など多面的な活動をおこなっていた。なお、遺憾なことに戦時期おける中華総商会の活動に関する記載はない。

育之貢献」、Robert M. Lee, *The Chinese in Hawaii,* 1961 所収）。これらの資料には、抗戦期おける中華総商会の活動に関する記載がないことは遺憾である。

（10）呉尚鷹編著、前掲書、四五〇頁。

（11）『中華公報』一九三六年一二月二六日。

（12）呉尚鷹編著、前掲書、四五〇～四五一頁。なお、①「中国民主憲政党沿革簡史」（檀山中華総工会・華僑教育連合会『檀山華僑辦理外語校案特刊』一九五〇年所収。ハワイ州立図書館所蔵）によれば、戊戌政変後、梁啓超が康有為の命を受け、ホノルルに来て保国会を組織した。一九一二年民国成立後、中国憲政党と改名した。さらに四五年（何月か不詳）「中国民主憲政党ホノルル支部」に改名した。四六年国家社会党と合併し、「民主社会党」を名乗った。だが、四七年八月、民主社会党から分裂、再び旧名の「中国民主憲政党ホノルル支部」に戻った。その党綱領は、「孔教をもって国民道徳を養成し、道徳をもって民権の基礎を樹立し、民権をもって憲政の権利を擁護し、憲政をもって強固な国家を組織し、国家をもって世界和平を保障し、和平をもって大同主義を促進する」とある。では、②国安会館とは何か。一八六九年中国の洪門会員が海外の会員を連合させる目的で陳玉□をホノルルに派遣した。そして、同興公所の設立にこぎつけた。二年を経ずに加入者は一〇〇〇人余に達したため、同興公司と改名した。一八九九年にホノルル政府に申請するに当たり、国安会館に再び改めた。宗旨は「振興国家・提唱公益・共敦友愛」であり、当時、会員は五〇〇〇人余に増大した。孫文は革命のため、協力を必要とし、一九〇三年国安会館に加入している（同前）。これも洪門であり、致公堂との関係が気にかかる。

（13）Him Mark Lai. *The Chinese Community Press in Hawai'i, CHINESE AMERICA,* Chinese Historical Society of America (San Francisco), 2010, p.99.

（14）The Honolulu Advertiser, December 13, 1936。なお、The Honolulu Advertiser は、ハワイ大学ハミルトン図書館所蔵のマイクロフィルム。以下、同じ。

（15）Carrol Kenworthy *'U.S Awaits Sianfu News',* The Honolulu Advertiser, December 14, 1936.

（16）*'Japan Plans "Hands Off"',* The Honolulu Advertiser, December 14, 1936.

（17）'*Fengs, Other Leaders Offer Themselves For Gen. Chiang's Release*,' The Honolulu Advertiser, December 14, 1936.
（18）（19）'*Revolt Leader Has Chiang To Use As Threat*,' The Honolulu Advertiser, December 15, 1936.
（20）'*CHIANG'S DEATH DENIED*', The Honolulu Advertiser, December 16, 1936.
（21）「檀山新聞―本党駐檀総支部致電蔣委員長―」『中華公報』一九三六年一二月二六日。
（22）「張逆学良親弟張学忠被拘」『中華公報』一九三六年一二月二六日。
（23）「檀山新聞―駐檀総支部将挙行民国成立紀念―」『中華公報』一九三六年一二月二六日。
（24）「徳国医生在西安府被叛兵殺死」『中華公報』一九三六年一二月二六日。
（25）「檀島華僑組織祖国抗敵後援委員会」『美洲国民日報』一九三七年八月一一日。
（26）寿齢「請僑胞努力救国書」『中華公報』一九三八年一月二二日。
（27）「檀島杯葛日貨委員会已成立」『中華公報』一九三八年二月二四日。
（28）「華僑消息」『中華公報』一九三八年二月二四日。
（29）梅景周（ホノルル駐在総領事）「総領事館通告―総字第31号―」『中華公報』一九三八年一月二二日。なお、梅景周（1895～不詳）は広東省台山出身。嶺南大学卒業後、アメリカに留学し、その後、ドイツに行き、ベルリン大学に入学。同大学を卒業の時、丁度、第一次世界大戦となったため、フランスに行き、華工青年会幹事。一九二九年には国民政府外交部条約委員会委員に就任、同年キューバ公使館書記官。一九三〇年一二月ハバナ副領事、三一年、同領事。四月ホノルル領事に異動、三四年六月同総領事に昇格。四六年キューバ駐在公使。一九五〇年キューバ公使を免職、アメリカ国際法学会会員。著書に『米中貿易史略』、『中国文化政治経済論文集』（共に英文）がある（『民国人物大辞典』河北人民出版社、一九九一年、七九八頁）。
（30）「社評・擁護最高領袖蔣総裁」『中華公報』一九三八年四月五日。
（31）「檀山華僑婦女献金会新班職員表」『中華公報』一九四一年一〇月二五日。
（32）「檀山華僑婦女献金会四週年紀念謝啓」『中華公報』一九四一年一二月九日。

(33)「祝婦女献金会四週年紀念」『中華公報』一九四一年一二月二日。
(34)拙著『中国工業合作運動史の研究』汲古書院、二〇〇二年、五二六〜五二七頁。
(35)「全美援華檀山分会成立」『中華公報』一九四一年七月二二日。
(36)「檀山華人航空協会成立」『中華公報』一九四一年七月二二日。
(37)「中華総工会演劇籌款賑済祖国傷難縁起」『中華公報』一九四一年八月九日。「中華総工会籌款義演之一幕」『中華公報』一九四一年八月一二日。なお、演劇籌賑籌備委員会の顧問陳国梅の略歴が判明したので、書いておくと、一八九三年ホノルル生まれで、原籍は広東省中山県。一九一二年中国同盟会、また民国維持会、さらに中華革命党、国民党に加入、国民党ホノルル総支部監察委員、オアフ支部常務委員長、三五年籌款委員会委員長、三八年にホノルル慈善総会募捐華人部の第七隊隊長、中華キリスト教執事などを歴任、戦後の五〇年には中華会館副主席、『中華公報』副董事長に就任（前掲『檀山華僑辦理外語校案特刊』参照）。陳国梅も原籍が中山県であり、略歴から生粋の国民党員であることがわかる。そして、彼はキリスト教徒でもあった。
(38)「檀山新聞―華僑消息―」『中華公報』一九四一年一〇月一一日。
(39)「檀山致公総堂啓事」『中華公報』一九四一年一〇月二三日。「行政院参議司徒美堂経檀」『中華公報』一九四一年一〇月二五日。
(40)「檀山致公総堂啓事」『中華公報』一九四一年一〇月二三日。
(41)「茂宜致公堂重修落成進伙議会誌盛」『中華公報』一九四一年一二月二日。
(42)「檀香山致公総堂」、前掲『檀山華僑辦理外語校案特刊』。
(43)「中韓民衆同盟拡大組織」『新中国日報』（英名はNew China Daily Press）一九四一年七月一五日。なお、『新中国日報』はハワイ大学ハミルトン図書館所蔵のマイクロフィルム。
(44)「本報重慶特電」『中華公報』一九四一年七月一五日。
(45)「特約社論：汪逆東渡与承認傀儡」『中華公報』一九四一年七月二四日。

(46) 孫際明「時論・中共必然崩潰」『中華公報』一九四一年七月一五日。
(47) Edwin G.Burrows, *RELATIONS BETWEEN CHINESE AND JAPANESE IN HAWAII DURING THE SINO-JAPANESE CONFLICT*, Hawaii Group, American Council Institute of Pacific Relations, 1939, p.33. ハワイ大学ハミルトン図書館所蔵。
(48) Edwin G.Burrows, Ibid, p.65.
(49) Edwin G.Burrows, Ibid, pp.32-33.
(50)『中華公報』一九四一年一二月一一日。
(51)「駐美大使館来電」『中華公報』一九四一年一二月九日。
(52)「各商店須於下午四時半閉門」『中華公報』一九四一年一二月九日。
(53)「中華総商会奉令通告各華商」『中華公報』一九四一年一二月九日。
(54)「華僑死傷之人数」『新中国日報』一九四一年一二月八日。
(55)「空襲死傷共三千人」『中華公報』一九四一年一二月一一日。
(56)「市区被炸死傷詳状」『中華公報』一九四一年一二月九日。「自来水無毒可飲」『中華公報』一九四一年一二月一一日。
(57) 徐振濤「略述華貨進口生意観感」、Robert M. Lee, *The Chinese in Hawaii*, 1961.
(58) 祖国傷兵難民救済総会「通告」『中華公報』一九四一年一二月一一日。
(59) 兪培□「慶祝新年」『中華公報』一九四五年一月一日。
(60) 中国国民党駐檀総支部、奥嶂湖・茂宜・希炉支部同人「恭賀新禧」『中華公報』一九四五年一月一日。
(61)『中華公報』一九四五年一月一日。
(62)「陸軍容納日籍敵僑従軍」『中華公報』一九四五年一月九日。
(63) 栄興肉品店同人「慶祝最後勝利」、郭靄朋「慶祝最後勝利」『中華公報』一九四五年八月一六日。
(64)「参加勝利大巡行籌備」『中華公報』一九四五年八月一八日。
(65) 中華会館・中華総商会「請参加勝利慶典大会」一九四五年八月一四日、『中華公報』一九四五年八月二一日。

(66)「華僑消息」『中華公報』一九四五年八月一八日。
(67)「婦女献金会電斥中共」『中華公報』一九四五年八月二一日。
(68)沈已堯『海外排華百年史』万有図書公司、一九七〇年、三七頁。陳依範、前掲書、二六六頁など参照。
(69)呉尚鷹編著、同前、四五五〜四五六頁。
(70)拙著『日本人反戦兵士と日中戦争』御茶の水書房、二〇〇三年所収の「日系アメリカ軍人有吉コージ氏の講演」四五九〜四七二頁を参照されたい。
(71)致公総堂は一九四五年元旦に新任役職表を公開している。それによると、正主席は曾旺、副主席が林和、正会計が劉引大、中国語書記が陳涌、英語書記が鄺友良などである。「協理」(各部門の副責任者のことであるが、必要に応じて上部から各支部などに派遣され、指導する役割も果たしたものと考えられる)四六人、「値理」(副管理担当者?)八三人と多数で(致公総堂臨時主席劉引大・臨時書記劉其玉「民国三四年新任職員表」『中華公報』一九四五年一月一日)、規模もあり、この時期もハワイで組織機構が整っていたものと見なせる。
(72)林為棟「華僑教育新境界」、Robert M. Lee *"The Chinese in Hawaii"* 1961(中文書名は『檀香山中華総商会五十周年紀念』一九六三年。ハワイ州立図書館所蔵)所収。同書は、ホノルル中華総商会の依頼でR・M・リーによって編集されたもので、英文、中文の文章・資料が混在、掲載されている。
(73)呉尚鷹編著、前掲書、四六三〜四六四頁。ただし、この史料では「制限案」の元来の内容と「修正点」が不明確である。したがって、英語ができることを前提に、教師の資格試験を課すなどは「制限案」の内容と考えた。
(74)呉尚鷹編著、同前、四五二頁。ところで、ハワイ大学はハワイの最高学府であるが、設立当初、農工専門学校であり、学生数は極めて少なかった。第一次世界大戦後、大学への改組がおこなわれ、一九一九年大学生は九七人に過ぎず、文理学院、応用科学学院、師範学院、および熱帯農学院を分設した。そのレベルはアメリカ大陸の大学に相当した。ハワイ大学学生は中国系、日系が大多数で、白人学生は極少数であった(呉尚鷹編著、同前、四五三頁)。なお、林為棟によれば、一九一八年に華商葉桂芳がハワイ専門学校創設を建議し、これが後に拡張されてハワイ大学になったとする(林為棟、前掲「華僑教育新境界」)。そうだとすれば、ここでいう「ハワイ専門学校」とは、農工専門学校を意味する可能性があり、ハワイ大学の前身に華商が貢献したことになる。

（75）　呉尚鷹編著、同前、四六三～四六四頁。
（76）　呉尚鷹編著、同前、四五一～四五二頁。
（77）　火奴魯魯総領事館「檀山華僑概況」『外交部公報』第九巻五号、一九三六年五月。
（78）　ハワイでは、華僑就学年齢児童の約一割が華文学校で学んでおり、この比率は中国内の比率に勝るという（林為棟、前掲「華僑教育新境界」）。
（79）　「公私学校暫停上課」『中華公報』一九四一年一二月九日。
（80）　呉尚鷹編著、前掲書、四六四頁。
（81）（82）　呉尚鷹編著、同前、四六五頁。
（83）　林為棟、前掲「華僑教育新境界」。

第七章　カナダ華僑の動態と抗日活動

はじめに

カナダ華僑は康有為や孫文との関係から解明が進んだが[1]、カナダ華僑史研究は清末から一九一〇年、二〇年代まで留まっている[2]。そして、いかにカナダの建設に貢献したかに主眼が置かれている。したがって、一九三〇年代以降、特に第二次世界大戦期はそれに焦点を合わせた本格的な研究はなく、空白のまま残されているといってよい[3]。カナダ華僑研究者の李東海は、八年抗戦中のカナダ華僑を叙述し、かつ統計を示すことは難しい理由として、①カナダは広く、各地の救国団体は乱雑で統一できなかった。②各地救国団体は資料保存に気を配らなかったことなどを指摘する[4]。確かに、図7―1により当時の主要なカナダ華僑居住地域を示すと、カナダ各地に散在していることが理解できる。なお、逐年ではなく、不完全な統計ではあるが、表7―1によりカナダ華僑人口の推移を示すと、一九二一年三万九五八七人、三一年四万六五一九人、四一年三万四六二七人である。カナダ生まれがその中で三一年では一二％（約五五八二人）、四一年二〇％（約六九二五人）を占める。戦後、移民排斥法が廃止されたが、華僑人口がすぐに増大したわけではなく、五一年には三万二五二八人と一旦減少し、六一年以降、五万八一九七人と増大し始めることが見て取れる。カナダ都市別統計を示すと、抗日戦争時期（以下、抗戦期）のものはなく、一九五〇年前後の華僑概数統計と見なせるが、多い順にバンクーバー二万四〇〇〇人（32.1%）、トロント九五〇〇人（12.7%）、モントリオール六五〇

図７―１　カナダ華僑関係都市図

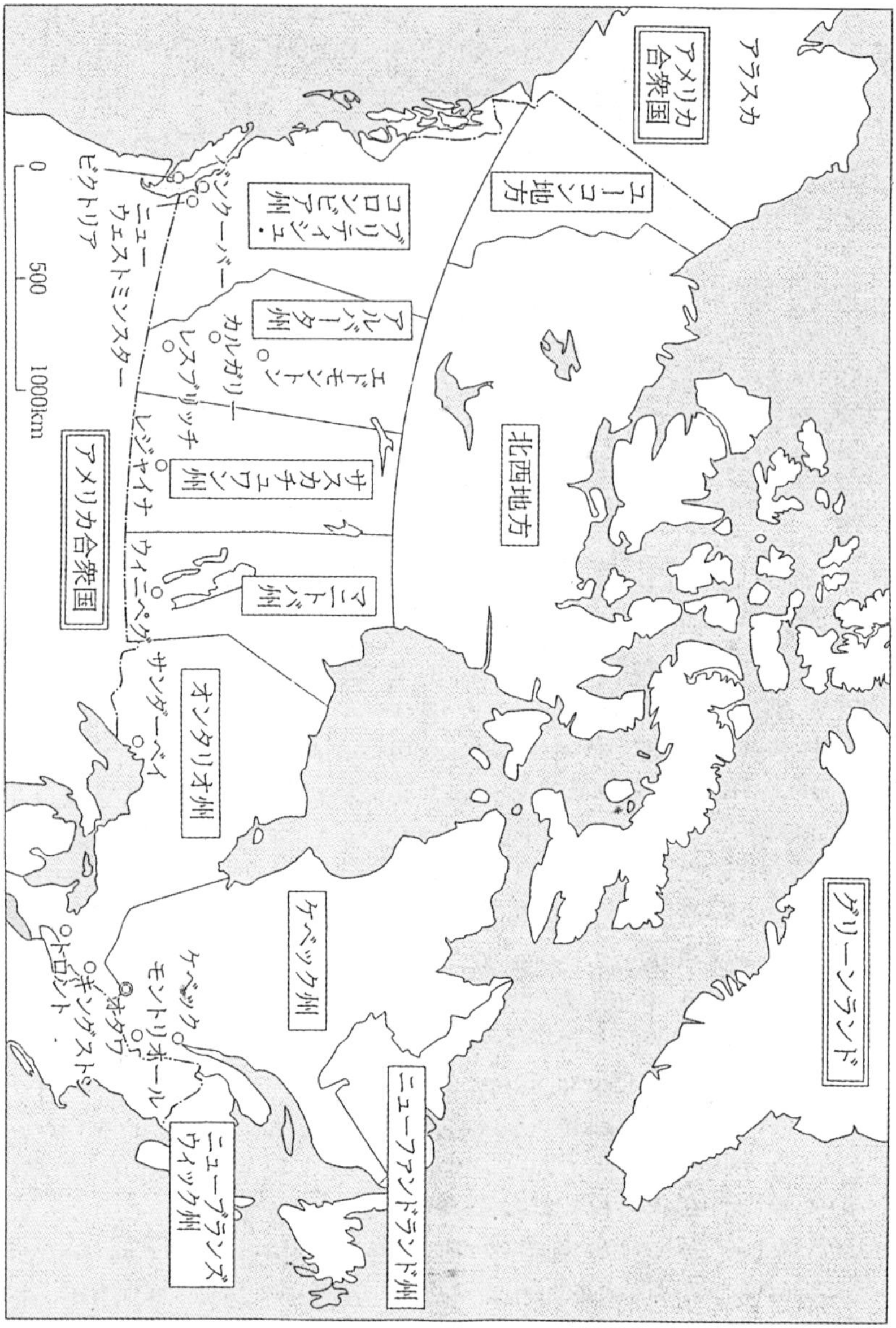

出典：本章各所から作成。

〇人（8.7%）、ウィニペグ四五〇〇人（6.0%）、ビクトリア三八〇〇人（5.1%）等々で、合計約七万四八七〇人（100.0%）となっている。(5)

本章では、抗戦期（1937-45）におけるカナダ華僑の動態という未開拓部分に切り込む。この激動の時期を解明できなければ、カナダ華僑の全貌解明は不可能と考えるからである。その際、それぞれの時期でキーとなる事件や事例に着目しながら、カナダ華僑の動態と特質、本質解明にチャレンジする。具体的事件、事例としては西安事変、盧溝橋事件（七・七事変）を契機とする日中全面戦争の開始、太平洋戦争の勃発、そして、中国勝利・日本敗戦の際に華僑はどのように対応したのか。また、国民党、およびアメリカ洲の大規模結社である致公堂との関連を重視する。史料的には、国民党や中国銀行関連では台湾の国史館、および中央研究院近代史研究所檔案館にそれぞれ所蔵されている檔案・文書を使用し、致公堂関係ではバンクーバーで発行されていた新聞『大漢公報』を使用する。新聞史料は実態への掘り込み不足など限界もあるが、時系列に当時の状況を逐うのに適しているからである。地域的にはカナダでもカナダ華僑の中心ともいえるバンクーバーをとりあげるが、それ以外の諸都市での動向も重視する。

表7―1　カナダ華僑人口（1881-1951）

年	華僑人口（人）	カナダ生（%）	外国生（%）
1881	4,383	1以下	99%以上
1891	9,129	同	同
1901	17,312	不明	不明
1911	27,831	3	97
1921	39,587	7	93
1931	46,519	12	88
1941	34,627	20	80
1951	32,528	31	69
1961	58,197	40	60

出典：*Adrian Ma, How the Chinese Created CANADA,* Dragon Hill Publishing Ltd, 2010, p.250. 因みに2006年には、カナダ華僑人口は「121万6600人」で、カナダ生まれは25%という。

一　盧溝橋事件の勃発とカナダ華僑

まず背景となる一九三一年満洲事変（九・一八事変）から三六年

西安事変までの状況について簡単に述べておきたい。

カナダ華僑の抗日支援は早く、すでに一九三〇年代から演劇献金などにより馬占山や十九路軍を支援していた。ただ当時カナダ経済の不況が続き、華僑の生活困難者が発生した。例えば、ビクトリア市政府は救済を始め、それを受けた華僑は一〇六人とある。(6) 三一年満洲事変後の九月二六日、ビクトリア中華会館は全華僑会議を開催し、カナダで最も早期の華僑による抗日救国会を組織した。そして、一方で『中西日報』で日本軍の暴行を暴露し、他方で東北義勇軍支援金を調達し、前後して馬占山への慰問金計四〇〇〇元（米ドル？）を為替送付した。続いて第一次上海事変が起こると、抗日救国会は「田中上奏文」などを英訳して白人系各団体と政界要人に送付した。また、資金を集め、前後して十九路軍に二万元を為替送付した。(7)

三三年には、ビクトリア中華会館は「奨義券」を販売し、中華会館と中華医院を維持する資金とした。同年、太平洋学術会議がカナダで挙行され、ビクトリアに中国代表胡適ら各国代表が出席した。(8) 当時、抗日救国会は、日本が中国東北（「満洲」）を強引に占領し、民衆を虐殺しているとして各国代表に通電し、正義を守り、日本軍の無条件撤兵を勧告し、それによって世界和平を維持することを希望した。(9) このように、この時期の抗日活動はビクトリア中心の感がある。

三四年になっても、カナダ経済は依然として好転せず、華僑失業者が多かった。バンクーバー華僑公立学校、文強学校、およびビクトリア公立学校は国民政府からの補助金（金額不明）を獲得し、急場をしのいだ。これが国民政府からカナダの華僑学校が補助金を受けた最初とする。(10) 三五年には、カナダの各華僑学校に対して、国民政府から大量の図書や教育器材が提供されている。

三六年には、バンクーバーで「開港五〇周年記念会」が開催され、当地華僑が参列し、盛況であった。こうしてビクトリアからバンクーバーに重点が移っていく。こうした折り、一二月に西安事変が勃発した。大漢公報社にはバンクーバーや各都市から電話、電報で次々と問い合わせがあった。「蔣介石が今回、虜になったが、その個人の生死、吉凶の問題ではない。鑑みるに前線での抗日に影響し、内部での戦乱が必然の趨勢にある」。張学良らは「和平統一（中国各勢力の統一）を阻害し、対日抗戦を準備して戦争へと突入する際、国家を大きく害し、民族を売り出すことは実に侵略者に内応する国家的な罪人である」[11]、と統一を阻害する者として厳しく糾弾している。つまりカナダ華僑は当初、張学良の意図が国共間の「内戦停止」にあることを見抜いていなかった。

『大漢公報』（一九三六年一二月二六日）によれば、蔣介石が一二月二六日西安を飛び立ち、洛陽に到着した。同行者は宋美齢、宋子文、ドナルドである。洛陽到着の時、警備司令顧祝同ら要人多数の出迎えを受けた。蔣の西安脱出のニュースが流れると、中国各大都市の民衆は爆竹を鳴らしてそれを歓迎した[12]。

『大漢公報』は、蔣介石に希望することとして、「そもそも今、国民が蔣氏の危険からの脱却を熱烈に歓迎するのは何故か。それを以て大衆のために辛労し、すべてを国のために捧げるからである。また、和平統一でき、抗日して仇を雪ぐことができ、中国復興のために希望をもてる人物だからである。すなわち、蔣氏がこのことを悟れば、軍政が繁雑となってきており、為さねばならないことが多くある。国内では、いかに法治を図り、民衆を安んじ、国外ではいかに軍備を厳密に整えるかにある」。「内乱は必ず外憂を生じさせるので、統一を破壊すべきではない。なぜなら安定は転じて塗炭に墜ち、強隣（日本）は狡猾な計略を巡らすことになるからである」[13]。このように、蔣介石を評価しながらも、蔣が従来推進した対日不抵抗・「安内攘外」論に批判的であった『大漢公報』の論調は、蔣解放にも多少皮肉混じり、辛辣なものにも見える。

三七年盧溝橋事件（七・七事変）が勃発すると、カナダ各都市の華僑は次々と各種抗日会を組織し、全華僑に「出財出力」を呼びかけた。華僑の抗日運動は次第に活発化したのである。『大漢公報』も危機感を強め、その筆致は厳しくなり、一種の悲壮感すら漂っている。例えば、孤風は「最後犠牲抵抗」を訴え、日本の要求条件は脅迫的で過酷で、袁世凱に対する売国的な二十一ヵ条要求よりもさらに悪辣なものになっている。中国は朝鮮（植民地）のようになるのか、「満洲国」よりも傀儡となるのか、あるいはそれにも及ばぬ、結局どのような国家となるのか。「凡そ我朝野は速やかに奮起せよ(14)」、と訴える。

七月二七日外交部電によると、二九軍は日本による「北平・天津撤退」要求を拒絶し、すでに交通は断絶して華北の情勢は厳しい。「蘆《ママ》溝橋事件の発生以来、我が中央政府は和平運動に力を尽くし、外交的解決を目指した。外交部長は期限を定めて双方の軍隊の撤退を再三提案したが、日本側はその要求に同意しなかったのみならず、継続して軍隊を華北へと移動させ」、北平・天津一帯で大幅に増強している。日本の野心は明白であり、「和平を求めることはもはや絶望的である。もし華北で何らかの事変が発生すれば、その責任は日本が負わなくてはならない(15)」、と。

ここで注目すべきは、元来、カナダ華僑は広東省の状況に特に注意を払っていたことであろう。なぜならカナダを含むアメリカ洲では広東省出身者が最大多数を占めていたからである。いわば日本軍による華北、華中の状況を述べながらも華南沿岸は閉鎖され、とりわけ故郷である広東省は最も厳しいとした。そして、具体的に三七年一一月二四日、広州に日本軍機計五二機が爆撃しているとの記事を引用する(16)。

『大漢公報』は「広東新聞」という特別欄を設け、日本の暴虐振りを逐一に伝え、国際法無視、人道主義違反と非難した。そして、日本軍は野獣の如く広州市街区への空爆を実施した結果、焦土となり、遺体は山のように積まれていると告発する。華僑抗敵動員総会は一二〇万人の市民が生活している広州を保護し、同胞の命を守る必要がある。したがって、海外華僑に対して寄付し、華南国防を充実させることを呼びかける(17)。これらは具体的で説得力を有し、かなりの効果をもたらしたといえよう。

こうした状況下で、篤公は「広東人の最後決心」を要求し、日本軍の侵略は急であり、広東省三〇〇〇万人の生命財産が存亡の危機にある。（国民政府）当局が早急に方法を講じることを望む。広東は戦区となり、富裕者の財産は日本兵に略奪され、貧者の労働力は日本兵に酷使されている[18]。いわば「銭ある者は銭を出し、力ある者は力を出せ」というが、逆に広東省では日本軍が中国民衆の「銭」を利用、「力」を酷使していると強調した。これらの報道はカナダ華僑の対日敵愾心を揺さぶり、抗日救国活動を加速させた。

ところで、譚維漢によれば、華僑は一つに精神、一つに物質（財産）という二種の大きな力量を有しているとし、祖国を助け、敵の侵略政策を粉砕するとする。したがって、華僑が実施すべきことは、①日本品ボイコットと国貨（中国品）の販売推進、②活発な献金により次々と救済すること、③公司を組織し、中国にとって戦時に必要な工・商・鉱などの各実業を振興させることなどである。もしこれらが実現すれば、中国は物資力が充実し、他方、日本は中国の持久戦の結果、経済が崩壊し、物資に困窮することになる。これが華僑が有する一大力量であり、祖国を助け、戦わず（実際に戦闘せず）とも最後の勝利を獲得できる。華僑は過去において姓界、邑界、堂界、党派の違いからその力を常に分散させてきた。だが、一つの目的、行動を統一して団結した華僑の力量により敵の侵略政策を粉砕をすることを可能にする[19]、と力説する。

では、ここでカナダ華僑に大きな影響力を有する秘密結社「洪門」・致公堂の動きに着目したい。三七年一二月全カナダ致公堂第八届懇親大会代表団は通告を出している。すなわち、我ら洪門は完全に異民族の侵略に抵抗する。大会参列代表は内部団結をさらに強化しなければ、実力をもって救国できない。したがって、バンクーバーに総弁事処を成立させ、「全カナダ洪門致公堂総幹部」と名づけ、中国国内や香港の洪門総幹部と連絡、団結して救護工作をおこなう[20]、とした。

カナダ致公堂（一九〇八年成立）は、盧溝橋事件以前から抗日姿勢を明確にしていた。三八年五月バンクーバー開催の洪門大会は盛況で、「倭賊」（日本）の凶暴、中国への大規模侵略、虐殺・強姦・略奪は前代未聞である。洪門会員は死を恐れず異民族の侵略に反抗し、山河を回復する。決然として立ち上がれ！　華北・華中の前線において「三色勝利の国旗」（青天白日満地紅旗）を掲げ、敵陣に突入し、陥落させよ。勇者はもとより少なくなく、東北と各後方で便衣隊となり、遊撃戦をたたかっている。「捐財助餉」する者はさらに多い。洪門は戦争初期から献金をおこない、トロント達権社は一万一〇〇〇（カナダドル?）、ウエルノン（Uernon）致公堂は一万、その他、ビクトリア、バンクーバーなどの致公堂が五三〇〇などである。これらの献金で武器を精良にし、日本の野心・迷夢をうち砕く。洪門会員は「五祖遺訓」を遵守し、（国民党）中央の「殺賊」を擁護する。「奸人」の挑発に乗らず、洪門の救国偉業を完成しよう[21]、と。また、山西省では、洪門系の紅槍会の戦い振りに着目している。当地農民が自ら組織した紅槍会は宗教式の抗日自衛軍であるとの説明を加え、ここ二年間、絶えず「賊軍」（日本軍）に打撃を加えている[22]、と紹介、あらゆる洪門系組織が抗日に立ち上がっているとしてカナダ洪門を鼓舞する。

三九年には、カナダの国民党書記李給珉は召集され、中国に帰国し、中央訓練団で訓練を受けた。また、ビクトリア華僑婦女界は献金により救急車を一台購入し、中国に贈った。各都市には次々と国民党の三民主義青年団が成立した。ビクトリア中華会館はバンクーバー駐在の総領事に書簡で、移民部と交渉し、カナダに戻れないでいる華僑に対して帰国期限延期の要請を依頼した[23]。

四〇年、カナダ政府は華僑登録を始めた。陳慶雲がカナダを来訪、「航空救国」を宣伝、購機抗敵籌募委員会も組織された。同時に重慶・広東難民救済の献金を集めている。カナダ政府はカナダ生まれの華僑に対して軍事訓練に参加するよう命令した。ビクトリア華僑はデモを実施し、カナダが屑鉄を日本に売却していることに抗議した。カナダの白人が中国難民救済運動を実施した[24]。このように、華僑のみならず、白人も中国支援に動き出している。

四〇年七月バンクーバーにある抗日救国総会宣伝部は「『七七』抗戦建国三週年紀念告僑胞書」を出した。抗戦三年間に出した全カナダ華僑の献金はすでに多額となっており、かつ献金宣伝などに尽力し、かなりの効果を収めた。これらの献金は前方の将兵の戦いに等しい。全カナダ華僑は努力を倍増し、（国民）政府を擁護し、抗戦の主張を貫徹しよう、と。[25]

ところで、宋子文から洪門の寿彭（パナマ華僑？）宛ての書簡が『大漢公報』に掲載された。この中で宋子文は洪門の公債購入活動などの救国活動を高く評価した。そして、送付先に注意を喚起した。勧募総会が上海に成立以来、僅か三ヵ月で（上海の）淞滬を失い、執行が困難となった。その業務を財政部の運営に移さざるを得なくなった。華僑はその状況を知らず、依然として上海勧募総会などに献金を送ってくる。財政部は香港に専門委員を派遣し、公債処理事務をおこなわせている。したがって、各地華僑に為替送金は香港の中国銀行宛とするよう伝えてもらいたい。そして、継続して広く勧募し、[26]長期抗戦を支えてくれることを希望した。

では、ここで地域別に華僑の抗日活動を見ておきたい。

（一）バンクーバー

一九三七年七月七日より日本軍は（北平近郊で）演習を名目に駐留軍を挑発した。二九軍は耐えきれず迎撃した。こうした実状認識の下、バンクーバー抗日救国会は抗日を中国の唯一の活路と見なした。七月一三日国民政府に特電を打ち、全国動員を命令して殺敵し、失地回復を要請した。その電文内容は以下の通り。「日本は宛平を侵略し、北平・天津を窃かに伺っている。我軍は奮闘抵抗し、華僑も奮い立っている。前線将兵に勝ちに乗じて追撃し、失地回復を命令せんことを請う。本会は全華僑を率いて誓って後ろ盾となる」[27]、と。

七月一八日には、中華会館、抗日救国会は合同で遠東戯院で華北武力抗日に呼応する全華僑大会が開催されている。華僑参加者は数千人に達した。採択された提案は五つで、①政府に即刻対日宣戦し、東北（「満洲」）失地を回復し、中華民国の主権を回復することを請う、②中国軍隊の北平撤退に反対する、③海外の農・工・商・学各界は党派、宗族、階級を分かたず、共に国難に赴き、必要な時は華僑抗日救国敢死隊を組織する、④各国人民とその政府の共鳴と声援を勝ちとるために即刻、対外宣伝工作を統一・拡大する、⑤救国連合戦線を促進するために、武力抗日を主張する全米洲農・工・商・学・マスコミ各界が代表連席会議を開催する。[28] 次いで中華会館では、太平洋婦女会議中国代表団の歓迎宴会も催され、領事夫妻も参加した。代表団主席梅江和が講演し、日本人居住者は団結力が強く、日本政府を支持している。それに対して、華僑は党・堂・邑界、省界に分かれ、姓・族に分かれ、散砂の如きである、[29] と苦言を呈した。

華僑は籌餉局を組織し、募金運動に従事し、軍糧を送り、支援した。指導者は林煥庭、譚冠三、梁絹光らであり、三八年籌餉局は公債会と名称を変更した。[30]

バンクーバー華僑青年連合会は「救済傷兵難民売茶会」を実施することにした。その目的は専ら白人社会に向けて中国戦災救済のための資金調達を呼びかけ、同時に日本軍の暴行事実を明らかにすることにあった。そこで、準備として茶券七〇〇〇枚を華僑野菜商、西洋料理店、華僑・白人各団体、あるいは個人に発送し、販売に協力を要請した。僅か二日間で四〇〇〇枚以上を販売できた。必要とする一切の茶葉や麵、および会場内売店の備品、義売する雑貨、中国特産物、骨董品などは華商が提供した。一八日には、募金をおこなったが、その成果も非常によかった、[31] とする。なお、「華軍決死隊死守閘北！」という抗戦映画がバンクーバーの雪藻蘭戯院で放映されている。[32]

一九三九年における抗日活動は以下の通り。(1)バンクーバー抗日救国総会は国際宣伝を重視し、抗日宣伝の印刷費に充てるため、各都市救国会に募金実施を指示した。例えば、欧文新聞での宣伝、欧文ビラの作成、ラジオ放送、および中国と欧米の名士の講演等々をおこなう。欧文図書を刊行し、日本軍の中国における残虐行為などを掲載し、さらに将来は各港都市の華僑や白人にも閲覧できるようにし、各国人士に中国抗戦の共鳴と援助を引き出す。これまで以上に白人の民主集団和平会、国際連盟分会、ＹＭＣＡなどと連絡をとり、日本品ボイコット、デモ、および屑鉄の日本輸出禁止等々を共におこなう。[33] このように抗日活動を華僑枠内に止めずに、カナダ内外の欧米系人士に対する発信を本格化させた。

(2)三九年拒日救国総会は第一次上海事変勃発の「一月二八日」を記念日とし、領事も参加して全華僑大会を開催した。黄中文らが講演し、日本軍の淞滬侵略、十九路軍の蔡廷鍇が兵士を率いて抗戦した功績を讃えた。[34]

(3)青果物販売の瓜菜商会の「救済宣言」によれば、公債購入、義援金出資を責任と考えるが、長期抗戦となり、災情は重大である。そこで、本商会同人はそれぞれ果物を持ち寄り、二月五日（日）に中華街で販売し、利益すべてを中国に為替送付を決定した。それによって傷兵、難民を救済する。なお、婦女会の女工も販売を手伝った。[35]

(4)ＹＭＣＡは募金運動を提唱し、開始（いつからかは不明）以来、計二三万七〇〇〇元を集めた。これは予定の七五％であったため、三九年三月末まで集め目的額を集めることにした。[36]このように、バンクーバーでは各種各様の団体が抗日救国活動を展開したのである。

（二）ビクトリア

三七年には、ビクトリア華僑は「ビクトリア開港七五周年慶祝大パレード」に参加した。抗戦後、華僑は蔣介石擁護、国策支持の外、一方で救国運動を拡大し、また国際宣伝を強めた。その目的は籌餉、慰問、難民救済、武器購入などに区分される。その方策は義捐、額捐、月捐、演劇募金、花売買募金、医薬募金、公債売買等々、多岐にわたった。婦女会も救国運動に特に熱心に参加し、三八年募金によって救急車一台を中国に贈った。[37]

（三）トロント

トロントはカナダ第二の都市である。民衆の多くはイギリスから来ており、モントリオールと異なり、英仏人雑居ではない。（三七年頃？）華僑数は三〇〇〇人以上で、中華会館、国民党、民治党があり、その他、姓族団体が存在する。中国語新聞は二紙であり、国民党の『醒華報』、民治党（変法派）の『洪鍾報』がある。[38]三八年劉維熾（広東省政府委員、四一年四月から国民党中央海外部部長）が中国からカナダに来て華僑による公債販売の推進を慰労した。トロントでは各華僑団体の代表会議が召集され、統一的な抗日救国会を準備し、麦錫周、黄衛青らを推薦し、章程起草に責任を負わせた。かくして、三八年二月一五日、トロントにオンタリオ州抗日救国会が正式に成立した。同州各都市の華僑は公債を購入申込みし、飛行機購入、献金、救済、慈善各種献金は（八年抗戦中に？）合計六九万八七三七米ドルに上った(39)。トロントの中国留学生会は七月一八日中華キリスト教会で「抗日救国」問題の講演会を開いた。各界華僑が集まり、坐る隙間もない有様であった。演説では、華僑に団結一致を呼びかけ、力量を集中して政府に対日抗戦の実施、失地回復を促すことになった。各演説が終わった後、対日抗戦の宣伝を拡大し、華僑大衆を政府の後ろ盾となるように喚起した(40)。

（四）モントリオール

戦争勃発時には、華僑はすでに抗日救国後援会を組織していた。その指導者は李道軫、李明参、黄金灼らである。この時期、同市の華僑は一四〇〇人余しかいなかったが、抗日に熱心であった(41)。

（五）エドモントン

国民政府の通令を受けて各都市は抗日戦争開始一周年大会を開催した。エドモントンでも、華僑拒日救国会が「七七」一周年に抗日記念大会をキリスト教会で開催し、戦死将兵や犠牲同胞を追悼した。各界の男女華僑のみならず、白人ではエドモントン和平会主席、社会主義政党である協同連邦党（CCF）主席、女性市議会議員、教育家などが列席し、全体で数百人となった。まず和平会主席など白人代表四人が演説し、その後、馬家軒らが講演し、全華僑に対して日本を非難し、政府の後盾となり、公債購買に努力し、長期抗戦の軍費を充実させ、最後の勝利を信じると訴えている(42)。

（六）レスブリッジ

当地では、従来から華僑と白人が協力して日本品ボイコット運動をおこなってきた。三七年一一月二一日国民党が「全体華僑人会」を開催した。参会者は一〇〇余人である。白人労働組合からはペイト・メロニック、ジョー・ボウ

表７―２　トロント華僑抗日救国会における献金・公債など（1937.8～1939.7）

年月	種別	使用貨幣の種類	金額
1937,8～1938,2	公債	法幣	11万元
同	救済	法幣	１万6100元
同	薬品購入送付	カナダドル	5601カナダドル
1938,3～1939,7	公債	法幣	28万3200元
同	救済	法幣	17万5000元
同	七七献金	法幣	10万0100元
同	毛氈購入送付	カナダドル	１万5833カナダドル
同	薬品購入送付	米ドル	１万1240米ドル
同	飛行機購入送付	カナダドル	６万9120カナダドル
同	自動車４台購入送付	米ドル	4050米ドル

出典：中央研究院近代史研究所檔案館所蔵、「外交部檔案」430-5-0038:「駐北米各館捐債総報告」所収、「駐奥太総領事館呈」1939年12月27日。

ヤーの二人が参加した。主席周我漢が開会を宣言した。労働組合代表（労働党秘書）のペイト・メロニックら二人が講演し、梁煥庭、盧康二人が中国語に訳した。その後、討論会が開催され、華僑・白人合作で日本品ボイコット案を採択した。一二月二九日から日本品ボイコットを公開で呼びかけることとし、調査員を六人選抜した。調査員はまず各華僑商店で日本品の有無を調べた。二二日華僑・白人の共同デモ隊が結成され、街に繰り出し、「日本侵略主義打倒」、「日本品ボイコット」、「世界和平を守ろう」などのスローガンを口々に叫んだ。二三日には、白人の労働党（協同連邦党のこと？）が連合大会を開催し、各業労働組合が参加し、千数百人となった。華僑側は拒日後援会が梁煥庭ら三人を代表として参列した外、華僑個人での自由参加者もいた(43)。このように、その特色は華僑と白人が共同で抗日に立ち上がっていることであろう。これ以外の各都市でも抗日救国運動が活発に展開された。

表７―２、表７―３は、一九三七年八月から三九年九月までのオタワ総領事館管轄区域内のトロント、モントリオールにある華僑抗日救国会による献金、公債購入、および物的支援などの状況表である。トロントでは、献金、公債などは主に法幣であり、薬品、自動車、飛行機など物的支援はカナダドルと米ドルで購入後、中国に送付されている。モントリオールも同様な傾向にあるが、比率としてカナダドルと米ドル使用率

表7―3　モントリオール華僑抗日救国会における献金と公債など（1937.8～1939.7）

年月	種別	使用貨幣の種類	金額
1937.8～1939.7	公債	法幣	20万8000元
同	公債	カナダドル	3000カナダドル
同	公債	米ドル	3855米ドル
同	献金	法幣	7万2355元
同	献金	カナダドル	5035カナダドル
同	献金	米ドル	8483米ドル
同	飛行機購入送付	カナダドル	1万1000カナダドル
同	七七献金	カナダドル	7955米ドル
同	救済	法幣	16万2825カナダドル
同	救済	カナダドル	2000カナダドル
同	救済	香港ドル	1433香港ドル
同	医薬品購入送付	カナダドル	711カナダドル
同	綿衣購入送付	法幣	2万元
同	救急車2台購入	カナダドル	1627カナダドル

出典：中央研究院近代史研究所檔案館所蔵、「外交部檔案」430-5-0038：「駐北米各館捐債総報告」所収、「駐奥太総領事館呈」1939年12月27日。

が高いように見える。そのことはともあれ、不思議なことに中央研究院近代史研究所檔案館のこの地域別檔案表にはバンクーバー、ビクトリアの状況は含まれていなかった。このことは、オタワ総領事館がカナダ全体の中枢になっていたわけではなく、バンクーバーを中心とするカナダ西半分と、首都オタワを中枢とする東半分に分かれていた可能性を示唆する。

　こうしたカナダ各地で盛り上がる状況下で、四〇年六月段階で早くも「中国の勝利目前」との楽観的見方が現れた。蕭莫漢は、抗日戦争がすでに約三年が経過したとし、「抗戦初期、外国人は我国（中国）がこれほど強大な抵抗力を示すとは信じなかったし、全同胞さえ自らの国家が内に有している力がどの位か明白にはわからなかった。ただ最高領袖の蒋委員長だけが六、七年前に非常に明確、かつ仔細に予測し、かつ確固たる信念を有していた」。したがって、蒋は蘆（盧）溝橋事変が起こると、中華民国四億五〇〇〇万人同胞と日本帝国主義に対して「最後の関頭」を厳正に宣告したのである。そして、抗戦を開始したが、「種々事実から我々の中国抗戦勝利は目前」とする。[44] ただし、「抗戦勝利は目前」としていることは注目に値するが、遺憾ながら「種々の事実」の具体的な説明はない。

二　汪精衛への対応と抗日活動の中の紛糾・混乱

ここでは、まず重要問題として急浮上した汪精衛に関しての対応から見ておきたい。

一九四〇年国民政府僑務委員会は、汪精衛らが華僑に対日「和平」主張を繰り広げ、南洋のみならず、世界各地で流言を振りまき、「売国」機構を創設しようとしている。少数華僑は利害に目が眩み、公然と迎合し、「無頼の徒」も巻き込んでいると警戒感を募らせている。例えば、カナダでは汪精衛派が「中国倶楽部」を密かに組織し、資金を調達し、「救国」に熱心な者を揶揄し、「和平」を主張する者を同志とする。王克敏、江亢虎も通訊機関を有し、北米で献金する華僑も少なくない。かくして、カナダ西部の僑務は複雑で、紛糾している。そこで、随時随地、汪派の活動状況を秘密裏に調査し、各領事館に密報させ、それを僑務委員会に報告させ、対抗処置をとる必要がある[45]、と。このように、僑務委員会はカナダにおける汪派華僑の活動に警戒していた。カナダ西部での紛糾はそれと関連するというのである。

汪精衛派側からのカナダでの動態に関する史料が未入手なのは遺憾であるが、少なくとも『大漢公報』はそれに反対する姿勢を明白にしていた。例えば、日本のいう「東亜共同体」、「東亜新秩序」は日本の中国滅亡・併呑の意図から出たものである。「これらの謬論は考慮するに値しない[46]」、と。必然的に、この延長線上で日本の政策を支持する汪派を完全否定した。また、バンクーバー中華会館と抗日救国総会も、重慶国民政府軍事委員会に宛てて電報を送り、「もしある人が和議を主張すれば、全華僑を率いて反対する[47]」、との姿勢を明確にした。

『大漢公報』は、国民党中央執行委員会が緊急会議を開催し、出席者による議決によって、汪精衛は戦時緊急時期に職務を離れ、外国（ベトナム）へと避難した。これは、実に国法に違反するとしている。電文によれば、「汪の行動はすべて敵（日本）を擁護するものである。……また、汪は（国民党の）中枢を動揺させ、全国的な統一抗日戦線を破壊することにある」。したがって、汪の職権を尽く撤廃し、かつ国民政府内の汪派二〇〇余人を拘留した[48]、と汪や汪派の人材を糾弾した電文内容を報じた。

かくして、馬求徳は、「今日、汪（精衛）氏が彼個人と『賊』（日本）との和議行動を発表した」とし、それに対して「我国（中国）の抗日の前途に絶対に影響がない」と言い切る。そして、いわんや抗日（戦争）以降、状況は次第によくなっているとし、初期の悲観は今や楽観へと転じた。沿海の繁栄していた都市は占領されたけれども、後に必ず回復できる。もし我々が心を一つにしてそれを最後まで堅持し、財のある者は財を出し、力ある者は力を出す。そして一致して（国民）政府と「最高領袖」（蔣介石）を擁護し、努めて抗日必勝、建国必成の目的を達成する。「愛すべき同胞、継続して努力しよう！[49]」、と締めくくった。いわば汪精衛を切って捨て、蔣介石・「抗戦建国」支持を明確にしたといえる。

他方、日中戦争が膠着状態に陥ると、真偽のほどは定かではないが、日本が打開策を見つけようと焦り始めたという。そして、南京駐在日本大使は中国占領区の日本人領事を招集して会議を開催したとする。その時、重慶国民政府と「南京政府」（南京汪政権）を合体して一つの「中国連合政府」設立を提案した。かくして、日本は日中戦争を停止し、かつ日米間の太平洋問題を解決する。上海連合通訊社分社の東京電によれば、「南京政府」はこれに反対し、重慶（国民政府）当局はこれらのニュースはデマと見なした。いわゆる日本が「南京政府」に要求した条件の中には日本（軍）の中国からの撤兵、中国の主権公認の代わりに日本は中国での経済優先権を享有するということが含まれていた。だが、これは非公式の「秘密交渉」で、日本側から出たと信じられ、実際、最近日本軍は福州から撤退し、これもまた和平を求めるシグナルとするのである[50]。ただし、下記の華僑団体内や団体間の紛争は汪精衛との直接的な関連はほとんど見いだせない。

ここで論じたいことは、新聞報道からはカナダ華僑やその華僑各団体が一枚岩で団結し、抗日活動に立ち上がっているかに見えるが、実際は団体内部、各団体間で深刻な対立も生じていたことである。

第一に、バンクーバーの華僑構成は極めて複雑であり、デマなどに注意を払う必要がある。現在、「不逞の輩」が華商を鼓舞し、アメリカの「一碗飯」（バザー）のやり方を踏襲し、「一碗飯傷兵・難民救済運動会」を組織した。そして販売店を開設し、宣伝し、会場には使い古した物を並べ、白人団体に公開で募金を呼びかけた。いわば「狡猾の徒」はバザーを蓄財の機会と見なし、酒食の場を設け、そうして得た金から僅かに救済金を出すだけである。したがって、領事館はこうした状況を是正するため、今後は、華僑団体が何らかの名義で献金を募集する時、国民政府による立案、公布後となるが、在地大使館・領事館が審査、許可を必要とすることにしたい。あるいは、国民政府が三九年七月一二日公布の「統一捐款・献金徴収弁法」の「主管機関の許可なしに実施できない」を援用する、という。[51]

第二に、(1)ビクトリア華僑拒日救国会では、三八年末、救国義援金が法幣数万元に達し、国民政府に為替送付したことになっていた。ところが、財政主任の馬啓亮は在職中、勝手に欧州系の某銀行に預けたことで、刑事案件として入獄した。結局、失ったのは三〇〇〇余カナダドルという巨額に達していた。そこで、三九年一一月全華僑大会議で同会の救国献金収支状況の徹底的検査を決議した。その上、馬啓亮は救国公債支会でも経理主任を兼任していたことがわかり、調査の結果、そこでも二〇〇余カナダドルの欠損があった。そこで、提訴すると同時に、呉建業副領事の指導下に林彬ら一五人を精査委員とし、調査することになった。[52]

(2)ビクトリア華僑勧募救済会内の紛糾案件。①何家為、余超平ら国民党員が党外華僑団体の救国工作に参加しない問題である。例えば、余超平は公債会委員兼宣伝科主任に就任しなかった。②公債会の劉光祖、関元恩らと精査委員会の何家為、余超平らは共に国民党員である。何故国民党員が主宰する救国機関内で衝突するのか。遠因は、一九三

四、三五年に関元恩はビクトリア発行の『新国民報』の総経理であり、他方、余超平は編輯を任され、国民党中央が抗日を発動しないことを手厳しく批判した。その結果、総経理関元恩と編集部員の間に意見衝突が生まれた。近因は、余超平の従兄である馬呈瑞が公金（献金）欠損により査察を受けた。この時、余超平が馬呈瑞を援護し、かつ関元恩らの公債会を破壊するという挙に出た。③関元恩らは商人であり、当地で信用があり、ビクトリア中華商会幹部でもある。党外の華商とも関係があり、ビクトリア華僑金融を押さえ、かつ巨額な救国献金をしている。ビクトリア公債会の成果があがっているのは偶然ではない。彼らが「出財出力」の華商であることから華僑が彼を救済機関幹部へと押し上げた。外交部はバンクーバー領事館に命令し、臨時的な精査委員会を任務完了後、廃止すべきである(53)。

第三に、ブリッティシュ・コロンビア州のケロウナ（Kelowna）華商で「亜路姊餐館」経理黄孔世によれば、本餐館は白人商務区にあるが、来客への応対に差別はない。ある日、一人の日本人が食事をとった。そのことで、華僑拒日会は本餐館を「漢奸餐館」と誣告し、罰金二五〇元（カナダドル？）を要求した。黄孔世は日本人に料理を出し、代金を受け取ったに過ぎず、それで多くの公債を購入したり、献金でき、我方に有利になることを知らないのかと主張する。これに対して拒日会代表陳球らは反論し、「華人商戸」や「奸商」が仲介し、「亜路姊餐館」を唆した、と。領事は双方からの要請を受け、調査したところ、拒日会各事務員は大半が労働者で、久しく華僑を妬んでいたことを知った。「違法」な点はなく、処罰する必要はないとの結論を下した。そこで、領事は双方に和解を勧め、事なきに至った(54)。

第四に、カナダ西部四州の華僑は二万人余で各地に分散している。抗戦以降、自発的に救国会を組織して活発に献金している。とはいえ、最近各地で紛糾している。なぜなら少数の華僑は貧窮で公債を購入できず、各地救国会に抵抗し、相互に対立した。三九年カルガリー華僑拒日会がレスブリッジ華僑に連合会参加を強制したことから、殴り合いとなった。レスブリッジでは、ある部分の華僑が抗日協進会を組織し、元来拒日救国会と対立していた。カルガリー拒日会は領事に調停を求めた。調査によれば、カルガリー華僑は「アルバータ州華僑拒日救国連合総会」の新設を目指し、アルバータ州の各救国会に参加を呼びかけ、統一しようとした。その結果、カルガリーはもちろん、エドモントン、バンフ、メディシネ、ハイリバーの五都市の華僑が賛同した。ただレスブリッジ華僑のみが拒絶した。そこで、連合会は強行手段をとった結果、殴打、流血の惨事となったとする。カナダ各州の救国会は各地でそれぞれ運営し、連合組織がなく、救国工作は運用面で不十分で、カルガリー華僑の連合指向は正当であるが、実際いかなる役割を果たせるのか不明である。そして、好きかってにおこなえば、地方の法律との齟齬が生じる。(55)

第五に、モントリオールでは、昨年（三九年?）七月以降、救国会と中華婦女会の争いがあった。昨年六月初頭、婦女会は振洪声粤劇社を招き、義捐演奏会を開催し、祖国（中国）難民救済のため献金を集め、送付を計画した。朱開驥が入場券を購入した際、挑発的に「婦女会の動機が不明であり、私腹を肥やそうとしている」、と中傷した。入場券販売員は婦女会でそのことを報告すると、騒然となった。さらに、中華街では、婦女会の責任者を「自らの利を謀る投機分子」、振洪声粤劇社は「社会で最も卑劣な団体」で「漢奸」との匿名のビラが張り出された。その内容から察するに、救国会を擁護し、婦女会を攻撃する意図がある。七月一八日モントリオール致公堂は、書簡で国民党員の拒日会に対して有名無実と攻撃していた。これとの関連も考えられる。七月二六日総領事が「匿名ビラ」、および朱開驥の件を調べると、婦女会責任者が救国会を離脱し、別に独立組織を組織した。これは力を分散させないとの国民政府の規定に反する。そこで、八月七日オタワ総領事館は婦女会に対して、書簡で「国家のことを重んじ、多くの献金を継続して集めることに努力し、抗戦力を充実させてほしい」と呼びかけた。だが、婦女会は以下の三点の要求を取り下げなかった。①救国会はデマビラを貼った者を懲罰すること、②国民党代表は集団で会場を破壊したことの釈明、③朱開驥の謝罪。②に関しては、入場者は多く、国民党員か否かは不明であり、釈明する必要はない。ただ①③に関しては正道を守り、献金募集の前途のためにも考慮する必要があるとした。婦女会は献金募集活動を停止したが、好ましいことではないとする。程天国委員（領事館員?）は①モントリオール救国会は一つ、②すべての献金は救国会から為替送付することなどを提起した。なお、婦女会はモントリオール全体の華僑女性を包括しておらず、婦女救国会の非婦女会員は別に婦女部を立ち上げ、日曜日毎に花販売募金を実施し始めた。今（一九四〇年?）春以降、事態は沈静化したが、凝りは残っている。(56) これは、致公堂系婦女会と国民党系、もしくは国民党支持の救国会の紛争と見なすことができよう。

第六に、致公堂と達権社の紛争に言及しておきたい。一九三七年一〇月、全カナダ致公堂第八回懇親大会代表団は以下のように通告した。モントリオール致公堂の紛糾は、総機関・総堂・総社第六区代表がしばしば改めることを勧めたにもかかわらず、李学儒らは改悛せず、かつ「外援」と結託して訴訟を起こし、財を費やし、堂務に支障を来させた。また、ケベック州モントリオール致公総堂の名義で当地の致公堂堂所の独占を画策した。したがって、李学儒ら一四名は堂籍剥奪、追放され、永遠に本堂（致公堂）の各種権利を享受できない。彼らに愚弄され、誤りを犯した従来からの会員に対しては自覚して速やかに戻れば、一視同仁、決して追及することはない。(57) つまり首謀者の李学儒らを切り、下部の一般会員は戻ってもよいと寛容性を示した。この事件は、結局どのようなもので、何を意味するのか。

この問題は時期を遡って考察する必要がある。カナダ致公堂は一九一二年にモントリオール分堂を設け、ここをカナダ致公堂第七区と称した。二三年全カナダ懇親会をナナイモ（バンクーバーとビクトリアの中間にある島）で開催し、第七区の廃止を議決した。かくして、モントリオールはトロント中心の第六区に組み込まれた。三五年一二月改選の際、会員二五〇人中、参加者は僅かに六一人であった。旧「職員」（旧幹部など）はすべて達権社分子であり、彼らの継任を提議した。致公堂の正宗派分子の李学儒、羅玉盛はそれに断固反対し、一時その勢いは非常に強かった。主席は突発的な事件の発生を恐れ、散会を宣告した。そこで、李学儒らは別に大会を招集して「職員」を選挙し、続いて

「全カナダ致公総堂」構成員を決めようとしたが、認可されず、法院に起訴した。こうした洪門の内紛は盧溝橋事件後も根強く続いた。三八年一一月全カナダ洪門第九回懇親会をビクトリアで開催し、弁法第六条（内容不明）を決議した。双方のモントリオール代表が同地に戻った後、二月法院への提出方案を取り下げた。四回の会議を経て告訴方案を次々撤回した。だが、致公堂は達権社に対して依然として堂の所在地に入ることを許さず、対立は続いた。外交部は「抗戦で緊迫している時、依然として私憤にかられ、統一戦線により一致対外しなければ……間違いなく敵を助けることになる」と批判する。(58) 極めて複雑ではあるが、旧幹部と青年幹部の対立、奪権闘争、もしくは分派行動にも見える。ただし政治的、思想的、もしくは宗教的な相違、対立の具体像は不明である。また、華僑団体も合法性を獲得するため、カナダ各州の地方政府の認可が必要なことがわかり、また紛争は法院での裁判に持ち込まれた。

三　太平洋戦争の勃発とカナダ華僑

一九四一年一一月、日本電は、太平洋方面の緊張は日増しに高まっており、戦争はおそらく避けられないであろう、(59) と伝えた。これらの報道によりカナダ華僑も戦争不可避と考えたであろう。

一二月太平洋戦争が勃発すると、カナダは日本に宣戦布告した。前線での勝利に対して各地華僑は前線での勝利祝賀大会を開催し、同時に自発的に献金して前線の将兵を慰労した。戦争景気もあってかカナダの工商業が好況となり、労働者不足となり、華僑の生活も好転した。ただし香港が陥落し、中国内にいる華僑家族の救済は困難になり始めた。(60)

全美洲洪門総幹部は監督の阮本萬、政策部長の呂超然名でアメリカ大統領F・ローズベルトに対して、日本は世界和平を破壊する首謀者であり、大挙して我国（中国）を侵略して五年に達す。「今、貴国（アメリカ）がすでに対日宣戦をしたことは我国と同一の戦線に立ったことを意味する。我々は全アメリカ洲洪門一〇萬会員を代表してアメリカの対日戦争、およびその同盟の独・伊枢軸打倒を心より擁護する」[61]、とした。

では、太平洋戦争の勃発に際して、『大漢公報』はいかなる見解を打ち出したのであろうか。「今回、倭賊（日本）が（真珠湾攻撃を）発動したのは徳魔（ナチス・ドイツ）の催促によるものに違いない。………奇襲をかけ、相手の無防備を攻めた。戦争初期の一週間は日本側にとって有利に働くが、ただ戦争の結果は決して最初の勝利にあるのではなく、最後に敗北しないことにある」[62]、と。すなわち、華僑に対して日本の初期の勝利を重大視する必要はなく、最後には勝利できるとした。

華僑のみならず、カナダ人一般に日本人に対する嫌悪感が広がった。バンクーバーでは、灯火管制が実施された際、幾つかの日本人商店の前面にある窓ガラスが割られる事件が発生し、日本人一人が軽傷を負った。また、別の日本人商店ではビラが投げ込まれた。その内容は「すべての日本人は、日本が和平を愛する国家の敵であることを知るべきである」として、末尾にはイギリス国旗とフランス国旗が描かれていた[63]、という。

バンクーバー中華会館は、一九四一年一二月一一日「華僑居留地はパニックに陥ることなく対処すべき」とした。そして、中華会館は「白人に（日本人ではなく）華僑であると識別させる」ため、襟章を製作して華僑民衆に付けさせることを決定した。華僑用の襟章は八〇〇〇個の予定であったが、それに二〇〇〇個が加えられ計一万個が製作され、中国国旗の下に「CHINA」の文字を加えたデザインが採用された。なお、この時期治安も悪化しており、日本商店と誤認したのか、華僑青果店も略奪にあっている[64]。

一二月一二日バンクーバー抗日救国総会の通告を要約すると、日本は我国を侵略し、強靱な抵抗に遭い、泥沼に陥っている。英・米・カナダは経済制裁を実施し、日本の資金・外国為替を凍結した。かつ日本への物資運輸を断絶した結果、日本に大打撃を与えている。蒋介石委員長は抗戦を最後までおこなうと再三声明を出している。こうして、太平洋沿岸は日増しに緊張の度を増している。華僑は在地国で仇敵日本に対して随時随地、偉大な精神を発揮して戦事工作に尽力する。とりわけ日本品ボイコットは徹底的におこなうべきで、各都市抗日救国会も本救国総会と一致行動を採ってくれることを望む、と。[65]

一二月二五日には、バンクーバー達権社は成立二三周年紀念式典を開催した。事前の洪門大会では「全力での救国鋤奸」と相互扶助が確認されている。式典（正主席蔣安翹）では各埠代表来賓、洪門幹部、達権社会員が参列した（参加者数は不明）。鳴砲、全体起立、中国国旗と会旗に三拝した後、大声で「中華民国万歳」、「洪門万歳」、「奸族除去」、「日本殲滅勝利」のスローガンを叫んだ。[66]

『大漢公報』（一九四二年一月三日）は「恭賀新禧並祝抗戦勝利」を一面に掲げた。また、朱今石は「元旦三祝」として恒例の「恭喜発財旺相」とともに、祝うべきことが三つあるとし、①本年は「倭賊」を鎮圧し、（日本に奪われた）土地を回復し、速やかに受難の同胞を救済できる、②中華民族が「大国民の風格」を勉めて持つようにし、権利争奪と民財搾取の悪辣な根性を洗い流す、③中国の政治が軌道に乗り、民主国体に合わせ、各党私有の軍隊を廃止し、内乱の要因を消滅することで、国家が繁栄し、国民が自由・平等の幸福を享受できる、とした。[67] これらの目標が達成でき、そのことを祝うという。

軍校入学が日本による侵略に対して「報国」の最もよい途とされた。その後も多くの青年が航空学校を受験した。海外華僑も自発的に帰国し、航空教育を受けた。三七年抗日戦争が開始されると、日本軍の絶対優勢・中国空軍の劣勢の中で奮闘した。さらに多くの青年が相次いで空軍に加入し、ついに優勢へと転換した。[68]

例えば、陳籍康は代々バンクーバー華僑である。三一年満洲事変後、中国に帰国し、航空学校第七期を卒業後、空軍第三大隊飛行士となった。三六年西安事変の際、（国民党の命を受け）飛行機を操縦して洛陽に向かい、蔣介石救助の準備をした。三七年盧溝橋事件後、江蘇省句容に駐屯、首都南京を防衛を担当した。首都南京の陥落後、南昌、衡陽などに移動した。その後、病気となったが、治癒後、空運部隊に配属され、日本軍後方の遊撃部隊に物資を搬送した。日本軍による真珠湾攻撃後、彼はアメリカによる中国飛行士訓練に派遣された。帰国途中、インドに留まり、中国空軍官校教官に就任した(69)。それ以外にも、戦後、中国生まれの何人かの飛行士がカナダに移民している。

では、カナダでは、どの程度の入隊者がいたであろうか。李東海によれば、カナダ生まれの華僑で徴兵後、入隊した者は五〇〇人余とする(70)。また、抗戦期（一九四四年段階?）には、カナダ国籍の華僑は四万一〇〇〇人で、内、約六〇〇人が大戦で（軍事面で?）貢献し、カナダ政府へ誠意ある支援をした結果、差別的法律は解消され、市民権も獲得するに至った(71)。ここでも、ある華僑青年は「私は徴兵年齢になったカナダ生まれの数百人の中国人の一人であり、カナダのために戦い、死ぬという名誉を与えられたことを喜ぶ(72)」、と述べたという。こうした状況下で、バンクーバー生まれの馬福瑞（二一歳）もカナダ正規軍に入隊した(73)。

アルフレット・ワン（カナダ国籍）は徴兵制の発布以前にすでに入隊を試みたことがある。また、四二年ウィリアム・チュウ（カナダ国籍未取得?）は歯学部学生であったが、公的な職業訓練センターへの入所を拒み、「我々は大英帝国、女王、そしてカナダにおける我々の自由のために戦いたい」といった。「我々の自由」を強調することは、中国人にとって、例えば、ブリティシュ・コロンビアには参政権も薬品店を経営することも、教師になることも何らの権利がないことが背景にあった(74)。このように、積極的に入隊、もしくは徴兵に応じたことが華僑の待遇、権利獲得に途を拓いた。権利獲得を意識して入隊した華僑青年も少なくなかったと思われる。

他方、興味深い指摘がある。ブリティシュ・コロンビア州には、四四年、三五〇〇～四〇〇〇人の徴兵適齢期の中国系青年男子がいるが、多くが徴兵を拒絶し、応じたのは四〇〇人だけであった。また、同地でカナダ軍関係で働いたのは中国系三万人中、二%以下であったという。中国系や原住民にはカナダ軍で仕事をすることに抵抗感があったからとする(75)。つまり、ここで押さえるべきことは華僑青年の多くが徴兵に積極的というわけではなかったことだ。また、カナダにおける徴兵制の強制力が具体的にどの程度のものなのかも気にかかるところである。

ムースジョー華僑の黄宇富によれば、白人経営の新聞が「黄色人種」を攻撃しているという。白人は日本の残虐さに対して、いつも不用意に「黄」の字を使用する。だが、これは日本人のみならず、華僑への侮蔑にも繋がる。例えば、アメリカ女流作家も日本は白人の人種差別という弱点を利用しようとしており、中国人と日本人を（一括りに「黄色人種」として）並論することを止めるべきである、[76]と指摘している。いわば黄色人種全体に向けられる「黄禍論」が台頭することを阻止する必要があった。

なお、四二年には華僑郷里では大飢饉が発生した。例えば、台山一県のみでも餓死者三〇万人余を数えるが、華僑為替送付は中断されている。それでも各都市華僑は次々と難民救済献金を集めている。[77]

ここで、注目すべきは蔣介石夫人である宋美齢のカナダでの活動であろう。四三年に外交部長の宋子文がカナダを訪問し、中国・カナダ関係を協議した。その後、カナダ総理は自らニューヨークに行き、宋美齢にカナダ訪問を要請した。そこで、宋美齢はカナダに行き、同国会の両院連席会議で演説した。その後、カナダは対中支援の「一〇〇万基金」運動を開始した。当時、カナダ経済は好況が続いていた。[78]

『大漢公報』は宋美齢に次の要望を出している。彼女のアメリカ議会での講演後、アメリカの民心を把握でき、大衆は中国支援を叫んだ。そこで、将来戦争が終わり、平和になったら、党費補塡を取り消し、国庫を豊かにし、復興建国のために使用する。党派を融和し、各種の才能を集め、国共内訌の憂いを除去し、共和政治を実行してほしい、[79]と。これらを夫の蔣介石があてにならない以上、代って宋美齢が尽力してくれることを望んだのである。このように蔣介石に対してよりも宋美齢に対して『大漢公報』の論調は概ね好意的であった。

また、洪公は宋美齢に対して以下の三点を希望した。①夫人が今回、アメリカ、カナダ両国会の要請を受けて講演したことは無上の光栄である。両国は一党専政ではない。一党専政は独・伊・ソ連（ここでは日本が指摘されていない。一党専政というより「天皇専政」、もしくは軍部独裁と考えてのことか）であり、独・伊二ヵ国は滅亡しようとしている。ソ連もまた国土の大半が絶えず蹂躙されている。今、地球上で最も安定しているのはただカナダとアメリカのみである。（現在の中国のような）「党治」は恃むに足らず、各党合作融和こそが貴い。夫人がこの点に注目することを希望する。

②戦事政府の最も肝要なことは賞罰を明確にすることである。だが、実際は「善なる者」が賞されず、「悪なる者」が罰せられない。これはいかなる政体なのか。これまで国民党中央を攻撃、倒蔣運動に全力を尽くしたにもかかわらず、国民政府からの報奨金を受けている。それに対して本報（『大漢公報』）は正義を堅持し、中央を擁護し、統一に賛成し、「西南独立」を非難し、「通倭倒蔣」（日本に通じて蔣介石打倒の企て）に反対した。（にもかかわらず、報奨金を受けていない）。いわゆる蔣委員長の一〇万元の手当（報奨金）配分は今に至るまで公表されていない。夫人に調査究明を希望する。

③「華僑は革命の母」であるが、ただし南洋の「蘭印」などは相次いで陥落している。現在、ただアメリカ、カナダだけが最も安定している。両国華僑は「四邑人」（広東省の台山、開平、新会、恩平の出身者）が多い。今、「四邑」は飢饉で、華僑為替（の送付）も遅滞し、中間で「貪官奸商」が汚職をしている。夫人に彼らの罪状調査、処罰を希望する。(80)

四三年六月バンクーバー華人婦女会は宋美齢に電報を打った。すなわち、日独の「両魔」に対して民主政体は必ず勝利できると信じるとし、中国とカナダがますます親密となり、並びにカナダ政府による援助を増大せしめ、同時に移民例を撤廃し、中国、カナダ双方が平等な地位に立てるよう、尽力してほしいという内容であった。(81)

繰り返すが、四三年六月オタワで宋慶齢は当地の軍政長官、および工商各界から熱烈な歓迎を受けた。六日にはカナダ国会で演説している。そして、全カナダに向けてラジオ放送をし、七日には新聞界との会見に臨んだ。宋美齢によれば、国民政府は連合国参加後も何らの援助も受けていない。それに対して日本は太平洋戦争後、「中国人と日本人の合作」を鼓吹し、南京傀儡政府に軍事上、経済上、多くの援助をしていると指摘した。日本は「同種民族」（黄色人種）の平等待遇と白色人種からの解放という「出鱈目」な言動を展開していると非難した。現在、中国が必要としている支援は空軍に関してのみである。なぜなら人力は十分だし、軍隊は十分だし、抗戦精神も十分である。中国は小型武器を製造できるが、重砲が必要である。ソ連が対日参戦するか否かとの記者の質問には、予言は不可能としながらも、ソ連は中国が連合国に参加する以前、飛行機などを送り、中国を支援してくれたと述べた[82]。

ついに四三年一月には中・英間、中・米間で新条約が締結された。それに連動した形で中国・カナダ両政府間でも新条約交渉が開始され、宋美齢の活躍も一因となり、四四年三月一四日オタワで正式に調印された。すなわち、①カナダは中国における治外法権を放棄する、②双方の国民はそれぞれ相手国内で旅行・居住・商売の権利を有する、③双方の領事は両国の同意する地方に駐在できる、④イギリス女王が連合王国を代表して、四三年一月中英条約の交換文書で一切の（在中）権利と特権を放棄したことに則り、カナダも同様に放棄する。これには「注記」があり、本（四四）年三月中国・カナダは「相互協定」を締結し、侵略戦争に共同で抵抗し、カナダは戦争物資を中国に供給する、とある。これに対して、国防最高委員会秘書長（元外交部長）王寵恵は興奮させる状況であり、「両国軍事の緊密な協力という声の中で、カナダはまた在華治外法権、及び関連特権を放棄した。………両国は太平洋の大国であり、両国の今後の発展が政治面で成果をあげるのみならず、商務経済面での協力の未来も無限と信じる」とのコメントを発表した[83]。

四　太平洋戦争後期のカナダ華僑と中国の勝利

一九四三年六月バンクーバーにあるカナダ華僑勧募救国公債総分会の執行委員の顔ぶれは広く、中華会館主席の鄭墉、致公堂主席兼恩平同福堂主席の鄭振秀、順徳公安堂主席の関昌印、台山会館主席の陳宜顕、開平会館主席の周耀初、禺山総公所主席の曹仲雅、岡州会館主席の曾雲峯、および国民党分部主席の朱昌ら約二〇人である。その他、常務委員五人、主席委員一人、候補執行委員が五人いた（役職に若干の兼任あり）。財務監督は鄧湛隆ら正副二人である。その他、機構的には中文書科、西文書科、中文宣伝科、国際宣伝科、財務管理科公債部、救済部、会計科、監査科、事務科、青年科、婦女科がある。そして、その下に第一～第一五各隊があって[84]、彼らが実動部隊と考えられる。このように機構が整い、各勢力のバランスの上にのっており、大規模な組織であった。

四三年七月七日バンクーバー抗日救国総会は、「『七七』抗戦建国」記念に華僑に対して以下のように告げた。すなわち、団結精神を発揮してこそ民族生存の目的に達することができる。中国は五〇〇〇余年の文化と歴史、四〇〇〇万方里の土地と物産を有しており、かつ四億五〇〇〇万人の人民を擁している世界第一位の最大民族である。我々が犠牲・奮闘の精神を発揮すれば、決して消滅させられることはない。各々が責任を尽くし、共同努力し、団結精神を発揮し、抗戦力を集中する。そうすれば、暴力的な敵の侵略を消滅させ、最後の勝利を獲得できるだろう[85]、と。

また、拒日救国会は七・七事変を記念して以下の声明を発表した。「今年内に必ず敵を我国から駆逐できよう。これは時間の問題で、抗戦必勝は決まったといえよう。一面抗戦、一面建国は我国の既定の政策である。………（国民政府は艱難抗戦中に、同時に建国しようと決心している。とりわけカナダ華僑は自らの力量のできる限りを尽くし、政府の後ろ盾となり、政府に抗戦の早期の勝利、建国の早期の成功を促す[86]」、と。このように、四三年段階で対日勝利は決定したとした。こうした「勝利が決まった」という言動が四〇年以降、何度となく繰り返されるのは、華僑がその勝利をいかに熱望していたかの表れだろう。ただし、蒋介石はアメリカ参戦で勝利が確定したと考えたが、カナダ華僑はそうした考えをあまりもっていなかったようである。

中国航空建設協会カナダ西部直属支会（会長林挙振）は中国航空建設協会総会会長蒋介石の訓令に基づき、華僑を鼓舞し、政府に協力して航空建設を完成させることを唯一の目標とした。抗戦とは建国であり、建国には必ずまず建

表7―4　中国戦争救済基金によるブリティシュ・コロンビアでの献金運動（1943年9月）

都市名	カナダドル	都市名	カナダドル
バンクーバー	59,403.03	ナナイモ	2,825.53
ビクトリア	13,264.23	ニューウエストミンスター	10,200.90
チリワック	1,081.86	オーシャンホールズ	1,082.60
コモックス	1,257.26	ポート・アルベルニ	1,100.00
ダンセン	3,559.39	ポーエルリバー	1,442.78
フェルニエ・ミッチェル	1,640.03	プリンス・ラパート	11,045.85
ダムループス	4,500.00	サーモン・アーム	1,418.86
ケローナ	3,423.46	タレール	6,035.00
キムバレー	2,283.80	バーノン	4,303.27
ミッション	1,403.30	その他	48,680.85
		計	180,000.00

出典：中央研究院近代史研究所檔案館所蔵、「外交部檔案」461-2-0001: 中国外交部『加拿大捐贈』1943年12月、CHINESE WAR RELIFE FUND BRITISH COLUMBIA CAMPAIGN（1943.9）から作成。なお、単位は「$」となっているが、カナダの場合、多くはカナダドルなので、ここではカナダドルと考えた。

軍が必要である。抗戦における空軍の地位はもとより重要であるが、戦後、国防を強固にし、交通を発展させることは特に重大である。本会は四四年三月一五日から開始しており、すでに各港都市の徴募処長とバンクーバーの各隊長を招聘しており、広範囲に徴収し、協力推進する。愛国華僑には本会の航空建設に参加することを望む[87]、と。このように、戦後を見すえていたのである。

　その他、バンクーバーの清韻音楽社は四四年六月に遠東戯院でのチャリティー演劇での収益金全額を国民政府財政部に送付し、「祖国傷兵・難民救済」に使用する[88]。

　白人で構成されるカナダ大援華会は四三年七月、ブリッティシュ・コロンビア州で州分会を組織した。同州知事リエルテナント・ゴーベルナー（Lieutenant Governor）、およびC・A・コッテレル（C.A. Cotterell。職位不詳）を名誉主席とした。主席はモー・レナン大佐で、その下に白人職員はそれぞれ州内の名士四三人である。近くカナダ全国援華運動に呼応し、八月一日から大規模な献金援華運動を開始した。州内各区に下部組織四四単位を分設し、献金運動を実施し、宣伝ビラ一〇万枚を印刷、かつ勧募書簡三五〇〇通を出した。一〇月一三日の終了時においてブリッティシュ・コロンビア州だけで予定献金額「八万カナダドル」の倍以上の「一八万カナダドル」を集めた。期間、人口比を鑑みると、ブリッティシュ・コロンビア州の成果が最も大きかった。(89) 表7―4は、その内訳であり、広範囲に献金を集めているが、バンクーバーが突出しており五万九四〇三カナダドル（33%）、次いでビクトリアが一万三二六四カナダドル（7.4%）などであった。

ところで、華僑団体は各種各様で多数あり、国民政府はその世界規模での一元化を目指した。すなわち、四四年一月二〇日バンクーバー総領事館は国民政府僑務委員会による華僑団体整理・統合に関する訓令を通告した。それによれば、「華僑団体は計三八〇〇余単位あり、世界各地に分布している。そこで、組織を健全にし、系統を調整し、政策的に華僑運動を推進するために……団結させ、政令を遂行させる」。そのため、施行したのが「海外僑民団体整理実施弁法」（僑務委員会一九四三年一二月三一日、審議決定）であり、その内容は以下の通り。

(1)華僑団体について、①同一区域内に農民五〇人以上いれば、農会を組織する。漁民五〇人以上の時は漁会を組織する。「産業労働者」一〇〇人以上、あるいは「職業労働者」（工業以外の労働者という意味か？）五〇人以上いれば、工会（労働組合）を組織する。②同一区域内に機器動力設備があるか、平時雇用労働者三〇人以上の工場では工業同業公会を組織する。商業同業公司・行号が三つ以上あれば、商業同業公会を組織する。③同一区域内に婦女一五人以上いれば、婦女会を組織する。④系統的で各級を有する農会、漁会、商会、婦女会などはその基本組織が三つ以上あれば、各団体の上級機関、宗族、および地域各団体を連合して中華会館、あるいは連合会を組織する。⑤現有団体で、内実が不健全なものは整理・充実させる。同一区域内に二種の同性質の団体がある時は、合併する。

(2)華僑団体訓練は次のようにする。①精神訓練‥「国民精神総動員綱領」、「新生活運動綱領」を講釈し、各会員に（中華）民族に深いに認識を持たせ、その行動を厳格にする。②個別訓練‥会員の余暇を利用して種々の難題を解決し、思想「錯誤」者は随時これを正す。③集会訓練‥各種講演会、例えば討論会、研究会、座談会などを開催し、会員の知識を増進する。④競争訓練：学習競争、生産競争、技能競争を実施し、会員の興味を増大させ、その心身を健全化し、進取精神を鼓舞する。⑤学習訓練：各団体が設立した補習学校、あるいは余暇（例えば、夜間）訓練班を監督指導し、各会員に学習の機会を与え、生活技能を高める。以上、これらの「訓練章則」は各華僑団体が当地の情況を斟酌して起草して中国領事館に提出し、そこを経て僑務委員会に送付させ、審査する、とした。[90] 当然のことながら国民政府、もしくは僑務委員会の意向によって世界中の華僑団体を再編し、上意下達を貫徹しやすいようになる。この結果、統制・効率面を高める反面、国民党系華僑団体が優遇され、第三勢力系、中共系の各華僑団体の排除にも結びつく可能性があった。

また、香港陥落以降、長期戦の中でとりわけ四三、四四年に重大問題とされたのが、いわゆる日本占領地域、南京汪政権統治区などの華僑家族への為替送付であった。英・米・カナダ・オーストラリアが前後して完全禁止処置に踏みきったことである。もちろん、これら諸国家がこうした処置をとったのは、華僑為替の一部、もしくは大部分が華僑家族に渡らず、むしろ日本や南京傀儡政権の資金として利用されるのを阻止するためであろう。だが、華僑側からいえば、それらの地域で困窮している華僑家族に送金したいという切実な願いがあった。

中国銀行総管理処によれば、広東省政府は参議会の抄録を送付し、参議員の林警魂は中山、新会、東莞、順徳などの陥落区において華僑為替を流通させ、華僑家族の生計を立てられるようにすべきと提案した。これに関しては、当面、英・米・カナダ・オーストラリアが中国陥落区への為替流通を禁じており、中国銀行レベルでは打つ手がない。中国外交部が駐在大使館に陥落区における華僑為替開放についてカナダ・オーストラリア両政府と交渉させたが成果はなかったとする。別に中国銀行は中国財政部にも電報を打ち、事前にアメリカ財政部駐華代表と相談し、アメリカ為替の中国陥落区における「為替送金弁法」四項目（具体的内容不詳）を取り決めた。だが、ニューヨークの中国銀行が二月二九日、三月二三日の電報によると、アメリカ財政部は四項目を両国間の正式協定とは認めないとした。こうして、アメリカ財政部の許可を得ておらず、中国銀行は華僑為替を受け取る術がなかった。したがって、中国銀行としては、中国財政部に対して再度アメリカ財政部と正式な直接交渉を請うとした[91]。

以上のように、英・米・カナダ・オーストラリアは中国陥落区での華僑為替の流通禁止処置を採った。これは広東出身者の多いアメリカ・カナダなどアメリカ洲の華僑にとって苦痛であり、華僑家族への為替送金は悲願であった。ただし、華僑が蔣介石や国民政府外交部、財政部、および国家四大銀行の一つで外国為替担当の中国銀行を非難しても、相手が英・米・カナダ・オーストラリア各政府であり、日本の海外資本完全封鎖という戦時政策の一環であり、活路を見出すことは難しかった。

のみならず華僑為替に関してはもう一つの重大問題があった。重慶国民政府の統治地域における「黒市」（ブラック・マーケット、いわゆる「闇市」）の存在である。例えば、重慶などに流れ込む種々の華僑為替は必ず国民党・国民政府の要人と結びついており、これら要人たちは「黒市」で米ドルの投機により利益を得ている。報告によれば、重慶にある米ドルの「黒市」では、一米ドル当たり法幣一八〇〇元で交換しているが、ニューヨークで官商たちは一米ドルを法幣一〇〇元で取り引きしている。もし彼らが一万米ドルを交換すると、実にその差額は法幣換算で一七〇〇万元の儲けとなる。因みに官価では、一米ドルは法幣二〇元である。こうした「華僑為替不正」に関して重慶当局に以下の幾つかの質問を提起せざるを得ないとした。

①重慶の米ドルのブラック・マーケットは公然たるものとなっている。どうして一米ドルが法幣一八〇〇元に跳ね上がるのか。なお、官営の中国銀行は依然として一米ドルを四〇元で計算している。②中国銀行は華僑家族に為替を引き渡す術がないのに対し、これら「高等難民」は受け取った華僑為替を換金する術がある。国民政府はこれに対していかなる釈明をするのか。③重慶には、それと連繋する機関や人物がいる。あらゆることを統制している国民党当局は、これら火事場泥棒のように華僑を食い物にし、国難に乗じて不正利益を謀ろうとする機関をどうして取り締ま

らないのか。[92] このように、華僑民衆や致公堂の蔣介石・国民党に対する不満は高まる一方であった。

こうした状況下も一因として、致公堂は蔣介石・国民党に不信感を募らせ、次第に中国共産党（以下、中共）支持へと大転換し始めた。中共の董必武が四五年六月五日サンフランシスコで致公堂、憲政党共催の大会において「中国共産党之基本政策」という講演した。その内容が『大漢公報』で一〇回にわたって連載したのもその表れだろう。董必武は中国戦後経済の発展問題に関して、中共の政策を以下のように説明した。

中共は①民主主義的経済を主張しており、大企業、例えば鉄道、水力発電所などは民間に経営する能力がなく国家が経営する。民間資本の経営には奨励と保護を与え、同時に小生産合作社に対してはできる限り提唱と援助をおこない、普遍的に発展させる。土地問題の解決は前人（孫文）の「耕者有其田」の主張が現段階では必要である。とはいえ、当面はまだ減租減息政策を採用する。この他、戦後工業の発展には大量の資本を必要とし、まず国民の投資、および海外華僑の積極的な投資の外、中国政府法令の下で外国資本を同様に歓迎する。②外交関係の問題に関してはソ連との友好関係を改善、強化すべきと考える。それと同時に米・英・仏三ヵ国、及びその他の連合国との関係も改善、増進する必要がある。③少数民族問題に関しては、従来から国内各民族の平等を主張してきた。各少数民族は民族自決権を有すべきである。中共のこれら一切の政策は一つの総目標となっており、独立した民主、自由団結、強大、繁栄の新中国を建設することなのである。抗戦・団結・民主進歩を堅持し、努力を倍増させ、抗戦の最後の勝利を勝ち取り、新中国を建設しよう。[93] いわば資本主義的発展を認め、孫文の「耕者有其田」なども引用するなど、華僑が支持でき得る内容であったといえよう。

『大漢公報』（一九四五年七月二三日）は「専載・・中国之団結民主為日本最大敵人」（『世界日報』から転載）を掲載した。すなわち、毎年「七七」記念に当たり、日本国内ではいわゆる「中国事件」（「支那事変」・盧溝橋事件）を祝っている。ただし、日本の論調は年々異なり、最初は「必勝」を吹聴したが、続いて中国人民の降伏を望んだ。その後、重慶

（国民政府）を相手（対手）にせずとし、南京傀儡政府を全力で支持した。アメリカによる日本大爆撃後、また論調は一変し、西側民主国家に対して「種族（黄色人種と白色人種間の）戦争」を共同でおこなうことを直接重慶当局に呼びかけた。すなわち、国共両党に対して「連合戦線」を結成して「アメリカ帝国主義への抵抗」を呼びかけたのである。かくして日本は中国の独立を助けることができるとし、「日中和平」などという。これに騙されてはいけない。そして、日本が忌み嫌うことは「実際上の中国が団結し、民主を実現することである。おそらく中国が一旦民主を実現すれば、日本帝国主義に対して死刑を宣告することを意味する」[94]、と。米ソの矛盾、国共矛盾などを乗り越えて団結することこそが、日本の分裂策謀を失敗させ、敗北させることになるとした。

四五年八月一三日には、『大漢公報』で健筆を振るった公洪は以下のように断じた。「倭賊」（日本）の投降は時間の問題であり、二、三日以内である。祝賀方法であるが、総領事館がすべての華僑団体を招集して「華僑慶祝連（合）軍抗戦勝利籌備委員会」を成立させることはすでに決定した。正式な日本の投降を待って、その後、二日間は中華街で自由に祝う。三日目は中華街の商店などは一斉休業とし、大規模なパレード、戦勝大会を開催する。当然のことながら、花車を出し、音楽社による演奏、各体育会による武術、婦女会や男女青年会による演芸などをおこなう。これらはバンクーバー市政府と協力しておこなう[95]。

かくして、中国抗戦勝利・日本敗戦が確定すると、『大漢公報号外』には「ワシントン一四日電」としてゴシック体の「日本投降」の大文字が踊り、そして、「世界は和平を回復した」と報じた[96]。こうして、バンクーバーを始め各都市華僑も盛大な「抗戦勝利慶祝大会」を挙行した。

おわりに

以上のことから、以下のことが明らかになった。

第一に、西安事変の際、当初、カナダ華僑は蔣介石を拘禁した張学良に対して対日統一・団結を破壊するとして不満を募らせ、蔣解放を喜んだ。そして、蔣の下で団結すること以外に選択肢はないと考え、抗日戦争後、蔣・国民政府支援に全力をあげるのである。とはいえ、盧溝橋事件以前、対日不抵抗、「安内攘外」論を推進した蔣に対して辛口の批評をし、今後は国内紛争を押さえ、統一して抗日することを望んでいる。なお、張学良の行動がむしろ国共対立を阻止し、中共を含めた形での統一と抗日を目指したものであったことを理解することになる。

第二に、カナダ華僑はすでに一九三〇年代の満洲事変、第一次上海事変における蔡廷鍇らの抗戦などに注目し、盧溝橋事件以前から日本の侵略動向に反対し、中国支援を展開していた。盧溝橋事件後、抗日救国運動をさらに活発化させるが、広東出身者が多いカナダ華僑にとってとりわけ故郷である広東の状況を重視した。したがって、『大漢公報』も「広東新聞」という特別欄を設け、逐一それを報道した。日本軍による侵略、残虐行為が明白になるにつれ、カナダ華僑の献金や公債購入運動が活発化したことは疑いえない。そして、これら運動は盧溝橋事件直後から白人労働者なども巻き込み活発化した。

第三に、上述のように団結して一枚岩にも見える抗日運動であるが、実際はその内部で対立・抗争が生じていた。団体間、階級・階層間、地域間、支援対象、献金の扱い方、および権力闘争など多種多様の原因があった。一つの大きな核となって抗日救国運動を強力に推進したのが、洪門系の致公堂・達権社である。だが、この中でも旧幹部を擁する達権社と、致公堂本部との軋轢があり、また地域別の抗日救国運動の限界から、必然的に「連合」、「統合」、「統一」を目指す動きが出てきた。ここでも、どこが権力を握るのかで混乱・紛争が生じている。なお、この紛争には献金・公債問題とも絡んで、汪精衛派の存在も否定できないが、むしろ国民党と致公堂との対立があった可能性が強い。したがって、国民政府僑務委員会による華僑団体の「統一」・「統合」・「健全化」を推進するが、それは国民党の上意下達、一元化を期すものであり、国民党の意に沿わない汪精衛派のみならず、第三勢力の致公堂、中共を包括する他党、他組織排除に繋がる可能性があった。

第四に、広東省における華僑の故郷への為替送付問題である。香港陥落を契機として為替送付が難しくなり、その後も悪化を辿り、華僑献金を送付できない状況に陥った。この問題は米・英・カナダ・オーストラリアが日本を有効に経済封鎖する戦時政策とも絡んでおり、いわば国民政府とこれら各国政府との間の外交交渉に頼らざるを得ない面があり、華僑の力だけでは為す術がなかった。そこで華僑は外国為替担当の中国銀行を突き上げ、さらに外交部を通して国民政府に要求する形をとった。外国為替問題はそれに留まるものではなく、形式的為替レートと実質的為替レートの間には極めて大きい差があり、それを利用する形で重慶国民政府・国民党内の一部官僚、官商、富裕者が利ざやを稼いでいると非難した。『大漢公報』は、それを重慶国民政府は厳正に取り締まるべきことを要求したのである。そして、こうした不満も一つの大きな要因として、致公堂などは国民党支持から中共支持へと大転換していくことになる。

第五に、第二次世界大戦期、カナダは中国とともに連合国に参加した。カナダ国籍華僑の大部分は参加しなかったけれども、一部は徴兵に応じてカナダ軍の兵士として参戦した。一部だけとはいえ、カナダで高い評価を受け、華僑の各種権利獲得に有効に働いた。四六年、中国・カナダ新条約を締結した際、ビクトリア華僑は「カナダ対華移民苛例取消委員会」を新設、またトロントでは、「人民平等請願団」が組織された[(97)]。各都市華僑は「七七抗戦死難軍民」追悼会を開催し、また大戦参加の華僑退伍軍人を招待して会を開催した。かくして、四七年には、中国人移民制限律は廃止され、アジア人移民律で処理され、カナダ国籍取得の華僑の妻子は入国できるようになった。ただし、これ以外の一般中国人の移民は相変わらず禁止され続けたという[(98)]。

なお、八年抗戦中、カナダ華僑による中国財政への貢献は大体五〇〇万米ドル以上となる[(99)]。バンクーバー華僑だけで戦争救済として計一〇〇万カナダドルを送付した[100]。ビクトリア華僑は各華僑団体が自発的に国民政府に送った外、救国会の手を経て募金され、中国に送った額は約七五万カナダドルである。モントリオールでの華僑献金は四〇万元余となった[101]。この他、各都市の中華会館、華僑団体が直接、国民政府に対し送った難民救済金、および救国公債購入をおこなった。これら断片的な統計数字しかなく、かつカナダドル、米ドル、法幣の為替レートを考慮に入れる必要がある。だが、本章では、遺憾ながら詳細な統計表を作成するには至らなかった。

註

（1）戊戌政変により康有為は日本に逃亡後、アメリカ大陸に向かい、カナダのビクトリアに上陸した。その時、中国移民通訳事務・李夢九（番禺出身）が世話をした。康は数ヵ月滞在したが、多くの華僑が国家の大事がわからないとして、「保商会」設立を交渉した。だが、華商たちは地方政府と法律の保護があるとし、熱心ではなかった。また、康は孔聖会設立を提起したが、華僑の多くは労働者階級出身者で、識字者は少なく、孔子に関心を示さなかった。その後、康は華僑が功名心の強いことに気づき、戊戌政変の経過を説明し、光緒帝救出に成功すれば、論功行賞の対象となると説いた。予測通り華僑は動きだし、「保救大清光緒皇帝会」（略称は保皇会）を成立させた。ビクトリアにまず保皇会を創設したのを皮切りにカナダ各地に分会、さらにアメリカ各地にも設立した。光緒帝死去後、「帝国憲政会」と改称、一九一二年中華民国が成立すると、再び「国民憲政会」と改称、その後、民憲党と称した（呉尚鷹編著『美国華僑百年紀実』嘉羅印刷有限公司（香港）、一九五四年、四九九頁）。バンクーバー華僑と辛亥革命の関係は深く、孫文が一九一一年に初めてバンクーバーに来て洪門致公堂と結びついた。当地の『大漢日報』（『大漢公報』の誤り？）は致公堂が経営しており、革命党員の馮自由が編輯を担当していた。これが孫文のバンクーバー訪問の媒介となった。孫文は致公堂の「反清復明」と中国同盟会の「排満革命」は元来同一の趣旨と説得し、致公堂の熱烈な物心両面の支持を得た（呉尚鷹編著、同前、四九九頁）。

（2）カナダ華僑の起源、およびその後の推移について簡単に書いておきたい。一九〇三年より中国移民は人頭税「五〇〇元」

（カナダドル？）を納めるとカナダに入国できた。中国人が一九世紀末にカナダのブリティッシュ・コロンビア州に至った時、ビクトリアに通商港、市場が開発され始め、ハドソンベイ会社が当地を拠点としたため、華僑を含め人口が集中した。それ故、ビクトリアがカナダ華僑の発祥地と称されるのである。この後、バンクーバーが次第に発展し始め、その規模はビクトリアを抜き、人口も数倍となった。中国移民で学生資格者は制限を加えられず入国でき、一年間で卒業できれば、税金が返還された。この法律の施行後、多くの中国移民が押し寄せた。一三年同法律が執行停止になり、中国移民は完全に入国を禁止された。二四年になると、カナダ政府は中国移民新律を施行し、さらに制限を厳しくした。ただし官吏、観光客、学生、宣教師のみは入国を許可された。この時、留学生も政府認可大学への進学者だけが許可されることになった。認可大学はトロント大学、ブリティシュ・コロンビア大学、モントリオールのマギル大学（McGill University）、および数州に公立大学、キリスト教会設立の大学院などだけであった。その結果、中国人学生は多くなく、各大学卒は僅かに二、三百人だけに過ぎなかった（呉尚鷹編著、同前、四九四、四九六頁）。ここで華僑の職業を見ると、大多数が農業・工業での雇用労働者で、例えば、機器工場、材木工場、漁業・缶詰工場の労働者、クリーニング、料理屋、衣服店、ホテルの従業員、農作物販売、および家事手伝いなどであった。ビクトリアとバンクーバーには中華街があり、居住華僑は三〇〇〇人を越え、多くは商売をしており、華僑が自ら用いる食料品・雑貨・日用品を扱う（呉尚鷹編著、同前、四九八頁）。

（3）なお、ここでは一九三七年七月盧溝橋事件から太平洋戦争を経て四五年八月中国勝利・日本敗戦までの期間にも言及、もしくは触れている研究や著作をとりあげたい。①Adrian Ma, *How the Chinese Created CANADA*, Dragon Hill Publishing Ltd. 2010は、インターネットや聞き取りなどにより執筆した一般書と見なせる。その視点は一七八八年に初めて中国人がブリティシュ・コロンビアに到着して以降、華僑は金鉱採掘、鉄道建設、および人頭税面で貢献したが、移民排斥法には苦しめられた。いわば華僑が種々の困難を乗り越え、いかにカナダ建設に貢献したかを強調する。②Lisa Rose Mar, *Brokering Belonging: Chinese in Canada's Exclusion Era, 1885-1945*. UNIV of TORONTO PRESS, 2010は、中国人「仲介人」の存在に着目し、それが白人社会との媒介としての役割を果たした。第二次世界大戦前、ほとんどの中国人は選挙権がなく、不法移住であった。大戦後、カナダ政府の戦争政策は華工に対して公式、非公式に労働を強いることであった。華工はその機会を活用し、カナダでの権利拡張に奮闘した。そこで、「仲介人」は移民排斥法をすり抜ける形で、カナダ社会に対する必要な代理人としての役割を担ったとする。③Wing Chung Ng, *The Chinese in Vancouver, 1945-80: The Pursuit of Identity and Power:* University of BritishColumbia（UBC）Press, 1999は、戦後のバンクーバーにおけるチャイナタウンの推移、アイデンティティの確立、および権利獲得について論じる。④Kay J. Anderson, *Vancouver's Chinatown: Racial Discourse in Canada, 1875-1980.* McGill-Queen's University Press, 1991は、バンクーバーのチャイナタウンにおける華僑の職業、実態、特色を押さえながら、白人、もしくは白人社会との関係を差別をも含め、その変遷を述べる。特に太平洋戦争以降のチャイナタウンを論じ、中国抗戦の重要な意義を白人社会も認め、特に四三年以降、白人も中国救済基金に参加し、融和が一挙に進んだ。⑤Judy Maxwell, *A CAUSE WORTH FIGHTING FOR: Chinese Canadians DebateTheir Participation in the Second World War.* UBC 2005は、バンクーバーやオタワ在住の華僑に対する聞き取りにより、第二次世界大戦期の情況を解明しようとした。それによると、太平洋戦場での日本軍との戦いが白人と華僑との協力関係を促進したとする。⑥Paul Yee, *SALTWATER CITY: An Illustrated History of the Chinese in Vancouver.* Douglas & McIntyre Ltd, 2006は、バンクーバー華僑（特に現地生まれ）に焦点を合わせ、写真も多用し、中国やカナダ政府への支援などを紹介し、戦う大きな目的の一つがカナダでの市民権・参政権獲得であったとする。なお、三七年バンクーバーには一〇の華僑学校があり、約七〇〇人の生徒が学んでいた。それに中国人「公立」（私立？）学校が華僑父母団体の出資、「フリー・メイソン」（この場合、致公堂を指す）、キリスト教会によって運営されていた。教師は排斥法規定から免除されて中国からカナダに入国、雇用されたとする（Paul Yee, op.cit. p.89.）。その他、バンクーバー以外では、⑦Chad Reimer, *CHILLIWACK'S CHINATOWNS:* a history, CCHSBC etc., 2011がある。これらの研究のほとんどがバンクーバーを対象とし、初期における華僑のカナダ建設への貢献が述べられる。以上のように、移民排斥法や差別の問題を軸に論じ、第二次世界大戦期にカナダも中国も連合国に参加したことで、華僑と白人の融和が促進され、後の移民排斥法の廃止に繋がり、また各種権利を獲得したことが強調される。

では、本章とこれらの著作、研究との違いは何か。私の場合、①バンクーバーを主要対象とはするが、他都市の華僑動態にもできる限り着目した。アプローチの仕方は、②現地の華僑のみならず、日中戦争や中国内の歴史的動向を常に念頭に置いていること、③華僑の団結のみならず、華僑内における党派争い、もしくは権力闘争を意識的に掘り下げていること、④国民党のみならず、南京汪政権、中共、そしてアメリカ洲で勢力が強い第三勢力の致公堂を重視していることなどがあげられよう。⑤使用史料の差異としては、上述の研究が華僑への聞き取りやカナダの大学図書館、アーカイブスなどの華僑関係史料、檔案を中心に論じているのに対し、私は台湾の国史館、中央研究院近代史研究所檔案館各所蔵の国民党関係檔案、およびカナダで華僑・致公堂が出していた新聞『大漢公報』などにより解明した点があげられる。なお、私が華僑史研究で一貫して重視してきた華僑学校教育については史料不足から、本章では遺憾ながらとりあげることができなかった。

（4）李東海「加拿大華僑対抗戦之貢献」、華僑協会総会『華僑与抗日戦争論文集』下冊、海宇文化事業有限公司（台北）、一九九九年、四七一頁。以下、李東海①。

（5）李東海『加拿大華僑史』加拿大自由出版社、一九六七年、四三五頁。以下、李東海②。本書の取次販売店はバンクーバーの『僑声日報』とともに、トロント『醒華日報』となっており、カナダ華僑からの視点があるとはいえ、原則的に国民党の立場に立って記述されたものと見なせる。

（6）李東海②、四九八頁。

（7）李東海②、四六二～四六三頁。なお、ビクトリア華僑人口は一九三一年頃、約「三〇〇〇人」とされる。

（8）李東海②、四九八頁。

（9）李東海①、四七一頁など。

（10）李東海②、四九八頁。

（11）「時評・蔣張将来之我見」『大漢公報』一九三六年一二月一六日。なお、本章ではブリティッシュ・コロンビア大学アジアセンター所蔵のマイクロフィルムを使用している。『大漢公報』の英名は“The Chinese Times”である。

（12）『大漢公報』一九三六年一二月二六日。

（13）「言論・所期望於介石者」『大漢公報』一九三六年一二月二九日。

（14）孤凧「最後犠牲抵抗」『大漢公報』一九三七年七月一三日。

(15)「本埠新聞：我国領事館官電照録」『大漢公報』一九三七年七月二九日。なお、これ以降、頻繁に出てくる中国語の「新聞」とは周知の通り「ニュース」という意味である。
(16) 瞻吉「評論：海外華僑与粤省空防」(1)、『大漢公報』一九三七年一二月七日。
(17)「広東新聞：華僑抗敵会通電呼吁」『大漢公報』一九三八年六月三〇日。
(18) 篤公「言論：広東人応下最後決心」『大漢公報』一九三八年七月七日。
(19) 譚維漢「論説：団結華僑的力量」(1)(4)、『大漢公報』一九三八年六月一五日、六月一八日。
(20)「全加致公堂第八届懇親大会代表団通告」『大漢公報』一九三七年一二月一五日。
(21)「本埠新聞：洪門大会盛況」『大漢公報』一九三八年五月一二日。
(22)「祖国新聞：晉洪門紅鎗会奇襲南宮」『大漢公報』一九四〇年六月二七日。
(23)(24) 李東海②、四九九頁など。
(25) 加拿大温哥華中華民国国民抗日救国総会宣伝部「専載：『七七』抗戦建国三週年紀念告僑胞書」『大漢公報』一九四〇年七月四日。
(26)「特載：中央政府不忘洪門功績―宋子文認洪人愛国勇躍購償―」(2)、『大漢公報』一九三八年五月一二日。
(27)「本埠新聞：抗日会交来電稿照録」『大漢公報』一九三七年七月一四日。
(28)「雲埠全体華僑大会情形」『美洲国民日報』一九三七年七月二五日。
(29)「雲埠中華会館之歓宴」『美洲国民日報』一九三七年七月二六日。
(30) 李東海①、四七二～四七三頁。なお、四四年に同組織は義捐救国会に再び改名。
(31)「本埠新聞：救済傷兵難民売茶会訊」『大漢公報』一九三七年一一月一九日。
(32)『大漢公報』一九三七年一一月一九日。
(33)「本埠新聞：抗日総会又発縁部捐款」『大漢公報』一九三九年一月二四日。
(34)「拒日総会紀念『一二八』」『大漢公報』一九三九年一月三〇日。

(35)「中華瓜菜商賑難宣言」『大漢公報』一九三九年一月三〇日。
(36)「基督青年会捐款建楼訊」『大漢公報』一九三九年一月三〇日。
(37) 李東海①、四七二頁。
(38) 呉尚鷹編著、前掲書、五〇〇～五〇一頁。
(39) 李東海①、四七三頁。
(40)「留学生会演講抗日救国」『美洲国民日報』一九三七年七月二五日。
(41) 李東海①、四七三頁。
(42)「各埠新聞：点城華僑開『七七』紀念」『大漢公報』一九三八年七月一一日。
(43)「本埠新聞：列必珠中西人抵制賊貨」『大漢公報』一九三七年一二月六日。
(44) 蕭莫漢「言論：我国勝利就在目前」(1)、『大漢公報』一九四〇年六月八日。
(45)「僑務委員会訓令―事由：據報汪逆派党羽往海外活動在加拿大組織汪精衛総幹部私籌款接済煽惑僑胞等語合行令仰知照注意防密査具報由」第二五四六号、一九四〇年六月、国民党中央党史委員会（台湾）所蔵。
(46)「本埠新聞：我国領事館之戦情報告」『大漢公報』一九三九年一月四日。
(47)「本埠新聞：中華会館反対議和公電」『大漢公報』一九三九年一月四日。
(48)『大漢公報』一九三九年一月四日。
(49) 馬求徳「言論：汪氏媚賊求和之可憐」『大漢公報』一九三九年二月一日。
(50)「重要電報：倭欲対華和議近訊」『大漢公報』一九四一年九月一七日。
(51) 国史館（台湾）国家檔案 05000-0670.08-2217　外交部「僑務糾紛案」(1939.5-1941.5) 所収、駐温哥華領事館→外交部「密・温28字第330号」一九三九年九月二九日。
(52) 国史館国家檔案 05000-0670.08-2217　外交部「僑務糾紛案」(1939.5-1941.5) 所収、「域埠（ビクトリア）華衆清査華僑拒日救国会・公債支会・華北傷難救済会委員会職員名単」の「埘抄域埠清査委員会来呈一件」一九三九年一二月一六日。

(53) 国史館国家檔案 05000-0670.08-2217 外交部「僑務糾紛案」(1939.5-1941.5) 所収、中国国民党中央失効委員会海外部長呉鉄城→外交部「為據駐加拿大同志建議調解域多利華僑勧募救国公債会糾紛業意見請転飭駐雲領事館酌量辦理」一九四〇年五月二九日。

(54) 国史館国家檔案 05000-0670.08-2217 外交部「僑務糾紛案」(1939.5-1941.5) 所収、駐温哥華(バンクーバー)領事館→外交部「制止華僑糾紛以免阻礙募捐情形、呈請鈞察、並懇将旅費、准予賜撥由」一九三八年一〇月二九日。

(55) 国史館国家檔案 05000-0670.08-2217 外交部「僑務糾紛案」(1939.5-1941.5) 所収、駐温哥華領事館領事保君皋(白編に皋)→外交部部長・次長(一九三九年六月?)。同前「僑務糾紛案」(1939.5-1941.5) 所収、加拿大亜省華僑拒日救国連合総会常務委員何井立(一九三九年一二月二七日)。

(56) 国史館国家檔案 05000-0670.08-2217 外交部「僑務糾紛案」(1939.5-1941.5) 所収、「満城僑団紛糾及調解経過述略」『第31号報告—僑務門第4号—』(一九四〇年四月一〇日?)。

(57) 「全加致公堂第八届懇親大会代表団通告」『大漢公報』一九三七年一一月九日。

(58) 国史館国家檔案 05000-0670.08-2217 外交部「僑務糾紛案」(1939.5-1941.5) 所収、「満城僑団紛糾及調解経過述略」『第31号報告—僑務門第4号—』(一九四〇年四月一〇日?)。

(59) 「重要電報・美倭戦争恐難避免」『大漢公報』一九四一年一一月一三日。

(60) 李東海②、四九九頁。

(61) 「專載・全美洲洪門総幹部擁護美国抗戦電文」『大漢公報』一九四一年一二月一八日。

(62) 洪公「太平洋戦事之我観」『大漢公報』一九四一年一二月一〇日。

(63) 「本埠新聞」『大漢公報』一九四一年一二月一〇日、一二月一二日。

(64) 「本埠新聞」『大漢公報』一九四一年一二月一二日、一二月二六日。

(65) 「本埠新聞・抗日救国総会通告照録」『大漢公報』一九四一年一二月一二日。

(66) 「本埠新聞・達権社紀念之盛況」『大漢公報』一九四一年一二月二六日。

(67) 朱今石「元旦三祝」『大漢公報』一九四二年一月三日。
(68) 祖淩雲「温哥華華僑参加抗日空軍人員簡介」、華僑協会総会『華僑与抗日戦争論文集』下冊、海宇文化事業有限公司（台北）、一九九九年、四七五頁。
(69) 祖淩雲、同前論文、四七七頁。日本敗戦後、官校は杭州で再建され、陳籍康はAT17機を操縦、同機グループ先導した。一九四九年空軍官校は杭州から台湾の岡山に移り、特察室主任に昇格。一九六四年中国空軍を退役し、バンクーバーに戻り、同地区の国民党常任委員などを歴任した。
(70) 李東海②、四九九頁。
(71) Judy Maxwell, op.cit, pp.40-41.
(72) Kay J.Anderson, op.cit, p.171.
(73) (「本埠新聞：一華人士生投軍之英知」『大漢公報』一九四一年一二月一三日)
(74) Paul Yee, op.cit, p.110.
(75) Lisa Rose Mar, op.cit, pp.127-128.
(76)「国民外交之重要性」『大漢公報』一九四二年一月八日。
(77) 李東海②、四九九頁。
(78) 李東海②、五〇〇頁。なお、当時劉師舜はカナダ西部に行き、僑務を視察した。国民参政員の鄺炳舜もカナダを訪問、「双十献金救国運動」を発動している。
(79) 然（?）犀「来論：為歓迎蔣宋夫人之感想及希望」『大漢公報』一九四三年五月一日。
(80) 洪公「言論：歓迎蔣委座夫人之希望」『大漢公報』一九四三年六月一六日。
(81)「本埠新聞：中華婦女会致電蔣夫人」『大漢公報』一九四三年六月一七日。
(82)「本埠新聞」、「各埠新聞」『大漢公報』一九四三年六月一八日。
(83)「加拿大放棄在華特権」『新華日報』一九四四年四月一六日。

(84)「駐雲哥華加拿大華僑勧募救国公債総分会中華民国三十二年第六届職員表」『大漢公報』一九四三年六月一七日。なお、『大漢公報』は繰り返し「聯同一致抗敵」という広告を掲載し、勝利公債の説明を加えている。勝利公債は契約期間がカナダで認められており、公債の元金と利息を現金で償還する。年利息は三厘であり、半年毎に支払われる。このように、戦利公債はカナダで最も安定した投資である。勝利公債は動産であり、その他の抵当品に比して現金兌換がかなり容易である。公債購入弁法には、勝利公債は五〇元、一〇〇元、五〇〇元、一〇〇〇元、およびそれ以上に区分され、各人が購買能力に応じて購入すればよい。販売推進員、銀行、信託公司、あるいは当地の勝利公債総弁事処で購入できるとする。つまり献金とは異なり、公債は利殖になると宣伝していた。ただし、それらが書かれていた通り、戦後正当に、もしくは部分的にしろ返還されたか否か不明である。

(85)駐雲中華民国国民抗日救国総会「『七七』抗戦建国紀念敬告僑胞」『大漢公報』一九四三年七月七日。

(86)「当近華僑拒日救国会為七七紀念告所属僑胞」『大漢公報』一九四三年七月七日。

(87)「中国航空建設協会加西直属支会通告」『大漢公報』一九四四年五月一三日。

(88)「温哥華清韻音楽社為『救済祖国傷兵難民』演劇募捐宣言」『大漢公報』一九四四年五月一一日。

(89)中央研究院近代史研究所檔案館（台湾）所蔵461-2-000「外交部檔案」、中国外交部『加拿大捐贈』（一九四三年一二月）、駐温哥華総領事厲昭→外交部「呈報援華会籌款経過由」一九四三年一〇月一三日。

(90)「本埠新聞・駐温総領事館通告」一九四四年五月五日、『大漢公報』一九四四年五月五日、五月六日。

(91)国史館所蔵0670-3877-01-01『国家檔案』「淪陥区僑匯向各国政府交渉」(1943.9.16～1944.10.5)、中国銀行総管理処→外交部「関請向英美加交渉開放僑匯事」一九四四年四月四日）（国史館所蔵0670-3877-01-01『国家檔案』「淪陥区僑匯向各国政府交渉」(1943.9.16～1944.10.5)、中国銀行総管理処→外交部「関後関於由美匯至国内陥落区匯款事」一九四四年四月一二日。

(92)「来論・請僑胞注意僑匪的舞弊（美国老華僑）」『大漢公報』一九四五年七月一三日。

(93)董必武「特載・中国共産党之基本政策」(10)、『大漢公報』一九四五年七月一八日。

(94)「専載・中国之団結民主為日本最大敵人（『世界日報』から転載）」『大漢公報』一九四五年七月一二日。

(95) 公洪「倭賊投降消息」『大漢公報』一九四五年八月一三日など同日記事。
(96)『大漢公報号外』一九四五年八月一四日。なお、四五年には、抗戦末期と考えられるが、僑務委員会の視察専員陳立人、抗戦勝利後、宋子文が行政院長としてカナダを訪問している（李東海②、五〇〇頁）。
(97) 李東海②、五〇〇頁。
(98) 呉尚鷹編著、前掲書、四九四～四九五頁。
(99) 李東海①、四七四頁。
(100) Paul Yee, op.cit. p.109.
(101) 李東海①、四七二～四七三頁。

第三部　汪精衛・南京傀儡政権と華僑

はしがき

第三部第八章、第九章で主要に使用する新聞史料は、「中華民国維新政府」（以下、維新政府）、さらに汪精衛「中華民国国民政府」（南京汪政権、もしくは「国民政府」と「」を付す）の統治区で出された『南京新報』・『南京民国日報』、および『中華日報』である。このように、国民党や中国共産党（以下、中共）側の史料を用いて汪精衛の南京傀儡政権（以下、南京汪政権と略称）を非難、もしくは批判的に検討するのではなく、南京汪政権側の史料も緻密に読みとり、検討する。なぜなら、従来の非難を前提に組み立てられる国民党、中共系史料では、南京汪政権への批判を急ぐあまり、限界の部分のみが着目される。他方「対日協力政権」とする現在の研究傾向では、どちらかと言えば好意的に見ようとし、メリットのみが強調され、もしくは誇張される可能性が強いからである。この双方の研究とも実態、本質を明らかにできない。

では、南京汪政権側の新聞史料を用いることのメリットとデメリットを明確にしておきたい。とりわけ傀儡政権史研究では、史料評価・史料批判が肝要である。なぜなら戦時下で政治宣伝の厳しい時期であり、傀儡政権下における新聞の誇張した宣伝、統制された記事を鵜呑みにすると、歴史的な事実からかけ離れてしまう危険性があるからである。それ故、まず検閲制度の仕組みを問題にすると、①検閲主体は何か、②日本側の意思、傀儡政権側の意思、新聞社の意思、および記事掲載の個人の意思がどのような形で貫徹されるのか否か、③どの部分は検閲され、もしくは検閲を逃れるかなどが重要問題として浮上する。また、他の新聞史料にも共通することだが、新聞史料は全体の流れ、特に時々刻々と変化する状況を理解し、後づけるのに重要な史料である。とはいえ、その背景にある政権内部の派閥動向・論争・対立、およびそれとの関連で政策決定過程を類推はできても、直接読みとることは困難な面がある。そこで、さらに追究する上で、本章では『汪偽政府行政院会議録』（復刻）などを重視した。

では、ここで検閲制度と本章使用の新聞史料の特質・位置づけを可能な限り明らかにしておきたい。一九三八年三月梁鴻志の維新政府が南京に成立すると、五月九日同「行政院」宣伝局は最高宣伝機関として、①図書・新聞・雑誌の管理、②国内一切刊行物の指導統制、③国外重要情報の収集、④演劇・映画などの指導と検閲、⑤放送・講演・宣伝を管掌した。三九年三月「行政院組織法」が修正されたが、宣伝局の②③は重視された。ところで、維新政府成立直前の三八年二月、上海に中華連合通訊社（以下、「中連社」と略称）が創立された。「中連社」とは何か。その「章程」（三九年一二月公布）第二条には、「本社ハ維新政府ノ機関通信社ニシテ、維新政府ノ国策、政綱、及新東亜建設方針ニ基キ、正確公平ナル『ニュース』ヲ蒐集編輯シ、之ヲ中国内各新聞社、及其他報道機関ニ通報スルヲ目的トス」とあり、いわば官制記事の配給機関である。また、江蘇・浙江・安徽三省に設立の各新聞社を改組・調整・集中し、政府の宣伝外郭機関として「中華報業連合社」を組織する計画であった。そして、言論統制のため「中連社」は「報業連合社」と共同歩調を採ることになっていた。そして、中央では宣伝局と日本軍報道局と緊密に連繫し、地方では県公署、日本特務機関など、日本と一体化して検閲をした。だが、上海では、四〇年宣伝局が「検査新聞暫行標準規則」を制定した結果、政治・産業は省政府が、治安報道面は日本特務機関か警備部隊が検閲を分担することとなり[1]、これは南京汪政権の成立後、その統治下に全体に普遍化した可能性が強い。

では、まず第一に『南京新報』（三八年八月一日創刊）はいかなる新聞で、どのような位置づけにあるのか。華中の新聞三〇余紙は政府・各県公署によって発刊され、「中央紙」、「地方中央紙」、「地方紙」の三種に分けられる。①「中央紙」は『南京新報』、および将来創刊予定の『上海新報』、②「地方中央紙」は重要都市の蘇州・杭州・蚌埠の各『新報』、③他は「地方紙」とする。元来華中を南京・上海・蘇州・杭州・蚌埠を「五新聞管区」とし、宣伝局直営として専門駐在員を常駐させ、諸新聞育成に努める計画であった。だが、『上海新報』が未刊であり、蚌埠も独立管区を形成できず、南京管区に含めざるを得なかった。したがって、『南京新報』は唯一の「中央紙」で、三九年九月には発行部数一万三〇〇〇部を越え、徐州・済南・青島・天津などにまで専売店が増大した(2)。かくして、『南京新報』は維新政府のみならず、日本の統制を受けながらも、その延長線上で南京汪政権の統治下を網羅し、その正式な意思を代弁し、宣伝する新聞となった。確かに「中連社」配給の記事も少なくない。ただ軍事・治安関係の記事には日本軍が検閲に強権を発揮したが、経済・華僑関係記事の検閲は、維新政府以上に力量を有す南京汪政権がある程度以上の力を持ったと見なせ、基本的事実のみならず、日本が不満を持ちそうな見解も掲載し、南京汪政権の政策、考え、言動を知る上で看過できない最も基本的な史料となる。結局、『南京新報』を国民党系の主要新聞名『民国日報』南京版（以下、『南京民国日報』）に改名したことからも、南京汪政権地区の柱となる最大の新聞にしようとする意気込みが感じられる。なお、管見の限り、重慶に対抗する形で『中央日報』を出すまでには至らなかった模様である。では、第二に『中華日報』とはいかなる新聞か。これは社長林柏生の強い影響下にあり、三二年一月上海で創刊された。四月林は僑務委員会常務委員に就任している。盧溝橋事件（七・七事変）後、『中華日報』が停刊すると、林は国民党中央香港特派員となった。三八年一二月汪精衛のハノイ脱出に同伴。三九年八月汪が上海で開催した「国民党」六全大会で中央執行委員、中央宣伝部副部長に選出された。九月上海で『中華日報』が復刊すると、社長に再び就任。南京汪政権の成立後、宣伝部長に就任した(3)。このように、林自身が海外や華僑との関係が深く、僑務経験もあり、かつ宣伝畑を歩いてきた。そのため、『中華日報』は宣伝部分があるとはいえ、具体的で充実した記事・論評も多く、南京汪政権下の華僑問題はもちろん、特に上海については『南京新報』よりも詳細、かつ具体的な記事を掲載している。なお、『中華日報』創刊一〇周年記念に、中委陳璧君らが祝電を送っていることからも(4)、南京汪政権での高い評価を窺わせる。なお、『上海新報』は発刊されず、『中華日報』にその役割を肩代わりさせた可能性がある。

以上のように、検閲制度を意識しながら、首都南京を基盤とする『南京新報』・『南京民国日報』と上海基盤の『中華日報』を組み合わせ、他史料で補強すると、南京汪政権下の華僑政策と華僑の実態にアプローチでき、かつ南京・上海の両地域から構造的に分析することが可能となる。(5)

註

（1）維新政府『中華民国維新政府概史』行政院宣伝局、一九四〇年三月、六四～七〇頁。

（2）同前、七二～七七頁など。

（3）家近亮子「林柏生」、山田辰雄編『近代中国人名辞典』霞山会、一九九五年、四六五頁など参照。

ところで、一九四二年一〇月一〇日「国民政府」宣伝部長であった林柏生は日本女子大学で女子高等教育と防空演習を視察した後、慶応義塾大学講堂で全学生に「亜洲人之亜洲」という題目で講演している（『南京民国日報』一九四二年一〇月一一日）。林柏生は「新国民運動促進委員会秘書長」の資格で日本における青年指導状況の視察が目的であった。一行は東京市内の各学校、青年学校等を見学し、神宮を参拝、大阪などを経て朝鮮経由で帰国した。なお、慶應義塾大学での講演には小泉塾長を始め、約一〇〇〇人が集まった。

「亜洲人之亜洲」を要約すると以下の通り。

「和平運動」を開始してより四年になり、その間、幾多の同志が犠牲となり、日本の支援を受けたにもかかわらず、「全面的和平」は完成していない。汪精衛は中日関係、東亜の将来について重要なことが三つあるとしている。①英米帝国主義思想の排撃、②共産主義の撲滅、③中日思想の合体である。正直にいえば、中国では欧米依存の民がかなり多いのである。二〇〇年前から欧米文化科学が東亜に流入した。この結果、(イ)欧米人は非常に頭のよい人種である、(ロ)欧米は金持ちで彼らに付いていけば損をしない、(ハ)欧米の個人主義により国家を知らず、欧米のみを知って東亜を知らないという民が増えた。汪はこれらを三つの誤りといい、このため東亜は現在のような悲惨な状況になったのだと指摘する。第1に、日露戦争は意義深く、東亜人が努力次第で白人に決して劣らないとの精神力を与え、「大東亜戦」で黄色人種が遙かに勝っていることを証明した。英米人の経済力は確かに豊かである。しかし、これは植民地人の血と汗の結晶ではないか。我々は三〇〇年来、彼らに侵略され、全東亜の三分の一、人口の四五%が植民地人となり、東亜全資源の三分の一が欧米人のものである。東亜人の半分は英米の「奴隷」であり、欧米人一人に一〇人の奴隷を使っており、内、八人は「同胞」（華僑）である。第2に、共産主義であるが、中小農業者の為とはいうが、実行していることは「殺人」、「強盗」であり、それ故、「反共」の旗を掲げた。第3に、汪の主張する「中日和平」は盧溝橋事件後、開始されたものではなく、国父孫文による中国革命によって開始され、孫文の革命思想である。孫文は「中日合作」による「東亜復活」を叫んだ。日本とは「本当の友」となり、東亜諸民族平和のために、提携べきである。孫文は「対華二十一ヵ条要求」は中国人の対日感情が最悪で、屈辱であったが、孫文は「旧怨」を抱いてはならないといった。日清戦争、「対華二十一ヵ条要求」は中国人の対日感情が最悪で、屈辱であったが、孫文は「旧怨」を抱いてはならないといった。孫文が神戸で「大亜細亜主義」を講演したことは周知の事実である。つまり汪の「和平運動」は孫文の意志を継承したものである。すでに旧来の東亜は過ぎ去った。我々東亜の青年はお互いに「同甘共苦」して「新しい東亜」を建設せねばならぬ（内務省警保局『昭和一七年中に於ける外事警察概況』二八九〜二九一頁）、と。

（4）『中華日報』一九四二年四月一四日。なお、『中華日報』は立命館大学修学館所蔵、以下同じ。

（5）ところで、上海総領事三浦義秋によれば、重慶国民政府が汪派要人に懸賞金をかけているとし、暗殺遂行、逮捕した場合は全額、有効な通報者に対しては半額支給するという。汪精衛・周仏海各一万元、高宗武・褚民誼・梅思平・陶希聖・丁黙邨各五〇〇〇元、林柏生・陳璧君各二〇〇〇元、李士群ら四人各一〇〇〇元などであった（外交史料館所蔵　A6-1-1-8-3　上海総領事三浦義秋→外務大臣野村吉三郎「重慶政府ノ汪派暗殺奨励懸賞賞格規定ニ関スル件」一九三九年一一月四日、『支那事変ニ際シ支那新政権樹立関係一件』第六巻所収）。これが事実とすれば、重慶側の汪派要人に対する評価・重視度が判明する。

第八章　汪精衛・南京傀儡政権の華僑行政と「僑務委員会」

はじめに

抗戦続行のためとはいえ、蔣介石・国民政府が南京陥落後、武漢、さらに重慶へと逃げ込んだことにより、僑務委員会もそれに伴い、重慶へと移動した。その結果、沿海諸都市、特に華僑の出身地である広東、福建両省の主要地域は日本、汪精衛の南京傀儡政権（以下、南京汪政権）[1]の統治下に組み込まれることとなった。このことは、南京汪政権側もそれまで南京国民政府が悩み、心を砕いた帰国華僑の救済問題に直面したことを意味する。南京汪政権は財政難に苦しみながら、かつ僑務機構を再建する必要に迫られた。同時に海外華僑との連絡をとり、蔣介石・重慶国民政府に対抗して、華僑献金を獲得する必要があった。本章の関心は、王克敏の「中華民国臨時政府」（北平・一九三七年一二月。以下、臨時政府）、維新政府、とりわけ両政権を統合した南京汪政権（四〇年三月）の僑務機構、華僑政策に焦点を絞り、その特質、実態を明らかにしながら、歴史的限界のみならず、その意義をも解明することにある。その際、重慶国民政府との共通性や差異も考察する。また、「僑務委員会」[2]（重慶国民政府の僑務委員会と区別するため、「」を付した。以下、同じ）は華僑教育を極めて重視していた。それは何故か。中国人留学生も含めて考察を加えたい。

一　南京汪政権の僑務機構整備と緊縮財政

維新政府は僑務までには手が回らなかったようであり、その位置づけが高いとはいえない。図8―1によれば、確かに行政院内に秘書庁、銓叙局、考試局、統計局、典礼局、印鋳局、および僑務局の六局が設置される予定であった。しかし、一九四〇年二月末段階でも秘書庁と印鋳局を除いて未設で、宣伝局、臨時通済局、戒烟総局が優先的に新設された。行政院下には外交部、内政部、財政部、綏靖部、教育部、実業部、交通部の七部が設けられている。(3) すなわち、維新政府段階では僑務は行政院内の一局に過ぎず、それも未設であり、当時の政治・財政などの緊急問題からかなり後回しされていた。当然、地位的にも外交部、内政部、教育部などとも対等な機関ではなかった。

一九三九年七月一〇日汪精衛は「敬告海外僑胞」をラジオ放送した。要約すると、もし「講和の結果、得るのは亡国条件に過ぎない」というなら、講和は当然意義がない。しかし、今、日本の提出条件は、例えば「睦隣友好・共同防共・経済合作」であり、亡国条件とはいえまい。抗戦すれば結果はどうなるか。できることは遊撃戦を継続することだけである。遊撃戦とは「流寇」のことである。広東は海外同胞の故郷であるが、昨年一〇月周知の如く日本軍が入城した。日本軍の前進は中国軍の襲撃にあわず、蚊の襲撃だけが厳しかった。当時の陣地戦は蚊にも及ばなかったのである。それが一変して遊撃戦となった。失地回復はできるのか。当然できない。戦えるのか。当然戦えない。では、何をしているのか。地方を擾乱し、民衆を殺害できるだけである。軍事委員会委員長の蔣（介石）先生は共産党に従って、「流寇」主義を提唱している。土匪も地方保安隊も遊撃隊に改編し、直系でない正規軍も次第に遊撃隊に改編している。これで抗戦を継続し、最後の勝利も得られるというが、一言でいえば、抗戦不足で国家は亡び、種族が滅んでしまう。海外の僑胞たちは愛国心を持っていることを知っている。だが、遠く海外で聞いていることは事実

図8—1　維新政府組織系統図（1940年2月末）

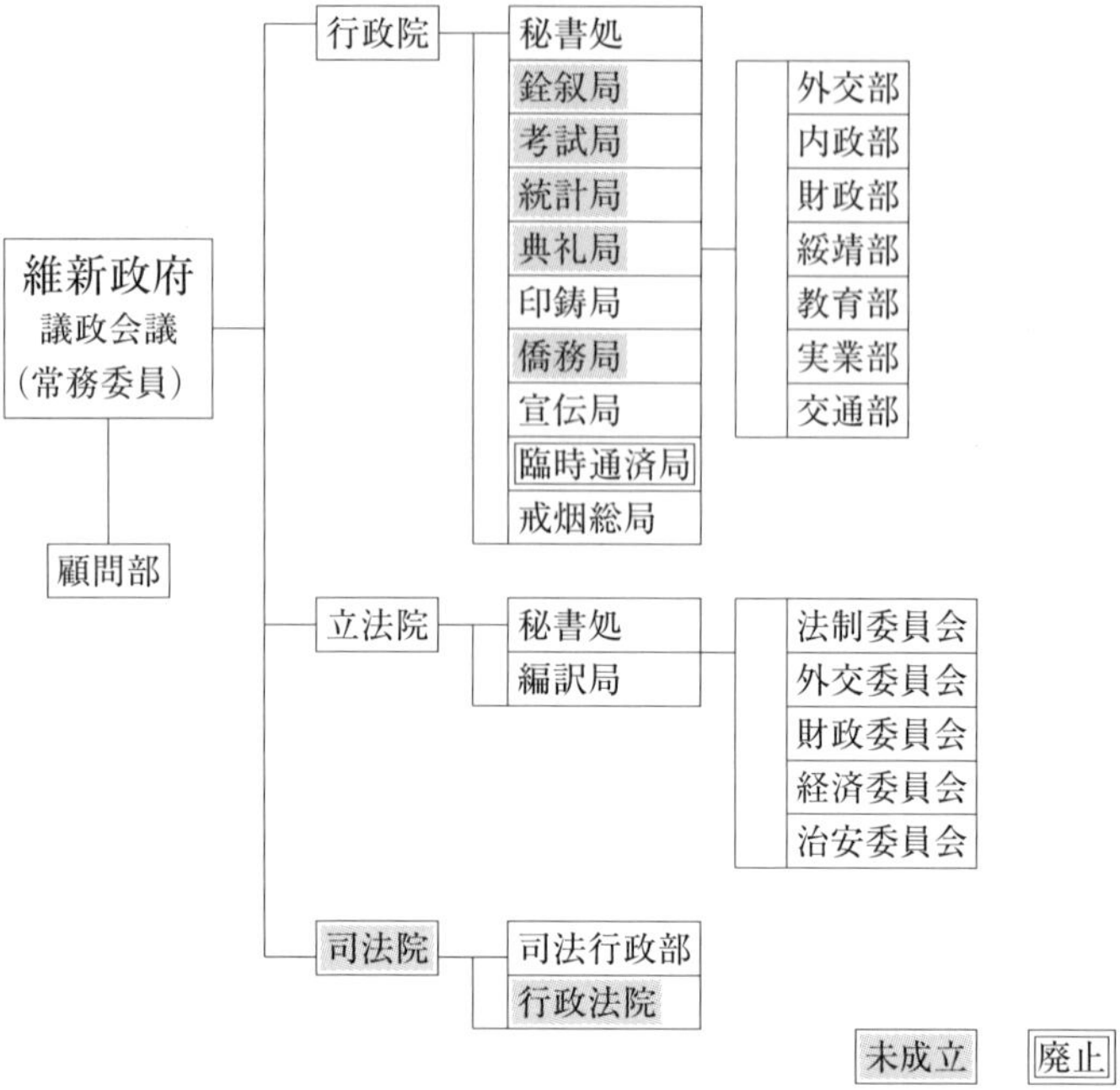

出典：維新政府『中華民国維新政府概史』1940年3月、16～17頁。

ではない。あなた方が全てを知った後、もし救国の途がすでにないのであれば、私はあなた方と共に死ぬ。もし救国の途がまだあれば、あなた方と共に救国の責任を負う[4]、と。

南京汪政権の成立に際し、四〇年三月三〇日「国民政府還都宣言」を発布した。「国民政府は中央政治会議の決議に基づき、南京に還都する。………いわゆる和平実現とは、日本と共同努力し、善隣友好、共同防共、経済提携の原則に本づき、過去の糾紛を排除することを以て将来の親善関係を確立することにある。過去に採った政策、法令でこの方針に反するものはそれぞれ廃止、或いは修正し、務めて主権の独立・自由と行政の完成を獲得させ、併せて経済上で平等互恵の合作を実現することで共存共栄の基礎を樹立する」と述べ[5]、日本との強い協力関係を強調した。同時に出された

「国民政府政綱」では、①対外貿易を振興し、国際収支の均衡を求め、並びに中央銀行を再建して幣制を統一して金融基礎を固める。②「反共・和平・建国」を以て教育方針とし、並びに科学教育を高めるとあり[(6)]、これらは華僑経済、華僑教育と不可避的に連動する。

ところで、南京汪政権の華僑行政は上海華僑招待所の設立から開始された。四〇年四月行政院第二次会議では招待所の経費が議論された。それによると、「和平・反共・建国」運動の理解が不十分ではあるとの認識を示し、だが、「還都」以降、華僑の実業投資や旅行、参観、帰国就学者が必然的に増大している。最近、「台湾華僑」代表団が帰国し、「日本華僑振興会」代表も帰国予定である。それを受けて、上海華僑招待所の開設費（家屋整備・設備備品費など）一万元、毎月経常費（主任三〇〇元、副主任二四〇元、科員二〇〇元、事務員二人で二〇〇元、雑役二人で六〇元、家賃三〇〇元、水・電気一〇〇元、交際費四〇〇元、雑費一〇〇元）計二〇〇〇元と決定した[(7)]。これによると、人員は七人と少なく、また交際費が四〇〇元と圧縮されており、大団体の接待は困難で、また帰国貧窮華僑の救済は不可能であろう。とはいえ、こうした招待所を、南京汪政権としては最初に設立したことに意味を見いだせよう。

四〇年五月五日「僑務委員会」第二次常務委員会議が開催された。出席者は、委員長陳済成、常委顧加保、李仲猷、主任秘書孫育才らであった。陳済成から、①第五次「行政院会議」で龍道孔、張一声ら委員一六名を任命、②日本・朝鮮華僑代表団招待の経過、③「蘭印」からの帰国失業華僑の救済は、すでに僑務管理処で計画的に処理していることが報告された。その後、各委員の意見発表と討論に移り、(イ)「華僑教育暫行実施方案」、(ロ)事変後、新設された各地僑務団体調査、そして、それらへの連絡・指導が論じられた[(8)]。このように、当初から、南京汪政権は台湾・日本・朝鮮各華僑の招待、帰国華僑救済、華僑団体調査、および華僑教育を重視した。

五月一七日「僑務委員会」第一次委員大会では、まず陳済成委員長から会務報告があり、それによると、行政院会議、「僑務委員会」常務会議で討論された重要議案は、「施政大綱」、「華僑教育実施方案」、「華僑教育暫行規程」、「華僑文化団体登記規則」、「僑務団体整理」、「華僑救済」などである。また、台湾・日本・朝鮮各華僑代表団を招待した経過、および上海での失業帰国華僑の調査が報告された。同大会では、以下が討論、採択された。①海外華僑に「国民政府改組」と「還都」の意義を通電し、華僑一致擁護を喚起する案、②広州・汕頭・廈門三僑務局の復活案、③華僑教育設計委員会組織条例案、④「蘭印」などの帰国華僑救済案（招待所での調査・登記・救済・職業斡旋）、⑤華僑帰国と実業振興奨励案などであった。その他、「臨時動議」として、(イ)日本各地の華僑団体歓迎案、(ロ)台湾に速やかに中小学校を設立し、「華僑」教育を救済する案、③行政院から外交部に命令して台湾総領事を派遣すると同時に、「華僑」の「和平信念」強化案、④日本華僑との連絡のため専員派遣と日本常駐案などが議決された。(9)

上述の種々の問題、特に華僑出入国に対応するため、僑務行政にとって最も重要なことは骨幹となるべき僑務機構の整備・確立である。そこで、四〇年五月二八日行政院第九次会議では、「僑務委員会」提出の僑務局復活議案が討論された。すなわち、七・七事変以前、南京国民政府下で僑務局は一〇余（汕頭・廈門・海口・上海・広州・福州など）を数えたが、相継いで停止した。「還都」以来、「和平運動」は新段階に入り、華僑の帰国希望者が増大し、また欧州戦争の拡大により相継いで帰国しており、早急に対策を立てる必要がある。帰国華僑は広東籍、福建籍が多数を占め、広州・汕頭・廈門などは経過点である。「僑務委員会」の「駐各口岸僑務局組織規程草案」によると、第一条で、華僑の移民・保育、および華僑出入国に対する指導・監督に便ならしめるため、まず汕頭・廈門・広州三港の僑務局を復活させる。第二条、僑務局は「僑務委員会」に隷属する。第三条では、僑務局の業務は①華僑出国の奨励と取締り、②華僑の不利益（非合法な華工募集による密出国等々）防止、③華僑の出入国への質問受付と指導、④華僑の出入国時の協力・保護、および検査・記録・統計事項、⑤華僑の納税指導、および（華僑使用の?）船や自動車などの徴発防止、⑥華僑からの委託代理など。第四条、僑務局は局長一人を置き、「僑務委員会」の命を受け、職員を指揮監督する。第五・六条、僑務局には総務と事業二課（課長各一人、課員若干人）に置き、前者は総務・文書事項、後者は僑務管理・

華僑教育などをおこなう。第七条、僑務局は毎月、工作経過、収支を「僑務委員会」に報告し、審査を受ける。各僑務局の月経常費は計二五〇〇元で、俸給費一六九〇元、事務費四〇〇元、器具購入費二〇元、特別費（特別事務費・招待費）三九〇元とした。[10]これで、【僑務委員会】—【僑務局】という上層・中層機構は整うはずであった。

ところが、行政院秘書処は「僑務委員会」ほどには僑務局の設置に緊急性を感じておらず、当面、各通商港と内地の交通は多くが阻害され、「出入国の華僑数も甚だ少ない」と対立する現状認識を示した。いわんや欧州戦争の勃発以後、外洋船舶の航行は日々減少し、帰国華僑数も有限であり、各地僑務局を必ずしも復活する必要はなく、「僑務委員会」が僑務局の業務を各該省市政府にしばらく委託することも可能というのである。将来、出入国華僑が多くなった時、現実の必要性からを見て時期を分けて設置するのが適当との判断を示した。[11]当然のことながら、緊縮財政の中で熾烈な経費配分問題が背景にあったと見なせる。

こうした僑務局復活が不可能という厳しい状況下で、四〇年九月委員長陳済成の談話があった。それによると、「本委員会は国民政府の還都以来、和平運動が新段階に入り、海外華僑は切に帰国を望んでいる。また、欧州戦争の拡大の影響により海外各地の華僑は連れ添って避難している。したがって、華僑の旅行上の福利を早急に図らなくてはならない」と「僑務委員会」の見解を示した上で、各省市政府にビザ発給事務を指令したことを明らかにした。僑務局の設立以前、行政院決議に基づき、各地の僑務事務はしばらく各省市政府がおこなう。そこで、「僑務委員会」としては「各省市僑務処理暫行弁法」を定めたという。その内容は、元来僑務局の業務としたほとんど全てを各省市政府の代理僑務事項としながらも、ただ「各省市の華僑産業の調査・保護事項」を追加した。そして、毎月の工作経過は各省市政府に「僑務委員会」に書簡で報告させ、また随時連繋をとるとし、[12]「僑務委員会」の上部機構としての位置と役割を強調した。

この間、四一年一一月「僑務委員会組織法」（全文二四条）が修正公布された（修正前の「組織法」未入手）。第一条

「僑務委員会」は華僑の移殖・保育などの事柄を処理する。第二・三条「僑務委員会」は各地方の最高行政長官に対して指示・監督の責を有し、各地方の最高行政長官に命令・処分する事務を主管する。第四条「僑務委員会」は委員長一人、委員三六～四四人を設け、その中から常務委員六～八人を指名する。第六条「僑務委員会」は毎年大会を一回開催し、必要な場合、臨時会議を召集する。第七条「僑務委員会」は各院・部・会と関係ある場合、各院・部・会に人員を派遣するように通知し、列席させる。第八条「僑務委員会」には(1)総務処、(2)僑務管理処、(3)僑民教育処を置く。第九条・総務処は①計画立案、文書編輯・受入・発送など、②印鑑保管、③経費出納、④庶務など、第一〇条、僑務管理処は①華僑調査と保護、②華僑移民の指導と監督、③華僑紛糾の処理、④華僑団体の管理、⑤帰国華僑の実業投資、および観光・参観の指導・紹介、⑥華僑への補助と救済、第一一条、僑民教育処は①華僑教育の指導・監督・調査、②華僑帰国就学の指導、③華僑教育への補助、④文化宣伝である。第一二条「僑務委員会」の管理事項は各部・会、および駐外大使館の職権と相抵触しないものに限る。「僑務委員会」の主管事項に関しては、駐外領事館に対して、外交部長と共にこれを指揮する。第一六条「僑務委員会」が設けた科長六～九人、科員三六～五四人が各科の事務をおこなう。第一八条「僑務委員会」は会計主任、統計主任各一人を設け、会計室、統計室には補佐員を置くとした(13)。

まず「僑務委員会」が業務委託の地方政府に対する優位性が前面に押し出された。これで、「僑務委員会」が総務処・僑務管理処・僑民教育処の三本柱で構成され、各処の業務が明確にされ、かつ会計室・統計室が設置されることとなった（図8―2）。ただ、各「科」の名称も、また具体的にどのような業務なのかも不明である。また、行政院・各部・会と協力関係を保つと同時に、それぞれの権益を侵さないように配慮されている。特に、抵触しやすく、問題を発生しやすい外交部・公使館との職権と関係が基本的に決められた。

「僑務委員会」主任秘書の孫育才は、「僑務委員会」の下に分散している各種機構・団体を統一することを訴えた。

図８―２　「僑務委員会」組織系統図

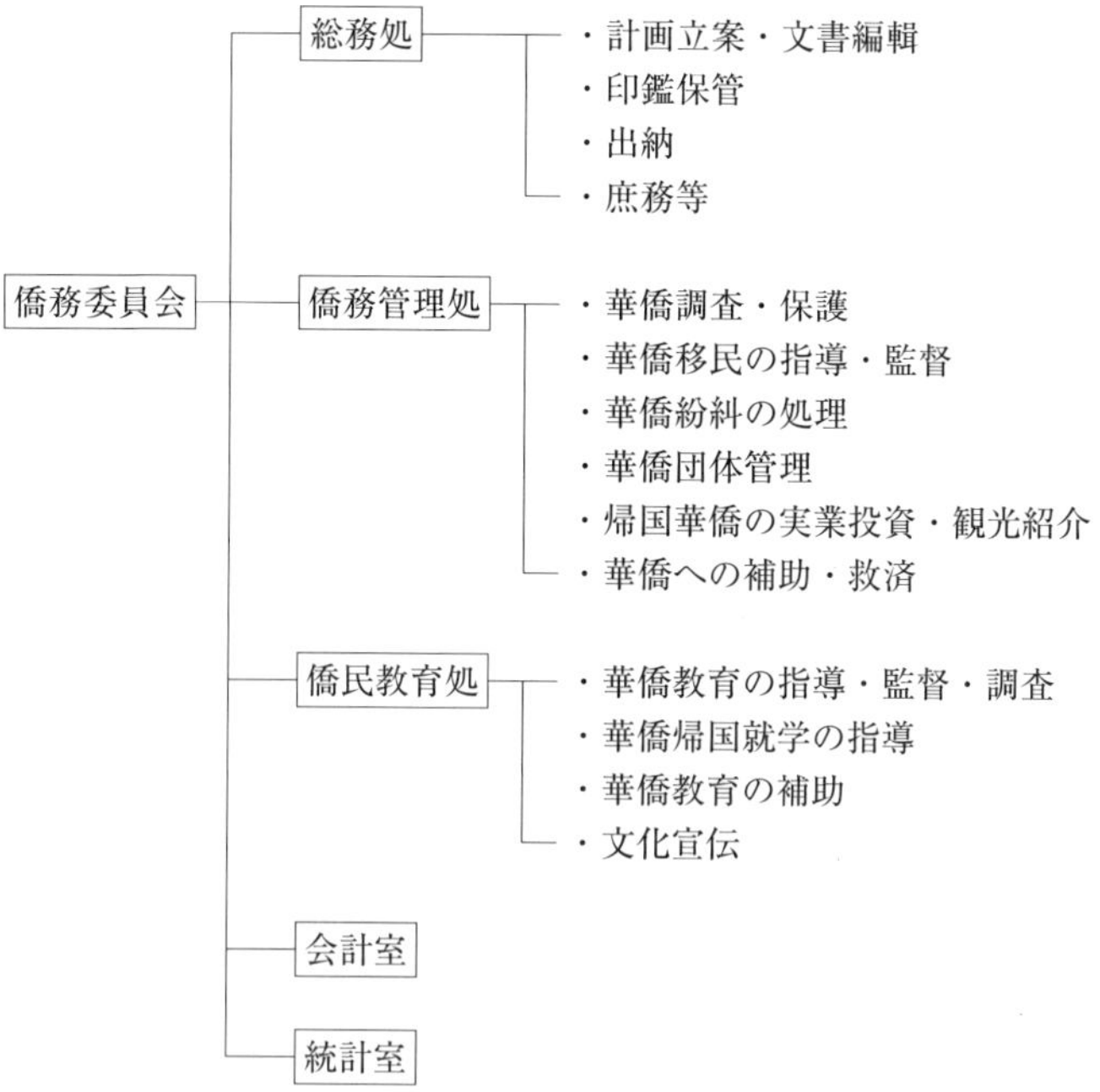

出典：「僑務委員会組織法」『中華日報』1941年11月21日から作成。

すなわち、南京には「僑務委員会」があり、上海に華僑招待所を設置している。廈門市政府下に僑務局と海外華僑招待所、汕頭市政府下に僑務局があり、広東省政府も広州華僑招待所を設置しようとしている。国内の僑務社会団体である華僑協会は北平、青島、海南島に組織をもっている外、さらに海南島は分会五、招待所二を有している。また広州には広東華僑連合会もある。現在、各地設立の僑務機関はそれぞれ独自におこなっているが、「僑務委員会」は行政院直属の全国僑務行政の最高機関であり、その下に各地僑務機構を統一すべきと強調した。[14]

このように、「僑務委員会」は各省市政府に僑務を代行させることにも納得していたわけではなく、一貫して不満であった。四二年二月「僑務委員会」の新任の二代目委員長陳君慧[15]は行政院一〇〇次会議に議案を提出した。すなわち、「還都」以来、各省市政府に代行を依託してすでに一年余、それらは専門職ではなく、緊密な連繋をとることは難しい。「大東亜戦争」を積極的に展開するにあたり、僑務が繁雑な時、専門機関を設けなければ華僑に幸福をもたらし、「和平運動」の目的を達成するには不十分とした。したがって、四一年一一月修正公布の「僑務委員会組織法」を修正し、新たに「弁事処」を加えたい。「修正理由」には、僑務局は規模が大きく、必要経費が多く、国庫不足の折り、各地に設立することは困難である。招待所は任務が単純で業務に限りがあり、広い範囲に対応できない。「弁事処」組織は比較的簡単であり、当面経費を節約でき、業務的に僑務局と同等の効力を発揮できるとした。このように、「弁事処」は僑務局と華僑招待所の中間機構であり、省市政府から「僑務委員会」が業務・職権を取り戻し、僑務局より小規模ではあるが、同等の業務をさせる機構として浮上したのである。「僑務委員会」は具体的に広州弁事処設立を要請する「第七案付件」でも説明を加えた。「大東亜戦争」以来、南洋一帯の華僑は次々と帰国している。連絡組織として、また華僑運動強化の観点から広州弁事処を設立し、一般僑務を処理し、経費節減をはかる。広東省政府秘書長周応湘が弁事処主任をしばらく兼任し、弁事処全職員は広東省政府の僑務人員の兼任を原則とする。[16] つまり、「僑務委員会」が省市政府から僑務を奪還する試みであったが、人材と経費不足から省市政府人材に依託せざるを得ず、腰砕けの感も否めない。

「駐広州弁事処組織規程」によれば、第一条で「僑務委員会」は華僑の移民・保育を処理し、華僑出入国の指導・監督を便ならしめるため、特に広州弁事処を設置する。第二条、弁事処の業務は①華僑出国の奨励や取締事項、②華僑出入国の通関手続き、納税の指導と華僑依託の代弁事項、③華僑出入国の検査、記録、統計事項、④華僑出入国の時の協力、保護、および船舶、車などの徴発防止事項、⑤華僑に対する宣伝、および華僑運動への指導事項、⑥華僑子弟の帰国進学の指導事項、⑦僑務委員会からの指示事項。第三条、広州弁事処主任は一人で、僑務委員会の命により職員の業務処理を指揮・監督、第四条、広州弁事処は専員一、二人、科員二～四人を置き、主任の命を受け、事務を分掌する、第五条、事務の繁雑・簡単を考慮して事務員や雇員四～六人を用いる、第六条、毎月の業務経過、収支は表に列記して提出し、「僑務委員会」の審査を受ける。表8―1によれば、「広州弁事処」開設費は計二〇〇〇元で、家屋、光熱、水道、電話などの改装、設置が一〇〇〇元、家具などの備品が一〇〇〇元であった。また、月経常費は二八〇〇元である。その内、主任は兼任のため弁事処からの賃金はないが、専員、科員、雇員などの賃金・人件費だけで一八二〇元もあり、事務費は四八〇元、特別費（特別事務費・臨時事務費）は五〇〇元に圧縮されている。交際費を含む臨時事務費は二〇〇元しかなかった(17)。このように、僑務局とほぼ同じ業務を遂行することになり、将来の僑務局復活への突破口とし、かつその基盤を形成するものであった。

表8―1　広州弁事処開設費・経常費（1942年）

支出項目	総経費（元）	配分（元）	備考（支出内訳）
開設費	2000		
	家屋整備費	1000	家屋修理300元 水道・電気付設400元 電話300元
	備品購入費	1000	机・椅子等
月経常経費	2800		
	賃金	1820	主任兼任無給 専員２人月各340元 科員４人月各160元 事務員４人月各80元 雇員２人月各50元等
	事務費	480	消耗費100元 家屋賃貸200元 雑費（新聞広告等）180元
	特別費	500	主任特別事務費300元 臨時事務費・交際費200元

出典：「行政院100次会議討論事項第七案付件」1942年２月24日、中国第二歴史檔案館編『汪偽政府行政院会議録』（復刻）第11冊、11－523～527頁。

　同様に、四二年三月「僑務委員会」は上海華僑招待所を設けているが、招待が主で業務に対応し難く(18)、華僑招待所を廃止し、上海弁事処を設けたいとした。その理由として、上海で商売する帰国華僑が多く、その経営は南洋と密接な関係を有しており、南洋貿易を回復させることによいとした。また、「大東亜戦争」後、上海は華僑団体が雨後の筍の如く新設され、その目的は正当か否か、組織は健全か否かを厳しく監督・指導する必要がある。その他、帰国就学の華僑学生で、海外為替が中断して生活困難な者を補助する問題もあるとする。「組織規程」は広州弁事処のそれを踏襲するが、第五条で主任、特任専員、推薦科員は「僑務委員会」に派遣を要請するか、「僑務委員会」職員を異動させるとし、上海市政府人員の兼任を阻止しようとした。開設費は計一五〇〇元と、広州弁事処より少ないのは華僑招待所の改組のため、（継承する備品があり）備品費を含めていないためと説明されている。[19] 行政院第一〇二会議には、主席汪精衛、行政院秘書長陳春圃の外、周仏海、陳群、褚民誼、李聖五、梅思平、林柏生らが出席し、「現実の必要に適応させる」ためとして、上海華僑招待所を弁事処に改組・設置は採択された。[21]

さらに、四二年五月「特派員」が組織していた「汕頭公署」（「僑務委員会」所属？）を、「特派員汕頭弁事処」とせずに、「僑務委員会汕頭弁事処」に改組する案が、「僑務委員会」より提起された。すでに三月二五日「特派員公署」の廃止に伴い、印判、文書は特務機関汕頭支部と汕頭市政府に送付されているという。未成立の「特派員汕頭弁事処」の「特派員」は「特殊任務の処理」となっているが、「僑務委員会組織法」によって「海外宣伝・宣撫」に限られ、汕頭の一般僑務に対処し難い。だが、汕頭の状況を鑑みれば、僑務も極めて繁雑で重大である。したがって、機関名称を統一して、また継続して当地の僑務推進のために、「僑務委員会駐汕弁事処」とする。これは広州弁事処などと同一の性質を有し、「組織規程」や規模も前二者とほぼ同様である。開設費（家屋修理・備品購入など）は六〇〇〇元であった。[22] 公署の業務・質には不明点が残るが、特務機関に文書などを引き渡しており、特務的色彩を有していたことを否定できない。「僑務委員会」の「特派員」は「海外宣伝・宣撫」などに限られるとするが、公署自体が特務的色彩を有している以上、それが間接的に弁事処に引き継がれた可能性もまた否定できず、三弁事処中、汕頭弁事処が華僑情報の側面で活動した可能性が強い。ともあれ、これで三僑務局の復活にまでは至らなかったとはいえ、三弁事処設置という形で僑務機構整備を一歩前進させたのである。

二　南京汪政権と帰国華僑の救済問題

実際、華僑の帰国状況はどのようなものであったか。各省市政府が出入国華僑の統計作成に不熱心であったこともあり、詳細な統計は作成されなかったようである。ただ、『南京新報』によれば、一九四〇年南洋各地などの華僑は政治情勢と物価高騰に苦しみ、帰国者が日々激増しているという。香港だけでも三ヵ月で一〇余万人に上る。また、ベトナム、「蘭印」華僑が香港経由で帰国する者も少なくない。帰国華僑は「新政権」下の広東・汕頭・廈門などを望み、汽船公司で切符を購入するため長蛇の列を作っている。重慶側はこの事態に狼狽し、広東省韶関、広西省桂林各当局に華僑を引き寄せることを命じた。ただ、重慶統治下の各地は交通不便、「盗匪」横行、物資不足のため[23]、南京汪政権地区に留まっているとする。また、『中華日報』も、特に南洋情勢が緊張に転じたことにより、帰国者が日増しに多くなったと報じる。例えば、浙江・福建・広東・江蘇・山東など出身の華僑が上海、あるいは香港経由で原籍に帰郷した。四〇年一年間、広東省東江各県だけでも、一月五一三〇人、二月四七四人、三月一七四〇人、四月一五〇五人、五月二七〇六人、六月二五八九人、七月一六〇三人、八月一六八〇人、九月一四九八人、一〇月一六七五人、一一月一〇四六人、一二月一九六〇人で、計二万三四四四人（二万三六〇六人？）が帰国した。四一年はその三倍の勢いとする[24]。なお、ドイツ汽船で働いていたドイツ華僑三六〇余人が輸送業の停頓で失業し、イタリア郵船で上海に戻った。内、二〇八人は広東籍、残りは福建籍であり、それぞれ帰郷することになる[25]。どちらかといえば、行政院秘書処の現状認識よりも、「僑務委員会」の実態把握に近い状況で、それも四一年に入ると、帰国華僑が急増する趨勢にあった。

南京汪政権は、これら帰国華僑を具体的にいかに救済するかの課題に直面した。四一年二月「僑務委員会」は「竊救済帰僑一案」を、行政院第四六会議に提出した。それによれば、七〜九月の三ヵ月「救済費」項目の四万元は「帰国華僑救済費」であり、計画通り帰国華僑の登記・調査、および帰郷費用としたとし、帰国する貧窮華僑は実際の恩恵を受け、政府の徳を感じ、「和平信念」をますます固めるとする。また、海外宣伝事業を重視し、英文月刊、中文週刊を郵送しており、華僑はこれらを読み、「和平運動」の神髄を認識し、かつ中国内の事情を理解する。ただ経費に限りがあり、前述の四万元はすでにほとんど使いきってしまった。これでは米価高騰で十分な救済をおこなえず、刊行物も中断するわけにはいかず、資金は三分の一の増額が必要と強調した。[26]このように、「救済」も宣伝効果があるとの認識で、経費面で「救済」に「宣伝」を包括する論理で無理があった。なお、宣伝面では、「僑務委員会」は中文の『僑務季刊』、英文の『僑務月刊』を海内外に広範に配布し、さらに四〇年一一月『僑務周刊』を創刊し、「僑務委員会」内に僑務周刊編輯委員会も新設した。

これに対して、二月六日行政院で審査会議が開催された。主席は行政院秘書長陳春圃、列席者は外交部陳海超、参事庁来壮濤、宣伝部崔耀広、僑務委員会陳済成である。審査意見では、①華僑宣伝事業と失業帰国華僑救済とは全く別なものと指摘し、「救済費」に包括できず、それ故、全体を包括する「僑民運動事業費」に名称を変更するという。②「救済費」は、「僑務委員会」が各僑務局に平均分配するものであるが、僑務局が未成立なので、各省市政府にしばらく代行を委託する。そこで、概算書の毎季登記費一一〇〇元、毎季調査費八〇〇元は削除でき、これを「救済費」に当てる。③宣伝部出版の宣伝刊行物、新聞は甚だ多く、刊行物毎に米国方面は国民党部、大使館・領事館、華僑団体などに八〇〇余冊、南洋方面には四〇〇余冊、欧州方面には二〇〇余冊、「日本方面」（当然、台湾、朝鮮は包括されると考えられる）には三〇〇余冊を送付している。欧文刊行物としては国際宣伝局の『民衆論壇』があり、僑務論文やニュースはこれに出せばよい。「僑務委員会」は中文季刊を発行しており、周刊は余分である。こうすれば、毎季一万八〇〇〇元を節約できる。結局、毎季「四万元」からの増額ではなく、「春季」（四一年三月から三ヵ月）は総計

表8―2　僑民運動事業費概算（1941年1月～3月）

	項　目	細　目	配分（元）	備考（細目の内容）
僑民運動事業費 22,000元	救済費	12,000元		
		遣送費	6,000	帰国華僑で帰郷する力のない者の旅費・食・宿を支援。50～100人を想定
		資助費	6,000	帰国華僑で、生活自立の不可能な者、あるいは小経営者への資金援助
	事務費	10,000元		
		旅　費	5,000	僑務人員の海外派遣、「和平運動」推進各費、及び連絡工作費
		臨時事務費	5,000	失業華僑で地位が高く救済を求めない者、あるいは「和平運動」に熱心な国内外活動者への補助費

出典：「行政院四六次会議討論事項第三案付件」1941年2月11日、中国第二歴檔案館編『汪偽政府行政院会議録』（復刻）第5冊、5－569頁。

「二万二〇〇〇元」に減額された。結局、表8―2に示されるごとく、「僑民運動事業費」の内訳は⑴「救済費」は計一万二〇〇〇元で、①「遣送費」六〇〇〇元（帰郷させるための旅費・食費・宿泊費で、五〇～一〇〇人を想定）、②「資助費」（生活自立の不可能者や小経営者への資金援助）。⑵「事務費」計一万元は①「旅費」五〇〇〇元（僑務人員の海外派遣、「和平運動」推進、および連絡工作の旅費）、②「臨時事務費」五〇〇〇元は失業華僑で地位が高く救済を望まぬ者、あるいは「和平運動」に熱心な国内外活動者への補助費である。(27) このように、財政全体の逼迫からか、一般事務費がほとんどないことが看取できる。その上、「刊行費」が事業費概算から消え、独自な僑務関係の刊行物が質量共に枠にはめられ、宣伝部に従属させられる可能性が増大した。こうした僑務の重要性への無理解に対して「僑務委員会」としては不満を残したものとみなせる。

　しかし、「僑務委員会」はこれを飲まざるを得ず、次期（四一年「夏季」四～六月）も「二万二〇〇〇元」の継続を求めている。その際、「旅費」に包括される「専員」の南洋秘密派遣とその活動費の重要性を喚起した。逆に「救済費」一万元から二〇〇〇元を減額したが、その内、「遣送費」は減らさず、「資助費」を減額した。そして、「臨時事務費」を二〇〇〇元増額し、「七〇〇〇元」とし、僑務団体補助費や華僑活動費とした[28]。これは、「臨時事務費」に運用の幅を拡げさせるとともに、華僑の民衆運動を重視し、梃子入れを考え始めた証左であろう。結局、四一年二月「救済帰国華僑経費」の継続案が行政院秘書処、外交部、宣伝部、「僑務委員会」で合同審議された後、行政院で可決された。なお、四一年七月「僑務委員会」は行政院に経常事業として「僑民運動事業費」として七~九月分、一〇~一二月分を各二万二〇〇〇元を請求したが、財政部長周仏海の名で、上半年（一~六月分）の支出が合理的か否か検討する前、下半年総概算に入れられないとした[29]。このように、「二万二〇〇〇元」からも削減しようとする傾向があった。

その他、四一年には、「僑務委員会」は以下の活動をおこなっている。①増大する帰国華僑のために、大規模なものとしては南京市中華門外の「華興農場」、崑山の「振東新村」を創設した。なお、当地の「悪徒」が「振東新村」を占拠したため、「僑務委員会」は江蘇省政府を通じて崑山県政府に罪状調査と処罰を命令した外、委員余恵霊、科長鮑振青を派遣して「悪徒」を駆逐し、崑山独立旅団長劉福運中将に派兵を要請して治安を確立した。②貧窮華僑救済のため、「帰国失業華僑登記表」を作成して各自の技能などを調査し、資金援助して商業を経営させたり、仕事を斡旋することで自活させた。③中国内の華僑財産保護が必要となった。というのは、七・七事変の発生後、華僑は兵乱を避け避難したため、多くの田産、家屋が放置され、日本軍に使用されたり、「悪徒」に占拠された。そこで、「僑務委員会」はまず「事変後華僑国内産業損失表」を作成し、南京にいる帰国華僑に登記させた。日本軍駐屯の家屋に対しては「僑務委員会」から南京市政府に軍移動交渉を要請している[30]。

三　汪精衛の「和平運動」と帰国訪問華僑の言動

『南京新報』によれば、汪精衛が「和平運動」を提起して以来、海内外で「和平同志」は日増しに増大している。東京に赴いて積極的に政治工作している者、各地に潜入して秘密工作をしている者、海外で宣伝している者、および重慶勢力の妨害下で工作を展開している者さえいるとする。そして、最近、中日国交調整により和平基礎がすでに定まったとし、祖国を想い、「救国」のため、個人、団体が次々と「和平運動」に参加した。南洋のビルマ、タイ、および南米各地では、盧仰民、黄俊生、楊無我、陳鸑丞、江一帆、雷錫堯ら華僑領袖、および「華僑救国社」などの団体が汪精衛に書簡を寄せ、汪もそれぞれに「和平・反共・建国」のために努力しよう、との激励の電報を返した。[31]

だが、それほど全てが順調にいったわけではなく、むしろ伸び悩みを示していた。例えば、朱肇新は、僑務工作を「和平運動」の最前線と位置づけ、以下のようにいう。①華僑の祖国への期待、故郷への想いは強い。そこで、僑務をおこなう者は人望を重んじ、および広東籍、福建籍の者を主体とする。②華僑は世界に散在するが、広範な華僑民衆の共鳴を引き起こすため、華僑の集中地域から始める。こうした地域には運動の潜在勢力があり、「悪勢力」（蔣介石ら重慶勢力と中共系など）と拮抗している。そこで、宣伝から着手し、自らの勢力を伸ばすとともに、「悪勢力」を減少させる。しかし、海外状況を見ると、「和平運動」勢力は片隅に追いやられ、南洋一帯でもまだ一定の勢力となっておらず、香港では、「和平」をいうだけで十中八、九「漢奸」と罵られる。台湾・朝鮮の華僑は十分な力量をもっていない。我々は「抗戦」論が強い地域に深く入り、奮闘しなければならない。③僑務をおこなうには、官僚的態度ではなく、平民的な姿勢で誠実に話をし、責任をもち、虚偽をいわず、華僑の信頼を勝ち取る必要がある、と。[32]

華僑個人・華僑団体が以下の地域を訪問している。まず南洋方面では、①一九四〇年九月タイ華僑巨頭で信銀公会主席蔡欣銘、潮州会館委員陳煦芳、同監事長李長虹ら四人が訪中し、汪精衛の「和平・反共・建国」政策に支持を表明した。委員長陳済成が「タイに戻った後、祖国の和平運動の真の意義を宣揚していただくことを特に希望する」と述べたことに対し、蔡は、全てのタイ華僑で「汪先生指導の和平運動のことを聞き、賞讃しない者はない。ただし重慶側の圧迫を受けて怒っているが」、沈黙していると答えている。その後、陳らに伴われ、中山陵で献花をした。さらに、汪精衛を表敬訪問した外、連日、各院部長らと会い続け、日程を全て消化した。そこで、歓送会が東亜倶楽部で催され、出席者は政府委員張永福、行政院長陳公博、副院長褚民誼、秘書長陳春圃の外、陳群、周仏海、趙正平、梅思平、丁黙邨、林柏生、陳済成ら数十人で、[33]主要人物が顔を揃えた。②南洋群島の福建華僑連合会長呂省萍は、華僑が誠意をもって「和平運動」を擁護するとし、重慶側は「虚偽の宣伝」をし、公債を乱発し、華僑に強制的に購入させていると非難した。[34]③四〇年一二月シンガポール華僑領袖の許輝欽、李鎮盛らが帰国し、委員長陳済成に謁見し、華僑状況などを報告し、許は華僑宣伝工作を担当しているが、華工とも連繋し、順調とした。[35]

次いで、日本・朝鮮からは、①四二年一〇月「長崎華僑帰国観光団」張金梅一行一一人は中山陵を参拝し、「僑務委員会」委員長の褚民誼（陳君慧の後任）らと僑務などについて歓談している。[36]②四二年一二月朝鮮京城総領事館の総領事林耕宇に率いられた「朝鮮華僑帰国観光団」一三人が南京到着後、中山陵を参拝、委員長褚民誼に謁見、さらに連日行政院、社会部、外交部、教育部、および南京市政府などを訪れた。また、中日文化協会や日本大使館の堀内公使などの歓迎の宴、接待を受けた。団長司子明は朝鮮華僑情況を詳細に語った。七・七事変後、日本各地の領事は次々と帰国し、各領事館は閉鎖されたが、朝鮮領事館だけは終始、職務を執行し、朝鮮華僑は生命・財産を保全できたのみならず、仕事も安心して続けられた。これは、特に朝鮮官民が華僑を「一視同仁」と見てくれ、特にここ数年、日本政府の行き届いた保護を受けて感激していると、日本を意識した発言をしている。また、林耕宇は、教育方面では長足の進展を見せ、中小学校は多数あり、初級中学では中国書籍を読む練習をし、かつ軍事訓練があり、平素の生活も厳しい軍事管理は採られているという。また、司は朝鮮華僑子弟に祖国文化を認識させるため、華僑教育への支援を求めた。司は「新南京建設」の功績をたたえ、建設献金（金額不明）を渡している。なお、観光団の一部人員が山東省蓬莱出身であり、郷里の情況を知るため山東会館を訪れた。[37]

このように、海外華僑が次々と訪問し、接待に追われた。南京汪政権は接待を極めて重視した。なぜなら、その数は少ないけれども、日本・朝鮮・台湾・タイ・「蘭印」・シンガポールなど全て各地の華僑領袖であり、重慶側の宣伝に疑問を持ち、自らの眼で確かめにやって来ているからである。華僑領袖の支持を得ることで華僑全体の心理に影響を及ぼし、政権安定に繋がるとの認識があった。

他方、汪精衛の命を受けて、陳済成は日本各地、および台湾・朝鮮などの僑務を視察し、華僑を宣撫し、かつ日本の「紀元二六〇〇年慶祝祭典」に列席することになっていた。日本、台湾、朝鮮各華僑は盛大な歓迎を準備しており、かつ「還都」後の国内政情についての報告を望んでいるという。[38]

四一年「僑務委員会」は国内外で以下の活動をおこなっている。①シンガポール華僑の戦禍救済会が重慶への献金を停止した。これを南洋華僑運動を推進する絶好の機会と見なし、人員を派遣・常駐させると同時に、秘密活動に従事させ、一方で当地の有力華僑と連絡をとり、他方でその状況を「僑務委員会」に報告させた。また、廈門・鼓浪嶼・香港、およびシンガポール・フィリピン・ベトナムなどの南洋各地に専員をそれぞれ派遣し、帰国後、報告をさせた。専員王蔭穀は南洋視察後、華僑経済処を増設し、華僑の工商業に便を図るべきと建議している。なお、専員一人が南洋に出国時、おそらく国民党特務の「藍衣社」か「C・C」系と考えられるが、上海で銃撃され、死去する事件も発生している。②中国内にある北京華僑協会、青島華僑協会、南洋華僑連誼会、五洲華僑連合会、南僑倶楽部などの華僑団体とは密接に連繫し、毎月、資金補助を与え、南洋華僑真相劇社と広東華僑連合会が組織した南洋華僑慰問団に臨時補助を与えた。また、人員を華南・華北に派遣し、華僑の出入国状況を視察している。[39]

こうした人員派遣を恒常的で、より安定したものとするため、四一年一二月「僑務委員会」は行政院に、華僑情況に熟知し、華僑の信任を受けている人士を「僑務特派員」に選抜し、華僑との連絡、華僑組織化、および華僑運動に責任を負わせるとの案を提出した。そこで、「僑務委員会組織法」第一七条に「僑務委員会は特殊事務を処理するために僑務特派員を設ける」を追加し、「僑務特派員」は官名とした(40)。このように、「特派員」増設とともに、この地位を正式なものとして保障した。その職務は、重慶側と対抗して秘密裏に連絡し、華僑組織化をおこなうなど、従来の「専員」以上に特務的色彩を濃厚に有していた。

四二年六月頃、「国民政府」委員張永福(41)は汪精衛の指示を受けて、香港、さらにベトナム・タイなど南洋一帯の華僑を宣撫し、「和平運動」を宣伝するため赴いている。帰国後の報告は以下の通り。「大東亜戦争」以来、南洋一帯の重慶勢力や共産党勢力は迅速に粛清され、各地で華僑領袖と接触したが、一般華僑は「和平運動」の真髄をすでに深く理解しているとする。ベトナムとタイの華僑の商売は繁盛しているようで、華僑為替問題は一旦解決すれば、「国民政府」財政収支の均衡に裨益する(42)、と。また、四二年一〇月「僑務委員会」は、海外華僑団体が非常に多いため、その活動を明らかにし、指導の便を図るため、外交部から領事館に調査を命じるよう依頼している(43)。

主任秘書孫育才は以下のようにいう。海外では①華僑団体を「僑務委員会」に登記させ、相互に密接な連繫をとり、僑務工作を推進する。業務の一部を大使館、領事館に協力を求める外、一部を華僑団体に依託する。②居住地の状況を随時調査する。華僑は海外で不平等な待遇や搾取を受けており、今後、政府は当地の苛酷な条例に対して改善の交渉する。他方、華僑団体に居留地の政治状況、各種条例、工商業状況を報告させれば、政府は適宜に処置をとることができる。③華僑は国内の状況から遠く離れているため、重慶の「歪曲した宣伝」を受けやすい。したがって、宣伝から着手し、華僑思想を善導し、「和平救国」の真髄、中共の「禍国陰謀」と「長期抗戦亡国論」、および汪主席の華僑愛護などについて明確に知らせる努力が必要とした(44)。

四一年三月汪精衛は「還都一周年記念祝典」で、「施政一年間の成果と将来の進路」の中で華僑についても言及した。すなわち、華僑に「和平・反共・建国」の大義を明瞭にさせるため、宣伝、教育、社会各方面でかなりの努力を続けている。華僑はこれまで重慶側から完全に惑わされていたが、宣伝と事実が異なることが日に日に証明され、将来必ず「和平建国」に貢献するものと思われる、(45)と。

また、七月委員長陳済成は、海外華僑に向けて次のようにラジオ放送をした。すなわち、ドイツ・イタリア・ルーマニア・スロバキア・クロアチア・スペイン・ポルトガル・ブルガリア八ヵ国が正式に「国民政府」を承認した。これは、喜ぶべき重要なことである。「還都」以後、国際情勢は三段階に分けられる。【第一段階】「還都」から中日条約の締結まで、【第二段階】中日条約締結から独・伊諸国の「国民政府」承認まで、【第三段階】承認の以降である。

こうした国際情勢に対応して、僑務工作の発展も三段階に分かれる。【第一段階】「国民政府」は僑務推進の重要性に鑑み、「僑務委員会」を設立した。しかし、「和平運動」は始まったばかりで、僑務はほとんど国内政策ばかりであった。【第二段階】中日条約の締結以後、日本・朝鮮・台湾の大使館、領事館は次第に回復し、僑務も次第に実施されたが、南洋などでは多くの障害があった。【第三段階】独・伊などの承認後、「国民政府」は「東亜新秩序」建設の一員から、「世界新秩序」の一員に飛躍したのであり、僑務の前途には無限の希望がある。

従来、華僑は救国運動に熱烈に参加してきたが、当初「和平運動」には若干の華僑が参加しただけであった。その原因は①華僑が「和平運動」に懐疑的であった。②華僑集中地域の大部分が重慶抗戦の後援者である英米勢力下にあり、華僑の考えは当地政府の影響を受けやすい。「和平運動」的傾向のある華僑は圧迫を受け、また重慶側の「歪曲した宣伝」を受けた。だが、国共摩擦は日増しに激烈になり、重慶側の政局は日増しに頽廃している。日本品を扱う商人は排日運動の影響で倒産しているが、重慶側は救済もせず、華僑は失望している（このように、当然のことながら、日本品ボイコットをおこなう華僑の立場には立たない）。国内では、ここ一年間で「和平地域」は日々発展し、民衆生活も重慶側の西南・西北と比較すれば大分よくなった。華僑の「救郷・国防」大計からいえば、華僑は全面的な「和平」の早期実現のため、政府の政治・経済・軍事・文化各建設に協力すべきである。今回、汪主席が訪日し、近衛首相と「連盟共同宣言」を出し、戦時期、日本は可能な範囲で「国民政府」を支援するとしており、「建設借款」三億元は工商業の回復に役立つ。国際面では、国民政府は四〇年一一月三〇日日本と「基本関係条約」を締結し、中・日・「満」三国は「共同宣言」を出し、日「満」はまず「国民政府」を正式に承認した。これによって、「東亜永久平和」の枢軸を形成した。

なお、独・伊は「欧州新秩序」の指導者であり、①「国民政府」の地位は当然高まる。②独・伊両政府は中国に友好を示し、「中日和平」に最大限の努力を払い、例えば、ドイツ大使トラウトマンは和平工作をおこなった。③政府は反共を国家目標としており、独・伊諸国も反共を鮮明にしている。すなわち、「欧亜反共陣線」の結成であり、世界和平を実現できる。華僑が最も望むことは祖国の国力増強、国際的地位の上昇であり、中国が独立と自由を勝ち取ることである。国共の連合抗戦以来、死灰から再燃した共産主義が英米帝国主義の「東亜奴隷化」を援助している。こうした状況下で、華僑は「国民政府」に全力で協力し、「和平・反共・建国」運動に従事すべきである、と強調した。(46)

四　南京汪政権の重慶非難宣伝と献金

一九四一年五月「僑務委員会」は「僑胞に告げる書」を発表した。福建・浙江両省は七・七事変（盧溝橋事件）以来、重慶側と中共の「殃民誤国」により荒れ果て、飢饉も頻発し、各業界は低迷している。運輸が統制された結果、物価が暴騰し、餓死者も数え切れない。福州水上警察局の発表によれば、万寿橋からの自殺者はすでに八〇〇余人に達する。浙東の凶作により逃亡する者が日に一〇〇〇人を数える。今回の浙江・福建の陥落は広州よりも速く、重慶側の「最後の勝利」は虚偽の宣伝であり、華僑の故郷はすでに「抗戦」のため犠牲となっている。「和平」は「救国」だけでなく、「保郷」、「救郷」である。海外華僑が「救郷」、「救国」の責を共に負うことを望む。(47)ところで、今回、福建省福州と浙江省寧波は「和平区域」となった。福建籍の華僑巨頭は故郷の災民救済のため、特に巨額の募金を発起した。そして、「僑務委員会」の協力も得て、それぞれ海外華僑に募金宣伝をおこなった。「僑務委員会」顧問で日本華僑領袖の張則盛は上海に来て一万元を募金を提唱した。なお、「国民政府」要人、例えば内政部長は二万元を献金している。(48)また、陳済成は五月在日華僑大会に出席し、福建・浙江の災害が厳しいことを述べ、二〇日長崎市の精洋亭で「福建・浙江災害募金」をおこない、在日華僑領袖らは不景気にもかかわらず、一〇万元を献金することを決めたという。(49)このように、南京汪政権に対する献金額は散発的で、総額が不明で、極めて少なかった可能性が強い。

それに対して、孫育才によれば、抗戦初期、重慶側への献金は絶えず、盧溝橋事件後一、二年で、華僑献金は一億六一〇〇万元余に達したという。ただ、「虚偽の宣伝」が暴露されるにつれ、華僑の一部は「和平陣線」に移った。例えば、陳嘉庚は、汪精衛が「和平運動」を発起すると、しばしば反対した。しかし、陳が中国内地の視察からシンガポールに戻ると、重慶政府の「暗黒」を目撃したことで態度を一変させ、抗戦からの離脱を声明した。かつ福建省の政治腐敗、汚職、特務分子の横行、教育の遅れなどを徹底的に批判した。重慶側はすぐにシンガポールに人員を派遣したが、亀裂は修復できず、双方の暗闘が続いているとする。こうした状況もあり、南洋華僑の抗戦情緒は冷却し、「和平」がすでに普遍的傾向になっていると強調した。(50)確かに、陳嘉庚が重慶国民政府のやり方を批判し、福建の政治的経済的な腐敗を指摘したのは事実である。だが、陳は中共に傾斜し、抗日を続行しようとしていた。陳が「抗日」から離脱というデマを流し、南洋華僑への揺さぶりをかけ、その「亀裂」を強調することで、重慶側と陳の離反を促しながら、双方の権威失墜を狙ったものといえよう。

また、『中華日報』は、韶関にある重慶側の華僑招待所の腐敗を批判する。韶関の密輸監視隊は次々と賄賂を要求し、商人は苦痛を感じているという。例えば、貨物を載せたトラックが韶関に到着すると、監視人はトラックを検査する。その時、賄賂を渡す。また、華僑招待所も優待といっているが、衛生状態も悪く、責任者が私腹をこやす。投宿する華僑は難民であるが、十分な食事を与えられず、虐待を受けるとし、[51]間接的ながら華僑が南京汪政権地区に留まるようにしむけている。

五　汪精衛「大東亜戦争」支持の論理と孫文「大アジア主義」

一九四一年一二月「艶電三周年記念日」で、「大東亜解放運動宣伝週」の最後の一日、たまたま日本軍の香港占領時に当たり、上海市公共租界の競馬場には「中日両国旗」と「大東亜解放」の横断幕が掲げられ、各界代表が「大東亜解放大会」を開催した。陳公博市長、丁黙邨社会部長、公共租界納税華人会陳済成、フランス租界納税華人会沈維亜、特務機関長官宮崎少将、補佐官高畑中佐ら多数が列席した。華僑代表陳忠南は①中日両国は兄弟国家で、同文同種で一家であり、我々は「大東亜一一億の黄種民族解放」の責任を負わなくてはならない。②思うに民国二〇（一九三一）年六月神戸商工会議所は「蘭印」華僑視察団を招待し、所長岡崎中雄は両国、および華僑との共栄に言及し、私は崇敬の念をもった。中日両国が力を合わせれば万事成功し、兄弟相争えば双方が傷つく。③日本軍はペナン、香港、ルソンなどに上陸し、順調に進攻している。「大東亜民族解放と平等」のために実に幸福なことであり、本人は華僑を代表して、特に「大日本の勝利」を祝いたい、と挨拶した。なお、公共租界でも二万人の盛大な集会となり、また南市浦東でも分区大会が開かれている。[52]

四一年一二月二九日汪精衛は「艶電三周年」を記念してラジオ放送をし、「大アジア主義の実現」が眼前に迫っており、「海外華僑は日本に協力せよ」と訴えた。すなわち、日本は開戦以来、「英米の東洋艦隊を撃滅」し、各植民地は次第に日本の掌中に入りつつある。孫文先生の主張した「大アジア主義」を実現する時期が来た。この際、我々は「上下心を一」にして華僑同胞も日本と艱苦を倶にしなければならぬ。日本人と手を携えて立つならば、英米勢力は根本から打倒できる。英米や重慶の宣伝に惑わされてはならず、中国が自由平等を回復できれば、「東亜の解放」も期待できると強調した(53)。

四二年一月「僑務委員会」委員長陳君慧による新任の談話の要旨は以下の通り。「国民政府」は華僑に特に関心を持っており、今回の「大東亜戦争」の勃発以降、「大アジア主義」の実践に伴い、僑務工作はますます重要となった。中日事変はすでに四年が経ち、実に東アジアにとって不幸なことである。しかし、一昨年、「中日基本条約」の締結後、中日両国の友好関係は確立した。今回の「太平洋戦争」は実は「東亜解放戦争」であり、我全民族解放、および華僑が各植民地で受けている圧迫を排除するため、この一挙に出たのである。望むことは、海外華僑がその旨を悟り、日本と「同心合力」し、「東亜解放」に協力することである。華僑居住地は全て重要資源のある地域であり、「大東亜共栄圏」の確立と進展に、華僑の協力を必要としている(54)、と強調した。

太平洋戦争の勃発を受けて、タイ中華総商会は、汪精衛への全面的協力と重慶支援の一切の工作放棄を打電した。重慶は国民党巨頭の宋子文、孫科、呉鉄城を南洋に派遣し、また華僑の有力分子を国民参政員として協力を求め、七・七事変（盧溝橋事件）後、五年間で献金見積りは二〇億元に達している。しかし、今、華僑は重慶から離脱し始めた。汪の指摘のように、孫文のいう「大アジア主義」が眼前に迫っており、必要なことは我々が心を一つにして共同で奮闘することである。華僑は日本と合作し、英米勢力を根本から排除すべきであり、千載一遇のチャンスを逃すべきではない(55)、とした。ベトナム華僑も「和平建国擁護大会」を開催している。

華僑に対する宣伝と指導力の強化のため、僑務人材育成に迫られた。四一年一二月二六日「国民党中央」は第四三次常任委員会を開催し、僑務講習班を開くことを決め、班主任は陳春圃、教育長は馮節、班務委員を林柏生、陳済成、陳君慧らとした。かくして、四二年一月僑務講習班（主任陳春圃）の第一期（五ヵ月間）学生が募集され、二五〇人余の応募があった。二月から訓練を受け、七月五日僑務講習班第一期学員五〇人が華僑招待所講堂で卒業式をおこなった。班主任陳春圃のほか、党中央代表林柏生、中央執監委員劉仰山、戴策、外交部長褚民誼、「僑務委員会」委員長陳君慧、教育部長李聖五、「銓叙」（人事）部次長関作璸、および教職員五〇余人が列席した。陳春圃は、今後、祖国の文化建設と「国民政府」の「和平建国」国策を僑務に注入し、華僑に国策の真髄を明確にさせ、「大東亜戦争」の意義を理解させるようにと訓示した。林柏生は①「求知力行」の精神で華僑訓練、民衆訓練に努力し続けること、②中央の全体計画を顧慮し、個人主義を放棄し、国家中心の思想を前提とし、思想を統一して初めて中国を救える。そこで、「全体主義・国家第一・民族第一」を実行する。次いで、陳君慧が「大東亜戦争」と僑務工作の重要性を述べた。卒業者の内、四〇余人は仕事も決まり、八月一日にはそれぞれ僑務宣伝機関や南洋各地に赴くという。(56)

四二年二月一八日汪精衛はラジオ放送をした。すなわち、「大東亜戦争」以来、日本の「陸海空軍」（周知の通り、日本には空軍はない）が破竹の勢いでマレイ半島を席巻し、「難攻不落」と称されていたシンガポール要塞を占領した。ここは英国の軍事基地であり、百年来、南洋民族に対する経済侵略の根拠地であった。この時、タイは毅然として日本と軍事同盟を締結した。百年来、英米両国は軍事侵略、経済侵略を並進させる国策をもってアメリカの「紅種」（アメリカのインディアン）、アフリカの「黒種」（黒人）、オーストラリアの「棕種」（アボリジニーなど）を次第に破滅に追いやり、土地を奪い、「人種」さえも滅亡させようとしており、アジアの「黄種」も同様な運命を辿っている。日本が「東亜新秩序」、「大東亜共栄圏」のスローガンを掲げて以来、東亜諸民族は「共存共栄」に向かう一条の「光明正大な道」を見いだし、世界人種解放の基礎も定まった。南洋一帯の開拓の多くは華僑の人力によったことは明白な事実であるが、数年以来、重慶、さらに英米に利用された。だが、新たな状況が到来した。「国民政府」が積極的に従事していることは国父孫（文）先生の「大アジア主義」の意義をもつものである。一般華僑はますます努力して、日本国民、「満洲国民」、タイ国民、および現地民族と同心協力し、英米の害毒を掃除し、「大東亜戦争」に完全に勝利しよう。アジア民族の完全解放を勝ち取ろう、(57)と呼びかけた。

また、宣伝部長林柏生は檄をとばした。すなわち、四一年英米により東亜包囲を目的とする「ＡＢＣＤ」各民主国の会談がシンガポールで開催された。「大東亜戦争」以降、英米の煽動の下、大量のインド軍、ビルマ軍、オーストラリア軍、ニュージーランド軍もシンガポールに集結した。現在、シンガポールは攻略され、「ＡＢＣＤ」包囲網は死期を迎えた。四年余の戦争で、蔣介石は「半分以上」の土地と人民を失い、華僑を見捨てようとしている。今回、日本は「東亜防衛」、とりわけ「南洋解放」のために戦っている。従来、英米が華僑を圧迫し、搾取したが、日本は華僑を支援している。新たに求めることは「中国復興」と「東亜解放」である。東亜の華僑は機が熟せば奮起せよ。これを以て国民革命の一貫した使命を完遂する(58)、と。

さらに、『南京民国日報』は「社論」を掲げた。「大東亜解放戦争」は「大東亜共栄圏」建設にあり、南洋を包括する。華僑は仕事に勤しみ、節約し、対内的に団結し、対外的に和平を求める美徳がある。それ故、発展し、南洋各地の経済界で重要な地位を占めたが、英・米・蘭などの植民地政策により虐待を受けた。しかし、中国は無力で、誠意のある保護を与えなかった。したがって、華僑は祖国興隆に関心を持ち、熱心に革命を資金援助した。「南洋解放」とは南洋の自由回復にあり、現地民衆の願いであるのみならず、南洋華僑の一致して擁護することである。今日、日本軍はすでに南洋の各要地を占領している。華僑は国父の「大アジア主義」、および日本提唱の「東亜新秩序」と「大東亜共栄圏」の建設の意義を明確に理解し、「和平建国運動」が中国と東亜の復興の大道であることに気づかなくてはならない(59)、と。

このように、論理の進展もあまりなく、皆が繰り返し同じことを強調するのは「和平運動」が浸透せず、汪精衛らの勢力が思いの外、拡大しておらず、「大東亜戦争」を大々的に宣伝し、それを梃子に一挙に現状を打開する必要があった証左であろう。ともあれ南洋各地が相継いで日本軍占領下に入ったことで、現実的問題をも浮上させた。例えば、南京汪政権はすでに南洋各地の華僑財産保護を決定した。それを受けて、外交部は香港を含む南洋各地の華僑財産調査に着手し、日本当局と交渉するとした[60]。

こうした状況下で、『南京民国日報』の「社論：由大東亜戦争想到鴉片戦争」を掲げ、まず英帝国主義のアジア侵略の歴史を書き、インドを併呑した後、マラヤを滅ぼし、ビルマを支配下に置いて、同時に中国侵略を開始したと厳しく指摘した後、「百年前のアヘン戦争は中国が不平等待遇を受けることになった起点であり、今日の大東亜戦争は中国が不平等的待遇を解消する。前者は亡国の段階に属し、後者は復興の始まりである。衆知を集め、力を合わせ、大アジア主義と同甘共苦の意味を明確に理解し、恥を雪ぐため努力しよう[61]」、と鼓舞した。このように、アヘン戦争を思い出させ、民心を英国から離反させ、「大アジア主義」と結びつけて「大東亜戦争」を懸命に肯定しようとした。

とはいえ、英帝国主義の侵略に対する批判がいかに正当としても、同時に日本帝国主義のアジア侵略問題がそれよりも軽いと見なすことはできない。そうした意味で、南京汪政権にとって、九・一八事変（満洲事変）は日中間のアキレス腱であった。それ故、『南京民国日報』では再三論じられることになる。例えば、「九一八」一一周年で、「満洲国」建国一〇周年に当たって、「如何紀念九一八」という記事を掲載し、これまでの観念を脱却し、現実に対して正当な新たな認識を持たなくてはならないとした。そして、「満洲事件」は東亜紛糾の痼りである。「満洲事件」の解決が中日を融和させ、さらに中・日・「満」三国の強固な東亜の枢軸を結成し、英米の侵略勢力を駆逐する。すなわち、東亜を解放できるのみならず、中国も復興できる。「九一八」は中日事変の近因であり、また東亜解放の始まりともいえ、その上「満洲国」の進歩の速さ、建設の大規模さは人を羨ましがらせ、かつ農業・工業・商業・治安・交通などの発展は人を驚かす。中「満」民族は元一家であり、その大部分は「中国民族」である。まさに我々は兄弟のようなものである。相互に理解して協力し、「新東亜建設」の重責を担う。中日友好、中・日・「満」の合作、東亜民族の団結は偉大な力量を生み出す[62]、と苦しい説得を試みる。

また、「社論」では以下のようにいう。九一八事変は中日国交史上、時代を画する一頁である。「九一八」以前、中日両国にはすでに少なからぬ誤解があり、「九一八」に至って突然爆発し、回復できなかった。「九一八」以後、民族意識の高まりを惹起し、日本に対して多くの猜疑心をもった。日本はどうか。中国を怨み、真意の所在を理解せず、徒に（日本）民衆の精神を沸騰させ、両国の国交を妨害した。そして、両国の意志に背いてますます関係は遠のいた。一方は「中国を侵略するな」といい、他方は「排日するな」という。こうして、誤解は深まり、猜疑心は増大し、暗礁に乗り上げた。また、英米帝国主義者の離間・挑発もあって、両国の対立状態はますます深刻になり、ついには「七七」（盧溝橋）、「八一三」（第二次上海）両事変を醸造したのである。もし「七七」、「八一三」が発生しなければ、中国は決して日本の国力の強さを認識できなかったであろうし、日本は中国民族意識の勃興を認識できなかった。今、「満洲建国」からすでに十周年が過ぎた。中日は「大東亜建設」の途上にあり、有力な伴侶となっている。我々は九一八事変を深く自ら反省し、「満洲建国」に対して祝おう、と。[63] このように、九・一八事変や「満洲国」建国は根強い痼りとなっており、そのため、こうした記事や「社論」を書かざるを得ず、書いても説得力のない論理を展開したのである。

ところで、鮑振青によれば、蔣介石は現在の地位保持には華僑の力を借りなくてはならない。そこで、僑務委員会を拡充し、華僑を優遇してきたが、中日戦争後も、蔣は華僑支援が不可欠と考え、日本、南洋、米国大陸、欧州、濠州など各地の華僑に全力で宣伝し、領事館、商会、新聞社、党部などに訓令し、「抗敵救亡会」を組織させ、軍事費を献金させ、大量の医薬品、軍用品を徴収し、かつ技術人材を帰国させた。さらに、糾察隊を組織し、華商に対日絶交をおこなわせ、同時に「親日華人」には刑罰を乱発した。こうすることで、蔣は抗戦以降、世界華僑から支援を依然として受け続けている。かくして、華僑は多年にわたり英米帝国主義の「毒化」と蔣の計略にはまり、日本の真意を曲解していることは遺憾である。もし日本が華僑工作を真面目におこなえば、華僑は悔悟し、英米・蔣に利用されなくなる。その上、米・濠の華僑は飛行機技師、法律家、外交家、実業家、ジャーナリスト、野球選手等々、[64] 錚々たる人物もいるのである、と。このように蒋の華僑政策・華僑優遇に比して、日本が華僑を理解せず、華僑工作を真剣におこなっていないため、華僑の力を十分引き出していないと、辛口の批評を展開する。

また、シンガポールの新聞界で三年間、働き、多くの華僑領袖、華僑文化各団体と接触した関作瓆が、行政院秘書長陳春圃の依頼で講演した。関は、中日の悲劇が「大東亜戦争」以前に爆発し、今日に至ってもその紛糾はまだ完全には終わっておらず、このことは中日のみならず、東亜全民族にとって重大な損失を与えていると苦言を呈した。確かに「大東亜戦争」以降、「東亜共栄圏」勢力を強固にするには、中日二大民族が相互信頼の強固な信念を有して共同努力すべきことを、「友邦」日本当局は深く感じている。だが、こうした認識は両国の一部の知識階級だけで、最大多数の軍民に浸透していない。これは否定しえない事実である。その要因は宣伝技術ではなく、政治技術に巧妙さを欠くことにある。この点に関して、日本の将兵たち、政治家に注意を喚起したい。日本は全ての南洋をほとんど支配下に置いたが、軍事上の成功にすぎず、政治面でも成功しなくてはならない。すなわち、高度な協力、誠意、および良好な政策によって南洋各民族の民心を掌握しなければならない。南洋ではマレイ人が最大多数であるが、次いで華僑である。華僑の経済力、知識水準はマレイ人より上である。したがって、南洋の民心を掌握したいならば、まず華僑の心を摑まなくてはならない。華僑が帰順すれば、マレイ人、インド人、およびその他の「未開の各種人」もそれを聞いて争って帰順する。「東亜新秩序」はこれにより建立され、強固になる。換言すれば、その政策が英国統治よりも快適で自由でなくてはならない。口先や文字による宣伝だけでは成果はない。華僑問題は華僑青年の心を変えることから着手する。当然、明白な事実を示す必要があり、利益誘導や脅迫の手段を用いることはできない。青年たちに中国、東亜、さらに世界にとって「大東亜民族」の団結が必要なことを理解させ、また日本の施策が経済、政治の各種待遇に誠意が示されて、華僑青年たちは自発的に日本民族と合作するのである、と。(65)

六　褚民誼の「僑務委員会」委員長兼任と汪精衛の訪日

一九四二年九月一六日陳君慧が水利委員会委員長に異動したため、三代目の「僑務委員会」委員長に外交部長褚民誼が兼任した(66)。褚民誼は海外各地の僑務情況に熟知していることから、外交発展と配合し、華僑の苦痛解消を今後の僑務の主な任務とした。この結果、僑務と外交が密接に結びつきながら、両輪の如く推進されることが期待された。このように効率化という利点はあるが、外交部と「僑務委員会」が未分化となり、外交に僑務が従属させられ、独自な華僑行政が抑制される危険性も高いといわねばならない。

四二年一一月一一日「僑務委員会」第三届委員大会が中央党部講堂で開催された。出席者は委員長褚民誼、委員謝仲復ら一五人の外、主任秘書顧天錫らである。まず褚民誼より開会の詞が述べられた。すなわち、「各委員は広東などから南京に来て参加しており、僑務工作を極めて重視していることを知り、深く安堵している。委員大会は毎年一回挙行すると規定しており、本年は第三回大会で、今日挙行すると決められており、実に重大な意義がある。なぜなら明日が国父（孫文）生誕日に当たり、全員が中山陵に参拝できるからである。大東亜戦争の勃発以後、南洋各地はいずれも友軍の旗の下にある。南洋の情況は昔と全く異なっている。諸君は南洋の情況をもとより熟知している。今日、一堂に会し、務めて意見を述べ、現在に至る僑務工作について詳細な討論をしたい」とした。その内容は①ベトナム方面は、張永福を外交部駐越通商代表として前もって赴かせ、その後、手近なことから僑務工作を処理させる。②台湾方面は、総領事張国威が一切の責任をもつ。③タイ方面は、使節を交換した後、僑務工作は着手され、進展している。だが、シンガポール、ペナンなどは今なお「軍事状態」で領事館を再建できず、日本とはしばしば相談しており、まずは通商代表を派遣することで僑務を処理するつもりである(67)、と説明した。このように、太平洋戦争後、日本の権力は増強され、シンガポールのみならず、日本の同意なしでは何もできない状態に陥った可能性がある。なお、大会では海外僑務に熟知した華僑名士として、上海在住の華僑巨頭の謝筱初、郭順、唐季珊、鄧仲和が顧問として追加されている。

また、第三届委員大会は「海外僑胞に告げる書」を発表した。要点は①国父提唱の「大アジア主義」は「アジア人のためのアジア」であり、さらに進んで「大東亜」建設にある。②当面の苦痛を忍び、将来のために努めて人力・物力で「友邦」に協力すべきで、「大東亜戦争」の使命を達成すべきである。人を助ければ己を助け、人に利すれば必ず己も利益を得る。③民国以来、華僑は建設、献金などで祖国に多大の貢献をしてきた。今後もこの精神に基づき、献金と投資により祖国建設事業を順調に発展させなくてはならない。④本委員会は僑務推進によって華僑の福利を図ることを職責としている。電信・交通の阻害を未だ修復できず、人を派遣して宣撫するだけで遺憾である。だが、本委員会員は華僑に心をかけており、深く同情している。最高領袖の提唱する「和平建国」国策に断固とした信念を持ち、一致して擁護することを望む(68)、と。献金に関しては、四一年六月「僑務委員会」は「華僑捐款奨励法」を公布している。これは、献金額によって、少ないもので一〇〇〇〜三〇〇〇元から多いもので五万元以上を五段階に分けて賞状や盾などを渡し、表彰するというもので(69)、段階別に分けるなど、重慶国民政府の方式と同じであった。

こうした背景下で、四二年一二月二〇日汪精衛は東京羽田飛行場に到着した。随行者は行政院副院長兼財政部長の周仏海、外交部長褚民誼、実業部長梅思平、宣伝部長林柏生、軍事参議院長蕭叔宜の外、軍事委員会委員陳昌祖、中央儲備銀行副所長馬驥良ら一〇余人であった(70)。行政・外交・宣伝はもちろん、軍事・経済に力点を置いた顔ぶれであった。これを出迎えたのは、日本駐在大使徐良と大使館員であり、日本側は東条首相・島田海相・谷外相・青木大東亜相・賀屋蔵相・阿部翼賛会総裁、および「満洲国」駐日大使王允卿ら各国使節であった。沿道では日本民衆が「汪主席万歳」と叫んで歓迎した。汪は迎賓館、褚民誼らは帝国ホテルに投宿した。二二日「国民政府」主席の資格で天皇を表敬訪問し、二三日以降、「行政院院長」の資格で首相東条英機、および日本政府各当局と会談し、緊密な協力に関する各種問題を相談した(71)。

汪精衛の訪日に際して、『南京民国日報』は「社論」を掲げた。汪主席は昨年六月日本と「満洲国」に各一回赴いた。このことは、中・日・「満」三国民衆に深い印象を与え、三国の提携合作がますます親密度を増すことにより、「東亜和平」の基礎を固めるのみならず、「大東亜戦争」の最後の勝利を収めることを確実なものとしたとする。今回、主席の訪日は「国民政府行政院院長」の資格で東条首相と一切を相談し、「大東亜戦争」の協力をさらに積極的に推進することで中華を復興し、「東亜防衛」の偉大な任務を早日完成させるためである。我々の「和平」は本来積極的なもので、消極的なものではない。一方で「東亜の和平」を図り、同時に奮闘努力することで、中国の国際的な自由・平等を求め、不平等条約を解消し、英米侵略勢力から脱却する。したがって、いわゆる「和平建国」は「建国」が目的であり、「和平」は建国に到達するための手段である(72)、と。つまり南京汪政権にとって、「和平」と「戦争」は矛盾なく、実質的に「対日和平」であり、それも「大東亜戦争」勝利によって「和平」、中国の「建国」・復興を勝ち取れるという論理であった。

かくして、四三年一月九日南京汪政権は宣戦布告した。「今日より英米との戦争状態に入り、全力を尽くして日本と協力し、英米の残虐な暴力を一掃し、以て中国の復興と東亜の解放を謀る。満・タイ両国は夙に友好にあつく、東亜共栄に対してとりわけ心を合わせ、今後、ますます提携を謀り、以て道義を基礎とする東亜新秩序の建設を期すとし、「凡そ我国民は、これが国父の大アジア主義実現の唯一の機会であることを知らねばならない(73)」、と。

「参戦体制に適応」させるため、「僑務委員会」は自ら僑務局に改組し、外交部所属となった。新任僑務局長戴策は南洋華僑と為替流通問題で褚民誼外交部長代理として日本と折衝した経験がある。なお、海外華僑からの家族への仕送りは、香港、汕頭、廈門、上海などの為替通過地点において当地の銀行か華僑団体が引き受け、そこから各華僑家族に引き渡されることになった。その際、各弁事処が監督機関の役割を果たした。僑務局は上海、汕頭、広州各弁事処の調整に着手し、また戴策は広州の僑務情況を視察し、僑務工作推進に役立てようとしている。[74]褚民誼が兼任していたため、僑務局への改組は抵抗なくおこなわれたと考えられるが、実質的に外交部下の一部門に格下げされ、僑務は外交の中に包括され、さらに独自な動きが制限された可能性が強い。また、必然的に僑務経費は外交部枠で処理され、外交部経費からその一部が配分されることとなり、削減されたことは想像に難くない。

ところで、四二年一〇月アメリカ国務院は治外法権撤廃を宣言し、英国政府もそれに呼応すると報道に対し、褚民誼は、それは単なるポーズであり、英米人はすでに中国から退去しており、何らの意義はないと断じた。そして、治外法権を誠意をもって撤廃できるのは友邦日本だけであり、近衛声明、「基本条約」の締結を見てもわかる通り、日本側から言い出しており、空言ではないが、軍事行動が終わっておらず、早日には達成できない、[75]と苦しい弁明を発表している。このように、日本の動きは鈍く、英米より出遅れた。

また、四三年六月アメリカの移民法改正問題について、米議会が華僑入国制限の撤廃で同意したとのニュースが伝わった。『南京民国日報』によれば、この問題はアメリカにおいて毎年恒例であり、必ず反対意見が出て、採択されていない。四三年五月キリスト教協会代表が上院移民帰化委員会に「華人入国制限撤廃」要求を提出し、「入国制限」はキリスト教教義に反しているとした。これは明らかに重慶に媚びを売ったものだが、退役軍人協会、出征軍人協会、労働連合会三団体が反対した。一つは民族的差別・偏見からであり、もう一つは華僑の自由入国を許可すれば、戦後失業者が増大するとして、戦争終結後、再考慮するというものであり、[76]問題にならないとの姿勢を堅持しようとした。

七　南京汪政権の華僑教育

澹如は以下のように述べる。華僑は「中華民族の一部」であり、居住地は「第二の故郷」である。子孫は「国語」（中国語）を話せなくなり、祖国、故郷を忘れ、「土人」（現地人）にほとんど同化している。このように、華僑の前途には危機が潜伏しており、それを救う法を設けなくてはならない。教育は立国の基本工作である。文化が興れば、民族は強くなり、文化が衰えれば民族は弱くなる。したがって、英米帝国の至る所で、まず文化侵略をおこなう。華僑の祖国に対する気持ち、愛国熱情を覚醒しようとすれば、華僑教育を発達させなければならない。華僑の文化水準が高まれば、その主張を貫徹しようとする。まず華僑教育の教師養成、教育費の確立、および教育・文化ネットワーク樹立の準備をしなくてはならず、華僑居住地には全て中国教育を施す。そして、華僑と祖国を一つに融合して国家復興の目的に向かって共同努力しなくてはならない、と。(77) こうした意見は彼のみならず、南京汪政権・重慶国民政府を問わず共通した見解であり、教育重視も双方の僑務関係者の一貫した姿勢であった。中国と華僑との一体化を求めるあまり、華僑居住地域への配慮に欠ける面があり、かつ現地人に対する優位性と差別意識も底流に流れていた面も否定できない。

一九四〇年七月「僑務委員会」第五次会務会議には、同僑民教育処長張一声も出席し、台湾からの帰国留学生の受入などが論じられた。台湾送付の「華僑子弟帰国進学名簿」八六人分が提出され、大学・中学の紹介が求められており、まず教育処が指導弁法などを作成し、その後、教育部や中央大学と相談することとした。(78) これを受けて、「僑務委員会」は華僑学生の帰国進学を奨励することとなり、まず「台湾華僑」学生六〇人（八六人から減少？）を上海華僑招待所で接待した後、八月一九日南京に到着予定で、孫育才、張一声、総務処長陳中行が歓迎準備をしている。「台湾華僑」学生は「僑務委員会」の定めた「僑生帰国進学指導規程」に則って指導されることになる。(79)

四一年七月「僑務委員会」第二届委員大会では、行政院を代表して陳春圃が訓話した。その内容は、①海外華僑の大部分は帝国主義の脅威を受け、また重慶側の「虚偽の宣伝」に麻酔をかけられ、まだ完全には「和平・反共・建国」

の真髄を明白にはわかっていない。したがって、文化・宣伝の力量により華僑を覚醒しなければならない。②教育は一切の根本であり、華僑に祖国中国文化を忘れないようにさせるためにも、特に華僑教育を重視しなければならない。③華僑の痛苦をいかに解消し、福利を享受させるか、全責任は「僑務委員会」にある。僑務は消極的な華僑救済ではなく、華僑を海外で自立できるようにすることにある。提案・討論は①華僑国内産業案、②華僑朝鮮渡航手続改善案、③華僑登記証発行案、④国内華僑団体改組案、⑤タイ・ベトナム華僑教育改善、および「和平運動」宣伝案、⑥僑務委員会組織の「満洲国」僑務視察団案、⑦華僑教育教師訓練班など一四件であり、議決、修正採択、「原則採択」（常任委員会などで弁法内容をさらに斟酌）された。(80)

四二年二月「僑務委員会」によれば、「大東亜戦争」以来、南洋各地、および香港一帯の国際為替は完全に断絶し、日本、台湾、朝鮮などは厳しく統制されている。現在、南京、上海各地で華僑学生は非常に多く、平時には学費・食費などは海外の父母から為替で送付されてきたが、為替が断絶、もしくは制限を受け、学業ばかりか、日常生活の維持も困難である。そこで、華僑学生に貸付救済計画を立て、「保証帰国求学華僑学生貸金暫行弁法」を作成したという。行政院第一回支給金の二万元を銀行にストックし、貸付金の基金とすることに関して行政院に諮問した。それに対し、行政院参事庁は基本的に同意した。

(1)各証明書（①華僑登記証、②駐外大使館旅券、③華僑商会か華僑団体の証明書、④在地政府の居留処書か出生書、および⑤国内外における中等学校以上の卒業華僑学生は卒業校の証明書）の保持者は貸付を請求できる。

(2)家長の姓名、職業、現住所、および貸付期間だけは重視するように修正を加え、その上で通学中の者は①在学証明書、②各学期の成績報告書を要求した。

(3)国内において親戚・友人から資金援助を受けられる者は貸付金を請求できない。

(4)貸付金額は中等学校卒業者は月四〇〜六〇元、専科以上の学校卒業者は五〇〜七〇元。

(5)国際為替が回復後、元金と利息（利息は明記されず、各銀行の貸付弁法に則るようで、この点での優遇処置はなかった）を一括して返還しなければならない。

(6)「本弁法は国際為替の回復をまち、取り消される」とあり、緊急避難的なもので、あくまでも「暫行」であった[81]。四二年二月二〇日経費に関しては、行政院秘書処が財政部と「僑務委員会」を召集して審査会議が開催され、「二万元」が了承され、「（民国）三一年度救済費」から支給されることとなった[82]。かくして、四二年三月「暫行弁法」は上記の内容で施行され、三月三一日までに証明書類を持参して、南京の「僑務委員会」、あるいは全国経済委員会宣伝部の各上海弁事処で手続をとるとし、また上海には「僑務委員会」僑民教育処長の王蔭毅が赴き、一切の相談に乗るという[83]。「僑務委員会」は、申請者数十人と多数に上り、国際為替が未だ順調でないことに鑑み、元来六ヵ月としたが、さらに継続して貸し付けることとした。中学就学者は月一六〇～二〇〇元、大学・専門学校就学者は二〇〇～二四〇元と増額している[84]。なお、上海市華僑商業連合会も「華僑学生貸款救済委員会」を急遽組織し、公益金から儲備券五万元を支出し、上海における華僑学生貸付に乗り出している[85]。

特に褚民誼が「僑務委員会」委員長を兼任して以来、とりわけ帰国就学生の人数、在学情況を明らかにすることとし、上海・広州・汕頭各弁事処に訓令を出し、四二年一〇月一五日から一一月三〇日まで帰国華僑学生に総登記を実施させた。申請学生は書類審査の合格後、学力に応じて学校を紹介し、かつ奨学金を支給する外、各種権利を享受できるが、未登記学生は奨学金、入学保障などの各種優遇処置を受けられないとした[86]。このことは、華僑学生の掌握・管理・指導を積極的に目指す政策の一環であったとみなせる。また、「僑務委員会」第三届委員大会の決議に基づき、華僑教育の基礎を固め、帰国就学華僑学生の教育改善のため、華僑大学と華僑中学の創設準備に着手し、就学問題を緩和しようとした[87]。その上、「僑務委員会」は海外各地の華僑教育状況も不明確なことから、華僑学校教師を調査する必要があった。そこで、華僑中小学校の教職員調査票を作成し、外交部を通して各地領事館に調査を命じるように求めた[88]。

ところで、四二年一月南京で中華留日同学会が第四次基金管理委員会会議を開催した。出席委員などは、中国側が褚民誼、陳群ら、日本側が伊藤隆治ら各五人である。(1)報告事項：台湾銀行の日本円一〇万円は引き出しの延期手続をしたが、華興銀行、中央儲備銀行の法幣預金の延期手続は終わっていない。上海銀行の当座預金一〇万元は家屋購入準備金であるが、まだ購入しておらず、定期預金に変更して預金したままとする。(2)討論事項として①経費節約、②日本側委員の杉原荒太ら二人が日本に帰国したため、渋沢総領事らを委員とすることが可決された[89]。なお、留日同学会は中日文化を交流させるため、中国人・日本人の教師座談会も四回開催している[90]。

では、留学生派遣はどうか。一九四〇年九月南京汪政権の教育部は四〇年度選抜の国費留日学生二九人を日本に送り込んだ。専攻は理工・電気機械八人、物理・化学三人、医科四人、農科・土木二人、法律・政治四人、経済二人、文科一人、教育二人、未定三人である[91]。このように、理工系を中心に各専攻がおり、幅が広く、技術者、政治家、医者、教育者など、国家建設に必要な基幹人材の育成が図られたようである。なお、日本陸軍士官学校に留学していた二〇人が卒業して帰国した。彼らは全て南京で警衛第二師団見習兵となるという[92]。

こうした南京汪政権の骨幹を形成する人材育成のみならず、一般的な教育交流も実施されている。四〇年一一月一二日、潮安の各日本語学校の生徒二三人（引率教師一人）が汕頭から基隆に行き、台湾の総督府、台湾神社、野戦病院、第三高女、樺山小学、台中師範学校、孔子廟などを見学し、台湾の各種の進歩的文化、事物などを理解し、「中日親善提携」を図ることを目的とした[93]。

また、廈門特別市政府は「中日文化交流」と「日華親善」を促進するため、数回台湾に留学生を派遣した。四三年九月黄恵元ら一一人の教員留学生を派遣し、台北第二師範学校で日本文学を専攻している。黄恵元によれば、「大東亜戦争」後、各学校制度は全て日本文部省の「戦時教育規程」に基づいている。その特徴は、①皇道精神の実践、②

理論・空談ではなく、実際の生活経験重視。③科学重視。④戦時生産・軍事防衛などの教育・訓練の実施にある。台湾各学校は設備も完備している。例えば、地歴・生物・裁縫・武道・音楽などの諸教室、体育場、水泳場も充実し、体育訓練、軍事教練、防空訓練なども顕著な成果をあげている。各学校生徒は学校の規則、教師の命令に絶対服従であり、「忠君愛国」精神に富んでいる。戦時体制に適応して物資配給制度を実施しているが、政府の周到な計画と人民の信頼によって円滑に運営され、かつ節約増産運動を実施していることは感嘆させる。もし「東亜十億民衆」が台湾官民の精神を範としたならば、米英を撃滅することは遠くないと強調した(94)。廈門の教育もこうした意見を参考にしながら、改編されていった可能性が強い。このように、台湾が選抜されるのは福建・広東から地理的に近く、旅費などの経費があまりかからないのみならず、日本・南京傀儡政権双方から「日中文化融和」の一つの「模範地区」と見なされた結果であろう。

おわりに

第一に、南京汪政権は成立すると、「僑務委員会」を設置し、僑務機構の整備に着手したが、緊縮財政下で、その配分を巡り、熾烈な対立があったことを示唆する。そのため、「僑務委員会」は十分な資金を獲得できず、広州、上海、汕頭三僑務局の復活設置に失敗し、多くの業務を省市政府に委託せざるを得なかった。もちろん「僑務委員会」としては、こうした状態を是認していたわけではなく、それよりも小規模の三弁事処という形で設置をみた。広州はともあれ、上海は招待所の改組、汕頭は公署の改組という形をとらざるを得なかったが、省市政府の干渉を排除し、独立した僑務体系の完成が目指された。ただ、実際は一部に省市政府の人員の兼任という形をとらざるを得なかったのである。それ故、僑務人員育成は緊急であったが、「僑務講習班」が第二、三期も開催されたか不明であり、また、講習班人員は卒業後、宣伝部門、もしくは南洋などに派遣され、僑務経理・運営・管理などの実務人材を包括する幅広い人材が育成されるまでには至らなかったように見える。その上、南京汪政権の参戦以降、「僑務委員会」の僑務局改組後、外交部の一部門となってしまった。とはいえ、僑務局は重要都市の三弁事処を維持したことで、日本敗戦・南京汪政権崩壊の後、国民政府僑務委員会への接続を容易とし、同時に三地域の僑務機構の基盤を戦後に継承させることを可能とした。

第二に、南京汪政権は沿海各都市を統治区としたため、日本の侵略によって破壊された都市復興・再建に取り組まざるを得ず、財政は逼迫した。また、「僑務委員会」は盧溝橋事件以前、南京国民政府僑務委員会が直面していた貧窮帰国華僑の救済問題に真正面から取り組まざるを得なくなった。これは、緊縮財政下で重荷であり、僑務予算も削減に削減が重ねられた。また、日本、台湾、朝鮮各華僑の中で、朝鮮華僑は貧窮であり、補助を必要とした。しかし、重慶国民政府に比して、南京汪政権が推進する「和平運動」の浸透度は低く、特に南洋では献金は思うように集まらず、日本華僑に主要に頼らざるを得なかったようである。また、北米・中南米の華僑の一部からも汪精衛に各種の祝電・支持の電報は打ってくるものの、史料的には多額の献金があったようには見えない。つまり、南京汪政権は華僑救済面で支出が多いにもかかわらず、それに見合う献金を受けられず、極めて苦しい状態にあった。とはいえ、華僑救済面に限って言えば、結果的に重慶国民政府と共に、南京汪政権は意義ある役割を果したといえよう。また、南京汪政権は基本的に日本の傀儡政権であった点は否めないが、同時に日本側と交渉し、各種の要求を突きつけ、華僑の地位保全、財産保護に尽力し、一定の効果をあげたことも看過できない事実である。

第三に、南京汪政権は、日本との「和平」こそが中国を救い、アジアを救うとの信念から、太平洋戦争をやはり「大東亜戦争」と称し、日本主張の「アジア解放戦争」で、孫文の「大アジア主義」の実現をもたらすものとした。そして、華僑の解放にも繋がると喧伝した。その上、アヘン戦争を回顧させ、英帝国主義の侵略性を強調したのである。では、日本帝国主義による侵略である満洲事変はどうか。この問題を素通りできず、「アジア解放の起点」と強弁するか、日中双方とも問題があったとするか、もしくは「満洲国」の発展から過去を忘れようとするか、全く説得力の欠く議論しか展開できなかった。他方で、日本の「アジア解放」の主張と実際行動が乖離する中で、日本は口先だけでなく、実際に英国統治よりもよい政治をしなければ信頼を得られないとの記事が、『南京民国日報』に掲載された。

最後に、南京汪政権も華僑教育を最重要課題の一つとしている。「抗戦」か「和平」かという点を除けば、重慶国民政府僑務委員会の主張と南京汪政権「僑務委員会」の主張は、共通していることに気づかざるを得ない。例えば、「国語」（中国語）重視の教育を梃子に祖国文化を忘れさせず、中国人としての自覚と自尊心をもたせ、ナショナリズムを高揚させたというプラス面、それと背中合わせにある中国人優位性を強調して「土人」との同化阻止という差別意識も窺えるマイナス面が存在する。

註

（1）ここで汪精衛の略歴、活動は以下の通り。汪兆銘（1883-1944）は字が「精衛」で、広東省番禺（今の広州市）で商人の子供として生まれた。外国人居留地が近く、欧米人の東洋人に対する優越感が露骨に見える地域で、汪は反発を感じながら育った。父から陽明学を学び、民衆を苦しみから救う在野の知識人になりたいとの理想を持っていたようだ。一九〇四年科挙の秀才に合格。九月広東省官費留学生の試験に合格して、法政大学促成科に留学する。五年日露戦争での日本の勝利に感銘し、明治維新の意義を確信し、西郷隆盛、勝海舟に心ひかれ、また憲法、国家学などを学ぶ。同年八月孫文の講演会を聞き深く感銘して中国同盟会に加入し、評議会議長となる。また『民報』の編集に加わる。一九〇七年三月孫文に随行して英領マラヤ華僑に革命を宣伝し、中国同盟会の資金集めと分会一〇〇余所の設立を行う。一〇年清朝摂政王の暗殺をもくろむ。失敗し、処刑判決を受けるが、汪の才能を惜しむ粛親王によって無期懲役に減刑された。辛亥革命後、釈放され、南北和議に南方派代表として出席し、かつ孫文と袁世凱との提携を図り、国民党内で物議を醸しだした。なお、孫文の臨時大総統就任の宣言を起草する大役も果たしている。一二年フランスで呉稚暉、蔡元培らとともに中法大学を創設に尽力し、また中国人労働者・学生への支援活動を行った。一三年第二革命の失敗後、再びフランスに留学し、社会学、フランス文学を研究する。一七年帰国し、広東国民政府で秘書長代理として孫文を助け、党務、軍務の仕事をする。また二一年広東教育会会長。二四年一月国民党一全大会で党規約委員になり、国民党中央執行委員、国民政府宣伝部長にも就任、二五年孫文臨終の枕元で遺嘱草稿を作成した。汪が新三民主義の三大政策である連ソ、容共、農工扶助を掲げ、国民党左派の指導者になったことから、軍をバックに急浮上してきた国民党右派の蔣介石との対立を深めた。特に、二六年中山艦事件での対立により下野、フランスに外遊。二七年武漢国民政府の要請で帰国するが、蔣介石は四・一二クーデタを断行し、南京国民政府を樹立。汪はコミンテルンからの中共武装蜂起の密電を見て反共を決意、七月武漢国民政府から中共党員を追放し、第一次国共合作が完全に破綻した。その後、武漢、南京の両国民政府は合流し、汪は国民政府委員、中央党部組織部主任などに就任した。二九年閻錫山、馮玉祥と三角連盟を結んで反蔣運動を起こすが、失敗した。三一年九一八事変の勃発により、「共に国難に赴く」として妥協を図り、三二年一月汪自ら行政院長に就任、軍事は蔣介石に任せた。汪は第一次上海事変を機に対日「一面抵抗、一面交渉」を強調した。三三年には外交部長を兼任し、八月梅津・何応欽協定を締結した。ただ、対日宥和政策は激しく非難され、三五年一一月汪は抗戦派によって狙撃され、重傷を負った。三六年二月ドイツに治療に行くが、西安事件の勃発により、三七年一月急遽帰国し、第二次国共合作に反対する。一二月首都南京の陥落以降、特に工業先進国、軍事強国の日本に「中国は決して勝利できない」と確信し、ドイツ大使トラウトマンの和平調停に期待をかけ、日本との妥協を主張し、抗戦派と対立した。三八年四月国民党総裁制の施行に伴い、総裁に蔣、副総裁に汪が就任し、国民参政会議長にも選出されている。だが、汪の「日中提携」を基礎とする「和平救国論」に与する者は少なかった。日本陸軍省軍務課長の大佐影佐禎昭らと香港駐在の国民政府外交部亜州司長の高宗武との間で、汪を担ぎ出す工作が進められ、一一月「反共、倒蔣、和平」を三位一体とする合意が形成された。一二月近衛が「東亜新秩序声明」を出すと、汪は妻の陳璧君、周仏海らと重慶を脱出し、昆明を経由してハノイに逃れた。二二日近衛の「日華国交調整の根本方針」の声明に呼応して、二九日「和平、反共、救国」の

「艶電」を発した。三九年一月重慶国民政府は汪の永久党籍剝奪で対抗し、六月逮捕命令を出している。ところで、汪は五月日本を訪問し、平沼首相と会い、一〇月再訪日して交渉に入るが、日本側は強引で、「満洲」割譲を含む占領地域の既得権益を放さず、汪は苦渋の中で譲歩に譲歩を重ねた。かくして、一二月日本と密約「日支新関係調整綱要」を締結するが、それが陶希聖らに暴露され、汪の威信は地に落ちた。四〇年三月南京に「反共和平」と「大アジア主義」を謳う日本傀儡「国民政府」を成立させ、行政院長に軍事委員会委員長を兼務し、一一月主席に就任。同月「日華基本条約」も締結するが、大きく日本側に妥協した内容であった。そして、日本軍に協力して中共地区を封鎖し、四一年三月から反共治安政策である「清郷」を強力に実施した。太平洋戦争後の四三年一月対英米宣戦布告をおこない、一〇月「日華同盟条約」を締結し、日本のファッシズム戦争に巻き込まれたが、同時に日本に中国主権回復と「独立」を迫り、治外法権撤廃と租界返還に一定の成果を収めた。こうした折り、汪の体内に一発残っていた銃弾の古傷が悪化し、名古屋大学病院に入院するが、四四年一一月「脊髄炎症」を併発して死去（安藤徳器編訳『汪精衛自叙伝』大日本雄弁会講談社、一九四一年。山中峯太郎『新中国の大指導者・汪精衛』潮文閣、一九四二年。土屋光芳「汪精衛と『和平運動』」、明治大学『政経論叢』五七―一、二、一九八八年。古厩忠夫「汪精衛政権はカイライではなかったか」『日本近代史の虚像と実像』三、大月書店、一九八九年。高橋久志「汪精衛」、山田辰雄編『近代中国人名辞典』霞山会、一九九五年等々参照）。

このように、汪精衛は日本の戦力、国力を過剰に評価し、中国必敗の確信から「中日和平」を推進し、中国の再生、日本との友好を考えた。換言すれば、中国の戦争被害を最小限度に押さえながら、中国の権利を少しでも拡大することに奔走した人生であったともいえよう。従来、中国や台湾で「大漢奸」との最悪の評価を受けていたが、最近、その実態を正確に把握するための実証研究が増大しつつある。本章はその流れを汲むものであるが、いわゆる主体性をもった「対日協力政権」とすることには無理があり、汪の主観的意図はともあれ、また、時期的に強弱があるとはいえ、結果的には日本にほとんど抵抗できず、日本に利用され、母国への侵略政策に加担したやはり「傀儡政権」であったと見なせよう。本章では、歴史開拓的に抗日戦争時期の華僑問題の視角から南京汪政権の実態、および意義と限界にアプローチする。

（2）　南京汪政権の「僑務委員会」が正確にいつ設立されたのか、まだ史料から不明であるが、おそらく南京汪政権成立とほぼ同時であろう。

（3）維新政府『中華民国維新政府概史』行政院宣伝局、一九四〇年三月、一六頁。

（4）汪精衛「敬告海外僑胞」、宣伝部編『汪主席和平建国言論集』一九四〇年一〇月。

（5）「国民政府還都宣言」一九四〇年三月三〇日、黄美真、張云編『汪偽政権資料選編・汪精衛国民政府成立』上海人民出版社、一九八四年、八二一頁。

（6）「国民政府政綱」一九四〇年三月三〇日、同前『汪偽政権資料選編・汪精衛国民政府成立』八二三頁。

（7）「行政院第二次会議討論事項第三案」一九四〇年四月九日、中国第二歴史檔案館編『汪偽政府行政院会議録』（復刻）第二冊、一九九二年、二一—〇五三～〇五五頁。

（8）『南京新報』一九四〇年五月六日。『南京新報』は東洋文庫所蔵。以下同じ。

（9）「僑務委員会召開、首届委員大会」『南京新報』一九四〇年五月一九日。

（10）「行政院第九次会議討論事項第五案付件」一九四〇年五月二八日、『汪偽政府行政院会議録』第二冊、二一—五二三～五二八頁。

（11）「行政院第九次会議討論事項第五案付件」一九四〇年五月二八日、『汪偽政府行政院会議録』第二冊、二一—五二九頁。

（12）「僑務委員会訂定処理各地僑務弁法」『南京新報』一九四〇年九月一九日。

（13）「僑務委員会組織法」一九四一年一月一九日修正公布、『中華日報』一九四一年一月二一日。

（14）孫育才「和平現階段与僑務的関連性」（3）（4）、『南京新報』一九四一年三月八日、三月九日。

（15）初代委員長陳済成が中央党部社会部長に異動（その後、辺疆委員会委員長を歴任）したため、四二年一月新委員長として陳君慧が就任した。

（16）「行政院第一〇〇次会議討論事項第六案付件」・「第七案付件」一九四二年二月二四日、『汪偽政府行政院会議録』第一一冊、一一—五一七～五二〇頁。

（17）「行政院第一〇〇次会議討論事項第七案付件」一九四二年二月二四日、『汪偽政府行政院会議録』第一一冊、一一—五二一

～五二七頁。

(18) ところで、四〇年には、上海華僑招待所は僑務調査・華僑救済の代理執行・華僑子弟の入学・華僑帰郷の交通路指導・華僑の質問に回答・帰国華僑の登記・華僑紛糾の調停、および出入国華僑の送迎などをおこなっており、四一年一〇月には、上海華僑招待所で「僑務委員会」の茶会が催された。中日双方の長官と在上海華僑が招待された。委員長陳済成、秘書長孫育才、上海市府代表秘書胡沢吾、外交部駐上海弁事処代表張正、華僑会長張則盛ら、および日本側は池亨吉（興亜院吉野総理の友人）、吉野大佐、山本大佐ら計一〇〇人が参加したという（『中華日報』一九四一年一〇月二六日）。このように、すでに華僑招待所は接待のみならず、多面的な役割を果たさざるを得ず、本来の役割から大きく逸脱していた。

(19) 「行政院第一〇二次会議討論事項第九案付件」一九四二年三月一〇日、『汪偽政府行政院会議録』第一二冊、一二一―一五一～一五九頁。

(20) 陳春圃（1900.3.8-1966.3.19）は広東省新会出身。陳璧君の甥。抗戦前からの汪精衛の腹心で「公館派」の中心人物。一九二四年汪精衛が国民党中央宣伝部長に就任すると秘書。二五年冬、モスクワ中山大学に留学。二七年四・一二クーデタ後、汪に従い、武漢の国民党中央組織部秘書。二八年汪がフランスに行くと、一〇月彼もフランスに向かう。汪の命を受けて、ニューヨークで『民気日報』を創刊、総編輯に就任し、反蒋宣伝をおこなう。九・一八事変後、蒋介石・汪精衛が「精誠団結・共赴国難」と妥協し、汪が行政院院長に就任すると、陳は僑務委員会常務委員兼僑民教育処長に就任。陳は汪の重慶脱出に先立ち、昆明に行き、汪逃亡の連絡工作を担当し、ハノイで合流。三九年夏、汪と共に上海に行く。汪の私設秘書として「和平運動」を展開した。四〇年三月陳は南京の「国民党中央政治会議」副秘書長、さらに「行政院」秘書長。四三年南京汪政権の建設部長に就任し、鉄道・郵便電信・航政・都市建設・水利などを、同時に中央政治会委員・「国民党中央」組織部長を兼任し、人事権を掌握。四四年四月広東省長兼主席陳耀祖（陳璧君の弟）が重慶側に暗殺されると、陳公博、周仏海の推薦を受け、広東省長・広州綏靖主任に就任。この間、訪日し、伊勢・熱田両神宮を参拝して「大東亜戦争勝利」を祈願。一一月汪精衛が死去すると、陳公博が「国民政府代理主席」に就任。それに対し、陳璧君は積極的支持を与えず、陳春圃も共同歩調を採り、陳公博からの外交部長、司法院副院長などの職就任の誘いを拒絶。四五年九月上海で軍統局（「藍衣社」）

に投降。上海高等法院の公判では、「中日基本条約」、「中日満宣言」などは汪精衛がやったことで関与しておらず、広東省長は「飾り物」にすぎず、危険を冒して対日反抗を企図し、香港の中国人一〇万人余を救済して、祖国に尽くしたとし、「無罪」を主張した。しかし、四六年一〇月「通敵叛国」罪で「死刑」の判決が下されたが、陳春圃は不服で再審を請求し、四七年一二月「無期懲役」に減刑された。六六年三月獄中死（黄美真・張云「陳春圃」、厳如平・宗志文主編『民国人物伝』第五巻、中華書局、一九八六年。益井康一『裁かれる汪政権』植村書店、一九四八年、一〇二〜一〇三頁）。

(21)「行政院会議通過設置僑委会駐滬弁事処」『中華日報』一九四二年三月一一日。

(22)「行政院第一一〇次会議討論事項第七案付件」一九四二年五月五日、『汪偽政府行政院会議録』第一三冊、一三一―一三二〜一四〇頁。

(23)『南京新報』一九四〇年九月六日。

(24)『中華日報』一九四一年七月二八日。

(25)『南京新報』一九三九年一二月二四日。

(26)「行政院第四六次会議討論事項第三案付件」一九四一年二月一一日、『汪偽政府行政院会議録』第五冊、五―五六二〜五六三頁。

(27)「行政院第四六次会議討論事項第三案付件」『汪偽政府行政院会議録』第五冊、五―五六六〜五六九頁。

(28)「行政院第五九次会議討論事項第六案付件」一九四一年五月一三日、『汪偽政府行政院会議録』第七冊、七―一〇一〜一〇三頁。

(29)「行政院第六九次会議討論事項第三案付件」一九四一年七月二二日、『汪偽政府行政院会議録』第八冊、八―〇四八〜〇五四頁。

(30)「僑務委員会一年来施政概況」『中華日報』一九四二年一月一七日。

(31)「和平風気一日千里、海外僑胞紛紛参加」『南京新報』一九四一年一月一八日。

(32)朱肇新「辦僑務応有之精神」『中華日報』一九四〇年一二月一三日。

(33)『南京新報』一九四〇年九月七日、八日、一六日。
(34)『南京新報』一九四〇年一〇月二〇日。
(35)『中華日報』一九四〇年一二月二七日。
(36)『南京民国日報』一九四二年一一月一日。正式名称『民国日報』南京版は東洋文庫所蔵、以下同じ。
(37)「旅鮮僑胞晉京観光、将向中枢献金致敬」『中華日報』一九四二年一二月一九日。「旅鮮華僑観光団」『南京民国日報』一九四二年一二月二四日など。なお、朝鮮仁川華僑の孫景三、郭華亭が華僑に敬慕され、かつ祖国事業に関心を持ち、歴年来、「党国」に顕著な功績があるとして、総領事林耕宇の求めに応じ、「僑務委員会」顧問に特に招聘されている（『中華日報』一九四二年五月四日）。
(38)『南京新報』一九四〇年一〇月二六日。
(39)「僑務委員会一年来施政概況」『中華日報』一九四二年一月一七日。
(40)「行政院第九一次会議討論事項第四案付件」一九四一年一二月二三日、『汪偽政府行政院会議録』第一〇冊、一〇―五〇〇～五〇二頁。
(41)張永福（1872-1957）はシンガポールで生まれ。原籍は広東省饒平県。父張礼はシンガポールで大きな呉服店を経営。張は義和団事件などを契機に変法派から革命派に次第に転換。一九〇三年上海で章炳麟、鄒容が英租界当局に逮捕される「蘇報事件」が起こると、シンガポールで「小桃源倶楽部」を組織し、陳楚楠らと救済運動をおこなう。四年張・陳は南洋華僑社会で最も早期に「反清」を鼓吹する『図南日報』を発刊。五年五月孫文が英国から日本に赴く時、シンガポールに立ち寄り、張らは歓迎した。同年末、孫文は再びシンガポールを訪れ、南洋同盟会分会を組織すると、張、陳らは喜んで加盟、陳が会長、張が副会長に就任。同年『図南日報』が停刊に追い込まれると、孫文の指示で、七年八月『中興日報』を発刊、保皇派の『南洋総匯報』と論戦。張は華僑社会の教育・慈善事業に熱心であり、二四年瑞蒙学校を創設。また、中華総商会董事、広東会館董事を歴任。張は英国籍の華人にもかかわらず、中国に関心を持ち活動したことに、英国植民地政府は不満を持ち、種々の圧迫を加え、三二年にはついに中国に戻らざるを得なくなった。こうした経緯で、おそらく反英意識をもったものと推測される。中国では僑務委員会常務委員、中央銀行汕頭分行長、広東中央銀行副経理、汕頭市長などを歴任。この頃、南京国民政府官僚の腐敗や国民党への不満をもち、かつ汪精衛と個人的に親しかったことから、三八年一二月汪の「艶電」を支持。四〇年三月「国民政府」委員・「僑務委員会」委員などを歴任、南洋で遊説し、「和平運動」を宣伝。抗戦勝利後、「懲治漢奸条例」により南京で逮捕されたが、国民党元老居正、張継の取りなしもあり、執行猶予二年間の判決を受けた。釈放後、香港に居住。外界との接触も少なく、孤独な生活をしていたが、五七年病没（陳民「張永福」『民国人物伝』第一〇巻、中華書局、二〇〇〇年など）。

(42)『南京民国日報』一九四二年八月一六日。
(43)『南京民国日報』一九四二年一〇月五日。
(44)孫育才「和平現階段与僑務的関連性」（4）、『南京新報』一九四一年三月九日。
(45)安藤徳器編訳『汪精衛自叙伝』大日本雄弁会講談社、一九四一年、三二〇頁。
(46)陳済成「為慶祝徳義諸国承認国府告海外僑胞」『南京新報』一九四一年七月二八日。
(47)「僑務委員会告僑胞書」『中華日報』一九四一年五月一二日。
(48)「福州成為和平区域、華僑積極籌款賑済」『中華日報』一九四一年五月一三日。
(49)『南京新報』一九四一年五月二八日。
(50)孫育才「傾向和平下的南洋華僑」（2）、（3）、『南京新報』一九四一年九月二五、二六日。
(51)「某南洋帰僑談、韶関政治腐敗」『中華日報』一九四一年七月二九日。
(52)「本市各界民衆挙行東亜解放大会」『中華日報』一九四一年一二月三〇日。
(53)『長崎日日新聞』夕刊一九四一年一二月三一日。
(54)『南京民国日報』一九四二年一月一六日。
(55)志明「東亜解放与華僑的動向」『南京民国日報』一九四二年一月一九日。
(56)『南京民国日報』一九四二年一月一八日、七月三〇日。『中華日報』一九四一年一二月二七日、一九四二年七月六日）。

(57) 汪精衛「英美淪勢力消徐、僑胞獲更新機会」『南京民国日報』一九四二年二月一九日。
(58) 林柏生（宣伝部長）「解放東亜基礎奠定、僑胞及時奮起」『南京民国日報』一九四二年二月二〇日。
(59) 「社論・解放南洋与華僑之使命」『南京民国日報』一九四二年二月二一日。
(60) 「保護南洋僑胞財産、外部着手調査工作」『南京民国日報』一九四二年三月一五日。
(61) 「社論・由大東亜戦争想到鴉片戦争」『南京民国日報』一九四二年八月二八日。
(62) 「如何紀念九一八」『南京民国日報』一九四二年九月一七日。
(63) 「社論・『九一八』十周年」『南京民国日報』一九四二年九月一八日。なお、「社論」では「十周年」となっているが、「満洲建国」と勘違いしたケアレスミスと思われ、九・一八事変「十一周年」の誤りである。
(64) 鮑振青「関於連絡華僑」『南京新報』一九四一年三月一五日。なお、鮑振青は「反日」的として日本から追放され、再入国を拒絶されている。しかし、中国に帰国後の鮑の言動をみると、日本のことを考え、辛口の批評をするなど、日本に深い愛情を感じているようで、むしろ本当の意味での「親日家」であった可能性が強い。
(65) 関作璸「大東亜戦争与華僑」（1）（2）（3）、『南京民国日報』一九四二年四月一四日、一五日、一六日。
(66) 人材不足から兼任が多かったと推察されるが、もちろん兼任がよいとは思っておらず、例えば、行政院第一三四次会議で広東省政府主席陳耀祖の広州市長兼任を取りやめ、市長後任として広東省政府委員の周応湘を任命している（『中華日報』一九四二年一〇月二八日）。
　なお、褚民誼（1884-1946.8.23）は浙江省呉興県の士大夫階級の家に生まれる。父褚吉田は当地の名医で、子弟教育に厳しく、民誼は幼少の頃から「四書五経」を読み、儒家思想の薫陶を受け、また米国人から英語を学ぶ。一九〇三年日本に留学し、日本大学で政治経済学を学ぶと同時に、当時、留学生に流布していた排満思潮の影響を受け、政治活動に参加。六年張静江と共にフランスに行く途中、シンガポールに立ち寄り、陳楚南らの紹介で同盟会に参加。パリに到着すると、アナーキストの呉稚暉、李石曾、蔡元培らと『新世紀月刊』などを発刊、「宗教革命・政治革命・社会革命」を鼓吹し、反満思想を鼓吹した。辛亥革命が勃発すると、解放された上海に帰国し、汪精衛、陳璧君と知り合い、陳璧君の母の養女陳舜貞と結婚。

一二年五月「同盟会本部駐滬機関部」総務長に就任。ただ、革命が低調になったため、再び渡欧。第一次世界大戦勃発後の一五年春、上海で「討袁」活動に参画。九月三度目の渡欧、フランスで蔡元培、汪精衛らと「華法教育会」を組織、華僑と留学生の生活などを支援。この時期、さらにアナーキズムに傾倒、プルードン、バクーニン、クロポトキン各学説を宣伝。二〇年民誼は呉稚暉、李石曾らとリヨン中法大学を創設、自ら副校長に就任。二四年ストラスブール大学で医学博士を取得。二四年帰国、広東大学教授、代理学長となり、また広東医学院院長を兼任。二六年一月国民党第二次全国代表大会で中央候補執行委員に当選、七月北伐が開始されると、一〇月国民革命軍総司令部後方軍医処長。四・一二クーデタ後、武漢政府の反蒋運動に参画。二八年二月南京・武漢両政府の合流後、蒋介石開催の国民党第二届四中全会で中央執行委員。その後、スイス、ドイツ、フランス、ベルギーなど欧州を視察、各大学で国民党史、国民政府の政策を講演。帰国後、国民政府衛生建設委員会主席、教育部大学委員会委員に就任。満洲事変後、「蒋汪合作」の政治局面下で、三二年一月汪精衛が行政院院長に就任すると、褚民誼は行政院秘書長、さらに三四年国民党新疆建設計画委員会主任委員。また、同年南京国民政府が八月二七日を「孔子生誕記念日」とすると、褚民誼は山東省曲阜で記念活動を主催し、「孔孟の道」を宣揚。三五年一一月汪精衛が銃撃され、行政院院長の職を辞職し、出国すると、褚も秘書長を辞め、上海の中法国立工学院院長に就任。三八年一二月汪精衛が「艶電」発すると、当初、褚は動かず、また「和平運動」に絶対に参加しないとした。だが、三九年五月上海で汪は説得、褚は前言を翻し、参加を決定した。八月上海で「国民党第六次全国代表大会」で褚は中央監察委員会常務委員・中央党部秘書長に就任。四〇年一月「還都準備委員会」委員長。南京汪政権が成立すると、行政院副委員長兼外交部長。七月汪精衛と日本側が南京で交渉、これに褚は参加、一一月「中日基本関係条約」、「中日満共同宣言」を締結するに至った。その後、褚は駐日大使に任命されたため、行政院副院長は周仏海、外交部長は徐良が引き継いだ。褚は「基本関係条約」実施のため、汪・日間の「協調」に尽力した外、ドイツ、イタリア、ルーマニアなどとの条約締結に奔走した。四一年一〇月褚は外交部長に再び就任。太平洋戦争が勃発すると、外交部は対日交戦の各国外交官、領事館は職務の執行を許さずと声明。四二年五月褚は訪日特使として、日本と「同甘共苦」、「最後の勝利を勝ち取る決心」を日本皇室に伝達。このように、「公館派」の骨幹人物であり、四四年一一月汪が死去し、陳公博が代理主席に就任すると、外交部長などから辞職を求める。ただ周仏海の斡旋もあり、南京に留まる。四五年七月陳璧君の意思を受け、外交部長を辞し、広東省長兼保安司令・広州綏靖主任に就任。日本敗戦後、蒋介石との融和を図り、治安を守るとして「警備司令部」を組織し、各師団長、各県長に本分を守ることを指示、蒋の接収を待つ姿勢を示した。だが、一〇月軍統局に逮捕され、四六年四月江蘇最高法院で「通謀敵国」などの罪名で死刑の判決を受け、八月処刑された（黄美真・張云「褚民誼」『民国人物伝』第九巻、中華書局、一九九七年参照）。

(67)『南京民国日報』一九四二年一一月一二日など。

(68)「告海外僑胞書全文」『南京民国日報』一九四二年一一月一二日。

(69)「僑委会公布弁法奨励華僑捐款」『南京新報』一九四一年六月二日。

(70)徐良は一八九二年広東省山水県出身。横浜大同学校を卒業した後、コロンビア大学、ワシントン大学を卒業。駐米公使館秘書などを経て、南京「国民政府」駐日大使に就任（益井康一『裁かれる汪政権』植村書店、一九四八年、二三六頁）。

(71)『南京民国日報』一九四二年一二月二二日。

(72)「社論・主席訪日」『南京民国日報』一九四二年一二月二一日。

(73)「国府宣戦布告」『中華日報』一九四三年一二月九日。

(74)「推進僑務辦理通匯、戴僑務局長将視察粤港」『中華日報』一九四三年四月一一日。

(75)「英美口頭親善之姿態、撤消在渝治外法権、於実質上並無何等意義」『南京民国日報』一九四二年一〇月一一日。

(76)「美国修正華人移民法案」『南京民国日報』一九四三年六月六日。

(77)澹如「為華僑教育向国人進一言」『僑務周刊』第一期、一九四二年三月一九日。『中華日報』所収。

(78)「僑務会準備招待台湾僑生回国」『南京新報』一九四〇年八月一日。

(79)『南京新報』一九四〇年八月一八日。

(80)『中華日報』一九四一年七月九日。

(81)「行政院第九九次会議討論事項第一案付件」一九四二年二月一七日、『汪偽政府行政院会議録』第一一冊、一一―四四七～四五五頁。

(82)「行政院第一〇〇次会議討論事項第三案付件」一九四二年二月二四日、『汪偽政府行政院会議録』第一一冊、一一―四九九～五〇〇頁。
(83)『中華日報』一九四二年三月一二日。
(84)『中華日報』一九四三年七月二〇日。
(85)『南京民国日報』一九四二年一〇月七日。
(86)『中華日報』一九四二年一〇月一六日、二八日。
(87)『中華日報』一九四二年一一月一七日。
(88)『南京民国日報』一九四二年一〇月五日。
(89)「中華留日同学会挙行基金委員会」『南京民国日報』一九四二年一月一八日。
(90)『南京民国日報』一九四三年六月二七日。
(91)『南京新報』一九四〇年九月八日。
(92)『中華日報』一九四二年一二月三一日。
(93)「潮安各学校組織学生台湾見学団」『南京新報』一九四〇年一一月七日。
(94)「決戦下台湾の実状、厦門留台学生の便り」『全閩新日報』一九四三年一二月一五日。

第九章　中国内の傀儡政権地域における帰国華僑

——シンガポール華僑巨頭胡文虎の言動と関連させて——

はじめに

臨時・維新両政府、とりわけ両政権統合の汪精衛の「中華民国政府」（以下、南京汪政権）下、各地域における政治・経済的状況を踏まえながら、帰国華僑などを中心にその動向と実態などを明らかにしたい。南京汪政権によって施行された華僑政策はいかなる影響を及ぼしたのか。その歴史的意義と限界は何か。地域としては、汪精衛、陳璧君[1]ら始め広東幇と密接な関係にある南京汪政権にとっての重要都市である上海、広州、および汕頭などを重視し、それら各都市の状況と華僑動態を明らかにする。なお、香港などは傀儡政権地域というより日本軍政下にあるが、南京汪政権と政治・経済的に関係が深く、かつ広州と近く、ある面連動していることからとりあげた。果たして日本軍政下の香港民衆、難民、華僑はどのようなものであったのか。そして、南京汪政権の役割を考察するため陳璧君らの活動に焦点をあて、また東条英機と直接交渉した客家巨頭である胡文虎の言動に着目した。結局のところ、胡文虎はいかなる考えで何を目指したのか解明し、その歴史的な役割、意義と限界を考察したい。

一　臨時・維新両政府下での反英運動

一九三九年二月北平の「中華民国華僑協会」は汪精衛の「和平」主張が「救国の唯一の途」と見なし、特に海外華僑団体に向けて通電を発した。すなわち、蔣介石・国民政府の「連ソ容共」、「焦土抗戦」以来、一年半を経て、人民の怨みは極度に達している。近衛文麿は、日本には「領土主権の野心はなく戦費の賠償要求もしない」と声明している。そこで、まず治外法権を取り消し、租界を返還させ、中国の完全独立を獲得する。こうして、平等互恵を原則として国交を調整し、提携を進め、防共に協力し、共に「東亜永久平和」を謀り、「新秩序建設」を担い、我が四億同胞を水火から救出できる。汪精衛は党国の元老で、素より「先知先覚」の明を有して、深く「友邦」（日本）を理解し、危険を顧みず、毅然として提案し、妥協を主張している。これにより日本との関係がますますよくなり、同時に反共各国と親善を回復する。全国の有識の士は皆これに共鳴している。全ての華僑は国外に散在しているが、祖国の興亡に皆、責任がある。一致して（汪精衛を）擁護し、存亡の危機を救おう[2]、と呼びかけた。

また、南京市各界民衆反英連合会は、南京の五〇万人民を組織したとし、各地に対英経済絶交を呼びかけた。また、英国の蔣介石支援が明らかになった後、華中民衆、例えば安徽省蚌埠では反英運動に呼応した。三九年三月二〇日には、ジャワ華僑から反英運動に呼応するとの電報を受け取った[3]。このように、この時は「蘭印」のジャワ華僑の動向のみで、それ以外は不明である。なお、中国民衆と日本人居留民は献金を集め、日本当局に「大陸号」三機を献呈し、これによって華中の防空はさらに堅固になったとする[4]。

三九年天津中心に反英運動が各地で展開された。『南京新報』は「英国侵華小史」を掲載し、一〇〇年前のアヘン戦争を回憶することは意義があるとし、詳細、かつ具体的に英国の中国侵略の歴史を記述し[5]、鼓舞した。八月天津開催の全国反英民衆大会で各地代表が集まり、新民会中央指導部代表と天津市指導部代表が「新中華民国」の発展を阻害する英国を駆逐せよとの激烈な演説後、①反英体制の組織強化、②全国反英団体の連絡、③全国反英意識の徹底、④英国権益、英国人への圧力、⑤親英華人への大弾圧、⑥インド独立への支援活動などを決議し、臨時・維新両政府などに送付することにした。(6) 天津の反英運動が激化する中で、二六日竟波（寧波?）・白河航運船舶における英商専属の艀従業員が罷工を開始した。船には反英スローガンが多数掲げられ、輸送を停止した。他の船舶にも波及し、英公司と華工船員との間で交渉が持たれた。(7)

ここで、興亜院の動向、およびその華僑に対する見解を押さえておきたい。日本は経済封鎖を実施しつつ、同時に民衆生活と民心安定のためにも経済建設をおこなう必要があった。こうした状況下で、日本政府は中国における政治・経済・文化に関する事務処理のために、三八年一二月興亜院を設立した。興亜院には華北連絡部（北京・臨時政府の管轄地域）、蒙疆連絡部（蒙疆連合委員会の管轄地域）、華中連絡部（上海・維新政府の管轄地域）、廈門連絡部などがあり、三九年三月一〇日興亜院各連絡部は業務を開始した。すなわち、興亜院設置の最大の眼目は中国における占領地域の拡大に伴い、政治・経済・文化など諸方面で重要問題が続出し、軍部だけでは処理できず、そこで、軍特務部中心に実施されてきた業務を行政官庁に移管することにあった。華中を管轄したのは、上海に設置された華中連絡部であった。だが、興亜院発足後も北支那方面軍の特務部が廃止されただけで、各地の特務機関は従来の業務をおこなっていた。この結果、興亜院と現地軍との間には占領地経営方針を巡って「長期建設」か「戦争遂行」かという形で確執が絶えなかったが、多くの場合、「戦争遂行」が優先された。連絡部の設立以降も、中央直轄の出先機関、地方行政機関に対する政務指導は依然として軍が実施し、連絡部は地方関連事項、例えば臨時政府に対する指導も司令部から現地軍に命令を出す形をとらなければ、何もできない状態であった。結局、興亜院業務は経済関係に重点を置くようになり、それも日本側の利益のみを追求し、「対支搾取機関」との酷評を受けるようになり、中国官民にも悪印象を与え、むしろ対華政策遂行の障害となった、という。[8]

三九年四月興亜院「指示」によれば、(1)「支那新政権」に対する内面指導（協力を含む）など、政治・経済・文化に関する事項は「日支新関係調整方針」その他の帝国既定方針に則り処理する、(2)「支那新政権」に対する内面指導に当たりては「支那側」の立場を尊重し、内政問題に関し干渉を避くべきも、帝国の希求せる重点に関しては之が貫徹を期すとある。そして、「別紙」の「第一政務関係指導要領」によれば、行政区域は、臨時政府が河北、山東、長城線以南の山西、隴海線以北の山西とある。また維新政府が江蘇、安徽、浙江で、これ以外の「中支」、「南支」の占據地域については「新政権」発達に伴い適時之を定むとし、特に維新政府下の領域は流動的であった。「第二経済関係処理要領」では、「支那」における経済建設を促進し、併せて国際関係の打開に資するため、「第三国」の資本を誘導する。そして、①「北支」方面では独伊の経済協力の誘致に努むる、②「中支」方面では「第三国」権益を尊重するの建前を以て巧みに英米等資本の利用を図るとする。③「南支」では華僑を特に重視している。すなわち、華僑との経済合作に付き特殊な考慮を払い、漸次「中支」・「北支」の経済開発に対し、積極的に協力せしむる様、誘導するとする。このように、華僑の経済力を高く評価し、協力関係を樹立しようとしており、華南のみならず、華中・華北の経済開発にも参画させようとしている。これには註記があり、華僑工作は各機関が担当する実情に鑑み、当分の間、中央が統制指導に当たることを要請しているという。[9] いわば華僑工作は統一されておらず、各機関が自らの職権として分散的におこなっていた。

また、興亜院の鈴木政務部長は華僑について次のように言う。華僑の政治、経済における力は侮るべからざるものがあり、これを「皇国」の意図する方面に向けることを重視しなければならない。もちろん南洋における実施機関は外務省であるが、「支那」においては興亜院が実施する必要があり、また華僑工作が「支那事変」処理に重大な関係を有している。「対支政策」の見地より華僑工作に関しては興亜院その他の関係各庁の緊密な連絡・協力により、中央が統制ある指導力を発揮して、従来のように各機関がバラバラの工作をやるが如き弊害を改めなくてはならない[10]、と。ここでも華僑の不統一が指摘され、統一が不可欠と強調された。

二　上海における帰国華僑の実態と動向

第二次上海事変後、周知の如く「孤島」となった上海の租界は奇形的発展を見せた。その要因は①租界が相対的に安全地域であったこと、②上海の対外貿易が閉鎖されておらず、欧戦勃発により南洋市場が上海に開かれたこと、③戦火を避けて上海周辺の資金と物資が租界に流入したこと、④租界人口は一九三七年一七〇万人から三八年四五〇万人に増大し、豊富で安価な労働力の獲得が容易であったことなどがあげられる。かくして、租界では三七年末の四四二工場（労働者二万七〇〇〇人）から三八年末には四七〇七工場（二三万七〇〇〇人）に激増し、綿紡績、生糸両工場の復活が顕著であった。それに伴い租界の商業は繁栄し、三八年には多くの飲食店、衣服店、娯楽場も開業し、金、外貨、証券、土地のみならず、棉花、綿糸、小麦、米も投機の対象となった[11]。

しかし、一九三九年二月維新政府下の上海では債券市場が猛烈に落ち込んだ。国民政府財政部発行の巨額の公債に利息支払いを停止するとのニュースが騒動に追い打ちをかけた。こうした状況下で、少数の大銀行は維持に努めているが、多くの銀行は危機的状況にあり、南洋華僑がそれを聞きつけ、投資を口実に買収しようとしている。ただし、依然として工商業は「奇形的繁栄」を示し、一週間で為替総額は二億元に達するという[12]。それに対してシンガポールの海峡植民地政府は「非英ポンド圏との輸出入禁止・制限」を打ち出し、上海も禁止地域の一つとした。この結果、輸入制限物品は七六種、禁止物品は二三八種に上った。従来、上海から南洋への輸出工業品は年二〇〇万元に上り、重大な打撃を受けることになる。この時、上海の工場生産品である毛織物、皮革製品、ゴム靴、電燈などが輸出不能となる。禁止物品があまりに多く、上海市国貨団体はパニック状態となっており、海峡植民地政府と交渉する計画という(13)。

ところで、蔣介石は上海の「紳士階級」が汪精衛の「逆説」（「和平」言論など）に迷わされ、各地に及ぼす影響が甚大であることを恐れた。そこで、警告書を発するとともに、朱家驊から呉鉄城宛てに、香港、マカオ、広州の人心の混乱に警戒するよう訓電させた(14)。

「新政権」の中心的基盤となるべき上海に対して、各般工作は重要性を有し、三九年八月には南京汪政権の樹立のため、日本特務「梅機関（影佐禎昭）」が設立されている。汪精衛側では、その重要な基礎工作・すなわち特務工作は丁黙邨がおこなっている。もちろん汪精衛の「新政権」における軍事、外交、宣伝、華僑の専門工作には、それぞれ中央幹部のエキスパートが責任を有しているが、上海だけはほとんど丁黙邨の指揮下にあった。特に団体組織化とその方向づけは特務工作と密接な関連をもっていたからである。①党務関係では「健社」（責任者・黄香谷ら旧党員約四〇〇余人）、②教育関係では「教育委員会」（主任委員凌憲文。参加団体は中小学校約七〇余校、大学教授、職員、中小学校長、教員ら二〇〇余人）、③労働関係では「上海市各業工会連合会」（責任者張昇ら）、④青年界では「幹社」（社長丁黙邨、書記長胡志寧、秘書章樹欽）で、書記長下に、秘書処と挺身隊二隊（総隊長蔣兆祥）を置く。秘書処下に総務・組織・調査・訓練・宣伝五科を置く。各大学・中学に支部を置く外、外郭青年団体六〇余を有し、基礎分子二一七人、外郭分子五〇〇〇余人とする。⑤婦女界では「進社」（社長丁黙邨、常務委員呂鎮華、李士群夫人ら）で、「婦女協道会」など三〇余団体を吸収、代表八〇余人、⑥商界関係では「上海各業商会連合会」（責任者孫鳴岐）で、各業商会四〇余、商会代表八〇余人、⑦農界関係では「上海市農会」（吸収分子六八人）、⑧社会団体関係では統一団体が形成され、特に救済科（総責任者朱美吾）が設けられ、同郷会（陳維藩）、市民連合会（陳済成）、難民救済（張一塵ら）をそれぞれ指導した。なお、統一団体は同郷団体四二団体、市民連合会代表者八二人を吸収している。⑨幇会関係では「中国道義協会」（会長丁黙邨）で、紅幇・青幇各分子五〇〇余人、⑩海員工会は主任（呉垂瑩）の下に各科を置くが、特に警衛組、特派組を増設するとあり、治安、諜報にも力を入れた。⑪金融関係は責任者が周仏海で、陳済成、張一塵、周作民ら四〇余人が参加し、「毎月ノ支出頗ル巨額ニ達スルカ如キモ明白ナラス」と、日本側はその額を掴みかねている。(15)以上のように、特務・民衆運動面では丁黙邨を中心に組織化が順調に進み、上海という土地柄、農界は少ないが、工会、商業界、青年界などは一定程度基盤を形成しているようにみえる。ただ、帰国華僑の組織化はまだ着手されておらず、後述する華僑商業連合会の組織化が待たれる理由であった。なお、日本が知りたがっている金融については周仏海らが秘密裏に処理し、日本の一元支配に抵抗しているように見える。

とはいえ、四〇年になると、上海は再建・「和平運動」の展開、および欧戦勃発の良好な影響を受けて、経済は次第に回復してきた。上海の対外貿易、とりわけ南洋群島との貿易が活気を取り戻してきた。特に南京汪政権の成立後、海外華僑が皆喜んで「国貨」（中国品）を購入している。布、紡織糸、絹織物、メリヤス品、パラフィン、金属、鉱砂、皮革などの各種国産品は上海から一部分が英米各国に輸出される外、多くは南洋各地の輸出される。こうして、上海の南洋貿易は四〇年は三九年の約三倍に増大した。四〇年に上海から直接輸出した地域は英領インドとマラヤであった。例えば、インドでは三九年三〇七〇万元から四〇年八九九〇万元、英領マラヤ三三七八万元から六四八六万元、「蘭印」一七六八万元から四八五二万元、タイ一一五八万元から四三一七万元、フィリピン一五五八万元から三二二五万元、ビルマ五六二万元から一九一二万元という具合であった。ただ仏領インドシナだけは七一〇六万元から四五二二万元に減少した。(16)

重大問題は上海市の食料高騰であった。四一年三月頃、闇市での売買が当たり前となり、大部分は販売されずに囤積され、パニック状態に陥っている。サイゴン一号米「一包」（一〇〇包？）は二五〇〇元を超過し、一〇日間で二七元上昇という稀にみる暴騰を示した。租界当局は警官を派遣し、米の不法取引を取り締まり、「囤積懲罰法令」を出したが、ほとんど効果がない。もし租界当局が有効な方策を採らなければ、「民食恐慌」となり、収拾つかない状況に陥ると警告する。[17] その後、上海の米価はやや安定したようで、サイゴン一号米が一市石一二四～一二二元から一一五、六元に下落した。シャム米は四～七、八元上昇しているが、バンコク市場で下落しており、上海に好影響を及ぼしている。その上、公部局などが香港、ベトナムで大量買付しようとしており、四一年六月一五日以降には輸入できる。さらに、上海市の米在庫が二〇〇万石とすると、二〇分の一不足するが、各幇の在庫が三万五〇〇〇～四万五〇〇〇石あり、上海市民の食糧の前途に憂いはない、[18] と断言し、民衆の動揺を押さえようとした。また、租界当局は再三「帰郷運動」を呼びかけたが、大多数の民衆は静観する態度に終始して帰郷に応じなかった。

しかし、実際は小康状態は長くは続かず、太平洋戦争以降、四二年には物価が直線的に暴騰し始めた。日本軍は共同租界を占領し、欧米企業はいうまでもなく、中国系一四〇企業も接収され、生産・流通・対欧米貿易も共に激減した。「上海—飢餓的行列—」によれば、三月一二日の一日だけで物価は二倍となり、上海の全社会が大混乱に陥っており、驚くべき状態という。例えば、国産米（「杜米」）も毎斗二七元前後であったが、三月一二日には四〇元、五〇元、夜には六〇元に上昇した。柴、米、油、塩、味噌、酢、茶の生活必需品は断絶した。上海の資産階級は一握りの数千人に過ぎず、大資本家を除いて、多くの中産階級は極めて大きな脅威を受け、十分な食事もとれず、赤貧に等しい。賃金階級、例えば、小学校教師の月平均賃金は五〇元に過ぎず、一斗米の購入にも不十分である。こうして、飢餓線上でもがいている者は三〇〇万人以上とする。全上海の棺桶は三万人分もなく、木材来源もなく、価格が高騰し、生きることも困難で、また死ぬこともできない、[19] と嘆く。これは上海に基盤を置く『中華日報』の記事であり、献金を求めるための宣伝的部分があるとしても、同時に南京汪政権の失政、責任とも連動する問題だけに、信憑性は高く、かなり悲惨な状態であったことは間違いないであろう。

太平洋戦争の勃発以降の新たな国内外情勢に対応するため、四二年二月一二日「全球華僑連合総会」が「僑務委員会」の批准を経て、上海の「四僑青年会」で成立大会を開催した。当時、上海在住の華僑会員五〇〇人余が参集し、中日両当局が出席して指導した。主席団の張則盛（張に関しては前掲拙著『戦争と華僑―日本・国民政府公館・傀儡政権・華僑間の政治力学―』汲古書院、二〇一一年の第一章「戦時期における全日本華僑の動態と構造」を参照されたい）、林茂らが設立経過を報告した。各当局代表の挨拶、来賓の講演後、理事長張則盛、副理事長林茂、李伯祥、常務理事盧重福ら七人、理事鄭誠学ら一七人、主席監事郭欽明、監事謝碩錦ら七人が推薦により就任した。(20) その具体的な目標、宗旨は不明であるが、当然、日本との提携を強化しながら、華僑組織化と世界華僑の再編を目指したものといえる。

とりわけ重要なのが、華僑組織化と経済状況の打開を目的とした上海華僑商業連合会の成立である。四二年三月上海で華僑資本により創始された著名な永安、大新、新新各大百貨公司、虎標永安堂、建安公司、および有力地方銀行と工場などの二〇人が集まり、日本側と協力して上海工商業の発展を目指した。そして、三月二一日上海で華僑商業連合会の成立大会を開催した。南京汪政権はこれを極めて重視し、交通部長丁默邨、実業部長梅思平、僑務委員会委員長陳君慧、辺疆委員会委員長陳済成らが列席した外、上海特別市市長陳公博が大会に出席している。日本側も注目し、興亜院太田中将、上海総領事堀内、特務機関長宮崎少将、海軍報道部長鎌田大佐、陸軍報道部長秋山中佐等々が参列し、全体で二〇〇余人に上った。主席団謝筱初が開会の詞によれば、早期に有力な団体を組織しようという志はあったが、意見交換をしたに過ぎなかった。二月二四日「当局」（南京汪政権？）から正式に華僑団体組織化を促され、三月二日発起人大会を開催したという。次いで、陳公博は、華僑組織は「不健全」であり、「国民政府」は今回の連合会成立を重視している。南洋を視察した際、華僑団体がばらばらで、「封建部落制度」がなお残り華僑力量を分散させており、心痛を感じていたが、今後、華僑精神の団結が望める、と高く評価した。さらに堀内は、日本が「新東亜建設」という重大使命の完成を欲しており、中国四億五〇〇〇万人の協力を得なくてはならない。中国人民が「国民政府」汪主席の示した「同甘共苦」の精神に従い、忍耐し、共同努力して東亜民族を解放し、偉大な使命を完成させることを望む、と述べている。「成立宣言」が出され、華僑の歴史、現地と祖国への貢献、孫文時期の団結を回顧した後、今回の連合会成立は華僑感情の連繋と華僑の事業促進を図り、当面の困難を解消して進んで共同の福利を獲得するとした。(21) このように、連合会成立は南京汪政権、日本側ともに重視していた。それは、上海華僑の「自発性」もあったが、「当局」、すなわち上からの意向が強く働いていた。為政者にとって、華僑組織化により、その経済力を最大限に発揮させ、同時に管理しやすいという利点があったからである。他方、上海華僑にとっては自らの意思を政治や経済に反映させることが可能となった。

かくして、四二年四月四日華僑商業連合会の全体理監事の就任式、および第一次連席会議を開催した。出席者は理事・監事二〇人である。選挙の結果、主席は謝筱初（中美化学工業公司総経理）、郭順（永安紡織公司総経理）、黄江泉（建源公司総経理）の三人、常務理事は胡桂庚（虎標永安堂総経理）、林朝聘（華菲煙草公司総経理）、陳水鯉（華僑銀行総経理）、鄭昭斌（先施公司総経理）、経易門（光華石油公司総経理）、曽万鋪（南僑公司総経理）の六人、主席監事は李沢（新新公司総経理）が当選した。内部組織としては六組が設けられ、常務理事がそれぞれ主任に就任した。①【金融組】主任陳水鯉：組員は沈叔玉（国貨銀行総経理）、梁冠榴（広東銀行総経理）、董幹文（道亨銀行総経理）、周幼墨（中興銀行総経理）、黄友情（中南銀行経理）、②【交際組】主任胡桂庚：李沢、唐季珊（華茶公司総経理）、林朝聘、陳水鯉、潘志銓（振中紡織染公司董事長）、③【工業組】主任林朝聘：鄭昭斌、曽万鋪、饒韜叔（国華銀行董事長）、蕭錫齢（隆昌機器廠総経理）、黄友情、④【貿易組】主任鄭昭斌：李沢、経易門、梁冠榴、胡桂庚、董幹文、⑤【運輸組】主任経易門：沈叔玉、林朝聘、蕭乃震（衛利韓汽船公司董事長）、潘志銓、⑥【慈善組】主任曽万鋪：周幼墨、饒韜叔、陳水鯉、蕭錫齢、蕭乃震であった。(22) このように、金融・流通・生産に跨る錚々たる人物が網羅されている。特に組員レベルでは金融関係者が多く、金融を中核とする布陣で、投資などにかなりの力を発揮できる体勢といえる。また、貿易組は重視され、主要に幹部で構成されている。慈善組を六組の一つに組み入れることで帰国華僑の組織的な救済を大きな目的としていることがわかる。ただし、人材の重複・兼任が多く、力量ある人材に限界があることも露呈している。

この結果、上海有力団体は①上海市華僑商業連合会、②全球華僑連合総会、③南洋潮州華僑駐滬商業連合会の三団体となった。それに、④日本東京華僑連合会を加えた計四団体が「和平建国」国策を擁護する決心を示すため、「上海華僑首都商業観光団」(団長謝筱初)を組織した。各団体から推挙された代表は、①一八人、②六人、③五人、④一人の計三〇余人である。海外からは東京の張紀来一人であったが、当然のことながら、上海三団体も海外華僑とその家族の意思代弁という重要な役割を担っており、四、五日間南京に滞在する予定であった。彼らは上海を出発し、「僑務委員会」上海弁事処主任の余恵霖に随行され、四二年一〇月六日南京に到着した。[23]

その時、観光団は記者団に向けて、華僑の祖国貢献を述べ、および祖国の華僑に対する配慮に感謝し、南洋の国貨販売市場としての重要性を指摘した。さらに孫文への華僑支援を回顧した後、以下のように述べた。「大東亜戦争の勃発以降、南洋華僑は重要な任務に当たり、幸いにして戦争はすでに一段落した。ただ電信、為替は未だ回復せず、華僑は遠く海外におり、家族、親戚、友人の多くは祖国に在住している。……政府に早日通信、為替送付の対策をとってもらい、救済に助力してもらいたい」との談話を発表した。僑務委員会委員長褚民誼、辺境委員会委員長陳済成、全国経済委員会代表蘇薌予、日本大使館松書記官らが一行を歓迎した。その後、観光団は主席汪精衛を表敬訪問し、その際も次のように訴えた。すなわち、海外華僑は海外各地に散在し、「深く大義を知り、非常に興奮し、一時的苦痛を忍ぶことを願い、永久の光明を求めている」としながらも、「この過渡期において、華僑家族は(中国の)各地に分散して居住しており、電信不通、消息不明、為替停頓で仕送りが断絶している。そこで、政府には友邦(日本)と交渉して、早日電信、為替を復活する法を採っていただき、当面の華僑の困難を解決していただきたい。しかる後に、南洋と中国間の貿易は次第に回復するであろう。そうすれば、東亜全体の経済もまた整い、中国の国家経済、民衆生活も無限の利益を得ることができよう」[24]、と。このように、観光団は単なる観光目的ではなく、貿易振興とともに、特に南洋華僑とその家族の窮状を訴え、電信・為替回復のため、日本当局との交渉を求める切実なものであった。

二日目、観光団は中山陵で献花した後、日本軍総司令部の大城戸中将と河辺参謀長が中央飯店で歓迎宴会を催した。まず、大城戸が、「大東亜戦争」の目的は英米勢力を打倒し、「東亜人の東亜」とするためのものである。各位は商業界の一流の人物であり、「大東亜共栄圏」建設に積極的に協力できる。各位が南京を訪問し、観光したことは、海内外の華僑に与える影響は極めて大きい、と挨拶した。それに対して謝団長が、「大東亜戦争」後、貴国軍隊の向かうところ敵なしで、南洋華僑百年来の圧迫は現在解消された。誠に喜びと感激にたえない。「大東亜共栄圏」の早日樹立を祝う、と謝辞を述べた。このように、観光団は首都南京の各建設を参観し、短期間における発展に敬意を表し、上海市華僑商業連合会は「僑務委員会」に献金三万元を贈った。これは相談の上、振務委員会、中央医院、社会事業会に各一万元ずつ渡されることとなった[25]。三日目は孔子廟を参拝後、日本大使館を訪れ、大使重光葵の接待を受けた。重光は「大東亜経済建設」への華僑の最大限の協力を求めた。観光団は練兵場での双十節式典にも列席し、衛士連隊、首都憲兵、警衛師団、独立第十四旅団、戦車隊、空軍飛行機隊の計二〇〇〇余人を閲兵している[26]。

上海市華商連合会主席で団長の謝筱初は南洋貿易との関連で以下のような談話も発表した。『南京民国日報』によれば、すなわち、本連合会は上海在住の華商を組織したもので、南洋各地の商業・金融を再編し、南洋華僑の重要部分をほとんど掌握している。中国工業は落後し、貿易は入超であるが、収支均衡を維持できたのは大半が華僑為替によるものである。近年、中国工業はやや発展を示し、その販路も南洋一帯を唯一の市場としている。したがって、まず上海と南洋を交流させる。南洋は原料の宝庫である。上海は中継運輸の中枢である。通商回復の前に通信、為替の復活は急務である。さらに、最近、金融、工業、貿易、運輸などの組織設立にも着手しており、早日南洋貿易を回復しようとしている[27]。『中華日報』によれば、謝筱初の談話はこれで終わっておらず、海運の困難打開のため、連合会は「蘭印」・マラヤ間で小回りの利く小帆船の利用を提起している。その上で、シンガポールにおける日本軍と華僑の矛盾対立に言及し、「昭南」当局と華僑は隔絶している面があり、言葉が通じず、意思の疎通もない。したがって、「国民政府」当局に閩南語、広東語に通じた人員を派遣してもらえば、双方の誤解を速やかに解くことも困難ではないと主張した(28)。

ところで、中国側の物資流通を切断して独自の物流機構の樹立に失敗した日本は軍政下での厳しい物流規制方針を転換し、日本側の軍や三井・三菱などの日本商社独占システムから、中国商人を取り込み、従来の流通ネットワークに戻そうとした。その方向は南京汪政権の自立化指向と一致し、全国商業統制総会（以下、商統会）結成という形で結実した。すなわち、四三年三月南京汪政権は華中の一元的な物資統制機関として商統会が結成され、「戦時物資取締暫行条例」が発布され、それに伴い日本軍の物資搬出入取締諸規定は廃止された。最大の機構的変化は日本軍に代わって南京汪政権・商統会が華中物流の中枢となり、多くの商業団体を統制下に置くことになった。もっとも指導監督の諮問機関として物資統制審議会が設置され、南京汪政権の関係部長と共に、日本側の経済顧問・公使・陸海軍代表なども参加していたから(29)、一定の制限を受けていたことは否めない。にもかかわらず、南京汪政権の自立化という意味では大きな一歩であったことも間違いないといえよう。注目すべきは、華僑商業連合会の幹部陳水鯉、李沢が商統会理事、郭順が同監事にそれぞれ就任していることであろう。つまり、商統会は上海経済界を基盤に、必然的に南洋華僑までも視野に入れたものであった。日本の目的は戦争完遂のための「物資獲得ノ増大」にあるとはいえ、日本の利益のみならず、上海経済界と帰国華僑の発言力増大に連動した可能性が強い。

三　広州における帰国華僑の実態と動向

一九三八年一〇月広州陥落後、広東省維持会が成立し、軍政面でも次第に軌道に乗り、市況も回復したという。貿易に携わる日本人も少なくなく、多くの一般華僑が次々と広州に戻ってきた。[30] ただし日本軍による破壊も大きく、簡単に復興できる状況にはなかったことも事実である。

こうした状況下で、日本軍と武内（元領事館武官？）側は下記の事項を協力・促進することを約束した。①武内は中央政府樹立工作を進めるともに、「南支政権」樹立工作に邁進するため、広州で「南支」工作に必要な処置を講じた後、同志を広州に留め、工作を継続する。武内自身は上海に戻り、「国民党全国代表大会」を終え、必要に応じて広州に来る。②「南支政権」は単なる政治機関ではなく、実力派をして「反共・保境・安民」を標榜させ、日本軍と局部的停戦、および必要な協力、支援をおこない、これを「南支五省」に拡大し、蔣介石を下野せしむるなど、重慶国民政府の壊滅を図ることを施策の主眼とする。③「南支政権」成立後は日本軍占拠地域における治安・警備・行政・経済を日本軍から同政権に移譲する。④実力派の寝返り工作は張発奎、鄧龍光（この二人は□□□と伏せ字であるが、書き込みから姓名がわかる）らに重点を置き、李漢魂、薛岳らと密接に連絡する。陳済棠は当分立ち上がる気配がないので、部下の黄質文を武内と合作させ、その旧部下軍隊から引抜工作に従事させる。⑤保安隊を創設する。差し当たり武内系軍隊を集結させ、かつ広州市付近にも創設する。⑥「南支政権」樹立の準備工作として広州に政務委員会を設置する。政務委員会（広東省政府）下に「広東市治安維持会」（広州市政府）、「各地方治安維持会」、保安隊を設け、かつ前二者の下に警察隊と保安隊を設ける。政務委員会は武内の同志を長とする予定で、張発奎・鄧龍光の各連絡者、黄質文、張永福、および「広東市治安委員会」などをもって構成する。政務委員会は「国民党全国代表大会」の直後に設置する。⑦広州に軍官学校を設立し、寝返りした軍隊将校の再教育、新将校の養成をおこなう。⑧「東亜新秩序」建設は青年の自覚と運動が必要である。「日支両国」青年の教育機関を広州に設置するため、研究する。⑨今後、財政経済は極めて重要である。中国人は一般に日本に搾取されるとの懸念を有しており、速やかに「日支協同経済計画」を樹立するを要す。特に華僑工作関係では、⑩広東、福建など出身華僑に「南支政権」を援助させ、「南支那」の復興、経済開発、投資などに協力するように指導する、とした。[31]

四〇年一月「僑務委員会」常委の李仲猷は華南の僑務を視察し、広州市の広東華僑連合会での歓迎大会に招かれた。連合会会員、各機関代表、新聞記者など数百人が集まった。李仲猷の挨拶要旨は以下の通り。

今回、「僑務委員会」から華南各地の失業帰国華僑の状況視察のために派遣された。広東省は空前の事変のため破壊され、復興を待っており、僑務事業は顧みられていない。こうした状況にもかかわらず、諸君は毅然として団体を組織し、華僑大衆を指導し、政府を擁護し、「和平建国」の推進に従事している。「華僑は革命の母」といわれる。海外華僑の大多数は広東人である。かつて汪主席は「和平は広東から始めなくてはならない」といい、また「華僑だけが革命的な広東精神を発揮しうる」と述べた。したがって、汪主席は再三、華僑に「和平建国」の責任を共に負うことを呼びかけた。さらに華僑子弟の帰国進学のため、すでに南京に華僑学校を設立している。また、華僑の苦痛を解消するため、失業者救済をおこなおうとしている。私が急務と考えているのは、①教育救済と②失業救済である。①については、私がかつて南洋を視察した時、当地政府の華僑教育には実に限界があるということである。例えば、ベトナムでは初等教育だけが許され、公立の華僑中学はない。タイでは、タイ語での主要科目が強制されている。海外で育った華僑子女は祖国文化に対する認識は少なく、失学子弟も少なくない。そこで、私は広州に華僑中学と補習学校各一校を設けようと思う。南京に戻ったら、早速政府に広東省での華僑学校設立を提案し、華僑子弟が免費で学校に行けるようにしたい。②については、南洋が不景気によって失業帰国華僑が少なくない。ベトナム、タイ、「蘭印」では入国税、居留税が増額され、帰国華僑は戻ることもできない。私は僑務機関、あるいは省市政府に華僑職業紹介所を設置したい。また、荒地を開墾し、失業華僑を集め、生産建設事業に従事させ、中国を復興させ、広東を復興させる工作に従事させる。さらに安心して暮らせる華僑模範村も創設したい、[32]と。このように、華僑の重要性を指摘するが、南京汪政権は汪精衛、陳璧君をはじめ広東出身者が多いため、福建幇以上に、特に広州、広東幇を重視する傾向があった。

広州を考察する際、看過できない団体に「五洲華僑洪門連合会」（会長陳直中。本部は広州？）があり、同連合会は「五〇〇万洪門華僑」を率いて汪精衛と「和平建国」を擁護するとした。[33]「五洲華僑洪門連合会」は四一年冬に改組され、林蔭南が対外責任者となった。四二年六月下部組織の広州連合会も改組され、理監事制を採用し、二五日「五洲華僑洪門会西南本部」として組織を強化した。理事長李蔭南（省銀行長）、理事は郭衛民（省警察局長）、馮剣雄（三〇師団参謀長）、黄清泉（綏署特務団長）ら一〇数人で、各階層の領袖や有力者で、会員は工商界人士が多く、すでに一五〇〇人に達しているという。さらに組織力量を高めるため、広範に会員を募集し、下層民衆に「和平」を認識させ、「和平」を推進する。このように、華商に極めて大きな影響力の有する民衆団体で、その組織は単純であるが、団結力は極めて大きいとする。[34]注目すべきは工商界のみならず、警察、軍、特務各人材も網羅しており、上層・下層が結びついた形での華僑組織化とともに、治安や管理面で威力を発揮したことは疑い得ない。

ところで、広東省も米に欠乏しており、平時にはタイ、ベトナムから米を輸入、また安徽省蕪湖から移入し、さらに湖南、江西、広西に頼っていた。だが、太平洋戦争の勃発後、アメリカ軍の封鎖によりタイ、ベトナムから米が全く入らず、かつ米産地の湖南、江西、広西が法幣本位なのに対し、広東は儲備券のため互いに流通せず、米の購入が難しく枯渇した。その結果、多くの子供が遺棄された。そこで、陳壁君は広東大学に「難童学校」を付設して、教育系学生に主に担当させた。そして、難民児童に広東省庫から衣食を供給した上、数十人から数百人の難民児童を「教養院」に送り込むなどの貢献をしている。[35]この面における陳壁君の活動は高く評価できよう。

なお、日本大東亜省は対中新政策の推進と「南支」政策を円滑にするため、日本大使館事務所を北平、張家口、上海以外に、四三年八月から広州に設置することを決めた。事務所長は大使館参事官を任命し、公使を置かないとするが、[36]広州を基点として政治、外交を活発化しようとする意思が窺える。

四　日本軍政下の香港状況と客家胡文虎の活動

一九三九年五、六月頃、香港における抗日宣伝は熾烈で、アメリカ商公司の陳九によれば、一般民衆の出入りする公共の場所では抗日宣伝がおこなわれている。だが、五月一日蔣介石の精神総動員命令に対して民衆の動きは鈍い。代表的な抗日団体である愛国団と先鋒隊の間で内訌が発生し、華僑は重慶国民政府の抗日主張を嫌悪し、「親日反蔣」の傾向があるという(37)。四〇年六月日本軍の動向に脅威を感じた香港総督は、突如「英国人は即刻香港を離れよ」との声明を出した。これに対して華人団体代表は驚愕し、総商会、各省同郷会も疎開の準備を始めた。華人富裕階級はフィリピン、米国、カナダのビザを要求し、華人難民の大部分は上海、もしくは廈門回りで広州に行くことを望んだ。三〇日廈門行きの船舶は華人難民を満載していた。香港を離れた華人はすでに一万人に達すると見積もられる(38)。

四一年一二月二五日には香港が陥落した。二九日には香港軍政庁が設置され、日本軍政が開始された。軍政庁の機構は軍司令官（酒井隆）の下、総務・民政・経済・海事・司法五部に分かれていた。具体的業務は「香港民政実施要領（案）」（一二月一〇日決定）によって処理された。その基本方針は治安回復とその維持であり、主要政策として人口疎散とともに、重慶側の要人、そして華僑の利用などを掲げた。四二年二月になると、「香港占領地総督部」（総督・磯谷廉介中将）が設立され、軍政庁から業務を引き継いだ(39)。

香港総督部は民食問題を緩和するため、南方米を輸入し、四二年二月から米配給所を設置し、配給制を実施してきたが、配給所が各区一、二ヵ所と少なく、一人四角で一斤しか購入できず、人々は長蛇の列を作った。四月総督部は香港の米商と協議の上、タイ米輸入を決めたが、質が悪く、かつ時間がかかりすぎ、その上、不十分であった。そこで、総督部と米商が幾度か会議を開き、「米業公会」を成立させ、許可を受けた各小売米商を経て市民に配給することとなった。こうした小売米商は香港・九龍で計一〇〇軒前後あり、各家庭は日に二斤の購入が可能となった。ただし、軍票に対して従来からの「港幣」が半値で兌換されたため、物価は二倍に上昇し、六月には戦前の二、三倍に上昇し、闇市ではさらに高騰した。[40]この結果、一般民衆の生活は困難を極めた。

南京汪政権は中央政治委員陳璧君、僑務委員長陳君慧、宣伝部長林柏生らを香港に赴かせ、宣撫させた。『南京民国日報』（一九四二年二月五日）によれば、各党各派の中堅分子と文化人が次々と重慶を脱出し、香港にやってきたという。徐傅霖の『国家社会報』、梁漱溟の『光明報』、鄧文田・范長江の『華商報』、周鯨文の『時代批評』は香港で発刊され、重慶国民政府の政策を痛烈に批判した。その他、王雲五、茅盾、郁達夫、費鴻年、林植夫、殴陽予倩、周燾昌らは日本軍占領後も香港に留まっている。陳璧君らは香港華僑を宣撫し、「和平運動」の意義を明らかにした結果、各文化人も「和平運動」への参加を願い出たとする。[41]

しかし、香港の状況は『南京民国日報』の記事ほど単純ではなかった。特に初期は混乱を極めた。金雄白は、陳璧君が香港に行った時の状況を以下のように書く。香港陥落後、日本軍の規律は緩み、「姦淫焼殺」など何でもやった。「悪徒」（中国人無頼）はこの機に乗じて略奪をした。こうして、香港は「人間地獄」になったとする。陳璧君はこのことを聞くと、広東省長陳耀祖に「あなたは省長なので、職務を離れられない。私が代わって一行を率いて民の助命をしたい。ただ日本人と直接接触して交渉はしたくない。民生庁長王英儒、外交特派員周秉三、教育庁長林汝珩を同行させる」と述べた。かくして、陳璧君は自ら三人を連れて香港に行き、王、周に香港軍政庁総務部長の矢崎勘十と交渉させ、まず難民を原籍に帰還させることを第一の要務とした。日本軍に船舶を要請したが、断られ、結局「大眼鶏船」（帆立のジャンク）七隻を雇い入れた。乗船できなかった者はグループを組んで歩かせ、「広東省政府」が軍隊を派遣して路に沿って保護した。かつ「米站」を遍く設け、食糧を供給した。陳璧君の援助により香港を脱出できた者は一万人以上という。[42]このように、広州に隣接する香港では陳璧君や後述する胡文虎の活躍が際立ち、こうした人物たちがいなければ、民衆の生活はさらに悲惨なものとなっていたであろう。

四二年一二月には、香港の華人代表会議と華僑協議会は「香港陥落一周年」を記念して共同宣言を出し、「共栄圏」完成への協力と「全面的和平」への協力を表明し、「友邦日本」と共同合作し、「同甘共苦」し、「耐労刻苦」の精神で個人の私利を犠牲にして国家・民族に貢献して、中日両国が一致して有する東洋道徳文化の本源に遡るとした(43)。

ところで、香港は陥落した時、逃げ遅れたシンガポール華僑巨頭で客家の胡文虎が日本軍に捕縛されている(44)。ただし、日本軍は胡文虎が経済畑の中立系で、また蒋介石に圧迫を受けている人物として好意的に見ていた。例えば、香港島西地区憲兵隊は重慶国民政府の香港での抗日宣伝機関を調査している。その要旨は以下の通り。「日支事変」（盧溝橋事件）前、蒋介石は自己宣伝に腐心し、香港各新聞社を買収、中央通訊社を利用し、反対分子への弾圧と国民政府に有利な宣伝に努力していた。事変勃発後、一般民衆、特に華僑方面への抗日思想の普及徹底のため、香港の各種宣伝機関の把握を計画した。例えば、「栄記」であるが、その任務は日本軍・南京汪政権側の各種情報の収集、一般民衆、および南洋・欧米華僑に対する抗日宣伝にあった。また、「華記」が新設されたが、香港、マカオ、九龍の各「華記」内には国民党総支部が置かれ、民衆と南洋華僑に抗戦と重慶擁護の宣伝を続けた。その他、国際宣伝処などが新設された。また『星島日報』は胡文虎の創刊で、当初は永安堂薬行の各種薬品を宣伝した。胡文虎は「中立人」で、国民党と無関係な樊仲雲を総編輯に起用した。ほどなく樊が汪精衛政権下に行ったので、後任に金仲華を就任させた。金は胡文虎の信任を得て、社員の七割を無党派とし、論調も「中立公平」であったため、重慶国民政府から圧迫を受けた。その後、胡文虎が第二次国民参政会に出席した際、蒋介石は監察院秘書長・元『中央日報』社長の程滄波を香港に派遣し、商業的な『星島日報』を抗日機関紙に転換させたとする(45)。

胡文虎は日本軍の三日間の拘留から「解放」される（実際は、形式的な「解放」で軟禁・監視状態は続いていた）と、「救国の道」は対日「和平」だけとし、『星島日報』と一切の教育・社会事業を「和平運動」に貢献させると声明した。

また、胡文虎は華僑の重慶支援、抗日は全て英国の圧迫によるもので、「大東亜戦争」以降、そうした圧迫はなくなり、今後は「和平建国」の旗の下、友邦日本と協力して「東亜新秩序」建設に邁進すると述べたという[46]。事実、胡文虎は活動を開始し、例えば、四三年二月胡文虎が広東で購入の家屋賃貸料を救済金とするとした。それを受けて、広東省の中国人・日本人各長官の協力で家屋登記手続の終了以前に、まず民間業管理会が軍票一万四〇〇〇元を代理支出して、胡文虎の依頼通り、陳省長が各慈善機関に支給するという[47]。このように、軍事献金ではなく、慈善献金を主としたものであった。

ここで看過できないことは、胡文虎が直接東条英機と直接会っていることであろう。四三年七月一六日東条は、菊水会の政岡、小沢から「ビルマ・南支方面の物資交易問題」の報告を聞いた。東条はビルマの滞米活用を図り、重慶政権下の中国民衆にも米などの不足物資を送り、他方、中国各方面から日本の必要物資を獲得する。これによって、主に中国の民心収攬に資せんとして「拘禁中」の胡文虎を呼び寄せた[48]。かくして、四三年七月一七日、一四時から一五時半の一時間半、東条・胡文虎の会談が実現した。その会談の内容を要約すると、以下の通りである。

胡文虎：「支那」の民生は目下非常に困りあり。蔣（介石）も汪（精衛）も（どちらの政権下でも状況は）同じである。

東条：元来日「支」間の戦争は兄弟喧嘩で、対英米戦争とは本質的に異なる。もし重慶が英米の手先となり、自国民衆を塗炭の苦しみに陥れる非を悔い改めれば、明日にも日支間の戦争は終結できる。

胡文虎：南洋華僑は帝国の真意を諒解し感謝しあり。汪政権は日本の力で立ち上れるも、現在行はれある政治に就いては尚ほ考えさせらるる点あり。即ち上海の財界人、南京の政治人は金を追及し、又広東政府に於ては親戚にて政治をおこなっている。民衆の苦しみを何とかして救はれ度きものなり。

東条：「南京政府」（傀儡政権）は成立後、日が浅く、三歳の子供に過ぎない。広東政府の「人容」（陣容）も「御国

（中国）の風習」などによる所があり、悪い点は逐次改善されるべきものと考えている。「支那」民衆の生活は窮迫し、餓死者もいると聞く。然るにビルマには余剰米がある。尚日本は目下戦争の真只中で、例えばタングステン、綿花、桐油などの戦争物資は固より必要であり、貴下（胡文虎）の力で（中国）奥地より搬出し、その代わりにビルマの余剰米を無償にて交付する。貴下の如き支那の先覚者が立ち上がれば、日本人がおこなうよりも成果大と考えられる。また、南方華僑は日本の政策としては、どこまで協力するかにあり、敵性を発揮すれば、容赦なく弾圧するのはやむを得ない。

胡文虎：華僑ほど愛国心に富めるものなし。現在抑留されている有力華僑中、良好な者は釈放し、日本の真意を教育訓練すれば、十分利用価値があると考える。予は華僑指導には自信がある。英人の香港総督に膝を屈しない予が日本総督に挨拶するのは、（予は白人嫌いで、日本総督は白人ではなく）黄色人だからである。「大東亜戦争」の勃発前、予は南洋に行ったが、その時、「千二百万華僑」の代表に選ばれた。これら華僑を救うことは極めて必要と思う。(49)

東条：ビルマ余剰米で民衆救済することをどう考えるか。

胡文虎：支那側に勝ち目がないことは明瞭で、日本はこれ以上、重慶を攻撃しないように願いたい。もし、攻撃を緩和していただけたら、奥地物資と交換すべく全力を尽くせる。

東条：攻撃するか否かは統帥上の問題で、重慶を攻撃しないとは言明の限りにあらず。タングステンなどの如きも、重慶と相談して出せという意ではない。

胡文虎：奥地物資の取得は日本と蒋の勢力とも関係ある問題にして、両者の了解の下に実施するのでなければ、途中で妨害され、困難な問題である。なお、英米との関係もあり、その実現はなかなか困難である。……閣下は重慶との和平、「支那」民衆の更生を二つの問題に分けているが、今日、一つの問題と考える。予は華僑であり、民衆のこれ以上の苦しみを見るに忍びず。華僑民衆を沸き立たせ、汪先生と蔣先生にこの民意を知らせたならば、二つの問題は一つとなって解決すると信じる。今、日本側の真意を解りましたので、とにかく帰国し、「向ふ側」（蔣介石側）とも話し、これの実現を期す。

東条：予は貴下に、重慶側と話をせよとは絶対に依頼する意志なし。

胡文虎：幸い南洋にはよく承知している華僑がおり、安南（ベトナム）などからジャンクで米を運搬する手配をする。日本のご援助を願う。(50)

このように、東条の狙いは①民意安定のための食料供給、②中国奥地の資源獲得、③華僑利用にある。それに対して胡文虎の狙いは①民衆・難民保護と食料供給、②華僑の生命財産保護とその仕事の復活、③蔣介石、汪精衛、および日本の融和と戦争抑止などにあった。このように、共通した部分もあり、相互に妥協できるところがあったのである。

胡文虎が四三年九月七日に再度訪日し、再び東京で東条英機らと会って交渉を重ねている。一〇月六日香港に戻った後の記者会見によると、今年春、日本実業家が香港に来た時、胡文虎は個人的意見として「ビルマ、タイ、ベトナムの米を中国に運搬して、中国の食糧問題を解決したい」といった。東条は賛同し、東京に来るように勧めた。そこで、私（胡文虎）は東京に行き、東条と三つの問題を相談した。第一に、中国食糧問題の解決。東条はヤンゴン米の中国への運搬を許可するといった。ただし運搬は船舶の関係で極めて困難である。私は近く南洋に行き、各地の日本当局と折衝しようと思っている。第二に、華僑為替の問題である。私は華僑資本を集めて銀行を設立し、華僑自身が華僑為替を処理することを提案した。東条は同意した。第三に、南洋華僑優遇の問題である。南洋華僑は祖国愛の熱心さで東亜を愛し、東亜建設に協力するが、日本側も華僑財産を処理する場合、寛大な態度をとって欲しい。また、華僑事務を復活し、華僑が東亜資源の開発に協力できるよう指導いただきたい。この点についても東条は承諾した。

私個人は今後、南洋華僑を率いて「中華復興」と「東亜防衛」の途を邁進する。私は現在、香港にいるので、まず香港から始めたい[51]、と述べた。

状況打開のため、また胡文虎と東条の直接交渉の結果と考えられるが、四三年香港実業界は米購入・運搬に協力することが可能となった。そこで、一一月二八日胡文虎は米商三〇〇人を集め、座談会を開き、「香港民食協力会準備委員会」を組織し、同時に華僑公司が食米買付を決定した。買付方法は、まず①日本軍占領地域の周辺地区から集める。②タイ、ベトナム、ビルマから輸入する。この計画は香港食糧問題の解決のみならず、香港華僑の「新香港建設」への積極的協力の表現として注目に値するという。胡文虎自らも資本金「五〇万円」を投じて米会社「中僑公司」を設立し、香港島の食糧確保に積極的活動を開始した[52]。そして、輸入した米の半分を当局から住民に配給してもらい、残り半分を「中僑公司」会員と合作社などに引き渡した。四四年四月総督部は配給制度を廃止し、市場を開放した。その理由は、軍事情勢が悪化し、総督部が南洋各地から食糧を運搬する余力がなく、むしろ「中僑公司」の運搬する米が、毎斤・軍票三元と、当時としては安価であったからである[53]。

ここで、香港での学校教育についても見ておきたい。英国植民地下の香港では義務教育は実施されていなかったが、小中学校一三〇〇校（内、一〇〇〇校が私立）があり、児童・生徒数は一一万人と見積もられ、また、高等教育としては香港大学があった。だが、日本軍占領後、ほとんどの学校が停止した。四二年四月「私立学校規則」が公布され、五月やっと総督部の許可制の下で学校が再開された。九月新学期に授業を再開したのは、初等教育の華人学校二五校と新設華人学校一〇校の計三五校である。四三年初頭、就学年齢は一五万人に対し、年末、小学校二七校（児童計一万四六〇〇人）、中学校一五校（生徒計一七〇〇人）のみであった。一方で、日本は、同年四月「私立日語講習所規則」を公布し、日本語学校一六校（四三年末、生徒数二九八四人）、日本語講習所四三ヵ所を設立した。また、四三年四月には官立の香港東亜学院が設立されている。その趣旨は「東洋精神に則り、日本道徳を基調とする師範教育並びに実務教育を施し、新事態に即応する優秀な教員並びに事務員を養成」するとあり、高級小学校卒を受け入れる普通科（下級事務員養成・年限一年間。一〇三人）、および高級中学卒業者を受け入れる高等科第一部（中国人の学校教育者養成・二年間）・第二部（中堅実務者養成・同期間）を置き[54]、親日派の青年を養成している。

五　その他の重要地域——汕頭・廈門・金門島——

第一に、汕頭《すわとう》市政府は華僑青年を募集、訓練し、「和平建国」方針で海外華僑に対する指導工作を担わせるため、青年団内に汕頭僑務訓練所を設置した[55]。汕頭の経済的優位性は特産物輸出と華僑為替の多寡によって決定される。したがって、為政者は汕頭経済を活性化するため、特産物の輸出を奨励し、華僑の利益を保障しようとした。海外華僑の為替送付は一時停頓したが、時局が安定し、「新政府」（傀儡政権）当局が華僑為替の安全に努めた結果、一九四〇年一〜三月までに海外各地の華僑からの為替総額は五〇〇万元前後となった。現在、外国為替レートが高騰したため、さらに多くの為替が送付されてきており、「僑批公会」が成立し、為替の安全は強固となったとする[56]。

第二に、廈門《あもい》。水戸廈門連絡部長官の言は要約すると、以下の通り。①廈門の治安維持会は昭和一三（一九三八）年六月結成された。その後、指導は海軍、市公署、台湾総督府三者で組織した廈門復興委員会が当たっていた。だが、海軍特務部が設置され、指導することになり、昭和一四年三月一〇日興亜院連絡部が設置され、それを継承した。廈門は四面を海で囲まれており、軍の警備は大変容易で、日本人警察官を採用、かつ台湾人警察官を養成したことにより治安は非常によいという。人口は八万六〇〇〇人に達し、民情は一般的に平穏である。②教育については中国人の小学校五校を急設し、生徒数二二〇〇余人となっており、さらに日本語教授所二五ヵ所あり、生徒数は一七〇〇人に達している。③治安維持会の財政は不足分が四万円に達し、海軍からの補助金もうち切られた。そこで、治安維持会の主要収入は統税（貨物税）であり、毎月三、四万円で経常費の半分で、次いで関税剰余である。華僑からの送金も極めて少ない。それに対して、支出は治安維持、教育文化、社会事業、交通、土木、衛生など多岐にわたり、捻出に苦心している。そこで、治安維持会は事変善後処理という目的を大体達成したので解散し、速やかに市政府を樹立したいとする。④華僑対策については、廈門の特殊地位（華僑出身地）に鑑み、最善を期している。すなわち、まず感情の融和と日華理解調整を図り、「明朗廈門」の実状を華僑に認識させるため、放送局の設置、ビラや写真の配布をおこなった。また、華僑の投資、その他の経済的重要性に鑑み、華僑の権益を尊重し、保護すると同時に、「安居楽業」の地とすることに努めている。⑤廈門は「南支」方面における唯一の良港である。従来、貿易額も相当巨額に上っていたが、昭和一三年度は先年に比して多少減少した。奥地問題が解決しない限り、貿易は不振状態にあると思う。輸入は日本が首位で三〇％、その大部分は在留邦人の日常必需品である。次いで、南洋、特にタイからの輸入である。輸出は海峡植民地、香港、マニラ、ラングーンという順である。輸出品は酒や飴である。貿易面で注目すべきは華僑であり、年々入超一〇〇〇万円乃至一五〇〇万円であったが、その決算は華僑送金によって補っていた。輸出品目に照らしても廈門の経済的鍵は華僑が握っており、華僑対策の重要性を認めざるを得ない[57]、と華僑に着目していた。

一九四三年一二月廈門の福建日華同志会では内部機構を改革し、全会員を集め、参議員の成立会を開催した。決定された幹部は会長王之綱、副会長葉則奄、参議長張逸舟、副参議長陳賢園、参議員林谷ら一八人である[58]。また、廈門では興亜報国会が主体となって「献機（飛行機）運動」を展開したが、日本人居留民一万人のみならず、清徳洋行の蔡清波は「国を愛する心は決して人後に落ちない」として七五万元を献金した。また、呂紅毛も率先して七五万元、王沢坤も五〇万元を献金した。赤堀総領事兼興亜報国会長も感激しているとする[59]。

他に金門島があり、一九四〇年六月にはその秩序は回復し、商業も従来の状況に戻ったとする。そこで、南洋華僑が次々と金門島に帰国し、華僑為替も増大している。例えば、四〇年三月光遠信局、金義隆信局、郵政局を経て送付された華僑為替は一二万五三〇七元、四月一四万七八五〇元、五月二〇万四五〇五元で、三ヵ月の総計四七万七六六二元で、その増大傾向は驚くべきという(60)。

おわりに

以上のことから、以下のことがいえる。

第一に、反英運動は天津中心に北平、南京などで開催されている。その特徴は英国の対中侵略史を回顧させ、同時に「和平」と「救国」を結びつけ、それを梃子に推進し、日本との提携を強調する方式を採る。ただ、この段階では、海外華僑としてはジャワ華僑以外、華僑の動きは鈍かったように見える。

第二に、上海の南洋貿易は好不況の波動を繰り返しながら、工商業では「奇形的発展」を示していたことが強調される。だが、とりわけ問題であったのは食糧問題である。上海は南洋、特にベトナム、タイなどの米に大きく依存しており、それが円滑に輸入されず、物価暴騰を呼び起こし、賃金労働者を中心に、中産階級以下に大打撃を与えていた。太平洋戦争の勃発後、上海在住華僑の危機意識と日本・南京汪政権の華僑組織化の必要性がアウフヘーベンされ、成立したのが上海華僑商業連合会である。連合会は不調に陥っている南洋貿易に活路を見いだそうとして、積極的な活動を開始する。同時に、華僑家族の窮状打開のためにも、電信・為替の復活のために、日本と交渉するように圧力もかけている。

第三に、広州では、日本の侵略による破壊の後遺症に苦しんでいた。そうした状況で、海外からの貧窮失業華僑を受け入れるというジレンマに悩んでいたのである。しかし、広東との関係の深い汪精衛、陳璧君ら南京汪政権にとって、広東幇の帰国華僑をいかに処遇するかが政権安定の鍵でもあった。また、重慶国民政府が支配地区との関係上、打つ手がない状況下で、米不足打開のみならず、陳壁君らによる難民児童救済は重要な意義を持つものといえる。なお、重慶国民政府支持は福建幇、南京汪政権への支持は広東幇（ただし米国の広東幇は重慶支持）に相対的に多く、客家は重慶国民政府と南京汪政権に割れた可能性がある。

第四に、日本軍政下の香港では、「漢奸」と非難される危険性を孕みながらも、客家胡文虎は活発な活動をおこなっていた。例えば、胡文虎は日本との直接交渉に臨み、華僑や中国民衆の立場に立ち、東条英機を始め日本側と真っ正面から話し合い、要求を提出した。その結果、双方が妥協できる点が明らかになり、香港における食糧事情の緩和、南洋貿易の復活、および華僑の待遇改善を一定程度実現するという役割を果たした。こうした人材がいなければ、日本側の強圧的姿勢から妥協を導き出し、華僑救済に実質的に突き進むことは不可能であった。ところで、張永和『胡文虎伝』は英雄伝的であり、胡文虎が逮捕された時も、「私は中国人であり、国を愛する天職に本づき、当然（国民）政府の抗日に資金援助した」と断固として答え、日本側の圧力・脅迫に断固として対立、抵抗し、日本の「和平攻勢」と香港維持会長就任の誘いを拒絶したことが強調される。[61] しかし、日本側が「中立」系人物として胡文虎に好意を持っていた事実、および胡文虎の「和平運動」支持の言動と反共的姿勢などから、実際は日本との軋轢を避け、ある面で妥協しながらも、自らの主張を実現していったものと見なせる。そして、民衆の食糧問題をある程度解決した。また、実現可能性はほとんどなかったが、蔣介石の重慶、汪精衛の南京、そして日本との橋渡しをすることで、民衆を不幸に陥れる戦争抑止までも構想していたのである。

以上のように、南京汪政権の政策、胡文虎らの活動は日本の軍事力への過剰評価に基づき、日本の侵略・ファッショ的体質に対する「甘さ」を残しており、本質を見抜けず、「和平」を実現できるという錯覚に陥った面は否めない。南京汪政権は性質上、間違いなく「傀儡政権」であるが、重慶国民政府が日本側との交渉が不可能な状況下で、日本側に幾つかの要求を突きつけ、帰国華僑の財産・生命保全などに一定の重要な役割を果たしたことは間違いないところであろう。

註

（1）陳壁君（1891.11-1959.6）は原名冰如。ゴム農園経営の富裕な華僑陳耕基の娘で、マラヤのペナンで生まれたが、原籍は広東省新会県である。母は衛月朗は汪精衛と同郷の番禺出身で、早期の同盟会員。陳壁君はペナンの華僑小学校で学ぶが、母の影響で幼い頃から革命を鼓吹した。こうした彼女の生まれ、経歴から華僑、特に広東系華僑に影響力を有していた。一九〇八年ペナンに中国同盟会支部が設立されると、一七歳でそれに参加。ペナンに孫文、汪精衛、胡漢民らが献金を集めるために訪れた際、汪と知り合う。その後、北京で、汪と共に清朝摂政王暗殺を試みるが、失敗、汪は入獄する。その時、陳壁君は北京に留まり、汪救済に奔走する。辛亥革命成功により汪が出獄すると、結婚。一二年曾仲鳴、方君瑛らとフランス留学。第一次世界大戦が勃発するとフランス赤十字社の看護婦となる。二三年孫文は国民党改組と黄埔軍校創設を決意するが資金不足であった。そこで、陳壁君は、孫文の命を受け、弟陳耀祖と共に訪米、華僑献金を募集した。四月から六ヵ月間にホノルル、サンフランシスコ、キューバ、カナダで三〇数万元を集めた。この結果、国民党内での彼女の地位が高まり、二四年婦女界三代表の一人となり、国民党全国代表大会で中央監察委員に当選。二六年中国国民党第二届中央監察委員に当選。二七年九月中央党部婦女部委員に就任した。だが、三八年一二月汪に随行し、昆明を経てハノイに逃亡。三九年七月国民党を除名された。八月上海で秘密裏に開催された傀儡「国民党第六次代表大会」で副主席に任命される。南京汪政権には汪中心の「公館派」（褚民誼、林柏生、陳春圃、陳耀祖、陳昌祖、陳国強、陳君慧ら）が実権を握っていたが、実は陳壁君が強い影響力を有する派閥であった。すなわち、南京汪政権は主要に「公館派」、陳公博ら「改組派」、および周仏海ら「C・C」派の三大派閥によって形成されていた。ところで、陳壁君は日本にかなりの反発心をもっており、「嫌日派」とも称されていた。四一年二月東亜連盟中国総会常務理事。四二年以降、「中央監察委員」、「中央政治委員会」委員などを歴任する。戦後、香港に逃れるが、国民党に逮捕され、四六年四月から江蘇高等法院で公判が開始された。陳壁君は国民政府要人が逃亡した後、日本軍占領下で広州民衆を守り、また米価暴騰に対して日本側と折衝し、河川交通を開放するなど活動を展開したことなどを強調したが、「通敵叛国」罪で無期懲役の判決を受けた。四九年五月蘇州監獄から上海提藍橋監獄に移送され、五九年六月獄中で病死。遺灰は広州に送られた（「陳璧君其人（代序）」、王光遠・姜中秋『陳璧君与汪精衛』中国青年出版社、一九九二年所収。『民国人物大辞典』一〇七三～一〇七四頁。家近亮子「陳璧君」、山田辰雄編『近代中国人名辞典』霞山会、一九九五年、四五～四六頁。益井康一『裁かれる汪政権』植村書店、一九四八年、五一～六四頁）。

（2）「華僑協会通電和平」『南京新報』一九三九年二月二日。

（3）「全国反英声中、南洋華僑電京響応」『南京新報』一九三九年三月二二日。

（4）『南京新報』一九三九年一一月一二日。

（5）「英国侵華小史」『南京新報』一九三九年七月八日。

（6）「親英華人を弾圧、天津反英大会で決議」『沖縄日報』一九三九年八月一六日。

（7）「天津白河英商駁船華工反英開始罷工」『南京新報』一九三九年七月二八日。

（8）馬場明「興亜院設置問題」『外務省調査月報』Vol.Ⅶ, No.7・8、一九六六年七、八月など参照。

（9）外交史料館　A-1-1-0-31『対支中央機関設置問題（興亜院設置）』所収、興亜院「極秘・連絡部長官ニ与フル総務長官ノ指示」一九三九年四月一〇日。

（10）外交史料館　A-1-1-0-31『対支中央機関設置問題（興亜院設置）』所収、「極秘・興亜院連絡部長官会議議事速記録」一九三九年四月一〇日、一一日。

（11）石島紀之「抗戦と内戦の上海」、高橋孝助・古厩忠夫編『上海史』東方書店、一九九五年、二一三～二一四頁。

（12）「滬銀行業衰落、華僑図謀収買」『南京新報』一九三九年二月二日。

（13）「海峡殖民地政府禁限入口貨、滬廠商企図疎通」『南京新報』一九四〇年一月一九日。

（14）外交史料館所蔵　A6-1-1-8-3『支那事変ニ際シ支那新政権樹立関係一件』第四巻所収、田尻総領事（香港）→有田外務大臣、一九三九年八月一六日。

（15）外交史料館所蔵　A6-1-1-8-3『支那事変ニ際シ支那新政権樹立関係一件』第七巻所収、在上海総領事館・警察署長白神栄松

↓在上海総領事・中支警務部長三浦義秋「上海ニ於ケル汪派ノ外廓組織現状ニ関スル件」一九四〇年二月六日。
(16)「南洋貿易暢旺、国貨外銷激増」『南京新報』一九四一年六月一〇日。
(17)『中華日報』一九四一年三月九日。
(18)「貢米相継進口、滬民食漸安定」『南京新報』一九四一年六月一〇日。
(19)「上海―飢餓的行列―」『中華日報』一九四二年三月一四日。
(20)「全球華僑連合総会昨在滬成立」『南京民国日報』一九四二年二月一三日。
(21)「滬華僑鉅商組織、上海僑商連合会」『南京民国日報』一九四二年三月一六日。「華僑商業連合会昨挙行成立大会」『中華日報』一九四二年三月二二日。
(22)「華僑商業連会昨挙行理監事就職典礼」『中華日報』一九四二年四月五日。
(23)(24)「華僑観光団昨抵京、晉謁主席致敬」『南京民国日報』一九四二年一〇月七日。
(25)『南京民国日報』一九四二年一〇月八日。
(26)楊傑(中華日報記者)「華僑団観光首都記」『中華日報』一九四二年一〇月一二日、一五日。
(27)「華僑商会着手、恢復南洋貿易」『南京民国日報』一九四二年一〇月七日。
(28)「華僑商業連合会籌復南洋貿易」『中華日報』一九四二年一〇月二日。
(29)古厩忠夫「日中戦争末期の上海社会と地域エリート」、日本上海史研究会編『上海―重層するネットワーク―』汲古書院、二〇〇〇年、五〇五、五一一頁など。
(30)『南京新報』一九三九年一月二〇日。
(31)外交史料館所蔵A6-1-1-8-3『支那事変ニ際シ支那新政権樹立関係一件』第四巻所収、岡崎総領事「極秘・集団ト武内側トノ協議事項」(於広東)一九三九年八月一二日。
(32)「南国海外僑民熱烈歓迎僑委李仲猷」『南京新報』一九四〇年一一月七日。
(33)『中華日報』一九四一年二月一三日。

(34)「五洲華僑洪門会西南本部強化組織」『中華日報』一九四二年六月二九日。
(35)金雄白『汪政権実録』下集、春秋出版社（香港）、一九六一年、二三頁。
(36)『中華日報』一九四三年七月三〇日。
(37)「港華僑厭悪蔣政権」『南京新報』一九三九年六月六日。
(38)「香港陥入戦時状態、華人離港達万人」『南京新報』一九四〇年七月二日。
(39)小林英夫、柴田善雅『日本軍政下の香港』社会評論社、一九九六年、四二、七二頁。
(40)関礼雄『日占時期的香港』三聯書店（香港）、一九九五年、九六～九七頁。小林英夫・柴田善雅、同前、二六八～二六九頁。
(41)「宣慰港僑任務完畢、陳委員等飛汕視察、留港文化人願参加和運」『南京民国日報』一九四二年二月五日。
(42)金雄白、前掲『汪政権実録』下集、一九六一年、二二～二三頁。
(43)「香港陥落週年紀念、華僑団体発表宣言」『中華日報』一九四二年一二月二七日。
(44)胡文虎（1883～1954）は客家。福建省永定県出身の父胡子欽が単身、帆船でラングーンに渡った。父は祖父と同様、薬剤師となり、永安堂薬局を創設した。薬の効き目はよく、華僑、ビルマ人にもよく売れ、かつ業務も発展した。潮州籍華僑の娘と結婚、ラングーンで文龍（早逝）、文虎、文豹の三子をもうけた。胡文虎と文豹は協力して華僑巨頭にのし上がることになる。胡文虎は一〇歳の時、福建に戻り、教育を受け、四年後、ラングーンに戻り、医書を研究した。一九〇九年中国に帰国するが、同時にシャム、日本各地を歴訪、中西薬業を視察した。父から家業を受け継ぐと、漢方にビルマの古法を取り入れ、万金油、八卦丹などを作り、発売した。インド、「蘭印」などにも広まったので、ラングーンに虎豹行を創設、一四年シンガポールに永安堂製薬廠を設立した。また、マラヤ各地に分店を設置するとともに、胡の漢方薬は中国にも販路が拡大したため、香港に分店、製薬廠を設立した。第一次世界大戦後、ゴム価格が上昇し、投機の対象になったが、ゴムは南洋のどこでも栽培でき、必ず暴落するとして手を出さず、その先見性を示した。その動きは陳嘉庚と対照的であった。二一年九月創立の香港崇正総会の会員は日本、日本植民地の台湾、アメリカ、カナダ、パナマ、ペルー、英国のリバプール、オーストラリアのシドニー、南アフリカ、モーリシャス、シンガポール、マラヤ、タイ、インド等々、五大陸、広範囲に拡大し、後に胡文虎、文豹兄弟は共に「永久名誉会長」に任じられることになる。

一九三一年満洲事変後、馬占山の抗日活動を支援。同時期、汕頭で『星華日報』を創刊。三二年第二次上海事変で十九路軍の抗日戦闘に献金。国民政府の招聘を受けて国難会議委員、および僑務委員会委員に就任。南京で蔣介石と接見、蔣の依頼で中央医院に四〇万元を献金。興味深いことは、実は胡文虎も蔣も青幇会員であった事実であり、杜月笙下で胡は「師兄」、蔣は「師弟」であった。それ故、胡文虎系の各種新聞は国民党の「貪官汚吏」を罵ることがあっても、「義弟」である蔣を非難しなかった。三二年永安堂総店をシンガポールから香港に移し、広州、汕頭に薬品製造工場を設立、かつ廈門、福州、上海、天津、桂林、およびフィリピン、ベトナム、「蘭印」、さらには台湾にも分店を設置した。三三年シンガポールに虎豹兄弟有限公司を設立した。同年夏、傷痍軍人用に医薬品三〇箱を国民政府軍事委員会上海駐在弁事処に寄贈。三五年には「シンガポール南洋客属（客家）総会」会長であった。

一九三七年盧溝橋事件が勃発すると、永安堂香港分店経理に命じて大量のガーゼ、医薬品を宋慶齢経由で何香凝の救護隊に送付。三八年六月第一届国民参政会参政員、また、二〇〇万元を蔣介石に送り、傷痍軍人療養院、並びに戦死兵士の孤児のための教養院建設を要求。八月香港で『星島日報』創刊。三九年ペナンで『星檳日報』創刊。四一年三月第二届国民参政会参政員になり、同年秋、重慶で蔣介石に接見。胡文虎は「人生、朝露の如し」とし、子孫のために「個人の私蓄」に汲々として「大衆の福利を顧みざる」は「愚者」との発想から、年によって永安堂の利益の四分の一から六割を慈善・公益事業に寄付した。例えば、①南洋各地の華僑学校、福建各地の新式監獄、福建西部の公路建設、名勝旧跡の保存など、②平民病院、ハンセン病院、養老院、孤児院など、③盧溝橋事件後の抗戦建国献金、救国公債購入などであり、③だけで数百万元を拠出したとされる。重慶国民政府の華僑資本の内地投資に呼応し、華僑開発公司（本店重慶、業務は西南の錫、鉄、石炭各鉱山の開発）の資本金一〇〇〇万元の内、四五〇万元が胡文虎の拠出である。重慶国民政府時期も僑務委員会委員、国民参政会員に就任。胡文虎と陳嘉庚は同じ福建出身とはいえ、胡が客家であることもあり、対立することが多く、抗日民族統一戦線における足並みも揃わなかったらしい。三九年四月胡文虎は中国国内建設に三五〇万元を拠出し、内二〇〇万元で小学校舎一〇〇〇校を設立、残った一五〇万元で救国公債を購入（三七年七月盧溝橋事件から四月までの献金と公債購入額だけで三〇〇万元であり、華僑中、トップとされる）。七月天津問題で日英協定成立の時、それに抗議して華僑大会を開催することにしたが、陳嘉庚は『南洋商報』にのみ日時を掲載し、胡文虎の『星洲日報』には知らせなかった。また、陳嘉庚が南洋華僑の教員不足に対処するため、シンガポールに華僑師範学校の設立を決め、その経費を南僑総会の資金から拠出しようとしたが、胡文虎らは設立意義を認めながらも、南僑総会の資金は中国内の傷痍軍人や難民救済の献金として、その使用に反対したという。四一年二月二一日シンガポールから重慶に行き、国民政府の熱烈な歓迎を受け、二六日には国民外交協会など重慶各界一八〇団体一〇〇〇人余が国泰大戯院で胡文虎、アメリカ華僑領袖の一人鄺炳舜の歓迎会を開催している。一二月香港が陥落し、日本軍に拘留されたが、釈放後も香港に留まった。日本軍は言論統制を開始し、四二年六月『香島日報』（胡文虎の『星島日報』を改称）に『華字新聞』、『華僑日報』に『大衆日報』、『南華日報』に『自由日報』をそれぞれ吸収させ、『天演日報』と『新晩報』を合併させ、『東亜晩報』とした。この結果、香港の中文新聞は胡文虎の『香島日報』、および『南華日報』、『華僑日報』、『東亜晩報』の四紙のみとなった。また、同月総督部の支持を得て、胡文虎が大部分の資金を出して大同図書印刷局を設立し、『新東亜月刊』、『大同画報』などを出版している。四三年「港商」の資格で汪精衛と何度も会い（ただし、胡と汪との関係は詳細不明）、また本文で明らかにしたように、香港や日本で東条英機と会い交渉し、香港、マカオなどで民衆、難民の食糧問題解決に尽力した。四四年香港華人協会主席（ただし、傀儡政権下ということで主任就任を拒絶したとの説もある）。

一九四九年人民共和国成立後、五〇年広東省人民政府に広州における胡文虎の産業は接管された。これに反発したのか、五一年胡文虎は虎標薬品の中国内販売を拒絶、『星島日報』も激しく反共を主張。五三年には台湾を訪問し、蔣介石・国民党支持を表明した。五四年八月胃病手術のため、訪米。ボストンで「共産党との妥協は難しい。彼らを征服しなければ、彼らに征服される」と、中共に対する敵愾心を露わにした。香港に戻る途中、ホノルルで心臓発作で死去（①根岸佶『華僑攟記』朝日新聞社、一九四二年四月、二二七〜二三二、二三九〜二四〇頁。②陳民「胡文虎」、厳如平、宗志文主編『民国人物伝』第五巻、中華書局、一九八六年。③徐友春主編『民国人物大辞典』河北人民出版社、一九九一年、五六五頁。④関礼雄『日占時期的香港』三聯書店（香港）、一九九五年、一四一頁、⑤孫思源「簡述胡文虎与抗日戦争」『抗日戦争研究』二〇〇二年第一期、⑥張永和『胡文虎伝』崇文出版社（シンガポール）、一九九三年、⑦李逢蕊主編『胡文虎研究専輯』龍岩師専胡文虎研究室等、一九九二年など参照）。なお、これらの記述に矛盾もあるが、年代などは主に徐友春主編の辞典に従った）。陳嘉庚が中共に傾斜していくにつれ、客家胡文虎との対立がさらに尖鋭になったことは想像に難くない。なお、私は胡文虎の事績を深く知るため、故郷・永定県下洋鎮中村村にある胡氏家廟や胡文虎博物館などを訪れている。

(45) 香港西地区憲兵隊「香西憲警甲第六号―重慶政府香港ニ於ケル宣伝機関ノ状況―」一九四二年三月八日、姫田光義編『重慶中国国民党在港秘密機関検挙状況』不二出版、一九八八年、三三五、三五六～三五八、三六六～三六七頁。

(46) 「華僑鉅子胡文虎矢誠効忠国府」『中華日報』一九四二年二月一七日。

(47) 「胡文虎在粤房産、撥租金辦急振」『南京民国日報』一九四三年二月一一日。

(48) 『東条内閣総理大臣機密記録―東条英機大将言行録―』東京大学出版会、一九九〇年、一九九頁。以下、『東条機密記録』と略称。

(49) 『東条機密記録』二〇〇～二〇一頁。

(50) 『東条機密記録』二〇三～二〇四頁。

(51) 『中華日報』一九四三年一〇月九日。

(52) 『中華日報』一九四三年一二月二日。『全閩新日報』一九四三年一二月二日。

(53) 関礼雄、前掲書、一〇一～一〇二頁。

(54) 小林英夫・柴田善雅、前掲書、二八六～二八九頁。

(55) 『南京新報』一九四〇年七月二一日。

(56) 「潮汕経済活躍、華僑匯款浩鉅」『南京新報』一九四〇年四月三日。

(57) 外交史料館 A-1-1-0-31『対支中央機関設置問題（興亜院設置）』所収、「極秘・興亜院連絡部長官会議議事速記録」一九三九年四月一〇日、一一日。

(58) 『全閩新日報』一九四三年一二月一四日。

（59）『全閩新日報』一九四三年一二月二九日。

（60）「金門秩序回復、華僑匯款逐日増加」『南京新報』一九四〇年六月一七日。他に看過できない地域として海南島があげられよう。海南島は台湾よりやや小さい。一九三九年二月日本軍が占領した。その前年、台湾総督府が『海南処理方案』をまとめた。すなわち、軍事的・経済的重要性に鑑み、台湾統治の経験を活用し、日本の南方政策の前進拠点とすべしという内容であった。日本は国策遂行のため、島民を動員し、鉱山開発、鉄道敷設、港湾拡張を推進した。周知の如く、海南島は華僑出身地として著名であり、「宋家三姉妹」の父宋嘉樹も海南島東部の文昌県出身で、九歳の時、ジャワに、さらにボストンに行き、一八八二年ナッシュビルのバンタービルト大学神学院に入学、一八八五年卒業。八六年宣教師として上海に帰国。なお、「ビルマ独立の父」アウン・サン将軍（ミャンマーの国家顧問スー・チー女史の父）はここで軍事訓練を受けた。すなわち、日本特務機関「南機関」が英国からのビルマ独立を目指す運動の中核育成のため、アウン・サンら三〇人の青年を選抜し、海南島南端の三亜の海軍基地で軍事訓練をし、ビルマに送り込んだ（『朝日新聞』二〇〇一年四月二二日。石川照子「宋嘉樹」山田辰雄編『近代中国人名辞典』霞山会、一九九五年、七一九～七二〇頁など参照）。なお、私は海南省檔案館、海南大学などで史料調査をおこなっている。機会があれば、海南島華僑の論文を執筆したい。

（61）張永和、前掲『胡文虎伝』、一〇〇～一〇四頁など。なお、胡文虎の歴史的評価に関しては、東条英機らと交渉したことから「漢奸・売国奴」か「傑出した愛国華僑の代表的人物の一人」かに分かれる。「懲治漢奸条例」（三七年一二月公布）によれば、第二条「敵国」（日本）、あるいはその官民に通謀や幇助し、以下の行為の一つがある者は「漢奸」として「死刑に処す」とし、その第一項に「図謀連合敵国与本国抗戦者」とある（「懲治漢奸条例」一九三七年一二月一〇日公布、『外交部公報』第一一巻一・二・三号合刊、一九三八年四月、一六七頁）。この規定に従えば、胡文虎は東条と蔣介石との間の連絡、交渉を図ろうとしており、間違いなく最大の「漢奸」ということになる。とはいえ、東条英機、汪精衛、蔣介石融和を構想し、その橋渡しを試みるという独創性、大物振りを発揮した。その目的は戦争を抑止し、かつその目的は華僑を媒介としてビルマ米と重慶国民政府地域の資源・産物のバーターにより、香港民衆の食の問題を解決する一助としようとし、成果を上げた。こうした言動、活動を「漢奸」として全面否定し、単純に断罪することはできず、歴史学的に実証的、かつ緻密な分析を必要とする。

結論

本書では、華僑史の本格的な解明は華僑自体の研究だけではなく、背景にある政治構造、政治力学の中で解明できるとの問題意識に基づき、抗日戦争時期の〈国民政府〉―〈傀儡政権〉―〈華僑〉をそれぞれ自立的存在として相互分析を加え、三極構造として考察した。その際、華僑と国民政府の良好な関係のみならず、矛盾・対立面をも摘出し、歴史の中に正確な位置づけを試みた。具体的には、（1）国民政府の華僑行政と同時に、華僑への影響力や掌握度を、僑務委員会、外交部、国民党海外支部の動向という多角的視点から明らかにした。（2）華僑の中国投資・献金のみならず、世界各地での華僑排斥の実態と構造、および帰国華僑救済の解明に力点を置いた。（3）国際的な華僑ネットワークのみならず、現地国での華僑の位置、孤立・断絶状態にもアプローチし、華僑の自立的な現実的対応を探った。（4）国民政府と対抗形態にある汪精衛・南京傀儡政権（南京汪政権）の華僑行政、僑務機構を歴史開拓的に解明すると同時に、国民政府のそれとの比較検討を通して華僑争奪の構造を追究した。

以上のことから以下のような最終結論を導き出せる。

第一に、南京国民政府時期の華僑行政についてである。（1）僑務機構の所属は国民政府、外交部、国民党と一定しなかったが、次第に目的、骨組み、業務なども明確にされ、行政院僑務委員会という形で改組・成立した。その特色は組織機構に示され、僑務管理処と僑民教育処という二つの重要な柱の上に構築された。すなわち、僑務委員会は華僑の出入国管理とともに、当初から華僑教育を最重要視していた。このことは、中国を祖国とみなす教育をおこない、中華ナショナリズムの養成に最大の眼目があったことを示す。ただし僑務局の設立などにより国内機構は一定程度、整備されたが、海外機構・組織はなく、勢い海外各地の領事館、各級党部に協力を求めざるを得なかった。すなわち、海外に独自な下部機構を有していないという弱点があった。

（2）中国は連年入超であったが、重要なことは、華僑による家族送金、献金という形態で中国に巨額な資金が還流した。すなわち、入超を緩和、相殺し、時期によっては入超を大幅に上回る資金が環流していたことである。その上、華僑は成功すると、胡文虎、陳嘉庚の如く福建、広東などに投資するのみならず、病院、学校設立等の社会事業に寄付した。このように中国からみれば、華僑の意義は多面的であった。だが、逆に現地各政府からみれば、多額の華僑資金が中国に流出し、現地を潤さないとの認識をもったとしても不思議ではない。したがって、不況になると、一転して現地人の雇用確保のためもあり、華僑を排斥し、かつ苛酷税などで華僑資金を現地で吸い上げることに奔走した。

（3）華僑の多くは蔣介石・国民政府を支持しながらも、その「安内攘外」政策には批判的で抗戦を望んだ。それ故、第一次上海事変の際には、十九路軍を支持して献金を送付し、一部は実際に参戦した。福建人民革命政府の樹立、さらに両広事変の際も華僑は蔣介石と「抗日」意識との間で動揺を示しながら、日本の侵略阻止のためにも国共統一を望んだ。こうした経緯から華僑の蔣介石・国民政府支持が一挙に進むのは、主に蔣介石が抗戦開始を宣言した以降である。すなわち、第二次国共合作の樹立により蔣介石は国内では中共を含む統一戦線の結成に結果的に成功し、世界華僑の全面的支持を受け、いわば中華世界での頂点に立ったといえる。

第二に、僑務委員会改組後、最大の任務は世界経済恐慌に伴い現地政府は現地人の就業を優先し、民族矛盾も露呈し、排華条例により世界各地から大量の華僑が帰国した。その救済が緊急であった。僑務委員会は主要各港に僑務局を設置するとともに、世界各地の「排華条例」の把握という基礎的作業をおこなった。かつ、三三年「救済失業華僑弁法」を公布し、「国外救済」と「国内救済」に分け、「国外」では、海外での地位保全と生活維持を目的に、「有力実業家」（おそらく富裕華僑）を説得し、信用合作社の組織化と低利貸付、華僑各工場製品の販路拡大を目指した。また、「国内」では「国難時期」に厳しい資金繰りの中から華僑の帰国支援、「僑楽村」設置等々、失業華僑救済を積極的におこない、僑務委員会のそうした活動、成果を過小評価できない。このように、南京国民政府時期に僑務委員会の機構のみならず、僑務局、「救済失業華僑弁法」、および国内外支援など一定の方針と業務の基礎を確立した。

第三に、重慶国民政府時期の戦時華僑行政についてである。（1）国民政府は南京から武漢、さらに重慶へと撤退した。僑務委員会の任務は国民政府に華僑の心を繋ぎとめ、抗戦支援を引き出すことにあった。国民党が『抗戦建国綱領』により国民参政会の議席を国内の有力な少数民族のみならず、華僑に割り振ったのもそのための布石といえる。（2）抗戦後、日本とその植民地台湾、朝鮮からの帰国華僑の救済、次いで日系鉱山を辞めたマラヤからの華工接待に奔走した。特にシャム・タイ政府による華僑弾圧は熾烈さを増した。その上、北米、中南米、オセアニア各国でも華僑が排斥された。こうした状況下で国民政府は国際的地位の向上と差別撤廃を目指した。太平洋戦争前後から香港、南洋からの大量帰国に対して広東、広西、福建、貴州、雲南各省には各救僑会などが設けられた。この時期も技術人材、学生は重視され、日本側の利用阻止の意味でも帰国させるべきとの考えが存在した。帰国華僑を単なる慈善対象ではなく、自活させるのみならず、むしろ戦時生産力にも繋げるという「積極的」救済へと転換していくことになる。（3）重慶国民政府時期になっても華僑教育を重視した。僑務委員会中心に教育部などを巻き込み、三民主義青年団も参加、学生組織化、思想統一を推進した。太平洋戦争後、華僑学生への仕送りが途絶えたため、衣食の供給から文具、旅費に至る手厚い援助を与えた。教職員も人材確保の意味から優先的に帰国でき、新設の華僑中学や師範学校等に吸収した。とはいえ、華僑教師不足は慢性化し、戦時下での教師育成も挫折を余儀なくされた。

第四に、重慶国民政府と華僑の関係についてである。ここでは、主に最大多数を占める南洋華僑を例に論じたい。（1）財源不足に悩む重慶国民政府は華僑に多額の献金を要請するとともに、中国後方への直接投資を呼びかけた。

他方、南洋で頭打ちとなるゴム園経営華僑などは活路を求めており、投資も実現した。ただ、華僑の投資は出身地・福建省の日本軍未占領地域が中心で、大後方で重慶を中核とする西南、西北への出足は鈍かった。こうした状況下で僑務委員会は献金・投資を懸命に呼びかけ、かつ首都南京陥落による華僑の動揺を抑えるなど重要な役割を担った。

（2）華僑は抗日民族統一戦線を一貫して支持し、かつ全民動員のために国民党一党独裁に反対し、政治的民主を強く要求した。また、中共・毛沢東らの言論を好意的に紹介し、他方で中華民族の団結を誇示するため援蔣運動を実践した。換言すれば、華僑は中国の海外第三勢力として国民政府への最大の圧力団体の一つでもあった。

（3）南洋華僑の抗日献金は籌賑会中心に進められ、寄付も献金だけではなかった。例えば、福建幇の陳嘉庚らは薬品工場を新設し、大量の薬品送付を決定し、胡文虎ら客家《はっか》を除く各幇も呼応した（対立から陳嘉庚は胡文虎に呼びかけなかった）。また、華僑青年が義勇隊を組織して帰国した。だが、国民政府はむしろ技術工、運転手、医療関係者などを必要としたが、医者の動きは鈍かった。各種の華僑抗日団体が組織され、例えば、「鋤奸団」は激烈な形をとった。行き過ぎも多発したようで、悲鳴をあげる者も少なくなかった。実力行使を受けるものは台湾人商人が多く、華僑は彼らを「日本人」ではなく、「漢奸」とみなして攻撃した。日本品ボイコットは日本経済に打撃を加え、同時に中国経済、華僑経済の防衛を目指した。

（4）日本、汪精衛派にとって華僑の支持をいかに獲得し、その献金や華僑為替を吸収するかが、占領支配や傀儡政権の存亡と安定を決定する。とりわけ、日本軍は華僑の故郷の広東、福建両省の重要地域を占領した。このことは、華僑家族が「人質」ともいえる存在となり、その家族への仕送りである華僑為替の争奪戦が激化した。

（5）僑務委員会と教育部が中心となり、戦時華僑教育を推進した。中国の教育との直結、統一が重視され、国民政府教育部作成の教科書を初等・中等教育での採用が推し進められた結果、華僑学校での採用率は八〇％に上った。これらは、華僑に中国語教育を骨幹とし、必然的に中国人意識が養成された。換言すれば、華僑教育の基盤整備と普及、中国人意識養成による抗戦支援という歴史的意義を有すが、同時に現地からの精神的離反、国民党一党独裁の肯定という限界をも併せ持つものといえよう。

第五に、アメリカ華僑の動態についてである。（1）サンフランシスコの場合、国民党、総領事館が力量を有し、各党各派、各団体の団結もスムーズにいっていた。他方、ニューヨークの場合、致公堂に比して国民党による華僑掌握度は低かったのではないか。司徒美堂ら致公堂を中心に献金を巡る中国銀行、総領事館への不満は、蔣介石・国民党一党独裁への不満へと連動した。抗日戦争末期から国共内戦期に至るまでの中共支持の増大は、致公堂など第三勢力の国民党一党独裁批判と中共への傾斜によるものといえよう。対日勝利後が展望できる段階になって憲政党（旧保皇派）も第三勢力的傾向を強め、国民党系華僑との間で国民政府、蔣介石の評価を巡って激しい論争が展開された。アメリカ華僑、特にニューヨーク華僑を中心に蔣介石政権が切り捨てられたといえよう。

（2）前述とも関連するが、抗日献金は中国銀行中心に集約されたことで、それを巡る問題点が、特にニューヨークで噴出した。献金・公債業務を中国銀行に独占させず、中央銀行という国家二大銀行案、さらに交通、中国農民両銀行も参画させるという国家四大銀行案が浮上した。これには、中国銀行董事長の宋子文と中央銀行総裁の孔祥熙の金融・財政面での権力闘争があった可能性がある。その上、米ドルと元との交換比率の問題がからんでいた。また、従来、献金は「愛国華僑」か否かの踏み絵ともされ、極低所得層の華工にとって厳しいものであった。

（3）アメリカ華僑は盧溝橋事件を契機に、日本の中国侵略が主要矛盾となった結果、幇、党派、宗教などを越えた団結が一挙に進んだ。こうした状況下で日本への屑鉄、石油の運搬阻止活動も大きな意義をもった。それは華僑、朝鮮人、アメリカ白人の労働組合の動向とも連動し、アメリカ政府を動かし、中立法破棄へと加速させた。その上、華僑のアメリカ軍参加はアメリカ社会での地位向上に繋がり、四三年一二月中国人に対する移民排斥法が破棄されている。（4）華僑学校のみならず、アメリカの公学校進学で、大学までの高等教育を受けることができ、他国家・他地域の華僑に比して、かなりよい教育環境にあった。ただし低学年の時は、公学校と華僑学校の双方に通っているが、高学年になるにしたがい、華僑学校に行かなくなる傾向がある。その理由は①公学校の授業が厳しくなり、それだけで精一杯になること、②ある部分の華僑家庭が貧窮で学費を支払う能力がない。結果的に中国語会話・読解が十分できず、英語圏での華僑の現地化が進んだといえよう。

第六に、ハワイ華僑の動態についてである。（1）ハワイはアジア系移民が多い地域で、日系人、華僑が多くを占めた。華工は主に製糖に従事したが、華僑は上下院議員、教員、弁護士、医者、また軍人や軍関係の仕事に就く者も少なくなかった。金融面でも中美銀行、共和銀行などが整備され、また、中国への為替送金、および香港、上海経由の貿易ルートも確立していた。政治面でも孫文の革命活動の流れを受け活発で、国民党、憲政党など多数の政党が存在した。なお、ハワイで「堂闘」が発生しない理由は、①ほとんどが広東出身者、②日系人など有力勢力が存在し、華僑同士の団結が必要であった、③ハワイは島であり、「堂闘」後、逃げ道がなかったことなどがあげられよう。（2）盧溝橋事件後、ハワイ華僑の中国抗戦支援が活発化した。ホノルルでは華僑「祖国抗敵後援委員会」が成立した。この後、献金・公債購入と日本品ボイコットが二本柱で推進されるが、華僑・学生のみならず、各民族を巻込んだ。献金団体としては、①ホノルル婦女献金会があり、当地の有力者の妻などが積極的に参加した。その際、単なる慈善という「消極的救済」ではなく、「積極的救済」として難民、失業者に仕事を与え、かつ中国で不足する工業品・日用品を生産させることが目指され、必然的に中国工業合作運動と結びついた。また、致公堂が巨額の献金を集め、中韓連合組織も抗日活動を続けたことは注目してよいであろう。

（3）太平洋戦争勃発はアメリカの対日参戦を意味し、華僑にとって大きな喜びであった。ただし管理統制強化は日系移民にのみではなく、華僑を含めたアジア系全般に向けられた。その上、献金機構も一本化されていなかった。一九四五年元旦、太平洋戦争過程で中国が勝ち得た不平等条約撤廃（四三年）などの意義が強調され、戦勝気分が漂った。そして、戦争中、華僑も日系移民の子弟もアメリカ軍人として参戦することで、その地位を向上させた。（4）「外国語学校制限法案」は繰り返し提起され、華文学校教師に対して英語必須、教員資格審査を要求した。このことは、私塾的なものから正規の学校への転換を意味したが、同時に外国語学校のみを対象として管理強化された。四一年一二月、太平洋戦争の勃発で、アメリカの対日作戦参加は朗報でもあったが、日本語学校閉鎖に連動した形で華文学校も六年もの間、停校を余儀なくされた。日系人のみならずアジア系民族全体に対する警戒心が背景にあったことは否めない。ともあれハワイ生まれの華僑児童は中国語教育を途中で断絶され、中国語を理解できない新世代が生み出されることになったのである。

第七に、カナダ華僑の動態についてである。（1）カナダ華僑はすでに一九三〇年代、例えば、第一次上海事変から日本の侵略行動に反対し、中国支援を展開した。西安事変の際、当初、カナダ華僑は蔣介石を拘禁した張学良に対して団結を破壊するとして不満を募らせたが、蔣解放後、その行動が中共を含めた統一と抗日を目指していたことを理解した。そして、蔣に対して辛口の批評をしながらも、その下での団結以外に選択肢はないと考え、抗戦後、蔣支援に全力をあげた。広東出身者が多いカナダ華僑は日本軍による広東侵略、残虐行為が明白になるにつれ、献金や公債購入運動が熱を帯び、白人労働者も巻き込んだ。（2）一枚岩にも見える抗日救国運動であるが、内部対立・抗争が生じていた。その要因は、団体間、階級・階層間、地域間、支援対象、献金の扱い方など多種多様であった。洪門系の致公堂・達権社の中でも旧幹部を擁する達権社と致公堂本部との軋轢があった。また、地域分散の救国運動の限界から必然的に「連合」、「統合」を目指す動きが出てきたが、どこが権力を握るのかで混乱・紛争が生じた。なお、この紛争の原因として汪精衛派の存在も否定できないが、むしろ国民党と致公堂との対立があった可能性が強い。（3）華僑故郷・広東省への為替送付問題である。香港陥落後、華僑為替送付が難しくなった。この問題は米英加などの日本に対する経済封鎖とも絡み、政府間の外交交渉に頼らざるを得ない面があったことにある。そこで華僑は外国為替担当の中国銀行を突き上げ、さらに外交部を通して国民政府に要求する形をとった。問題はそれに留まらず、華僑は、形式的為替レートと実質的為替レート間に大きい差があり、それを利用する形で重慶の一部国民党官僚、官商などが利ざやを稼いでいると非難した。こうした不満も大きな要因として、致公堂などは国民党支持から中共支持へと大転換していくことになる。

(4)第二次世界大戦期、カナダは中国とともに連合国に参加した。カナダ国籍華僑の一部は徴兵に応じてカナダ軍兵士として参戦した。一部とはいえ、カナダで高い評価を受け、華僑の各種権利獲得に有効に働いた。四六年、中国・カナダ新条約を締結した際、ビクトリア華僑は「カナダ対華移民苛例取消委員会」を新設、またトロントでは、「人民平等請願団」が組織された。かくして、戦後、やっと四七年になって中国人移民制限律は廃止され、カナダ国籍取得の華僑の妻子は入国できるようになった。

第八に、南京汪政権と華僑行政についてである。(1)一九四〇年三月南京汪政権の成立後、「僑務委員会」を設置したが、緊縮財政下で配分を巡り熾烈な対立があった。かくして、「僑務委員会」は十分な資金を獲得できず、小規模な広州・上海・汕頭三弁事処を設置したに過ぎなかった。その後、省市政府の干渉を排除し、独立した僑務体系の完成を目指したが、実際は一部に省市政府の人員の兼任であった。その上、南京汪政権の参戦以降、「僑務委員会」の僑務局改組後、外交部の一部門となってしまった。

(2)南京汪政権の「僑務委員会」は抗戦前、南京国民政府僑務委員会が直面していた貧窮帰国華僑の救済問題を引き受ける形となった。これは、緊縮財政下で重荷であった上、南京汪政権の「和平運動」の浸透度は低く、特に南洋では献金は思うように集まらず、日本華僑に主に頼らざるを得なかったようである。とはいえ、結果的に重慶国民政府と共に、限界があったとはいえ、南京汪政権は帰国華僑救済面で一定の意義ある役割を果たした。

（3）汪精衛は、日本の軍事力過大評価と「中国は日本に決して勝てない」との確信に基づき、日本との「和平」こそが中国を救い、アジアを救うとの信念をもった。そして、日本が主張する「大東亜戦争」は「アジア解放戦争」で、孫文の「大アジア主義」の実現をもたらし、華僑解放にも繫がると喧伝した。その上、アヘン戦争を回顧させ、イギリスの侵略を強調したが、満洲事変を素通りできず、「アジア解放の起点」と強弁するか、日中双方とも問題があったと説得力の欠く議論を展開した。他方で日本は口先だけでなく、実際にシンガポールなどで日本が英国統治よりもよい政治をしなければ信頼を得られないとも主張した。汪精衛なりの精一杯の日本に対する苦言であったのだろう。

第九に、南京汪政権と帰国華僑についてである。（1）反英運動は天津中心に北平、南京などで開催された。その特徴は英国の対中侵略史を回顧させ、日本との提携の必要を強調する。ただ、この段階では海外華僑はジャワ華僑以外、同調する動きは鈍かったように見える。南京汪政権の政策は前述の如く日本の軍事力量への過剰評価に基づき、「和平」を実現できるとの錯覚があった。南京汪政権は性質上、「傀儡政権」であるが、重慶国民政府が日本側との直接交渉が不可能な状況下で、日本側に幾つかの要求を突きつけ、多くは実現しなかったが、帰国華僑の財産・生命保全などに一定の重要な役割を果たした。

（2）上海の南洋貿易は好不況の波動を繰り返しながら、工商業では「奇形的発展」を示した。特に食糧問題があった。上海は南洋、特にベトナム、タイなどの米に大きく依存しており、それが円滑に輸入されず、物価暴騰を呼び起こし、中産階級以下が大打撃を受けていた。太平洋戦争の勃発後、上海在住帰国華僑の危機意識と日本・南京汪政権の華僑組織化の必要性によって成立したのが上海華僑商業連合会である。連合会は不調に陥っている南洋貿易に打開策を見いだすため積極的な活動を開始した。同時に華僑家族の窮状打開のためにも為替の復活のためにも、日本と交渉するように圧力もかけている。

（3）広州では、日本の侵略による破壊の後遺症に苦しんでいた。そうした状況にもかかわらず、海外からの貧窮な失業華僑を受け入れるというジレンマに悩んでいた。しかし、広東との関係の深い汪精衛・陳璧君ら南京汪政権にとって、広東幇の帰国華僑をいかに処遇するかが政権安定の鍵でもあった。陳璧君らによる難民児童救済の意義は過小評価できない。重慶国民政府支持は福建幇、南京汪政権への支持は広東幇（ただし米国の広東幇は重慶支持）に相対的に多く、客家は重慶国民政府と南京汪政権に割れた可能性がある。

（4）日本軍政下の香港では、「大漢奸」と非難される危険性を孕みながらも、客家胡文虎が活発に動いていた。例えば、胡文虎は日本との直接交渉を試み、華僑側の立場に立ち、東条英機ら始め日本側と真っ正面から話し合い、要求を提出した。その結果、香港の食糧事情緩和、南洋貿易の復活、および華僑の待遇改善を一定程度実現するという役割を果たした。日本側は「中立」系人物として胡文虎に好意を持っていた。胡文虎は「和平運動」支持と反共を打ち出し、日本との軋轢を避け妥協しながらも、自らの主張を実現していった。これらの行動を全面否定することは不可能で、問題を孕みながらも多面的な意義を有するものといえよう。

要するに、抗戦前に蔣介石・南京国民政府は僑務委員会改組により組織機構を整えた。こうした状況下で最初に直面したのが世界各地の華僑排斥による帰国華僑の保護であった。一九三七年盧溝橋事件後、国民政府は南京から武漢を経て重慶に逃げ込み、戦時首都・重慶国民政府を成立させた。この時、華僑に支持を勝ち取るため、奔走したのが僑務委員会である。さらに華僑教育を通じて中華ナショナリズムを昂揚させ、祖国中国との関係を強化し、支援を勝ち取ろうとした。幸いにも世界華僑は日本の中国侵略に憤り、国民政府を支持し、多額の献金を送付してきた。とはいえ、蔣介石の「安内攘外」政策には不満であり、国共両党が団結して国難に当たることを望んだ。では、こうした状況を世界各地の状況から見るとどうなるか。フランスを始めとする欧州はもちろん、マラヤ、シンガポールをはじめとする南洋でも、華僑は第二次国共合作・抗日民族統一戦線を支持し、いわば世界第三勢力としての特質を有していた。抗日献金を続けると共に、華僑青年による義勇軍を派遣してきた。ただし国民政府としてはむしろ技術者、医

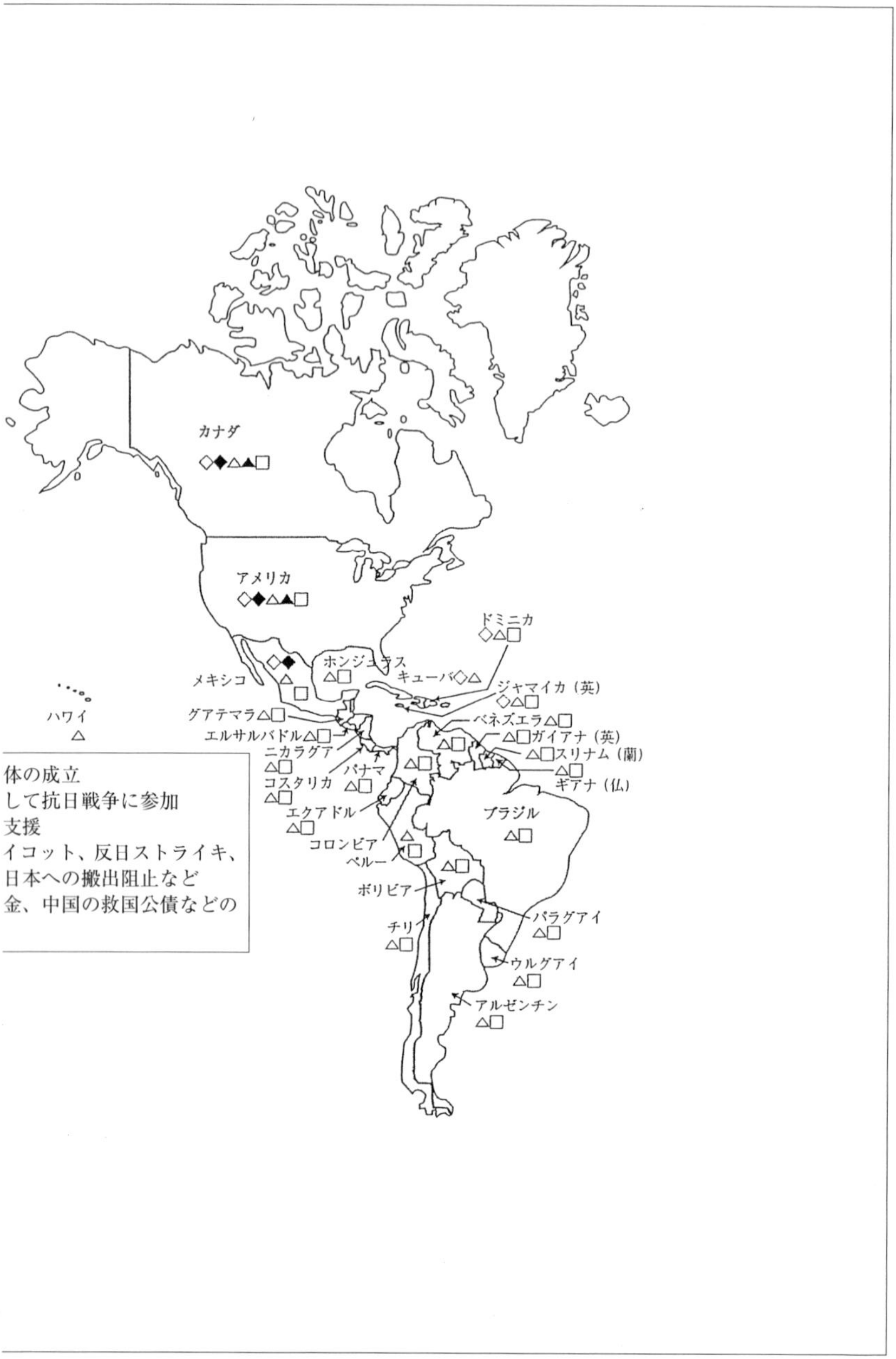

カナダ
◇◆△▲□
アメリカ
◇◆△▲□
メキシコ
◇◆
△
□
ハワイ
△
ドミニカ
◇△□
ホンジュラス
△□
キューバ◇△
ジャマイカ（英）
◇△□
グアテマラ△□
エルサルバドル△□
ニカラグア
△□
コスタリカ
△□
パナマ
△□
ベネズエラ△□
△□ガイアナ（英）
△□スリナム（蘭）
△□
ギアナ（仏）
エクアドル
△□
コロンビア
△□
ペルー
△□
ブラジル
△□
ボリビア
△□
パラグアイ
△□
チリ
△□
ウルグアイ
△□
アルゼンチン
△□
体の成立
して抗日戦争に参加
支援
イコット、反日ストライキ、
日本への搬出阻止など
金、中国の救国公債などの

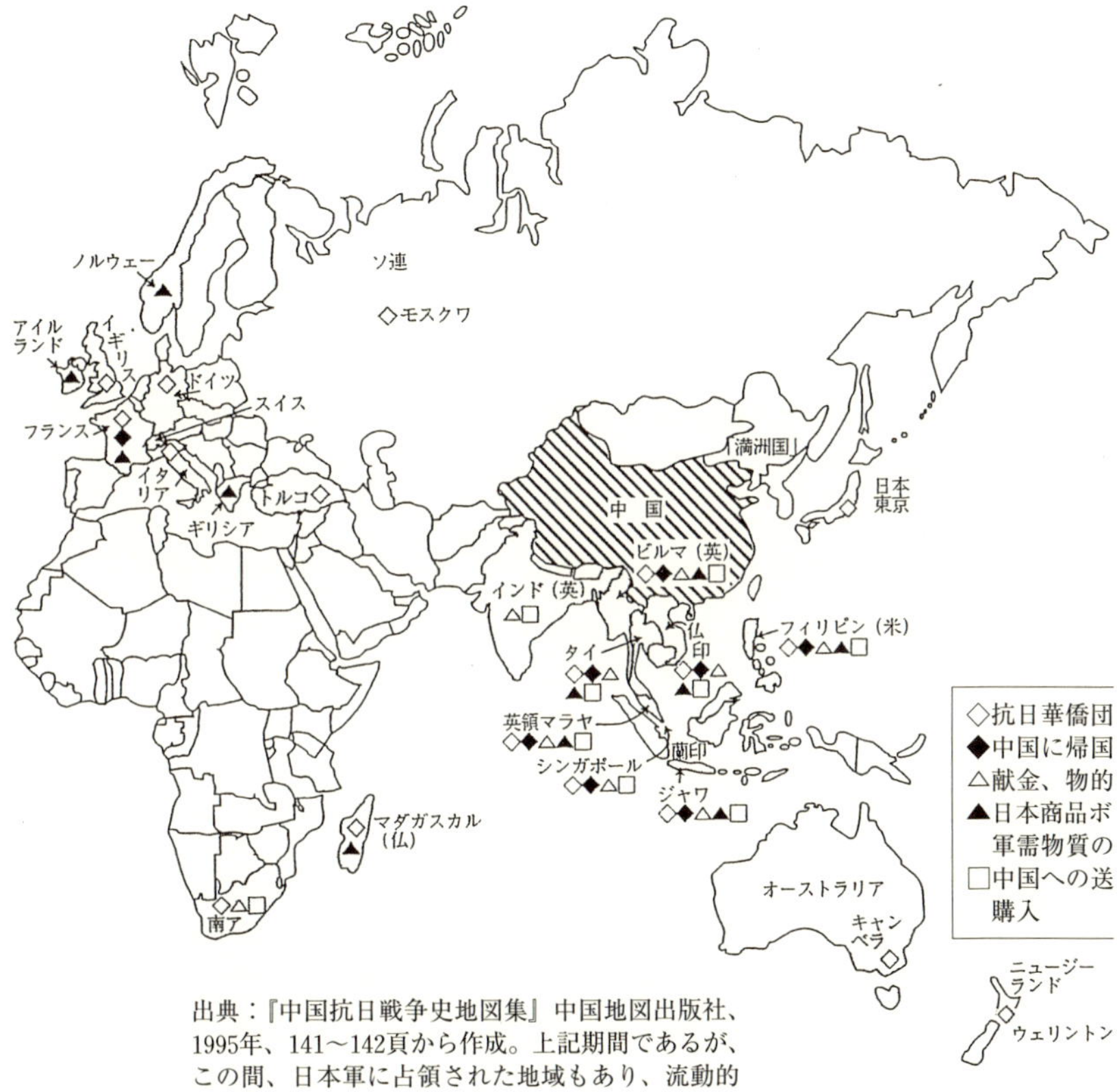

出典：『中国抗日戦争史地図集』中国地図出版社、1995年、141～142頁から作成。上記期間であるが、この間、日本軍に占領された地域もあり、流動的である。

者などを必要としていたのである。

図は、抗戦支援の華僑所在地であるが、抗日団体組織化、献金・物的支援、日本品ボイコットおよび帰国して抗戦参加等々、世界各地に拡大していたことがわかる。東南アジア、インドはもちろん、特に北米、中南米のほとんどの地域・国の華僑が立ち上がり、欧州各国、オセアニア、さらに南アフリカ、マダガスカルにまで及んでいる。いわば日本の対中侵略戦争に対して、一時期、それに激しく反発する世界華僑の包囲網の中に陥っていたといって過言ではない。日本は世界に散在する圧倒的多数の華僑を敵としたのである。

では、北米に焦点を当てると、まずアメリカ華僑は日本への「利敵行為」反対を打ち出し、屑鉄、石油の対日禁輸を訴え、アメリカ世論をバックに禁輸を実現させた。とはいえ、華僑は西海岸のサンフランシスコと東海岸のニューヨークは様相は異なっていた。前者は国民党が強力であったのに対し、後者は致公堂がかなりの力を有していた。献金使用などの不透明さにニューヨーク華僑は不満を強めていた。戦争末期になると、致公堂を中心に蔣介石・国民党を切り捨て中共支持へと転換していく。次いで、ハワイ華僑は島という特異性からアメリカ華僑と共通性とともに差違も存在していた。確かに華工も多いが、同時に上下院議員に華僑や医者など社会的に高い地位に就く者も少なくなかったのである。太平洋戦争が勃発すると、日系人に誤認されないように行動するとともに、アメリカ軍参加によってさらにその地位を高めていった。なお、カナダ華僑はバンクーバー中心ではあるが、散在しており、統一は困難な面があった。その上、汪精衛への対応のみならず、致公堂内部でも紛糾した。太平洋戦争勃発後、カナダ華僑の一部はやはりカナダ軍に参加することで、華僑の社会的地位を高めた。

他方、傀儡政権の臨時・維新両政権はアヘン戦争でのイギリスの侵略を想起させ、反英意識を鼓舞する一方、日本の対中侵略への批判は煮え切らないものであった。この両政権が合流した南京汪政権が誕生すると、緊縮財政の中で僑務機構の整備を図らざるを得なかった。その上、統治地域には広東、福建という華僑の故郷を包括し、大戦の推移と華僑排斥によって帰国する華僑が相継いだ。そのことは、重慶国民政府との華僑献金争奪に十分な成果を得られない上、重荷となった。だが、この処理を誤れば、世界華僑を包括する中華世界からの支持を獲得できなくなる。したがって、南京汪政権は「大東亜共栄圏」を孫文の「大アジア主義」と強引に結びつけることで支持拡大を図った。だが、南京汪政権の影響力は限度があり、十分浸透できなかった。

最後に指摘すべきことは、対日「抗戦」か「和平」かという点を除けば、重慶国民政府僑務委員会の政策と南京汪政権「僑務委員会」の華僑に対する施策は思いの外、共通点が多かったことである。例えば、「国語」（中国語）重視の教育を梃子に祖国文化を忘れさせず、中国人としての自覚と自尊心をもたせたというプラス面がある反面、中国人の優位性を過度に強調して華僑の「土人」（現地人）との同化阻止という差別意識をも窺わせるマイナス面が厳然として存在したことを指摘しておく必要がある。また、現在、南京汪政権は日本の「傀儡政権」か「対日協力政権」か論じられている。私見を述べれば、時期によって異なり、一概には論じられないが、日本にも自らの意見も提出し、それを一部でも実現する「協力政権」になろうとして、結局、なれなかった「傀儡政権」と考えている。

後記

私は、二〇一一年一月に拙著『戦争と華僑』（日本／植民地台湾／植民地朝鮮／日本軍政下の南洋／各華僑学校教育。汲古書院）を上梓した。こうして、第二次世界大戦期における日本、日本植民地、もしくは日本軍政下の華僑については明らかにした。その後、二、三年のうちに『戦争と華僑　続編』を連続して出版する予定であったが、結局、六、七年を要してしまった。本書では、前書をさらに一歩を進め、多角的視点から深化させるため、中国国民政府、南京汪政権の各華僑行政の実態、および日本と対立する諸国、例えばアメリカ、ハワイ、カナダ各華僑の動態に焦点を当てた。また、日本軍占領以前における英領マラヤ・シンガポールの華僑の動態を論じている。したがって、前書では日本軍政下のマラヤ・シンガポールについて執筆しているので、この二つを繋げると、英領マラヤ・シンガポールについては一九三〇年代から四五年までの同地域の華僑動態が明らかになる。また、タイ（シャム）は、独立国でありながら中国・華僑の影響力が強く、また日本の勢力も次第に伸長してきた。タイはこのバランスの上に乗っていたといっても過言ではない。こうした中で特にタイ華僑の動態と独自性は、世界華僑解明の一環として捨象できないと考え、第一章、第二章で一定のスペースをとり、意識的、かつ重点的に論及している。

では、ここで『戦争と華僑　続編』の完成に向けて計画的に各論文を発表してきたので、各章の基礎となった論文を示しておきたい。

序論（書き下ろし）

第一章「南京国民政府の華僑行政と僑務委員会」、東アジア史研究会『東洋史論』第九号、一九九六年。

第二章「世界各地における華僑排斥と僑務委員会の華僑救済」『愛知学院大学文学部紀要』第四五号、二〇一六年三月。

第三章①「重慶国民政府の華僑行政と華僑の動向」、大阪教育大学『歴史研究』第三七号、二〇〇〇年三月、②「戦時華僑政策と帰国華僑問題」、石島紀之・久保亨編『重慶国民政府史の研究』東京大学出版会、二〇〇四年。

第四章「重慶国民政府の華僑行政と華僑の動向」、同前『歴史研究』第三七号、二〇〇〇年三月。

第五章「アジア・太平洋戦争とアメリカ華僑の抗日運動」『歴史学研究』第八八〇号、二〇一一年六月。※（中文訳楊韜訳「美国華僑在抗戦時期的活動」『新世紀学刊』（シンガポール）第一二期、二〇一二年一〇月。

第六章「戦時期におけるハワイ華僑の実態と抗日活動」『愛知学院大学文学部紀要』第四二号、二〇一三年三月。

第七章「戦時期におけるカナダ華僑の動態と抗日活動」『愛知学院大学文学部紀要』第四三号、二〇一四年三月。

第八章「汪精衛・南京傀儡政権の華僑行政と『僑務委員会』」『抗日戦争時期における重慶国民政府・南京傀儡政権・華僑の三極構造の研究』（平成一〇～一二年度科研費〈基盤研究C⑵研究成果報告書〉二〇〇一年三月。

第九章「中国内の傀儡政権地域における帰国華僑」、同前『抗日戦争時期における重慶国民政府・南京傀儡政権・華僑の三極構造の研究』。

結論（書き下ろし）

上記の各論文に新たに入手した史料などにより推敲を加え、加筆、内容を充実させ、また削除、修正を加え、各章各節の有機的関連を考慮しながら、本書を完成させたのである。

本研究は以下の科学研究費を受けている。
①平成10～12年度基盤研究C⑵（研究代表者菊池一隆）「抗日戦争時期における重慶国民政府・南京傀儡政権・華僑の三極構造の研究」
②平成18～21年度基盤研究C⑵（同）「戦時期重慶国民政府・南京傀儡政権・日本・華僑の四極構造の研究」
③平成22～25年度基盤研究C（同）「第二次世界大戦期における地球規模での華僑の動態と構造研究」
④平成26～28年度基盤研究C（同）「第二次世界大戦期におけるイギリス帝国下諸地域の華僑の動態研究」

本研究の遂行に当たり、シンガポール国立大学では呉振強先生（歴史系）の援助を受け、史料調査・収集をスムーズにおこなうことができた。米国スタンフォード大学では、味岡徹氏（聖心女子大学）に紹介をいただいた日本人スタッフ小竹直美さんらの援助を受け、史料調査・収集に従事した。また、突然の訪問にもかかわらず、ロサンゼルスの華美博物館之友では鄭舒蘭館長と劉静秋さんに親切な接待を受け、関連書籍・雑誌のコピーもとらせていただいた。なお、アメリカでの史料の調査収集には田中剛（現、帝京大学）が同行している。ハワイでは、ハワイ大学呉燕和（David Yen-Ho Wu）先生と日野みどりさん（当時、同志社大学）が支援してくれた。カナダは、園田節子さん（兵庫県立大学）から事前にブリティシュ・コロンビア大学の研究機関の地図と詳細な史料所蔵状況を教えていただき、そのことが円滑な関連史料の調査収集に大変役立った。中国では、「華僑華人与世界反法西斯戦争」国際シンポジウムで基調報告をした際、陳曽民・張応龍、張伝宇三氏（曁南大学）などのお世話になった。東洋文庫の山村義照氏には史料調査収集で訪れ、援助をしてくれた。パリでの「アジア・太平洋」国際学術会議で華僑関連報告の際、サミア・ファーハット（Samia Ferhat, フランス国立科学研究センター）、バラク・クシャナー（Barak Kushner, ケンブリッジ大学）両氏にお世話になった。この他にも研究に協力してくれた日本国内外の多数の大学、研究機関の関係者、スタッフ、研究員に感謝したい。

最後に汲古書院元社長の故坂本健彦氏にも「続編をなるべく早くだすように」と言われながら、大学での仕事、雑務に忙殺され、また私の非力さもあって遅れてしまった。坂本氏の生前に出版できなかったことは返す返すも残念であるが、新社長三井久人氏の下で汲古書院から出版できたことを心より喜んでいる。また、編集部の大江英夫氏には今回もお世話になった。感謝している。

二〇一七年六月三〇日

汲古叢書

1	秦漢財政収入の研究	山田　勝芳著	本体 16505円
2	宋代税政史研究	島居　一康著	12621円
3	中国近代製糸業史の研究	曾田　三郎著	12621円
4	明清華北定期市の研究	山根　幸夫著	7282円
5	明清史論集	中山　八郎著	12621円
6	明朝専制支配の史的構造	檀上　寛著	品切
7	唐代両税法研究	船越　泰次著	12621円
8	中国小説史研究－水滸伝を中心として－	中鉢　雅量著	品切
9	唐宋変革期農業社会史研究	大澤　正昭著	8500円
10	中国古代の家と集落	堀　敏一著	品切
11	元代江南政治社会史研究	植松　正著	13000円
12	明代建文朝史の研究	川越　泰博著	13000円
13	司馬遷の研究	佐藤　武敏著	12000円
14	唐の北方問題と国際秩序	石見　清裕著	品切
15	宋代兵制史の研究	小岩井弘光著	10000円
16	魏晋南北朝時代の民族問題	川本　芳昭著	品切
17	秦漢税役体系の研究	重近　啓樹著	8000円
18	清代農業商業化の研究	田尻　利著	9000円
19	明代異国情報の研究	川越　泰博著	5000円
20	明清江南市鎮社会史研究	川勝　守著	15000円
21	漢魏晋史の研究	多田　狷介著	品切
22	春秋戦国秦漢時代出土文字資料の研究	江村　治樹著	品切
23	明王朝中央統治機構の研究	阪倉　篤秀著	7000円
24	漢帝国の成立と劉邦集団	李　開元著	9000円
25	宋元仏教文化史研究	竺沙　雅章著	品切
26	アヘン貿易論争－イギリスと中国－	新村　容子著	品切
27	明末の流賊反乱と地域社会	吉尾　寛著	10000円
28	宋代の皇帝権力と士大夫政治	王　瑞来著	12000円
29	明代北辺防衛体制の研究	松本　隆晴著	6500円
30	中国工業合作運動史の研究	菊池　一隆著	15000円
31	漢代都市機構の研究	佐原　康夫著	13000円
32	中国近代江南の地主制研究	夏井　春喜著	20000円
33	中国古代の聚落と地方行政	池田　雄一著	15000円

34	周代国制の研究	松井　嘉徳著	9000円
35	清代財政史研究	山本　進著	7000円
36	明代郷村の紛争と秩序	中島　楽章著	10000円
37	明清時代華南地域史研究	松田　吉郎著	15000円
38	明清官僚制の研究	和田　正広著	22000円
39	唐末五代変革期の政治と経済	堀　敏一著	12000円
40	唐史論攷－氏族制と均田制－	池田　温著	18000円
41	清末日中関係史の研究	菅野　正著	8000円
42	宋代中国の法制と社会	高橋　芳郎著	8000円
43	中華民国期農村土地行政史の研究	笹川　裕史著	8000円
44	五四運動在日本	小野　信爾著	8000円
45	清代徽州地域社会史研究	熊　遠報著	8500円
46	明治前期日中学術交流の研究	陳　捷著	品　切
47	明代軍政史研究	奥山　憲夫著	8000円
48	隋唐王言の研究	中村　裕一著	10000円
49	建国大学の研究	山根　幸夫著	品　切
50	魏晋南北朝官僚制研究	窪添　慶文著	14000円
51	「対支文化事業」の研究	阿部　洋著	22000円
52	華中農村経済と近代化	弁納　才一著	9000円
53	元代知識人と地域社会	森田　憲司著	9000円
54	王権の確立と授受	大原　良通著	品　切
55	北京遷都の研究	新宮　学著	品　切
56	唐令逸文の研究	中村　裕一著	17000円
57	近代中国の地方自治と明治日本	黄　東蘭著	11000円
58	徽州商人の研究	臼井佐知子著	10000円
59	清代中日学術交流の研究	王　宝平著	11000円
60	漢代儒教の史的研究	福井　重雅著	品　切
61	大業雑記の研究	中村　裕一著	14000円
62	中国古代国家と郡県社会	藤田　勝久著	12000円
63	近代中国の農村経済と地主制	小島　淑男著	7000円
64	東アジア世界の形成－中国と周辺国家	堀　敏一著	7000円
65	蒙地奉上－「満州国」の土地政策－	広川　佐保著	8000円
66	西域出土文物の基礎的研究	張　娜麗著	10000円

67	宋代官僚社会史研究	衣川　強著	品　切
68	六朝江南地域史研究	中村　圭爾著	15000円
69	中国古代国家形成史論	太田　幸男著	11000円
70	宋代開封の研究	久保田和男著	10000円
71	四川省と近代中国	今井　駿著	17000円
72	近代中国の革命と秘密結社	孫　江著	15000円
73	近代中国と西洋国際社会	鈴木　智夫著	7000円
74	中国古代国家の形成と青銅兵器	下田　誠著	7500円
75	漢代の地方官吏と地域社会	髙村　武幸著	13000円
76	齊地の思想文化の展開と古代中國の形成	谷中　信一著	13500円
77	近代中国の中央と地方	金子　肇著	11000円
78	中国古代の律令と社会	池田　雄一著	15000円
79	中華世界の国家と民衆　上巻	小林　一美著	12000円
80	中華世界の国家と民衆　下巻	小林　一美著	12000円
81	近代満洲の開発と移民	荒武　達朗著	10000円
82	清代中国南部の社会変容と太平天国	菊池　秀明著	9000円
83	宋代中國科擧社會の研究	近藤　一成著	12000円
84	漢代国家統治の構造と展開	小嶋　茂稔著	品　切
85	中国古代国家と社会システム	藤田　勝久著	13000円
86	清朝支配と貨幣政策	上田　裕之著	11000円
87	清初対モンゴル政策史の研究	楠木　賢道著	8000円
88	秦漢律令研究	廣瀬　薫雄著	11000円
89	宋元郷村社会史論	伊藤　正彦著	10000円
90	清末のキリスト教と国際関係	佐藤　公彦著	12000円
91	中國古代の財政と國家	渡辺信一郎著	14000円
92	中国古代貨幣経済史研究	柿沼　陽平著	品　切
93	戦争と華僑	菊池　一隆著	12000円
94	宋代の水利政策と地域社会	小野　泰著	9000円
95	清代経済政策史の研究	黨　武彦著	11000円
96	春秋戦国時代青銅貨幣の生成と展開	江村　治樹著	15000円
97	孫文・辛亥革命と日本人	久保田文次著	20000円
98	明清食糧騒擾研究	堀地　明著	11000円
99	明清中国の経済構造	足立　啓二著	13000円

100	隋唐長安城の都市社会誌	妹尾　達彦著	未　刊
101	宋代政治構造研究	平田　茂樹著	13000円
102	青春群像－辛亥革命から五四運動へ－	小野　信爾著	13000円
103	近代中国の宗教・結社と権力	孫　　江著	12000円
104	唐令の基礎的研究	中村　裕一著	15000円
105	清朝前期のチベット仏教政策	池尻　陽子著	8000円
106	金田から南京へ－太平天国初期史研究－	菊池　秀明著	10000円
107	六朝政治社會史研究	中村　圭爾著	12000円
108	秦帝國の形成と地域	鶴間　和幸著	13000円
109	唐宋変革期の国家と社会	栗原　益男著	12000円
110	西魏・北周政権史の研究	前島　佳孝著	12000円
111	中華民国期江南地主制研究	夏井　春喜著	16000円
112	「満洲国」博物館事業の研究	大出　尚子著	8000円
113	明代遼東と朝鮮	荷見　守義著	12000円
114	宋代中国の統治と文書	小林　隆道著	14000円
115	第一次世界大戦期の中国民族運動	笠原十九司著	18000円
116	明清史散論	安野　省三著	11000円
117	大唐六典の唐令研究	中村　裕一著	11000円
118	秦漢律と文帝の刑法改革の研究	若江　賢三著	12000円
119	南朝貴族制研究	川合　　安著	10000円
120	秦漢官文書の基礎的研究	鷹取　祐司著	16000円
121	春秋時代の軍事と外交	小林　伸二著	13000円
122	唐代勲官制度の研究	速水　　大著	12000円
123	周代史の研究	豊田　　久著	12000円
124	東アジア古代における諸民族と国家	川本　芳昭著	12000円
125	史記秦漢史の研究	藤田　勝久著	14000円
126	東晉南朝における傳統の創造	戸川　貴行著	6000円
127	中国古代の水利と地域開発	大川　裕子著	9000円
128	秦漢簡牘史料研究	髙村　武幸著	10000円
129	南宋地方官の主張	大澤　正昭著	7500円
130	近代中国における知識人・メディア・ナショナリズム	楊　　韜著	9000円
131	清代文書資料の研究	加藤　直人著	12000円
132	中国古代環境史の研究	村松　弘一著	12000円

著者略歴

菊池　一隆（KIKUCHI　Kazutaka）

1949年宮城県生まれ
筑波大学大学院歴史・人類学研究科（史学）博士課程単位取得満期退学
専門：中国近現代政治経済史
現在、愛知学院大学文学部教授、博士（文学）、博士（経済学）
1999年10月中国社会科学院近代史研究所等共催「中華人民共和国成立50周年中国革命史中青年学術海外優秀論文賞」受賞

【主要著書】（単著のみ）
『中国工業合作運動史の研究―抗戦社会経済基盤と抗日ネットワークの形成―』汲古書院、2002年
『日本人反戦兵士と日中戦争―重慶国民政府地域の捕虜収容所と関連させて―』御茶の水書房、2003年（中文版：朱家駿主編・校訳、林琦、陳傑中訳『日本人反戦士兵与日中戦争』光大出版社〈香港〉、2006年）
『中国初期協同組合史論1911-1928―合作社の起源と初期動態―』日本経済評論社、2008年
『中国抗日軍事史1937-1945』有志舎、2009年（中文版：袁広泉訳『中国抗日軍事史』社会科学文献出版社〈北京〉、2011年）
『戦争と華僑―日本・国民政府公館・傀儡政権・華僑間の政治力学―』汲古書院、2011年
『東アジア歴史教科書問題の構図―日本・中国・台湾・韓国、および在日朝鮮人学校―』法律文化社、2013年（中文版：張新民編訳『東亜歴史教科書問題面面観』稲郷出版社〈台湾〉、2015年）
『台湾北部タイヤル族から見た近現代史―日本植民地時代から国民党政権時代の「白色テロ」へ―』集広舎、2017年
『台湾原住民オーラルヒストリー―北部タイヤル族「和夫」さんと日本人妻緑さん―』集広舎、2017年

汲古叢書152

戦争と華僑　続編
―中国国民政府・汪精衛政権の華僑行政と南洋・北米―

二〇一八年五月一七日　発行

著　者　菊　池　一　隆
発行者　三　井　久　人
整版印刷　富士リプロ㈱
発行所　汲　古　書　院
〒102-0072 東京都千代田区飯田橋二-五-四
電　話　〇三（三二六五）九七六四
ＦＡＸ　〇三（三二二二）一八四五

ISBN978 - 4 - 7629 - 6051 - 2　C3322

KYUKO-SHOIN, CO., LTD. TOKYO.

OVERSEAS CHINESE AND THE ASIA-PACIFIC WAR 1932-1945

Volume Ⅱ

Zhong-Qing National Government, Wang-Jingwei Government
and the South Seas, the North America

by
KIKUCHI KAZUTAKA

2018

KYUKO-SHOIN TOKYO

索　引

＊人名、事項とも原則として日本語読みで統一した。また、事項では、蔣介石国民政府と南京汪政権で組織・機構が同一名称である場合が少なくなく、区別するため、例えば、僑務委員会などは、原則として後者のそれには、「　」を付している。

人名索引

事項索引

き

く

け

こ

て

と

な

に

は

ひ

ま

み

む

め

も

ゆ

よ